Reale Außenwirtschaft und Europäische Integration

Fritz Breuss

Reale Außenwirtschaft und Europäische Integration

PETER LANG
Frankfurt am Main · Berlin · Bern · Bruxelles · New York · Oxford · Wien

Bibliografische Information Der Deutschen Bibliothek
Die Deutsche Bibliothek verzeichnet diese Publikation in der Deutschen Nationalbibliografie; detaillierte bibliografische Daten sind im Internet über <http://dnb.ddb.de> abrufbar.

ISBN 3-631-50548-5

www.peterlang.de

Vorwort

Dieses Buch ist aus meiner Vorlesung „Reale Außenwirtschaft - Schwerpunkt Europäische Integration" entstanden, die ich seit 1996 an der Wirtschaftsuniversität Wien halte. Natürlich kann ein Lehrbuch nicht die vollständige Palette der Außenwirtschaftstheorie in allen Verästelungen und methodischen Schwierigkeitsgraden abdecken. Es soll aber einen Überblick über die wichtigsten Strömungen auf diesem Gebiet und damit als Lernunterlage und Ersatz fürs Mitschreiben dienen.

Von der Fülle der außenwirtschaftlichen Fragestellungen behandelt dieses Buch den realen Teil der Außenwirtschaft und der Handelspolitik. Als Besonderheit wird in den einzelnen Kapiteln immer wieder auf die Zusammenhänge von Theorie und Empirie eingegangen. Im Vergleich zu reinen Außenhandelslehrbüchern und solchen, die sich mit Europäischer Integration getrennt beschäftigen liegt die Innovation dieses Buches darin, dass in allen Kapiteln auf die Zusammenhänge mit der Europäischen Integration hingewiesen. Zwei große Kapitel sind speziell der Europäischen Integration gewidmet. Ein Kapitel beschäftigt sich mit den realwirtschaftlichen Fragen der Europäischen Integration (Binnenmarkt und EWR). Das Abschlusskapitel behandelt die bisher umfassendste EU-Erweiterung, nämlich jene von 2004. Fragen der Wirtschafts- und Währungsunion (WWU) werden hier nicht behandelt, da sie thematisch mehr in den monetären Bereich der Außenwirtschaft gehören. Der Stoff der monetären Außenwirtschaftstheorie inklusive der WWU bleibt einem eigenen Buch vorbehalten.

Der Autor dankt Herrn Dr. Harald Badinger für die kritische Durchsicht des Manuskripts sowie Frau Nurgül Özen für die Textgestaltung. Für alle noch verbleibenden Fehler übernehme ich die Verantwortung. Ich lade alle ein, mir Verbesserungsvorschläge zu machen.

Wien, im August 2003 — Fritz Breuss

Inhaltsverzeichnis

Teil II: Handelspolitik und Europäische Integration

1 Einleitung

Die internationale Wirtschaftsverflechtung nimmt ständig zu. Einerseits durch den Anstieg des internationalen Handels, andererseits durch die Internationalisierung der Produktion. Das moderne Schlagwort dafür ist „Globalisierung“. Warum ist dies so? Ist dies von Vorteil für die beteiligten Länder? Solche und weitere grundlegenden Fragen werden im Rahmen der Außenwirtschaftstheorie behandelt. Kann man diesen Prozess politisch beeinflussen? Wenn ja, mit welchen Instrumenten? Derartige Fragen behandelt die Außenwirtschaftspolitik. Wie ist der Prozess der europäischen Integration (EU, EFTA) in den allgemeinen Trend zur Liberalisierung des Welthandels einzuordnen? Auch solche Fragen werden im Rahmen der Außenwirtschaftsanalyse behandelt.

In der Außenwirtschaftsliteratur ist es üblich geworden, die Fragestellungen in zwei Bereiche zu trennen: in einen realen und in einen monetären Teil (siehe *Tabelle 1.1*). In der realen Außenwirtschaft wird im Wesentlichen theoretisch erklärt, warum Außenhandel betrieben wird. Fragen des Warum sind Aufgaben der „positiven Theorie“.

Teil I: Reale Außenwirtschafstheorie: Dies ist das Anwendungsgebiet der positiven Theorie. Hier werden die traditionellen Modelle zur Erklärung des Außenhandels (*Ricardo*- und *Heckscher-Ohlin*-Modelle) theoretisch vorgestellt und jeweils auf ihren empirischen Gehalt geprüft. Dabei wird in der Analyse des Heckscher-Ohlin-Modells ein eigens kalibriertes numerisches allgemeines Gleichgewichtsmodell (CGE-Modell) zur Demonstration verwendet. Die *Neue Sicht des Außenhandels* beschäftigt sich mit den modernen Aspekten des Außenhandels, also mit Fragen, warum Industriestaaten hauptsächlich ähnliche Güter austauschen und mit der Analyse des Einflusses von unvollständiger Konkurrenz auf den Außenhandel. In zwei Anhängen wird zum einen das Modell der monopolitischen Konkurrenz à la Dixit-Stiglitz vorgestellt, zum anderen die Gravitationsgleichung als Standardinstrument zur Schätzung bilateraler Handelsströme. In den Modellen zur Erklärung des Außenhandels werden *internationale Faktorwanderungen* immer ausgeschlossen. Ein eigenes Kapitel beschäftigt sich mit den Folgen der internationalen Faktorwanderungen (Migration, Globalisierung). Im Anhang zu diesem Kapitel wird das spezifische Faktorenmodell vorgestellt, das Grundlage für die Analyse von Migrationen ist. Sodann wird der moderne Zweig der „Neuen ökonomischen Geographie“ behandelt. Abschließend wird eine neue Form der Globalisierung – Outsourcing – besprochen. Neben den statischen Erklärungen des Außenhandels ist die Theorie fortgeschritten und versucht mit den Erkenntnissen der *neuen Wachstumstheorie* die Außenhandelsentwicklung und deren Einfluss auf das Wirtschaftswachstum zu analysieren. Insbesondere wird hier auf Grund der Erkenntnisse der endogenen Wachstumstheorie auch der Frage nachgegangen, inwieweit die Europäische Integration zum Wirtschaftswachstum beigetragen hat.

Tabelle 1.1 Außenwirtschaftstheorie und -politik (Ein Überblick) (Analyse der wirtschaftlichen Beziehungen zwischen In- und Ausland)

Reale (reine) Theorie	**Monetäre Theorie**
Positive Theorie	
Analysemethode:	
Mikroökonomie: Allgemeine Gleichgewichtstheorie	Makroökonomie offener Volkswirtschaften
Fragestellungen:	
Allokation der Ressourcen	*Zahlungsbilanz (ZB) und Wechselkurs*
Warum Außenhandel (AH)? Struktur/Umfang des AH? (welches Land hat Produktions- bzw. Standortvorteile?) Determinanten des AH? (AH oder Direktinvestitionen) Tauschgleichgewicht? Terms of Trade?	Was ist die ZB? Ausgleich der ZB? Zusammenspiel von Wechselkurs und Variablen einer offenen Volkswirtschaft: Brutto-Inlandsprodukt, Preise, Beschäftigung, ZB
Kein Geld - keine absoluten Güterpreise (Geldpreise) nur relative oder „reale“ Preise (Preisverhältnisse) - Tauschwirtschaft	Geld - beeinflusst absolute Güterpreise (Geldpreise) Geldwirtschaft

Internationale Handelspolitik (Europäische Integration)	**Währungspolitik- und internationale Makropolitik (Wirtschafts- und Währungsunion)**
Normative Theorie	

Fragestellungen:

Wohlfahrt durch AH?	Geld- und Fiskalpolitik in einer offenen Volkswirtschaft?
Wirkungen der Handelspolitik (Zölle, Kontingente)?	Wechselkurspolitik - Wirkungen
Europäische Integration: EU-Binnenmarkt, EWR, Osterweiterung	Wirtschafts- und Währungsunion: Einheitswährung (€) der EU
	Internationale Politikkoordination

Teil II: Handelspolitik und Europäische Integration: Wenn es um die Frage geht, wie man das Außenhandelsgeschehen mittels der Instrumente der Handelspolitik beeinflussen kann, spricht man von einer „normativen Theorie". Hier geht es zunächst um die Analyse der *Instrumente der traditionellen Handelspolitik* (Zölle, Kontingente, Exportsubventionen etc.). Es folgen Überlegungen zur *Politischen Ökonomie der internationalen Handelspolitik.* Hier werden die Argumente für und gegen Freihandel vorgebracht und der internationale Rahmen der Handelspolitik (GATT/WTO, regionale Freihandelsabkommen - EG, EFTA, NAFTA etc.) abgesteckt. In diesem Kapitel wird insbesondere auf die neueren Entwicklungen im Rahmen der WTO eingegangen. Ein Abschnitt befasst sich auch mit der gemeinsamen Handelspolitik der EU.

Ein moderner Zweig der Handelspolitik ist die *strategische Handelspolitik*, die mittels angewandter Spieltheorie zu zeigen versucht, ob es im Falle internationaler Oligopole (z.B. Boeing versus Airbus) für ein Land möglich ist, mittels gezielter Industriepolitik die Handelsvorteile zu beeinflussen. Im Kapitel *Europäische Integration* werden die verschiedensten ökonomischen Aspekte der Europäischen Integration (Zollunion, 10 Jahre EU-Binnenmarkt, EFTA, EWR) sowohl geschichtlich und theoretisch dargestellt als auch ihre empirischen Implikationen für die Volkswirtschaften Europas überprüft. Ein eigenes umfassendes Kapitel behandelt die größte bisherige Erweiterung der EU, die *EU-Erweiterung 2004.* Im Zuge dieser Erweiterung treten der EU 10 neue Mitglieder bei, so dass die EU auf 25 Mitgliedstaaten angewachsen ist. Dieses Kapitel zeichnet zum einen die 10-jährigen Beitrittsbemühungen der vorwiegend mittel- und osteuropäischen Länder nach dem Zusammenbruch des Kommunismus nach, macht auf die

Besonderheiten der Transformationsländer aufmerksam und schildert die Beitrittsverhandlungen. Abschließend werden die Ergebnisse von Modellsimulationen über die ökonomischen Effekte der EU-Erweiterung auf alte und neue Mitglieder vorgestellt.

Die Fragestellungen der monetären Außenwirtschaft (siehe rechter Teil in *Tabelle 1.1*) werden in diesem Buch nicht behandelt. Sie sind einem neuen Band vorbehalten.

Ein kurzer Blick auf die Statistik zeigt zum einen, dass der Welthandel zum größten Teil zwischen den Industriestaaten des Nordens abgewickelt wird. Nordamerika und Westeuropa zusammen machen rund 58% des Welthandels aus. Zählt man die Industriestaaten Asiens (Japan, Australien und Neuseeland) hinzu, so bestreiten die Industriestaaten rund 2/3 des Welthandels (siehe *Tabelle 2.1*). Zum anderen handeln die großen Industriestaatenregionen (Nordamerika und Westeuropa) hauptsächlich miteinander. Der Nord-Süd-Handel, also jener zwischen den reichen Industriestaaten des Nordens und den Entwicklungsländern des Südens (z.B. Nordamerika und Westeuropa jeweils mit Afrika) ist sehr gering; jener des Südens mit dem Norden ist wiederum bedeutender als der Süd-Süd-Handel.

Tabelle 2.1 Welthandelsströme, 2001
(Exporte, Mrd.USD)

von / *nach*	Nord-Amerika	Süd-Amerika	West-Europa	MOEL, GUS	Afrika	Naher Osten	Asien	Welt
Nord-Amerika	**391**	164	188	7	13	21	207	991
Süd-Amerika	**211**	59	42	3	4	4	22	347
West-Europa	255	58	**1677**	147	63	65	195	2485
MOEL, GUS	12	6	**158**	76	3	8	19	286
Afrika	25	5	**73**	1	11	3	21	141
Naher Osten	**39**	3	**39**	2	9	18	112	237
Asien	376	40	252	17	24	45	722	1497
Welt	1308	335	2429	252	127	163	1298	5984

MOEL = Mittel- und osteuropäische Länder; GUS = Gemeinschaft unabhängiger Staaten (Ex-UdSSR).
Quelle: WTO, International Trade Statistics 2002 (http://www.wto.org).

Je größer ein Land, um so größer ist natürlich auch sein Handelsvolumen. Die wichtigsten Welthandelsmächte sind die Europäische Union (EU-15) mit knapp 20% Anteil am Welthandel, gefolgt von den USA mit einem Exportmarktanteil von rund 16% und Japan mit rund 7% (siehe *Abbildung 2.1*). Aufgrund des enormen Handelsbilanzdefizits ist der Importanteil in den USA wesentlich höher als der Exportanteil. Es folgen China und Kanada. Russland hat - obwohl es ein sehr großes Land ist - erst einen Weltmarktanteil von rund 1%. In dieser Betrachtung wurden die Handelsströme zwischen den EU-15-Staaten ausgeklammert. Der Intra-EU-Handel ist seit Schaffung des Binnenmarktes im Jahr 1993 statistisch gesprochen „Binnenhandel", genau so wie jener zwischen den Bundesstaaten der USA. Bezieht man den Intra-EU-Handel mit in die Analyse ein, so waren im Jahr 2002 die USA mit 10,8% des Welthandels der wichtigste Exporteur, gefolgt von Deutschland mit 9,5% und Japan mit 6,5%. Es folgen Fankreich (5,1%), China (5,1%), Großbritannien (4,3%), Kanada (3,9%), Italien (3,9%), die Niederlande (3.8%), Belgien (3,3%) und Hong-Kong (3,1%). Alle übrigen Länder haben Weltmarktanteile von unter 3%.

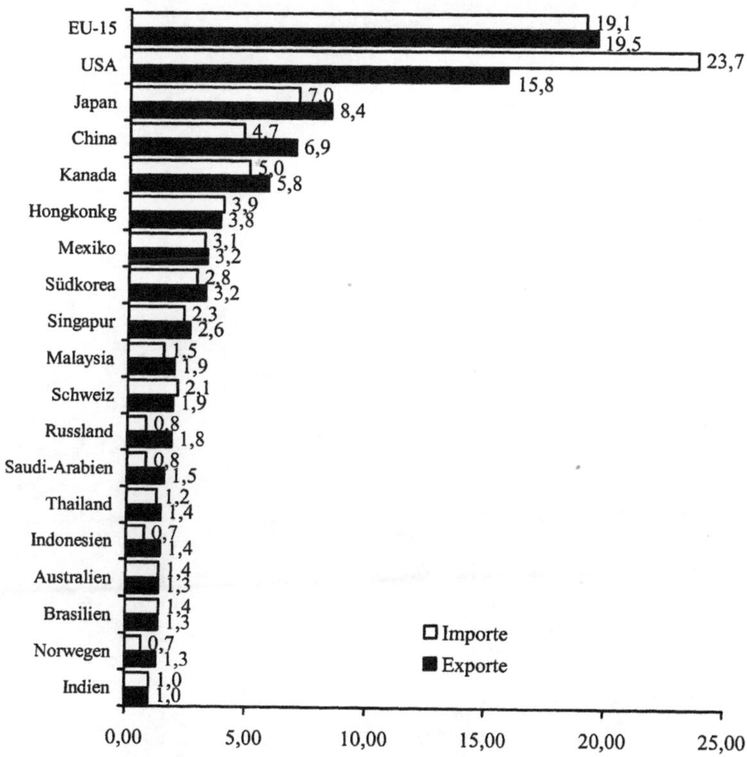

Abb. 2.1 Die wichtigsten Welthandelsmächte
EU-15 = Extra-EU-Handel; Welt = ohne Intra-EU-Handel.
Quelle: Außen- und Intrahandel der Europäischen Union – Statistisches Jahrbuch: Daten 1958-2001, Europäische Kommission, Brüssel, Ausgabe 2002

Teil I: Reale Außenwirtschaftstheorie

2 Das Ricardo-Modell der komparativen Kosten

"England may be so circumstanced, that to produce the cloth may require the labour of 100 men for one year; and if she attempted to make the wine, it might require the labour of 120 men for the same time. England would therefore find it her interest to import wine, and to purchase it by the exportation of cloth.
To produce the wine in Portugal, might require only the labour of 80 men for one year, and to produce the cloth in the same country, might require the labour of 90 men for the same time. It would therefore be advantageous for her to export wine in exchange for cloth."

David Ricardo, Principles ..., 1817.

2.1 Einleitung

Wie Unterschiede zwischen Ländern Handel bewirken und warum er vorteilhaft für alle ist, wird in den nächsten Kapiteln erläutert. Das grundlegende Konzept dahinter ist das *Prinzip der komparativen Vorteile.* Das Prinzip der komparativen Vorteile gehört zu den großen Ideen der Ökonomie: Es ist einfach, elegant und unter sehr allgemeinen Bedingungen anwendbar. Der Grundgedanke wurde zu Beginn des 19. Jahrhunderts von englischen Nationalökonomen entwickelt und wird allgemein *David Ricardo* (1817) zugeschrieben[1].

Das Ricardo-Modell ist das einfachste Modell, das aus komparativen Vorteilen zwischen Ländern Handel erklärt. Die Unterschiede basieren lediglich auf verschiedenen Arbeitsproduktivitäten (bzw. Produktionstechniken). *Ricardo* hat mit seinem Beispiel von England und Portugal zum ersten Mal überzeugend gezeigt, dass Außenhandel auch dann für beide Länder vorteilhaft ist, wenn ein Land in der Produktion beider Güter absolute Kostenvorteile aufweist.

2.2 Zwei Volkswirtschaften in Autarkie

2.2.1 Annahmen

- Die Welt bestehe aus *zwei Ländern* (Inland und Ausland bzw. im Beispiel von *Ricardo* - England und Portugal), und beide Länder produzieren und konsumieren in Autarkie (vor Aufnahme des Außenhandels) *zwei Güter*

[1] Eine Diskussion über die Entstehungsgeschichte dieses Prinzips findet man in *Chipman* (1965, I).

(Tuch und Wein). „Autarkie" bedeutet, dass die Volkswirtschaften in der Ausgangslage *geschlossen* sind.

- *Autarkie* lässt sich dadurch begründen, dass die Handelshemmnisse (Zölle, nicht-tarifarische Handelsbarrieren, hohe Transportkosten) einen Außenhandel unmöglich machen. Erst durch den allmählichen Abbau dieser Hemmnisse geht man von einem Zustand der Autarkie in einen mit Außenhandel (*Freihandel*) über.
- Die „Klassiker" der Nationalökonomie (in der Außenhandelstheorie zählt man dazu: *Robert Torrens*, *David Ricardo*, *John Stuart Mill*) betonen im wesentlichen die *Angebotsseite* einer Volkswirtschaft (Produktionsbedingungen). Über die Nachfrageseite werden keine speziellen Aussagen gemacht. Im Zusammenhang mit dem Ricardo-Modell wird davon ausgegangen, dass die *Nachfrage* (Präferenzen) in beiden Ländern gegeben ist, dass Nachfrageänderungen also als Bestimmungsgrund für den Außenhandel ausgeschlossen werden. Im Ricardo-Modell bestimmen somit unterschiedliche Bedingungen der Produktion, wer Vorteile im Außenhandel hat.
- Es gibt nur einen Produktionsfaktor (*Arbeit* - „Arbeitswertlehre"; andere Produktionsfaktoren, wie etwa Kapital, werden vernachlässigt). Dass der Faktor Arbeit international nicht mobil ist (*keine internationale Faktorwanderung*), wohl aber innerhalb eines Landes zwischen den alternativen Produktionszweigen (Sektoren), betrachtet *Ricardo* als ein konstituierendes Element des internationalen Handels. Außenhandel vollzieht sich nur über den Austausch von Gütern, wobei die Transportkosten vernachlässigt werden.

  Wir haben es also mit zwei Ländern zu tun, die in Autarkie mittels eines Produktionsfaktors zwei Güter produzieren und konsumieren. Eine derartige Abstraktion der Weltwirtschaft nennt man ein *1-Faktor-2-Güter-2-Länder-Modell* (1x2x2-Modell).
- Die *Arbeitsproduktivitäten* (Produktion pro Arbeitseinsatz) in jedem der beiden Produktionszweige werden als Maß für das Produktionsverfahren bzw. die *Produktionstechnologie* herangezogen. Alternativ zur Produktivität werden im folgenden auch *Arbeitsverbrauchskoeffizienten* (Arbeitskosten) - definiert als Arbeitseinsatz (in Stunden) pro Produktionseinheit - verwendet. Es wird unterstellt, dass die Arbeitskosten konstant sind, dass es also *keine* Vorteile der Massenproduktion (*economies of scale*) gibt.

- Beide *Länder unterscheiden* sich nur durch die *Produktionstechnik*, ausgedrückt durch die unterschiedlichen Arbeitsproduktivitäten bzw. durch die unterschiedlichen Arbeitskosten.
- Das Ricardo-Modell unterstellt die Marktform der *vollständigen Konkurrenz*. D.h. einerseits, dass die Güter- und Faktorpreise (Löhne) für Konsumenten und Unternehmer gegeben sind, andererseits, dass die Gewinne der Unternehmer Null sind.

Obwohl im Ricardo-Modell die jeweiligen Angebotskonstellationen (unterschiedliche Produktivitäten) in beiden Ländern die komparativen Vorteile bestimmen, muss man - um eine Gleichgewichtslösung zu erhalten - auch die Nachfrageseite (Präferenzen der Konsumenten) berücksichtigen. Das Ricardo-Modell ist das einfachste allgemeine Gleichgewichtsmodell der Außenhandelsliteratur. Im folgenden werden daher zunächst die Angebots- und Nachfrageseiten der Güter- und Arbeitsmärkte diskutiert und dann eine Gleichgewichtslösung für den Fall zweier Länder in *Autarkie* (kein Außenhandel) gesucht. Anschließend wird demonstriert, wie es nach Spezialisierung auf Grund der komparativen Vorteile im Zwei-Länder-Fall zu einem *Freihandelsgleichgewicht* kommt. Zur numerischen Demonstration des Ricardo-Modells wird ein eigens dafür kalibriertes numerisches allgemeines Gleichgewichtsmodell (CGE-Modell; CGE = computable general equilibrium) verwendet, das auf dem Original-Zahlenbeispiel *Ricardos* basiert, also auf dem Fall des Handels von Wein und Tuch zwischen England und Portugal (siehe *Anhang 2.2*).

Zusammenfassung der Annahmen des Ricardo-Modells

- 1x2x2-Modell (1 Produktionsfaktor - Arbeit; 2 Güter, 2 Länder).
- Länder (England, Portugal) unterscheiden sich nur durch Produktionstechnik.
- Vollständige Konkurrenz: Arbeitskosten mal Lohnsatz bestimmen die Güterpreise (Gewinne sind Null).
- Komparative Vorteile bestimmen bei Freihandel, welches Land welches Gut (Tuch, Wein) produziert (Spezialisierungsmuster).
- Angebotsseite (Produktionstechnik - Arbeitsproduktivität bzw. Arbeitskosten) bestimmen die Kosten und damit die komparativen Vorteile.
- Nachfrage ist fix vorgegeben.

2.2.2 Die Angebotsseite des Gütermarktes: Produktionsfunktionen und Produktionsmöglichkeiten

Das Angebot an Gütern kann im klassischen Ricardo-Fall durch eine einfache *lineare Produktionsfunktion* für die beiden Güter Wein (W) und Tuch (T) dargestellt werden. Da die Input-Output-Beziehungen fix sind, spricht man von einer fixen Produktionstechnologie, wobei der Output bzw. die Produktion (Q_i^j; *i* = 2 Sektoren bzw. 2 Güter Wein (W) und Tuch (T); *j* = 2 Länder England (E) und Portugal (P)) durch den Einsatz von Arbeit (L_i^j) erzeugt wird. Die Steigung dieser Geraden ist gegeben durch die sektorspezifischen Arbeitsproduktivitäten ($1/a_i^j = v_i^j$; wobei a_i^j = der Arbeitseinsatz pro Produktionseinheit oder die Verbrauchskoeffizienten, und v_i^j = die Produktion pro Arbeitseinsatz oder die Arbeitsproduktivitäten). Diese linearen Produktionsfunktionen für Wein und Tuch lauten somit

$$Q_W^j = \frac{1}{a_W^j} L \ \textit{und} \ Q_T^j = \frac{1}{a_T^j} L_T^j \tag{2.1}$$

Die Produktionsfunktionen im Ricardo-Beispiel für England und Portugal für Wein und Tuch sind in *Abbildung 2.1* dargestellt.

Jede Volkswirtschaft weist nur beschränkte Ressourcen auf. Sie muss daher damit haushalten. Entweder wird mehr von einem Gut (Tuch) hergestellt, dann muss auf das andere Gut (Wein) verzichtet werden oder umgekehrt. Solche „trade-offs" lassen sich durch eine Transformations- oder Produktionsmöglichkeitenkurve darstellen (*Abbildung 2.2*).

Die Transformationskurve ist der geometrische Ort aller Güterkombinationen, die eine Volkswirtschaft mit gegebener Technologie und gegebenem Faktorbestand maximal herstellen kann. Nachdem es im klassischen Ricardo-Fall nur einen Produktionsfaktor (Arbeit) gibt, ist die Transformationskurve eine Gerade. Die Transformationskurve lässt sich wie folgt ableiten: Q_W^E sei die Produktion von Wein (W) und Q_T^E jene von Tuch (T) z.B. in England (E), wobei England als Inland angenommen wird. Die gesamte Menge an Arbeit, die für die Produktion von Wein in England verwendet wird (L_W^E), erhält man dadurch, dass man die Produktionsfunktion (*Gleichung 2.1*) nach der Arbeit löst: $L_W^E = a_W^E Q_W^E$.

Die in der Produktion von Tuch verwendete Arbeit beträgt $L_T^E = a_T^E Q_T^E$. Analoges gilt für Portugal.

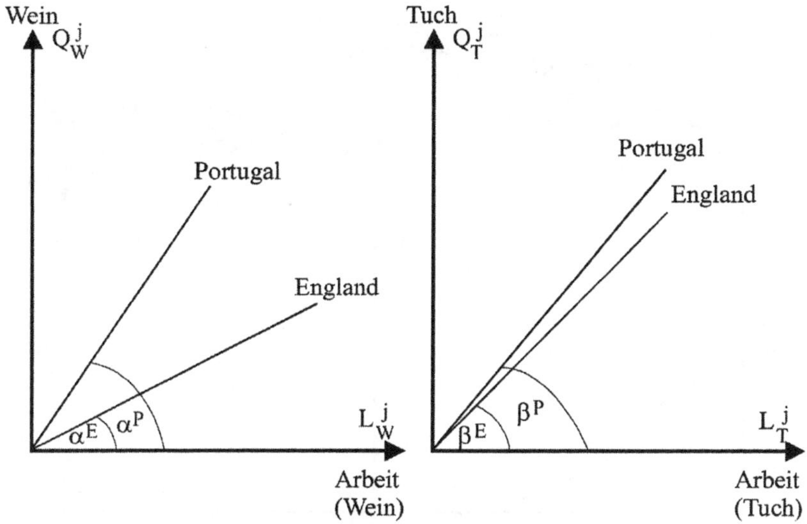

Abb. 2.1 Lineare Produktionsfunktionen für Wein und Tuch
Die Produktionsfunktionen stellen eine Beziehung von Input (Arbeit) und Output (Wein bzw. Tuch) dar. Die Steigung der Geraden ergibt sich aus tgα bzw. tgβ bzw. aus den Arbeitsproduktivitäten der Sektoren. Ricardo hat in seinem Beispiel angenommen, dass Portugal in der Produktion beider Güter produktiver ist als England. Daher sind die Produktionsfunktionen für Portugal steiler als jene für England.

Bei Vollbeschäftigung - d.h. bei Einsatz aller vorhandenen Produktionsfaktoren (hier nur Arbeit) - beschreibt die *Produktionsmöglichkeitenkurve* die Grenzen der maximal erzielbaren Produktion von Wein oder Tuch bzw. von Kombinationen beider Produkte. Wenn das gesamte Arbeitskräfteangebot $L_s^j = L_W^j + L_T^j$ ist, so sind die Grenzen der Produktion in beiden Ländern (*j*) wie folgt definiert:

$$a_W^j Q_W^j + a_T^j Q_T^j \leq L_s^j \tag{2.2}$$

Das Ungleichheitszeichen obiger Produktionsmöglichkeitenkurve deutet darauf hin, dass die tatsächliche Produktion auch unter dem Vollbeschäftigungsniveau liegen könnte (innerhalb der Produktionsmöglichkeitenkurve). Bei Vollbeschäftigung gilt das Gleichheitszeichen. Dann findet die Produktion auf der Produktionsmöglichkeitenkurve statt. Aus obiger Gleichung ergibt sich die negative

Beziehung der *Transformationskurve* zwischen der Produktion von Wein Q_W^j und jener von Tuch Q_T^j[2]

$$Q_W^j \leq \frac{L_s^j}{a_W^j} - \left(\frac{a_T^j}{a_W^j}\right) Q_T^j . \tag{2.3}$$

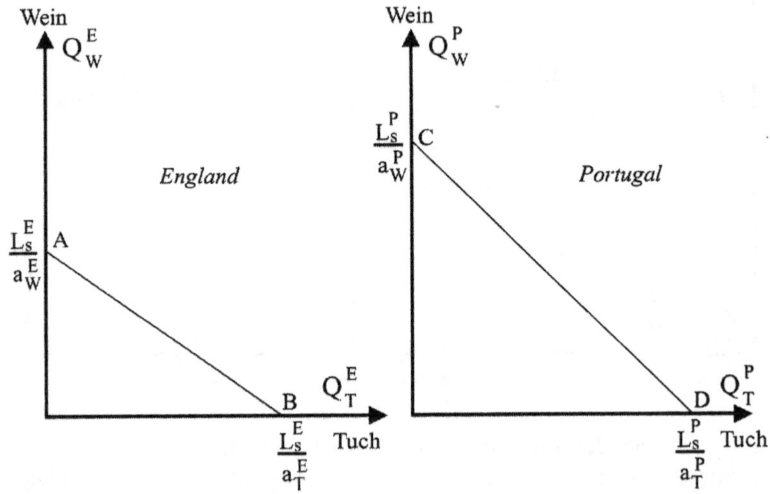

Abb. 2.2 Produktionsmöglichkeitenkurven für England und Portugal
Die Linien *AB* bzw. *CD* geben die maximale Menge von Wein an, die produziert werden kann, wenn die Produktion von Tuch gegeben ist (und umgekehrt). Da der Arbeitseinsatz für Tuch in England relativ zu jenem für Wein geringer ist als in Portugal, ist die Produktionsmöglichkeitenkurve in England flacher als in Portugal. Die Schnittpunkte an den Achsen ergeben sich, wenn das gesamte Arbeitsvolumen jeweils für die Produktion von Wein bzw. von Tuch aufgewendet wird.

Wenn die Produktionsmöglichkeitenkurve eine Gerade ist, sind die *Opportunitätskosten* (oder Alternativkosten) von Tuch, ausgedrückt in Wein, konstant. Die Opportunitätskosten bestehen in der Menge an Wein, auf die die Volkswirtschaft verzichten muss, um eine zusätzliche Menge an Tuch zu erzeugen. Für jeden zusätzlichen Meter Tuch benötigt man a_T^j Arbeitsstunden. Jede dieser Tucharbeitsstunden hätten auch verwendet werden können, um $1/a_w^j$ Liter Wein zu erzeugen. Somit sind die Opportunitätskosten von Tuch, ausgedrückt in Wein a_T^j / a_W^j. Das

---

2 Analog dazu kann man auch die Beziehung zwischen der Produktion von Tuch zu Wein

entspricht genau der negativen Steigung der Produktionsmöglichkeiten- bzw. Transformationskurve. Das Steigungsmaß der Transformationskurve bezeichnet man auch als *Grenzrate der Transformation* dQ_W^j / dQ_T^j. Sie gibt an, um wieviel Liter die Produktion von Wein verringert werden muss, wenn die Produktion von Tuch um einen Meter ausgedehnt wird. Im Ricardo-Fall ist die Grenzrate der Transformation (GRT) gegeben durch

$$\frac{dQ_W^j}{dQ_T^j} = -\frac{a_T^j}{a_W^j}. \tag{2.4}$$

2.2.3 Relative Preise bestimmen das Angebot

Die Produktionsmöglichkeitenkurve ist ein hypothetisches Konzept. Sie gibt an, wie eine geschlossene Volkswirtschaft (in Autarkie) zwei Güter in Kombination herstellen *kann*. Sie sagt aber noch nichts darüber aus, welche Güterkombinationen tatsächlich angeboten werden. Dazu braucht man Information über die relativen Preise von Tuch und Wein.

P_W^j und P_T^j seien die Preise für Tuch und Wein (Autarkiepreise) in beiden Ländern. Man muss a_T^j Stunden aufwenden, um einen Meter Tuch herzustellen. Da es im vollständigen Konkurrenzmodell keine Gewinne gibt, ist der Lohnsatz im Sektor Tuchproduktion (w_T^j) gleich dem (Mehr)wert, den ein Arbeiter in einer Stunde schafft: $w_T^j = P_T^j / a_T^j$. Um einen Liter Wein zu erzeugen, muss man a_T^j Stunden arbeiten. Daher gilt für den Lohnsatz im Weinbausektor: $w_W^j = P_W^j / a_W^j$. Wenn $P_T^j / P_W^j \succ a_T^j / a_W^j$ sind die Löhne im Sektor Tuchproduktion höher, wenn $P_T^j / P_W^j \prec a_T^j / a_W^j$ sind die Löhne im Weinbausektor höher. Da jeder Arbeiter in jenem Sektor arbeiten möchte, indem die höchsten Löhne gezahlt werden, kommt es zu folgenden Spezialisierungsmustern:

- Wenn $P_T^j / P_W^j \succ a_T^j / a_W^j$ spezialisiert sich die Volkswirtschaft auf die Tuchproduktion. D.h. der relative Preise ist höher als die „Opportunitätskosten" von Tuch relativ zu Wein.
- Wenn $P_T^j / P_W^j \prec a_T^j / a_W^j$ spezialisiert sie sich auf die Produktion von Wein. Die relativen Preise übersteigen deren „Opportunitätskosten".

---

ableiten: $Q_T^j \leq L_s^j / a_T^j - (a_W^j / a_T^j) Q_W^j$.

- Nur wenn $P_T^j / P_W^j = a_T^j / a_W^j$ werden beide Güter erzeugt.

Ein Land in Autarkie muss beide Güter herstellen, um die Nachfrage zu befriedigen. Dies passiert nur dann, wenn der relative Preis von Tuch seinen Opportunitätskosten gleich ist. Entsprechend der „Arbeitswertlehre“ entsprechen die Opportunitätskosten dem Verhältnis des Arbeitseinsatzes von Tuch und Wein. Oder: Die Lohnsätze in Autarkie gleichen sich in beiden Sektoren an: $w_T^j = w_W^j = w^j$. D.h., dass sich durch Wanderung der Arbeitskräfte von einem Sektor in den anderen die Lohndifferentiale verringern und letztlich verschwinden. Es gilt dann nur noch ein landesweiter einheitlicher Lohnsatz (w^j). Dieser Prozess kann auch beschleunigt werden, wenn eine stark zentralisierte Gewerkschaft versucht, Lohnunterschiede zu minimieren.

Unter der Annahme vollständiger Konkurrenz (keine Gewinne) und der Berücksichtigung nur eines Produktionsfaktors (Arbeit) sind die Autarkiepreise bestimmt durch die Arbeitskosten mal Lohnsatz („Arbeitswertlehre“)

$$P_i^j = a_i^j w_i^j \quad (i = \text{Güter}, j = \text{Länder}) \tag{2.5}$$

Unter der Annahme des effizienten Einsatzes des Produktionsfaktors Arbeit sind die Lohnsätze in allen Sektoren gleich ($w_i^j = w^j$). Dann sind die relativen Güterpreise durch die relativen Arbeitsverbrauchskoeffizienten (Arbeitskosten) bestimmt

$$\frac{P_W^j}{P_T^j} = \frac{a_W^j w^j}{a_T^j w^j} = \frac{a_W^j}{a_T^j}. \tag{2.6}$$

Ohne Außenhandel (d.h. in Autarkie) sind die relativen Preise beider Güter gleich ihrem relativen Arbeitseinsatz bzw. den Kehrwert ihrer relativen Arbeitsproduktivitäten.

2.2.4 Die Nachfrageseite des Gütermarktes

Bisher haben wir nur eine Seite des Gütermarktes betrachtet - die Angebotsseite. Das „potentielle“ Angebot der beiden Güter ist durch die Produktionsmöglichkeiten bestimmt. Was tatsächlich produziert wird, kann ohne Kenntnis der Nachfrage nicht gesagt werden.

Die Präferenzen der Konsumenten werden hier durch eine Nutzenfunktion der allgemeinen Form: $U = U(C_1, C_2)$ ausgedrückt[3]. Es handelt sich um eine strikt konkave, zwei Mal differenzierbare Funktion. Die Nutzenfunktion hat die Form des positiven Astes einer Hyperbel. C_1 und C_2 sind die konsumierten (nachgefragten) Mengen der Güter Q_1 und Q_2. Die Nutzenfunktion entspricht einer Indifferenzkurve. Sie gibt den geometrischen Ort verschiedener Kombinationen der beiden Güter an, die alle den gleichen Nutzen (Befriedigung bzw. Wohlfahrt) stiften. Die Konsumenten bewerten nicht jedes Gut einzeln, sondern ein Nutzenbündel (die Kombination von zwei Gütern). Dabei wird unterstellt, dass eine Substitution[4] zwischen beiden Gütern möglich ist: Entweder man konsumiert mehr von Gut 1 und weniger von Gut 2 oder umgekehrt; das Nutzenniveau bleibt dadurch gleich. Wenn von beiden Gütern mehr (weniger) konsumiert wird, nimmt das Nutzenniveau zu (ab). Ein höherer Nutzen bedeutet eine Steigerung der Wohlfahrt der Konsumenten.

Im einfachsten Fall ist im Zwei-Güter-Fall (Wein, Tuch) die Nutzenfunktion eine Cobb-Douglas-Funktion[5]

$$U^j = C_W^{j\,\beta_W^j} C_T^{j\,\beta_T^j}, \text{ wobei } \sum_i \beta_i^j = 1. \qquad (2.7)$$

Der Nutzen ist somit eine mit den Konsumanteilen (β_i^j) beider Güter gewogene Güterkombination. Die Grenzrate der Substitution (GRS) obiger Nutzenfunktion lautet $-(\partial U^j / \partial C_T^j)/(\partial U^j / \partial C_W^j) = -(\beta_T^j / \beta_W^j)(C_W^j / C_T^j) = -P_T^j / P_W^j$ (siehe auch *Gleichung (A 2.8)* in *Anhang 2.1*). Dieser Ausdruck muss im Gleichgewicht gleich sein der Grenzrate der Transformation (GRT): $dQ_W^j / dQ_T^j = -a_T^j / a_W^j$. GRS und GRT geben das Preisverhältnis von Tuch zu Wein (P_T^j / P_W^j) in Autarkie an (siehe *Abbildung 2.3*). Unter Verwendung der Angaben von Ricardo über die Verbrauchskoeffizienten von Arbeit a_i^j erhält man daraus im Falle der Autarkie in beiden Ländern ein Preisverhältnis von Tuch zu Wein von 1:1,20 oder 0,83 in England bzw. von 1:0,89 oder 1,125 für Portugal (siehe *Anhang 2.2*).

---

3 Streng genommen kannte der „Klassiker" *David Ricardo* eine solche Nutzenfunktion noch nicht. Damals wurde einfach unterstellt, dass die Konsumenten beide Güter in bestimmten Proportionen konsumieren.

4 Die Möglichkeit der Substitution war den Klassikern der Nationalökonomie unbekannt. Die Neoklassik der Nationalökonomie baut dagegen vollständig auf dem Begriff der Substitution auf.

5 Wenn die Konsumanteile β_i^j β_i^j = 1/2, dann spricht man von einer Mill'schen Nutzenfunktion.

Die Konsumenten maximieren ihren Nutzen unter Berücksichtigung der Budgetbeschränkung. Daraus leitet sich die Nachfrage nach beiden Gütern ab (siehe *Anhang 2.1*). Sie lautet in allgemeiner Form (i = Güter, j = Länder)

$$C_i^j = \beta_i^j \frac{Y^j}{P_i^j} \qquad Y^j = Einkommen \tag{2.8}$$

2.2.5 Das Gleichgewicht am Gütermarkt in Autarkie

Die Preise auf dem Gütermarkt - ob in Autarkie in einem Land oder auf dem Weltmarkt - werden durch Angebot und Nachfrage bestimmt. Für manche Fragestellungen im Bereich der Handelspolitik ist es zulässig, nur die Bedingungen eines einzelnen Marktes zu studieren. Untersucht man z.B. die Auswirkungen der Einführung von Zöllen bzw. Quoten auf den Automarkt, so ist - wenn man nur diesen einzelnen Markt betrachtet - eine *partialanalytische Analyse* durchaus sinnvoll. Wenn man komparative Vorteile studieren will, ist es dagegen notwendig, das Zusammenspiel der beiden Gütermärkte - im Beispiel Ricardos die Märkte für Tuch und Wein - zu beachten. Nur mittels einer *allgemeinen Gleichgewichtsanalyse* können die Beziehungen zwischen beiden Gütermärkten (und letztlich auch zwischen Güter- und Faktormärkten) erfasst werden.

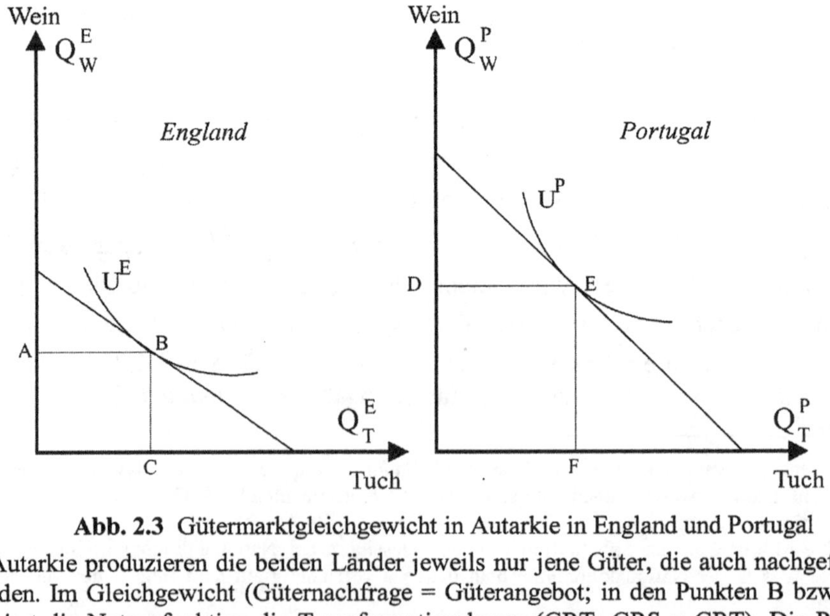

Abb. 2.3 Gütermarktgleichgewicht in Autarkie in England und Portugal

In Autarkie produzieren die beiden Länder jeweils nur jene Güter, die auch nachgefragt werden. Im Gleichgewicht (Güternachfrage = Güterangebot; in den Punkten B bzw. E) tangiert die Nutzenfunktion die Transformationskurve (GRT; GRS = GRT). Die Preisverhältnisse fallen mit den Arbeitskostenverhältnissen zusammen. England produziert und konsumiert von Wein die Strecke BC, von Tuch die Strecke AB. Portugal soll EF an Wein produzieren und konsumieren und von Tuch die Strecke DE. Die Präferenzen der Konsumenten sind in beiden Ländern exogen vorgegeben. Die Nachfrage nach beiden Gütern ist aus der Nutzenfunktion abgeleitet.

Die Präferenz der Konsumenten bestimmt, welche Güter nachgefragt werden. In Autarkie sind beide Länder geschlossen, d.h. es gibt weder Exporte noch Importe. D.h., dass nur jene Güter, die nachgefragt werden, auch angeboten (produziert) werden.

Im Gleichgewicht am Gütermarkt entsprechen sich jeweils die angebotenen und die nachgefragten Gütermengen

$$\text{Nachfrage} \quad C_i^j = Q_i^j \quad \text{Angebot} \tag{2.9}$$

2.2.6 Das Gleichgewicht am Arbeitsmarkt

Um Güter am Gütermarkt anbieten (produzieren) zu können, müssen Produktionsfaktoren (Arbeit) eingesetzt werden. Diese Beziehung ist durch die Produktionsfunktionen hergestellt. Ebenso wie auf dem Gütermarkt Angebot und Nachfrage die (relativen) Preise bestimmen, gilt dies auch für den Arbeitsmarkt. Der Preis des Faktors Arbeit ist der Lohnsatz (w_i^j) - ausgedrückt als Lohnsumme pro Arbeitsstunde oder pro Arbeitseinsatz. Wie wir weiter oben argumentiert haben, erfordert eine effiziente Verteilung der Ressourcen, dass die Lohnsätze in beiden Produktionssektoren gleich sind ($w_i^j = w^j$).

Das Angebot an Arbeit (L_s^j) ist exogen gegeben. Die Nachfrage nach Arbeit leitet sich aus der Gewinnmaximierung (bzw. Kostenminimierung) der Unternehmer ab. Bei vollständiger Konkurrenz (keine Gewinne) sind die Erlöse (Umsätze) aus dem Verkauf der Güter gleich den dafür aufgewendeten Kosten (Arbeitskosten): $P_i^j Q_i^j = w^j L_i^j$. Daraus leitet sich die Nachfrage nach Arbeit ab

$$L_i^j = \frac{P_i^j}{w^j} Q_i^j . \tag{2.10}$$

Wenn die Nachfrage gleich ist dem Angebot - $L_s^j = \sum_i L_i^j$ - herrscht ein Gleichgewicht am Arbeitsmarkt.

2.2.7 Allgemeines Gleichgewicht in Autarkie

Im Ricardo-Modell herrscht ein allgemeines Gleichgewicht in Autarkie, wenn beide Märkte - Gütermarkt und Faktormarkt - simultan im Gleichgewicht sind. Dann sind sowohl die Preise, zu denen die beiden Güter getauscht werden, am Gütermarkt bestimmt als auch der Lohnsatz, zu dem die zur Produktion der dafür benötigten Arbeit am Arbeitsmarkt angeboten wird.

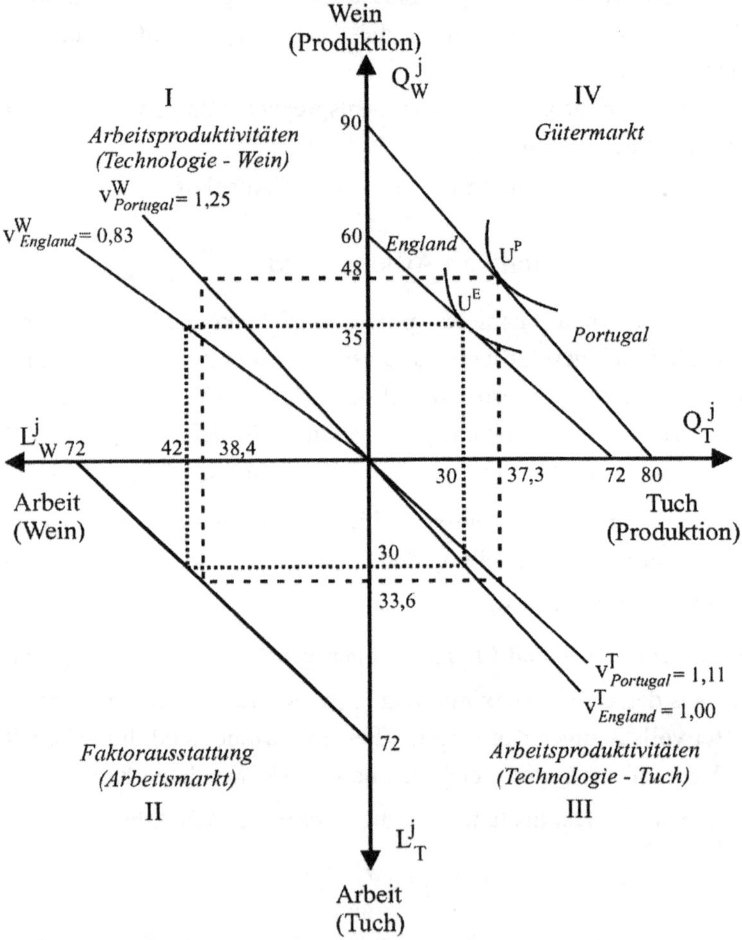

Abb. 2.4. Allgemeines Gleichgewicht in Autarkie in England und Portugal

Auf dem Gütermarkt (Quadrant IV) bestimmt die Nachfrage (Präferenz) nach Wein und Tuch, welche Gütermengen (bei Vollbeschäftigung) produziert werden müssen. Ausgehend vom Ricardo-Beispiel (*Anhang 2.2*) sind dies in England 35 Einheiten Wein und 30 Einheiten Tuch (Nutzen: 32,82). Das Autarkiepreisverhältnis von Tuch zu Wein ist

1:1,20 (60/72) bzw. 0,83. Dafür werden im Sektor Weinproduktion 42 Arbeitsstunden und im Sektor Tuchproduktion 30 Arbeitsstunden nachgefragt (Quadrant II). In Portugal werden 48 Einheiten Wein und 37,3 Einheiten Tuch konsumiert und produziert (Nutzen: 42,69). Das Autarkiepreisverhältnis von Tuch zu Wein ist 1:0.89 (90/80) bzw. 1,125. Der Arbeitseinsatz beträgt in der Weinproduktion 38,4 Arbeitsstunden und in der Tuchproduktion 33,6 Arbeitsstunden. Arbeits- und Gütermarkt werden in den Quadranten I und III durch die vorgegebene Technologie (Arbeitsproduktivitäten) verknüpft. Ricardo nahm an, dass Portugal in der Produktion beider Güter produktiver ist als England.

Unter Verwendung des Originalbeispiels von David Ricardo und der selbst angenommenen Präferenzstruktur (siehe *Anhang 2.2*), können Güter- und Arbeitsmarkt dargestellt werden (siehe *Abb. 2.4*).

2.3 Außenhandel in einer Zweiländerwelt

Bisher wurden zwei Volkswirtschaften in Autarkie betrachtet. Nach Beseitigung der prohibitiv hohen Handelshemmnisse (Zölle, Transportkosten) steht der Aufnahme von Außenhandel nichts mehr im Wege. Kommt es zum Außenhandel, so werden die beiden *geschlossenen* Volkswirtschaften zu *offenen*. Es herrscht Freihandel.

Nach Wegfall der Handelshemmnisse interessieren folgende Fragestellungen:

- Warum wird Außenhandel betrieben (Bedingung für Handel)?
- Wieviel wird gehandelt (Handelsvolumen)?
- Welches Land handelt mit welchem Gut (Richtung des Handels bzw. Außenhandelsmuster)?
- Führt der Außenhandel zu Gewinnen (Wohlfahrtseffekte des Handels)?

2.3.1 Das Prinzip der komparativen Vorteile

Ebenso wie im Falle zweier Individuen, wird auch nur dann zwischen Ländern getauscht, wenn es eine *Entsprechung der Tauschwünsche* gibt.

Die große Leistung *Ricardos* ist es, gezeigt zu haben, dass Außenhandel auch dann für beide Länder vorteilhaft sein kann, wenn in Autarkie ein Land in der Produktion beider Güter absolute Kosten- bzw. Preisvorteile hat. Selbst wenn - in seinem Beispiel - das Inland (England) in der Herstellung sowohl von Tuch als auch von Wein weniger produktiv ist als das Ausland (Portugal), also der Arbeitsaufwand in der Produktion beider Güter absolut höher ist als in Portugal, kann England einen *komparativen Vorteil* in der Tuchproduktion haben, wenn folgende Bedingung erfüllt ist:

$$\frac{a_T^E}{a_W^E} \prec \frac{a_T^P}{a_W^P}. \tag{2.11}$$

Dies ist äquivalent mit

$$\frac{a_T^E}{a_T^P} \prec \frac{a_W^E}{a_W^P}. \tag{2.12}$$

Die Definition von komparativen Vorteilen involviert nicht nur die Gegenüberstellung von zwei Arbeitsverbrauchskoeffizienten, sondern von allen vier. Wie im folgenden noch gezeigt wird, kann man das Außenhandelsmuster (wer handelt mit wem) nicht durch absolute Vorteile allein bestimmen. In der Diskussion über Außenhandel wird am häufigsten der Fehler gemacht, dass komparative Vorteile mit absoluten Vorteilen verwechselt werden.

2.3.2 Weltpreisverhältnis nach der Aufnahme von Außenhandel

Außenhandel wird betrieben, wenn beide Partner ihre Position verbessern können, d.h. wenn Sie zu günstigeren Preisen ihre beiden Güter gegeneinander tauschen und dadurch insgesamt die Wohlfahrt der Konsumenten verbessern können.

Wenn England in Autarkie für 72 Einheiten Tuch 60 Einheiten Wein bekommt (Preisverhältnis Tuch zu Wein: 1:1,20 = 0,83), so wird es jedes Tauschverhältnis, das günstiger ist, akzeptieren. Dasselbe gilt für Portugal, das in Autarkie für 90 Einheiten Wein 80 Einheiten Tuch erhält (Preisverhältnis Tuch zu Wein: 1:0,89 = 1,125).

Bereits *Ricardo* hatte vermutet, dass sich der Gleichgewichtspreis nach Aufnahme von Außenhandel „irgendwo zwischen den komparativen Kostenverhältnissen" beider Länder einpendeln müsste. Ein strenger Beweis für die Existenz eines solchen Gleichgewichts ist erst *John Stuart Mill* (1848) gelungen (siehe *Chipman*, 1965, I).

Ausgehend von der Annahme Ricardos, dass England komparative Vorteile in der Produktion von Tuch und Portugal solche in der Produktion von Wein hat - $a_T^E / a_W^E \prec a_T^P / a_W^P$ - , ergibt sich für beide Länder durch Außenhandel unter folgenden Preisverhältnissen eine Verbesserung ihrer Tauschposition (*Bedingung für Handel*):

- Wenn $P_T / P_W \succ a_T^E / a_W^E$, so wird sich England auf die Tuchproduktion spezialisieren. Wenn England sich voll auf die Tuchproduktion spezialisiert, produziert es die maximal mögliche Menge an Tuch und keinen Wein. Im Ricardo-Beispiel (siehe *Tabelle 2.1*) bedeutet dies, dass das gesamte Arbeitsangebot für die Produktion von 72 Einheiten Tuch verwendet wird.

- Solange $P_T / P_W \prec a_T^P / a_W^P$, wird sich Portugal auf die Weinproduktion spezialisieren. Wenn Portugal sich voll auf die Weinproduktion spezialisiert, produziert es im Ricardo-Beispiel 90 Einheiten Wein und kein Tuch. Dafür wird das gesamte Arbeitsangebot verwendet.

2.3.3 Volumen und Richtung des Handels im Welthandelsgleichgewicht

Die beiden Fragen - wieviel gehandelt wird (Handelsvolumen) sowie welches Land mit welchem Gut handelt (Richtung des Handels bzw. Handelsmuster), ist erst beantwortbar, wenn sich ein allgemeines Gleichgewicht bei Freihandel einstellt. Dadurch ist bestimmt, welches Land sich auf die Produktion welchen Gutes spezialisiert (Angebot), wieviel die Konsumenten von jedem Gut nachfragen und zu welchem Weltpreisverhältnis Außenhandel betrieben wird. Länder sind jeweils Netto-Exporteure in jenen Gütern, auf die sie sich in der Produktion spezialisiert haben (England auf Tuch, Portugal auf Wein) und Netto-Importeure bei jenen Gütern, die sie nach Aufnahme des Außenhandels nicht mehr erzeugen.

Wenn sich unter den in *Anhang 2.2* gemachten Angaben aufgrund des Ricardo-Beispiels das Weltpreisverhältnis bei 1:1 einstellt, lassen sich die Fragen nach Handelsvolumen und Richtung des Handels beantworten (siehe *Abb. 2.5*).

2.3.4 Gewinne aus dem Außenhandel

Wie wir bisher gesehen haben, bestimmen relative Unterschiede in den Arbeitsproduktivitäten und die exogen gegebenen Präferenzen der Konsumenten das Spezialisierungs- und damit Außenhandelsmuster zweier Länder. Im folgenden wird demonstriert, dass beide Länder Gewinne aus dem Außenhandel erzielen, wenn sie sich entsprechend dem Prinzip der komparativen Vorteile spezialisieren. Dass es Gewinne aus dem Außenhandel gibt, wird auf zwei Arten demonstriert:

1. Zum einen kann man zeigen, dass Spezialisierung und Außenhandel vorteilhaft sind, wenn man Außenhandel als eine „indirekte“ Produktionsmethode auffasst (*Spezialisierungsgewinne*). Im Beispiel *Ricardos* könnte England Wein direkt produzieren. Aber der Handel mit Portugal erlaubt es England, Wein zu „produzieren“, indem es Tuch erzeugt und dann dieses Tuch gegen Wein tauscht.

Diese „Weinerzeugung“ ist effizienter als die direkte Produktion. England kann eine Arbeitsstunde verwenden, um direkt $1/a_W^E$ Liter Wein herzustellen. Es kann aber auch die eine Arbeitsstunde verwenden, um $1/a_T^E$ Meter Tuch zu produzieren. Diese Menge Tuch kann dann gegen Wein gehandelt werden, wobei jeder Meter um P_T/P_W Liter getauscht wird. Die ursprüngliche Arbeitsstunde bringt nunmehr $(1/a_T^E)(P_T/P_W)$ Liter Wein. Solange folgende Beziehung gilt

$$\left(\frac{1}{a_T^E}\right)\left(\frac{P_T}{P_W}\right) \succ \left(\frac{1}{a_W^E}\right),$$

oder

$$\frac{P_T}{P_W} \succ \frac{a_T^E}{a_W^E}, \tag{2.13}$$

bedeutet dies mehr Wein als durch direkte Herstellung des Weines in England.

2. Man kann aber auch noch mit einer anderen Methode - die üblicherweise verwendet wird - demonstrieren, dass Außenhandel Gewinne für beide Länder bringt. Dabei untersucht man, wie Außenhandel die *Konsummöglichkeiten* jedes Landes beeinflusst. Ohne Außenhandel (in Autarkie) sind die Konsummöglichkeiten durch die eigenen Produktionsmöglichkeiten beschränkt (siehe *Abb. 2.4*). Wenn es zum Außenhandel kommt, nehmen die Konsummöglichkeiten zu. Die Konsummöglichkeiten Englands sind durch die strichlierte Linie (72:72), jene des Auslandes durch (90:90) in *Abb. 2.5* gegeben. Die neuen Konsummöglichkeiten fallen zusammen mit der Weltpreislinie. Jenes Preisverhältnis, zu dem Außenhandel betrieben wird (Weltpreislinie) muss für beide Länder günstiger sein als die Preis- bzw. Kostenverhältnisse in Autarkie. In jedem Fall - wie im folgenden Zahlenbeispiel noch explizit demonstriert wird - hat der Außenhandel die Wahlmöglichkeit der Konsumenten in beiden Ländern vergrößert, wodurch ihre *Wohlfahrt* und damit die Weltwohlfahrt gestiegen ist. Gemessen wird Wohlfahrt üblicherweise am Nutzenniveau. Wenn *U* steigt, steigt die Wohlfahrt. Im vorliegenden Beispiel (*Anhang 2.2, Abb. 2.5*) können beide Länder zumindest von einem Gut mehr konsumieren als in Autarkie.

2.3.5 Das Zahlenbeispiel von Ricardo

Zum besseren Verständnis des bisher Gesagten wird das originale Zahlenbeispiel *Ricardos* herangezogen. Die Zahlenwerte wurden bereits im Zitat zu Beginn dieses Kapitels erwähnt und sind in *Tabelle 2.1* nochmals zusammengefasst.

Ricardo hat zur Verdeutlichung und wohl auch, um gegen die protektionistische Handelspolitik Englands im frühen 19. Jahrhundert anzukämpfen, einen extremen Fall konstruiert[6]. Er geht davon aus, dass England sowohl in der Tuch- als auch in der Weinproduktion gegenüber Portugal absolute Kostennachteile hat. Angesichts der beginnenden industriellen Revolution dürfte dies sicherlich für Tuch nicht zugetroffen haben, für Wein aber aufgrund der natürlichen Gegebenheiten Portugals gestimmt haben.

Tabelle 2.1 Ricardo-Modell - Original-Zahlenbeispiel
(Fall ungleicher Ländergröße: England ist „kleiner“ als Portugal)

	England	**Portugal**	absolute Kostenvorteile	komparative Kostenvorteile
	Arbeitsverbrauchs-koeffizienten*) a_i^j		$a_i^E - a_i^P$	$\frac{a_T^E}{a_W^E} \prec \frac{a_T^P}{a_W^P}$
Wein	a_W^E	a_W^P		
	1,20	0,80	0,40	$\frac{1,00}{1,20} \prec \frac{0,90}{0,80}$
Tuch	a_T^E	a_T^P		$0,833 \prec 1,125$
	1,00	0,90	0,10	England - Tuch
				Portugal - Wein

	England	**Portugal**	Unterschied in Ländergröße	komparative Vorteile**)
	Maximale Produktion (Annahme: $L_s^E = L_s^P = 72$)			
Wein	$\overline{Q}_W^E = \frac{L_s^E}{a_W^E}$	$\overline{Q}_W^P = \frac{L_s^P}{a_W^P}$		$\overline{Q}_W^E = \frac{L_s^E}{a_W^E}$
	60	90	-30	
Tuch	$\overline{Q}_T^E = \frac{L_s^E}{a_T^E}$	$\overline{Q}_W^P = \frac{L_s^P}{a_W^P}$		$\frac{60}{72} \prec \frac{90}{80}$
	72	80	-8	$0,833 \prec 1,125$

*) Die Originalzahlen Ricardos wurden durch 100 dividiert.

**) Die Verhältnisse der maximal möglichen Produktionen von Wein zu Tuch (Formel für komparative Vorteile) sind äquivalent den Arbeitskostenverhältnissen von Tuch zu

6 Siehe die Darstellung der historischen Umstände in *Krugman-Obstfeld* (2003, S. 59).

Wein (Formel für komparative Kostenvorteile). Wenn man für $\overline{Q}_i^j = L_s^h / a_i^j$ substituiert und annimmt, dass L_s^j in beiden Ländern gleich ist, kürzt sich L_s^j heraus und man erhält die Formel für die komparativen Vorteile.

Zunächst werden aufgrund des Prinzips der komparativen Vorteile die *komparativen Vorteile* für beide Länder ermittelt (*Tabelle 2.1*). England hat zwar in der Produktion beider Güter absolute Kostennachteile, aber nach *Gleichung (2.11)* komparative Vorteile in der Tuchproduktion, Portugal in der Weinproduktion. Ohne Kenntnis des Weltpreisverhältnisses und der Präferenzen der Konsumenten ergibt sich daraus, dass sich beide Länder in der Produktion vollständig auf diese beiden Produkte spezialisieren. Analog zur Ermittlung der relativen Autarkiepreise aus den Arbeitskostenverhältnissen, kann man auch die Verhältnisse der maximalen Produktionsverhältnisse von Wein zu Tuch heranziehen.

Im zweiten Teil von *Tabelle 2.1* wurden die maximal möglichen Produktionsmengen ermittelt, die jedes Land anbieten kann, wenn es sich jeweils nur auf ein Gut spezialisiert. Um die maximalen Produktionen zu ermitteln, benötigt man Angaben über das Arbeitsangebot in beiden Ländern. Darüber hat Ricardo nichts ausgesagt. Hier wurde daher angenommen, dass das Arbeitsangebot in beiden Ländern gleich hoch ist ($L_s^j = 72$). Daraus kann man nach *Gleichung (2.3)* die maximale Produktion für beide Güter in beiden Ländern ermitteln, wenn man dabei jeweils vom anderen Gut nichts herstellt. Da Portugal von beiden Gütern absolut mehr produzieren kann, spricht man davon, dass England ein „kleines" und Portugal ein „großes" Land ist. Theoretisch sind Beispiele gleicher Ländergröße (symmetrische Fälle) ebenfalls denkbar.

Tabelle 2.1 repräsentiert die Situation von Arbeitskosten (Technologie) und Produktionsmöglichkeiten in Autarkie. Bezüglich der Situation nach Aufnahme von Außenhandel (Freihandel) müssen - wie bereits erwähnt - eine Reihe von zusätzlichen Annahmen gemacht werden. Zum einen wird erst gehandelt, wenn sich auf dem Weltmarkt ein einheitliches Weltpreisverhältnis einstellt. Dies wird sich dann einstellen, wenn Angebot und Nachfrage beider Länder und für beide Güter gleich sind (Gleichgewicht auf den Gütermärkten). Während Ricardo die Angebotsseite betonte (Produktionstechnik, Arbeitskosten, Produktionsmöglichkeiten), hat er über die Nachfrageseite nichts ausgesagt. Bezüglich des Weltmarktpreisverhältnisses hat er lediglich die Vermutung geäußert, dass es sich zwischen den beiden Autarkiepreisverhältnissen einstellen werde.

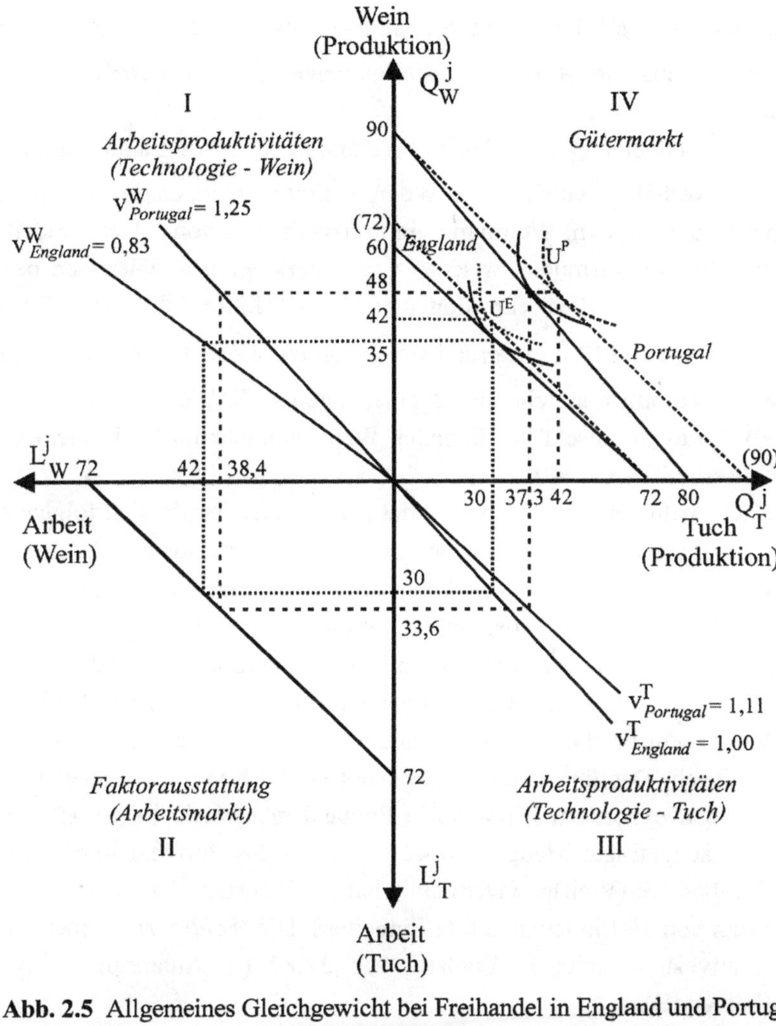

Abb. 2.5 Allgemeines Gleichgewicht bei Freihandel in England und Portugal

Durch Außenhandel - bei einem für beide Länder günstigeren Weltpreisverhältnis (1:1) als in Autarkie - kommt es zu *Wohlfahrtssteigerungen* in beiden Ländern, weil die Konsummöglichkeiten vergrößert werden. Der Nutzen (U^j) steigt in beiden Ländern: von 32,82 (in Autarkie) auf 36,51 in England und von 42,69 (in Autarkie) auf 45,10 in Portugal (genaue Zahlenkonstellation, siehe *Anhang 2.2*).

Um eine Lösung für eine *vollständige Spezialisierung* des Ricardo-Modells mit den Originalangaben über die Arbeitskosten zu erhalten, wurden spezielle Annahmen über die Präferenzen der Konsumenten beider Länder für beide Güter

(Konsumanteile, β_i^j) gemacht. Sie sind - ebenso wie die Gesamtergebnisse des Ricardo-Modells - im *Anhang 2.2* zusammengestellt und in *Abb. 2.5* anschaulich gemacht.

Dabei bedeutet P_T / P_W das am Weltmarkt für beide Länder einheitlich geltende Preisverhältnis von Tuch zu Wein. Nimmt man an, dass sich durch Angebot und Nachfrage auf dem Weltmarkt ein Preisverhältnis von 1:1 einpendelt (es liegt wie von Ricardo vermutet zwischen den Autarkiepreisverhältnissen beider Länder), so bedeutet dies für England: $1/1 \succ 1/1{,}20 = 0{,}83$ und für Portugal $1/1 \prec 0{,}90 : 0{,}80 = 1{,}125$ (aufgrund der Parameterwerte für a_i^j im *Anhang 2.2*). England bekommt nunmehr für 72 Tucheinheiten 72 Weineinheiten (in Autarkie nur 60), Portugal tauscht 90 Einheiten Wein nunmehr für 90 Einheiten Tuch (in Autarkie erhielt es nur 80).

Nach Aufnahme von Außenhandel (*Freihandel*) ergibt sich folgende Gleichgewichtskonstellation auf allen nationalen und internationalen Märkten - wobei die Welt aus der Summe beider Länder besteht. Beide Länder spezialisieren sich aufgrund der von Ricardo postulierten komparativen Vorteile (*Tabelle 2.1*).

- *England* spezialisiert sich voll auf die Produktion von Tuch, d.h. es produziert die maximal mögliche Menge an Tuch (72 Einheiten). Dafür wird kein Wein mehr produziert. Es konsumiert weiterhin (wie in Autarkie) 30 Einheiten Tuch. Das überschüssige Angebot an Tuch von 42 Einheiten wird nach Portugal exportiert. Da Wein in England nicht mehr hergestellt wird, muss die nachgefragte Menge von 42 Einheiten aus Portugal importiert werden. Das bessere (Welt)preisverhältnis hat die Konsummöglichkeiten erhöht (bei Wein von 35 Einheiten auf 42 Einheiten). Die *Wohlfahrt* - gemessen am Nutzenniveau - steigt in England von 32,82 (in Autarkie) auf 36,51 (bei Freihandel).
- *Portugal* spezialisiert sich voll auf die Produktion von Wein, d.h. es produziert die maximal mögliche Menge an Wein (90 Einheiten). Dafür wird kein Tuch mehr produziert. Es konsumiert weiterhin (wie in Autarkie) 48 Einheiten Wein. Das überschüssige Angebot an Wein von 42 Einheiten wird nach England exportiert. Da Tuch in Portugal nicht mehr hergestellt wird, muss die nachgefragte Menge von 42 Einheiten aus England importiert werden. Das bessere (Welt)preisverhältnis hat die Konsummöglichkeiten auch in Portugal erhöht (bei Tuch von 37,33 auf 42 Einheiten). Die *Wohlfahrt* - ge-

messen am Nutzenniveau - steigt in Portugal von 42,69 (in Autarkie) auf 45,10 (bei Freihandel).

- Die Konsistenz der Tauschpläne und der darausfolgende *Handelsbilanzausgleich* in der Zweiländerwelt erfordert es, dass die Tuch-Exporte Englands ($Q_T^E - C_T^E$) den Tuch-Importen Portugals ($C_T^P - Q_T^P$) entsprechen und die Wein-Exporte Portugals ($Q_W^P - C_W^P$) den Wein-Importen Englands ($C_W^E - Q_W^E$). In beiden Fällen sind Exporte und Importe gleich 42 Einheiten. Bewertet zu Weltmarktpreisen müssen sich Exporte und Importe auch in nominellen Größen ausgleichen. Die Weltzahlungsbilanz muss einen Saldo von Null haben (*Zahlungsbilanzbeschränkung*): Aus der Sicht Englands gilt: $P_T(Q_T^P - C_T^E) - P_W(C_W^E - Q_W^E) = 0$. Dividiert man Importmengen durch Exportmengen, erhält man daraus das Weltmarktpreisverhältnis von Tuch zu Wein: $(C_W^E - Q_W^E)/(Q_T^E - C_T^E) = P_T / P_W$. Unter Verwendung obiger Werte ergibt sich 42/42=1. Analog dazu leitet sich das Weltpreisverhältnis aus der Zahlungsbilanzbeschränkung Portugals ab.

Lösung des Ricardo-Modells unter Mill'schen Annahmen über die Konsumentenpräferenzen

Unterstellt man eine Mill'sche Nutzenfunktion (d.h. die Konsumanteile sind für beide Länder gleich und zwar $\beta_i^j = 1/2$, so gibt es für das Ricardo-Beispiel nur eine Freihandels-Lösung mit *unvollständiger Spezialisierung*. Das Weltpreisniveau fällt mit jenem des „großen" Landes (Portugal 1:0,89 bzw. 1,125) zusammen. Nur das „kleine" Land (England) spezialisiert sich voll auf Tuch (komparative Vorteile). Man erhält dann die klassische Lösung von John Stuart Mill (siehe *Chipman*, 1965, I, S. 484-493) unter Zuhilfenahme der Angaben aus *Anhang 2.2*):

- *England* spezialisiert sich voll auf Tuch (72 Einheiten) und konsumiert davon die Hälfte (36 Einheiten). Der Überschuss von 36 Einheiten wird nach Portugal exportiert. Es konsumiert nach Aufnahme von Außenhandel 40,5 Einheiten Wein (in Autarkie 30). Da kein Wein produziert wird, muss diese Menge aus Portugal importiert werden. England kann seinen Nutzen von 32,86 auf 38,18 steigern.
- *Portugal* produziert beide Güter (4 Einheiten Tuch - in Autarkie 40 - und 85,5 Einheiten Wein - in Autarkie 45). Die Konsummengen bleiben gleich hoch wie in Autarkie (40 Einheiten Tuch, 45 Einheiten Wein). Die Überschussnachfrage nach Aufnahme von Außenhandel von 36 Tucheinheiten wird aus England importiert. Der überschüssige Wein (40,5 Einheiten) wird nach England exportiert. Im Gegensatz zu England bleibt das Nutzenniveau in Portugal nach Außenhandel mit 42,43 gleich hoch wie in Autarkie.

Wir haben nun das einfachste aller Modelle der Außenhandelstheorie erläutert und anhand des Zahlenbeispiels von Ricardo demonstriert. Obwohl das Ricardianische 1-Faktor-2-Güter-2-Länder-Modell viel zu einfach ist, um die komplexe Welthandelswirklichkeit zu erklären, ist es dennoch ein hilfreiches Instrument, um Fragen des internationalen Handels zu analysieren.

2.4 Das Dimensionsproblem des Ricardo-Modells

Das Ricardo-Modell ist ein *1-Faktor-2-Güter-2-Länder-Modell.* In diesem Modellrahmen hat die Aussage, wonach das Außenhandelsmuster (im klassischen Ricardo-Beispiel - England spezialisiert sich auf Tuch, Portugal auf Wein, womit auch die Export-Import-Ströme bestimmt sind) durch Unterschiede in den relativen Arbeitskosten und damit relativen Güterpreisen vor Aufnahme des Handels (in Autarkie) bestimmt wird, allgemeine Gültigkeit.

Die Aussagen des Gesetzes der komparativen Vorteile werden umso vager, je mehr man versucht, es der Realität - also auf eine Mehr-Güter-Mehr-Länder-Welt - anzuwenden. Die Literatur ist voll von Versuchen, die Aussagen des „Ricardo-Modells" für den Fall von mehr als zwei Gütern bzw. Ländern zu verallgemeinern. In der Zwischenkriegszeit beschäftigte sich vor allem *Frank Graham* mit Verallgemeinerungen des Ricardo-Modells. Nach dem zweiten Weltkrieg wurden seine numerischen Analysen wieder aufgegriffen und mittels der 1951 von *Tjalling Koopmans* und *George Dantzig* entwickelten Methode der *linearen Programmierung* verfeinert (z.B. durch *T. Whitin*). Die Existenz und Eindeutigkeit des allgemeinen Gleichgewichts im Graham'schen Viele-Güter-Viele-Länder-Modell bewies *Lionel McKenzie* mittels des Fix-Punkt-Theorems von *Shizuo Kakutani. Ronald Jones* entwickelte 1961 eine Formel zur Verallgemeinerung des Gesetzes der komparativen Vorteile. Im Mehr-Güter-Mehr-Länder-Fall ist eine Allokation der Produktionsaktivitäten dann optimal (effizient), wenn das Produkt der damit verbundenen Arbeitskosten niedriger ist als das Produkt einer anderen Allokation[7].

Man spricht dann von einer optimalen Zuordnung von Aktivitäten zu Ländern. In jüngerer Zeit gibt es zwei Versuche von Verallgemeinerungen des Ricardo-Modells. Es handelt sich dabei um ein Ricardo-Modell mit einem Pro-

---

7 Einen historischen Literaturüberblick über Verallgemeinerungen des Ricardo-Modells gibt *Chipman* (1965, I).

duktionsfaktor, zwei Ländern und mit sehr vielen Gütern (ein Kontinuum)[8] von *Rudiger Dornbusch, Stanley Fischer* und *Paul Samuelson* (1977) sowie um die Verallgemeinerung des Gesetzes der komparativen Vorteile für den Fall von vielen Gütern und vielen Ländern von *Alan Deardorff* (1980).

Bei der üblichen Annahme über die Nachfrage (jeder Konsument in den beiden Ländern gibt einen konstanten Anteil für jedes Gut aus) ergibt sich im Gütermarktgleichgewicht folgendes Spezialisierungsmuster (*Dornbusch-Fischer-Samuelson* (1977)):

- Bei gegebenem Verhältnis von inländischen Löhnen gibt es eine Trennlinie zwischen Gütern, die effizient im Inland, und solchen, die effizient im Ausland erzeugt werden.
- Die Effizienz wird aus einer fallenden Funktion ermittelt, die das Verhältnis der Arbeitsproduktivität des Inlandes zu jener des Auslandes für jedes Gut abbildet.
- Bei jenen Gütern, für die die Produktionskosten (Lohnsatz mal Arbeitseinsatz) niedriger sind als im Ausland, hat das Inland komparative Vorteile.

Deardorff (1980)[9] beweist ein Theorem über die Gültigkeit der *„schwachen"* Form des Gesetzes der komparativen Vorteile für den Fall vieler Faktoren, vieler Güter und vieler Länder, das besagt, dass das *Außenhandelsmuster* durch komparative Vorteile bestimmt wird. Die Hauptaussage seines Theorems lautet:

- Im „Durchschnitt" sind hohe Autarkiepreise mit Importen korreliert und niedrige mit Exporten. D.h., es gibt eine Korrelation zwischen der Differenz von Autarkiepreisen zu Weltmarktpreisen und dem Netto-Export der Länder. Liegen die Autarkiepreise über den Weltmarktpreisen, so werden solche Güter tendenziell importiert; liegen sie darunter, ergeben sich Exportchancen. Über das *Außenhandelsmuster* - welches Land exportiert bzw. importiert welches Gut - können keine genauen Aussagen gemacht werden.
- Im einfachen Ricardo-Fall mit zwei Ländern und zwei Gütern ergibt sich ebenfalls der negative Zusammenhang zwischen Autarkiepreisdifferenzen beider Länder und den Netto-Exporten des Inlandes. Im 2-Güter-2-Länder-Fall ist das Außenhandelsmuster und die Richtung des Außenhandels einfach zu bestimmen.

---

8 *Xu* (1993) verallgemeinert diesen Ansatz, indem er zwei Produktionsfaktoren (Kapital, Arbeit) annimmt. Dieses Modell enthält dann als Spezialfälle sowohl das Ricardo- als auch das Heckscher-Ohlin-Modell.

9 Ähnliche Analysen gibt es von *Dixit-Norman* (1980, 1982).

Die Verallgemeinerung des Gesetzes der komparativen Vorteile kann für den l-Faktoren, m-Güter und n-Länder-Fall nur noch Aussagen über die negative Korrelation zwischen Autarkiepreisen und Netto-Exporten machen. Eine Aussage darüber, welches Land welches Gut exportiert bzw. importiert (Handelsmuster) ist nicht mehr möglich[10].

Anhang 2.1 Ableitung der Nachfragefunktionen am Gütermarkt

Die Konsumenten maximieren ihren Nutzen unter Berücksichtigung der Budgetbeschränkung:

Maximiere den Nutzen: $$U^j = {C_W^j}^{\beta_W^j} {C_T^j}^{\beta_W^j} \tag{A 2.1}$$

unter Berücksichtigung der Budgetbeschränkung

$$Y^j = P_W^j C_W^j + P_T^j C_T^j . \tag{A 2.2}$$

(j sind die beiden Länder - England und Portugal. Die Suffixe W und T stehen für die beiden Güter Wein und Tuch. U ist das Nutzenniveau. Y ist das gesamte Einkommen der Volkswirtschaft, das Brutto-Inlandsprodukt - BIP; β_W^j, β_T^j sind die Konsumanteile für Wein und Tuch in beiden Ländern, wobei gilt: $\beta_W^j + \beta_T^j = 1$).

Zur Lösung dieses Maximierungsproblems wird die Lagrange-Funktion L verwendet

$$L = {C_W^j}^{\beta_W^j} {C_T^j}^{\beta_W^j} + \lambda (P_W^j C_W^j + P_T^j C_T^j - Y^j). \tag{A 2.3}$$

Die Differenzierung dieser Funktion nach C_W^j, C_T^j, λ und Nullsetzen ergibt ein System mit drei Gleichungen, deren Lösungen den maximalen Nutzen ergeben.

$$\frac{\partial L}{\partial C_W^j} = \beta_W^j {C_W^j}^{(\beta_W^j - 1)} {C_T^j}^{\beta_T^j} + \lambda P_W^j = 0. \tag{A 2.4}$$

$$\frac{\partial L}{\partial C_T^j} = \beta_T^j {C_W^j}^{\beta_W^j} {C_T^j}^{(\beta_T^j - 1)} + \lambda P_T^j = 0. \tag{A 2.5}$$

$$\frac{\partial L}{\partial \lambda} = P_W^j C_W^j + P_T^j C_T^j - Y^j = 0. \tag{A 2.6}$$

---

[10] *Deardoff* (1994) untersuchte die Robustheit des Gesetzes der komparativen Vorteile auch für den Fall von ungleichgewichtigem Handel, von Verzerrungen auf den inländischen Märkten (Steuern, unvollständige Konkurrenz) und von Fällen, bei denen die Länder inhomogene Regionen aufweisen. Auch hier gilt - allerdings unter restriktiven Annahmen - das Gesetz der komparativen Vorteile.

Die Bedingung erster Ordnung[11] oder die notwendige Bedingung für ein Optimum ist gegeben durch

$$\frac{\partial L}{\partial C_W^j} = \frac{\partial L}{\partial C_T^j} = \frac{\partial L}{\partial \lambda} = 0. \qquad \text{(A 2.7)}$$

Die Lösung von *(A 2.4)* und *(A 2.5)* nach λ und gleichsetzen ergibt:

$$-\frac{\dfrac{\partial U^j}{\partial C_T^j}}{\dfrac{\partial U^j}{\partial C_W^j}} = -\frac{\beta_T^j}{\beta_W^j}\frac{C_W^j}{C_T^j} = -\frac{P_T^j}{P_W^j}. \qquad \text{(A 2.8)}$$

Gleichung (A 2.8) gibt die Grenzrate der Substitution (GRS) an. Löst man *(A 2.8)* nach P_T^j und setzt diesen Ausdruck in die Budgetbeschränkung *(A 2.6)* ein, so erhält man:

$$Y^j = P_W^j C_W^j + \left(\frac{\beta_T^j}{\beta_W^j}\frac{C_W^j P_W^j}{C_T^j}\right) C_T^j. \qquad \text{(A 2.9)}$$

Diese Gleichung kann man nach C_W^j lösen und erhält damit - unter Berücksichtigung von $\beta_W^j + \beta_T^j = 1$ - die Nachfragefunktion für Wein:

$$C_W^j = \beta_W^j \frac{Y^j}{P_W^j}. \qquad \text{(A 2.10)}$$

Wenn man *Gleichung (A 2.9)* nach P_W^j löst und in *Gleichung (A 2.6)* einsetzt, erhält man die Nachfragefunktion für Tuch[12]

$$C_T^j = \beta_T^j \frac{Y^j}{P_T^j}. \qquad \text{(A 2.11)}$$

Beide Nachfragefunktionen implizieren, dass die Nachfrage positiv auf Einkommensänderungen und negativ auf Preisänderungen reagiert. Dies erkennt man aus den partiellen Ableitungen der Nachfrage (z.B. für Wein - analog dazu für Tuch) nach dem Einkommen und den Preisen: $\partial C_W^j / \partial Y^j = \beta_W^j / P_W^j$ und $\partial C_W^j / \partial P_W^j = -\beta_W^j Y^j / {P_W^j}^2$. Die Nachfrageelastizitäten lauten bezüglich des Ein-

---

[11] Um auch eine hinreichende Bedingung für das Optimum zu erhalten, muss auch die Bedingung zweiter Ordnung erfüllt sein. Hier wird vorausgesetzt, dass dies gegeben ist (siehe *Hazari*, 1986, S. 21 ff).

[12] Aus den Nachfragefunktionen (Gleichungen (A 2.10 und A 2.11) kann man direkt die Konsumanteile (β) ableiten. Im Falle von Tuch (Gleichung A. 2.11) bedeutet dies: $\beta_T^j = \frac{C_T^j P_T^j}{Y^j}$.

kommens: $(\partial C_W^j / \partial Y^j)(Y^j / C_W^j) = (\beta_W^j / P_W^j)(Y^j / C_W^j) = 1.0$ und bezüglich der Preise: $(\partial C_W^j / \partial P_W^j)(P_W^j / C_W^j) = -(\beta_W^j Y^j / P_W^{j2})(P_W^j / C_W^j) = -1.0$ (unter Berücksichtigung der Parameterwerte von *Anhang 2.2*).

Anhang 2.2 Ricardo-Modell: 1-Faktor, 2-Sektoren, 2-Länder

Allgemeines Gleichgewichtsmodell (Originalzahlenbeispiel von David Ricardo[13])

2 Produktionssektoren produzieren	2 Länder (j = England, Portugal)
2 Güter (i = Tuch, Wein): Q_i	Vollständig Konkurrenz
1 Produktionsfaktor (Arbeit): L_i	vollständige Spezialisierung
Modellgleichungen	Numerische Ergebnisse

		England		**Portugal**	
		Autarkie	Freihandel	Autarkie	Freihandel
Gütermärkte:					
Angebot: Lineare Produktionsfunktionen:					
$Q_i^j = \frac{1}{a_i^j} L_i^j$	Wein	35,00	0,00	48,00	90,00
	Tuch	30,00	72,00	37,33	0,00
Produktionsmöglichkeitenkurven:					
$\overline{Q}_W^j = \frac{L_s^j}{a_W^j} - \frac{a_T^j}{a_W^j} Q_T^j$	maximale Produktion von Wein, wenn Tuch = 0:				
	Wein	60,00	0,00	90,00	0,00
$\overline{Q}_T^j = \frac{L_s^j}{a_T^j} - \frac{a_W^j}{a_T^j} Q_W^j$	maximale Produktion von Tuch, wenn Wein = 0:				
	Tuch	72,00	0,00	80,00	0,00
Nutzenfunktion (Wohlfahrt): Cobb-Douglas					
$U^j = C_W^{j\,\beta_W^j} C_T^{j\,\beta_T^j}$ mit $\beta_W^j + \beta_T^j = 1$		32,82	36,51	42,69	45,10
$C_i^j = \beta_i^j \frac{Y^j}{P_i^j}$	Wein	35,00	42,00	48,00	48,00
	Tuch	30,00	30,00	37,33	42,00
Gütermarktgleichgewicht:					
$C_W^j - Q_W^j = 0 \quad (EX_i^j, IM_i^j)$	Wein	0,00	42,00	0,00	- 42,00

13 *David Ricardo*: On the Principles of Political Economy and Taxation, London 1817 (3. Auflage von 1823), wiederabgedruckt in R.M. Hartwell (Ed.), Pelican Classics, Harmondsworth 1971, S. 153.

		England		Portugal	
		Autarkie	Freihandel	Autarkie	Freihandel
$C_T^j - Q_T^j = 0 \quad (EX_i^j, IM_i^j)$	Tuch	0,00	- 42,00	0,00	42,00
Güterpreise - bestimmt durch Stückkosten:					
$P_i^j = a_i^j w_i^j$	Wein	1,20	1,00	0,89	0,89
(P_T^j = Numéraire =1)	Tuch	1,00	1,00	1,00	0,89
Güterpreisverhältnisse:					
$\frac{P_T^j}{P_W^j}\left(\frac{P_W^j}{P_T^j}\right)$		0,833 (1,20)	1,0 (1,0)	1,125 (0,89)	1,0 (1,0)
Faktormarkt:					
Arbeitsnachfrage:					
$L_i^j = \frac{P_i^j}{w_i^j} Q_i^j$	Wein	42,00	0,00	38,40	72,00
	Tuch	30,00	72,00	33,60	0,00
Faktormarktgleichgewicht:					
(Faktorangebot - L_s^j - exogen gegeben und in beiden Ländern gleich)					
$L_s^j = \sum_i L_i^j$		72,00	72,00	72,00	72,00
Faktorentlohnung - bei vollständiger Konkurrenz in beiden Sektoren gleich:					
Faktorpreise (Nominallöhne):					
$w_i^j = P_i^j \left(\frac{Q_i^j}{L_i^j}\right) = w^j$		1,00	1,00	1,11	1,11
Grenzproduktivitäten der Arbeit (Reallöhne):					
$wr_i^j = \frac{\partial Q_i^j}{\partial L_i^j} = \frac{1}{a_i^j} = v_i^j$	Wein	0,83	0,83	1,25	1,25
	Tuch	1,00	1,00	1,11	1,11
Brutto-Inlandsprodukt (BIP):					
Volkseinkommen: $Y^j = w^j \sum_i L_i^j$		72,00	72,00	80,00	80,00
BIP - Produktionsseite: $Y^j = \sum_i P_i^j Q_i^j$		72,00	72,00	80,00	80,00
BIP - Nachfrage- bzw. Ausgabenseite: $Y^j = \sum_i P_i^j C_i^j$		72,00	72,00	80,80	80,00

		England		Portugal	
		Autarkie	Freihandel	Autarkie	Freihandel
Leistungsbilanz (Handelsbeziehungen zwischen beiden Ländern):					
Exporte:	Wein	0,00	0,00	0,00	42,00
$EX_i^j = (Q_i^j - C_i^j)$	Tuch	0,00	42,00	0,00	0,00
Importe:	Wein	0,00	42,00	0,00	0,00
$IM_i^j = (C_i^j - Q_i^j)$	Tuch	0,00	0,00	0,00	42,00
Zahlungsbilanzbeschränkung:		0,00	0,00	0,00	0,00
$ZB^j = P_i^j (Q_i^j - C_i^j) - P_i^j (C_i^j - Q_i^j)$		**Autarkie**		**Freihandel**	
Weltproduktion:	Wein	83,00		90,00	
$WP_i = \sum_j Q_i^j$	Tuch	67,33		72,00	
Exogene Parameter:					
Konsumanteile (in Nutzenfunktion):	Wein	0,583	0,583	0,533	0,533
β_i^j	Tuch	0,417	0,417	0,467	0,467
Verbrauchskoeffizienten (Arbeitskosten):[14]	Wein	1,20	1,20	0,80	0,80
$a_i^j = \frac{L_i^j}{Q_i^j}$	Tuch	1,00	1,00	0,90	0,90
Arbeitsproduktivitäten:	Wein	0,83	0,83	1,25	1,25
$v_i^j = \frac{Q_i^j}{L_i^j}$	Tuch	1,00	1,00	1,11	1,11

Komparative Vorteile:

$$\left(\frac{1{,}00}{0{,}83}\right) \succ \left(\frac{1{,}11}{1{,}25}\right) \quad \text{oder} \quad \left(\frac{1{,}00}{1{,}20}\right) \prec \left(\frac{0{,}90}{0{,}80}\right)$$

$$1{,}20 \succ 0{,}89 \qquad 0{,}833 \prec 1{,}125$$

$$\left(\frac{v_T^E}{v_W^E}\right) \succ \left(\frac{v_T^P}{v_W^P}\right) \quad \text{oder} \quad \left(\frac{a_T^E}{a_W^E}\right) \prec \left(\frac{a_T^P}{a_W^P}\right)$$

Vollständige Spezialisierung (wenn $\beta_i^j \neq 1/2$): England (Tuch), Portugal (Wein).

Unvollständige Spezialisierung (wenn $\beta_i^j = 1/2$): England (Tuch), Portugal (Wein und Tuch).

---

[14] Originalzahlen *Ricardos* dividiert durch 100.

3 Empirische Tests des Ricardo-Modells

3.1 Allgemeine Probleme

Obwohl - oder gerade weil - das Ricardo-Modell am einfachsten die wesentlichen Phänomene des internationalen Handels theoretisch erklärt, ist es aus mehreren Gründen schwierig, seine Aussagen empirisch zu testen.[1] Die Ricardo-Aussage führt allgemein zu folgender zu testenden Hypothese: Es muss eine negative Beziehung zwischen den Autarkiepreisen zweier Länder (Inland zu Ausland) und den Netto-Exporten (Volumen des Außenhandels) des Inlandes geben.

- Das wesentlichste Problem besteht darin, dass die theoretische Abstraktion eines 1-Faktor-2-Güter-2-Länder-Modells natürlich überfordert ist, wenn es gilt, die komplexen Handelsbeziehungen der realen Welt zu erklären.
- Ein weiteres grundlegendes Problem beim empirischen Test der Theorie der komparativen Vorteile besteht darin, dass die zentralen Variablen, die für die theoretischen Aussagen wichtig sind, nicht direkt messbar sind. Dazu zählen vor allem die relativen „Autarkiepreise". Der Grund ist einleuchtend. Jedes Land betreibt Außenhandel. Daher kann man den Zustand der Autarkie in der Realität niemals beobachten. Als Ausweg bietet sich die Möglichkeit an, die Theorie der komparativen Vorteile nicht direkt, sondern indirekt zu testen. Man könnte dies bewerkstelligen, indem man „komparative Vorteile" durch andere Faktoren erklärt. z.B. werden die Autarkiepreise abhängig gemacht von Länder- und Gütercharakteristiken.
- Eine weitere Schwierigkeit besteht darin, dass die Beziehung zwischen Netto-Exporten und relativen Autarkiepreisen nicht explizit bekannt ist.[2] Im Ricardo-Modell mit Freihandel hängt die „Richtung" des Außenhandels von

---

[1] Siehe im Detail zur Problematik der empirischen Tests von Handelstheorien, *Deardorff* (1984).

[2] In empirisch orientierten Studien (z.B. UNIDO, 1982) wird - basierend auf *Balassa* (1965) - unterstellt, dass eine solche Beziehung ganz natürlich besteht.
Die Export-Performance wird dann gemessen mittels des Index „Revealed Comparative Advantage" (RCA). Er ist wie folgt definiert: $RCA_i^j = \ln\left[(X_i^j / X_m^j)/(M_i^j / M_m^j)\right]$ (siehe *Breuss*, 1983, S. 400), wobei X = Wert der Exporte, M = Wert der Importe, i = Gütergruppe (m = Summe des Handels - $X_m^j = \sum_i^m X_i^j$). Wenn $RCA = 0$, bedeutet dies Neutralität (keine „komparativen Vor- oder Nachteile"), wenn $(1/a_T^E)(P_T/P_W)$, deutet dies auf „komparative Vorteile", wenn $RCA \prec 1$, deutet dies auf „komparative Nachteile" in der beobachteten Gütergruppe hin. Kritik an diesem Maßstab üben *Hillman* (1980) und *Bowen* (1983). Eine theoretische Bewertung der verschiedenen RCA-Maße gibt *Vollrath* (1991).

den Autarkiepreisen ab, nicht aber das „Volumen". Wenn die Entscheidung eines Landes gefallen ist, dass ein Gut exportiert wird, so hängt dessen Volumen (Menge) entweder von der Weltnachfrage nach diesem Gut oder von der Angebotskapazität (Größe) des entsprechenden Landes ab.

- Im Ricardo-Modell werden „komparative Vorteile" (Autarkiepreise) ausschließlich durch länderweise Unterschiede in den Arbeitsstückkosten erklärt. Damit müsste ein Test des Ricardo-Modells einfach sein: Wenn relative Arbeitsstückkosten beobachtet bzw. gemessen werden können, dann könnten einfache Regressionen mit den Netto-Exporten ausreichen, um die Ricardo-Theorie zu testen. Allerdings gibt es im Zusammenhang mit der Messbarkeit von Arbeitsstückkosten einige Probleme:

1. Unter Freihandel impliziert das einfache Ricardo-Modell im Gleichgewicht eine vollständige Spezialisierung. Ein Gut wird nur dann in beiden Ländern erzeugt, wenn die Arbeitskosten in beiden Ländern gleich hoch sind. Wenn es unterschiedliche relative Arbeitskosten in beiden Ländern gibt, so wird höchstens ein Gut in beiden Ländern produziert. Das bedeutet aber, dass Unterschiede im relativen Arbeitseinsatz in der Produktion nicht beobachtet werden können, da importierte Güter fast nie im importierenden Land erzeugt werden. Die Messung von relativen Arbeitsstückkosten ist damit fast genauso schwierig wie jene von relativen Autarkiepreisen. Allerdings gibt es in der realen Welt fast nur unvollständige Spezialisierung. Wenn der Außenhandel durch Transportkosten und/oder Handelsbarrieren genügend restringiert wird, dann kommt es auch im Handelsgleichgewicht bei Ricardo zur unvollständigen Spezialisierung (d.h. beide Länder erzeugen beide Güter).
2. Ein weiteres Problem besteht darin, relative Arbeitskosten im internationalen Vergleich zu messen, wenn die Welt aus vielen Ländern besteht. Im einfachen 2-Länder-Ricardo-Modell müsste man dann den bilateralen Handel zwischen zwei Ländern untersuchen und beobachten, ob der relative Arbeitseinsatz für die Exporte höher ist als jener für die Importe. Meist ist das Volumen des bilateralen Handels zwischen den verschiedensten Paaren von Ländern kleiner als der Handel mit dem Rest der Welt (Ausnahmen sind Länder mit traditionell hoher Handelsverflechtung wie z.B. USA-Kanada sowie Österreich-Deutschland).

3.2 Der MacDougall-Test

Der berühmteste empirische Test des Ricardo-Modells stammt von *G.D.A. MacDougall* (1951, 1952).[3] Er verwendete Daten aus dem Jahr 1937 für 25 Industrieprodukte für die USA und für Großbritannien. Um das 2-Länder-Modell zu testen, untersuchte MacDougall den Zusammenhang von relativer Arbeitsproduktivität für jedes Produkt und dem Verhältnis der Exporte in Drittländer der USA zu Exporten in Drittländer Großbritanniens. Diese Vorgangsweise ist deswegen zulässig, weil 1937 die Handelsbeziehungen zwischen beiden Ländern viel weniger intensiv waren als jene zwischen beiden Ländern und dem Rest der Welt. Zusätzlich erhoben die USA und Großbritannien im bilateralen Handel unterschiedliche Importzölle, während amerikanische und britische Firmen auf den Drittmärkten mit gleichen Handelsbarrieren konfrontiert waren und daher annähernd gleiche Wettbewerbsbedingungen vorfanden.

Das Prinzip der komparativen Vorteile (*Kapitel 2.3.1*) besagt, dass im 2-Länder-Fall jedes Land jenes Gut exportieren wird, bei dem das Verhältnis der Arbeitsproduktivität eines Landes relativ zum anderen größer ist als das Verhältnis der relativen Löhne. Im Falle des 2-Länder-Vergleichs USA und Großbritannien (bei unvollständiger Spezialisierung) lautet dann die Bedingung für Außenhandel:

$$\text{Wenn} \quad \frac{v_i^{US}}{v_i^{GB}} \succ \frac{w_i^{US}}{w_i^{GB}} \quad \text{dann} \quad \frac{X_i^{US}}{X_i^{GB}} \succ 1, \tag{3.1}$$

wobei v_i die Arbeitsproduktivität für das i-te Gut ist - sie entspricht dem inversen Arbeitseinsatz, gemessen an den Arbeitsverbrauchskoeffizienten $v_i = 1/a_i$;

[3] *Stern* (1962), *MacDougall et al.* (1962) sowie *Balassa* (1963) haben den MacDougall-Test für die USA und Großbritannien mit Daten aus dem Jahr 1950 wiederholt und seine Ergebnisse im wesentlichen bestätigt. Während die beiden erstgenannten Studien reale Exporte verwendeten, hat *Balassa* mit Exportwerten aus dem Jahr 1951 und Produktivitätsdaten aus dem Jahr 1950 gearbeitet. Eine Zusammenstellung und kritische Bewertung dieser Ergebnisse machte *Bhagwati* (1966, S. 167). *Glejser* (1972) gelang es, die Aussagen des einfachen Ricardo-Modells für 6 EG-Länder (Daten von 1958 und 1966) empirisch zu bestätigen. Er fand eine signifikant negative Beziehung zwischen relativen Verbraucherpreisen (als Annäherung für Autarkiepreise!) von je zwei EG-Ländern und deren relativer Marktanteilsposition auf den einzelnen EG-Ländermärkten.
Keine Bestätigung des einfachen Ricardo-Modells fanden *Sailors-Bronson* (1970). Sie korrelierten für 19 Länder paarweise die Zusammenhänge zwischen relativen Arbeitsproduktivitäten und relativen Exporten. Entgegen den theoretischen Erwartungen waren die Korrelationen (Daten von 1958) meist negativ.

w_i ist der Lohnsatz für die *i*-te Industrie (wobei $w_i = P_i / a_i$ oder $w_i = P_i v_i$; P_i ist der Autarkiepreis des *i*-ten Gutes); X_i sind die Exporte des *i*-ten Gutes der USA bzw. Großbritanniens jeweils in den Rest der Welt (ausschließlich der bilateralen Handelsströme zwischen beiden Ländern), und *i* ist der Index für die untersuchten 25 Produkte.

MacDougall fand, dass in 20 von den 25 beobachteten Industrien die Exporte der USA immer dann einen größeren Anteil am Weltmarkt hatten, wenn die US-amerikanischen Arbeiter mehr als zweimal so produktiv waren wie die britischen und einen kleineren Marktanteil, wenn der Produktivitätsvorsprung geringer war. Die amerikanischen Industrielöhne waren 1937 im Durchschnitt ungefähr doppelt so hoch wie jene in Großbritannien. Damit die Lohnkosten gleich hoch waren wie in Großbritannien, musste die Arbeitsproduktivität in den USA zweimal so hoch sein wie in Großbritannien.

MacDougall (1951, S. 703) gelang es, eine funktionale Beziehung zwischen relativen Arbeitsproduktivitäten und relativen Exporten der 25 untersuchten Produkte graphisch herzustellen. Zwischen beiden Variablen gibt es folgende log-lineare Regressionsbeziehung, deren Parameter α und β man mittels der Kleinstquadratmethode schätzen kann (*Ln* sind die natürlichen Logarithmen der entsprechenden Variablen; X_i sind reale Exporte der beiden Länder in Drittstaaten; v_i sind die Arbeitsproduktivitäten der *i* Industriezweige):

$$Ln\left(\frac{X_i^{US}}{X_i^{GB}}\right) = \alpha + \beta\, Ln\left(\frac{v_i^{US}}{v_i^{GB}}\right). \tag{3.2}$$

Der Koeffizient β kann als Elastizität der relativen Exporte bezogen auf die relativen Arbeitsproduktivitäten interpretiert werden. Wenn die Arbeitsproduktivität in den USA (relativ zu jenen in Großbritannien) in irgendeinem Industriezweig um x% steigt, müssten die Exporte (relativ zu jenen Großbritanniens) um β % zunehmen.

Im folgenden wird der MacDougall-Test mit Daten von *Stern* (1962) für die Jahre 1937 und 1950 für 24 Industriezweige nachvollzogen.[4] Es handelt sich je-

---

4 *Stern* (1962, Table I, S. 278). Im Gegensatz zu *MacDougall* (1951) verwendet *Stern* zu Vergleichszwecken nicht 25, sondern nur 24 Industrien bzw. Produktgruppen. Für die 24 Produktgruppen sind die Daten für 1937 identisch mit jenen von *MacDougall*. Eine Zusammenstellung der historischen Regressionsergebnisse von *MacDougall*, *Stern* und *Balassa* findet man in *Bhagwati* (1966, S. 167).

weils um Querschnittsregressionen. Die Ergebnisse sind in *Tabelle 3.1* zusammengestellt.

In der Praxis wird sehr oft vereinfachend die Arbeitsproduktivität einzelner Industriezweige herangezogen, wenn man die unterschiedliche Wettbewerbsposition einzelner Länder miteinander vergleichen will (siehe *Abbildung 3.1*).

Der statistische Zusammenhang zwischen relativen Exporten und relativen Arbeitsproduktivitäten (als Approximation für Autarkiepreise) ist erstaunlich gut. Dabei ist zu beachten, dass diese Beziehung im Jahr 1937 enger war als im Jahr 1950. Dies erkennt man aus der Größe des Koeffizienten β . Den unterschiedlich engen Zusammenhang erkennt man auch aus den *Abb. 3.2* und *3.3*.

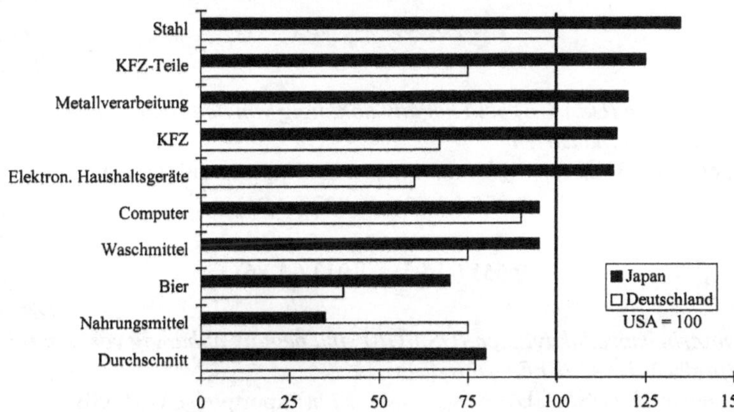

Abb. 3.1 Arbeitsproduktivität in der Industrie, 1990
Quelle: McKinsey.

Der Hauptkritiker dieser Tests war *Bhagwati* (1966). Sein Haupteinwand ist folgender: Es genügt nicht, nur einen Zusammenhang zwischen Arbeitsproduktivität (als Proxy für Autarkiepreise) und Exporten zu testen. Man müsste auch einen Zusammenhang zwischen relativen Exportpreisen und relativen Arbeitsproduktivitäten bzw. Arbeitskosten und letztlich zwischen relativen Exportpreisen und relativen Exporten finden. *Bhagwati* (1966) fand, dass diese Zusammenhänge nicht signifikant waren. Daraus schloss er, dass die Tests von *MacDougall*, *Stern* und *Balassa* keine Bestätigung des einfachen Ricardo-Modells erbracht hätten. Dem hält *Deardorff* (1984, S. 477) entgegen, dass diese zusätzlichen Zusammenhänge für einen erfolgreichen Test der Aussagen des Ricardo-Modells nicht notwendig sind. Man kann sich nämlich durchaus vorstellen, dass Außenhandel zu einem Ausgleich der Exportpreise führt, ohne dass dadurch die Rolle der komparativen Kosten (gemessen an den relativen Arbeitsproduktivitäten) als Bestimmungsgrund für den Außenhandel unterminiert werden.

Tabelle 3.1 Regressionstest des Ricardo-Modells: USA-Großbritannien, 1937 und 1950

1. Relative Exporte (USA/GB) sind positiv abhängig von den relativen Arbeitsproduktivitäten (USA/GB) für 24 Industrien.			
Ln(Exporte (USA/GB)) =	α	$+ \beta$ *Ln*(Arbeitsproduktivitäten USA/GB)	
1937	-3,282 (-5,79)	+2,864 (+4,56)	$R^2 = 0{,}486$ $DW = 1{,}50$
1950	-2,238 (-3,86)	+1,635 (+2,87)	$R^2 = 0{,}273$ $DW = 2{,}13$
2. Relative Exporte (USA/GB) sind negativ abhängig von den relativen Exportpreisen (USA/GB) für 16 Industrien.			
Ln(Exporte (USA/GB)) =	χ	$+ \delta$ *Ln*(Exportpreise USA/GB)	
1937	-0,908 (-3,23)	-3,908 (-4,21)	$R^2 = 0{,}470$ $DW = 1{,}77$
1950	-0,661 (-1,95)	-1,913 (-1,86)	$R^2 = 0{,}199$ $DW = 1{,}88$
3. Relative Arbeitsproduktivitäten (USA/GB) sind negativ abhängig von den relativen Exportpreisen (USA/GB) für 16 Industrien.			
Ln (Arbeitsprod. (USA/GB)) =	ε	$+ \phi$ *Ln*(Exportpreise USA/GB)	
1937	+0,820 (+14,43)	-1,132 (-6,26)	$R^2 = 0{,}662$ $DW = 1{,}01$
1950	+1,018 (+9,84)	-0,566 (-1,81)	$R^2 = 0{,}189$ $DW = 0{,}99$

Eigene Schätzungen mit Daten von *Tabelle 3.2*. Alle Variablen wurden in logarithmierter Form (*Ln*) gerechnet. R^2 = Bestimmtheitsmaß; *DW* = Durbin-Watson Statistik; Werte in Klammern neben den Koeffizienten sind die t-Werte.

In *Tabelle 3.1* wurden anhand der Daten von *Stern* (1962) die Zusatzhypothesen *Bhagwatis* neuerlich getestet. Hier zeigt sich, dass insbesondere für das Jahr 1937 sowohl der negative Zusammenhang zwischen relativen Exporten und relativen Exportpreisen als auch jener zwischen relativen Arbeitsproduktivitäten und relativen Exportpreisen durchaus signifikant ist. Für das Jahr 1950 sind diese Zusammenhänge dagegen sehr schwach.

Dass die soeben getestete funktionale Beziehung empirisch sehr gut gesichert ist, ist um so erstaunlicher, da man aus dem einfachen Ricardo-Modell eine derartige Beziehung gar nicht ableiten kann. Die Theorie prognostiziert nur, dass immer dann, wenn die US-amerikanische Arbeitsproduktivität (1937) kleiner als zweimal so groß[5] ist wie jene Großbritanniens, britische Firmen kostengünstiger produzieren und daher den gesamten Markt für diese Produkte erobern. Die USA würden immer dann 100% Marktanteile gewinnen, wenn ihre Arbeitsproduktivität mehr als zweimal so hoch ist wie jene Großbritanniens. Beide Länder teilen sich den Markt dann auf, wenn die Arbeitskosten gleich hoch sind. Verschiedene Faktoren (Aggregationsproblem - es handelt sich nicht immer um Produkte, sondern Produktgruppen; Qualitätsunterschiede; Transportkosten; sonstige Handelsbarrieren) mögen dazu beitragen, dass man kein Alles-oder-Nichts-Ergebnis erhält, wie die einfache Theorie suggeriert. Dennoch ist es überraschend, eine systematische funktionale Beziehung zwischen relativer Arbeitsproduktivität und relativen Exporten im Querschnitt über alle 24 Industrien zu erhalten.

[5] Im Jahr 1950 waren die amerikanischen Löhne und damit die Arbeitsproduktivität im Industriedurchschnitt sogar 3.4 mal so groß wie jene in Großbritannien (siehe *Stern*, 1962, S. 277).

Tabelle 3.2 Arbeitsproduktivität, Exportpreise und Exporte USA-Großbritannien, 1937 und 1950

	Industriezweige:	Relative Arbeits-produktivität USA : GB 1937	1950	Relative reale Exporte USA : GB 1937	1950	Relative Exportpreise USA : GB 1937	1950
1	Konservendosen	5,250	5,600	3,000	2,380	0,680	-
2	Roheisen	3,600	4,100	5,100	0,170	0,840	1,330
3	Radioapparate	3,500	4,000	7,600	1,540	0,640	0,950
4	Kfz	3,100	4,700	4,300	1,270	0,910	-
5	Maschinen	2,700	2,400	1,500	0,350	-	2,630
6	Glas	2,400	2,700	3,500	4,540	0,690	-
7	Papier	2,200	3,400	1,000	1,160	0,720	0,900
8	Bier	2,000	3,000	0,056	0,320	1,300	1,000
9	Kunststoffe	1,900	2,600	0,340	0,150	1,040	1,110
10	Kokerei	1,900	1,900	0,190	0,230	1,080	1,360
11	Strumpf-, Wirkwaren	1,800	1,900	0,300	1,110	1,240	-
12	Zigaretten	1,700	2,500	0,470	0,810	1,080	1,080
13	Seidenverarbeitung	1,500	2,300	0,200	0,980	1,190	-
14	Baumwollspinnerei	1,500	2,500	0,110	0,550	1,030	-
15	Lederbekleidung	1,400	1,700	0,320	0,490	1,310	1,280
16	Wolle u. Kammgarn	1,350	1,800	0,004	0,020	1,420	1,440
17	Bekleidung	1,250	1,700	0,044	0,290	-	-
18	Fette	1,200	1,800	0,031	0,190	1,340	1,460
19	Zement	1,100	1,200	0,091	0,220	2,120	1,330
20	Beleuchtung	5,400	3,600	0,940	2,340	0,510	0,920
21	Backwaren	3,100	2,400	0,230	0,240	1,010	1,240
22	Zündhölzer	3,100	3,800	0,090	0,940	0,860	-
23	Reifen	2,700	2,400	0,740	0,510	1,120	1,420
24	Waschmittel	2,700	2,500	0,350	0,320	1,240	1,100

Quelle: *Stern* (1962), Table I (S. 278).

Letztlich muss man berücksichtigen, dass das Ricardo-Modell an sich zu einfach ist, um die komplexe Außenhandelswirklichkeit adäquat erklären zu können. Um so erstaunlicher sind die bisher erbrachten empirischen Bestätigungen. Auch jüngste Ergebnisse mit experimentellen Marktsimulationen bestätigen die Robustheit der Aussagen des einfachen Ricardianischen Modells der komparativen Kosten bezüglich des prognostizierten Handelsmusters (siehe *Noussair, Plott, Riezman,* 1995).

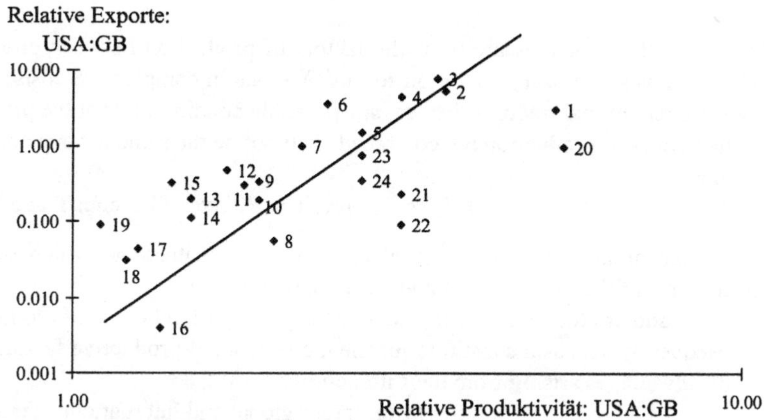

Abb. 3.2 Arbeitsproduktivität und Exporte: USA-Großbritannien, 1937 (Logarithmierte Skalen); Daten von Tabelle 3.2

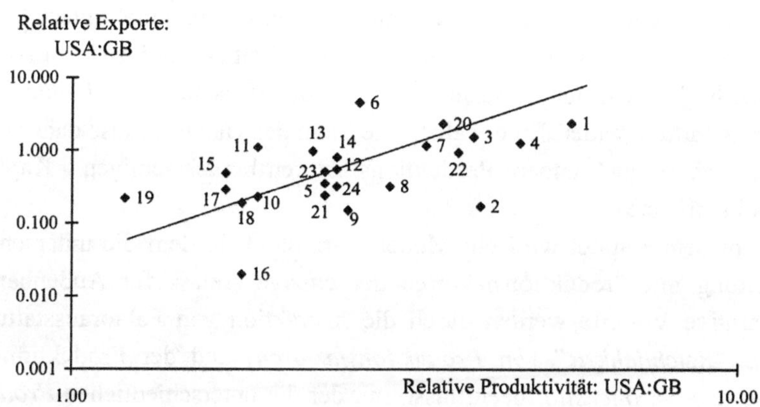

Abb. 3.3 Arbeitsproduktivität und Exporte: USA-Großbritannien, 1950 (Logarithmierte Skalen) ; Daten von Tabelle 3.2

4 *Das Heckscher-Ohlin-Modell*

"A difference in the relative scarcity of the factors of production between one country and another is thus a necessary condition for a difference in comparative costs and consequently for international trade. A further indispensable condition is that the proportions in which the factors of production are combined shall not be the same for one commodity as for another."

Eli Heckscher, The Effects of Foreign Trade ..., 1919.

"Each region has an advantage in the production of commodities into which enter considerable amounts of factors abundant and cheap in that region."
"International trade has the tendency to equalize the prices of the factors of production."
"Trade consequently acts as a substitute for the movements of productive factors and reduces the disadvantages arising from their immobility."

Bertil Ohlin, Interregional and International Trade, 1933.

4.1 Einleitung

Wenn Arbeit der einzige Produktionsfaktor ist, wie im Ricardo-Modell angenommen wurde, würden komparative Vorteile aus den international unterschiedlichen Arbeitsproduktivitäten resultieren. In der realen Welt spiegeln sich im Außenhandel allerdings auch länderweise Unterschiede zwischen den Ländern in der Faktorausstattung wider. Eine realistische Sicht des Handels muss daher nicht nur Arbeit, sondern auch andere Produktionsfaktoren berücksichtigen - Kapital, Boden, Rohstoffe etc.

In diesem Kapitel wird ein Modell vorgestellt, in dem die unterschiedliche Ausstattung mit Produktionsfaktoren der einzige Anlass für Außenhandel ist. Komparative Vorteile werden durch die Interaktion von Faktorausstattung (die relative *"Reichlichkeit" von Produktionsfaktoren*) und der Produktionstechnik (die die relative *Intensität* beeinflusst, mit der die unterschiedlichen *Produktionsfaktoren* zur Produktion unterschiedlicher Güter verwendet werden) begründet.

Die Erkenntnis, dass der internationale Handel im wesentlichen durch die Unterschiede der Länder in ihrer Faktorausstattung zustande kommt, führte zu einer der einflussreichsten Theorien des Außenhandels. Sie wurde von zwei schwedischen Ökonomen - *Eli Heckscher* (1919) und *Bertil Ohlin* (1933; Ohlin erhielt 1977 den Nobelpreis für Ökonomie) - entwickelt und wird daher als *Heck-*

scher-Ohlin-Theorie bezeichnet.[1] Diese Theorie beschreibt das Wechselspiel zwischen den Verhältnissen, zu denen unterschiedliche Produktionsfaktoren in den unterschiedlichen Ländern verfügbar sind und den Verhältnissen, zu denen sie in der Produktion unterschiedlicher Güter verwendet werden; sie wird daher auch als *Faktorproportionen-Theorie*[2] bezeichnet. Einige Autoren (z.B. *Chipman*, 1966) bezeichnen die Außenhandelstheorie à la Heckscher-Ohlin als *"moderne Außenhandelstheorie"*.

Das Heckscher-Ohlin (HO)-Modell des internationalen Handels bildet den Kern einer weiteren Klasse *allgemeiner Gleichgewichtsmodelle*, die verschiedene Phänomene des internationalen Handels erklären. Zur Entwicklung der Faktorproportionentheorie beginnen wir mit der Beschreibung der Annahmen eines 2-Faktoren-, 2-Sektor- und 2-Länder allgemeinen Gleichgewichts-Heckscher-Ohlin-Modells.

Nach der grafischen Darstellung der Zusammenhänge eines allgemeinen Gleichgewichtsmodells mit 2 Faktoren und 2 Sektoren für eine geschlossene Volkswirtschaft werden die grundlegenden Außenhandelstheoreme im Zusammenhang mit dem Heckscher-Ohlin-Modell erklärt. Zum besseren Verständnis der Implikationen der Theoreme werden Autarkie- und Freihandelsgleichgewichtszustände anhand eines numerischen allgemeinen Gleichgewichtsmodells (CGE-Modell) demonstriert.

---

[1] Die ersten, die vorgeschlagen haben, diese Theorie *"Heckscher-Ohlin-Theorem"* zu nennen, waren *Stolper* und *Samuelson* (1941).

[2] Wenn man nicht nur die traditionellen Produktionsfaktoren Kapital und Arbeit betrachtet, sondern auch Humankapital, skill, know-how sowie technologische Inputs, spricht man von der sogenannten "Neo-Faktorproportionen-" oder "Neo-Technologie-Theorie" des Außenhandels (für einen Überblick, siehe *Breuss* (1983), S. 169ff. und *Kohler* (1988), S. 6ff.).

Annahmen des Heckscher-Ohlin-Modells:

- *Dimension:* 2x2x2-Modell: 2 Produktionsfaktoren (Kapital, Arbeit), 2 Güter (Gut 1 und Gut 2), 2 Länder (Inland = A, Ausland = B).
- *Mobilität:* (a) Die Produktionsfaktoren bewegen sich kostenlos zwischen den beiden Sektoren innerhalb eines Landes, sind aber vollständig *immobil zwischen den Ländern.* (b) Die Güter bewegen sich international ohne Transportkosten und ohne Handelshemmnisse (*"Freihandels"*-Annahme).
- *Konkurrenz:* Sowohl die Güter-, als auch die Faktormärkte haben die Marktform der *vollständigen Konkurrenz*; d.h. alle Wirtschaftssubjekte verhalten sich so, als ob sie unbeschränkte Mengen zu den gegebenen Marktpreisen kaufen oder verkaufen könnten.
- *Ähnlichkeit in der Produktionstechnik:* Das gleiche technologische Wissen über die Produktion ist kostenlos in allen Ländern verfügbar. Die Produktion erfolgt unter der Annahme *konstanter Skalenerträge* und abnehmender Grenzerträge (neoklassische Produktionsfunktion). Die *gleiche Technik* wird verwendet, um ein bestimmtes Gut in den unterschiedlichen Ländern zu produzieren. In beiden Ländern sind die Faktorintensitäten (Kapital-Arbeits-Verhältnis) in der Produktion von Gut 1 immer größer (oder immer kleiner) als jene in der Produktion von Gut 2.
- *Unterschiede in der Faktorausstattung:* Das Angebot an Produktionsfaktoren ist in beiden Ländern fix vorgegeben. Die relative Faktorreichlichkeit (oder Faktorknappheit) bestimmt die komparativen Vorteile beider Länder. Komparative Vorteile bestimmen, welches Land welches Gut produziert, und erklären somit das Handelsmuster.
- *Nachfrageähnlichkeit:* Die Individuen in beiden Ländern konsumieren, als ob sie eine homothetisch-idente Nutzenfunktion maximieren würden.

4.2 Allgemeines Gleichgewichtsmodell für eine geschlossene Volkswirtschaft mit zwei Sektoren und zwei Produktionsfaktoren

Eine spezielle Form eines allgemeinen Gleichgewichtsmodells, das eine weitverbreitete Anwendung in der Analyse des internationalen Handels gefunden hat, ist das allgemeine Gleichgewichtsmodell eines Landes mit 2 Sektoren (oder 2 Gütern) und 2 Faktoren (siehe z.B. *Hazari*, 1986, Kapitel 2). Dieses Modell steht im Zentrum des Heckscher-Ohlin-Modells. Bevor die Gründe und Konsequenzen des internationalen Handels erörtert werden, betrachten wir eine *geschlossene Volkswirtschaft* (ein Land in *Autarkie*).

Zwei Güter, Gut 1 (Q_1) und Gut 2 ($Q_{2)}$) werden in zwei Sektoren unter Verwendung von zwei Produktionsfaktoren, Kapital (K) und Arbeit (L), erzeugt. Die dabei verwendete *Technik* oder *Technologie* wird durch folgende allgemeine *Produktionsfunktionen* beschrieben:

$$Q_1 = F_1(K_1, L_1) \quad \text{oder} \quad Q_1 = L_1 F_1(\frac{K_1}{L_1}, 1) = L_1 f_1(k_1) \tag{4.1}$$

$$Q_2 = F_2(K_2, L_2) \quad \text{oder} \quad Q_2 = L_2 F_2(\frac{K_2}{L_2}, 1) = L_2 f_2(k_2) \tag{4.2}$$

Diese Produktionsfunktionen[3] sind homogen vom Grad eins und sind steigende Funktionen bezüglich beider Inputs (Produktionsfaktoren) mit abnehmenden Grenzerträgen.[4] Die linke Seite der Gleichungen (4.1) und (4.2) zeigt die Produktionsfunktion in ihrer *allgemeinen Form*, die rechte Seite wird die *intensive Form der Produktionsfunktion* genannt, wobei die Produktion (der Output) als das Produkt eines Skalenfaktors (L) und einer Funktion $f(k)$ in Abhängigkeit vom Kapital-Arbeitsverhältnis (Kapitalintensität k) ausgedrückt wird. Zudem wird unterstellt, dass eine positive Produktion positive Inputs von beiden Produktionsfaktoren impliziert.

---

3 Dies ist die allgemeine Form einer Produktionsfunktion mit zwei Inputs. Spezielle Formen von Produktionsfunktionen können sein:

- *Cobb-Douglas Produktionsfunktion*: $Q = AK^{\alpha} L^{(1-\alpha)}$, wobei α ($\bar{k}=\bar{K}/\bar{L}$) die Faktoreinkommensanteile von Kapital (Arbeit) am Volkseinkommen bzw. die jeweiligen Produktionselastizitäten repräsentieren. A ist der Effizienz- oder Technologieparameter (technischer Fortschritt).
- *CES Produktionsfunktion:* $Q = A\left[\delta K^{-\rho} + (1-\delta)L^{-\rho}\right]^{-1/\rho}$, wobei A der Effizienz- bzw. Technologieparameter ist; $\bar{k}^{A}$ ist der Parameter für die Einkommensverteilung (ähnlich dem α in der Cobb-Douglas-Funktion); Q_2 ist der Substitutionsparameter und $\sigma = 1/(1+\rho)$ ist die (konstante) Substitutionselastizität; CES (= constant elasticity of substitution). Die Cobb-Douglas Funktion stellt einen Spezialfall der CES-Funktion mit konstanten Skalenerträgen dar ($\overline{Q}_1{}^{j} = K_s^{j^{\alpha_1}} L_s^{j^{(1-\alpha_1)}}$). Für eine mathematische Herleitung, siehe *Chiang* (1978), S. 417-421. Die CES-Funktion wurde von Arrow-Chenery-Minhas-Solow (1961) entwickelt.

4 Die Funktion *Q=F(K,L)* wird als homogen vom Grad *k* bezeichnet, wenn für irgendein λ (P_B konstant und größer als Null) gilt, dass $\lambda^k Q = F(\lambda K, \lambda L)$. Drei Fälle können unterschieden werden:

- *Konstante Skalenerträge* (constant returns to scale: $\bar{k}^{B}{}'$): Eine proportionale Erhöhung aller Inputs (K und $Q_i = C_i$) führt zu einer proportionalen Erhöhung des Outputs (Q).
- *Steigende Skalenerträge* (increasing returns to scale: $k \succ 1$): Eine proportionale Erhöhung aller Inputs führt zu einer überproportionalen Erhöhung des Outputs.
- *Sinkende Skalenerträge* (decreasing returns to scale: $k \prec 1$): Eine proportionale Erhöhung aller Inputs führt zu einer unterproportionalen Erhöhung des Outputs.

Es wird angenommen, dass in dieser Volkswirtschaft das *Angebot* von beiden Produktionsfaktoren (*Kapital* $\overline{K}$ *und Arbeit* $\overline{L}$) *fix* gegeben ist. Diese beiden Beschränkungen werden durch die Gleichungen (4.3) und (4.4) beschrieben:

$$\overline{K} = K_1 + K_2 \tag{4.3}$$

$$\overline{L} = L_1 + L_2 \tag{4.4}$$

Diese Beziehungen repräsentieren das Gleichgewicht auf den Faktormärkten für Kapital und Arbeit. Sie geben die Allokation (Verteilung) der beiden Produktionsfaktoren auf die beiden Produktionssektoren an. Das Gleichheitszeichen beider Gleichungen impliziert auch, dass in der Produktion beider Güter beide Produktionsfaktoren $\overline{K}$ und $\overline{K}$ voll ausgenützt (ausgelastet) sind. Damit ist implizit *Vollbeschäftigung* angenommen. Weiters wird unterstellt, dass beide Produktionsfaktoren vollständig teilbar und insofern homogen sind. Sie sind jeweils in beiden Sektoren einsetzbar und daher keine "sektor-spezifischen" Produktionsfaktoren)[5].

---

5 Das *"Specific-Factors-Modell"* wurde von *Samuelson* (1971) und *Jones* (1971) entwickelt. Es ist ein Modell mit 2 Gütern und 2 Ländern und mobilen und sektorspezifischen Produktionsfaktoren. Während z.B. der Faktor Arbeit mobil ist, also zwischen beiden Sektoren wandern kann, sind die anderen Faktoren (z.B. Kapital in der Maschinenindustrie und Boden im Agrarsektor) nur jeweils in der Produktion in ihrem Sektor verwendbar. Für eine Darstellung dieses Modells, siehe *Krugman-Obstfeld* (2003), Chapter 3, und Anhang 7.1.

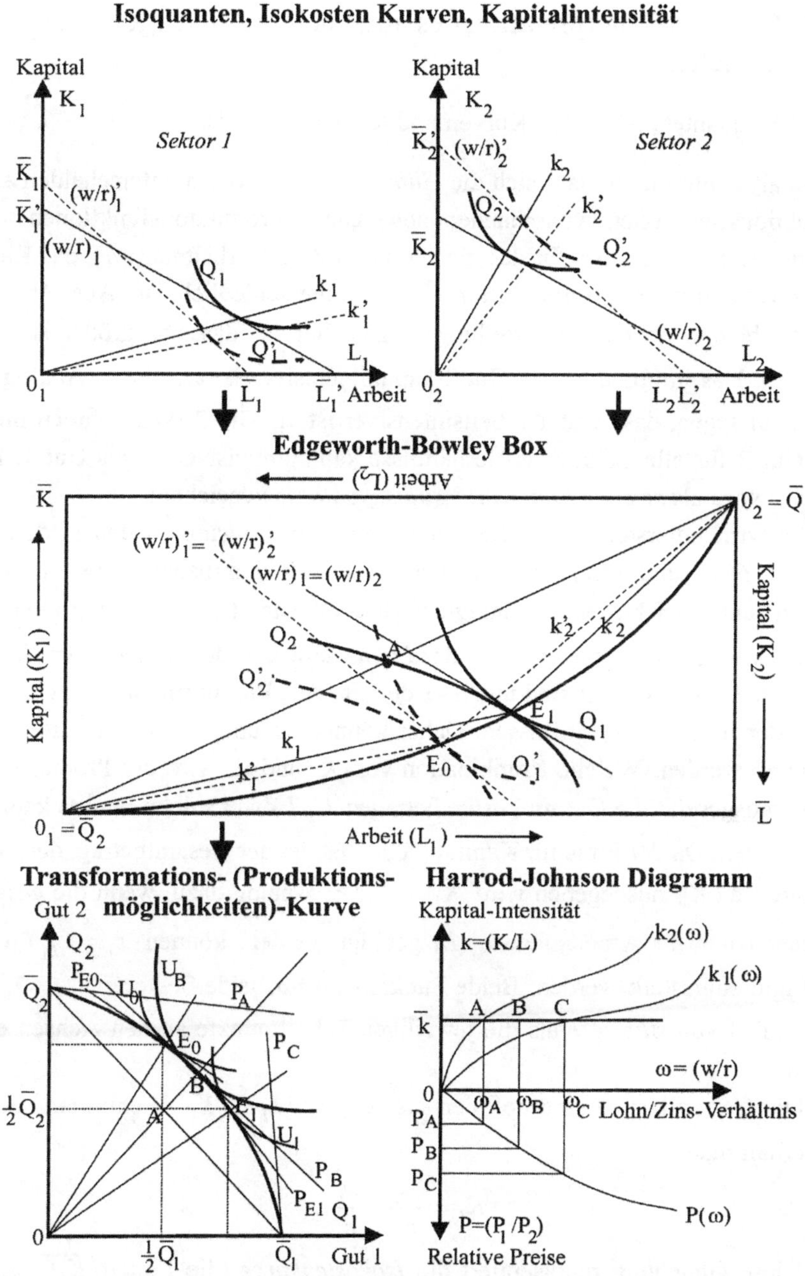

Abb. 4.1 Grafische Darstellung eines Allgemeinen Gleichgewichtsmodells für eine geschlossene Volkswirtschaft mit 2 Sektoren und 2 Produktionsfaktoren

4.2.1 Grafische Interpretation des allgemeinen Gleichgewichtsmodells

4.2.1.1 Isoquanten, Isokosten-Kurven und Kapitalintensität:

Die Analyse nimmt an, dass sich die *Güter 1 und 2* insofern unterscheiden als die Produktionsfunktionen voneinander abweichen. Produktionsfunktionen unterscheiden sich dann, wenn für das gleiche Lohn-Zins-Verhältnis (*w/r*), das Kapital-Arbeitsverhältnis (*Kapitalintensität: k=K/L*) unterschiedlich ist. Aus *Abbildung 4.1* (die beiden obersten Darstellungen) geht hervor, dass k_2 größer ist als k_1 ($k_2 > k_1$). Das impliziert, dass Gut 2 kapitalintensiver ist als Gut 1. Analog dazu kann man sagen, dass Gut 1 arbeitsintensiver ist als Gut 2. Wir nehmen hier an, dass Gut 2 für alle Lohn-Zins-Verhältnisse kapitalintensiver ist als Gut 1. Diese Aussage wird als *strenge Faktorintensitätshypothese* bezeichnet.

Es wird unterstellt, dass die Produzenten, die Zugang zu den in den *Gleichungen (4.1)* und *(4.2)* beschriebenen Technologien haben, ihre Produktion (Output) unter der Nebenbedingung der Gesamtkosten (C_0) zu maximieren wünschen. Es wird angenommen, dass der *Lohnsatz* w und der *Zinssatz* für Kapital r den Produzenten bekannt sind und dass der einzelne Produzent zu klein ist, um die Preise der Inputs zu beeinflussen. Daher können w und r als konstante Größen behandelt werden. Welche Kombination von $\overline{K}$ und L wird der Produzent kaufen, vorausgesetzt die Gesamtkosten betragen C_0? Zwei solche Punkte kann man leicht finden. Da der Preis für Kapital (K) r ist, ist der Gesamtbetrag, der für Kapitaldienste (K) ausgegeben wird $\overline{K}_i = C_{0i} / r_i$. Analog dazu, wenn die gesamten Ausgaben nur für Arbeitsdienste (*L*) getätigt werden, können $\overline{L}_i = C_{0i} / w_i$ Beschäftigte eingestellt werden. Beide Punkte sind für beide Sektoren $i\,(i = 1{,}2)$ im oberen Teil von *Abb. 4.1* als die jeweiligen Schnittpunkte an den Achsen eingezeichnet.

Die Gesamtkosten sind definiert als: $C_{0i} = w_i L_i + r_i K_i$. Wenn man nach K_i löst, erhält man:

$$K_i = \frac{C_{0i}}{r_i} - \frac{w_i}{r_i} L_i \tag{4.5}$$

Diese Gleichung repräsentiert die *Isokostenkurve* (die Linien $\overline{K}_i\overline{L}_i$ in *Abb. 4.1*). Sie gibt die Kostenbeschränkung an, denen sich die Produzenten gegenüber sehen, wobei das negative Lohn-Zins-Verhältnis (w_i / r_i) der *Steigung der Isokostenkurve* entspricht.

Die Produktionsfunktion kann graphisch auf zwei Arten repräsentiert werden: zum einen als einfache Input-Output-Beziehung (anhand der intensiven Darstellungsform der Produktionsfunktion wie in den *Gleichungen (4.1)* und *(4.2)*): $Q / L = f(k)$ oder in Form von *Isoquanten*. Isoquanten zeigen die verschiedenen Kombinationen der beiden Inputs (Kapital, Arbeit), mit der man dasselbe Produktionsniveau erzielen kann. Isoquanten sind darstellbar im zweidimensionalen Kapital-Arbeits-Raum. Angenommen $\lambda = 1/Q_i$, dann ergibt sich aus der Homogenitätsannahme, dass die Produktionsfunktion ($\lambda^k Q_i = F_i(\lambda K_i, \lambda L_i)$) wie folgt geschrieben werden:

$$1 = F_i\left(\frac{K_i}{Q_i}, \frac{L_i}{Q_i}\right) = F_i(a_{K_i}, a_{L_i}). \tag{4.6}$$

wobei a_{K_i} und a_{L_i} variable Input-Koeffizienten sind.

In *Abb. 4.1* (die beiden ersten Diagramme) sind die *Einheitsisoquanten* (in den Sektoren 1 (2) - $Q_1(Q_2)$) für die Güter *i* dadurch definiert, dass sie Faktorkombinationen repräsentieren, mit denen sich jeweils 1 Einheit von Gut *i* erzeugen lässt. Allgemein geben die Isoquanten den Ort verschiedener Kombinationen von Kapital (K) und Arbeit (L) an, die notwendig sind, um *eine bestimmte Menge* von Q_i zu erzeugen. Unterschiedliche Punkte auf derselben Isoquante geben unterschiedliche *Kapital-Arbeits-Verhältnisse*, d.h. unterschiedliche Grenzproduktivitäten von Kapital und Arbeit an.

Die Gesamtänderung der Outputs beider Sektoren *i* ergibt sich aus dem totalen Differential der Produktionsfunktionen der *Gleichungen (4.1)* und *(4.2)*:

$$dQ_i = \frac{\partial F_i}{\partial K_i} dK_i + \frac{\partial F_i}{\partial L_i} dL_i \tag{4.7}$$

Von der Definition der Isoquante wissen wir, dass die absolute Änderung des Outputs auf der Isoquante Null ist, oder $dQ_i = 0$, dadurch wird *Gleichung (4.7)* zu

$$0 = \frac{\partial F_i}{\partial K_i} dK_i + \frac{\partial F_i}{\partial L_i} dL_i .$$

Durch Umformung erhalten wir

$$\frac{dK_i}{dL_i} = -\frac{\frac{\partial F_i}{\partial L_i}}{\frac{\partial F_i}{\partial K_i}} = -\frac{GPL_i}{GPK_i} \tag{4.8}$$

Die Ableitung dK_i / dL_i gibt die Steigung der Isoquante an. Das heißt, dass die Steigung jeder Isoquante gleich ist dem (negativen) Verhältnis der Grenzprodukte von Arbeit zu Kapital (GPL_i / GPK_i). Die *Bedingung für die Maximierung der Produktion*, nämlich, dass die *Steigung der Isokostenkurve gleich* ist der *Steigung der höchsten erreichbaren Isoquante*, ist gegeben durch die Bedingung

$$-\frac{GPL_i}{GPK_i} = -\frac{w_i}{r_i}. \tag{4.9}$$

Auf Grund unserer Annahmen ist der Strahl, der den Ursprung mit dem Punkt verbindet, an dem die Isoquante die Isokostenkurve tangiert, die *Expansionslinie*. Der Tangens ihres Winkels entspricht dem Kapital-Arbeitsverhältnis (der *Kapitalintensität* $k = K / L$), die notwendig ist, um das Produktionsniveau zu erzeugen, das durch die Isoquante dargestellt wird. Wie man aus *Abb 4.1* (die beiden oberen Diagramme) ersieht, bedeuten unterschiedliche Punkte auf derselben Isoquante unterschiedliche *Kapital-Arbeitsverhältnisse* und somit unterschiedliche Grenzprodukte von Kapital und Arbeit. Ein Anstieg in der Produktion im Sektor 1 (2) von Q'_1 auf Q_1 (von Q_2 auf Q'_2) ist grafisch durch eine höhere Isoquante dargestellt, eine, die weiter vom Ursprung (Nullpunkt des Diagramms) entfernt ist.

4.2.1.2 Edgeworth-Bowley Box-Diagramm

Da das Angebot der beiden Produktionsfaktoren fix gegeben ist (*Gleichungen (4.3)* und *(4.4)*), kann eine Box konstruiert werden (*Abb. 4.1*, mittleres Diagramm), deren Größe das Gesamtangebot von Kapital und Arbeit repräsentiert. Ausgehend von unserer Annahme über die Art der Produktionsfunktionen, kann das Produktionsniveau durch den Abstand ihrer Isoquanten vom jeweiligen Ursprung gemessen werden. Das heißt, dass die beiden oberen Diagramme von *Abb. 4.1* wie folgt in der Edgeworth-Bowley Box dargestellt werden. Sektor 1 (Produktion von Gut 1) wird von links unten (mit dem Ursprung 0_1) nach rechts oben eingezeichnet. Die Produktion von Gut 1 steigt, wenn man von 0_1 in Richtung 0_2 wandert. Das maximale Produktionsniveau von Q_1, das man erreichen kann, wenn alle Produktionsfaktoren (0_1 und $\overline{L}$) in der Produktion von Gut 1 eingesetzt werden, ist $\overline{Q_1}$. Genauso wird mit Sektor 2 verfahren. Allerdings wird dieser Sektor von rechts oben nach links unten eingezeichnet, ausgehend vom Ursprung 0_2. Die Produktion von Gut 2 steigt, wenn man von 0_2 in Richtung 0_1 wandert. Das maximale Produktionsniveau von Q_2, das man erreichen kann, wenn alle Produktionsfaktoren ($\overline{K}$ und $\overline{L}$) in der Produktion von Gut 2 eingesetzt werden, ist $\overline{Q_2}$.

Die Diagonale des Edgeworth-Bowley Box-Diagramms $0_1\,0_2$ misst das *gesamtwirtschaftliche Kapital-Arbeitsverhältnis* - der Maßstab für die Faktorreichlichkeit der betrachteten Volkswirtschaft ($\overline{K}/\overline{L}$). In unserem Fall hat das Land mehr Arbeit relativ zum Kapital zur Verfügung, daher sagt man, es sei "reichlich" mit Arbeit ausgestattet. Alle möglichen Allokationen von Kapital und Arbeit zwischen den beiden Produktionssektoren sind durch Punkte in der Edgworth-Bowley Produktionsbox $0_1\overline{K}0_2\overline{L}$ repräsentiert. Unter diesen möglichen Produktionspunkten suchen wir einen Ort von Punkten, der eine effiziente Allokation der Ressourcen darstellt. Dies ist dort gegeben, wo für ein gegebenes Produktionsniveau eines Gutes das Produktionsniveau des anderen maximiert wird. Beispiel: Man wähle das Produktionsniveau des Gutes 2, Q_2. Dann soll aufgrund dieser Beschränkung das Produktionsniveau des Gutes 1 maximiert werden. Eine mögliche Allokation der Produktionsfaktoren zwischen den beiden Sektoren ist repräsentiert durch alle Punkte entlang der Isoquante Q_2 in *Abb. 4.1.* Welcher Punkt entlang dieser Kurve maximiert den Output von Gut 1? Zunächst nehmen wir an, dass die Produktion im Punkt A stattfindet, in der Mitte zwischen 0_1 und 0_2. Ein solcher Produktionspunkt ist möglich, da er alle verfügbaren Produktionsfaktoren voll auslastet. Eine solche Allokation resultiert in den Produktionsniveaus Q_2 und Q'_1 für die Güter 2 und 1. Aber obwohl dieses Produktionsbündel möglich ist, ist es weit davon entfernt, effizient zu sein. Jede Bewegung entlang der Isoquante Q_2 vom Punkt A in Richtung Punkt E_1 erhöht den Output von Gut 1, ohne jenen von Gut 2 zu verringern. Vorausgesetzt, dass Q_2 produziert werden muss, erzielt man mit der Allokation von Kapital und Arbeit im Punkt E_1 den maximal möglichen Output von Gut 1. Im Punkt E_1 tangieren (berühren) sich die beiden Isoquanten Q_2 und Q_1. Man könnte genauso gut die Produktion des anderen Gutes 1 als gegeben annehmen. Dann würde man von Punkt A entlang der

Isoquante Q'_1 bis zum Punkt E_0 wandern. In diesem Punkt würde, gegeben der Output von Gut 1, die Produktion von Gut 2 maximiert werden. Im Punkt E_0 tangieren sich die beiden Isoquanten Q'_1 und Q'_2. In der Tat hätte jedes Produktionsniveau von Gut 2 zwischen 0_2 und $\overline{Q}_2$ gewählt werden können, um aufgrund dieser Beschränkung den Output von Gut 1 zu maximieren. Die Verbindung aller dieser Punkte ergeben die Kurve $0_1E_0E_10_2$, die man *Effizienzkurve* oder *Kontraktkurve* nennt. Alle Punkte auf dieser Kurve haben die Eigenschaft, dass die Produktion eines Gutes nicht gesteigert werden kann, ohne jene des anderen Gutes zu senken. Genau dieses Kriterium beschreibt die Markteffizienz. Durch die Bewegung vom ineffizienten Punkt der Faktorallokation (*A*) in Richtung der effizienten Punkte auf der Kontraktkurve (E_0 und E_1) erreicht man den Zustand der *Pareto-Optimalität.*

Die effiziente Allokation der Ressourcen macht es erforderlich, dass die Produktion in einem Punkt stattfindet, in dem die Isoquante eines Sektors jene des anderen tangiert. Es wurde weiter oben auch gezeigt, dass im Falle eines einzelnen Produzenten die Produktion unter der Nebenbedingung der Kosten für die Produktionsfaktoren dort maximal ist, wo das *Verhältnis der Faktorpreise gleich ist der Steigung der Isoquante.* Da diese Bedingung für beide Sektoren gilt und da wir gesehen haben, dass Markteffizienz erfordert, dass die Isoquanten beider Sektoren sich tangieren, impliziert dies, dass Produktionseffizienz dann gegeben ist, wenn beide Sektoren mit *demselben Lohn-Zins-Verhältnis* konfrontiert sind. Im Edgeworth-Bowley Box-Diagramm von *Abb. 4.1* impliziert die Produktion von Q_1 und Q_2 im Punkt E_1, dass das Verhältnis der Faktorpreise dasselbe in beiden Sektoren ist, nämlich $(w/r)_1 = (w/r)_2$. Dieses Verhältnis ist repräsentiert durch eine Gerade, die beide Isoquanten im Punkt E_1 tangiert. Dieser Produktionspunkt impliziert die Kapital-Arbeitsverhältnisse für die beiden Sektoren 1 und 2, nämlich k_1 und k_2. Ähnliche Argumente gelten für den Produktionspunkt E_0.

Die *Form* oder die Position der *Kontraktkurve* in der Edgeworth-Bowley Box hängt von der Annahme bezüglich der Kapitalintensität der beiden Sektoren ab. Die Kontraktkurve liegt in unserem Beispiel unterhalb der Diagonale (eine leicht konvexe Kurve), da wir angenommen haben, dass Sektor 2 relativ zu Sektor 1 kapitalintensiv ist. Das erkennt man daran, dass die Steigung von 0_1E_1 bezogen auf die $0_1\overline{L}$-Achse (Kapitalintensität k_1) geringer ist Steigung 0_2E_1 bezogen auf die

$0_2\overline{K}$ -Achse (Kapitalintensität k_2 für Sektor 2). Wenn anstelle von Sektor 2, der Sektor 1 die Güter kapitalintensiv produzieren würde, würde die Kontraktkurve vollständig oberhalb der Diagonalen verlaufen. Wenn die Kapitalintensität beider Sektoren identisch wäre, würde die Diagonale die Kontraktkurve darstellen.

4.2.1.3 Transformations- oder Produktionsmöglichkeitenkurve - Gütermarktgleichgewicht

Die *Produktionsmöglichkeitenkurve* (oder *Transformationskurve*) kann nun aus der Kontraktkurve abgeleitet werden. Jedem Punkt auf der Effizienzkurve (Kontraktkurve) entspricht eine Kombination in der Produktion von Gut 1 und von Gut 2. Wenn man diese Punkte im Q_1Q_2-Raum abbildet, erhält man die Kurve $\overline{Q}_2E_0E_1\overline{Q}_1$ in *Abb. 4.1* (linkes Diagramm in der unteren Reihe). Betrachten wir den Punkt *A* auf der Diagonalen des Edgeworth-Bowley Box-Diagramms. Weil *A* genau im Mittelpunkt des Box-Diagramms liegt und wegen der Annahme von konstanten Skalenerträgen, beträgt die Produktion Q_1, die in der Mitte zwischen 0_1 und 0_2 liegt, genau die Hälfte von $\overline{Q}_1$. Ähnliches gilt für Q_2; auch diese Produktion beträgt die Hälfte von $\overline{Q}_2$. Damit ist klar, dass im Produktionsmöglichkeitendiagramm der Punkt *A* in der Mitte von $\overline{Q}_2$ und $\overline{Q}_1$ liegen muss. Es wurde jedoch gezeigt, dass dieser Produktionspunkt ineffizient ist. Bewegungen vom Punkt *A* in Richtung zu Punkt E_0 erhöhen die Produktion von Gut 2 ohne jenen von Gut 1 zu verringern. Ähnliches gilt für Bewegungen vom Punkt *A* in Richtung zu Punkt E_1. Die Produktion von Gut 1 wird gesteigert ohne jene von Gut 2 zu verringern.

Bisher haben wir uns auf die Ableitung der *Form der Produktionsmöglichkeitenkurve* konzentriert. Allerdings haben wir noch nicht den Punkt bestimmt, an dem es ein Produktionsgleichgewicht gibt. Zu diesem Zweck kommen wir auf *Gleichung* (4.7) zurück, in der wir die Produktionsfunktion total differenzierten. Wir machen nun dasselbe explizit für beide Sektoren:

$$dQ_1 = \frac{\partial F_1}{\partial K_1} dK_1 + \frac{\partial F_1}{\partial L_1} dL_1$$

$$dQ_2 = \frac{\partial F_2}{\partial K_2} dK_2 + \frac{\partial F_2}{\partial L_2} dL_2$$

Weiters gilt, dass $r = P(\partial F_1 / \partial K_1) = (\partial F_2 / \partial K_2)$ und $w = P(\partial F_1 / \partial L_1) = (\partial F_2 / \partial L_2)$. Aus der Vollbeschäftigungsbedingung folgt, dass $dL_2 = -dL_1$ und $dK_2 = -dK_1$. Durch geeignete Substitution erhalten wir:

$$-\frac{dQ_2}{dQ_1} = P = \frac{P_1}{P_2} \tag{4.10}$$

wobei $-dQ_2 / dQ_1$ die Steigung der Produktionsmöglichkeitenkurve angibt; sie ist definiert als die (inländische) Grenzrate der Transformation (GRT). Die oben abgeleitete Bedingung zeigt, dass im Konkurrenzgleichgewicht die Steigung der Produktionsmöglichkeitenkurve gleich ist dem negativen Güterpreisverhältnis.

Diese Gleichgewichtsbedingung ist im unteren linken Diagramm von *Abb. 4.1* in Form der konkav zum Ursprung verlaufenden Produktionsmöglichkeitenkurve $\overline{Q}_2\overline{Q}_1$ eingezeichnet. Die Steigung der Linie P_B repräsentiert z.B. den relativen Preis von Q_1. Der Gleichgewichtspunkt ist erreicht, wenn man auch die *Nachfrageseite* berücksichtigt. Die Präferenzen und somit die Nachfrage der Konsumenten wird repräsentiert durch die Nutzen- oder Indifferenzkurve $U_B = U_B(C_2, C_1)$. Ein Gleichgewichtspunkt ist erreicht, wo die Indifferenzkurve (die Steigung, die als inländische Grenzrate der Substitution - GRS - bekannt ist) sowohl P_B als auch die Transformation- bzw. Produktionsmöglichkeitenkurve tangiert. Dieses Gleichgewicht ist im Punkt B erreicht. In diesem Punkt ist die GRS gleich der GRT, die wiederum gleich ist dem Preisverhältnis:[6]

$$GRT = GRS = -P = -\frac{P_1}{P_2}. \tag{4.11}$$

Andere Gleichgewichtspunkte können abgeleitet werden für die Punkte E_0 und E_1. Die Strahlen, die vom Ursprung durch die Gleichgewichtspunkte B, E_0 und E_1 gehen, nennt man *Einkommensexpansionspfade* oder *Einkommenstauschkurven*. Für jedes Einkommensniveau Y gibt es eine optimale Wahl für beide Güter (siehe die Definition der Budgetbeschränkung: $Y = P_1C_1 + P_2C_2$). Wenn es sich um normale Güter handelt, steigt ihre Nachfrage, wenn das Einkommen steigt.

---

6 Im Gleichgewicht tangiert die Nutzenfunktion auch die Steigung der Budgetgeraden, die aus der Budgetbeschränkung abgeleitet werden kann, indem man nach Q_2 löst: $Q_2 = Y / P_2 - (P_1 / P_2)Q_1$. Die Steigung der Budgetgeraden ist wieder $-(P_1 / P_2)$.

Im Gleichgewicht auf den Gütermärkten muss die Nachfrage[7] *nach allen Gütern gleich sein dem Angebot bzw. der Produktion:*

$$Q_i = C_i \tag{4.12}$$

4.2.1.4 Das Harrod-Johnson Diagramm

Das Harrod-Johnson Diagramm stellt sowohl eine Beziehung zwischen kostenminimierenden Kapitalintensitäten und den Lohn-Zinssatz-Verhältnissen dar ($k_i(\omega)$), als auch eine Beziehung zwischen relativen Güterpreisen und Lohn-Zinssatz-Verhältnissen ($P(\omega)$).[8]

Die Zusammenhänge des Harrod-Johnson-Diagramms lassen sich auch intuitiv aus dem bisher Gesagten verstehen:[9]

- Wie aus der Edgeworth-Bowley-Box ersichtlich ist, besteht ein positiver Zusammenhang zwischen Kapitalintensität und relativen Faktorpreisen: k_I *(w/r)*. Wenn der Preis für die Arbeit *(w)* steigt, wird weniger Arbeit nachgefragt und mehr Kapital verwendet. D.h. die Produktion wird kapitalintensiver. Da wir unterstellten, dass der Sektor 2 bei jedem Lohn-Zinsverhältnis kapitalintensi-

---

7 Einige nützliche Definitionen bezüglich der Nachfrageseite im Heckscher-Ohlin-Modell:

1) *Identische und homogene Geschmäcker* in allen Ländern: Aus dieser Annahme folgt, dass zu identischen Preisen die Verhältnisse, zu denen beiden Güter konsumiert werden (C_2 / C_1) in beiden Ländern gleich sein müssen. Dies impliziert weiters, dass die Steigungen der Indifferenzkurven entlang beliebiger Strahlen durch den Ursprung gleich sind.

2) *Homothetische Präferenzen:* Die Konsumenten präferieren (tC'_1, tC'_2) gegenüber (tC_1, tC_2) für alle positiven Werte von *t*. Präferenzen, die diese Eigenschaft haben, bezeichnet man homothetische Präferenzen. Cobb-Douglas-Nutzenfunktionen weisen z.B. homothetische Präferenzen auf. Die abgeleitete Nachfragekurve einer Cobb-Douglas-Nutzenfunktion (siehe *Anhang 2.1* in Kapitel 2) ist - für fixe Werte von P_i - eine lineare Funktion des Einkommens (*Y*). Eine Verdoppelung von *Y* führt zu einer Verdoppelung der Nachfrage, eine Verdreifachung von *Y* verdreifacht die Nachfrage. Letztlich führt die Multiplikation von *Y* mit jeder beliebigen positiven Zahl *t* zu einer Erhöhung der Nachfrage um denselben Betrag.

Wenn alle Länder identische homothetische Präferenzen aufweisen, nimmt man an, dass sie beide Güter in denselben Verhältnissen konsumieren.

8 Eine genaue formale Herleitung dieser Beziehungen findet man z.B. bei *Shoven-Whalley* (1992), S. 29-34.

9 Siehe auch *Siebert* (1994), S. 53 ff.

ver produziert als der Sektor 1, verläuft die Kurve $k_2(w/r)$ in *Abb. 4.1* (unteres rechtes Diagramm) immer oberhalb der Kurve k_1 *(w/r)*.[10]

- Jedem effizienten Produktionspunkt auf der Kontraktkurve (in der Edgeworth-Bowley-Box) entspricht ein in beiden Sektoren einheitliches Lohn-Zins-Verhältnis. Jedem Punkt auf der Kontraktkurve entspricht ein Punkt auf der Produktionsmöglichkeitenkurve. Und jedem dieser Punkte ist ein relatives Güterpreisverhältnis zugeordnet. Daher gibt es eine Beziehung von relativen Güterpreisen zu relativen Faktorpreisen: $P(w/r)$. Unter unserer Annahme, dass $k_2 \succ k_1$, ist der Zusammenhang $P(w/r)$ positiv. Wenn z.B. der relative Preis des arbeitsintensiven Gutes 1 steigt, so steigt - weil mehr von Gut 1 produziert wird - die Nachfrage nach Arbeit. Dadurch steigt der Lohn relativ zum Zinssatz. Wenn Sektor 1 der kapitalintensive Sektor wäre $(k_1 \prec k_2)$, wäre das Güterpreisverhältnis P_1/P_2 eine sinkende (negative) Funktion von w/r.

4.3 Die grundlegenden Handelstheoreme im Zusammenhang mit dem Heckscher-Ohlin-Modell (HO)

Der Kern der allgemeinen Gleichgewichtstheorie des Außenhandels besteht - nach *Leamer* (1984, S. 3) - aus *5 Theoremen*. Vier Theoreme beschreiben die Reaktion von Produktion und Faktorpreisen auf Änderungen von Produktionspreisen und Faktorangebot. Das fünfte ist das HO-Modell, das jene Güter identifiziert, die exportiert und importiert werden.

1. *Das Rybzynski-Theorem:* Es verknüpft die Produktion mit dem Faktorangebot, wobei die Preise im Falle einer geschlossenen Volkswirtschaft konstant bleiben.
2. *Das Heckscher-Ohlin-Theorem:* Es identifiziert die Struktur (das Muster) des Außenhandels als Funktion entweder von (a) den Differenzen in den Autarkiepreisen und den Freihandelspreisen, oder (b) dem Faktorangebot (relative Faktorausstattung - "Faktorreichlichkeit").

---

[10] In der Literatur wird auch der Fall der *umschlagenden Faktorintensitäten* diskutiert. Hier gilt bis zu einem bestimmten Lohn-Zins-Verhältnis $k_1 \prec k_2$, und ab diesem Lohn-Zins-Verhältnis gilt $k_2 \succ k_1$. Siehe auch *Siebert* (1994), S. 60-61.

3. *Das Faktorpreisausgleichs-Theorem:* Es behandelt die Reaktionsweise von Faktorpreisen auf das Faktorangebot, wobei die Produktionspreise fix gegeben sind (durch Freihandel gleichen sich die Faktorpreise international an).
4. *Das Stolper-Samuelson-Theorem:* Es beschreibt die Beziehung zwischen Faktorpreisen und Produktionspreisen, wobei das Angebot an Produktionsfaktoren konstant bleibt.
5. *Die Samuelson-Reziprozitäts-Beziehungen:* Sie beschreiben die Beziehung zwischen den Stolper-Samuelson- und den Rybzynski-Effekten.

Im folgenden werden die Theoreme 1, 2, 3 und 4 mit Hilfe des CGE-Modells (CGE = computable general equilibrium) - eines selbstkalibrierten numerischen allgemeinen Gleichgewichtsmodells - demonstriert.[11] Die dazugehörigen Gleichungen des Modells sind in *Anhang 4.1* dargestellt.

4.4 Ein 2-Produktionsfaktoren-, 2-Sektoren-, 2-Länder-CGE-Modell in Autarkie

4.4.1 Definition der Faktorreichlichkeit bzw. der Faktorknappheit

Am Beginn des HO-Modells steht die Definition der Faktorreichlichkeit (bzw. Faktorknappheit). Es gibt *zwei alternative Definitionen für Faktorreichlichkeit.* Eine ist eine Definition in physischen Einheiten, eine gemessen an relativen Faktorpreisen.

1. *Faktorreichlichkeit* (Mengendefinition):

Die *physische (oder Mengen-)Definition* besagt, dass Land A (Inland) kapitalreichlich (oder kapitalknapp) ist, wenn das physische Kapital-Arbeitsverhältnis des Landes A größer (kleiner) ist als jene des Landes B:

Kapitalreichlichkeit A	Kapitalknappheit A	CGE-Modell
$\left[\frac{\overline{K}}{\overline{L}}\right]^A \succ \left[\frac{\overline{K}}{\overline{L}}\right]^B$	$\left[\frac{\overline{K}}{\overline{L}}\right]^A \prec \left[\frac{\overline{K}}{\overline{L}}\right]^B$	$\left[\frac{100}{150}\right]^A \prec \left[\frac{150}{100}\right]^B$

2. *Faktorreichlichkeit* (Preisdefinition):

Die *Preisdefinition* besagt, dass Land A kapitalreichlich (kapitalknapp) ist, wenn das Verhältnis des Preises des Kapitals (Zins) relativ zum Lohnsatz niedriger (höher) ist als jener des Landes B.

---

[11] In der Literatur gibt es bereits einige Beispiele für die Anwendung kleiner numerischer allgemeiner Gleichgewichtsmodelle in der Außenhandelsanalyse. Siehe z.B. *Dinwiddy-Teal* (1988) und *Markusen* (1992).

Kapitalreichlichkeit A	Kapitalknappheit A	CGE-Modell
$\left[\frac{r}{w}\right]^A \prec \left[\frac{r}{w}\right]^B$	$\left[\frac{r}{w}\right]^A \succ \left[\frac{r}{w}\right]^B$	$\left[\frac{0{,}721}{0{,}481}\right]^A \succ \left[\frac{0{,}481}{0{,}721}\right]^B$

In unserem numerischen CGE-Modell nehmen wir an, dass *Land A (Inland) reichlich mit Arbeit* und *Land B (Ausland) reichlich* mit *Kapital* ausgestattet ist (siehe *Anhang 4.1*).

4.4.2 Identische Technologie, Faktorintensität

Das HO-Modell impliziert, dass alle Länder die *gleiche Technologie* in den *gleichen Produktionssektoren* verwenden. Die Technologie wird definiert durch die *Produktionsfunktion.*

Bezüglich der *Faktorintensität* wird angenommen, dass der *Sektor 2* sein Gut 2 in beiden Ländern jeweils *kapitalintensiv* ($k = K / L$)- im physischen Sinne - produziert:

$$k_2^j = \frac{K_2^j}{L_2^j} \succ \frac{K_1^j}{L_1^j} = k_1^j \ (j = \textit{Länder A und B})$$

Faktorintensität (numerisches Beispiel):

	Land A (Inland)	Land B (Ausland)
Allgemein:	$k_2^A = \frac{K_2^A}{L_2^A} \succ \frac{K_1^A}{L_1^A} = k_1^A$	$k_2^B = \frac{K_2^B}{L_2^B} \succ \frac{K_1^B}{L_1^B} = k_1^B$
CGE-Modell:	$1{,}556 = \frac{70}{45} \succ \frac{30}{105} = 0{,}286$	$3{,}500 = \frac{105}{30} \succ \frac{45}{70} = 0{,}643$

4.4.3 Die Angebotsseite der Gütermärkte

Wir nehmen eine Cobb-Douglas-Technologie mit folgender spezifischen Form für die Produktionsfunktion an:

$$Q_i^j = A_i^j K_i^{j^{\alpha_i}} L_i^{j^{(1-\alpha_i)}}$$

Diese Produktionsfunktion ist homogen vom Grad eins (*konstante Skalenerträge*); sie ist eine steigende Funktion in beiden Inputs. Der Effizienz- (bzw. Technologie)-Parameter ist gleich in beiden Sektoren ($A = 1$).

	Land A (Inland)	CGE-Modell	Land B (Ausland)	CGE-Modell
Sektor 1	$Q_1^A = K_1^{A^{\alpha_1}} L_1^{A^{(1-\alpha_1)}}$	72,11	$Q_1^B = K_1^{B^{\alpha_1}} L_1^{B^{(1-\alpha_1)}}$	61,31
Sektor 2	$Q_{21}^A = K_2^{A^{\alpha_2}} L_2^{A^{(1-\alpha_2)}}$	61,31	$Q_{21}^B = K_2^{B^{\alpha_2}} L_2^{B^{(1-\alpha_2)}}$	72,11

Es wird angenommen, dass in beiden Ländern $\alpha_1 = 0{,}3$ und $\alpha_2 = 0{,}7$. Diese Annahme impliziert, dass die *Produktion von Gut 1 arbeitsintensiv* und jene von *Gut 2 kapitalintensiv* ist.

4.4.4 Die Nachfrageseite der Gütermärkte

Bisher haben wir nur eine Seite des Gütermarktes betrachtet - die Angebotsseite. Das "potentielle" Angebot der beiden Güter ist durch die Produktionsmöglichkeiten bestimmt. Was tatsächlich produziert wird, kann ohne Kenntnis der Nachfrage nicht gesagt werden. Welche Kombination zum Tragen kommt, hängt davon ab, welche Güter die Konsumenten präferieren bzw. nachfragen. Hier gelten dieselben Aussagen wie im Ricardo-Modell (siehe Kapitel 2.1.4). Das Heckscher-Ohlin-Modell bestimmt - ebenso wie das Ricardo-Modell - die komparativen Vorteile durch die Angebotsseite. D.h. die Nachfrage erklärt nicht das Handelsmuster. Sie wird daher als gleich in beiden Ländern angenommen.

4.4.5 Gleichgewicht am Gütermarkt

Im Gleichgewicht am Gütermarkt entsprechen sich jeweils die angebotenen und die nachgefragten Güter

$$\text{Nachfrage} \quad C_i^j = Q_i^j \quad \text{Angebot}$$

Daraus ergeben sich die Gleichgewichtspreisverhältnisse (P_1 / P_2) in Autarkie (Inland 0,85, Ausland 1,176). Bei diesen Preisverhältnissen produzieren und konsumieren beide Länder in den Autarkiepunkten *A* bzw. *B* (siehe *Abb. 4.2*).

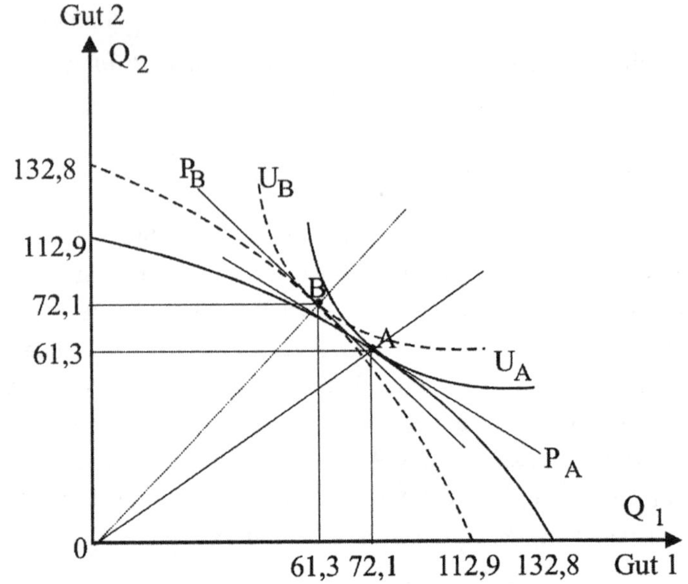

Abb. 4.2 Autarkie-Gleichgewicht auf dem Gütermarkt: Produktionsmöglichkeiten und Nutzen (Inland (A) und Ausland (B))

4.4.6 Gleichgewicht auf den Faktormärkten

Die Faktorinputs, die in beiden Sektoren notwendig sind, um die oben erwähnten Produktionsmengen zu erzeugen, werden unter dem Kalkül der Gewinnmaximierung einer Wirtschaft mit vollständiger Konkurrenz auf allen Märkten (Güter- und Faktormärkten) abgeleitet.

Das Faktorangebot ist im HO-Modell in beiden Ländern (j = Land A und Land B) fix durch die *Faktorausstattung* gegeben.

Kapital $\overline{K}^j = K_1^j + K_2^j$

Arbeit $\overline{L}^j = L_1^j + L_2^j$

Eine wichtige Annahme in einer 2-Sektoren-Wirtschaft mit vollständigen Konkurrenz ist, dass die Faktorpreise in beiden Sektoren gleich sind, d.h. $w_i^j = w^j$; $r_i^j = r^j$

Die Faktornachfragefunktion hat - unter Berücksichtigung der Gewinnmaximierung - folgende allgemeine Form:[12]

Nachfrage nach Kapital $$K_i^j = \frac{P_i^j \alpha_i Q_i^j}{r_i^j}$$

Nachfrage nach Arbeit $$L_i^j = \frac{P_i^j (1-\alpha_i) Q_i^j}{w_i^j}$$

Wenn man die gegebenen Faktorpreise (siehe die Definition der Faktorreichlichkeit) verwendet, löst das Modell für relative Güterpreise.[13] Dabei wird in beiden Ländern jeweils ein Preis (z.B. für Gut 1) fixiert (numéraire). Die numerischen Ergebnisse findet man in *Anhang 4.1.*

4.5 Das Rybczynski-Theorem

Aussage:

In einer unvollständig spezialisierten 2-Faktor-, 2-Güter-Wirtschaft resultiert (in Autarkie) ein Anstieg (Sinken) der Faktorausstattung jedes Faktors zu konstanten Preisen (Güter- und Faktorpreise) in einem Anstieg (Sinken) der Produktion jenes Gutes, das den Produktionsfaktor intensiv (nicht intensiv) nützt, vorausgesetzt, dass die Kapitalintensitäten in beiden Sektoren unterschiedlich sind ($k_1 \neq k_2$). Das Rybczynski-Theorem geht zurück auf *Rybczynski* (1955).

In unserem numerischen Beispiel führt ein Anstieg des Faktorbestandes von Arbeit (um 10% von 150 auf 165) im *Inland (Land A)*, das arbeitsreichlich ausgestattet ist, zu einem Anstieg der Produktion des arbeitsintensiven Gutes 1 und zu einem Rückgang in der Produktion von Gut 2, wobei die Güterpreis- und Fak-

---

12 Gewinnmaximierung: $\pi = PK^{\alpha}L^{(1-\alpha)} - rK - wL$ (hier wird eine Cobb-Douglas-Produktionsfunktion unterstellt: $Q = K^{\alpha}L^{(1-\alpha)}$). Ableitung der Gewinnfunktion nach dem Faktor Kapital ergibt: $\partial\pi / \partial K = \alpha PK^{\alpha-1}L^{(1-\alpha)} - r = 0$. Daraus erhält man die Nachfragefunktion für Kapital: $K = (P\alpha Q)/r$. Auf ähnliche Weise - wenn man den Gewinn nach dem Faktor Arbeit ableitet - erhält man: $\partial\pi / \partial L = (1-\alpha)PK^{\alpha}L^{-\alpha} - w = 0$. Daraus leitet sich die Nachfragefunktion für Arbeit ab: $L = (P(1-\alpha)Q)/w$.

13 In einer Wirtschaft mit vollständiger Konkurrenz ist der Gesamtumsatz (Erlös) gleich den Gesamtkosten (das ist die Null-Gewinn-Annahme); d.h. es gilt: $P_{i}Q = rK_i + wL_i$. Das impliziert, dass die Preise durch die Stückkosten (Einheitspreise) gegeben sind: $P_i = r(K_i / Q_i) + w(L_i / Q_i)$, oder: $P_i = r(a_{Ki}) + w(a_{Li})$.

torpreisverhältnisse sowie die Kapitalintensitäten in beiden Sektoren konstant bleiben.

Der Rybczynski-Effekt kann grafisch auf zwei Arten demonstriert werden:

1. in der Edgeworth-Bowley-Box,
2. im Produktionsmöglichkeitenkurven-Diagramm ("Rybczynski-Linie").

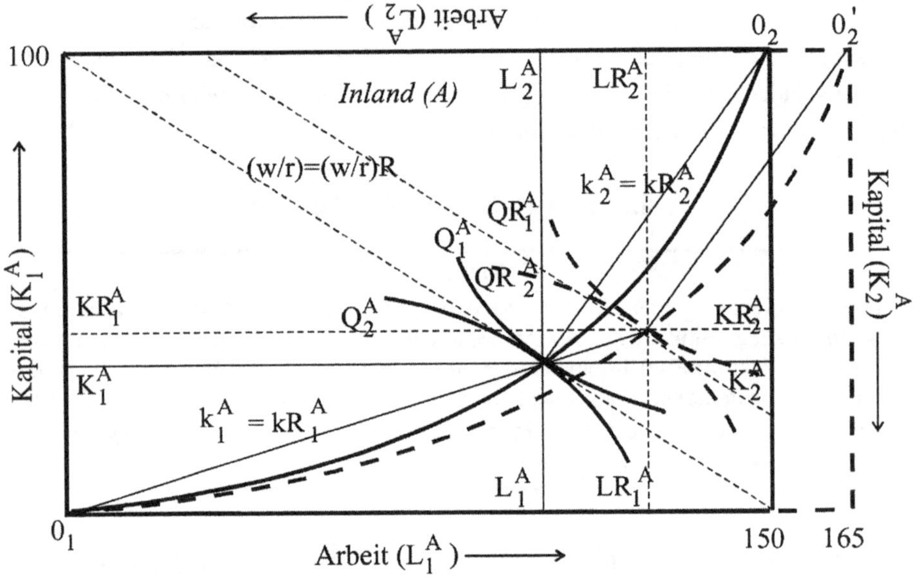

Abb. 4.3 Das Rybczynski-Theorem in der Edgeworth-Bowley Box:
Im Inland (Land *A*) steigt der reichlich vorhandene Faktor Arbeit (*L*) von 150 Einheiten um 10% auf 165. Bei unveränderten Güter- und Faktorpreisverhältnissen sowie gleichbleibenden Kapitalintensitäten in beiden Sektoren führt dieser Zuwachs an Arbeit zu einem absoluten Anstieg (Sinken) des Outputs in jenem Sektor, das arbeitsintensiv produziert. Auf Grund der Annahme, dass das Land A reichlich mit Arbeit ausgestattet ist und das Gut 1 arbeitsintensiv hergestellt wird, steigt (sinkt) die Produktion von Gut 1 (2) von Q_1^A auf QR_1^A (oder von 72,1 auf 84,6) bzw. von Q_2^A auf QR_2^A (oder von 61,3 auf 56,7). Zusätzlich sagt das Rybczynksi-Theorem, dass der Anstieg (das Sinken) des Outputs im expandierenden (schrumpfenden) Sektor relativ größer ist als der Anstieg des Faktorzuwachses[14]. Während bei konstantem Kapitalbestand der Faktor Arbeit um 10% steigt, steigt (sinkt) die Produktion von Gut 1 (2) um 17,3% (-7,5%).

[14] Für eine formale Herleitung des Rybczynski-Theorems, siehe *Hazari* (1986), S. 47-51.

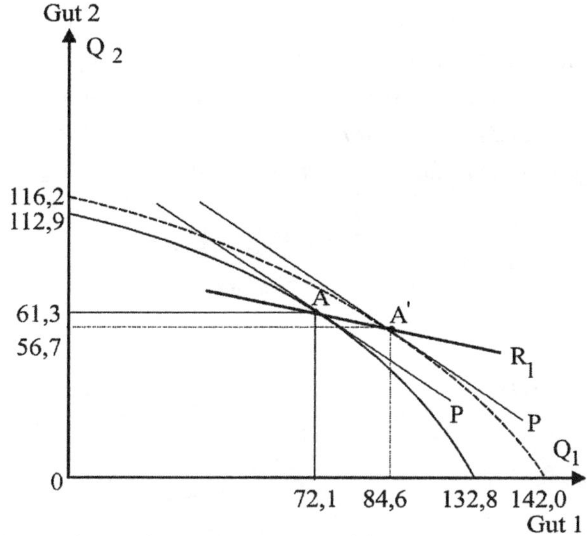

Abb. 4.4 Das Rybczynski-Theorem im Produktionsmöglichkeiten- Diagramm ("Rybczynski-Linie": R_l):

Ein Anstieg in der Faktorausstattung mit Arbeit (um 10% von 150 auf 165) verschiebt die Produktionsmöglichkeitenkurve nach außen - von (112,9;132,8) nach (116,2;142,0). Da Gut 1 arbeitsintensiv erzeugt wird (k_1 = 0,29, k_2 = 1,56), ergibt sich aus dem Rybczynski-Theorem, dass die maximal von Gut 1 herstellbare Menge mehr steigen wird als die maximal herstellbare Menge von Gut 2. Der Gleichgewichtsproduktionspunkt in der Ausgangslage ist A. In diesem Punkt tangiert die Preislinie P die Produktionsmöglichkeitenkurve. Nach dem Anstieg im Arbeitsangebot ergibt sich - bei gleichem Preisverhältnis P (0,85) - ein neuer Gleichgewichtspunkt in A'. A' impliziert eine höhere Produktion von Gut 1 und eine geringere von Gut 2. Die Linie R_l durch A und A' wird *"Rybczynski-Linie"* genannt. Sie zeigt - bei gegebenen Güterpreisen - wie sich die Produktion ändert, wenn ein Faktorinput geändert wird.

4.6 Handelsgleichgewicht und das Heckscher-Ohlin-Theorem

Unter den zu Beginn des Kapitels gemachten Annahmen des HO-Modells erfordert das Freihandelsgleichgewicht, dass $(P_2 / P_1)^A = (P_2 / P_1)^B = P_W$. D.h. unter der Bedingung des Freihandels tauschen beide Länder ihre Güter zu Weltmarktpreisen. Da in Autarkie (ohne Außenhandel) die Autarkiepreisverhältnisse $(P_1 / P_2)^A \prec (P_1 / P_2)^B$ lauteten, erfordert ein Freihandelsgleichgewicht, dass das Inland (Land A) sein relativ billigeres Gut 1 exportiert und das relativ teurere Gut 2 importiert. Wir wissen, dass Gut 1 arbeitsintensiv und Gut 2 kapitalintensiv produziert wird. Gut 1 wird vom arbeitsreichlich ausgestatteten Land A (Inland) exportiert und Gut 2 vom kapitalreichlich ausgestatteten Land B (Ausland). Dieses *Handelsmuster* wird vom *Heckscher-Ohlin-Theorem* prognostiziert. Die relative Faktorreichlichkeit bestimmt die *komparativen Kostenvorteile*. Das internationale Handelsgleichgewicht (*Freihandelssituation*) wird in *Abb. 4.5* gezeigt.

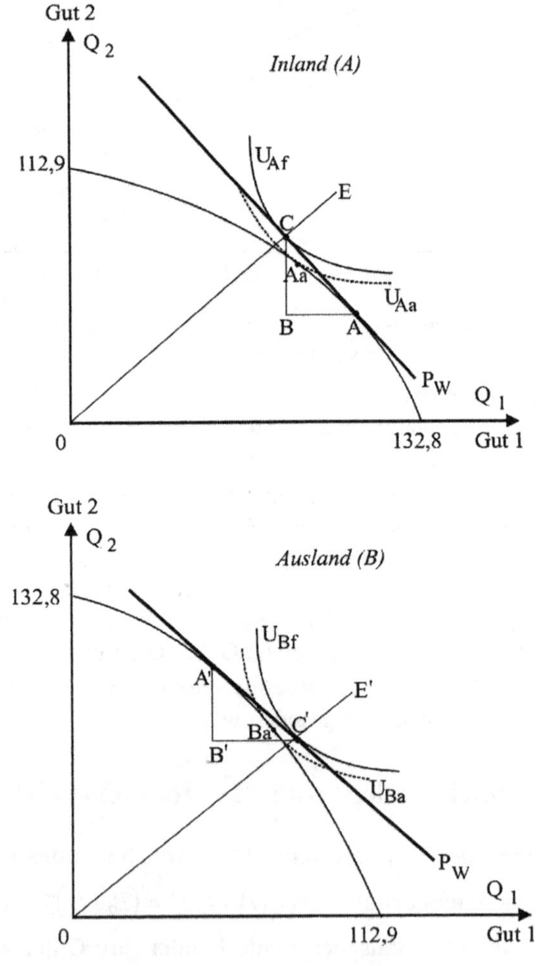

Abb. 4.5 Grafische Darstellung des Freihandelsgleichgewichts im Heckscher-Ohlin-Modell

Abb. 4.5 Grafische Darstellung des Freihandelsgleichgewichts im Heckscher-Ohlin-Modell (Beschreibung)

Das Freihandelsgleichgewicht im HO-Modell impliziert folgendes: Beide Länder expandieren ihre Produktion in jenem Sektor, wo sie auf Grund der Faktorreichlichkeit einen komparativen Vorteil haben. Das Inland (Land A) steigert die Produktion von Gut 1 (von 72,11 auf 101,79). Das Ausland (Land B) expandiert seine Produktion von Gut 2 (von 72,11 auf 101,79). Grafisch bedeutet dies, dass sie von den Produktions- bzw. Konsumpunkten in Autarkie (A_a und B_a) zu den jeweiligen Freihandelsproduktionspunkten (A und A') wandern. Es werden identische Präferenzen in beiden Ländern angenommen. Somit verwenden beide Länder ihr Volkseinkommen (Y), um jeweils die Hälfte ihres Einkommens für Gut 1 bzw. Gut 2 auszugeben (identische Einkommensexpansionspfade: $OE = OE'$). Die Konsumpunkte bei einem gegebenen Weltpreisverhältnis P_W (das für beide Länder identisch ist) liegt außerhalb der nationalen Produktionsmöglichkeitenkurve. Das bedeutet, dass sie durch Freihandel ihre Wohlfahrt steigern können, wodurch beide eine höhere Nutzenfunktion erreichen. Die Konsumpunkte sind im Inland C, im Ausland C'. Das Inland exportiert den Angebotsüberschuss von Gut 1 ($A-B$ =33,93) ins Ausland. Das Ausland exportiert seinen Angebotsüberschuss von Gut 2 ($A'-B'$=33,93) ins Inland. Die Exporte des Inlandes sind die Importe des Auslandes und vice versa (Zahlungsbilanzbeschränkung).

4.7 Das Faktorpreisausgleichs-Theorem

Während *Heckscher* (1919) und *Ohlin* (1933) bereits die Möglichkeit eines Faktorpreisausgleichs durch Freihandel erwähnten, gelang erst *Samuelson* (1948, 1949) ein rigoroser Beweis. Er entwickelte eine Reihe von hinreichenden Bedingungen und demonstrierte, dass Güterpreisausgleich einen vollständigen Faktorpreisausgleich impliziert. Das Faktorpreisausgleichs-Theorem ist eine Erweiterung des Heckscher-Ohlin-Theorems und befasst sich mit der Beziehung zwischen Faktorpreisen in unterschiedlichen Ländern unter der Annahme von Freihandel von Gütern, aber Immobilität der Produktionsfaktoren zwischen den Ländern. Es gelten die grundlegenden Annahmen des H-O-Modells.

Das *Faktorpreisausgleichs-Theorem (FPA-Theorem)* ist ein Nebenprodukt der Eins-zu-Eins-Beziehung zwischen Faktorintensitäten, Faktorpreisen und Güterpreisen (siehe das Harrod-Johnson-Diagramm; siehe *Abb. 4.6*). Ausgehend von dieser einzigartigen Beziehung kann man leicht schließen, dass es für jedes beliebige Güterpreisverhältnis ein und nur ein Faktorpreisverhältnis gibt. Wenn daher beide Länder unvollständig spezialisiert sind und zu einem gemeinsamen Güterpreisverhältnis (Weltpreisverhältnis bei Freihandel) handeln, dann müssen deren Volkswirtschaften auch durch das gleiche Faktorpreisverhältnis charakterisiert sein. Ein zusätzliches Ergebnis des Theorems lautet, dass nicht nur die relativen Güter- und Faktorpreise zwischen den Ländern ausgeglichen sind, sondern auch die Faktorpreisniveaus. Dies ergibt sich daraus, dass zum gleichen Lohn-Zinssatz-Verhältnis das Kapital-Arbeits-Verhältnis (Kapitalintensität) jedes Sektors ebenfalls in beiden Ländern gleich ist (siehe die Edgeworth-Bowley-Box für das In- und Ausland).

Ein *Faktorpreisausgleich kommt nicht zustande,* wenn zum einen die grundlegenden Annahmen verletzt sind oder zum anderen

- wenn eines der Länder *vollständig spezialisiert* ist (in einem der Produktionspunkte A, B, C oder D);
- wenn die *Faktorreichlichkeits-Verhältnisse* ($\bar{k} = \bar{K} / \bar{L}$) beider Länder zu *stark auseinander liegen.* Angenommen, die relative Faktorausstattung ist: $\bar{k}^{B'} = 3{,}20$. Dann gibt es selbst bei einem Weltpreisverhältnis, das ähnlich ist dem Autarkiepreisverhältnis von Land B (P_B), kein Lohn-Zins-Verhältnis, das zwischen den Ländern ausgeglichen werden könnte. Während das Lohn-Zins-Verhältnis im Inland zwischen *A* und *B* liegt, rangieren die möglichen relativen Faktorpreise im Ausland zwischen *E* und *F*. Das Ausland würde sich dann vollständig auf Gut 2 spezialisieren (im Punkt *E*), und das Inland würde sich vollständig auf Gut 1 spezialisieren (im Punkt *B*). Durch Außenhandel würde sich daraus nur eine Annäherung der Faktorpreise, aber kein Faktorpreisausgleich ergeben.

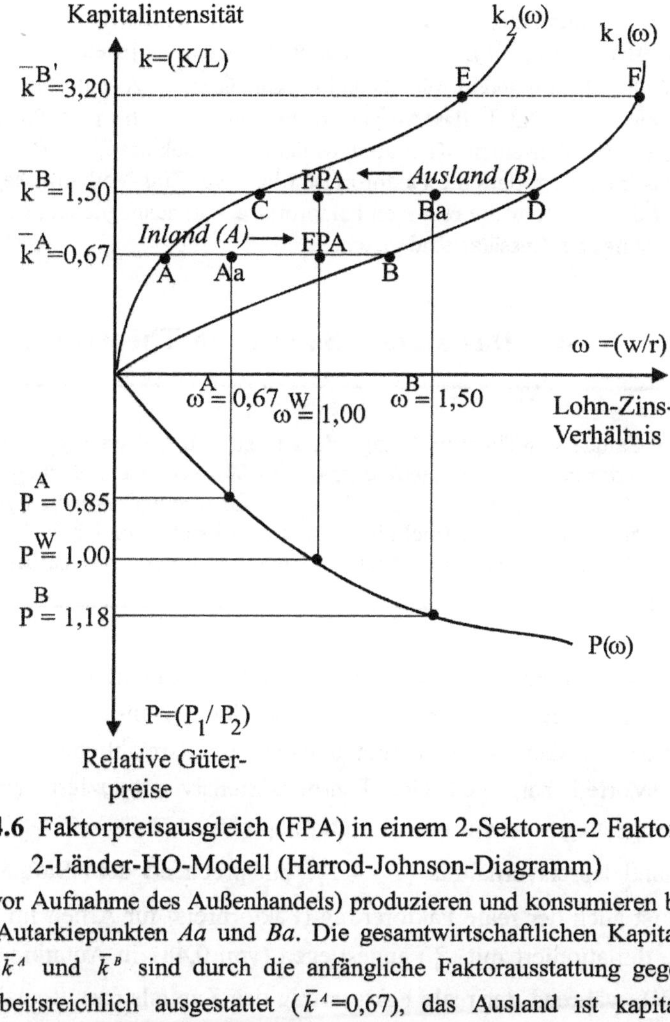

Abb. 4.6 Faktorpreisausgleich (FPA) in einem 2-Sektoren-2 Faktoren- und 2-Länder-HO-Modell (Harrod-Johnson-Diagramm)

In *Autarkie* (vor Aufnahme des Außenhandels) produzieren und konsumieren beide Länder in ihren Autarkiepunkten *Aa* und *Ba*. Die gesamtwirtschaftlichen Kapital-Arbeits-Verhältnisse $\bar{k}^A$ und $\bar{k}^B$ sind durch die anfängliche Faktorausstattung gegeben. Das Inland ist arbeitsreichlich ausgestattet ($\bar{k}^A$=0,67), das Ausland ist kapitalreichlich ($\bar{k}^B$=1,50). Das Muster der Kapitalintensitäten in beiden Sektoren ist in beiden Ländern gleich (d.h. es gibt keine Faktorintensitätsumkehr): Sektor 1 ist arbeitsintensiv, Sektor 2 ist kapitalintensiv. Im Inland beträgt die Kapitalintensität im Sektor 1 (k_1=*0,286*), im Sektor 2 (k_2=*1,556*). Im Ausland beträgt die Kapitalintensität im Sektor 1 (k_1=*0,643*), im Sektor 2 (k_2=*3,50*). Aufgrund der unterschiedlichen Kapitalintensitäten sind sowohl die Lohn-Zins-Verhältnisse als auch die relativen Güterpreisverhältnisse unterschiedlich. Im Inland - dem arbeitsreichlichen Land - ist das Lohn-Zins-Verhältnis niedriger (0,67) als im Ausland - dem kapitalreichlichen Land - (1,50). Dadurch sind auch die relativen Güterpreise (P_1/P_2) im Inland niedriger (0,85) als im Ausland (1,18).

Bei *Freihandel* (internationales Handelsgleichgewicht) und bei international gleichem Güterpreisverhältnis ($P_W = 1$), bewegen sich beide Länder zu jenem Produktionspunkten, wo sie auf Grund ihrer Faktorreichlichkeiten komparative Vorteile haben - das Inland produziert mehr von Gut 1, das Ausland mehr von Gut 2. Im FPA-Punkt produzieren beide Länder mit denselben Kapitalintensitäten (im Sektor 1, k_1=*0,4*; im Sektor 2, k_2=*2,3*). Das impliziert, dass die Faktorpreise (die Lohn-Zins-Verhältnisse) ausgeglichen sind (*w/r=1,0*). Nicht nur die relativen Faktorpreise sind ausgeglichen, sondern auch die absoluten Lohn- und Zinssätze sind gleich.

4.8 Das Stolper-Samuelson-Theorem

Aussage:

Das Stolper-Samuelson-Theorem besagt, dass in einer unvollständig spezialisierten 2-Produktionsfaktoren-, 2-Güter (Heckscher-Ohlin) Wirtschaft ein *Anstieg* (Sinken) des Preises eines Gutes zu einem *Anstieg* (Rückgang) *des realen Faktorpreis jenes Produktionsfaktors führt, der intensiv* (nicht intensiv) in der Produktion jenes Gutes verwendet wird, dessen Preis gestiegen (gesunken) ist. Dieses Theorem geht zurück auf *Stolper-Samuelson* (1941).

In unseren Ergebnissen bei Freihandel mit dem numerischen CGE-HO-Modell haben wir implizit bereits das Stolper-Samuelson-Ergebnis erhalten. Der relative Preis von Gut 1 (wo das Inland als ein arbeitsreichliches Land einen komparativen Vorteil hat, weil Gut 1 arbeitsintensiv produziert wird) ist durch Freihandel gestiegen - von einem Autarkiepreisverhältnis von $P_1 / P_2) = 0{,}85$ auf ein Freihandelspreisverhältnis ($P_W = 1$). Entsprechend dem Stolper-Samuelson-Theorem ist auch der reale Faktorertrag (Faktorpreis) für Arbeit im Sektor 1 (der Lohnsatz, deflationiert mit P_1) angestiegen (von 0,481 in Autarkie auf 0,543 bei Freihandel), während der reale Faktorertrag des Kapitals (der Realzins) gesunken ist (von 0,721 in Autarkie auf 0,543 bei Freihandel).

Das Stolper-Samuelson-Theorem hat eine noch strengere Implikation. Es kann gezeigt werden, dass durch einen Anstieg des relativen Preises von Gut 1 der reale Lohnsatz, deflationiert mit jedem beliebigen Preis (für Gut 1 oder Gut 2), steigt, während der Realzins, deflationiert mit dem Preisen von Gut 1 oder Gut 2, sinkt. Dadurch wurde gezeigt, dass nicht nur der Nominallohnsatz (Nominalzins) steigt (sinkt), sondern auch der Reallohnsatz (der Realzins).

Stolper und *Samuelson* beschäftigten sich mit den *Effekten von Zöllen auf die realen Faktorpreise* und damit auf die sektorale Einkommensverteilung. Zölle beeinflussen direkt die relativen Güterpreise. Wenn die Richtung dieser Änderungen bestimmt ist, gilt dieselbe Argumentation wie zuvor. *Stolper-Samuelson* interessierte die Frage, wie Protektion Beschäftigung in jenem Sektor sichern kann, wo der relativ reichlich vorhandene Faktor in der Produktion verwendet wird. *Internationaler Handel* - wie gezeigt wurde - *verringert den Realpreis des knappen Produktionsfaktors* -mit welchem Preis man auch immer deflationiert (in unserem Beispiel ist Kapital im Inland knapp; durch Freihandel sinkt der Realzins). Analog dazu sinkt im Ausland - wo Arbeit der knappe Faktor ist - durch Außenhandel der Reallohn! Das impliziert eine Verschlechterung der Realeinkommensposition der Beschäftigten im Ausland (Land B). Freihandel lässt also die Einkommensverteilung in den beiden Ländern nicht unverändert.

Die Schlussfolgerung lautet: Ein Anstieg im Preis des Importgutes durch einen Zoll führt zu einem Anstieg im Faktorertrag des knappen Faktors und zu einem Rückgang im Faktorertrag des reichlich vorhandenen Faktors. Wenn z.B. das Inland sein Importgut mit einem Zoll belegt, steigt der Preis für das Gut 2 im Vergleich zur Freihandelssituation. Der reale Faktorertrag des knappen Faktors (Kapital im Inland) steigt dadurch im Inland (der Reallohn sinkt). Analog würde ein Zoll des Auslandes auf sein Importgut 1 den Reallohn im Ausland ansteigen lassen.

4.9 Die Samuelson Reziprozitäts-Beziehungen

Aussage:

Das Rybczynski und das Stolper-Samuelson-Theorem sind dual zueinander:

$$\partial Q_i / \partial V_m = \partial \omega_m / \partial P_i$$

Die partielle Ableitung des Angebots an Gut i ($i = 1,2$) bezogen auf die gesamte Ausstattung mit dem Produktionsfaktor V_m (m =Kapital, Arbeit) ist gleich der partiellen Ableitung des Preises von Faktor m (ω = Lohn, Zins) bezogen auf den Preis von Gut i.

4.10 Das Dimensionalitätsproblem im HO-Modell - Das Heckscher-Ohlin-Vanek (HO-V)-Modell

Die Aussagen des traditionellen HO-Theorems über die Güterzusammensetzung des Außenhandels (Handelsmuster) sind streng genommen nur gültig in der abstrakten theoretischen Welt mit 2 Faktoren, 2 Gütern und 2 Ländern (2x2x2-Modell).

Im Falle höherer Dimensionalität, entweder bezüglich der Produktionsfaktoren, der Güter oder der Länder, sind die Aussagen des HO-Theorems bei weitem nicht mehr so rigoros wie im 2x2x2-Fall. Im wesentlichen gibt es zwei Strömungen der Generalisierung des HO-Theorems:

1. Die *allgemeine Gültigkeit* des *HO-Theorems* (für den *m* x *n* x *k-Fall*) kann zwar bewiesen werden (siehe z.B. *Deardorff* (1982)), aber die Voraussagen sind vage und sehr allgemein. Die "schwache" Aussage über das HO-Theorem lautet, dass weltweit eine *negative Korrelation zwischen dem Faktorgehalt des Außenhandels und den entsprechenden Faktorpreisen* (in Autarkie) gegeben ist. Diese Autarkiepreise sind das Ohlin-Maß für Faktorknappheit. Die allgemeine Idee dahinter: Länder tendieren dazu, die Dienste jener Faktoren zu exportieren, die sie relativ reichlich besitzen. Diese Aussage kann als Verallgemeinerung der Faktorgehaltsversion des HO-Theorems gelten.

Das Verallgemeinerungs-Theorem des HO-Modells lautet:

Wenn ein Land ein Netto-Exporteur (-importeur) eines bestimmten Faktorgehalts ist, dann muss es eine negative Korrelation zwischen dem Wert der Netto-Exporte aller Güter zu Weltmarktpreisen und der Intensität geben, mit der diese Güter den Faktor verwenden.

Über das genaue Handelsmuster (welches Land welches Gut exportiert bzw. importiert) sind keine genauen Aussagen mehr möglich; man kann nur Aussagen machen über die durchschnittliche Korrelation zwischen relativen Preisen und Netto-Exporten.

2. Der *Vanek-Ansatz* (*Vanek* (1968)): *Vanek* macht eine Verallgemeinerung bezüglich der Produktionsfaktoren und der Güter. Er nimmt zwei Länder an (Inland und Ausland oder Rest der Welt), *n* Produktionsfaktoren und *m* Güter - *nxmx2- Heckscher-Ohlin-Vanek (HOV)-Modell.*

   Das HOV-Modell betrachtet die Netto-Exporte von Faktordiensten (den Faktorgehalt von Exporten und Importen) anstelle des Handelsmusters. Eine ausführliche Diskussion des HOV-Modells folgt im nächsten Kapitel (Empirische Tests des HO-Modells).

3. *Xu* (1993) verallgemeinert das Modell der komparativen Vorteile so, dass es sowohl den Ricardo- als auch den Heckscher-Ohlin-Fall als Spezialfälle beinhaltet. Ähnlich wie in der Verallgemeinerung des Ricardo-Modells *durch Dornbusch-Fischer-Samuelson* (1977) arbeitet *Xu* (1993) mit einem Kontinuum von (fast) unendlich vielen Gütern.

Anhang 4.1 Heckscher-Ohlin-Modell: 2-Faktoren, 2-Sektoren, 2-Länder

Allgemeines Gleichgewichtsmodell

2 Produktionssektoren produzieren	2 Länder (j = England, Portugal)
2 Güter (i = Gut 1, Gut 2): Q_i	Vollständig Konkurrenz
2 Produktionsfaktoren (Kapital, Arbeit): K_i, L_i	vollständige Spezialisierung Freihandel mit Faktorpreisausgleich
Modellgleichungen	Numerische Ergebnisse

		Inland (A)		Ausland (B)	
		Autarkie	Freihandel	Autarkie	Freihandel
Gütermärkte:					
Angebot: Cobb-Douglas-Produktionsfunktionen:					
$Q_i^j = A_i^j K_i^{j^{\alpha_i}} L_i^{j^{(1-\alpha_i)}}$	Gut 1	72,11	101,79	61,31	33,93
	Gut 2	61,31	33,93	72,11	101,79
Produktionsmöglichkeitenkurven:					
	maximale Produktion von Gut 1, wenn Gut 2 = 0:				
$\overline{Q}_1^j = K_s^{j^{\alpha_1}} L_s^{j^{(1-\alpha_1)}}$	Gut 1	132,82	132,82	112,93	112,93
	maximale Produktion von Gut 1, wenn Gut 2 = 0:				
$\overline{Q}_2^j = K_s^{j^{\alpha_2}} L_s^{j^{(1-\alpha_2)}}$	Gut 2	112,93	112,93	132,82	132,82
Nutzenfunktion (Wohlfahrt): Cobb-Douglas					
$U^j = C_1^{j^{\beta_1^j}} C_T^{j^{\beta_1^j}}$ mit $\beta_1^j + \beta_2^j = 1$		66,49	67,86	66,49	67,86
bzw. $U^j = \prod_i C_i^{j^{\beta_i^j}}$ mit $\sum_i \beta_i^j = 1$					
Nachfrage - abgeleitet aus Nutzenfunktion:					
$C_i^j = \beta_i^j \dfrac{Y^j}{P_i^j}$	Gut 1	72,11	67,86	61,31	67,86
	Gut 2	61,31	67,86	72,11	67,86
Gütermarktgleichgewicht:					
$C_1^j - Q_1^j = 0 \ (EX_1^j, IM_1^j)$	Gut 1	0,00	- 33,93	0,00	33,93
$C_2^j - Q_2^j = 0 \ (EX_2^j, IM_2^j)$	Gut 2	0,00	33,93	0,00	- 33,93

		Inland (A)		Ausland (B)	
		Autarkie	Freihandel	Autarkie	Freihandel
Güterpreise - bestimmt durch Stückkosten (Einheitspreisgleichung):					
$P_i^j = r^j\left(\frac{K_i^j}{Q_i^j}\right) + w^j\left(\frac{K_i^j}{Q_i^j}\right)$	Gut 1	1,00	1,00	1,176	1,00
(P_1^j = Numéraire =1)	Gut 2	1,176	1,00	1,00	1,00
Güterpreisverhältnisse:					
$\frac{P_1^j}{P_2^j}\left(\frac{P_2^j}{P_1^j}\right)$		0,85 (1,176)	1,0 (1,0)	1,176 (0,85)	1,0 (1,0)
Faktormärkte:					
Kapitalnachfrage:					
$K_i^j = \frac{\alpha_i P_i^j Q_i^j}{r_i^j}$	Gut 1	30,00	56,25	45,00	18,75
	Gut 2	70,00	43,75	105,00	131,25
Arbeitsnachfrage:					
$L_i^j = \frac{(1-\alpha_i) P_i^j Q_i^j}{w_i^j}$	Gut 1	105,00	131,25	70,00	43,75
	Gut 2	45,00	18,75	30,00	56,25
Faktormarktgleichgewicht:					
(Faktorangebot - K_s^j, L_s^j - exogen gegeben)					
Kapital:					
$K_s^j = \sum_i K_i^j$		100,00	100,00	150,00	150,00
Arbeit:					
$L_s^j = \sum_i L_i^j$		150,00	150,00	100,00	100,00
Faktorentlohnung - bei vollständiger Konkurrenz in beiden Sektoren gleich:					
Faktorpreise					
Nominalzinsen:					
$r_i^j = \frac{\alpha_1 P_i^j Q_i^j}{K_i^j} = r^j$		0,721	0,543	0,481	0,543
Nominallöhne:					
$w_i^j = \frac{(1-\alpha_1) P_i^j Q_i^j}{L_i^j} = w^j$		0,481	0,543	0,721	0,543

		Inland (A) Autarkie	Inland (A) Freihandel	Ausland (B) Autarkie	Ausland (B) Freihandel
Grenzproduktivitäten					
des Kapitals (Realzinsen) $rr_i^j = \frac{\partial Q_i^j}{\partial K_i^j} = \alpha_1 \left(\frac{K_i^j}{L_i^j} \right)^{\alpha_i - 1}$	Gut 1	0,721	0,543	0,409	0,543
	Gut 2	0,613	0,543	0,481	0,543
der Arbeit (Reallöhne) $wr_i^j = \frac{\partial Q_i^j}{\partial L_i^j} = (1-\alpha_1) \left(\frac{K_i^j}{L_i^j} \right)^{\alpha_i}$	Gut 1	0,481	0,543	0,613	0,543
	Gut2	0,409	0,543	0,721	0,543
Brutto-Inlandsprodukt (BIP):					
Volkseinkommen: $Y^j = r^j \sum_i K_i^j + w^j \sum_i L_i^j$		144,21	135,72	144,21	135,72
BIP - Produktionsseite: $Y^j = \sum_i P_i^j Q_i^j$		144,21	135,72	144,21	135,72
BIP - Nachfrage- bzw. Ausgabenseite: $Y^j = \sum_i P_i^j C_i^j$		144,21	135,72	144,21	135,72
Leistungsbilanz (Handelsbeziehungen zwischen beiden Ländern):					
Exporte: $EX_i^j = \left(Q_i^j - C_i^j\right)$	Gut 1	0,00	33,93	0,00	0,00
	Gut 2	0,00	0,00	0,00	33,93
Importe: $IM_i^j = \left(C_i^j - Q_i^j\right)$	Gut 1	0,00	0,00	0,00	33,93
	Gut 2	0,00	33,93	0,00	0,00
Zahlungsbilanzbeschränkung: $ZB^j = P_i^j(Q_i^j - C_i^j) - P_i^j(C_i^j - Q_i^j)$		0,00	0,00	0,00	0,00

Weltproduktion:		**Autarkie**	**Freihandel**
$WP_i = \sum_j Q_i^j$	Gut 1	133,42	135,72
	Gut 2	133,42	135,72

		Inland (A) Autarkie	Inland (A) Freihandel	Ausland (B) Autarkie	Ausland (B) Freihandel
Exogene Parameter:					
Produktionselastizitäten (in Produktionsfunktionen):					
α_i	Gut 1	0,3	0,3	0,3	0,3
Gut 1 = arbeitsintensiv	Gut 2	0,7	0,7	0,7	0,7
Gut 2 = kapitalintensiv					
Effizienz (Technologie)-Parameter Verbrauchskoeffizienten (Arbeitskosten):					
A_i^j	Gut 1	1,0	1,0	1,0	1,0
A_i^j	Gut 2	1,0	1,0	1,0	1,0
Konsumanteile (in Nutzenfunktion):					
β_i^j	Gut 1	0,5	0,5	0,5	0,5
	Gut 2	0,5	0,5	0,5	0,5

Komparative Vorteile:

$$\left(\frac{K}{L}\right)^A \succ \left(\frac{K}{L}\right)^B \text{ oder } \left(\frac{r}{w}\right)^A \prec \left(\frac{r}{w}\right)^B \qquad \left(\frac{100}{150}\right)^A \succ \left(\frac{150}{100}\right)^B \text{ oder } \left(\frac{0{,}721}{0{,}481}\right)^A \prec \left(\frac{0{,}481}{0{,}721}\right)^B$$

$$0{,}667 \succ 1{,}500 \qquad 1{,}499 \prec 0{,}667$$

Das *Inland (A)* ist *"arbeitsreichlich"*, das *Ausland (B) "kapitalreichlich"* ausgestattet. Das Inland spezialisiert sich daher tendenziell auf das arbeitsintensive Gut 1, das Ausland auf das kapitalintensive Gut 2.

5 Empirische Tests des Heckscher-Ohlin-Modells

5.1 Einleitung

Das HO-Theorem postuliert, dass ein Land, das reichlich mit Kapital (Arbeit) ausgestattet ist, kapitalintensive (arbeitsintensive) Güter exportiert und jeweils die anderen Güter importiert. In seiner 2x2x2-Form (2 Güter, 2 Produktionsfaktoren und 2 Länder) ist das HO-Modell theoretisch einleuchtend und - wie im vorigen Kapitel gezeigt wurde - logisch konsistent.

Das Heckscher-Ohlin-(HO)-Modell ist das vielleicht am meisten getestete Theorem der Wirtschaftsliteratur. Empirische Tests der Aussagen des HO-Theorems haben bisher keine eindeutige Bestätigung erbracht. Das hat mehrere Gründe:

- Es gibt eine Vielzahl von Testansätzen (Faktorgehaltsstudien, Regressionsansätze).
- Unzulässige Verallgemeinerung vom 2x2x2-Modell auf ein wirklichkeitsnäheres mehrdimensionales Modell (*Leontief*, 1953).
- Die Verallgemeinerung des HO-Modells durch *Vanek* (1968) führt zum HOV-Modell.
- Verschiedene Versionen des HO-Modells werden getestet (schwache und strikte Form).

Die verschiedenen *Testansätze* lassen sich im wesentlichen in zwei Gruppen einteilen:

1. Faktorgehaltsstudien (*Leontief* (1953) sowie Studien des HO-Modells in der Interpretation von *Vanek* (1968)), die entweder den Faktorgehalt von Exporten und Importen oder jenen der Netto-Exporte zum Faktorangebotsüberschuss eines oder mehrerer Länder in Beziehung setzen, und
2. Regressionsstudien (entweder im Querschnitt über Branchen für ein Land oder im Querschnitt über Länder für eine oder mehrere Branchen), in denen die Netto-Exporte durch die Charakteristika der Güterstruktur (verwendete Faktorinputs) erklärt werden.

5.2 Das Leontief-Paradoxon

Leontief (1953) war einer der ersten, der die Aussagen des HO-Theorems ernst nahm und einer empirischen Überprüfung unterzog. Da es üblicherweise einen positiven Zusammenhang zwischen dem Reichtum eines Landes (gemessen am BIP/Kopf) und der Kapitalausstattung gibt, müssten die USA nach dem Zweiten Weltkrieg als eines der reichsten Länder der Welt auch reichlich mit Kapital ausgestattet gewesen sein (siehe *Abbildung 5.1*). Dies würde entsprechend dem HO-Theorem implizieren, dass die USA komparative Vorteile bei kapitalintensiven Gütern haben müssten, dass sie also kapitalintensive Güter exportieren und arbeitsintensive importieren. *Leontief* (1953) fand nun, dass für die USA genau das Gegenteil zutraf. Daher spricht man vom *Leontief-Paradoxon*.

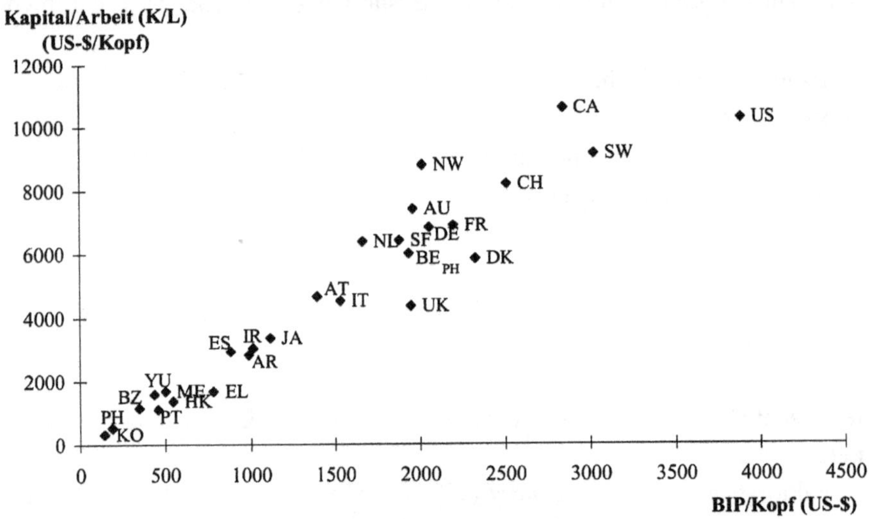

Quelle: Eigene Darstellung nach Daten von *Bowen-Leamer-Sveikauskas* (1987), S. 806-807.

Abb. 5.1 Zusammenhang von Kapital/Arbeits-Ausstattung und Einkommensniveau, 1966

Leontief (1953) testete das HO-Theorem mit Hilfe einer 200-Sektoren Input-Output-Tabelle für die USA aus dem Jahr 1947.[1] Er stellte sich die Frage, wieviel an Produktionsfaktoren (Kapital und Arbeit) freigesetzt wird, wenn die Exporte

---

[1] Für seine bahnbrechenden Arbeiten auf dem Gebiet der Input-Output-Analyse bekam *Wassily Leontief* 1973 den Nobelpreis für Ökonomie.

und die Importe jeweils um 1 Million US-Dollar gesenkt werden. Dabei hat er zwei implizite Annahmen des HO-Modells unterstellt. Zum einen, dass die Technologie (Input-Output-Struktur) international gleich ist und zum anderen, dass die Importe der USA eine ähnliche Kapitalintensität aufweisen wie vergleichbare Produkte in den USA (Importsubstitutionshypothese).

Die Vorgehensweise *Leontiefs* (1953) kann anhand folgender Input-Output-Operationen nachvollzogen werden. Ausgangspunkt ist die Grundgleichung der Input-Output-Tabelle (siehe das Beispiel einer 3-Sektoren-Input-Output-Tabelle in nebenstehendem Kasten), wobei wir uns hier nicht auf die gesamte Endnachfrage (*N*), sondern nur auf die Exportnachfrage (*X*) (bzw. deren Reduktion um 1 Mill. US-$) konzentrieren:

$$(I - B)Q = X \quad bzw. \quad Q = (I - B)^{-1} X \qquad (5.1)$$

Q = (200x1)-Vektor der Produktion; X = (200x1)-Vektor der Exporte; B = (200x200)-Matrix der Input-Output-Koeffizienten. $(I - B)^{-1}$ = die Leontief-Inverse Matrix.

Gleichung (5.1) gibt an, um wieviel die Produktion in den einzelnen Sektoren sinkt, wenn die Exportnachfrage (*X*) insgesamt um 1 Mill. US-$ schrumpft.

3-Sektoren Input-Output-Modell

		Sektoren			*Gesamtnachfrage (N)*			*Gesamt-Output*
		Intermediär-lieferungen			Absorption: $C=K+I$		$T=X-M$	(BPW)
Liefernde Sektoren		1 LW	2 Ind	3 DL	Konsum (K)	Investi-tion (I)	Netto-Ex-port (X-M)	
Landwirtschaft	1	q_{11}	q_{12}	q_{13}	11	1	5	Q_1
Industrie	2	q_{21}	q_{22}	q_{23}	52	29	20	Q_2
Dienstleistung	3	q_{31}	q_{32}	q_{33}	40	1	3	Q_3
Wertschöpfung: Kapital-/Arbeits-einkommen) +Abschreibungen +Indir. Steuern - Subventionen								
Gesamter Input		Q_1	Q_2	Q_3	103	31	28	

Der gesamte Output eines Sektors ist die Summe seiner Inputs. Man kann obige Input-Output-Tabelle auch als Gleichungssystem wie folgt anschreiben:

	Intermediär-lieferungen	+	*Gesamtnach-frage (N)*	=	*BPW (Brutto-Produktionswert)*
Sektor 1:	$q_{11} + q_{12} + q_{13}$	+	17	=	Q_1
Sektor 2:	$q_{21} + q_{22} + q_{23}$	+	101	=	Q_2
Sektor 3:	$q_{31} + q_{32} + q_{33}$	+	44	=	Q_3

Anders angeschrieben lautet dieses Gleichungssystem:

$$Q_1 - q_{11} - q_{12} - q_{13} = 17$$
$$-q_{21} + Q_2 - q_{22} - q_{23} = 101$$
$$-q_{31} - q_{32} + Q_3 - q_{33} = 44$$

Definition: $q_{ik} = b_{ik}Q_k, (i,k = 1,2,3)$; b_{ik} = Input-Output-Koeffizienten.

Damit lässt sich obiges Gleichungssystem erneut umschreiben:

$$(1-b_{11})Q_1 - b_{12}Q_2 - b_{13}Q_3 = 17$$
$$-b_{21}Q_1 + (1-b_{22})Q_2 - b_{23}Q_3 = 101$$
$$-b_{31}Q_1 - b_{32}Q_2 + (1-b_{33})Q_3 = 44$$

In Matrixschreibweise lässt sich dieses Gleichungssystem wie folgt anschreiben:

$$(I-B)Q = N \text{ bzw. } Q = (I-B)^{-1}N$$

B = die (3x3)-Matrix der Input-Output-Koeffizienten; I = die Einheitsmatrix; Q = der (3x1)-Outputvektor; N = der (3x1)-Vektor der Gesamtnachfrage; $(I-B)^{-1}$ = die **„Leontief Inverse"** Matrix.

Wenn man unterstellt, dass pro Produktionseinheit eines Sektors ein fixer Kapital- und Arbeitseinsatz - definiert durch $a_{Ki} = K_i / Q_i$ bzw. $a_{Li} = L_i / Q_i$ - erforderlich ist (Faktorinputerfordernis), so kann man den (2x1)-Vektor des Faktoreinsatzes (Faktorgehalts) der Gesamtexporte (Π^X) wie folgt errechnen:

$$\Pi^X = \begin{pmatrix} a_{K1} & a_{K2}.....a_{K200} \\ a_{L1} & a_{L2}.....a_{L200} \end{pmatrix} Q = AQ = A(I-B)^{-1}X \qquad (5.2)$$

A = die (2x200)-Technologiematrix (Faktorinputerfordernis), die die Inputkoeffizienten a_{Ki}, a_{Li} erfasst.

Im Falle der Reduktion der Importe ((200x1)-Vektor - *M*) ergibt sich bei analoger Vorgehensweise ein (2x1)-Faktorgehaltsvektor für die Gesamtimporte (Π^M):

$$\Pi^M = \begin{pmatrix} a_{K1} & a_{K2}.....a_{K200} \\ a_{L1} & a_{L2}.....a_{L200} \end{pmatrix} Q = AQ = A(I-B)^{-1}M \qquad (5.3)$$

Die Leontief-Berechnungen erbrachten folgende Ergebnisse bezüglich des Faktorgehalts der Exporte ($\Pi^X = (K_x, L_x)$) bzw. der Importe ($\Pi^M = (K_m, L_m)$):

Tabelle 5.1 Kapital- und Arbeitseinsatz pro 1 Mill. US-$ USA-Exporte und Importsubstitute (Daten für 1947)

		Exporte		Importe
Kapital (US-$, 1947 Preise)	K_x	2,550.780	K_m	3,091.339
Arbeit (Mann-Jahre)	L_x	182.313	L_m	170.004
Leontief-Paradoxon	K_x / L_x	14,0	K_m / L_m	18,2

Quelle: *Leontief* (1953), S. 125.

Entgegen den Erwartungen des HO-Theorems, wonach ein reiches Land auch komparative Vorteile bei der Produktion und im Export kapitalreicher Güter haben müsste, waren die Importe der USA 1947 kapitalintensiver als die Exporte. Der relative Faktorgehalt (*K/L*) der Exporte (14,0) war niedriger als jener der Importe (18,2). Das Verhältnis des Faktorgehalts von Exporten zu Importen lautet im Jahr 1947 für Kapital (K_x / K_m) 0,83 und für Arbeit (L_x / L_m) 1,07. Im Laufe der Zeit scheint das *Leontief-Paradoxon* nicht nur theoretisch aufgelöst worden zu sein (siehe *Leamer* (1980)), sondern auch von den Daten verschwunden zu sein.

Aufgrund der Daten von 1983 blieb zwar das Verhältnis des Kapitalgehalts von Exporten zu Importen mit 0,84 fast gleich wie im Jahre 1947, jenes für den Faktor Arbeit (0,78) ist aber stark gesunken (siehe *Trefler* (1993), S. 979).

Leontief (1953, S. 127/128) erklärte seine „paradoxen“ Ergebnisse dadurch, dass die einfache HO-Annahme, wonach die Technologie und auch die Qualität der Produktionsfaktoren in allen Ländern gleich sei, in der Realität nicht zutreffe. Wenn man unterstellt, dass die amerikanischen Arbeiter drei Mal so produktiv sind wie ihre Kollegen im Ausland, so wären seine Ergebnisse in Übereinstimmung mit dem HO-Theorem.

Mit dieser Erklärung - die später von *Trefler* (1993) wieder aufgegriffen wurde - hat *Leontief* auch Impulse zur Fortentwicklung der HO-Theorie gegeben. In der Folge wurde nicht nur die Zahl der Produktionsfaktoren, sondern auch deren Qualität ins Treffen geführt. Dadurch entwickelte sich in der Literatur die sogenannte *Neo-Faktorproportionen-Hypothese*, bei der die Produktionsfaktoren aufgespalten werden in gelernte und ungelernte Arbeit, sowie in physisches Kapital und Humankapital. Wenn explizit noch kurzfristige Unterschiede in der Technologie - „Technologie-Lücke“ zwischen Ländern als komparativer Vorteil - berücksichtigt werden, spricht man von der *Neo-Technologie-Hypothese*.[2] Langfristig ist der Technologievorsprung in die Neo-Faktorproportionen-Hypothese integrierbar, indem man die Produktionsfaktoren neu spezifiziert (z.B. werden high-tech Produkte skill- bzw. humankapitalintensiv erzeugt; siehe *Kohler*, 1988).

Eine dynamische Version des HO-Modells bzw. seiner Weiterentwicklungen in Form des Neo-Faktorproportionen- und Neo-Technologie-Modells stellt das *Produktzyklus-Modell* von *Vernon* (1966) und *Hirsch* (1967) dar. Analog zu den Überlegungen über den Lebenszyklus eines einzelnen Produkts wird eine Klassifikation vorgenommen, welche Ländergruppen (kleine Industrieländer, große Industrieländer, Entwicklungsländer etc.) in der Produktion welcher Produkte (neue Produkte, Wachstumsprodukte, reife Produkte) komparative Vorteile besitzen, weil sie z.B. reichlich ausgestattet sind mit physischem Kapital, ungelernter Arbeit, Management-Kapazitäten, Forschung und Entwicklung sowie external economies wie Infrastruktur etc.). Die Idee des Produktzyklus-Modells ist, dass

---

2 Einer der Hauptrepräsentanten der Neo-Faktorproportionen- bzw. Neo-Technologie-Schule ist *Hufbauer* (1970).

sich die komparativen Vorteile eines Landes im Zeitablauf ändern bzw. veränderbar sind („man-made" komparative Vorteile).[3]

5.3 Das Heckscher-Ohlin-Vanek-Modell

Die erste korrekte Faktorgehaltsformulierung des HO-Modells stammt von *Vanek* (1968). Er verallgemeinerte Das 2x2x2-HO-Modell auf eines für viele Faktoren (*m*), viele Güter (*n*) und 2 Länder (Inland, Ausland) zu einem *mxnx2*-Modell, das seither Heckscher-Ohlin-Vanek-Modell oder HOV-Modell genannt wird. Mit dem HOV-Ansatz hat *Leamer* (1980) erstmals das Leontief-Paradoxon aufgelöst. Die HOV-Modell postuliert in einer Grundgleichung eine Beziehung zwischen Faktorgehalt der Netto-Exporte zu Faktorangebotsüberschuss (Inland zur Welt). Damit lautet die Aussage des HO-Theorems: Ein Land mit ausgeglichener Handelsbilanz exportiert jenes Gut, das intensiv den reichlich vorhandenen Produktionsfaktor verwendet und importiert jenes Gut, das den relativ knappen Produktionsfaktor verwendet. Der Beweis für den Fall einer 2x2x2-Welt läuft wie folgt (siehe *Leamer*, 1984, S. 8ff.):

Im *Faktormarktgleichgewicht* entspricht das Faktorangebot (Kapital - $\overline{K}$; Arbeit - $\overline{L}$) der Faktornachfrage

$$\overline{K} = a_{K1}Q_1 + a_{K2}Q_2 \tag{5.4}$$

$$\overline{L} = a_{L1}Q_1 + a_{L2}Q_2 \tag{5.5}$$

wobei $a_{vi} = V_{vi} / Q_i$ das Inputerfordernis pro Produktionseinheit (Inputkoeffizienten) ist; v = Produktionsfaktoren - Kapital, Arbeit; i = Sektoren 1 und 2; Q_i = Endprodukt (Wertschöpfung) von Sektor i:

Das Gleichungssystem (5.4) und (5.5) kann nach den Produktionsmengen als Funktion von den Faktorausstattungen gelöst werden. Wenn V der Vektor der Faktorausstattung (K, L) ist und Q der Vektor der Produktionsmengen (Q_1, Q_2), dann können diese Gleichungen in Matrixschreibweise als $V = AQ$ geschrieben werden (A = die Technologiematrix, die die Inputkoeffizienten a_{vi} erfasst). Inver-

[3] Ein allgemeiner Literaturüberblick über die *Neo-Faktorproportionen-*, die *Neo-Technologiehypothese* und das *Produktzyklus-Modell* des internationalen Handels findet man in *Breuss* (1983), S. 169ff. und in *Kohler* (1988), S. 6ff.

tiert ergeben sich daraus die Produktionsfunktionen (bzw. die Angebotsbedingungen für die *Produktion im Inland*):[4]

$$Q = A^{-1}V \tag{5.6}$$

Unter der strengen HO-Annahme *identischer Produktionstechnologien in allen Ländern* ist die Technologiematrix A im In- und Ausland gleich. Dadurch ergibt sich die *Weltproduktion* als Summe von Produktion des In- und Auslandes wie folgt:

$$Q_w = A^{-1}V_w \tag{5.7}$$

Da die relativen Güterpreise auf dem Weltmarkt bestimmt werden (Weltmarktpreise bei Freihandel), sind sie gleich für das In- und Ausland. Die Annahme *identischer Präferenzen* in allen Ländern impliziert, dass jedes Land die Güter im selben Verhältnis konsumiert. Dann lauten die *Nachfrage-(Konsum)-Bedingungen* wie folgt:

$$C = sQ_w \tag{5.8}$$

s = der Konsumanteil des Inlandes an der Weltproduktion (= Welteinkommen) und C ist der Konsumvektor (wobei Konsum die gesamte Absorption - also Konsum plus Investitionen - bedeutet).

Handelsbilanzausgleich erfordert, dass der Wert der Produktion (BIP) gleich ist dem Wert des Konsums (bzw. der Absorption), d.h. $P'Q = P'C = sP'Q_w$, wobei P' der Weltpreisvektor (P_1, P_2) ist. Wenn die Handelsbilanz ausgeglichen ist, entspricht der Konsumanteil dem Verhältnis des Wertes des eigenen BIPs zu jenem des Welt-BIP ($s = Y / Y_w$).

Der Vektor der *Netto-Exporte* (T = Exporte (X) minus Importe (M), also $T = X - M$) ist die Differenz von Produktion (BIP) und Konsum (Absorption) eines Landes:

$$T = Q - C = A^{-1}V - sA^{-1}V_w = A^{-1}(V - sV_w) \tag{5.9}$$

D.h. die Netto-Exporte sind definiert als die inverse Technologiematrix (A^{-1}) mal dem Vektor des Faktorangebotsüberschusses (Faktorausstattung im Inland im Vergleich zu jener der Welt insgesamt).

Die *HO-Aussage* lautet: Wenn ein Land (wie z.B. das Inland in unserem Beispiel im vorigen Kapitel) reichlich mit Arbeit ausgestattet ist hat der Vektor des

---

[4] Im Falle von Intermediär- oder Zwischenprodukten lautet die Produktionsfunktion $Q = (I - B)A^{-1}V$. B = die Input-Output-Matrix.

Faktorangebotsüberschusses die Vorzeichen (–, +), wodurch folgendes Vorzeichenmuster für den Außenhandel (Netto-Exporte) resultiert:

$$T = \begin{bmatrix} - & + \\ + & - \end{bmatrix} \begin{bmatrix} - \\ + \end{bmatrix} = \begin{bmatrix} + \\ - \end{bmatrix} \tag{5.10}$$

Das bedeutet, dass das arbeitsreichlich ausgestattete Land (in unserem Beispiel das Inland) das arbeitsintensive Gut 1 exportiert und das kapitalintensive Gut 2 importiert. Setzt man in Gleichung (5.9) die Werte aus dem HO-CGE-Modell des vorigen Kapitels (*Anhang 4.1*) ein, so ergibt sich folgende numerische Aussage (Annahme: $s = 0{,}5$):

$$T = A^{-1}(V - sV_w) = \begin{bmatrix} -0{,}407 & 0{,}950 \\ 0{,}950 & -0{,}407 \end{bmatrix} \begin{bmatrix} 100-125 \\ 150-125 \end{bmatrix} = \begin{bmatrix} 33{,}93 \\ -33{,}93 \end{bmatrix} \tag{5.11}$$

Die Netto-Exporte des Inlandes von Gut 1 (das arbeitsintensive Gut) sind positiv (33,93), jene des kapitalintensiven Gutes 2 sind negativ (-33,93). D.h. das Inland hat komparative Vorteile bei Gut 1 und Nachteile bei Gut 2.

Von Gleichung (5.9) kann man *Vaneks Grundgleichung für den Faktorgehalt der Netto-Exporte* ableiten, indem man die gesamte Gleichung mit A multipliziert. Der Faktorgehalt der Netto-Exporte ergibt sich dann definitorisch aus dem Faktorgehalt der Produktion minus dem Faktorgehalt des Konsums (Absorption), was auch gleich ist dem Vektor des Faktorangebotsüberschusses:

$$AT = AQ - AC = V - sV_w \tag{5.12}$$

Oftmals wird in der Literatur für Faktorgehalt der Netto-Exporte auch die Kurzform: $AT = F$ verwendet.

Unter Verwendung der Zahlen aus dem CGE-Modell-Beispiel des vorigen Kapitels (*Anhang 4.1*) erhält man durch Einsetzen in Gleichung (5.12) folgende Faktorgehaltsbeziehungen für das Inland:

$$\begin{bmatrix} 0{,}553 & 1{,}289 \\ 1{,}289 & 0{,}553 \end{bmatrix} \begin{bmatrix} 33{,}93 \\ -33{,}93 \end{bmatrix} = \begin{bmatrix} 0{,}553 & 1{,}289 \\ 1{,}289 & 0{,}553 \end{bmatrix} \begin{bmatrix} 101{,}79 \\ 33{,}93 \end{bmatrix} - \begin{bmatrix} 0{,}553 & 1{,}289 \\ 1{,}289 & 0{,}553 \end{bmatrix} \begin{bmatrix} 67{,}86 \\ 67{,}86 \end{bmatrix} = \begin{bmatrix} 100 \\ 150 \end{bmatrix} - 0{,}5 \begin{bmatrix} 250 \\ 250 \end{bmatrix}$$

oder ausmultipliziert:

$$\begin{bmatrix} -25 \\ 25 \end{bmatrix} = \begin{bmatrix} 100 \\ 150 \end{bmatrix} - \begin{bmatrix} 125 \\ 125 \end{bmatrix}$$

Der Faktorgehalt der Netto-Exporte des Inlandes von Gut 1 bzw. von Gut 2 weist ein negatives (-25) bzw. ein positives (25) Vorzeichen auf. Dies ist äquivalent mit der Aussage, dass das Inland im Vergleich zur Welt mit Kapital weniger, mit Arbeit aber reichlicher ausgestattet ist.

Gleichung (5.11) ist die Grundgleichung für die modernen Tests des HOV-Modells. Erstmals hat *Leamer* (1980) damit das Leontief-Paradoxon aufgelöst. Er demonstriert, dass die Methode, die Leontief (1953) angewandt hat, streng genommen nur für den 2x2x2-Fall gilt. Für den realistischen *mxnx2*-Fall ist entsprechend der Vanek-Interpretation des HO-Modells der richtige Vergleich jener von Faktorgehalt der Netto-Exporte mit jenem des Konsums (der Absorption). Basierend auf den Originaldaten von *Leontief* (1953) findet Leamer (1980, S. 503), dass das Verhältnis des Faktorgehalts (Kapital/Arbeit) der Netto-Exporte (AT = 11,783 \$/Mann-Jahre) in den USA im Jahr 1947 größer war als jenes des Faktorgehalts des Konsums (Absorption; AC = 6,737 \$/Mann-Jahre). Auch das Verhältnis des Faktorgehalts der Produktion (AQ = 6,949 \$/Mann-Jahre) war kleiner als jenes der Netto-Exporte.

5.4 Empirische Tests des Heckscher-Ohlin-Vanek-Modells

5.4.1 Strenge Tests mit negativen Ergebnissen

Der umfangreichste und gleichzeitig korrekte Test des HOV-Modells stammt von *Bowen-Leamer-Sveikauskas* (1987) - im folgenden mit *BLS* abgekürzt. Die Aussagen des HOV-Theorems, wonach es eine Beziehung zwischen dem Faktorgehalt der Netto-Exporte und der Faktorausstattung eines Landes gibt wird allerdings widerlegt.

BLS testen das HOV-Theorem in seiner strikten Form entsprechend der *Gleichung (5.12)* auf drei Ebenen:

1. Zum einen wird die traditionelle Hypothese des HO-Theorems überprüft, wonach die Faktorausstattung eines Landes darüber Auskunft gibt, welches Gut exportiert und welches importiert wird;
2. Zum anderen wird geprüft, inwieweit sich die theoretische Identität von Faktorgehalt der Netto-Exporte (linke Seite von Gleichung (5.12)) und dem Faktorausstattungsüberschuss (rechte Seite von Gleichung (5.12)) in den Daten tatsächlich widerspiegelt (Vorzeichen- und Rangtests);
3. Letztlich testen *BLS* eine Verallgemeinerung des HOV-Modells, indem die zentralen Annahmen (identische Präferenzen der Konsumenten, keine Messfehler in den Daten und international identische Technologie) aufgelockert werden.

Zu 1) *BLS* testen die strikten Aussagen des HOV-Theorems für 27 Länder, 12 Produktionsfaktoren (Kapital, Arbeit insgesamt und 7 Arbeitskategorien sowie 3 Bodenkategorien) und unter Zuhilfenahme der 367-Sektoren-Input-Output-Tabelle der USA jeweils für die Jahre 1966 (Faktorausstattung) und 1967 (Netto-Exporte). Unter der HOV-Annahme gleicher weltweiter Technologie wird die Matrix der direkten und indirekten Faktorinputerfordernisse (A) der USA repräsentativ für alle 27 Länder verwendet.

Ausgehend von der Vanek'schen Grundgleichung (5.12), verwenden *BLS* im Mehr-Länder und Mehr-Faktor-Fall folgende Gleichung

$$AT_i = V_i - s_i V_w \quad bzw. \; F_i = V_i - s_i V_w \tag{5.13}$$

wobei i = Land (1, 2, ... 27) und $s_i = (Y_i - B_i) / Y_w$ sowie B_i = Handelsbilanz. Da weltweit identische Technologie unterstellt wird, ist die Faktorinputmatrix $A_i = A$ gleich für alle 27 Länder (wobei der Maßstab an der USA-Technologie genommen wird, d.h. A_{USA}). Wird der *k*-te Produktionsfaktor herausgegriffen, so erhält man unter Berücksichtigung aller Definitionen bei ausgeglichener Handelsbilanz ($B_i = 0$) folgenden Zusammenhang

$$\left(F_{ki}^A / V_{kw}\right) / \left(Y_i / Y_w\right) = \left[\left(V_{ki} / V_{kw}\right) / \left(Y_i / Y_w\right)\right] - 1 \tag{5.14}$$

wobei F_{ki} das *k*-te Element des Faktorgehaltsvektors der Netto-Exporte $F_i = AT_i$ ist und der um Handelsbilanzungleichgewichte angepasste Faktorgehalt für einen Produktionsfaktor (*k*) lautet: $F_{ki}^A = \left[F_{ki} - (V_{kw} B_i) / Y_w)\right]$. Wenn diese Gleichung korrekt ist, so kann der Faktorgehalt der Netto-Exporte (linke Seite von *Gleichung (5.14))* als indirektes Maß für die relative Faktorreichlichkeit eines Landes (rechte Seite von *Gleichung (5.14))* herangezogen werden. Als erster Schritt untersuchen *BLS* die linke Seite von *Gleichung (5.14)* für 27 Länder und 12 Produktionsfaktoren in der Form von $100 * F_{ki}^A / V_{ki}$, also das Verhältnis des um Handelsbilanzungleichgewichte angepassten Faktorgehalts von Netto-Exporten zur gesamten Ausstattung mit den jeweils 12 Produktionsfaktor in den 27 Ländern (siehe *Tabelle 5.2*).

Die Ergebnisse von *Tabelle 5.2* besagen z.B. für die USA, dass 0,08% der Dienste des Faktors Kapital exportiert werden (positives Vorzeichen) und 0,25% der Dienste des Faktors Arbeit importiert werden (negatives Vorzeichen). Dies würde implizieren, dass die USA „kapitalreichlich" sind.[5] D.h. es gibt kein Leontief-Paradoxon. Im 2-Faktorfall stimmt diese Aussage auch mit dem Faktoranteil der USA am Weltfaktorangebot (bei Kapital 41%, bei Arbeit 22%) überein. Im 2-Faktorfall bestätigt dieser *Rangtest* (Zusammenhang von linker mit rechter Seite von Gleichung (5.14) die HO-Aussage für die USA. Österreich war 1967 Netto-Importeur von Kapitaldiensten (2,03% des eigenen Faktorbestandes) und Netto-Exporteur von Arbeit (3,01% des Arbeitsbestandes).[6] Wie aus *Tabelle 5.2* ersichtlich ist, gibt es zahlreiche Anomalien für den Faktor „Weideland" (Pasture) für Dänemark, Finnland, Korea, die Niederlande und Norwegen. Hier sind die Netto-Exporte höher als 100%. Dies lässt auf mögliche gravierende Datenfehler schließen.

Zu 2) Der *Vorzeichentest* für die strikte Interpretation des HOV-Theorems *(Gleichung (5.13))* wonach der Faktorgehalt der Netto-Exporte (linke Seite von *Gleichung (5.13))* das gleiche Vorzeichen hat wie der Faktorausstattungsüberschuss (rechte Seite von *Gleichung (5.13))* stimmt für die 12 Produktionsfaktoren nur in knapp über der Hälfte der 27 Länder überein. Dies ist nicht mehr als ein Zufallsergebnis (*Trefler*, 1995, S. 1031). Nicht besser fällt der Rangordnungstest aus, der zeigen soll, wie stark die Rangordnung der Länder entsprechend ihrem Faktorgehalt in den Netto-Exporten mit jenem der Faktorreichlichkeit zusammenfällt (linke und rechte Seite von *Gleichung (5.14))*. Ähnlich enttäuschende Ergebnisse in den Rangordnungstests wie in *BLS* erhält auch *Kohler* (1991). Eine begrenzte empirische Bestätigung für das HOV-Modell finden *James-Elmslie* (1996) - indem sie die Ländergruppe der G-7-Länder der OECD (Deutschland, Frankreich, Großbritannien, Italien, Kanada, Japan und die USA) untersuchen, von denen vermutet wird, dass sie im allgemeinen am ehesten in den HOV-Annahmen (identische Präferenzen, ähnliche Faktorausstattung, ähnliche oder identische

---

5 *Trefler* (1993), S. 977 findet, dass es einen negativen Zusammenhang zwischen Entwicklungsniveaus eines Landes (BIP/Kopf) und der „Faktorreichlichkeit" (gemessen durch $((V_{ik}/V_w)/(Y_i/Y_w)))$ gibt. So weist auf Grund der Daten von *Bowen-Leamer-Sveikauskaus* (1987) aus dem Jahr 1966 die USA ein Verhältnis für Kapital von 0,88 (Österreich von 1,26) und für Arbeit von 0,46 (1,51) auf. Eine Kennzahl über 1 für einen bestimmten Produktionsfaktor bedeutet, dass ein Land (relativ zum Weltbestand) reichlich mit diesem Faktor ausgestattet ist. Laut *Trefler* (1993), S. 978 betrugen diese Verhältnisse für die USA im Jahre 1983 für Kapital 0,71 und für Arbeit 0,54.

6 Ein Überblick über bisherige Tests des Faktorgehaltsmodells à la Leontief bzw. entsprechend des HOV-Modells siehe *Kohler* (1988), S. 142 ff. Den ersten „Leontief-Test" für Österreich mit Input-Output-Daten von 1964 machten *Fink-Skolka* (1978).

Produktionstechnologie) übereinstimmen - und für 5 Produktionsfaktoren mit Daten aus dem Jahr 1977 Rang- und Regressionstests durchführen.

Zu 3) Auch der Versuch, das HOV-Modell mittels einer verallgemeinerten Regressionsgleichung zu testen, die Abweichungen von den strikten HOV-Annahmen (insbesondere bezüglich der identischen Präferenzen, der Messfehler in den Daten und der identischen Technologie in allen 27 Ländern) zulässt, bringt keine die Aussagen des HOV-Theorems unterstützenden Aussagen. Unter Verwendung von Input-Output-Tabellen für Deutschland, Großbritannien, Italien, Japan, Norwegen, Portugal und für die USA für die Jahre zwischen 1959 bis 1975 verwerfen *Elmslie-Milberg* (1992) die HOV-Annahme, wonach die Technologiematrizen in allen Ländern identisch sind.

Insgesamt zeigen die bisher besten Tests des HOV-Theorems, dass dessen Aussagen größtenteils im Mehrländer- und Mehrfaktoren-Fall nicht bestätigt wurden.

Tabelle 5.2 Verhältnis von angepasstem Faktorgehalt der Netto-Exporte zu nationaler Faktorausstattung ($100^* F_{ki}^A / V_{ki}$); in %.

Land	Kap.	Arbeit	Ing.	Man.	Ang.	Verk.	DL	LW	Prod.	fr. Land	FW	WL
ARG	1,32	-0,30	-1,64	-2,60	-1,07	-0,62	-0,83	4,30	-1,46	21,24	-6,94	2,40
AUS	-3,77	-0,41	-2,95	-1,79	-1,68	0,21	-0,11	18,10	-3,65	17,15	-13,68	0,80
BELU	-2,36	1,81	0,88	1,82	1,90	1,36	2,39	-4,26	2,76	-364,25	-922,53	53,27
BRA	-5,54	-0,27	-0,85	-0,49	-0,82	-0,32	-0,23	-0,04	-0,61	2,10	-0,04	-0,02
DEN	-4,89	5,82	2,37	8,70	4,25	5,08	4,51	24,56	1,21	33,57	803,73	1763,42
GDR	-1,05	-0,43	1,01	1,34	0,51	-1,08	-1,05	-11,86	2,07	-323,61	-377,64	-124,77
FIN	4,69	2,14	0,49	4,22	1,78	1,94	1,89	1,26	3,21	-24,44	30,48	434,70
FRA	-4,07	0,82	0,70	1,17	1,02	0,90	1,06	0,16	1,04	-21,33	-198,68	1,79
GB	-12,86	0,63	1,77	2,04	1,37	1,30	1,32	-18,57	1,11	-313,42	-2573,99	-91,89
GRE	-5,50	2,93	4,48	14,95	5,37	4,49	4,68	2,20	2,02	46,92	-61,16	1,08
HKG	-46,06	4,52	5,24	3,68	8,10	3,48	3,03	-14,19	6,46	-21568	-30532	-91627216
IRL	-1,93	6,73	4,49	13,84	7,19	6,10	8,07	10,59	2,67	17,31	-129,98	72,68
ITA	-7,03	0,74	1,25	4,67	1,42	0,39	1,27	-1,73	1,87	-39,91	-431,67	-131,90
JPN	-5,47	0,10	0,44	0,48	0,33	-0,05	-0,03	-1,54	1,18	-341,42	-268,58	-1998,58
YUG	-3,15	0,68	0,39	1,59	1,12	2,05	1,15	0,46	0,76	-0,08	2,81	14,24
CAN	1,82	-3,49	-3,40	-2,23	-4,00	-2,73	-1,88	4,00	-6,84	12,13	6,16	2,84
KOR	-30,51	0,61	1,53	2,85	1,81	0,76	1,73	0,27	0,85	-42,34	-29,42	1206,60
MEX	-0,78	0,57	0,19	0,47	0,51	0,80	0,70	0,87	-0,21	12,40	5,69	0,97
NED	-4,56	4,61	3,49	6,36	3,65	4,72	5,53	22,78	1,41	82,47	-719,88	330,86
NOR	-5,54	5,57	3,75	6,15	7,98	10,22	10,58	14,59	-0,06	-125,48	105,96	660,35
AUT	-2,03	3,01	2,74	5,64	2,91	3,81	3,20	3,12	2,59	-80,74	13,52	24,35
PHI	-13,94	-0,10	-0,59	-0,36	-0,81	0,03	0,06	0,14	-0,81	10,47	-8,43	-17,03
POR	-10,31	1,92	3,92	10,85	3,75	2,83	2,72	0,63	2,49	-28,46	24,79	12,03
SWE	0,79	1,36	0,59	2,26	1,05	1,09	1,44	-0,66	2,18	-67,23	30,93	48,00
SUI	-5,72	3,42	4,46	11,57	3,52	5,42	4,13	-0,79	3,04	-862,95	-352,36	-12,18
ESP	-6,19	3,04	4,56	13,88	4,36	4,13	3,89	2,45	2,23	-2,74	-12,00	4,92
USA	0,08	-0,25	0,23	-0,11	-0,19	-1,10	-0,68	1,54	-0,34	19,45	-23,82	-1,63

Abkürzungen: Kap. = Kapital; Ing. = Ingenieure; Man. = Manager; Ang. = Angestellte; Verk. = Verkauf; DL = Dienstleistungen; LW = Landwirtschaft; Prod. = Produktion; fr. Land = fruchtbares Land; FW = Forstwirtschaft; WL = Weideland

Daten für die Faktorausstattung von 1966, für den Faktorgehalt der Netto-Exporte von 1967.

Quelle: *Bowen, Leamer, Sveikauskas* (1987, Table 1).

5.4.2 Rettungsversuche durch Rückgriffe auf Leontief und alternative Formulierungen

Mit der Behauptung „Leontief was right!“ versucht *Trefler* (1993, 1995) in zwei Artikeln, die empirische Gültigkeit des HOV-Theorems zu retten. Seiner Meinung nach können die empirisch festgestellten Abweichungen von den Aussagen des HOV-Modells dadurch eliminiert werden, indem man die *Differenzen in den Faktorproduktivitäten* zwischen den Ländern berücksichtigt. Er greift damit eine Idee *Leontiefs* (1953) auf, der seine paradoxen Ergebnisse dadurch erklärte, indem er darauf hinwies, dass die USA reichlich mit Arbeit ausgestattet sind, wenn man den Faktor Arbeit mit „Produktivitätsäquivalenten“ misst, d.h. wenn man berücksichtigt, dass der amerikanische Arbeiter dreimal so produktiv ist wie sein Kollege im Ausland!

Der Hauptgrund der missglückten Versuche, das HOV-Modell zu bestätigen, sieht *Trefler* (1993) in der Verschmelzung des HOV-Theorems mit dem *Faktorpreisausgleichstheorem*. Dies wird entgegen der allgemeinen empirischen Erkenntnis gemacht, wonach es nicht einmal bei Löhnen einen Faktorpreisausgleich zwischen den Ländern gibt. Eine andere unbefriedigende Annahme ist jene über die *identische Technologie* in allen Ländern der Welt. Es wird damit auch behauptet, dass z.B. Indien immer kostenlosen Zugang zur selben Technologie für alle Produktionsprozesse hat wie die USA (*Trefler* (1993), S. 962).

Das HOV-Theorem mit Faktorpreisausgleich und identischen Technologien für alle Länder impliziert daher folgendes Gleichungssystem (Gleichung 5.15 wiederholt Gleichung 5.13):

HOV-Theorem: $$F_{ki} = V_{ki} - s_i V_{kw} \quad (5.15)$$

Faktorpreisausgleichstheorem: $$w_{ki} = w_{ki'} \quad (5.16)$$

Gleichung (5.16) besagt, dass der Faktorpreis eines Produktionsfaktors k (z.B. Arbeit) im Land i den Faktorpreisen für diesen Produktionsfaktor (z.B. Löhne) in allen Ländern ($w_{ki'}$ = Vektor der Faktorpreise) gleich ist.

Trefler (1993, S. 964) argumentiert nun, dass die empirischen Abweichungen von den Aussagen der Gleichungen (5.15) und (5.16) weitgehend eliminiert werden, indem man die *Produktivitätsunterschiede* zwischen den Ländern für die einzelnen Produktionsfaktoren berücksichtigt (Leontief-Argument). Wenn man π_{ki} den Produktivitätsfaktor für den Faktor k bezeichnet, so definiert $V_{ki}^* = \pi_{ki} V_{ki}$ die produktivitätsbereinigte Faktorausstattung mit dem Faktor k (für k = Arbeit, den produktivitätsbereinigten Arbeitsbestand). Damit lässt sich *Leontiefs* Einsicht wie folgt formalisieren:

HOV-Theorem: $$F_{ki}^{*} = \pi_{ki} V_{ki} - s_i \sum_{j}^{n} \pi_{kj} V_{kj} \qquad (5.17)$$

Faktorpreisausgleichstheorem: $$\frac{w_{ki}}{\pi_{ki}} = \frac{w_{ki'}}{\pi_{ki'}} \qquad (5.18)$$

Da Faktorpreisdaten genau für Arbeit und Kapital vorliegen, testet *Trefler* (1993) detailliert die obigen Implikationen. Danach besteht für 33 Länder (diese entsprechen 76% des Welthandels und 79% des Welt-BIP) für das Jahr 1983 ein sehr enger Zusammenhang zwischen der Faktorproduktivität relativ zu den USA und den Faktorpreisen relativ zu den USA ($\pi_{ki} / \pi_{k,USA} = w_{ki} / w_{k,USA}$) für k = Arbeit von $R^2 = 0{,}90$ und für k = Kapital $R^2 = 0{,}68$. Eine kleine Modifikation des HOV-Modells (um Faktorproduktivitätsunterschiede) genügt *Trefler* (1993), um den Faktorgehalt der Netto-Exporte bzw. die Unterschiede zwischen den Ländern in den Faktorpreisen zu erklären.

In einem neuen Aufsatz unternimmt *Trefler* (1995) den Versuch, ökonomische Hypothesen zu formulieren, die besser die Realität des Außenhandels erklären können als das HOV-Modell. Ähnlich der Vorgangsweise von *Bowen-Leamer-Sveikauskas* (1987) versucht *Trefler* (1995), die empirischen Abweichungen von den Aussagen des HOV-Modells durch internationale Unterschiede in der Technologie (Produktivitätsunterschiede) sowie durch drei alternative Hypothesen zu den HOV-Annahmen über das Konsumverhalten zu machen. Mit einem alternativen Modell, das ein Armington-Konsumverhalten[7] (*Armington*, 1969) annimmt und neutrale internationale Unterschiede in der Technologie zulässt, gelingt es Trefler (1995) erstmals, das HOV-Theorem zugunsten einer ökonomisch befriedigenderen Alternative zu verwerfen. Eine solche Vorgangsweise ist im Wissenschaftsbetrieb üblich.

Trefler (1995) versucht mit seinem Alternativmodell zwei von ihm „entdeckte" Phänomene zu erklären:

1. *Der „Fall des fehlenden Handels"*: Um die Gründe zu studieren, warum das HOV-Theorem empirisch nicht bestätigt wird, plottet er die Abweichungen vom HOV-Theorem (ε_{ki}) gegen den Faktorangebotsüberschussvektor

---

7 *Armington* (1969) erklärt das üblicherweise beobachtete Verhalten, wonach die Konsumenten eher heimische Güter präferieren.

($(V_{ki}-s_iV_{kw})$ auf Grund der Definition $\varepsilon_{ki}=F_{ki}-(V_{ki}-s_iV_{kw})$. Die Diagonale dieser Grafik ($\varepsilon_{ki}=-(V_{ki}-s_iV_{kw})$) impliziert, dass $F_{ki}=0$. Tatsächlich liegen fast alle Beobachtungen auf der Linie $F_{ki}=0$ (Daten für 33 Länder, 9 Produktionsfaktoren, Jahr 1983). D.h. dass der Handel mit Faktordiensten viel kleiner ist als die Vorhersagen auf Grund der relativen Faktorausstattungen.

2. Das „*Faktorausstattungs-Paradox*": Wie bereits von *Trefler* (1993) aufgezeigt, gibt es einen negativen Zusammenhang zwischen Reichtum und Faktorreichlichkeit. Reiche Länder scheinen „knapp" bei fast allen Produktionsfaktoren zu sein, arme Länder scheinen fast alle Faktoren „reichlich" zu besitzen. Dabei wird relative Faktorreichlichkeit gemessen durch $((V_{ik}/V_w)/(Y_i/Y_w))$. Ist dieser Quotient größer als Eins, so ist ein Land „reichlich" mit einem bestimmten Faktor *k* ausgestattet, ist er kleiner als Eins, ist das Land „knapp" mit dem Faktor ausgestattet. Die Korrelation zwischen dem Einkommensniveau und dem Faktorreichlichkeitsindikator beträgt -0,89. Das kombinierte Trefler-Modell mit neutralen Technologieunterschieden und Armington-Verhalten der Konsumenten führt dazu, dass ein schwach positiver Zusammenhang (0,18) zwischen BIP/Kopf und Faktorreichlichkeit besteht.

5.5 Regressionsansätze

Neben den Faktorgehaltsstudien gibt es einen zweiten Typ von Tests, die den Außenhandel (Netto-Exporte) auf die Faktoreinsatzerfordernisse regressieren. Solche Regressionsstudien - die theoretisch auf der „schwachen" HO-Korrelationsaussage von *Deardorff* (1982) basieren - gibt es entweder

1. für viele Güter und ihre Faktorinputs (im Querschnitt) für ein einzelnes Land (z.B. viele Studien für die USA; siehe einen Literaturüberblick in *Leamer* (1984) bzw. *Bowen-Leamer-Sveikauskas* (1987); für Österreich, siehe *Kohler*, (1988)), oder
2. für die Netto-Exporte eines einzelnen Gutes für viele Länder (im Querschnitt) (repräsentativ dafür ist die umfangreiche Studie von *Leamer*, 1984).

Ein Beispiel für einen Einland-Regressionsansatz für Österreich stammt von *Kohler* (1988, S. 242) (siehe *Tabelle 5.3*). Ein positives (negatives) Vorzeichen eines Koeffizienten deutet auf komparative Vorteile (Nachteile) im österreichischen Außenhandel (Input-Output-Daten aus dem Jahr 1976) hin. In allen vier Modellvarianten ist das Vorzeichen für physisches Kapital (*KS*) negativ, für einfache Arbeit (*LA*) positiv, für Humankapital (*HK*) positiv, für die Rohstofferfordernis (*R*) unentschieden und für Forschung- und Entwicklung (*F&E*) positiv. Ähnliche Ansätze des *Neo-Faktorproportionen-Modells* wurden für Österreich von *Sitz* (1980) mit Daten aus den Jahren 1970 und 1975 geschätzt.[8]

Keine dieser Regressionsmodelle liefert befriedigende Ergebnisse. Sie testen zum einen im wesentlichen nur eine *schwache* Version des HOV-Modells. Zum anderen werden eine beliebige Auswahl von Sektoren (Gütern) und Modelltypen sowie ökonometrischer Schätzmethoden herangezogen, um zu brauchbaren Ergebnissen zu gelangen (siehe *Kohler* (1988), S. 211 ff.). Während *Leamer* (1984) in seiner umfangreichen Mehr-Länder- und Mehr-Faktoren-Regressionsstudie noch zu der optimistischen Schlussfolgerung gelangte, dass das HO-Modell ziemlich gut bestätigt sei, kam die kalte Dusche der Widerlegung durch den *strikten Test* des HOV-Modells durch *Bowen-Leamer-Sveikauskas* (1987, S. 805).

Tabelle 5.3 Test des Neo-Faktorproportionen-Modells für Österreich, 1976

Abhängige Variable	KS_i	LA_i	LH_i	R_i	$F\&E_i$	R2
$X_i/X-M_i/M$	-0,012	0,559	1,012	-0,053	4,993	0,638
	(1,308)	*(4,205)*	*(5,247)*	*(0,848)*	*(2,357)*	
N_i/D_i	-0,081	4,447	7,506	1,323	25,435	0,695
	(0,764)	*(2,535)*	*(2,741)*	*(1,824)*	*(1,952)*	
$X_i/X-M_i/M$	-1,010	0,621	1,175	-0,078	1,851	0,603
	(1,042)	*(3,926)*	*(4,971)*	*(1,198)*	*(2,022)*	
N_i/D_i	-0,095	4,502	7,193	1,458	19,610	0,688
	(0,883)	*(2,490)*	*(2,664)*	*(1,961)*	*(1,875)*	

Die Klammern unter den Regressionskoeffizienten enthalten die t-Werte. i = Sektorenindex (31 Sektoren) entsprechend der Input-Output-Tabelle aus 1976. X = Gesamte Exporte, M = gesamte Importe. N_i = Netto-Exporte (X_i - M_i) pro Branche. D_i = gesamter Inlandsverbrauch ($Q_i + M_i - X_i$), wobei Q_i der Brutto-Produktionswert ist.
KS = Kapitalstock, LA = einfache Arbeit, LA = Humankapital, R = Rohstofferfordernis, F&E = Forschung- und Entwicklungsausgaben

Quelle: *Kohler* (1988), S. 242.

---

[8] Über die ökonometrietheoretische Problematik solcher Regressionsschätzungen des Neo-Faktorproportionen-Modells, siehe *Leamer* (1984) und *Kohler* (1988, S. 180 ff.).

6 Die „Neue Sicht" des Außenhandels

6.1 Einleitung

Im wesentlichen gibt es zwei Gründe, warum Länder sich spezialisieren und Außenhandel betreiben:

1. Länder *unterscheiden* sich entweder hinsichtlich ihrer *Faktorausstattung* (Heckscher-Ohlin-Modell) oder ihrer *Technologie* (Ricardo-Modell); sie spezialisieren sich auf Dinge, die sie relativ gut können; daraus resultiert Außenhandel auf Grund von *komparativen Vorteilen* (damit erklärt man z.B. den Handel zwischen Industrie- und Entwicklungsländern).
2. *Economies of scale* (oder steigende Skalenerträge) machen es für jedes Land vorteilhaft, sich in der Produktion nur auf eine beschränkte Zahl von Gütern und Diensten zu spezialisieren. Die Länder können dabei bezüglich der Faktorausstattung und der Technologie ähnlich sein (diese Sicht erklärt z.B. den Handel zwischen Industrieländern).

Die Analyse des Außenhandels, der auf *economies of scale* basiert, beinhaltet Probleme, auf die wir in der bisherigen Analyse verzichtet haben. In den bisherigen Modellen (Ricardo und Heckscher-Ohlin) wurden immer konstante Skalenerträge und auf allen Märkten *vollständige Konkurrenz* unterstellt. Wenn es aber steigende Skalenerträge gibt, haben *große Firmen* üblicherweise einen *Vorteil gegenüber kleinen Firmen*, sodass die Märkte dazu tendieren, von einer Firma (*Monopol*) oder öfter noch von einigen wenigen (*Oligopol*) dominiert zu sein. Wenn steigende Skalenerträge im Handel eine Rolle spielen, dann herrscht auf den Märkten üblicherweise *unvollständige Konkurrenz*.

Die „Neue Sicht" des Internationalen Handels hat ihren Ursprung in der empirischen Kritik der traditionellen Handelstheorien. Sie bezieht sich auf zwei wichtige Rätsel des internationalen Handels:

1. *Der größte Teil des Welthandels wird zwischen ähnlichen Ländern abgewickelt.* Die traditionellen Theorien erklären den Außenhandel aus den Differenzen zwischen den Ländern, besonders aus Differenzen in der relativen Faktorausstattung. Allerdings geht der größte Teil der Exporte (von Industriegütern) der Industrieländer wiederum in andere Industrieländer, die sehr ähnliche Kapital-/Arbeits-Verhältnisse und ähnliche Verhältnisse von gelernten zu ungelernten Arbeitskräften aufweisen. Die traditionelle Theorie kann diese Handelsströme nicht erklären.

2. *Ein großer Teil des Handels besteht aus dem Austausch ähnlicher Güter.* Ein hervorstechendes Merkmal des Handels mit Industriegütern besteht darin, dass Länder Güter austauschen, die mit gleichen Faktorintensitäten erzeugt werden und in deren Produktion keines der Länder einen besonderen Kostenvorteil hat. Dieser *„intra-industrielle" Handel* ist besonders dynamisch in Regionen zunehmender Integration (z.B. der Handel innerhalb der EU – Intra-EU-Handel - bzw. innerhalb der NAFTA – Intra-NAFTA-Handel).

6.2 Economies of Scale und internationaler Handel

In den bisherigen Grundmodellen des Außenhandels (Ricardo, Heckscher-Ohlin) haben wir konstante Skalenerträge unterstellt. Das heißt, dass sich bei einer Verdoppelung des Inputs eines Industriezweiges auch der Output verdoppelt. In der Praxis sind jedoch viele Industriezweige durch das Vorhandensein von economies of scale (steigende Skalenerträge) gekennzeichnet. Das heißt, dass ihre Produktion um so effizienter ist, je größer das Produktionsvolumen bzw. die Skala, mit der sie produzieren. Gibt es den Effekt der steigenden Skalenerträge (oder Vorteile sinkender Stückkosten) in einem Industriezweig, so führt eine Verdoppelung der Inputs zu mehr als einer Verdoppelung der Produktion (siehe *Abb. 6.1* für einen hypothetischen Fall und *Abb. 6.2* für das Beispiel des europäischen Luftverkehrs).

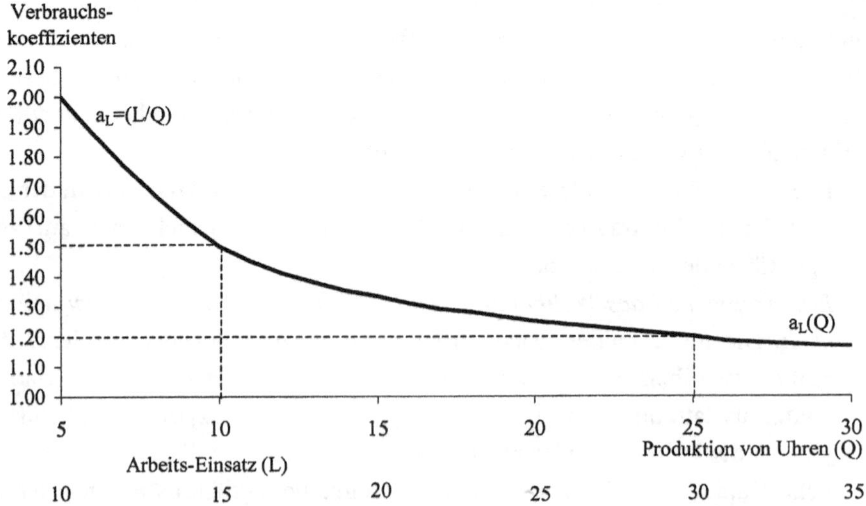

Abb. 6.1 Economies of Scale-Effekte für einen hypothetischen Industriezweig (Uhren)

Unter Verwendung nur eines Produktionsfaktors - Arbeit - werden Uhren hergestellt. Um 10 Uhren herzustellen, braucht man 15 Arbeitsstunden, während die Produktion von 25 Uhren 30 Stunden erfordert. Das Vorliegen von *economies of scale (EOS)* oder steigenden Skalenerträgen erkennt man aus der Tatsache, dass eine Verdoppelung des Faktoreinsatzes von 15 auf 30, die Produktion von Uhren mehr als verdoppelt - die Produktion steigt genau um den Faktor 2,5. Die Abbildung zeigt den Verbrauch (Einsatz) an Arbeit pro Outputeinheit - die Verbrauchskoeffizienten ($a_L = L/Q$) als Funktion der Produktion. Je mehr die Industrie die Produktion ausweitet, umso weniger muss sie den Faktor Arbeit einsetzen, um eine Einheit an Output zu erzeugen.

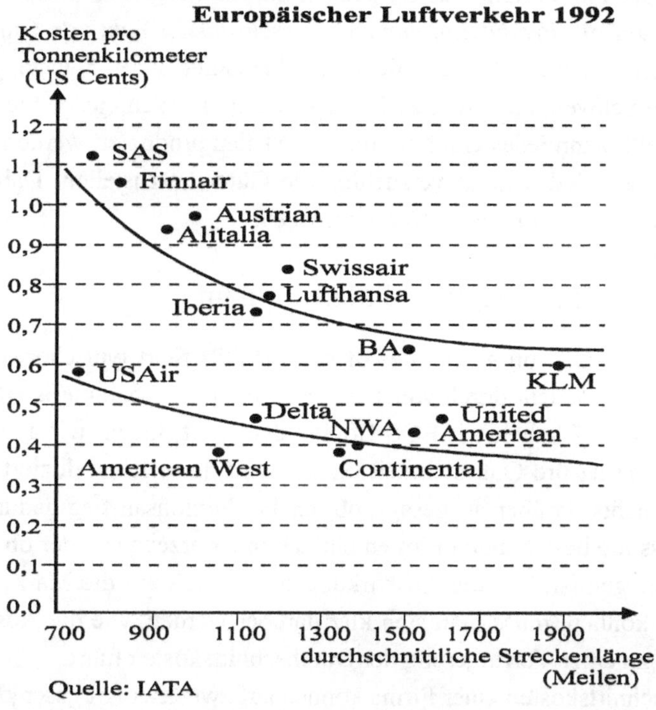

Abb. 6.2 Economies of Scale im Europäischen Luftverkehr 1992

6.2.1 Warum sind Economies of Scale ein Anreiz für internationalen Handel?

Angenommen, die Welt bestünde aus zwei Ländern, aus den USA und aus der Schweiz. Beide Länder produzieren Uhren mit der gleichen Technologie. Im Ausgangspunkt sollen beide Länder 10 Uhren erzeugen. Aufgrund der Angaben in *Abb. 6.1* braucht man dazu in jedem Land 15 Arbeitsstunden, in unserer Kunstwelt also 30 Arbeitsstunden, um 20 Uhren zu erzeugen. Nun soll die Weltproduktion von Uhren in der Schweiz konzentriert werden. Dann wendet die Schweizer Uhrenindustrie 30 Arbeitsstunden auf. In einem einzelnen Land erzeugt man mit 30 Arbeitsstunden 25 Uhren. Das heißt, durch die *Konzentration der Uhrenproduktion in der Schweiz* kann die Weltwirtschaft durch Aufwendung derselben Menge an Arbeitsstunden um *25% mehr Uhren erzeugen.*

Nun wird unterstellt, dass es *viele Güter* gibt, die unter Ausnützung von *economies of scale (EOS)* erzeugt werden; diese Güter werden mit 1,2,3,... durchnumeriert. Um die Vorteile aus steigenden Skalenerträgen zu erzielen, muss sich *jedes Land auf die Produktion nur einer beschränkten Zahl von Gütern konzentrieren.* Zum Beispiel könnten die USA die Güter 1, 3, 5 usw. produzieren, während die Schweiz die Güter 2, 4, 6 usw. herstellt. Wenn jedes Land nur einige Güter herstellt, kann jedes Gut auf größeren Skalen produziert werden, als dies der Fall wäre, wenn jedes Land versuchte, alle Güter herzustellen. Daher kann die *Weltwirtschaft insgesamt mehr Güter erzeugen.*

6.2.2 Economies of Scale und Marktstruktur

Das Vorhandensein von economies of scale (EOS) führt typischerweise zu einer Marktstruktur, die nicht durch vollständige Konkurrenz charakterisiert ist. Im Beispiel von *Abb. 6.1* haben wir EOS-Effekte diskutiert, indem wir annahmen, dass der Arbeitseinsatz pro Outputeinheit kleiner wird, je mehr produziert wird. Dabei haben wir nichts darüber ausgesagt, ob der Produktionsanstieg dadurch zustande kommt, dass die bestehenden Firmen einfach mehr erzeugen, oder ob die Zahl der Firmen gestiegen ist. Um die Auswirkungen von EOS auf die Marktstruktur analysieren zu können, muss man sich klar darüber werden, wie die Ausweitung der Produktion zu einer Verringerung der Durchschnittskosten führt.

Die Durchschnittskosten einer Firma können auf zweierlei Art gesenkt werden:

- *Externe economies of scale* treten auf, wenn die Stückkosten von der Größe des Industriezweiges abhängen; sie sind aber nicht notwendigerweise an die Größe einzelner Firmen in der Industrie gebunden. Die Produktivität einer Firma steigt, weil sich die Infrastruktur verbessert hat. Beispiele gibt es in der Computerindustrie: Silicon Valley oder Bostons's Route 128; die Vorteile ergeben sich daraus, dass die Firmen nahe beieinander liegen, dass sie die gleiche Infrastruktur im weitesten Sinne nutzen können - z.B. Computerwissenschaftler von weltberühmten Universitäten wie Stanford und MIT.

- *Interne economies of scale* gibt es, wenn die Stückkosten von der Größe einer individuellen Firma abhängen; die Größe der Industrie ist nicht entscheidend. Die Produktivität einer Firma steigt, weil sie effizienter produziert. In der Literatur konzentriert man sich mehr auf den Fall der internen EOS. Handelsmodelle mit externen EOS sind selten, weil deren Argumentation eher auf zufälligen Beispielen aufbaut (siehe *Krugman-Obstfeld*, 2003, S. 123).

6.3 Die Theorie der unvollständigen Konkurrenz[1]

In einem *Markt mit vollständiger Konkurrenz* sind die Firmen *Preisnehmer*. Das heißt, die Verkäufer von Produkten glauben, dass sie beliebig viel zum gegebenen Preis verkaufen können und dass sie den Preis, den sie für ihr Produkt erhalten, nicht beeinflussen können.

Wenn nur wenige Firmen (Oligopol) eine Gut anbieten, ist die Lage anders. Nehmen wir z.B. die Flugzeugindustrie. Nach der Megafusion von Boeing und McDonnael Douglas im Jahre 1996 steht die Firma Boeing nur mehr einem Hauptkonkurrenten in der Produktion von großen Passagierflugzeugen gegenüber, nämlich Airbus. Aber selbst diese Konkurrenten bieten kein vollständiges Substitut für Boeing-Flugzeuge (z.B. die Type 747) an. Boeing weiß daher, dass es mehr Flugzeuge verkaufen kann, auch wenn es den Preis nur geringfügig senkt. Im Falle von *unvollständiger Konkurrenz* sind sich die Firmen bewusst, dass sie den Preis ihrer Produkte beeinflussen können und dass sie mehr verkaufen können, wenn sie den Preis senken.

6.3.1 Das Monopol

Die wesentlichen Elemente des Monopols (nur eine Firma ist am Markt vertreten) lassen sich an Hand folgender Zusammenhänge von Nachfrage, Preis, Grenzerlös, Grenzkosten, Durchschnittskosten und Gewinn erläutern.

Im einfachsten Fall ist die *Nachfragekurve*, der sich ein Monopolist gegenübersteht, eine Gerade:

$$Q = A - BP, \tag{6.1}$$

wobei Q die Einheiten an verkauften Produkten angibt und P der Preis pro Produktionseinheit ist; A und B sind Konstante.

[1] Dieses Kapitel stützt sich hauptsächlich auf *Krugman-Obstfeld* (2003), S. 123 ff.

Um den *Gesamterlös* (Umsatz) zu ermitteln, schreiben wir die Nachfragekurve (Gleichung (6.1)) derart um, dass sie den Preis als Funktion der verkauften Produkte angibt. Man erhält dann die negativ geneigte *Nachfragekurve N* als Beziehung zwischen Preis und Menge (siehe *Abb. 6.3*)

$$P = \left(\frac{A}{B}\right) - \left(\frac{1}{B}\right)Q. \tag{6.2}$$

Die negative geneigte Nachfragekurve *N* zeigt, dass die Firma nur dann mehr von ihrem Produkt verkaufen kann, wenn ihr Preis sinkt.

Der Erlös (Umsatz) einer Firma ist einfach der Preis multipliziert mit den verkauften Mengen des Produkts der Firma. Wenn *E* der *Erlös* der Firma ist, erhält man

$$E = PQ = \left[\left(\frac{A}{B}\right) - \left(\frac{1}{B}\right)Q\right]Q = \left(\frac{QA}{B}\right) - \frac{Q^2}{B}. \tag{6.3}$$

Der *Grenzerlös (GE)* ist die Ableitung des Gesamterlöses (E) nach den verkauften Mengen (*Q*).

$$GE = \frac{dE}{dQ} = \left(\frac{A}{B}\right) - \left(\frac{2}{B}\right)Q. \tag{6.4}$$

Der Grenzerlös ist der zusätzliche oder marginale Erlös, den die Firma erzielt, wenn sie eine zusätzliche Einheit ihres Produktes verkauft.

Wenn man die Gleichung (6.2) für P in Gleichung (6.4) substituiert, erhält man die negativ geneigte *Grenzerlöskurve* (*GE*), die eine Beziehung zwischen Preis und Menge ist (siehe *Abb. 6.3*)

$$GE = P - \frac{Q}{B}. \tag{6.5}$$

Die Gleichung impliziert $P - GE = Q / B$. Der Grenzerlös einer monopolistischen Firma ist immer geringer als der Preis, weil die Firma den Preis aller verkauften Produktionseinheiten senken muss (nicht nur jenen des Grenzproduktes), um eine zusätzliche Einheit verkaufen zu können. Für einen Monopolisten liegt daher die GE-Kurve immer unter der Nachfragekurve (*N*).

Gleichung (6.5) zeigt, dass die *Lücke zwischen Preis und Grenzerlös* von den anfänglich verkauften Mengen (Q) der Firma und dem Steigungsparameter B der Nachfragekurve abhängig ist. Wenn die Verkäufe Q steigen, ist der Grenzerlös kleiner, da eine Preissenkung der Firma mehr Kosten verursacht. Je größer B ist, d.h. je stärker die Verkäufe für jeden gegebenen Anstieg im Preis sinken, um so näher liegen die Grenzerlöse beim Preis dieses Gutes.

Nehmen wir an, dass die *Gesamtkosten* (K) einer Firma folgende lineare Form aufweisen:

$$K = F + kQ, \tag{6.6}$$

wobei F die Fixkosten sind, die unabhängig von der Produktion (Q) anfallen; k sind die Grenzkosten (GK) der Firma.

Die Fixkosten in einer linearen Kostenfunktion resultieren in *economies of scale (EOS)*, da die Fixkosten pro Produktionseinheit um so kleiner sind, je größer die Produktion der Firma. Die *Durchschnittskosten* (DK) der Firma ergeben sich aus den Gesamtkosten dividiert durch die Produktion:

$$DK = \frac{K}{Q} = \frac{F}{Q} + k. \tag{6.7}$$

Die Durchschnittskosten (DK) sinken, wenn Q steigt, da die Fixkosten über eine größere Produktionsmenge verteilt werden. Der Ausdruck (F/Q) impliziert *economies of scale*.

In einer linearen Kostenfunktion sind die *Grenzkosten (GK)* konstant. Dies sieht man, wenn man *Gleichung (6.6)* nach der Produktion ableitet:

$$GK = \frac{dK}{dQ} = k. \tag{6.8}$$

Die Grenzkosten sind die zusätzlichen oder marginalen Kosten, die der Firma entstehen, wenn sie eine zusätzliche Einheit produziert. In diesem einfachen mathematischen Beispiel sind die Grenzkosten konstant (eine horizontale Gerade). In der allgemeinen Darstellung des Monopols (*Abb. 6.3*) sind die Grenzkosten eine nichtlineare Funktion der produzierten Menge.

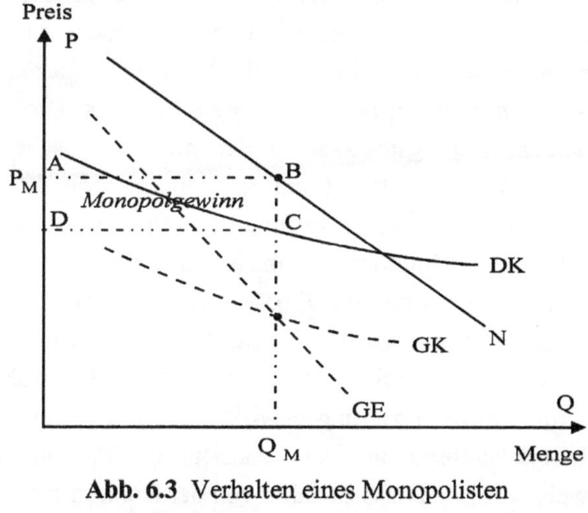

Abb. 6.3 Verhalten eines Monopolisten

Der Monopolist (eine einzelne Firma am Markt) ist mit einer negativ geneigten Nachfragekurve *N* konfrontiert. Er wählt jenes Produktionsniveau, bei dem der Grenzerlös (*GE*) gleich ist den Grenzkosten (*GK*). Die gewinnmaximierende Monopolproduktion ist durch Q_M gegeben; der Monopolpreis, zu dem die Produktion nachgefragt wird, ist P_M. Die Grenzerlöskurve (*GE*) liegt unterhalb der Nachfragekurve *N*, da der Grenzerlös immer niedriger ist als der Preis. Wenn der Preis über den Durchschnittskosten liegt ($P > DK$), dann macht der Monopolist einen Monopolgewinn (Rechteck *ABCD*), also die Fläche zwischen Nachfragekurve *N* und Durchschnittskostenkurve *DK*.

6.3.2 Monopolistische Konkurrenz

Monopolgewinne bleiben meist nicht unbestritten. Eine Firma, die hohe Gewinne macht, zieht sehr bald Konkurrenten an. Reine Monopolsituationen sind daher in der Praxis eher selten. Die Marktstruktur in Industriezweigen mit internen economies of scale ist üblicherweise durch *Oligopole* gekennzeichnet: Nicht nur eine Firma bestimmt das Geschehen, sondern mehrere, aber wenige Firmen, von denen jede groß genug ist, um die Preise zu beeinflussen, wobei aber keine Firma die Position eines unbestreitbaren Monopols einnimmt.

Die allgemeine Analyse von Oligopolen ist sehr kompliziert und ein kontroverses Gebiet, da im Falle von Oligopolen die Preispolitik der Firmen interdependent ist. Jede Firma in einem Oligopol berücksichtigt bei der eigenen Preispolitik nicht nur die Reaktion der Konsumenten, sondern auch jene seiner Konkurrenten. Diese Reaktionen hängen wiederum von den Erwartungen des Konkurrenten über die Preispolitik der ersten Firma ab. Somit ist man mitten drin in einem komplexen Spiel (Oligopoltheorie ist denn auch die „Spielwiese" für die Spieltheorie!), in dem die Firmen die Strategien des Gegners zu erraten suchen („vermutete Reaktion" - conjectural variation). Es gibt allerdings einen *Spezialfall eines Oligopols*, den man als *monopolistische Konkurrenz* bezeichnet. Dieser Fall ist relativ leicht zu analysieren. In jüngster Zeit wurden monopolistische Konkurrenzmodelle vielfach zur Analyse des internationalen Handels verwendet.

In Modellen der *monopolistischen Konkurrenz* werden zwei Grundannahmen gemacht, um das Problem der Interdependenz zu umgehen:

1. Es wird unterstellt, dass es jeder Firma möglich ist, sein *Produkt von jenem des Rivalen zu differenzieren*. Das heißt, dass die Konsumenten nicht sofort zum Konkurrenten überlaufen, wenn der Preis von jenem des Konkurrenten abweicht. Produktdifferenzierung bewirkt, dass jede Firma eine (vorübergehende) Monopolstellung für sein spezifisches Produkt innerhalb eines Industriezweiges hat und dass es daher von der Konkurrenz abgeschirmt ist.

2. Es wird unterstellt, dass *jede Firma den Preis des Rivalen als gegeben nimmt.* Das heißt, dass die Firma den Einfluss ignoriert, den ihr eigener Preis auf den Preis der anderen Firma hat. Als Ergebnis nimmt das Modell der monopolistischen Konkurrenz an, dass jede Firma sich so verhält, als ob sie ein Monopolist wäre, obwohl jede Firma in der Realität der Konkurrenz anderer Firmen ausgesetzt ist. Daher kommt der Name des Modells.[2] Der Grundgedanke des Modells der monopolistischen Konkurrenz wird in *Abb. 6.4* und *Abb. 6.5* demonstriert.

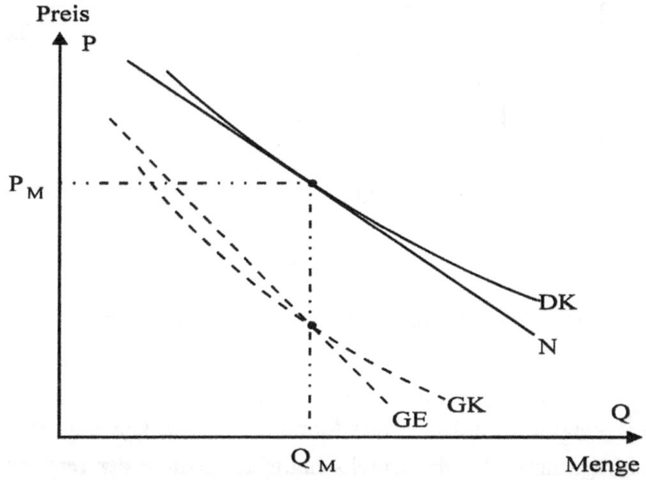

Abb. 6.4 Monopolistische Konkurrenz mit freiem Marktzugang

Eine Firma soll nur eine von mehreren Firmen sein, die differenzierte Produkte anbieten. Wenn die typische Firma Monopolgewinne macht und es die Möglichkeit des freien Marktzutritts gibt, werden neue Firmen in den Markt drängen. Das dämpft die Nachfrage der Firma, die bereits im Markt war. Die Nachfragekurve (*N*) verschiebt sich nach links, was dazu führt, dass jede Firma weniger Gewinne bzw. letztlich keine Firma mehr Gewinne macht. Jede Firma ist ein Monopolist und setzt den Preis über den Grenzkosten an. Da jedoch durch den freien Marktzugang der Markt mit anderen Konkurrenten bevölkert ist, ist es keiner monopolistischen Firma mehr möglich, Monopolgewinne zu machen. Bei der gewinnmaximierenden Produktion ist der Preis gleich den Durchschnittskosten. Zu jeder anderen Produktion wäre der Preis unter den Durchschnittskosten. Daher ist das Gleichgewicht dort, wo die Durchschnittskosten die Nachfragekurve tangieren (man spricht daher auch von „Tangentenlösung“).

---

[2] Die Theorie der monopolistischen Konkurrenz wurde unabhängig voneinander von *E.H. Chamberlin* und *Joan Robinson* im Jahr 1933 entwickelt.

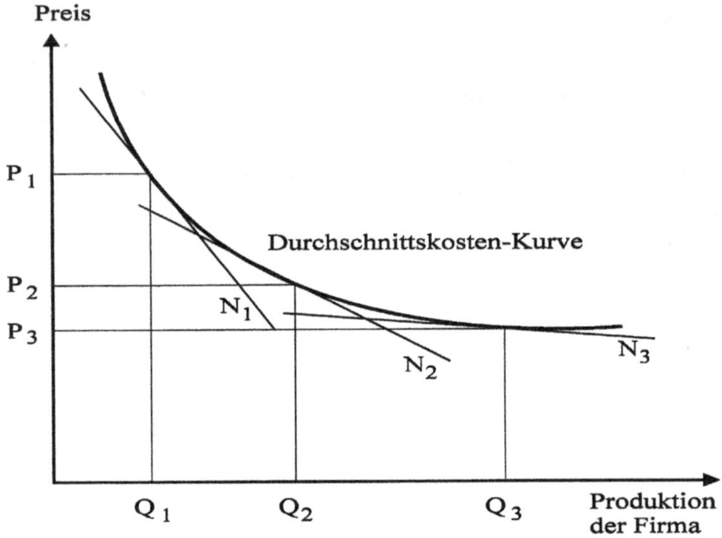

Abb. 6.5 Alternative Darstellung der monopolistische Konkurrenz (Chamberlin-Diagramm):
Produktionsskala einer Firma und Nachfragekurven bei freiem Markteintritt

Politik kann die zugrundeliegende Technik nicht beeinflussen kann. Sehr wohl aber können *Änderungen* im Grad der *economies of scale durch Änderungen der Nachfragekurve der Firma* hervorgerufen werden. Freier Marktzugang und Gewinnmaximierung ergibt, dass die Nachfragekurve N_2 die Durchschnittskostenkurve der repräsentativen Firma sowohl im Inland als auch im Ausland tangiert. Änderungen der Politik resultieren in einer *Verschiebung der Nachfragekurve*, was entweder dazu führt, dass die Produktion und die Produktionskosten der Firma unverändert bleiben, dass sie steigen oder dass sie sinken. Die Schaffung des *„EG-Binnenmarktes"* resultiert z.B. in einem größeren integrierten Markt. Der Zuwachs an Wahlmöglichkeiten der Konsumenten macht die Nachfrage elastischer und reduziert somit die Preise. Der „Binnenmarkt" resultiert also in einer Gleichgewichtslösung (P_3, Q_3) mit einer Nachfragekurve N_3. Ein Anstieg in der Produktion infolge steigender Nachfrage führt bei Vorliegen von economies of scale zu einem Rückgang der Preise (siehe *Harris*, 1989, S. 762-763). Ob der Anstieg der Produktion von der gleichen Anzahl oder weniger erzielt wird, hängt vom Grad der Ausnützung der economies of scale ab.

6.3.2.1 Ein theoretisches Modell der monopolistischen Konkurrenz

Stellen wir uns einen Industriezweig[3] vor (z.B. die Automobilindustrie in Europa), die aus einer bestimmten Anzahl von Firmen besteht. Diese Firmen stellen differenzierte Produkte (Autos) her, das heißt, Produkte, die nicht genau gleich, aber Substitute zueinander sind. Jede Firma ist daher ein Monopolist insofern, als sie die einzige Firma am Markt ist, die dieses spezielle Gut (z.B. der Golf von Volkswagen, der Punto von Fiat etc.) anbietet. Die Nachfrage nach seinem Produkt hängt aber auch ab von der Zahl anderer ähnlicher Produkte, die zu den Preisen der anderen Firmen in der Industrie erhältlich sind.

Im allgemeinen würde man erwarten, dass eine Firma um so mehr verkauft, je größer die Gesamtnachfrage nach ihrem Produkt ist und je höher der Preis ist, den die Rivalen für ihre Produkte verlangen. Andererseits, erwarten wir, dass die Firma um so weniger verkauft, je größer die Zahl der Firmen in der Industrie ist und je höher der Preis seines eigenen Produktes ist. Eine spezielle Gleichung für die *Nachfrage für eine typische monopolistisch kompetitive Firma*, die diese Eigenschaften hat, ist[4]

$$Q = S\left[\frac{1}{n} - b\left(P - \overline{P}\right)\right]. \qquad (6.9)$$

wobei Q die Verkäufe der Firma sind (z.B. die Golf-Verkäufe von Volkswagen). S sind die Gesamtumsätze der (Auto)industrie (Gesamtzahl an Autos, die auf dem europäischen Markt verkauft werden) und gleichzeitig auch ein Maß für die Größe des Marktes; n ist die Zahl der Firmen in der Industrie, P ist der Preis, den die Firma selbst verlangt (der Preis des Golf), und $\overline{P}$ ist der durchschnittliche Preis, den die Konkurrenz verlangt (z.B. der Punto von Fiat).

Gleichung (6.9) kann wie folgt interpretiert werden: Wenn alle Firmen den gleichen Preis verlangen ($P = \overline{P}$), hat jede Firma einen Marktanteil von *1/n*. Eine Firma, die mehr verlangt als der Durchschnitt der anderen Firmen, verringert seinen Marktanteil, eine Firma, deren Preis niedriger ist, gewinnt Marktanteile.

---

[3] Das folgende Modell stammt von *Krugman-Obstfeld* (2003), S. 126 ff. *Dixit-Stiglitz* (1977) haben die modernen Grundlagen für Außenhandelsmodelle mit monopolistischer Konkurrenz geschaffen. Insbesondere mit einer speziellen Nutzenfunktion, die sowohl differenzierte als auch nichtdifferenzierte Güter enthält, lassen sich die wesentlichen Aussagen des Modells der monopolistischen Konkurrenz darstellen. Für die ersten Anwendungen in Außenhandelsmodellen mit Skalenerträgen und unvollständiger Konkurrenz, siehe *Dixit-Norman* (1980, 1982, Kapitel 9) und *Helpman-Krugman* (1985).

[4] Diese Gleichung basiert auf *Salop* (1979).

Es wird unterstellt, dass die Gesamtumsätze des Industriezweiges, S durch den Durchschnittspreis der Firmen der Industrie $\overline{P}$ nicht beeinflusst werden. Das mag eine unrealistische Annahme sein, aber es vereinfacht die Analyse.

Die Kosten einer typischen monopolistisch kompetitiven Firma sind durch die Gleichungen gegeben, die wir im Falle des Monopols verwendet haben, also durch die Gleichungen (6.6) bis (6.8).

1. Ableitung der KK-Kurve: (Die Zahl der Firmen und die Durchschnittskosten):

Als erster Schritt in der Bestimmung von n und $\overline{P}$ fragen wir uns, wie die Durchschnittskosten einer typischen Firma von der Zahl der Firmen in der Industrie abhängen. Wenn wir annehmen, dass alle Firmen symmetrisch sind, werden sie im Gleichgewicht alle denselben Preis verlangen: Wenn $P = \overline{P}$ folgt aus Gleichung (6.9), dass $Q = S / n$, d.h., dass der Marktanteil einer jeden Firma an den Gesamtverkäufen der Industrie *1/n* beträgt. Wenn man dieses Ergebnis in die Gleichung für die Durchschnittskosten (6.7) substituiert, sieht man, dass die Durchschnittskosten von der Marktgröße (*S*) und der Zahl der Firmen (*n*) in der Industrie abhängen:

(*KK*-Kurve) $$DK = F / Q + k = \frac{nF}{S} + k. \qquad (6.10)$$

Je mehr Firmen es in der Industrie gibt, um so höher sind die Durchschnittskosten (siehe *Abb. 6.6*).

2. Ableitung der PP-Kurve: (Die Zahl der Firmen und der Preis):

Der Preis, den die typische Firma verlangt, hängt auch von der Zahl der Firmen in der Industrie ab. Im allgemeinen würde man erwarten, dass der Konkurrenzkampf um so größer ist, je mehr Firmen am Markt sind und dass daraus ein Druck auf die Preise resultiert.

Wenn jede Firma $\overline{P}$ als gegeben annimmt, können wir die Nachfragegleichung (6.9) in folgende Form umschreiben:

$$Q = \left(\frac{S}{n} + Sb\overline{P} \right) - SbP. \qquad (6.11)$$

wobei b der Parameter von Gleichung (6.9) ist, der die Reagibilität des Marktanteils einer jeden Firma auf Änderungen ihrer eigenen Preise misst. Dies entspricht der Form von Gleichung (6.1) - $Q = A - BP$ - ,wobei $S / n + Sb\overline{P}$ der Konstanten

A und Sb dem Koeffizienten B entspricht. Wenn man diese Werte in die Formel für die ursprüngliche Gleichung (6.4) für die Grenzerlöse einsetzt, dann erhält man folgenden Ausdruck für die Grenzerlöse:

$$GE = \left(\frac{A}{B}\right) - \left(\frac{2}{B}\right)Q = \left(\frac{\frac{S}{n} + Sb\overline{P}}{Sb}\right) - \left(\frac{2}{Sb}\right)Q. \tag{6.12}$$

Gewinnmaximierende Firmen setzen die Grenzerlöse (*GE*) gleich ihren Grenzkosten (*GK*), was - nach Gleichung (6.10) - k ist. Wenn alle Firmen denselben Preis setzen, haben wir $P = \overline{P}$. Nach einigen Umformungen (Division durch Sb und Kürzung von S) erhalten wir aus Gleichung (6.12)

$$GE = \left(\frac{1}{bn}\right) + P - \left(\frac{2}{Sb}\right)Q = k. \tag{6.13}$$

Löst man nach P, dann erhält man eine Gleichung für die Preise, die eine typische Firma festsetzt:

$$P = k - \frac{1}{bn} + \frac{2}{Sb}Q. \tag{6.14}$$

Wir haben bereits gesagt, dass jede Firma die Menge $Q = S/n$ verkaufen wird, wenn alle Firmen denselben Preis verlangen. Ersetzt man diesen Ausdruck in Gleichung (6.14), so erhält man eine Beziehung zwischen der Zahl der Firmen und dem Preis, den jede Firma festsetzt:

(*PP*-Kurve)
$$P = k + \frac{1}{bn}. \tag{6.15}$$

Diese Gleichung besagt, dass der Preis, den jede Firma verlangt, um so niedriger ist, je mehr Firmen am Markt sind. Gleichung (6.15) ist in *Abb. 6.6* als negativ geneigte *PP*-Kurve eingezeichnet.

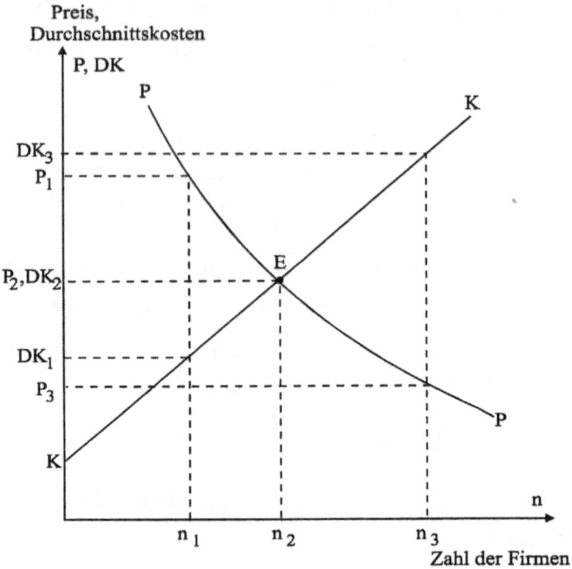

Abb. 6.6 Gleichgewicht auf einem Markt mit monopolistischer Konkurrenz

Die Zahl der Firmen in einem monopolistisch kompetitiven Markt und die Preise, die sie verlangen, werden durch zwei Beziehungen bestimmt. Einerseits gilt: je mehr Firmen im Markt sind, um so schärfer ist der Konkurrenzkampf und um so niedriger fallen die Preise aus. Diese Beziehung ist durch die *PP*-Kurve wiedergegeben. Andererseits gilt: je mehr Firmen im Markt sind, um so weniger kann jede einzelne Firma verkaufen und daher steigen die Durchschnittskosten der Firmen. Diese Beziehung ist durch die *KK*-Kurve repräsentiert. Wenn der Preis die Durchschnittskosten übersteigt, macht die Industrie Gewinne und zusätzliche Firmen werden auf den Markt strömen. Wenn der Preis unter den Durchschnittskosten liegt, macht die Industrie Verluste. Einige Firmen werden die Industrie verlassen. Im Gleichgewicht sind die Preise gleich den Durchschnittskosten. Im Schnittpunkt von *PP* und *KK* ist der Preis und die Zahl der Firmen im Gleichgewicht erreicht (Punkt *E*).

3. Die Zahl der Firmen im Gleichgewicht (Schnittpunkt von PP- und KK-Kurven):

Wir haben eine Industrie durch zwei Kurven zusammengefasst. Die negativ geneigte *PP*-Kurve und die positive geneigte *KK*-Kurve (siehe *Abb. 6.6*). Beide Kurven schneiden sich im Punkt *E*, der die Zahl der Firmen (n_2) angibt. Dies ist die Zahl der Firmen, wenn alle Firmen Null-Gewinne schreiben. Wenn es n_2 Firmen in der Industrie gibt, ist ihr gewinnmaximierender Preis P_2, der genau ihren Durchschnittskosten DK_2 ($P_2 = DK_2$) gleich ist. Auf Grund der Annahme $P = \overline{P}$ teilen sich die Firmen den Markt zu gleichen Anteilen. Punkt E beschreibt das *langfristige Gleichgewicht.* Langfristig tendiert die Zahl der Firmen in der Industrie gegen die Zahl n_2.

Angenommen, n wäre kleiner als n_2, sagen wir n_1, dann wäre der Preis, den die Firmen verlangen, P_1, während ihre Durchschnittskosten nur DK_1 betragen. Dann würden die Firmen Monopolgewinne machen. Wenn dagegen n größer als n_2 wäre, sagen wir n_3, dann würden die Firmen nur den Preis P_3 verlangen, während die Durchschnittskosten DK_3 wären. Die Firmen würden Verluste erleiden.

Im Zeitablauf betrachtet, treten Firmen ein, wenn ein Gewinn lockt, und verlassen den Markt, wenn sie Verluste machen. Die Zahl der Firmen steigt über die Zeit, wenn ihre Zahl kleiner als n_2 ist und sinkt, wenn sie größer ist. D.h., dass im Gleichgewicht n_2 die Zahl an Firmen in der Industrie angibt, die den Preis P_2 setzen.

Im langfristigen Gleichgewicht - im Nullgewinngleichgewicht – ist der Preis gleich den Durchschnittskosten ($P = DK$). Grafisch entspricht dies dem Schnittpunkt der Kurven PP und KK im Punkt E. Formal erhalten wir durch Gleichsetzung von (6.10) und (6.15):

$$P = \frac{1}{bn} + k = \frac{Fn}{S} + k = DK. \tag{6.16}$$

Gelöst nach der Zahl der Firmen, erhält man

$$n = \sqrt{\frac{S}{bF}}. \tag{6.17}$$

Das zeigt, dass ein Anstieg der Marktgröße S zu einem - allerdings nicht proportionalen - Anstieg der Zahl der Firmen n führt. Eine Verdoppelung der Marktgröße steigert die Zahl der Firmen um einen Faktor von ungefähr 1,4.

Der Preis, den die repräsentative Firma verlangt ist gegeben durch

$$P = \frac{1}{bn} + k = k + \sqrt{F / Sb}. \tag{6.18}$$

Ein Anstieg der Marktgröße führt zur Preissenkung.

Letztlich kann man zeigen, dass die Umsätze pro Firma, Q, gleich sind

$$Q = S / n = \sqrt{SbF}. \tag{6.19}$$

Die Skala jeder individuellen Firma (ihre individuelle Produktion) steigt mit der Marktgröße an.

6.3.2.2 Ein numerisches Modell: Die europäische Autoindustrie

Internationaler Handel führt zu einer Vergrößerung des Marktes und erlaubt damit eine Intensivierung der Arbeitsteilung. Bereits *Adam Smith* vertrat die Meinung, dass Handel den Markt vergrößert und dadurch die Ausnützung von economies of scale ermöglicht. Wir können den Effekt des Außenhandels auf Preise, Skalen und Produktvielfalt mit Hilfe eines spezifischen numerischen Beispiels für die (stilisierte) europäische Autoindustrie demonstrieren. Wir gehen vereinfachend davon aus, dass der EG-Binnenmarkt aus zwei Ländern (Deutschland und Frankreich) besteht. Die Ergebnisse sind sowohl aus *Abb. 6.7* als auch aus *Tabelle 6.1* zu entnehmen.[5]

Das vereinfachte Modell der monopolistischen Konkurrenz am Beispiel der europäischen Autoindustrie (vereinfacht stilisiert demonstriert für den Fall zweier Länder) lässt folgende Schlussfolgerungen bezüglich des Außenhandels und der Marktintegration zu. Angenommen, es wäre für das Inland (Deutschland) und für das Ausland (Frankreich) möglich, ihre Autos ohne Kosten miteinander zu handeln. Das müsste durch die Schaffung des „EG-Binnenmarktes" am 1. Jänner 1993 näherungsweise möglich geworden sein. Dadurch wurde ein neuer, integrierter Markt geschaffen, in dem alle Grenzkontrollen und nicht-tarifarischen Handelshemmnisse beseitigt wurden. Der integrierte Automobilmarkt besteht (in unserem fiktiven Beispiel) nur aus der Summe beider nationaler Märkte, also aus 2,5 Millionen Autos (siehe *Tabelle 6.1* und *Abb. 6.7*).

Tabelle 6.1 Gewinne durch Marktintegration: Der europäische Binnenmarkt für Automobile (fiktives Beispiel)

	Deutschland in Autarkie	**Frankreich in Autarkie**	**Integrierter Markt (EG-Binnenmarkt)**
Gesamte Autoverkäufe (*S*)	900.000	1,600.000	2,500.000
Zahl der Firmen (*n*)	6	8	10
Verkäufe pro Firma (*Q*)	150.000	200.000	250.000
Durchschnittskosten (*DK*) in 1.000 Euro	10.00	8.75	8.00
Preis (*P*) in 1.000 Euro	10.00	8.75	8.00

Quelle: *Krugman-Obstfeld* (2003), S. 136.

5 Unter Verwendung der von *Krugman-Obstfeld* (2003), S. 133ff. vorgeschlagenen Parameterwerte erhält man die folgende kalibrierte *PP-Kurve* (für b=1/30,000 und k = 5000) durch Einsetzen in Gleichung (6.15): $P = 5000 + (30{,}000)/n$. Die kalibrierte *KK-Kurve* (für F = 750,000,000) ergibt sich nach Einsetzen in Gleichung (6.10): $DK = (n.750{,}000{,}000)/S + 5000$.

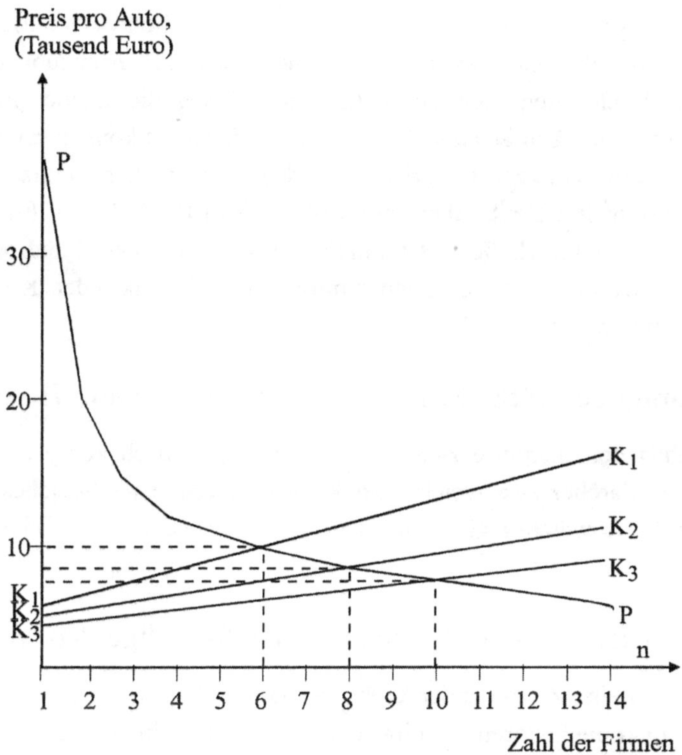

Abb. 6.7 Effekte zunehmender Marktgröße in der europäischen Automobilindustrie
Europa besteht aus zwei Ländern: Deutschland und Frankreich. Die *PP*-Kurve ist für beide Länder dieselbe. Die *KK*-Kurven hängen von der Marktgröße ab. *Deutschland* hat eine Marktgröße von 900.000 Autos mit der dazugehörigen *KK*-Kurve K_1K_1. Ein Gleichgewicht stellt sich im Schnittpunkt von *PP*- und K_1K_1-Kurve ein und resultiert in 6 Firmen und einem Preis im Durchschnitt der Industrie von 10.000 Euro pro Auto. *Frankreich* hat eine Marktgröße von 1,6 Millionen Autos mit einer *KK*-Kurve K_2K_2. Im Gleichgewicht gibt es 8 Firmen und einem durchschnittlichen Preis von 8.750 Euro pro Auto. Wenn man davon ausgeht, dass der „EG-Binnenmarkt", der 1993 geschaffen wurde, zu einem integrierten Markt in Europa führte, ergibt sich dafür eine Marktgröße von 2,5 Millionen Autos (Deutschland - 900.000 plus Frankreich - 1,6 Millionen) mit einer *KK*-Kurve K_3K_3. Je größer der Markt (*S*), um so niedriger sind die Durchschnittskosten (K_1K_1, K_2K_2, K_3K_3) und somit der Preis. Im Gleichgewicht resultieren daraus in Europa 10 Firmen, die Autos zu einem durchschnittlichen Preis von 8.000 Euro pro Auto herstellen.

Durch Integration (Verschmelzung der Märkte Deutschlands und Frankreichs) ist jeder besser gestellt. Im größeren integrierten Markt haben die *Konsu-*

menten eine *größere Produktvielfalt* zur Verfügung (höhere Wohlfahrt) und jede Firma produziert mehr, was ihr erlaubt, die Autos *billiger* anzubieten. Um diese Gewinne durch Integration zu realisieren, müssen die Länder internationalen Handel betreiben. Um *economies of scale* ausnützen zu können, muss jede Firma ihre Produktion (für den integrierten Markt) in ihrem Land konzentrieren. Zum Beispiel produziert Deutschland die VW-Golfs in Deutschland, Frankreich seine Renaults in Frankreich. Jede Automarke wird nur in einem Land erzeugt und in das andere exportiert. Beide Länder müssen ihre Produkte den Konsumenten in beiden Märkten liefern.

6.4 Economies of Scale, komparative Vorteile und Handelsmuster

Das soeben demonstrierte Beispiel einer monopolistisch kompetitiven Industrie sagt wenig darüber aus, welches konkrete Handelsmuster (welches Land exportiert/importiert welches Gut) aus dem Vorhandensein von economies of scale folgt.

6.4.1 Heckscher-Ohlin-Modell mit unvollständiger Konkurrenz

Wir nehmen eine Zwei-Länder-Welt (Inland und Ausland) an. Jedes Land besitzt zwei Produktionsfaktoren (Kapital und Arbeit). Das Inland hat ein größeres gesamtwirtschaftliches Kapital-Arbeits-Verhältnis als das Ausland. D.h., dass das Inland das kapitalreiche Land ist. Es gibt zwei Sektoren, Industrie und Landwirtschaft. Die Industrie ist der kapitalintensive Sektor.

Im Unterschied zum reinen H-O-Modell nehmen wir an, dass in der Industrie keine *vollständige Konkurrenz* herrscht und dass kein homogenes Gut erzeugt wird. Statt dessen wird unterstellt, dass im Sektor Industrie *monopolistische Konkurrenz* gegeben ist, da eine bestimmte Zahl von Firmen *differenzierte Produkte* herstellt.

6.4.2 Die Marktstruktur ändert das Handelsmuster

Wenn der Sektor Industrie *nicht differenzierte Produkte* herstellte, könnten wir das Handelsmuster leicht mittels des traditionellen H-O-Modells prognostizieren. Da das Inland reichlich mit Kapital ausgestattet ist und Industriegüter kapitalintensiv erzeugt werden, würde das Inland relativ mehr Industriegüter anbieten und würde daher Industriegüter exportieren und agrarische Produkte importieren (siehe *Abb. 6.8*).

Wenn wir annehmen, dass die *Industrie* ein *monopolistisch kompetitiver* Sektor ist (die Produkte einer jeden Firma unterschieden sich von jenen der anderen Firma - differenzierte Produkte), dann ist das Inland immer noch ein Netto-Exporteur von Industriegütern und ein Importeur von Agrarprodukten. Allerdings werden Industriefirmen im Ausland Produkte herstellen, die sich von jenen der Inlandsfirmen unterscheiden. Da einige Konsumenten im Inland die Markenartikel des Auslandes präferieren, wird das Inland - obwohl es einen Handelsbilanzüberschuss bei Industriewaren erzielt - sowohl Industriegüter exportieren als auch importieren. Wenn die Industrie der monopolistischen Konkurrenz unterliegt, könnte das Handelsmuster wie folgt aussehen (siehe *Abb. 6.9*).

Wir können uns den Welthandel in einem *Modell der monopolistischen Konkurrenz* aus *zwei Teilen* vorstellen. Zum einen gibt es einen Austausch gleicher bzw. ähnlicher Güter im Industriesektor. Dieser Austausch von ähnlichen Industriegütern wird *intra-industrieller Handel* genannt. Der restliche Teil des Handels besteht aus einem Austausch von unterschiedlichen Gütern - z.B. Industriewaren gegen Agrarwaren - , den man *interindustriellen Handel* nennt.

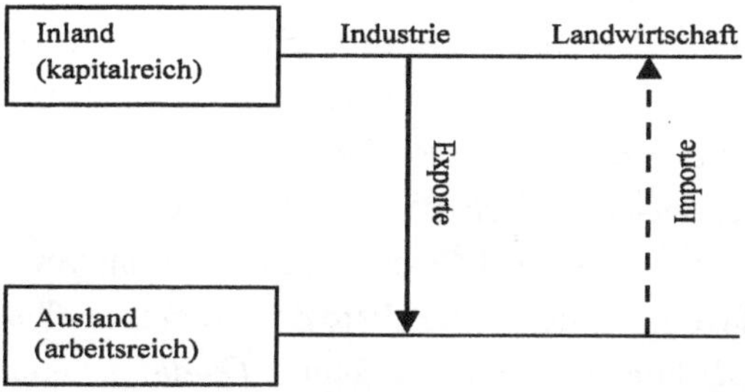

Abb. 6.8 Handel in einer Heckscher-Ohlin-Welt ohne economies of scale

In einer Welt ohne economies of scale ergibt sich ein einfacher Tausch von Industriegütern gegen Agrarprodukte entsprechend den komparativen Vorteilen à la Heckscher-Ohlin.

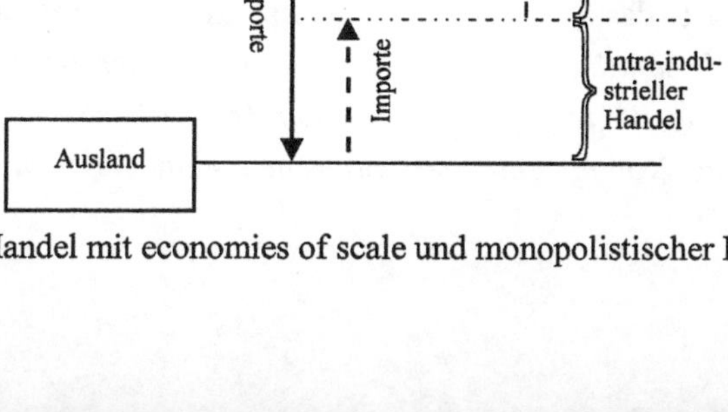

Abb. 6.9 Handel mit economies of scale und monopolistischer Konkurrenz

Wenn es im Sektor Industrie monopolistische Konkurrenz gibt, erzeugen sowohl das Inland als auch das Ausland differenzierte Güter. Daraus resultiert: Obwohl das Inland ein Netto-Exporteur von Industriegütern ist, wird es sowohl Industriegüter exportieren als auch importieren. Dadurch entsteht das Phänomen des *intra-industriellen Handels*.

6.4.3 Das Handelsmuster in einer Welt mit economies of scale ist nicht prognostizierbar

Folgende Punkte sollten im Zusammenhang mit dem *Handelsmuster* beachtet werden:

1. *Interindustrieller Handel* reflektiert komparative Vorteile. Das daraus resultierende Handelsmuster basiert auf Unterschieden zwischen Ländern (à la Ricardo oder à la Heckscher-Ohlin). Solche Formen von Außenhandel findet man in der realen Welt im Handel zwischen dem Norden (Industrieländer) und dem Süden (Entwicklungsländer) sowie vor der Ostöffnung zwischen dem Westen und dem Osten. Dieses Handelsmuster wird auch als komplementär bezeichnet.
2. *Intra-industrieller Handel* reflektiert keine komparativen Vorteile. Selbst wenn die Länder dasselbe gesamtwirtschaftliche Kapital-Arbeits-Verhältnis aufweisen und dieselbe Produktionstechnik verwenden, würden ihre Firmen fortfahren, differenzierte Produkte herzustellen und die Nachfrage der Konsumenten nach ausländischen Produkten würde den intra-industriellen Handel lebendig halten. Ferner hält das Vorhandensein von economies of scale jedes Land davon ab, die volle Palette der Produkte selbst zu erzeugen. *Economies of scale* können eine *unabhängige Quelle für internationalen Handel* sein. Intra-industrieller Handel tritt besonders häufig im Nord-Nord-Handel (Handel zwischen Industrieländern mit Industrieprodukten) auf. Wirtschaftliche Integration (EG, EFTA, NAFTA) stimuliert den intra-industriellen Handel (*Verdoorn*, 1960).
3. *Das Muster des intra-industriellen Handels* selbst ist *unvorhersehbar*. Wir haben nichts darüber gesagt, welches Land, welches Gut innerhalb des Industriesektors erzeugt, da das Modell selbst darüber nichts aussagt. Alles was wir wissen ist, dass die Länder differenzierte Produkte herstellen. *Da Geschichte und Zufall die Details des Handelsmuster bestimmen, ist es eine unvermeidliche Begleiterscheinung einer Welt mit economies of scale, dass eine wichtige Komponente des modernen Handels nicht prognostizierbar bleibt.*

6.5 Bedeutung und empirische Evidenz von intra-industriellem Handel

Ungefähr ein Viertel des Welthandels besteht aus dem Austausch ähnlicher Güter. Der Anteil des intra-industriellen Handels im Nord-Nord-Handel - dem Handel zwischen ähnlichen Industrieländern - ist noch viel höher.

6.5.1 Erklärungshypothesen für intra-industriellen Handel

Neben economies of scale beeinflussen noch andere Faktoren[6] den intra-industriellen Handel. In einem umfangreichen empirischen Test mit Daten für 20 OECD-Staaten im Querschnitt für das Jahr 1985 wurden von *Aiginger-Breuss* (1988) die folgenden *Hypothesen* zur Erklärung des *intra-industriellen Handels* herangezogen (Schätzergebnisse, siehe *Tabelle 6.2*):

1. **Linder-Hypothese**: *Linder* (1961) vertritt die „Konsumentenpräferenzähnlichkeits-Hypothese". Je ähnlicher die Nachfragestruktur zweier Länder, um so intensiver wird - potentiell - zwischen den beiden Ländern gehandelt. Da ein hohes Einkommen pro Kopf im allgemeinen mit einem hohen Kapital-Arbeits-Verhältnis assoziiert wird, führt die *Linder*-Hypothese zum Schluss, dass der Handel zwischen ähnlich entwickelten Ländern nicht mehr durch das H-O-Modell erklärt werden kann. *Helpman-Krugman* (1985) analysieren im Rahmen eines allgemeinen Gleichgewichtsmodells die gleichzeitige Existenz von inter- und intra-industriellem Handel. Die *Linder*-Hypothese wird getestet, indem *absolute Differenzen des BIP pro Kopf zwischen Paaren von 20 OECD-Ländern für das Jahr 1985* verwendet werden *(PCID)*. Wenn die *Linder*-Hypothese (auch *„Entwicklungsniveaudifferenz-Hypothese"* genannt) richtig wäre, sollte die PCID-Variable ein *negatives Vorzeichen* haben.
2. **Produktdifferenzierungs-Hypothese**: Diese Hypothese - auch *„Durchschnittliche Entwicklungsniveau-Hypothese"* genannt - ist komplementär zur Linder-Hypothese. Sie besagt, dass hochentwickelte Länder viel für Innovationen aufwenden und economies of scale ausnützen und daher differenzierte Produkte herstellen und mit ihnen handeln. Dies ist die *Chamberlin*'sche Idee der monopolistischen Konkurrenz. Diese Hypothese wird getestet, indem *Durchschnitte im BIP pro Kopf für Paare von 20 OECD-Ländern für das*

---

6 *Krugman-Obstfeld* (2003), S. 146 demonstrieren anhand eines Dumping-Modells, dass wechselseitiges Dumping auch zu intra-industriellem Handel führen kann. Das erste derartige Modell wurde von *Brander-Krugman* (1983) entwickelt.

Jahr 1985 gebildet werden *(PCIA)*. Die PCIA-Variable sollte ein *positives Vorzeichen* haben.

3. **Satellitenstatus- oder Marktgrößen-Differenz-Hypothese**: Marktgrößendifferenzen mögen ein potentielles Hindernis für bilateralen intra-industriellen Handel sein. Wenn die Märkte zweier Länder groß sind, gibt es mehr Spielraum für intra-industriellen Handel als wenn ein Land groß und das andere klein ist. Marktgrößendifferentiale im bilateralen Handel bedeuten auch die Abhängigkeit der kleinen Länder von großen (z.B. USA-Kanada; Deutschland-Österreich). Solche potentielle Satellitenkonstellationen sollten den interindustriellen Handel mehr begünstigen als den intra-industriellen. Das H-O-Modell könnte den Handel erklären helfen. Eine *negative* Korrelation zwischen Marktgrößendifferenz und intra-industriellem Handel kann erwartet werden. Die *absolute Differenz des BIP von Paaren von 20 OECD-Ländern für 1985* wird als Maß für die Marktgrößendifferenz verwendet *(GDPD)*.
4. **Economies-of-Scale-Hypothese**: Sie wird auch *„Durchschnittliche Marktgrößen-Hypothese"* genannt. Sie ist komplementär zur Marktgrößendifferenz-Hypothese. In großen (integrierten) Märkten können potentiell viele (differenzierte) Güter unter Ausnützen von economies of scale erzeugt werden. Als Indikator für die durchschnittliche Marktgröße wurde das *durchschnittliche BIP von Paaren von 20 OECD-Ländern im Jahr 1985* herangezogen *(GDPA)*. Wir erwarten ein *positives* Vorzeichen.
5. Es gibt noch eine Reihe anderer ad-hoc-Erklärungen für intra-industriellen Handel. Je niedriger die Handelsbarrieren, um so höher ist der Anteil des intra-industriellen Handels zwischen den Ländern. Hier wird davon ausgegangen, dass sowohl Zölle als auch nicht-tarifarische Handelsbarrieren zusätzliche Transaktionskosten verursachen. Sehr wichtig sind natürlich Transportkosten, allerdings nicht nur für den intra-industriellen Handel. Eine *Distanz-Variable (DIST)*, die den *Abstand zwischen den Zentren der Paare von 20 OECD-Ländern in Kilometern* misst, dient als *Approximation für Transportkosten* (negatives Vorzeichen). Eine *Nachbarschaftshandel-Dummy-Variable (BOTR)*[7] wird verwendet, um solche Effekte einzufangen. Das erwartete Vorzeichen ist *positiv*. In empirischen Tests werden oftmals

---

[7] Dummy-Variablen sind Hilfsvariablen mit den Werten 0 und 1. Trifft ein Ereignis zu, steht eine Eins, trifft es nicht zu, eine Null.

auch solche handelsbegünstigenden Faktoren wie gemeinsame Kultur und Sprache berücksichtigt. Wir verwenden hier nur eine *Sprachgruppen-Dummy-Variable (LAGR)*, um solche nicht-ökonomischen Faktoren, die den intra-industriellen Handel potentiell begünstigen könnten, einzufangen (*positives* Vorzeichen). Die Variablen *DIST, BOTR* und *LAGR* können implizit auch als Approximation für „Unsicherheit" im Außenhandel interpretiert werden. Letztlich werden Dummy-Variablen verwendet, um die Teilnahme an *Integrationsarrangements* - wie z.B. an der *Europäischen Gemeinschaft (EG)* oder an der *EFTA (EFTA)* zu berücksichtigen. Sie sollten ein *positives* Vorzeichen aufweisen.

Tabelle 6.2 Determinanten des Intra-Industriellen Handels (Bilateraler Handel zwischen 20 OECD-Ländern, 1985)

Hypothese	**Variable**	**Erwartetes Vorzeichen**	**Intra-industrieller Handel von Industriegütern SITC 5 bis 8**
Linder-Hypothese	PCID	-	-0,00021
Produktdifferenzierung	PCIA	+	+0,00132*
Satellitenkonstellation	GDPD	-	-0,00621*
Economies of scale	GDPA	+	+0,01614*
Transportkosten	DIST	-	-0,00199*
Nachbarschaftshandel	BOTR	+	+11,70830*
Sprachgruppe	LAGR	+	+5,81570
Europäische Gemeinschaft	EG	+	+5,17845*
EFTA	EFTA	+	+2,97667
R^2			0,496
Durchschnittlicher IIT-Index **)			32

*) Signifikanter Koeffizient nach der *t*-Statistik.

**) Grubel-Lloyd-Index für intra-industriellen Handel (Summe über alle SITC-3-Steller):

$$IIT = \left\{ \sum \left[(X_i + M_i) - |X_i - M_i| \right] \right\} \Big/ \left\{ \sum_i^n (X_i + M_i) \right\} 100,$$

X_i = Exporte von Gut i; M_i = Importe von Gut i (i = 3-Steller für Industriegüter nach SITC - Standard International Trade Classification der Vereinten Nationen).

Quelle: *Aiginger-Breuss* (1988), S. 44.

6.5.2 Der Grubel-Lloyd-Index

Das am meisten verwendete Maß für intra-industriellen Handel ist der von *Grubel-Lloyd* (1975) vorgeschlagene Index[8]. Er wird daher *Grubel-Lloyd-Index* des intra-industriellen Handels (IIT) genannt. Wenn man den intra-industriellen Handel nur für ein Gut *i* untersuchen will, lautet der Index

$$IIT_i = 100 - \frac{|X_i - M_i|}{(X_i + M_i)} 100. \qquad (6.20)$$

X (*M*) bezeichnen die Exporte (Importe) eines Gutes *i*. Dieser Index kann zwischen Null und 100 liegen: $0 \leq IIT_i \leq 100$. Wenn Exporte und Importe eines speziellen Gutes *i* völlig verschieden sind ($X_i \neq M_i$) - bzw. wenn ein Handelsstrom positive Werte aufweist, während es in die andere Richtung keinen gibt (entweder $X_i \succ 0$ und $M_i = 0$, oder umgekehrt) - dann hat der Index den Wert Null. Das bedeutet, dass es keinen intra-industriellen Handel gibt oder, dass der gesamte Handel interindustriell ist. Wenn - im anderen Extremfall - Exporte und Importe eines bestimmten Gutes identisch sind, d.h. denselben Wert aufweisen ($X_i = M_i$), dann erhält der Index den Wert 100. Das heißt, dass es keinen interindustriellen Handel gibt oder, dass der gesamte Handel intra-industriell ist.

Tabelle 6.3 Intra-Industrieller Handel zwischen EU- und EFTA-Ländern, 1970, 1995 und 2000 (Grubel-Lloyd IIT-Index für Industriewaren)*

		Handel mit der EU	**Handel mit der EFTA**
EU-15	1970	53,8	40,1
	1995	62,8	44,4
	2000	64,1	44,8
EFTA-3	1970	36,7	16,7
	1995	38,8	23,2
	2000	40,6	24,7

*) Der IIT-Index (auf Basis von SITC-3-Stellern; SITC 5-9) wurde aufsummiert mit gewichteten Durchschnitten von Eu- und EFTA-Ländern. Die EFTA-3 umfasst Island, Norwegen und die Schweiz

Quelle: Eigene Berechnungen mit Daten aus der WIFO-Datenbank.

[8] In der Literatur gibt es noch zahlreiche andere Vorschläge, wie intra-industrieller Handel gemessen werden soll. Für eine Diskussion und Literaturüberblick, siehe *Gullstrand* (2002).

Verdoorn (1960) und *Balassa* (1966) zeigten als erste Ökonomen, dass *Integration (EG, EFTA)* zu einem *Anstieg im intra-industriellen Handel* führt. Dieses Phänomen wird mit Daten für einige Stichjahre ab 1970 in der folgenden *Tabelle 6.3* demonstriert. Besonders im Intra-EG-Handel hat der intra-industrielle Handel stark zugenommen, während der Anteil des intra-industriellen Handels im Intra-EFTA-Handel nicht so stark expandierte.[9] Integration vergrößert den Markt und erlaubt somit die stärkere Ausnützung von economies of scale als auf nationalen Märkten. Zusätzlich weist ein großer integrierter Markt mehr Konsumenten auf, die - entsprechend den Annahmen des Modells der monopolistischen Konkurrenz - in einer größeren Marktmacht der Konsumenten und damit auch in mehr Konkurrenz zwischen den Firmen resultieren. Als Ergebnis davon sollte das Preisniveau sinken und die Produktvielfalt zunehmen. Damit steigt die Wohlfahrt der Konsumenten.

6.5.3 Ist der intra-industrielle Handel ein „Statistisches Artefakt"?

Intra-industrieller Außenhandel wird üblicherweise auf Basis von 2- oder 3-Stellern nach dem SITC-Code (Standard International Trade Classification der Vereinten Nationen) gemessen. Auf diesem Aggregationsniveau sind viele „Produkte" nur scheinbar gleich oder ähnlich (z.B. Autos). Wenn man die Handelsströme weiter aufgliedern würde, würde man auf die echten Produkte oder Marken stoßen (z.B. Golf, Renault, etc.). Diese Produkte sind tatsächlich unterschiedlich. Daher glauben einige Autoren (z.B. *Chipman, 1985;* siehe auch *Vona,* 1990), dass die Geschichte mit dem intra-industriellen Handel nur ein „statistisches Artefakt" sei (siehe *Abb. 6.10* für eine Illustration). Das Phänomen des intra-industriellen Handels verschwindet, wenn man die Produkte genau erfasst. Dann sind wir wieder auf der Ebene des interindustriellen Handels, bei dem unterschiedliche (differenzierte) Güter ausgetauscht werden. Und diese Handelsströme kann man mit dem H-O-Modell erklären.

---

[9] Weitere empirische Evidenz über intra-industriellen Handel findet man in *Leamer* (1994), in *Breuss-Stankovsky* (1988) sowie in *Breuss* (1999), S. 557.

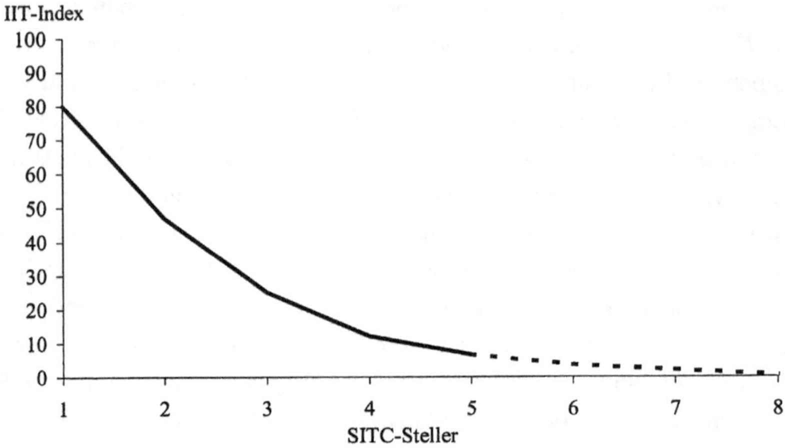

Abb. 6.10 Intra-indutrieller Handel – ein „statistisches Artefakt"?
Empirisch betrachtet gibt es einen negativen Zusammenhang zwischen intra-industriellem Handel, gemessen mit dem Grubel-Lloyd-Index (IIT-Index) und dem Aggregationsniveau des Außenhandels, definiert nach der SITC-Güterklassifikation. Bei hoher Güteraggregation (SITC-1-Steller – grobe Güterkategorien wie z.B. Ernährung, chemische Erzeugnisse, Maschinen und Fahrzeuge etc.) ist der IIT-Wert sehr hoch; je mehr man disaggregiert (das SITC-System der UNO, Rev. 3 disaggregiert derzeit bis zu SITC-5-Steller) wird der IIT-Wert immer kleiner. Er würde bei weiterer Disaggreagtion (wenn man z.B. einzelne Automarken wie Golf etc. erfassen würde), gegen Null konvergieren.

Anhang 6.1 Monopolistische Konkurrenz à la Dixit-Stiglitz

Außenhandel mit steigenden Skalenerträgen kann theoretisch mit vier Ansätzen modelliert werden (siehe *Helpman-Krugman*, 1985, S. 116): 1) über externe Effekte, b) mit bestreitbaren (contestable) Märkten, 3) mit einem Cournot Oligopol-Modell und 4) mittels des Ansatzes der monopolistischen Konkurrenz.

Die Grundidee der monopolistischen Konkurrenz stammt von *Chamberlin* (1933). Man stelle sich einen Industriesektor vor, der differenzierte Produkte herstellt. Jede Produktvarietät wird mit steigenden Skalenerträgen erzeugt. Allerdings sind die dabei erzielten Skalenerträge (economies of scale) relativ klein, so dass der Industriezweig eine Vielzahl von Produzenten haben kann, von denen jeder eine unterschiedliche Produktqualität (Varietät) erzeugt. In einer so definierten Industrie liegt die Marktform der *monopolitischen Konkurrenz* à la Chamberlin vor. Jede Firma wählt eine Produktqualität und bestimmt deren Preis um den Gewinn zu maximieren, wobei die Wahl der Produktqualität und die Preisstrategie der anderen Produzenten als gegeben angenommen werden (keine strategische Interaktion wie im Falle des Oligopols). In diesem Fall wird jede Firma dieses Industriezweiges eine unterschiedliche Produktqualität eines Produkts erzeugen (z.B. unterschiedliche Automarken eines bestimmten Fahrzeugtyps – z.B. Mittelklassewagen - in der Autoindustrie).

Obwohl es eine Vielzahl von Ansätzen zur Modellierung der monopolistischen Konkurrenz gibt (*Dixit*, 2000 teilt z.B. ein in Strukturmodelle und in reduzierte Form-Modelle; erstere müssen die bestimmte Struktur modellieren, wie z.B. in den Standortmodellen von *Hotelling* und *Lancaster* oder in Gleichgewichtsmodellen von *Salop*, *Eaton* und *Lipsey*; reduzierte Form-Modelle sind jene von *Spence* und *Dixit-Stiglitz*), wurde in jüngster Zeit der *Dixit-Stiglitz-Ansatz* zur Modellierung von Sektoren mit monopolistischer Konkurrenz am meisten gewählt.

Der *„Love of Variety"-Ansatz*[10] von *Spence* (1976) und *Dixit-Stiglitz* (1977) geht von davon aus, dass es Präferenzen für differenzierte Produkte gibt. Weiters kann man unterstellen, dass es Güter gibt, die Konsumenten in verschiedenen Produktvariationen konsumieren wollen, so dass die Produktvielfalt als solche ein Wert an sich darstellt. Der Ausgangspunkt des Ansatzes von *Dixit-Stiglitz* (1977) ist eine separierbare – zweit-stufige - Nutzenfunktion, die sowohl das nichtdifferenzierte (homogene) Produkt (x_0) als die Produkte mit unterschiedlicher Qualität (Varietät: x_i; $i = 1,2,3,...$) enthält:

$$U = V(x_0, u(x_1, x_2, x_3, ...)) \qquad \text{(A 6.1)}$$

Wenn ein Produkt homogen ist (x_0) so hängt ihr Nutzen nur von der nachgefragten Menge dieses Gutes ab. Wenn ein Produkt dagegen ein differenziertes Gut ist (x_i), dann hängt ihr Nutzen von der konsumierten Produktvarietät ab.

Als Beispiel für die Vorleibe von Produktvarietät kann man sich ein Produkt wie ein Mittagessen vorstellen, das ein Individuum abwechselnd in verschiedenen Variationen liebt. An einem Tag möchte es lieber Chinesisch, an einem anderen Tag, lieber Italienisch oder Französisch essen.

---

[10] Daneben gibt es auch noch den *„Ideal Variety"-Ansatz* von *Lancaster* (1979). Im Gegensatz zum *Dixit-Stiglitz*-Ansatz, wird hier angenommen, dass ein Konsument eine bestimmte Produktvariation präferiert, die er als seine „ideale" Varietät bezeichnet.

CES-Subnutzenfunktion

Die folgende Darstellung des *Dixit-Stiglitz*-Ansatzes basiert auf *Helpman-Krugman* (1985, S. 117 ff.). Es ist üblich, die Subnutzenfunktion für differenzierte Produkte als symmetrische CES-Funktion (CES = constant elasticity of substitution) darzustellen:

$$u_i(D_{i1}, D_{i2}, \ldots) \equiv \left(\sum_{\omega} D_{i\omega}^{\beta_i} \right)^{1/\beta_i}, \quad \beta_i = \left(1 - \frac{1}{\sigma_i} \right), \quad \sigma_i \succ 1, \qquad \text{(A 6.2)}$$

wobei i das Produkt, ω die Produktvarietät angibt und σ_i die Substitutionselastizität zwischen Paaren von Produktvariationen desselben Produkts ist, die größer als eins sein muss, damit man eine Nachfrageelastizität von größer als eins bekommt. Nur das macht Sinn, wenn man monopolistische Konkurrenz modellieren will (wenn die Nachfrageelastizität bezogen auf die Preise kleiner eins wäre, wäre der Grenzertrag negativ).

Die Subnutzenfunktion (A. 6.2) hat die angenehme Eigenschaft, dass jedes Paar von Produktvariationen gleich gut substituierbar ist. Wenn n_i Produktvariationen für Produkt i für die Konsumenten zur Verfügung stehen und alle den selben Preis p_i haben, dann ist es optimal, alle Produktvariationen in gleichen Mengen zu kaufen. Dan ist das Subnutzenniveau bei einem beliebigen Ausgabenniveau von E_i gleich

$$u_i\left(\frac{E_i}{n_i p_i}, \frac{E_i}{n_i p_i}, \ldots\ldots, \frac{E_i}{n_i p_i}, 0, 0, \ldots \right) = n_i^{1/(\sigma_i - 1)} \frac{E_i}{p_i}. \qquad \text{(A 6.2')}$$

Für ein gegebenen Ausgabenniveau auf ein Produkt und einen gegebenen Preis für die verfügbaren Produktvarietäten steigt somit die Wohlfahrt mit der Anzahl der Produktvariationen. Darin spiegelt sich die Idee, dass eine Produktvarietät für sich einen Wert darstellt.

Nachfragefunktionen

Die Konsumenten maximieren ihren Nutzen, gegeben die Budgetbeschränkung. Dieses Maximierungsproblem kann in zwei Stufen gelöst werden. Erstens für eine gegebene Verteilung der Ausgaben über alle Produkte ($E_1, E_2, \ldots\ldots E_I$) wird – gegeben die Gesamtausgaben E_i für Produkt i, $i \in I$ - die Subnutzenfunktion $u_i(.)$ maximiert. In einer zweiten Stufe wird die Ausgabenverteilung so gewählt, dass die gesamte Wohlfahrt (Gesamtnutzen) maximiert wird, gegeben die gesamte Budgetbeschränkung.

Für die Subnutzenfunktion (A 6.2) liefert die Maximierung auf der ersten Stufe die folgenden Nachfragefunktionen:

$$D_{i\omega} = \frac{p_{i\omega}^{-\sigma_i}}{\sum\limits_{\omega' \in \Omega_i} p_{i\omega'}^{1-\sigma_i}} E_i \,, \quad \omega \in \Omega_i \,, \tag{A 6.3}$$

wobei $p_{i\omega}$ der Preis für die Produktvarietät ω ist und Ω_i ist die Menge an verfügbaren Produktvarietäten[11].

Nachfrageelastizität

Betrachtet man den Industriezweig i, die mehrere Firmen umfasst, die verschiedene Produktvariationen (Marken) desselben Produkts (z.B. PKW) erzeugen, so scheint es selbstverständlich anzunehmen, dass eine einzelne Firma das Ausgabenniveau E_i als von ihren Aktionen unabhängig betrachtet. In diesem Fall ist die Preiselastizität der Nachfrage dieser Firma bezogen auf die Produktvarietät ω

$$\sigma_i + \frac{p_{i\omega}^{1-\sigma_i}}{\sum\limits_{\omega' \in \Omega_i} p_{i\omega'}^{1-\sigma_i}} (1-\sigma_i)\,.$$

Wenn die Zahl der Produktvarietäten groß ist, konvergiert der zweite Teil der Preiselastizität gegen Null, sodass die Preiselastizität der Nachfrage nur σ_i ist[12].

Ausgabenanteile

Wenn alle Produktvarietäten denselben Preis aufweisen, kann man das Muster der Ausgaben quer über alle Sektoren ableiten. Unter Berücksichtigung von (A 6.1) und (A 6.2‘) reduziert sich das Entscheidungsproblem der Konsumenten auf

$$\max_{D_1, D_2, \ldots, D_I} U\left[n_1^{1/\beta_1} D_1, n_2^{1/\beta_2} D_2, \ldots\ldots, n_I^{1/\beta_I} D_I\right] \text{ gegeben } \sum_{i \in I} p_i n_i D_i \le E, \tag{A 6.4}$$

---

[11] Für weitere Details der Ableitung, siehe *Dixit-Stiglitz* (1977) und *Helpman-Krugman* (1985), S. 117.

[12] Ganz genau erhält man dieses Ergebnis, wenn die Menge der potentiellen Produktvarianten ein Kontinuum ist und die Menge der Varietäten Ω_i nicht Null ist (siehe *Helpman-Krugman* (1985), S. 119.

wobei D_i das Konsumniveau einer repräsentativen Varietät des Produktes i ist und E ist das aggregierte Ausgabenniveau ($E_i = p_i n_i D_i$). Da $U(\cdot)$ homothetisch ist, hat die Nachfragefunktion als Lösung obigen Maximierungsproblems, folgende separierbare Gestalt:

$$D_i = \phi_i(p,n)E, \qquad i \in I,$$

wobei $p = (p_1, p_2, ...p_I)$, $n = (n_1, n_2, ..., n_I)$ und die Substitutionselastizität in die Funktion $\varphi_i(\cdot)$ eingebaut ist.

Das impliziert, dass der Anteil der Ausgaben, die auf das Produkt i verteilt wird lautet:

$$\alpha_i(p,n) \equiv p_i \varphi_i(p,n), \qquad i \in I. \qquad \text{(A 6.5)}$$

Dieser Ausdruck hat die angenehme Eigenschaft, dass die Ausgabenanteile nur abhängen von der Zahl der Produktvarietäten, die den Konsumenten zur Verfügung stehen und ihren Preisen.

Das Spezialisierungs- bzw. Handelsmuster im Falle monopolistischer Konkurrenz – eine grafische Darstellung

Man kann ausgehen von einem Heckscher-Ohlin-Modell mit unvollständiger Konkurrenz. Es ist ein Modell mit zwei Sektoren (Landwirtschaft, Industrie), zwei Produktionsfaktoren (Kapital und Arbeit). Der Sektor Landwirtschaft erzeugt mit konstanten Skalenerträgen das homogene Gut Nahrungsmittel, die Industrie erzeugt eine Vielzahl differenzierter Produkte mit gleichen steigenden Skalenerträgen (economies of scale) unter monopolistischer Konkurrenz. Daraus kann man die Gleichungen für ein Modell für eine *integrierte Weltwirtschaft* mit Faktorpreisausgleich ableiten (siehe *Helpman-Krugman*, 1985, S. 134 ff.). Wir verwenden hier nur die grafische Darstellung des Modells (siehe *Helpman-Krugman*, 1985, S. 140)[13].

Ausgehend vom Gleichgewicht für eine integrierte Weltwirtschaft wird die Welt durch die Teilung der Produktionsfaktoren – Kapital und Arbeit - in zwei Länder aufgeteilt. Dann wird studiert, wie das Handelsmuster von der Verteilung dieser Aufteilung abhängt. Es kann gezeigt werden, dass das intersektorale Han-

---

[13] Diese grafische Darstellungsform des Heckscher-Ohlin-Modells geht zurück auf *Travis* (1964) und wurde erstmals wieder extensiv benutzt von *Dixit-Norman* (1980, 1982) und auch *Helpman-Krugman* (1985).

delsmuster durch die Unterschiede zwischen den Ländern in der relativen Faktorausstattung bestimmt wird, aber auch, dass es zu intra-industriellem Handel kommt, wenn die Länder nicht zu stark in ihrer Faktorausstattung voneinander abweichen.

Abbildung A 6.1 beschreibt die intersektorale Allokation von Kapital und Arbeit (Faktorbox) im integrierten Gleichgewicht. Der Vektor $0Q$ beschreibt die Beschäftigung im Industriesektor und der Vektor $0Q'$ die Beschäftigung in der Landwirtschaft. Der Vektor $0Q^*$ beschreibt die aggregierte Beschäftigung, die gleich ist der Faktorausstattung in der Welt ($\overline{K},\overline{L}$). Wir nehmen an, dass in diesem Gleichgewicht der Sektor Industrie mehr Kapital pro Beschäftigte verwendet (kapitalintensiver produziert) als der Sektor Landwirtschaft. Diese Annahme spiegelt sich in der *Abb. A 6.1* dadurch, dass $0Q$ steiler ist als $0Q'$. Wir messen den Output derart, dass für die Produktion des Sektors Industrie $\overline{0Q} = \overline{X}$ und für die Produktion des Sektors Landwirtschaft $\overline{0Q'} = \overline{Y}$.

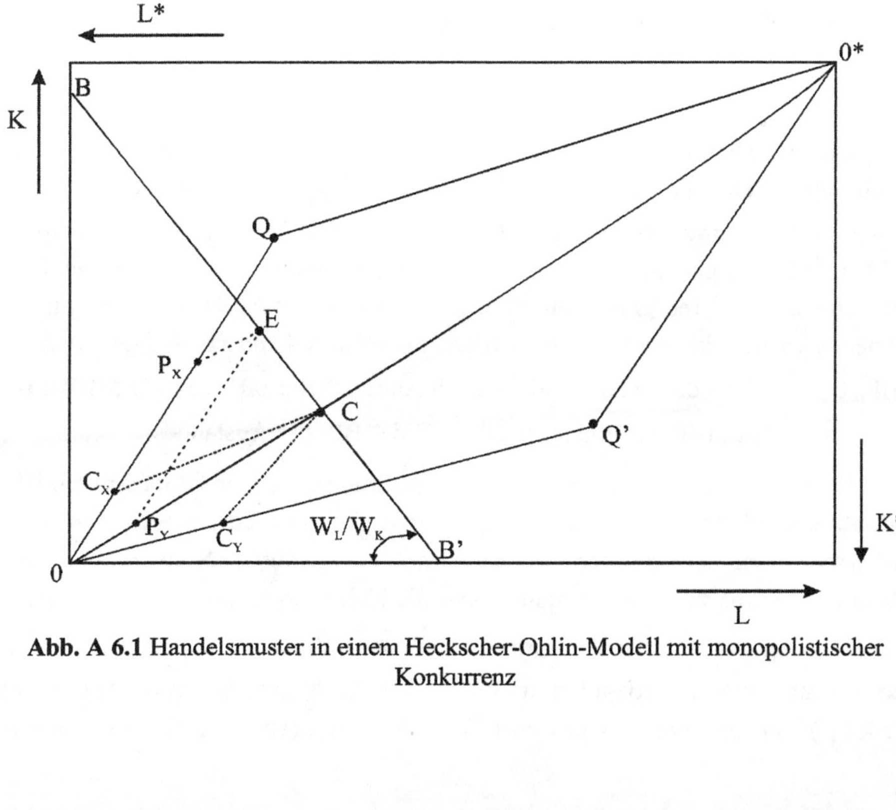

Abb. A 6.1 Handelsmuster in einem Heckscher-Ohlin-Modell mit monopolistischer Konkurrenz

Nehmen wir an, die Welt bestehe aus zwei Ländern, ein Inland und ein Ausland. 0 sei der Ursprung des Inlandes und 0^* der Ursprung des Auslandes. Man wähle einen Punkt oberhalb der Diagonale aber innerhalb des Parallelogramms $0Q0^*Q'$ - das die Faktorpreisausgleichs-Menge beschreibt - , sagen wir den Punkt E. Dieser Allokationspunkt bestimmt die sektoralen Niveaus der Beschäftigung von Kapital und Arbeit in jeden Land, die aufgrund der unterstellten Produktionsfunktion (z.B. Cobb-Douglas) Vollbeschäftigung im integrierten Gleichgewicht garantieren. Das kann man zeigen, indem man ein Parallelogramm zwischen 0 und E zeichnet und erhält dann die Punkte P_X und P_Y. In dieser Darstellung ist $\overline{0P_Y} = Y$ und $\overline{0P_X} = X$, wobei $\overline{P_YQ'} = Y^*$ und $\overline{P_XQ} = X^*$. Damit führen die Faktorentlohnungen, die Güterpreise und die Produktion pro Firma im Sektor Industrie in der Zwei-Länder-Welt im integrierten Gleichgewicht, wie sie im Punkt E beschrieben sind genau das aggregierte Produktionsniveau $(\overline{Y}, \overline{X})$. In dieser Zwei-Länder-Allokation produziert das Inland $n = X / x$ Produktvarianten des differenzierten Produkts und das Ausland produziert $n^* = X^* / x$ Varianten, wobei gilt

$$n + n^* = \overline{n} = \frac{\overline{X}}{x}.$$

Um das Handelsmuster zu bestimmen, zeichnen wir eine negative geneigte Linie durch den Punkt E mit der Steigung w_L / w_K, den relativen Faktorpreisen Lohn zu Zins (Linie BB' in *Abb. A 6.1*). Diese Linie beschreibt das Niveau des BIP in jedem Land, da es die Faktoreinkommen repräsentiert, die die einzigen Einkommen sind (es gibt keine Gewinne). Der Schnittpunkt von BB' mit der Diagonalen 00^* im Punkt C identifiziert die relative Ländergröße, gemessen am BIP. $\overline{0C} / \overline{0^*C}$ ist die relative Größe des Inlandes, wenn $\overline{00^*}$ das Welt-BIP misst. Dann ist $\overline{0C}$ das BIP des Inlandes und $\overline{0^*C}$ das BIP des Auslandes.

Da jedes Land denselben Anteil für Nahrungsmittel und Industrieprodukte ausgibt und wir annehmen, dass das gesamte Einkommen ausgegeben wird, so erhält man den aggregierten Konsum im Inland durch Konstruktion eines Parallelogramms zwischen 0 und C um die Konsumpunkte C_Y und C_X zu erhalten. Dann ist $\overline{0C_Y}$ der Konsum von Nahrungsmitteln im Inland und $\overline{0C_X}$ ist der Konsum von Industriegütern im Inland. Vergleicht man die Produktionspunkte (P_Y, P_X) mit den Konsumpunkten (C_Y, C_X), so importiert in diesem Gleichgewicht das Inland Nahrungsmittel und exportiert *netto* Industrieprodukte. Der Ausdruck „netto" für die Beschreibung der Handelsströme von Industrieprodukten bezieht sich darauf, dass der Inlandskonsum von Industrieprodukten aus n Varianten besteht, die im Inland hergestellt werden und aus n^* Varianten, die importiert werden. Wenn s der Anteil des Einkommens des Inlandes am Welteinkommen ist, erhält man

$$D_X = s(nx + n^* x)$$

weil die inländischen Konsumenten einen Teil s des Outputs aller Produktvarietäten konsumieren. Ähnlich konsumieren die ausländischen Konsumenten einen Anteil $s^* = 1 - s$ vom Output aller Produktvarietäten, also

$$D_X^* = s^*(nx + n^* x).$$

Das heißt, dass die Menge $sn^* x$ an Industriegütern vom Inland importiert wird und die Menge $s^* nx$ wird vom Inland exportiert. Damit sind die Netto-Exporte, die in *Abb. A 6.1* durch die Strecke $\overline{C_X P_X}$ repräsentiert sind, gleich der Menge

$$s^* nx - sn^* x.$$

Damit haben wir ein Gleichgewicht mit *intra-industriellem* als auch *inter-industriellem Handel* identifiziert. Das Inland, das relativ kapitalreich ist, ist ein Netto-Exporteur von Industrieprodukten, die relativ kapitalintensiv erzeugt werden und importiert Nahrungsmittel. Das Ausland, das relativ arbeitsreich ist, exportiert relativ arbeitsintensive Nahrungsmittel und ist ein Netto-Importeur von relativ kapitalintensiven Industrieprodukten (siehe auch die Darstellung in *Abb. 6.9*). Trotz der Existenz von intra-industriellem Handel, ist das Handelsmuster mit inter-industriellem Handel durch die unterschiedlich reichliche Ausstattung mit Produktionsfaktoren bestimmt, genau wie im Heckscher-Ohlin-Modell.

Anhang 6.2 Gravitationsgleichung zur Schätzung bilateraler Handelsströme

Internationale Handelsströme können sehr gut durch eine *Gravitationsgleichung*, in der die bilateralen Handelsströme eine Funktion der Einkommen (bzw. Bevölkerung) und der Distanz zwischen den Handelspartner sind, beschrieben (erklärt) werden. Die Gravitationsgleichung ist eine große Erfolgsgeschichte in der empirischen Ökonomie. Sie ist gleichermaßen gut anwendbar für bilaterale

Handelsströme zwischen Industrieländern (OECD-Länern) und zwischen Entwicklungsländern bzw. zwischen beiden Ländergruppen (siehe *Hummels-Levinsohn*, 1995). Trotz des empirischen Erfolgs, ist die theoretische Fundierung dieser Gleichung immer noch nicht ganz verstanden. Auch ein Mehrländer-Heckscher-Ohlin-Modelll (das H-O-Modell sagt nichts über *bilaterale Handelsströme* aus) impliziert z.B. nicht unbedingt die Gravitationsgleichung, obwohl *Deardorff* (1998) gerade dies demonstriert.

I) Von Newton zu Tinbergen:

Tinbergen (1962) und *Pöyhönen* (1963) entwickelten unabhängig voneinander die brillante Idee, bilaterale Handelsströme in Analogie zum berühmten Gravitationsgesetz von *Isaac Newton* durch die Anziehungskraft zweier Länder (in der Physik Massen von Körpern, wie Sterne und Planeten) - gemessen durch deren absolutes BIP bzw. Bevölkerungszahlen - , gebremst durch deren Entfernung (Transportkosten) voneinander und verstärkt durch Präferenzabkommen (wie Mitgliedschaft in Freihandelszonen - EFTA, NAFTA - oder Zollunionen - EU) zu erklären.

Ausgangspunk der Überlegungen ist Isaac Newton's Gravitationsgleichung:

$$F_g = G\frac{m_1 m_2}{r^2}, \tag{A 6.6}$$

wobei die Variablen wie folgt definiert sind: $F_g =$ Gravitationskraft; $G =$ Gravitations-konstante ($6.672 * 10^{-11} m^3 / kg * s^2$); $m_1 (m_2) =$ Massen zweier Himmelkörper; $r =$ Abstand zwischen beiden Körpern.

In Analogie dazu kann man daraus die einfachste Form der Gravitationsgleichung in der Ökonomie, eine Art Standardgleichung (*Deardorff*, 1998), wie folgt anschreiben:

$$T_{ij} = A\frac{Y_i Y_j}{D_{ij}}, \tag{A 6.7}$$

wobei T_{ij} der Wert der Exporte von Land i nach Land j ist; Y_i (Y_j) ist das Einkommen (BIP) von Land i (j); D_{ij} ist ein Maß für die Entfernung (in empirischen Studien ist dies meist die Entfernung in km zwischen den Hauptstädten der untersuchten Länder) zwischen beiden Ländern (dieses Maß sollte nicht Null sein, sonst würde es unendlich viel Handel zwischen beiden Ländern geben!); A ist eine Proportionalitäts-konstante.

Die Geschichte der ernsthaften Gravitationsgleichungen in der Ökonomie beginnt mit *Linnemann* (1966). Seine Grundgleichung (*Linnemann,* 1966, S. 34) erklärt den Umfang der Exportströme (X_{ij}) von Land i (dem Exporteur) in das Land j (dem Importeur) durch die Interaktion von drei Gruppen von Faktoren:

1) Faktoren, die das Angebotspotential des Exportlandes anzeigen (E_i);
2) Faktoren, die das Nachfragepotential des Importlandes anzeigen (M_j);
3) Faktoren, die den Widerstand (Barrieren) für die Handelsströme zwischen den beiden Ländern repräsentieren (R_{ij}).

Kombiniert man diese drei Aspekte, so können die bilateralen Handelsströme durch folgende Gleichung beschrieben bzw. erklärt werden:

$$X_{ij} = e^{\beta_0'} \frac{E_i^{\beta_1'} M_j^{\beta_2'}}{R_{ij}^{\beta_3'}} \qquad \text{(A 6.8)}$$

Die Koeffizienten (β_i) werden als Elastizitäten der bilateralen Exportströme in Bezug auf die drei Einflussfaktoren interpretiert (e ist eine Konstante).

Das Angebotspotential des Exportlandes (E_i) ist eine positive Funktion des Einkommensniveaus des Exportlandes (gemessen durch das absolute BIP: Y_i), das auch als Proxy für die Menge an verfügbaren Produktvarianten interpretiert werden kann, und eine negative Funktion der Ländergröße, gemessen mit der Zahl der Einwohner (Bevölkerung: N_i), was den Grad der Selbstversorgung eines Landes angibt (größere Länder sind stärkere Selbstversorger als kleinere Länder):

$$E_i = e^{\beta_E} \frac{Y_i^{\beta_1}}{N_i^{\beta_2}} \qquad \text{(A 6.9)}$$

Das Nachfragepotential des Importlandes (M_j) ist eine positive Funktion des Einkommensniveaus des Importlandes (gemessen durch das absolute BIP: Y_j), was wiederum auch die Nachfrage nach Produktvarianten impliziert, und eine negative Funktion der Ländergröße, gemessen an der Zahl der Einwohner (Bevölkerung: N_j), was den Grad an Selbstversorgung und Spezialisierung angibt (je größer ein Importland, um so weniger ist es von importierten Gütern abhängig).

$$M_j = e^{\beta_M} \frac{Y_j^{\beta_3}}{N_j^{\beta_4}} \qquad \text{(A 6.10)}$$

Der Handelswiderstandsfaktor (R_{ij}) ist eine negative Funktion aller möglichen Handelskosten (Transportkosten, Grenzkontrollen, Zölle und nicht-tarifäre Handelshemmnisse - NTBs -, gemessen durch die Hilfsvariable Entfernung: D_{ij}) und eine positive Funktion von verschiedenen Arten von Handelspräferenzen (P_{kij}: Dummy-Variablen, die die k-te Präferenzbeziehung zwischen den Ländern i und j repräsentieren; Beispiele: Mitgliedschaft in einem Integrationsraum wie EU, $EFTA$, EEA, $NAFTA$ etc.; andere positive Faktoren, die den bilateralen Handel stimulieren können, sind gemeinsame Grenzen (Nachbarschaftsvariable $BORD$) oder eine gemeinsame Sprache ($LANG$) oder eine gemeinsame Währung (z.B. Eurozone: $MONEY$):

$$R_{ij} = e^{\beta_R} \frac{e^{\sum_k \gamma^k P_{kij}}}{D_{ij}^{\beta_5}} \tag{A 6.11}$$

Wenn man alle diese Komponenten zusammenführt, erhält man die folgende nichtlineare Gravitationsgleichung:

$$X_{ij} = e^{\beta_0} \frac{Y_i^{\beta_1} Y_j^{\beta_3} e^{\sum_k \gamma^k P_{kij}}}{N_i^{\beta_2} N_j^{\beta_4} D_{ij}^{\beta_5}}, \tag{A 6.12}$$

oder

$$X_{ij} = e^{\beta_0} Y_i^{\beta_1} N_i^{-\beta_2} Y_j^{\beta_3} N_j^{-\beta_4} D_{ij}^{-\beta_5} e^{\sum_k \gamma^k P_{kij}}. \tag{A 6.13}$$

Die Vorzeichen der Koeffizienten (β, γ) geben den positiven oder negativen Einfluss der entsprechenden Variablen auf die bilateralen Handelsströme an.

Die Gravitationsgleichung wird in unterschiedlichen Varianten geschätzt. Zuerst wird aber die nichtlineare Gleichung (A 6.12) linearisiert, in dem sie in natürlichen Logarithmen angeschrieben wird (log-linearisiert):

$$\ln X_{ij} = \beta_0 + \beta_1 \ln Y_i - \beta_2 \ln N_i + \beta_3 \ln Y_j - \beta_4 \ln N_j - \beta_5 \ln D_{ij} + \sum_k \gamma^k P_{kij} \tag{A 6.14}$$

In dieser traditionellen Spezifikation hat die Gravitationsgleichung die zuvor erwähnte Interpretation und wurde erstmals zur Schätzung der bilateralen Welthandelsströme verwendet von *Linnemann* (1966), später von *Wang - Winters* (1991) und *Hamilton - Winters* (1992) zur Schätzung des zu erwartenden Ost-West-Handels nach der Ostöffnung im Jahr 1989 verwendet.

Wenn man im Export- und Importland jeweils die Pro-Kopf-Einkommensvariablen verwendet, kann man Gleichung (A 6.12) leicht umformulieren, um eine etwas andere Interpretation der Gravitationsgleichung zu erhalten:

$$\ln X_{ij} = \beta_0 + \beta_2 \ln\left(\frac{Y_i}{N_i}\right) + (\beta_1 - \beta_2)\ln Y_i + \beta_4 \ln\left(\frac{Y_j}{N_j}\right) + (\beta_3 - \beta_4)\ln Y_j - \beta_5 \ln D_{ij} + \sum_k \gamma^k P_{kij} \quad \text{(A 6.15)}$$

oder in äquivalenter Form

$$\ln X_{ij} = \beta_0 + \beta_1 \ln\left(\frac{Y_i}{N_i}\right) + (\beta_1 - \beta_2)\ln N_i + \beta_3 \ln\left(\frac{Y_j}{N_j}\right) + (\beta_3 - \beta_4)\ln N_j - \beta_5 \ln D_{ij} + \sum_k \gamma^k P_{kij} \,. \quad \text{(A 6.16)}$$

Die Dummy-Variablen für die Entfernung und die Handelspräferenzen haben dieselbe Bedeutung wie in Gleichung (A 6.12). Die anderen Variablen auf der rechten Seite der Gleichungen (A 6.15) und (A 6.16), können dann wie folgt interpretiert werden (siehe *Bergstrand,* 1989, *Baldwin*, 1994):

1) Das BIP pro Kopf des Exportlandes (Y_i / N_i) ist eine Proxy-Variable für sein Kapital-Arbeitsverhältnis.. Diese Heckscher-Ohlin-Interpretation stammt von *Bergstrand* (1985). Ein Anstieg im BIP pro Kopf führt zu einem Anstieg in der Kapitalausstattung relativ zur Arbeitsausstattung. Diese Sichtweise kennt man vom Rybczynski-Theorem.

2) Das BIP pro Kopf des Importlandes (Y_j / N_j) ist ein Indikator für die Qualität (Differenziertheit) der Nachfrage im Importland. Der Koeffizient für das BIP pro Kopf des Importlandes ist seine Einkommensnachfrageelastizität. Wenn ihr Wert größer als Eins ist, sind die importierten Güter so genannte Luxus-Güter, wenn er kleiner Eins ist, handelt es sich um so genannte notwendige Güter für den Lebensunterhalt.

3) Die anderen Variablen messen die Größe des Landes, entweder mit dem absoluten BIP (Y) in Gleichung (A 6.15) oder mit der Einwohnerzahl (N) in Gleichung (A 6.16) in den Export- und Importländern. In allen Fällen haben die Koeffizienten ein positives Vorzeichen in derselben Größenordnung.

II) Theoretische Begründung und Diskriminierung von Gravitationsmodellen:
Obwohl die Gravitationsgleichung in der empirischen Analyse von bilateralen Handelsströmen eine Erfolgsgeschichte, ist deren theoretische Fundierung nach wie vor nicht ganz geklärt. Allerdings gibt es ein Viehzahl von Versuchen, die traditionellen Theorien des Außenhandels und auch Varianten der „Neuen Sicht" mit der Gravitationsgleichung in Einklang zu bringen:

1) *Neoklassisches Hechscher-Ohlin-Modell*: *Deardorff* (1998) leitet bilaterale Handelsströme von zwei Formen des H-O-Modells ab. (a) Im Falle des friktionslosen Handels (keine Handelsbarrieren) sind Produzenten und Konsumenten bezüglich homogener Güter indifferent gegenüber den Handelspartnern. Wenn Präferenzen identisch und homothetisch sind oder wenn die Nachfrage nicht mit dem Angebot korreliert, dann entsprechen die bilateralen Handelsströme exakt der friktionslosen Gravitationsgleichung (siehe Gleichung (A 8.12)). (b) Im zweiten Fall erzeugen die Länder unterschiedliche Güter wie im traditionellen H-O-Modell mit vollständiger Spezialisierung und Präferenzen entweder in Form von Cobb-Douglas- oder CES-Funktionen. In diesem Fall tendiert der bilaterale Handel zur Standard-Gravitationsgleichung, in der der bilaterale Handel mit zunehmender Entfernung abnimmt (steigende Transportkosten).
   Hauptsächlich leitet sich aber die Gravitationsgleichung aus einem Modell ab, in dem die Länder vollständig spezialisiert sind (Fall (b); siehe *Feenstra-Markusen-Rose*, 2001, S. 431). Diese Spezialisierung kann aus einer Armington-Nachfragestruktur resultieren (*Anderson*, 1979; *Bergstrand*, 1985; *Deardorff*, 1998), auf Grund von economies of scale (*Helpman-Krugman,* 1985; *Helpman*, 1987; *Bergstrand*, 1989), technologischen Unterschieden zwischen den Ländern (*Davis*, 1995; *Eaton-Kortum*, 1997), oder Unterschieden in der Faktorausstattung (*Deardorff*, 1998).
2) *Weitere Klasse von Theorien der „Neuen Sicht": Feenstra-Markusen-Rose* (2001) argumentieren, dass eine weitere Klasse von Theorien (insbesondere jene der „Neuen Sicht") konsistent mit der Gravitationsgleichung ist. (a) Zunächst untersuchen sie Modelle mit Produktdifferenzierung und daher vollständiger Spezialisierung. Nach einem Fall für den friktionslosen Handel (keine Transportkosten) werden Beispiele mit monopolistischer Konkurrenz und Produktdifferenzierung nach Lieferland (Armington-Ansatz; *Armington*, 1969) behandelt. Im ersteren Fall wird der sogenannte „Heimatland"-bias (*Krugman*, 1980) erzielt. (b) Dann wenden sie sich homogenen Produkten zu.

Sogar mit einem Modell homogener Güter kann intra-industrieller Handel generiert werden, wenn es unvollständige Konkurrenz und segmentierte Märkte gibt („reziprokes Dumping-Modell; siehe *Brander*, 1981; *Brander-Krugman*, 1983; *Venables*, 1985; *Krugman-Obstfeld*, 2003, S. 146)

Friktionslose Gravitationsgleichung: Im einfachsten Fall untersuchen *Feenstra-Markusen-Rose* (2001, S. 432 ff.) den Fall des friktionslosen Handels (Null Transportkosten und vollständige Spezialisierung). Wenn Länder sich auf unterschiedliche Produkte spezialisieren, ist der Wert der Produktion von Gut k des Landes i: y_{ik}. Y_i sei der Gesamtwert der Produktion (ist gleich das Einkommen bzw. BIP) des Landes $i = 1,\ldots,N$ und Y_w sei das Welteinkommen (Welt-BIP). Mit identischen und homothetischen Präferenzen, fragt jedes Land i einen Teil (Y_i / Y_w) eines jeden Gutes, das produziert wird nach. Damit sind die Exporte von Gut k des Landes i in das Land j gleich $y_{ik}(Y_j / Y_w)$. Aufsummiert über alle Güter k sind die Exporte des Land i in das Land j gleich $X_{ij} = Y_i(Y_j / Y_w)$. Daraus erhält man in logarithmierter Form die friktionslose Gravitationsgleichung (siehe auch *Deardorff*, 1998):

$$\ln X_{ij} = -\ln Y_w + \ln Y_i + \ln Y_j, \qquad \text{(A 6.17)}$$

wobei $-\ln Y_w$ als Konstante behandelt wird. Bei den übrigen Variablen würde man theoretisch einen Koeffizient von jeweils Eins erwarten.

Um zwischen verschiedenen Modellansätzen und theoretischen Interpretationen diskriminieren zu können werden in Gleichung (A 6.12) explizit Koeffizienten eingeführt, die voneinander abweichen können:

$$\ln X_{ij} = -\ln Y_w + \beta_i \ln Y_i + \beta_j \ln Y_j. \qquad \text{(A 6.18)}$$

Feenstra-Markusen-Rose (2001, S. 432 ff.) leiten für zwei *Modell*varianten von *Produktdifferenzierung* und positiven Handelskosten (jeweils mit zwei Gütern, zwei Produktionsfaktoren und zwei Ländern) folgende Ergebnisse bezüglich der β-Koeffizienten ab (siehe *Tabelle A 6.2.1*):

a) Im Modell mit *monopolistischer Konkurrenz* sind die Netto-Exporte eines Landes im Gut des Sektors mit unvollständiger Konkurrenz (Dixit-Stiglitz-Nutzen, economies of scale) sensitiver auf die Entwicklung des eigenen BIP als jenes des Partnerlandes. Daher gilt $\beta_i \succ \beta_j$.

b) Im *Armington-Modell* (vollständige Konkurrenz, nationale Produktdifferenzierung) sind die Netto-Exporte eines Landes sensitiver bezüglich des BIP des Partnerlandes als gegenüber dem eigenen. Daher gilt $\beta_i \prec \beta_j$.

Im Modell mit *homogenen Gütern* werden ebenfalls zwei Modellvarianten untersucht, eine mit Oligopolen und eine mit segmentierten Märkten (analog dem „reziproken Dumpingmodell"). Die entsprechenden Erwartungen sind in *Tabelle A 8.1* zusammengefasst:

a) Im *reziproken Dumpingmodell* mit freiem Marktzu- und Abgang sind die Netto-Exporte eines Landes sensitiver auf die Entwicklung des eigenen BIP als jenes des Partnerlandes. Daher gilt $\beta_i \succ \beta_j$.

b) Im *reziproken Dumpingmodell*, wenn in jedem Land eine einzelne Firma produziert, sind die Netto-Exporte eines Landes sensitiver bezüglich des BIP des Partnerlandes als gegenüber dem eigenen. Daher gilt $\beta_i \prec \beta_j$.

Für den *empirischen Test* werden BIP-Daten der Penn World Table 5.6 für 110 Länder für fünf Querschnittsregressionen verwendet: 1970, 1975, 1980, 1985 und 1990. Als Entfernungsmaß werden die Distanzen zwischen den Hauptstädten der Länder verwendet. Damit wird folgender erweiterter Ansatz von Gleichung (A 6.18) jeweils mit Querschnittsregressionen geschätzt (Ergebnisse, siehe *Tabelle A 6.2.1*):

$$\ln X_{ij} = \beta_0 + \beta_1 \ln Y_i + \beta_2 \ln Y_j - \beta_3 D_{ij} + \beta_4 CONT_{ij} + \beta_5 LANG_{ij} + \beta_6 FTA_{ij} + \beta_7 REM_{ij} + \varepsilon_{ij}, \qquad \text{(A 6.19)}$$

wobei die Variablen wie folgt definiert sind: X_{ij} = Wert der Exporte von Landes i in das Land j; Y_i (Y_j) = reales BIP des Landes i (bzw. des Landes j); D_{ij} = Entfernung zwischen beiden Ländern; $CONT_{ij}$ = eine Dummy-Variable (0,1) für die unmittelbare Nachbarschaft zwischen beiden Ländern; $LANG_{ij}$ = eine Dummy-Variable (0,1) für eine gemeinsame Sprache zweier Handelspartner; FTA_{ij} = eine Dummy-Variable (0,1) für ein Freihandelsabkommen, dem beide Länder angehören; REM_{ij} = ein Maß für die Distanz von Land j, gegeben das Land i, was gleich ist dem BIP-gewichteten negativen Wert der Entfernung.; ε_{ij} = ist der Störterm, der alle restlichen Einflüsse für bilaterale Exporte einfangen soll.

Zum empirischen Test werden die Exporte - analog des Ansatzes von *Rauch* (1999) - in drei Kategorien eingeteilt (a) Differenzierte Güter, (b) Güter mit Referenzpreisen, und (c) Homogene Güter.

Tabelle A 6.2.1: Theoretische Prognosen und geschätzte Koeffizienten der Gravitationsgleichung in unterschiedlichen Theorieansätzen

	Koeffizienten		
	Theorie	Empirie	
		β_i	β_j
Modelle mit freiem Markteintritt:			
Monopolistische Konkurrenz (differenzierte Güter)	$\beta_i \succ \beta_j$	1,10[*)] (0,90)[+)]	0,65[*)] (0,65)[+)]
Reziprokes Dumping-Modell (homogene Güter)	$\beta_i \succ \beta_j$	0,50[#)]	0,80[#)]
Modelle mit beschränktem Markteintritt:			
Nationale Produktdifferenzierung à la Armington	$\beta_i \prec \beta_j$	-	-
Reziprokes Dumping ohne Markteintritt (homogene Güter)	$\beta_i \prec \beta_j$	0,50[#)]	0,80[#)]

β_i (β_j) ist die Elastizität des bilateralen Exports bezogen auf das Einkommen des Exportlandes i (bzw. des Importlandes j).

[*)] Differenzierte Produkte; [+)] Güter mit Referenzpreisen; [#)] Homogene Güter (gehandelt auf geordneten Märkten). Gütereinteilung nach SITC-5-Stellern à la *Rauch* (1999).

Quelle: *Feenstra-Markusen-Rose* (2001), S. 435 und S. 442.

III) Schätztechniken:

Die Gravitationsgleichung wurde meist in Form einer *Querschnittsregression* geschätzt. D.h. Es werden die bilateralen Handelsströme der Länder i in die Länder j eines bestimmten Jahres (oder Durchschnitt über mehrere Jahre) im Querschnitt über eine bestimmte Anzahl von Ländern regressiert. Diese Schätzmethode wurde in den frühen Studien (z.B. von *Linnermann,* 1996), aber auch in einigen jüngeren Studien (siehe z.B. *Wang-Winters,* 1991, *Hamilton-Winters,* 1992, *Breuss-Egger*, 1999) angewandt.

Seit der ökonometrischen Entwicklung und Verfeinerung der Technik der Paneldatenanalyse wurden zunehmend *Panelschätzungen* angestellt. Dabei kombiniert man Querschnitts- über mehrere Länder mit Zeitreiheninformationen. Ein Referenzbuch zur Technik der Panelschätzung ist jenes von *Baltagi* (2002).

Dabei können verschieden Schätzer zur Anwendung kommen (von einfachen OLS-Schätzern bis zu GMM-Schätzern). Es können „statische" Modelle geschätzt werden (also z.B. *Gleichung A 8.14*) quer über eine Anzahl von Ländern und über mit Zeitreihen (z.B. 1980-2000). Wenn auch die z.B. um ein Jahr verzögerte abhängige Variable als erklärende Größe auf die rechte Seite der Gleichung gegeben wird (also $X_{ij,t-1}$), spricht man von einem „dynamischen" Panelmodell. Beispiele für Panelschätzungen der Gravitationsgleichung sind *Baldwin* (1994) sowie *Mátyás* (1997), jeweils zur Erklärung bilateraler Handelsströme bzw. auch zur Schätzung von FDI-Strömen zwischen Ländern (siehe *Egger*, 2001).

IV) Anwendungsgebiete:

Die Gravitationsgleichung hat in der empirischen Ökonomie ein weites Anwendungsfeld eröffnet. Während sie zunächst nur zur Schätzung bilateraler Handelsströme verwendet wurde, wird sie seither zur Ermittlung für alle bilateralen wirtschaftlichen Ströme - Arbeitskräftewanderungen (Migration) sowie Kapitalwanderung (FDI-Ströme) verwendet.

a) *Bilaterale Handelsströme:* Für dieses Gebiet wurde die Gravitationsgleichung (*Linnemann*, 1966) zum ersten Mal eingesetzt und seither auch hauptsächlich verwendet. Durch die Osterweiterung im Jahr 1989 hat die Gravitationsgleichung wieder eine Renaissance erlebt. Mittels Schätzungen der Welthandelsverflechtung in Marktwirtschaften wurde auf die künftigen Ost-West-Handelsströme geschlossen, sollten die MOEL im Zuge des Transformationsprozesses zu Marktwirtschaften heranreifen. Beispiele dafür sind *Wang-Winters* (1991), *Hamilton-Winters* (1992), *Baldwin* (1994), *Gros-Gonciarz* (1996), *Breuss-Egger* (1999). Sodann wurde der Gravitationsgleichungsansatz gewählt, um zu erklären, warum der Welthandel seit dem Zweiten Weltkrieg so stark gewachsen ist (siehe *Baier-Bergstrand*, 2001). Eine Analoge Analyse machten *Badinger-Breuss* (2003a) zur Herausarbeitung der Hauptbestimmungsgründe für den rapiden Intra-EU-Handel seit Anfang der sechziger Jahre des vorigen Jahrhunderts.
b) *Bilaterale Arbeitskräftewanderung - Migration:* Das Instrument der Gravitationsgleichung eignet sich genauso gut für Arbeitskräftewanderungen von einem Senderland zu einem Empfänger- oder Gastland. Solche Migrationsstudien findet man für US-Bundesstaaten, Japanische Präfekturen und europäische Regionen in *Barro-Sala-i-Martin* (1995, S. 401 ff.) sowie mit der

erwarteten Migration von den MOEL in die EU nach der EU-Erweiterung um 10 neue Mitglieder (siehe *Boeri-Brücker*, 2000).

c) *Bilaterale Kapitalströme - FDI-Ströme:* Gerade zur Erklärung der starken FDI-Ströme vom Westen in die MOEL seit der Ostöffnung 1989 wurde das Instrument der Gravitationsgleichung mehrfach eingesetzt. Ein typischer dynamischer Panelansatz dafür lautet (siehe *Carstensen-Toubal*, 2004):

$$FDI_{ij,t} = \alpha FDI_{ij,t-1} + \beta x_{ij,t}' + \varepsilon_{ij,t}, \qquad \text{(A 6.20)}$$

mit folgenden Variablenbezeichnungen: $FDI_{ij,t}$ sind die FDI-Nettohinausströme (in USD) der Export- bzw. Berichtsländer i (z.B. aus 10 OECD-Ländern; $i = 1,...,N_i = 10$) in die Import- bzw. Gastländer j (z.B. 7 MOEL; $j = 1,....,N_j = 7$) über einen Zeitraum 1993-1999 ($t = 1,...,T = 7$); $FDI_{ij,t-1}$ ist die um ein Jahr verzögerte endogene (abhängige) Variable (wobei $|\alpha| \prec 1$), der den Prozess der Anpassung an ein langfristiges Gleichgewicht angibt. Der Koeffizient β misst den Kurzfristeffekt des $1xk$ Vektors der exogenen (erklärenden) Variablen $x_{ij,t}$. Der Langfristeffekt ist dann gegeben durch $\beta/(1-\alpha)$. $\varepsilon_{ij,t} = \mu_{ij} + \upsilon_{ij,t}$ ist der Störterm, der zerlegbar ist in einen zeitinvarianten länderspezifischen Effekt (für die Länderpaare ij) μ_{ij} und einem stochastischen Störterm $v_{ij,t}$, der unkorreliert ist über alle i, j und t. Als Einflussfaktoren können im Vektor $x_{ij,t}$ folgende Variablen enthalten sein:

1) *Marktpotential* $MK_{j,t}$: Summe der absoluten BIPs der Gastländer j, korrigiert um ein Entfernungsmaß von Land i zu Land j. Erwartet wird ein positives Vorzeichen.
2) *Handelskosten* $TARIFF_{j,t}$: Zollsätze, errechnet aus Zolleinnahmen relativ zu den Importen der Gastländer. Das erwartete Vorzeichen kann positiv oder negativ sein.
3) *Relative Lohnstückkosten* $RULC_{ij,t}$: Dies ist das Verhältnis von Lohnstückkosten des Gastlandes j zu jenen des Senderlandes i, jeweils berechnet aus Lohnsumme zu realem BIP. Das erwartete Vorzeichen ist eindeutig negativ, weil steigende Löhne in den Gastländern zu einem Rückgang von horizontalen FDIs aus dem Westen führen.

4) *Skill-Intensität* $SKILL_{j,t}$: Diese Variable misst das Verhältnis von gelernten (skilled) Arbeitskräften zum gesamten Arbeitsangebot in den MOEL j. Als Skill-Maß dienen Ausbildungsgrade (Schulbildungstypen). In der modernen Theorie der Multis (siehe *Markusen*, 2002) spielen gut ausgebildete Arbeitskräfte das Hauptmotiv für horizontale FDIs. Daher ist das erwartete Vorzeichen positiv.
5) *Unternehmensbesteuerung* $TAX_{ij,t}$: Positive Unterschiede in den Unternehmenssteuern (Körperschaftssteuern) zwischen dem Export- und Importland führen zu vermehrten Verlagerung der Aktivitäten von Multis, also zu mehr FDI. Das erwartete Vorzeichen ist daher negativ.
6) *Relative Faktorausstattung* $RKL_{ij,t}$: Das relative Kapital/Arbeitsverhältnis zwischen Senderland i zum Empfängerland j. Das Vorzeichen kann hier positiv oder negativ sein.
7) *Privater Marktanteil* $PRIV_{j,t}$: Anteil des privaten Sektors am BIP. Je höher der Privatisierungsanteil, umso mehr FDI fließen diesen Ländern zu. Das erwartete Vorzeichen ist daher positiv.
8) *Methode der Privatisierung* $METH_{j,t}$: Die MOEL haben ihre Volkswirtschaften unterschiedlich privatisiert. Die tschechische Republik setzte auf Voucher-Privatisierung ($M^1_{j,t}$), andere Länder privatisierten mittels MEBO (Managers and Employees Buy-Outs $M^2_{j,t}$), SOO und MBEO (SOO = Sales to Outside Owners $M^3_{j,t}$) und SOO allein ($M^4_{j,t}$). Das Vorzeichen sollte in jedem Fall positiv sein.
9) *Länderrisiko* $RISK_{j,t}$: Länder mit politischen und Zahlungsrisiken, sind für FDIs weniger interessant. Der Risikoindex geht hier von 10 (kein Risiko) bis 0 (zahlungsunfähig). Daher ist das erwartete Vorzeichen positiv.

Geschätzt wurde dieses dynamische FDI-Panelmodell (FDI in absoluten USD) einer Gravitationsgleichung (*Gleichung A 6.20*) mit dem Schätzer der General Method of Moments (GMM) von Arellano-Bond (1991). Dabei werden als Instrumentvariablen möglichst viele verzögerte endogene und exogene Variablen verwendet. Die *Ergebnisse* sind in *Tabelle A 6.2.2* zusammengefasst und können wie folgt interpretiert werden:

Tabelle A 6.2.2: Schätzungen der FDI-Ströme von 10 OECD-Länder in 7 MOEL mit einem dynamischen Panelmodell der Gravitationsgleichung*)

Erklärende Variablen	**Variablen -name**	**Erwar- tetes Vorzei- chen**	**Geschätzte kurzfristige Parameter**	**Errechnete langfristige Parameter+)**
Verzögerte abhängige Variable	$FDI_{ij,t-1}$	+	0,194	-
Marktpotential	$MK_{j,t}$	+	102,441	127,133
Handelskosten	$TARIFF_{j,t}$	-/+	-6,229	-7,730
Relative Lohnstückkosten	$RULC_{ij,t}$	-	-21,145	-26,242
Skill-Intensität	$SKILL_{j,t}$	+	328,904	408,185
Unternehmensbesteuerung	$TAX_{ij,t}$	-	-5,904	-7,333
Relative Faktorausstattung	$RKL_{ij,t}$	+/-	(20,418)#)	(32,662) #)
Privater Marktanteil	$PRIV_{j,t}$	+	233,444-	289,714
Methode der Privatisierung	$METH_{j,t}$	+	(75,479)§)	(93,667)§)
Vouchers	$M^1_{j,t}$		-70,200	-87,121
MEBO	$M^2_{j,t}$		-53,878	-66,865
SOO und MEBO	$M^3_{j,t}$		83,010	103,019
SOO	$M^4_{j,t}$		347,208	430,900
Länderrisiko	$RISK_{j,t}$	+	12,781	15,862

*) Geschätzt werden die FDI-Hinausströme (absolut in USD) von 10 OECD-Ländern (Belgien inkl. Luxemburg, Dänemark, Deutschland, Frankreich, Großbritannien, Italien, Österreich, Portugal, Spanien, und die USA) in 7 MOEL (Bulgarien, Polen, Rumänien, Slowakei, Slowenien, Tschechien, Ungarn) in den Jahren 1993-1999. Alle Koeffizienten sind signifikant von Null verschieden.

+) Die langfristigen Koeffizienten sind errechnet aus $\beta/(1-\alpha)$.

#) Dieser Koeffizient ist nur signifikant im Modell ohne die Variablen: $SKILL_{j,t}$, $PRIV_{j,t}$, $METH_{j,t}$, $RISK_{j,t}$.

§) Dieser Koeffizient ist nur signifikant im Modell ohne die Variablen: $RKL_{ij,t}$, $M^1_{j,t}$, $M^2_{j,t}$, $M^3_{j,t}$, $M^4_{j,t}$, $RISK_{j,t}$.

Quelle: *Carstensen-Toubal* (2004), Table 5-6.

1) Das *Marktpotential* hat einen stark positiven Effekt für FDIs. Wenn sie um einen Prozent steigen, steigen die FDIs vom Westen in den Osten im Durchschnitt kurzfristig (langfristig) um 102 Millionen USD (127 Mill. USD).
2) Die *Reduktion der Zölle* um einen Prozentpunkt hat einen positiven Einfluss für die FDIs. Sie steigen dadurch kurzfristig (im 1. Jahr) um 6 Mill. USD und langfristig um fast 8 Mill. USD. Die Tatsache, dass die FDI-Ströme mit sinkenden Zöllen steigen deutet auf eine gewisse Komplementarität zwischen Handel und FDI hin; sie ist auch ein besonderes Charakteristikum von horizontalen Multi-Aktivitäten.
3) Entsprechend der Neuen Sicht der Außenhandelstheorie, reduzieren vertikal agierende Multis ihre gesamten Produktionskosten, in dem sie arbeitsintensive Aktivitäten in Länder mit niedrigen Arbeitskosten auslagern. Der *Rückgang der Lohnstückkosten* im Gastland, steigert die FDI-Ströme um 21 Mill. USD kurz- und um 26 Mill. USD langfristig.
4) Westliche Multis sind nicht nur motiviert durch niedrige Lohnkosten in den MOEL, sondern auch durch gut ausgebildete Arbeitskräfte. Daher führt eine *steigende Skill-Intensität* zu einem starken Zuwachs an FDIs.
5) Eine *Zunahme der Unternehmensbesteuerung* in den MOEL drückt die Gewinne und führt daher zu einem Rückgang der FDIs. Ein Rückgang des Körperschaftssteuersatzes in den MOEL um einen Prozentpunkt würde FDI-Ströme von fast 6 Mill. USD kurz- und 7 Mill. USD langfristig auslösen.
6) Die *relative Faktorausstattung* (Kapital zu Arbeit): Ein Anstieg der Kapitalintensität in den MOEL führt zu einem Zustrom von FDIs.
7) Der *Grad an Privatisierung* spielt natürlich für die Attraktivität als Standort eine große Rolle. Ein Anstieg des privaten Marktanteils steigert die FDI-Zuströme in die MOEL. Ein Anstieg des Privatisierungsanteils um einen Prozentpunkt führt kurzfristig zu FDI-Zuflüssen um 233 Mill. USD bzw. 290 Mill. USD langfristig.
8) Die *Methode der Privatisierung* spielt offensichtlich eine große Rolle. Voucher- und MEBO-Privatisierungen waren eher negativ für FDI-Zuflüsse, andere Formen hatten einen positiven Einfluss.
9) FDI-Zuströme finden vor allen in Länder statt, in denen die politischen und wirtschaftlichen (Zahlungsfähigkeit) *Risken* gering sind.

Andere Beispiele für Schätzungen von bilateralen FDIs mit Hilfe des Ansatzes der Gravitationsgleichung sind *Breuss-Egger-Pfaffermayr* (2001, 2003), wo untersucht wird, inwieweit durch die EU-Erweiterung FDI-Ströme von alten Kohäsionsländer der EU (Griechenland, Irland, Portugal und Spanien) in die neuen Mitgliedsländer der EU in Osteuropa umgelenkt werden. Der Grund dafür ist, dass die EU-Erweiterung weitgehend durch eine Umverteilung der Mittel aus den Strukturfonds finanziert wird.

7 *Internationale Faktorwanderung – „Globalisierung“*

7.1 Einleitung

Bisher haben wir uns nur mit dem internationalen Handel von Gütern und Dienstleistungen und deren theoretischen Erklärungen (*Ricardo*, *Heckscher-Ohlin* und "Neue Sicht") beschäftigt. Die Weltwirtschaft ist aber nicht nur über den Außenhandel miteinander verflochten, sondern auch über die internationale Faktorwanderung. *Internationale Faktorwanderung* umfasst die Wanderung der Produktionsfaktoren Arbeit (Migration) und Kapital (Transfers in Form von internationalen Kreditgeschäften sowie durch die Multinationalisierung der Produktion über Direktinvestitionen). Die Internationalisierung der Produktion durch multinationale Firmen ist neben dem internationalen Waren- und Dienstleistungshandel auch ein wichtiger Bestandteil der "Globalisierung".

Wir behandeln in diesem Kapitel – nach einer kurzen Erläuterung des Begriffs „Globalisierung“ - zunächst die Frage, ob die internationale Faktorwanderung ein Substitut für den Handel von Gütern und Diensten sein kann. Dann folgt eine Analyse der einzelnen Formen der internationalen Faktorwanderungen (Arbeit und Kapital). Obwohl es viele Ähnlichkeiten in der ökonomischen Erklärung des internationalen Handels und der internationalen Faktorwanderung gibt, lösen Faktorwanderungen doch viel stärker politische Emotionen aus als der reine Außenhandel (z.B. beeinflusst die Migration von Arbeitskräften direkt das Arbeitsangebot und damit die Arbeitslosigkeit eines Landes). Daher gibt es in der Regel viel mehr Barrieren für internationale Faktorwanderungen als für den Außenhandel. Während jedoch die Liberalisierung des internationalen Kapitalverkehrs weltweit und innerhalb der Europäischen Union die "Globalisierung" gefördert hat, ist die Immigration von ausländischen Arbeitskräften in den meisten hochentwickelten Industriestaaten durch eine sehr restriktive Ausländerpolitik stark eingeschränkt.

Diesem Kapitel sind drei Anhänge angefügt: *Anhang 7.1* erläutert das „Spezifische Faktorenmodell“ als Kombination von Ricardo- und Heckscher-Ohlin-Modell. *Anhang 7.2* befasst sich mit der „Neuen ökonomischen Geographie“ als ein neuer Zweig der internationalen Handelsliteratur. *Anhang 7.3* beschäftigt sich mit Outsourcing als neuer Form der Globalisierung.

7.2 Globalisierung

In den neunziger Jahren des vorigen Jahrhunderts hat ein neues Schlagwort Furore gemacht. Die zunehmende Integration der Weltwirtschaft wurde unter Ökonomen immer schon als Globalisierung bezeichnet (siehe *Temin*, 1999). Aber erst die weiteren Bestrebungen im Rahmen der World Trade Organization (WTO) zu immer weiterer Liberalisierung nicht nur des internationalen Handels mit Gütern, sondern auch des internationalen Kapitalverkehrs und der Dienstleistungen hat eine Gegenbewegung ins Leben gerufen, die erstmals in Seattle (29.November bis 3. Dezember 1999) „erfolgreich" eine Ministerkonferenz zum Scheitern gebracht hat. Seither haben die „Globalisierungsgegner" jedes Treffen internationaler Organisationen (WTO, G8-Gipfel – z.B. in Genua) bestreikt.

Nach *Temin* (1999, S. 76) taucht das Wort „Globalisierung" erstmals im Jahr 1962 auf, aber das Phänomen ist viel älter. Die Integration der Weltwirtschaft hat Höhen und Tiefen erlebt. Globalisierung bedeutet die Integration bzw. stärkere internationale Verflechtung durch Waren- und Dienstleistungshandel, Kapitalverkehr und Migration der Arbeitskräfte. Während der Zeit des Goldstandards (1890-1913) ist der internationale Handel kräftig gewachsen, es kam zu Massenmigrationen und die internationalen Güterpreise haben sich durch Angleichung der Faktorpreise angenähert. In der Zwischenkriegszeit – während der Weltwirtschaftskrise 1929-1933 – kam es durch eine „beggar thy neighbour"-Politik zu einer Schrumpfung des Welthandels. Erst nach dem Zweiten Weltkrieg hat die zunehmende multilaterale Liberalisierung des Welthandels im Rahmen von acht GATT-Runden, sowie eines rasanten technischen Fortschritts im Transportwesen (*Krugman*, 1995) und regionaler Integrationsbemühungen (siehe EG, EFTA, NAFTA etc.) zu einer Zunahme des Welthandels geführt (*Baier-Bergstrand*, 2001; *Badinger-Breuss*, 2003). Eine eindeutige Definition für Globalisierung gibt es nicht, man kann sich einer Definition aber dadurch annähern, dass man die *Symptome der Globalisierung* aufzeigt (*Harris*, 1993; *Breuss*, 1997c; *Kohler*, 2000b, S. 228 ff.).

1) Der Welthandel ist seit 1950 um rund 6 Prozent pro Jahr gewachsen, das ist um 50 Prozent schneller als das Wachstum der Weltproduktion.
2) Seit Anfang der achtziger Jahre des 20. Jahrhunderts gibt es ein spektakuläres Wachstum der ausländischen Direktinvestitionen (Foreign Direct Investment – FDI). Es übersteigt jenes des Welthandels und der Produktion deutlich.

3) Das Wachstum und die Internationalisierung der Dienstleistungen haben mit der Höherentwicklung der Industriestaaten und dem Aufholen des Südens stark zugenommen. Dazu zählen nicht nur jene Dienstleistungen, die als Zwischenprodukte in der Produktion (business services) Verwendung finden, sondern insbesondere der internationale Kapitalverkehr. Ein unregulierter aber völlig liberalisierter Weltfinanzmarkt seit Anfang der siebziger Jahre des vorigen Jahrhunderts, verbunden mit dem technischen Fortschritt (Computer-Handel) ermöglichen Finanztransaktionen (und Spekulationen) rund um die Uhr und den Globus.
4) Vor allem in den USA hat sich seit den achtziger Jahren eine Änderung in der Struktur der *Löhne* vollzogen und die *Einkommensverteilung* ist *ungleicher* geworden. Zum einen hat sich das Wachstum der Reallöhne verlangsamt, zum anderen hat die Ungleichheit in der Einkommensverteilung zugenommen und letztlich sind die Löhne der gelernten zu Lasten der ungelernten Arbeitskräften gestiegen.

Im Wesentlichen haben *vier Faktoren zur Globalisierung* der Wirtschaft beigetragen (*Harris*, 1993; *Breuss*, 1997c):

1) Die zunehmende *Liberalisierung* des Handels von Gütern und Dienstleistungen und der Direktinvestitionen im Rahmen des GATT/WTO seit dem Zweiten Weltkrieg. Das Niveau der Industriezölle ist von 38 Prozent (1947) auf 3,8 Prozent nach der Uruguay-Runde gesenkt worden.
2) Das rasche *Wachstum der Entwicklungsländer* und ihre Weiterentwicklung zu Schwellenländern (Newly Industrialising Countries – NICs) haben das Angebotspotential am Weltmarkt wesentlich erhöht.
3) Der rasche *technische Fortschritt* auf dem Gebiet des Transportwesens und der Kommunikation hat die Transaktionskosten für den Welthandel drastisch gesenkt und damit weitere Handelsbarrieren niedergerissen.
4) Die Tendenz zum *Rückzug des Staates* aus der Wirtschaft, nachvollziehbar am Sinken der Staatsquote, zunehmender Deregulierungen und Privatisierungen. Die Ideologie des Neoliberalismus hat ausgehend von den USA auch in Europa, insbesondere in der EU Platz gegriffen. Die Grundphilosophie der freien Welt(markt)wirtschaft wird immer stärker vorangetrieben. Sie steckt nicht nur in den Vereinbarungen der Uruguay-Runde und soll weitergeführt werden in der Doha-Runde der WTO, sie ist auch Kerngedanke des Binnenmarktprogramms der EU. Viele befürchten, dass die zunehmende Globalisierung zur Aushöhlung der nationalstaatlichen Autonomie, ja sogar zur Aushöhlung der

Demokratie führt. Daher sprechen die Kritiker von der „Globalisierungsfalle" (*Martin-Schumann*, 1996), vom Versagen der internationalen Institutionen bzw. deren Diktat – Stichwort „Washington Consensus" (*Stiglitz*, 2002). *Rodrik* (1998, S. 5) findet, dass es gerade wegen des international freien Kapitalverkehrs (Kapitalmobilität) für Nationalstaaten unmöglich geworden ist, eine eigenständige nationale Geldpolitik zu machen. Allerdings gibt es immer noch erhebliche Unterschiede in der Kapitalbesteuerung von Land zu Land. Zur Verhinderung der internationalen Finanzspekulation wollen einige die so genannte *„Tobin tax"* einführen. Die auf *James Tobin* zurück gehende Steuer sollte die internationalen Kapitalströme belasten, um so dem ungebremsten Kapitalverkehr Einhalt zu gebieten. Eine derartige Steuer würde angesichts weltweit liberalisierter Kapitalmärkte nur dann funktionieren, wenn sie alle Staaten einführten.

Letztlich führt Globalisierung dazu, dass die international agierenden Akteure (die Multinationalen Firmen) auf allen Märkten (Güter- und Faktormärkten) weltweit Arbitragegeschäfte tätigen können (*Kohler*, 2000, S. 229). Volle Globalisierung würde letztlich bedeuten, dass die Weltwirtschaft so integriert ist wie die Volkswirtschaft eines Staates (*Termin*, 1998, S. 76). Aus dieser optimistischen Perspektive würde Globalisierung – ganz im Sinne des *Heckscher-Ohlin-Samuelson*-Modells - zur Angleichung bzw. zum Ausgleich der Faktorpreise führen. Die Pessimisten sehen in der Globalisierung eher eine Zunahme der Ungleichheit von Wohlstand und Einkommen des reichen Nordens relativ zum armen Süden. Laut *Krugman-Venables* (1995) sind beide Aussagen in einem Modell der „Neuen ökonomischen Geographie", je nach dem Grad des Entwicklungsniveaus gültig.

7.3 Sind internationale Faktorwanderungen ein Substitut für Außenhandel?

In einem Zwei-Sektor-, Zwei-Faktoren- und Zwei-Länder-Modell (Heckscher-Ohlin- oder H-O-Modell) impliziert Freihandel einen Güterpreisausgleich (einheitliches Güterpreisverhältnis am Weltmarkt) und führt letztlich zum internationalen Faktorpreisausgleich (Faktorpreisausgleichstheorem, siehe *Kapitel 4.7*). D.h. selbst wenn die Produktionsfaktoren international immobil sind (weil es z.B. Barrieren in Form von Kapitalverkehrskontrollen bzw. einen Ein- oder Auswanderungsstopp gibt), führt der internationale Freihandel mit Gütern zu einem

Güterpreis- und damit auch zu einem Faktorpreisausgleich. Mit denselben Überlegungen kann man davon ausgehen, dass die völlige internationale Mobilität der Produktionsfaktoren (z.B. wenn alle Beschränkungen beseitigt sind) auch zum Faktorpreisausgleich führt und dass - selbst wenn der internationale Warenverkehr völlig unmöglich ist (z.B. wegen prohibitiv hoher Zölle) - daraus ein einheitliches Weltpreisverhältnis (Güterpreisausgleich) folgt.

Die Realität der internationalen Wirtschaftsverflechtung spielt sich also zwischen den folgenden Extremfällen ab:

- einerseits kann es vollständige internationale Faktormobilität, aber keinen Handel geben;
- andererseits gibt es unbeschränkten Handel, aber völlige Immobilität der Faktoren.

Mundell (1957)[1] hat als erster demonstriert, dass im Rahmen des H-O-Modells der internationale Handel ein *Substitut* für internationale Faktormobilität ist. Wir können diese Aussage anhand unseres im *Kapitel 4* entwickelten numerischen allgemeinen H-O-Gleichgewichtsmodells (CGE-Modell) demonstrieren (siehe *Abb. 7.1* und *Tabelle 7.1*).

Wenn es keine Hindernisse für die internationale Faktorwanderung gibt, aber Handelshemmnisse den Außenhandel unmöglich machen, so werden sich die Arbeitskräfte dorthin bewegen, wo höhere Löhne locken. Dasselbe gilt für die Besitzer des Faktors Kapital. Sie werden Kapital dort veranlagen, wo deren Preise höher sind. In unserem H-O-Modell-Beispiel (*Anhang 4.1*) wird unterstellt, dass das Inland "arbeitsreich" ausgestattet ist und das Ausland (spiegelbildlich) "kapitalreich". Das impliziert, dass im Inland die Löhne relativ zum Kapitalpreis (Zinssatz) niedrig sind und im Ausland das umgekehrte Verhältnis gilt. Wenn also angenommen wird, dass Arbeit ins Ausland abwandert und Kapital ins Inland kommt, sodass das Inland letztlich über gleich viel Kapital wie Arbeit verfügt (also eine neutrale Faktorausstattung besitzt), dann stellt sich ein Faktorpreisausgleich bei einheitlichem Weltpreisverhältnis ein (siehe *Tabelle 7.1*, 4. Spalte). Wenn das Kapital ins Inland kommt, ohne dass dafür Zinsen ins Ausland rück-

---

[1] *Neary* (1995) hat im Rahmen eines spezifischen Faktormodells (Kapital ist sektorspezifisch, aber international mobil) die im *Mundell*-Modell auftretenden unangenehmen Eigenschaften, nämlich, dass die Niveaus des internationalen Handels und der internationalen Faktorwanderungen nicht vollständig determiniert sind, gelöst, ein verallgemeinertes Modell vorgestellt und dessen Verhalten mit verschiedenen Schocks (Transfers, Kapitalsteuern und Zölle) getestet.

transferiert werden müssen[2] fallen Konsum- und Produktionspunkt zusammen. Wie aus *Abb. 7.1* ersichtlich ist, entsprechen sie dem Konsumpunkt *C* im Falle von Freihandel (aber ohne Faktorwanderung). Dadurch, dass das Inland nunmehr keinen ausgeprägten komparativen Vorteil z.B. bei arbeitsintensiven Gütern hat, weil es nunmehr mit beiden Faktoren gleich ausgestattet ist, wird die Produktionsmöglichkeitenkurve symmetrisch. Die Allokation von Kapital und Arbeit auf die beiden Produktionssektoren hat sich ebenfalls geändert (siehe *Tabelle 7.1*, 4. Spalte).

Wenn nun nicht einer der beiden Extremfälle (nur Freihandel und keine Faktorwanderung bzw. nur Faktorwanderung und kein Handel) untersucht wird, sondern Kombinationen von beiden, so kommen wir dem realen Geschehen im Welthandel schon näher. Übrigens hat auch *Ohlin* (1933) bereits mit der Kombination von Handel und Faktorwanderung argumentiert. Erst die nachfolgenden Theoretiker haben das H-O-Modell immer unter der strikten Annahme der internationalen Faktorimmobilität analysiert, um zu veranschaulichen, dass auch der Handel mit Gütern und Diensten zum Faktorpreisausgleich führt, ohne dass dazu eine Faktorwanderung notwendig ist. Wenn z.B. Arbeit ins Ausland abwandert, weil dort die Löhne höher sind, so reduziert sich der Faktorreichtum des Inlands beim Faktor Arbeit von 150 auf 125. Bei gleichbleibendem Kapitalbestand (100) kann es zum Faktorpreisausgleich und zu einem Handelsgleichgewicht bei einheitlichem Welthandelspreisverhältnis kommen (siehe *Tabelle 7.1*, 5. Spalte). Wenn dagegen Kapital ins Inland strömt, weil es hier besser entlohnt wird (d.h. weil die Renditen höher sind), dann vergrößert sich der Bestand an Kapital im Inland auf 125, während jener der Arbeit bei 150 unverändert bleibt. Auch in diesem Fall kommt es zum Faktorpreisausgleich und einem Handelsgleichgewicht bei einheitlichem Weltpreisverhältnis (siehe *Tabelle 7.1*, 6. Spalte). Im letzteren Fall gewinnen die Konsumenten am meisten (die Wohlfahrt in Form des Nutzenniveaus ist am höchsten).

---

2 Genau dies hat *Mundell* (1957), S. 323 angenommen. Daher laufen bei ihm Produktions- und Konsumpunkt auseinander. Der Überschuss von Produktion und Konsum wird in Form von Zinszahlungen an das Ausland transferiert (in Form des arbeitsintensiven Gutes).

Tabelle 7.1 Freihandel versus internationale Faktormobilität im H-O-Modell (numerisches Beispiel für das Inland - arbeitsreich; Gut 2 ist kapitalintensiver als Gut 1)

Simulations-ergebnisse	**Autarkie**	**Freihandel ohne Faktor-wanderung**	**Faktor-wanderung (K, L) ohne Handel**	**Faktor wanderung (L) und Handel**	**Faktorwan-derung (K) und Handel**
Faktoraus-stattung:					
Kapital	100,0	100,0	125,0	100,0	125,0
Arbeit	150,0	150,0	125,0	125,0	150,0
Produktion:					
Gut 1	72,1	101,8	67,9	78,1	91,6
Gut 2	61,3	33,9	67,9	44,1	57,6
Konsum:					
Gut 1	72,1	67,9	67,9	61,1	74,6
Gut 2	61,3	67,9	67,9	61,1	74,6
Export (+) / Import (-):					
Gut 1	0,0	+33,9	0,0	+17,0	+17,0
Gut 2	0,0	-33,9	0,0	-17,0	-17,0
Güterpreise:					
Gut 1	1,0	1,0	1,0	1,0	1,0
Gut 2	1,18	1,0	1,0	1,0	1,0
Faktor-preise:					
Zins	0,72	0,54	0,54	0,54	0,54
Lohn	0,48	0,54	0,54	0,54	0,54
Faktorallo-kation:					
Kapital:					
Gut 1	30,0	56,25	37,5	43,1	50,6
Gut 2	70,0	43,75	87,5	56,9	74,4
Arbeit:					
Gut 1	105,0	131,25	87,5	100,6	118,1
Gut 2	45,0	18,75	37,5	24,4	31,9
Kapital-intensität:					
Gut 1	0,29	0,43	0,43	0,43	0,43
Gut 2	1,56	2,33	2,33	2,33	2,33
Nutzen:	66,5	67,9	67,9	61,1	74,6

Quelle: Simulationen mit dem CGE-HO-Modell von *Anhang 4.1.*

Während also die relativen Faktorpreise ein starker Anreiz für Faktorwanderungen sein können (z.B. wenn die Löhne in Mittel- und Osteuropa nur rund 1/5 jener in den reichen Ländern der EU ausmachen, ist bei ungehindertem Zugang mit einer starken Migration zu rechnen), hat *Mundell* (1957) stark mit Handelsbarrieren als Auslöser für Faktorwanderungen argumentiert. Wenn also durch hohe Zölle der Warenverkehr eingeschränkt ist, dann wandern eben die Faktoren. Nach *Mundell* (1957) stimulieren zum einen Handelsbarrieren die internationale Faktorwanderung, zum anderen führen Barrieren für die Faktorwanderung zu mehr Handel.

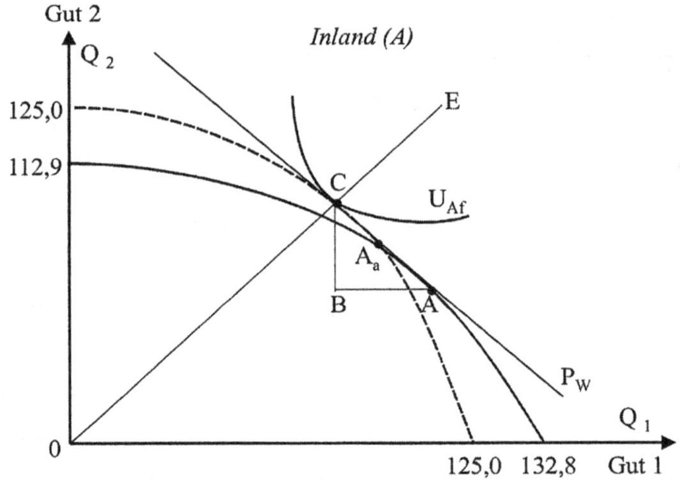

Abb. 7.1 Freihandel versus internationale Faktormobilität im H-O-Modell

Internationaler Handel ist ein Substitut für internationale Faktorwanderung. Durch Freihandel ohne Faktorwanderung kommt es zum Faktorpreisausgleich bei einheitlichem Weltpreisverhältnis (P_W). Die Produktion wandert vom Autarkiepunkt (A_a) in Richtung des arbeitsintensiveren Gutes 1 (zum Punkt A), wo das Inland als mit Arbeit reichlich ausgestattetes Land komparative Vorteile hat. Konsumiert wird im Punkt *C*. Die fehlende Menge von Gut 2 wird importiert, der Angebotsüberschuss von Gut 1 wird exportiert. Im anderen Extremfall, wenn beide Produktionsfaktoren international mobil sind, aber kein Handel stattfindet, resultiert ebenfalls bei einheitlichem Weltpreisverhältnis ein Faktorpreisausgleich im Produktions- und Konsumpunkt *C*. Durch die Abwanderung von Arbeit (-25) an das Ausland, weil dort die Löhne höher sind, und den Zustrom von Kapital vom Ausland (+25) wird das Inland bezüglich seiner Faktorausstattung ein "neutrales" Land. Damit ändert sich die Allokation der Produktionsfaktoren. Daraus resultiert eine symmetrische Produktionsmöglichkeitenkurve im Gegensatz zu einer in Richtung des arbeitsintensiven Gutes verzerrten Kurve, weil das Inland ursprünglich "arbeitsreich" war.

7.4 Internationale Wanderung von Arbeit - Migration

Generell verläuft die Richtung der Migration von den unterentwickelten zu den hochentwickelten ("reichen") Regionen der Welt. Verstärkt wird dieser aus ökonomischen Motiven ausgelöste Strom durch politische Faktoren, wenn Armut mit politischer Unfreiheit (Diktatur) und Reichtum mit politischer Freiheit und Demokratie gepaart sind. Besonders tritt dies an den Nahtstellen von Armut und Reichtum auf, wie z.B. in Nordamerika vor Gründung der NAFTA (Mexiko und die USA), in Europa nach dem Zusammenbruch des Kommunismus im Jahr 1989 und der folgenden politischen und ökonomischen Ostöffnung (die mittel- und osteuropäischen Staaten (MOEL)) einerseits und Westeuropa andererseits (insbesondere die EU)). Kurz nach dem Zusammenbruch des Kommunismus befürchtete man, dass bis zu 25 Millionen aus Osteuropa und der ehemaligen Sowjetunion nach Westeuropa emigrieren könnten. Restriktive Einwanderungs- und Ausländerbeschäftigungsregelungen in den westeuropäischen Staaten haben diese Befürchtung nicht Realität werden lassen.

Tabelle 7.2 Ausländische Bevölkerung (Immigranten) und ausländische Arbeitskräfte in ausgewählten OECD-Ländern, 1994 und 1999

	Ausländische Bevölkerung				**Ausländisches Arbeitskräfteangebot[1])**		
	Tausend		in % der Bevölkerung		Tausend		in % des Arbeitsangebots
	1994	1999	1994	1999	1994	1999	1999
Belgien	922	897	9,1	8,8	335	382	8,7
Dänemark	197	259	3,8	4,9	48	72	2,5
Deutschland	6991	7344	8,6	8,9	3543	3460	8,7
Finnland	62	88	1,2	1,7	18	31	1,2
Frankreich[2)]	3597	3263	6,3	5,6	1590	1592	6,1
Großbritannien	2032	2208	3,6	3,8	1030	1132	3,9
Irland	91	118	2,7	3,1	41	58	3,4
Italien	923	1252	1,6	2,2	307	748	3,6
Luxemburg	133	159	32,6	36,0	106	146	57,3
Niederlande	757	652	5,0	4,1	290	268	3,4
Norwegen	164	179	3,8	4,0	59	68	2,9
Österreich	714	748	8,9	9,2	368	368	9,5
Schweden	537	487	6,1	5,5	186	181	4,1
Schweiz	1300	1369	18,6	19,2	740	701	18,1
Spanien	461	801	1,2	2,0	122	173	1,0

1) Unselbständig Beschäftigte und Arbeitslose. 2) Frankreich – Daten für 1990.
Quelle: OECD, Trends in International Migration, SOPEMI 2001[3], Paris 2002. Tables 1.13 und A.1.5.

---

[3] SOPEMI = Systéme d'observation permanente des migrations (internationals) ist ein laufendes (jährliches) Berichtssystem der OECD über Trends in der internationalen Migration.

Aus *Tabelle 7.2* ist ersichtlich, dass die Zahl der ausländischen Bevölkerung (Immigranten) im Zuge der Ostöffnung in einigen westeuropäischen Ländern (insbesondere Deutschland, Österreich, Schweiz) deutlich gestiegen ist. Dies gilt auch für den Zustrom ausländischer Arbeitskräfte auf die Arbeitmärkte der genannten Länder, während die Ausländerquote in einigen Ländern sogar abgenommen hat (z.B. Frankreich).

7.4.1 Migration aus mikro- und makroökonomischer Sicht

Die ökonomischen Effekte, die der Zustrom ausländischer Arbeitskräfte auf den Arbeitsmärkten Westeuropas ausgelöst hat, lassen sich sowohl mikroökonomisch (z.B. in Form von allgemeinen Mehrländer-Gleichgewichtsmodellen; siehe *Weyerbrock* (1995) für Osteuropa-EU und *Breuss-Tesche* (1996) für Ungarn-Österreich; allgemeine Theorie: *Rivera-Batiz*, 1983), als auch auf makroökonomisch analysieren (im Falle der Migration von Osteuropa nach Österreich, siehe *Breuss-Schebeck* (1996)). Im *mikroökonomischen* Gleichgewichtsansatz führt Immigration im Empfängerland in der Regel zu einem Druck auf die Löhne sowohl von gelernten als auch von ungelernten Arbeitskräften, während die Kapitalrendite relativ steigt. Das "normale" Ergebnis von Immigration ist eine Verschiebung der funktionalen Einkommensverteilung zu Lasten des Faktors Arbeit und zugunsten von Kapital. Im Senderland führt die Angebotsverknappung durch Emigration in der Regel zu einem Anstieg der Löhne (siehe *Abb. 7.2*).

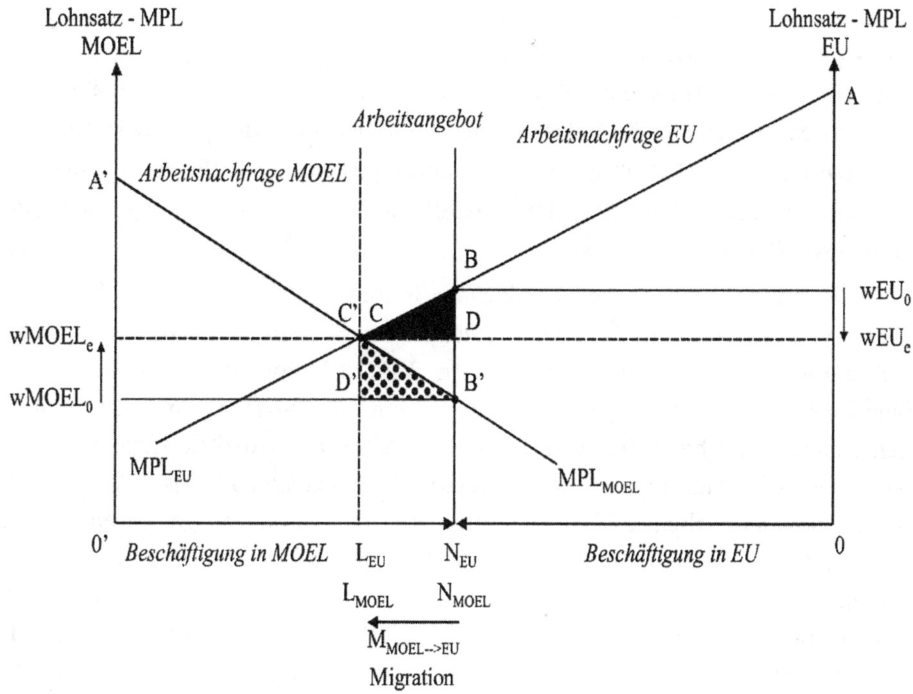

Abb. 7.2 Effekte der Migration auf das Lohnniveau und die Wohlfahrt

Anhand der Erkenntnisse des spezifischen Faktorenmodells von Ricardo-Viner (siehe *Anhang 7.1*) kann man die Auswirkungen der Wanderung von Arbeit (Migration) zwischen zwei Ländern studieren. Wenn – z.B. nach dem EU-Beitritt von 10 mittel- und osteuropäischen Ländern (MOEL) – volle Freizügigkeit zwischen alten und neuen Mitgliedstaaten herrscht, kann es auf Grund der Einkommensunterschiede (Gefälle im Lohnniveau) zur Migration von den neuen EU-Mitgliedstaaten (MOEL) zu den neuen (EU) kommen. Aufgrund des großen Lohngefälles zwischen den mittel- und osteuropäischen Ländern ($wMOEL_0$) und der Europäischen Union (wEU_0) von durchschnittlich 1:10 ist diese Annahme nicht unplausibel. Durch die Wanderung von Ost nach West würde der Arbeitskräfteüberschuss im Osten abgebaut und jener im Westen aufgebaut. Das gesamte Arbeitsangebot in der EU (MOEL) ist $L_{EU} = N_{EU} + M$ ($L_{MOEL} = N_{MOEL} - M$), wobei N die inländischen Arbeitskräfte und M die Migranten sind. L ist das gesamte Arbeitskräfteangebot. Dadurch erfolgt tendenziell eine Angleichung der Löhne - im Idealfall sogar ein Faktorpreisausgleich ($wMOELe = wEUe$).

Immigration hat im Zielland nicht nur negative Auswirkungen (z.B. auf die Arbeitslosigkeit), sondern kann auch die Wohlfahrt steigern. *Borjas* (1995) nennt dies den

„Immigration surplus"[4]. Spiegelbildlich dazu kommt es im Senderland zu einem „Migration loss". Das Volkseinkommen vor Beginn der Migrationsbewegung ist in der EU gegeben durch das Trapezoid $ABN_{EU}0$, jenes der MOEL durch die Fläche $A'B'N_{EU}0'$. Nach der Migration sind die Volkseinkommen im Inland auf $ACL_{EU}0$ gestiegen und in den MOEL auf $A'C'L_{MOEL}0'$ gesunken. Daraus ergibt sich als Differenz ein „Immigration surplus" in der EU im Ausmaß des Dreiecks BCD und ein „Immigration loss" in den MOEL von $B'C'D'$.

Die *makroökonomischen* Effekte der Immigration nach der Ostöffnung im Jahre 1989 (z.B. im Falle Österreichs; siehe *Breuss-Schebeck,* 1996, S. 145) lassen sich aufgrund von Simulationen mit dem WIFO-Makromodell wie folgt zusammenfassen: Der kurzfristig starke Zustrom von ausländischen Arbeitskräften (in den Jahren 1989 bis 1992 rund 100.000) erhöhte das Arbeitskräfteangebot und damit die Arbeitslosenquote (um kumulativ 2,6 Prozentpunkte bis 1994). Das Überangebot an Arbeitskräften dämpfte den Lohnzuwachs, gemessen an der Lohnquote (= prozentueller Anteil der Löhne am Volkseinkommen) rasch, nämlich um kumulativ 0,6 Prozentpunkte bis 1994. Als Folge davon konnte ein Teil des Überangebots auf dem Arbeitsmarkt absorbiert werden. Der Druck auf die Lohnzuwächse ermäßigte den Preisauftrieb (um kumulativ ½ Prozentpunkt bis 1994). Dies führte wieder zu einer leichten Zunahme der Inlandsnachfrage und damit des realen BIP (um kumulativ 0,2% bis 1994). Der starke Anstieg der Arbeitslosigkeit belastete die öffentlichen Haushalte in Form der Arbeitslosenunterstützung. Nach dem Greifen der Verschärfung des Zutritts zum österreichischen Arbeitsmarkt durch restriktive Ausländerbeschäftigungsgesetze pendelte sich die Belastung des Staatshaushalts auf 0,2% (Defizitvergrößerung in % des BIP) bis 1994 ein.

---

[4] Die Formel für den „Immigration surplus" lautet (*Borjas*, 1995, S. 7): $\Delta Y_N / Y = -(1/2)sem^2$, wobei Y das gesamte Volkseinkommen (BIP) eines Landes und Y_N der Anteil des Volkseinkommens der inländischen Arbeitskräfte ist. s = Lohnquote (Anteil der Lohneinkommen am Volkseinkommen = ungefähr 0,70); e = Elastizität der Löhne bezogen auf das Arbeitsangebot (prozentuelle Veränderung der Löhne auf eine einprozentige Änderung des Arbeitsangebots = ungefähr –0,30); m = Anteil der Immigranten am gesamten Arbeitsangebot ($m = M/L$). Wenn m ungefähr 10% ausmacht, dann wäre der „Immigration surplus" 0,10% des BIP.

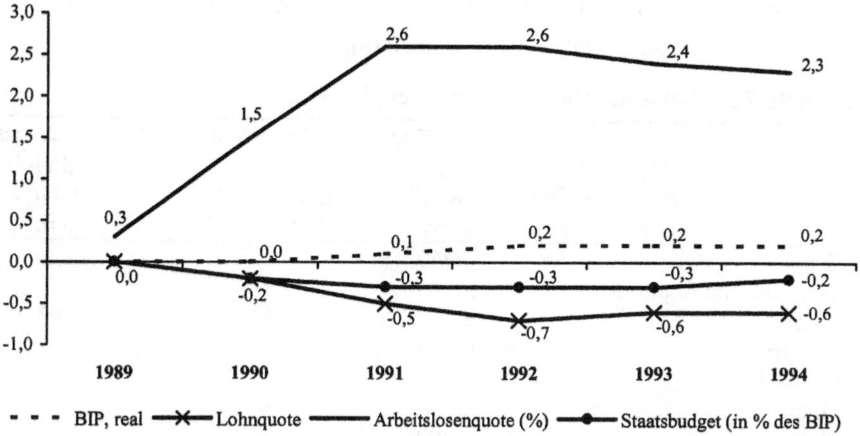

Abb. 7.3 Makroökonomische Effekte der Immigration nach der Ostöffnung in Österreich

Quelle: *Breuss-Schebeck* (1996), S. 145.

7.4.2 Ein empirisches Migrationsmodell

Die Wanderung von den mittel- und osteuropäischen Länder (MOEL) nach dem Westen (z.B. nach Österreich) wurde von *Fassmann-Münz* (1996) in folgendem *Migrationsmodell* empirisch getestet. Die im folgenden aufgezählten Erklärungsvariablen sind gleichsam repräsentativ für die allgemeinen ökonomischen Faktoren, die Migration (*M*) auslösen können - sei dies vom Süden in den Norden oder vom Osten in den Westen:

- Einkommens- und Lohnunterschiede (z.B. BIP pro Kopf - *BIPDIF*; siehe *Tabelle 7.3*),
- geografische Distanz (*DIST*),
- außenwirtschaftliche Verflechtung mit den mittel- und osteuropäischen Staaten, den MOEL (*TRIND*), gemessen an der Summe von Export- und Importanteilen (= Maß für die Integration des Ostens mit dem Westen),
- Migrationspolitik - gesetzliche Maßnahmen zur Beschränkung der Zuwanderung, z.B. in Österreich (*MIGPOL* - Dummy-Variable = 1 im Jahr 1993, sonst Null),

- die Arbeitsmarktlage im Entsendeland (Arbeitslosigkeit des Ostens - *AL*) bzw. der Aussicht auf bessere Beschäftigungschancen im Zielland.

Tabelle 7.3 Ökonomische Determinanten der Migration

	BIP pro Kopf 2001 (KKP)[1)] Euro	BIP pro Kopf 2001 Euro (KKP)[1)] EU-15=100	Lohnstückkosten pro Stunde 2000 Euro
Zypern	18460	80	10,74
Tschechische Republik	13280	57	3,90
Estland	9820	42	3,03
Ungarn	11880	51	3,83
Lettland	7700	33	2,42
Litauen	8730	38	2,71
Malta	12700	55	-
Polen	9210	40	4,48
Slowakei	10780	47	3,06
Slowenien	15970	69	8,98
Beitrittsländer (BL-10)	10460	45	4,21
Bulgarien	6510	28	1,35
Rumänien	5860	25	1,51
Türkei	5210	22	-
Beitrittskandidaten (BK-13)	7600	33	-
EU-15	23160	100	22,70
EU-25	21289	92	-
EU-28	18442	80	-

[1)] KKP = Kaufkraftpariäten.

Quellen: Progress towards meeting economic criteria for accession: The assessment from the 2002 regular report, European Economy, Enlargement Papers, No. 10, October 2002, Brussels; Eurostat: Labour Costs in the EU, news release, 23/2003, March 3, 2003.

Mit diesen Variablen schätzen *Fassmann-Münz* (1996; S. 39) die Zuwanderung (M_{ij}= Bestand ausländischer Arbeitskräfte) aus i = Polen, Rumänien, Slowakei, Tschechien und Ungarn nach j = Österreich im Zeitraum 1990 bis 1995 mittels folgenden linearen Regressionsansatzes:

$$Mij = b_0 + b_1 BIPDIF + b_2 DIST + b_3 TRIND + b_4 MIGPOL + b_5 AL \qquad (7.1)$$

Die Ergebnisse der Schätzung von Gleichung (7.1) stehen in *Tabelle 7.4*.

Tabelle 7.4 Schätzresultate des Migrationsmodells

	Erklärende Variablen						R^2
Variante	*Konstante*	*BIPDIF*	*DIST*	*TRIND*	*MIGPOL*	*AL*	
1	-0,219	+0,042	-0,402	+0,024	-0,069	+0,0005	0,95
	(-1,6)*	*(3,9***)*	*(-6,8***)*	*(8,1***)*	*(2,3**)*	*(0,2)*	
2	-0,306	+0,053	-0,460	+0,022	-	+0,0003	0,94
	*(-2,1**)*	*(5,2***)*	*(-8,1***)*	*(7,2***)*		*(0,1)*	
3	-0,313	+0,054	-0,461	+0,022	-		0,94
	*(-2,6**)*	*(7,9***)*	*(-8,6***)*	*(7,3***)*			
4	+0,172	+0,050	-0,737	-	-	-	0,82
	(1,0)	*(4,2***)*	*(-11,2***)*				
5	+0,500	-	-0,333	+0,020	-	-	0,80
	*(4,4***)*		*(3,7***)*	*(-3,6***)*			

Die Zahlen in Klammern sind *t*-Werte. Signifikante Koeffizienten (* = mit 10%, ** = mit 5% und *** = mit einem Signifikanzniveau auf einer 1%igen Irrtumswahrscheinlichkeit.
Quelle: *Fassmann-Münz* (1996), S. 43.

Die Einkommensunterschiede (*BIPDIF*), die geografische Distanz (*DIST*) und der Grad an Integration (*TRIND*) liefern in fast allen Gleichungen einen signifikanten Beitrag zur Erklärung der Ost-Westmigration. Beschränkungen für die Zuwanderung (*MIGPOL*) wirken - wie erwartet - dämpfend auf die Migration.

7.4.3 Migration in Wachstumsmodellen

Die Migration ist (neben dem Saldo von Geburten- und Sterberaten) ein Mechanismus zur Veränderung der Bevölkerung und des Arbeitsangebots eines Landes. Während im Falle von Kapitalmobilität das Kapital von Standorten mit niedriger Ertragsrate zu solchen mit höheren wandert, wandert Arbeit aus Volkwirtschaften mit niedrigen Lohnsätzen und ungünstigen Arbeitsbedingungen (hohe Arbeitslosigkeit, Mangel an Arbeitsplätzen) zu solchen mit höheren. Man muss Arbeitskräftemigration aber unterscheiden von der natürlichen Änderung der Bevölkerung infolge des Saldos von Geburten und Todesfällen. Im Falle der Migration stehen den Gewinnen an Bevölkerung im Empfängerland, Verluste im Senderland gegenüber.

Migration kann man in Modelle der Wachstumstheorie einbauen (siehe *Barro-Sala-i-Martin*, 1995; Chapter 9)[5]. Dabei wird das inländische Bevölkerungswachstums aufgespaltet in eine exogene Rate der natürliche Bevölkerungsentwicklung und eine Rate der Netto-Migration. Daraus leitet sich eine Migrationsfunktion folgender Art ab: Die Netto-Migrationsrate ($m \equiv M / L$; wobei M die Netto-Migration in Personen und L das inländische Arbeitsangebot in Personen ist) hängt positiv ab vom Gegenwartswert der inländischen Lohnsatzes verglichen mit jenen in anderen Ländern. Gegeben die anderen Einflüsse, führt ein Anstieg des Kapitaleinsatzes pro effiziente Beschäftigte ($\hat{k} \equiv K / [L\,A(t)]$, wobei K der Kapitalstock und $A(t)$ der arbeitssparende technische Fortschritt ist) zu steigenden Löhnen und löst damit auch einen Zustrom ausländischer Arbeitskräfte aus Ländern mit niedrigeren Löhnen aus (Migration). Die Migrationsfunktion ist daher der positive Zusammenhang von Pro-Kopf-Kapitaleinsatz und Netto-Migrationsrate: $m = m(\hat{k})$ (siehe *Barro-Sala-i-Martin*, 1995, S. 288).

Empirische Schätzungen der Netto-Migration innerhalb der US-Bundesstaaten, der japanischen Präfekturen und innerhalb europäischer Regionen haben *Barro-Sala-i-Martin*, 1995, S. 401 ff) mit folgender funktionalen Form vorgenommen:

$$m_{it} = a_t + b_t \log y_{i,t-T} + c_{1t} heat_i + c_2 \pi_{i,t-T} + c_3 \pi^2_{i,t\_T} + c_{4t} \operatorname{Re}gion_i + c_{5t} S_{it}, \quad (7.2)$$

wobei m_{it} der Netto-Migrationsstrom in den Region (Bundesstaat) i zwischen den Jahren $t-T$ und t ist. $y_{i,t-T}$ ist das Pro-Kopf-Einkommen in Region i als Proxy für Lohnsätze. $heat_i$ gibt die Klimasituation (Hitzegrade) in Region i an. $\pi_{i,t-T}$ ist die Bevölkerungsdichte (1000 Personen pro Quadratmeilen). $\operatorname{Re}gion_i$ ist eine Anzahl von Dummies für die (in den USA) vier Volkszählungsregionen. S_{it} können diverse Strukturvariablen sein, die Migration beeinflussen. Die Koeffizienten b (Konstante) und c werden ökonometrisch geschätzt.

Das Pro-Kopf-Einkommen beeinfluss die Migration positiv, die Hitzegrade negativ, die Bevölkerungsdichte negativ, das Quadrat der Bevölkerungsdichte positiv.

Im Zuge der EU-Erweiterung hat die Europäische Kommission eine Studie in Auftrag gegeben, um die potentiellen Migrationsströme von Osteuropa in die alten EU-Mitgliedstaaten zu schätzen (siehe *Boeri-Brücker*, 2000). Auch hier wird ein

---

[5] Die Wachstumstheorie des Außenhandels wird im nächsten Kapitel ausführlich behandelt.

ähnlicher Gleichungstyp zur ökonometrischen Schätzung von Migrationsströmen verwendet (siehe *Brücker*, 2000, S. 15 im Falle Deutschlands):

$$\Delta mst_{h,t} = \beta_1 \Delta \ln(w_f / w_h)_t + \beta_2 \Delta \ln(EXCHANGE)_t + \beta_3 \Delta \ln(e_f)_t + \beta_4 \Delta \ln(e_h)_t + \beta_5 \Delta GAST_t + \beta_6 \Delta FREI_t + \beta_7 \ln(w_f / w_h)_{t-1} + \beta_8 \ln(EXCHANGE)_{t-1} + \beta_9 \ln(e_f)_{t-1} + \beta_{10} \ln(e_h)_{t-1} + \beta_{11} GAST_t + \beta_{12} FREI_{t-1} + \beta_{13} mst_{h,t-1} \quad (7.3)$$

Dabei sind Δ jeweils absolute Differenzen und $\Delta \ln$ Differenzen der Logarithmen (was Wachstumsraten der entsprechenden Variablen in % entspricht). Die Koeffizienten β werden ökonometrisch geschätzt. $mst_{h,t}$ ist der Migrationsbestand relativ zur Bevölkerung im Empfängerland (Inland). w_f sind die Lohnsätze im Ausland, w_h jene im Inland, die in den ökonometrischen Schätzungen durch das BIP pro Kopf (real) approximiert werden. *EXCHANGE* ist der relative reale Wechselkurs, definiert als $\ln(w_f / w_f^* / w_h / w_h^*)$, wobei w die Lohnsätze zu laufenden Wechselkursen und w^* jene zu Kaufkraftparitäten sind. e_f ist die Beschäftigungsquote im Ausland, e_h jene im Inland. *GAST* ist eine Dummy-Variable für Gastarbeiterabkommen zwischen Deutschland und z.B. der Türkei. *FREI* ist eine Dummy-Variable für die Freizügigkeit der Arbeitskräftewanderung im Binnenmarkt der EU. Dazu kommen noch Dummy-Variablen für den Bürgerkrieg in Ex-Jugoslawien und eine Dummy für Repatriierungsprogrammen für Gastarbeiter in Deutschland (Rückkehrprämien für Türken und Ex-Jugoslawen).

Mittels einer gepoolten Regression (Panelschätzung) der Gleichung (7.3) über den Zeitraum 1967-1998 erhält *Brücker* (2000, S. 15 ff.) für den Bestand an Ausländern in *Deutschland* aus 18 Senderländern der OECD (vorwiegen aus den Mitgliedstaaten der EU, aber auch aus den USA, der Türkei und aus Ex-Jugoslawien) folgende Ergebnisse:

1) *Einkommensdifferentiale* haben einen signifikant positiven Einfluss auf die Migration. Im langfristigen Gleichgewicht führt ein Anstieg des Einkommensdifferentials (gemessen am BIP pro Kopf zu Kaufkraftparitäten) - d.h. wenn das Einkommen in Deutschland höher ist als im Ausland - von einem Prozent zu einem Anstieg des Bestands an Migranten von 1,2 Prozentpunkten.
2) Die *realen Wechselkurse* im Sender und Empfängerland beeinflussen auch die Migration, weil sie indirekt die Export- und damit die Produktions- und Beschäftigungschancen beeinflussen. Ein Anstieg des realen Wechselkurses

(Aufwertung) im Inland relativ zum Ausland um einen Prozent führt zu einer Migration von 0,3 Prozentpunkten.

3) Die Situation der *Beschäftigung* im In- und Ausland beeinflusst die Migration sehr stark. Ein Anstieg der Beschäftigungsquote im Ausland (Empfängerland) um einen Prozent löst eine Migration von 7-8 Prozentpunkten aus. Ein Anstieg der Beschäftigung im Inland (Senderland) um einen Prozent führt zu einem Rückgang der Migration um 4-5 Prozentpunkte.
4) Beide Dummy-Variablen, für Gastarbeiterabkommen ($GAST$) und für Freizügigkeit der Arbeitskräfte in der EU ($FREI$) führen zu einem positiven Migrationsstrom, wobei der geschätzte Koeffizient für Freizügigkeit wesentlich niedriger ist als für Gastarbeiter.
5) Der *Bürgerkrieg* in Jugoslawien löste einen starken Migrationsstrom aus.
6) *Repatriierungsaktionen* (Prämien für die Rückkehr von Gastarbeitern in die Türkei und Jugoslawien) bewirkten einen Rückgang des Migrationsbestandes in Deutschland.

Mit den Erkenntnissen von Gleichung (7.3) simulierte *Brücker* (2000, S. 19 ff.) die möglichen Auswirkungen der EU-Erweiterung auf die Migrationsströme aus 10 mittel- und osteuropäischen Ländern (MOEL) nach Deutschland. Danach würden am Beginn der EU-Erweiterung bei völliger Freizügigkeit 220.000 Personen aus den 10 MOEL nach Deutschland emigrieren. Dieses Tempo würde sich dann allmählich bis zum Jahr 2010 auf 95.000 Personen verringern. Aufgrund der in den Beitrittsverhandlungen ausgehandelten Übergangsfrist bezüglich der Freizügigkeit von 7 Jahren (für Deutschland und Österreich) dürften die Migrationsströme tatsächlich wesentlich niedriger ausfallen. Basierend auf den Ergebnissen der Kommissionsstudie (siehe *Boeri-Brücker*, 2000; *DIW*, 2000) würden Deutschland (65%) und Österreich (12% - oder am Beginn jährlich 40.500, abklingend auf rund 18.000 im Jahr 2010) im Zuge der EU-Erweiterung- am meisten Migranten aus den 10 MOEL aufzunehmen haben. Insgesamt würden am Beginn der Erweiterung 335.800 Personen pro Jahr aus den 10 MOEL in die EU15 emigrieren, im Jahr 2010 nur noch 147.000 und im Jahr 2030 nur noch 2.300 pro Jahr.

7.5 Internationale Wanderung von Kapital

Die Zunahme der Internationalisierung der Produktion bzw. der "Globalisierung" ist nicht so sehr ein Ergebnis der internationalen Migration von Arbeitskräften, sondern der hohen Mobilität des Faktors Kapital. Diese wurde beschleunigt durch die weltweiten Liberalisierung des Kapitalverkehrs (im Rahmen des GATT und der WTO) sowie jenes innerhalb Europas im Zuge der Vorbereitung auf die Wirtschafts- und Währungsunion der EU. Nicht nur die politischen Rahmenbedingungen haben Kapital international mobiler gemacht, sondern auch der rasante technische Fortschritt (Finanzinnovationen) im Bank- und Börsenwesen zusammen mit jenem in der Telekommunikation. Dieser macht nunmehr ein 24-Stundenhandel rund um den Globus möglich, und Kapital kann in Sekunden von einem Kontinent zum anderen verschoben werden. Die Globalisierung der Finanzmärkte wurde zunehmend wichtiger nach dem Zusammenbruch des Bretton-Woods-Fix-Wechselkurssystems im Jahre 1971 sowie durch die Herausforderungen der beiden Erdölpreiskrisen 1973/74 und 1980/81 als ein "Recycling" von riesigen Finanzvolumina notwendig wurde (von den OPEC-Staaten zu den Industrieländern; von den Banken wieder zu den Entwicklungsländern – Schuldenkrise!).

Obwohl die Analyse der internationalen Faktorwanderung im abstrakten H-O-Modell für Arbeit und Kapital prinzipiell gleich ist, gibt es doch erhebliche praktische Unterschiede. Während die internationale Wanderung von Arbeit eine physische Wanderung von Arbeitskräften von einem Land ins andere impliziert, ist dies beim Faktor Kapital nicht so einfach. Internationale Kapitalwanderung bedeutet nur in den seltensten Fällen, dass Maschinen im Unternehmen eines Landes abmontiert werden und in ein anderes verbracht werden (auch das kann passieren, wie man am Beispiel von Conti-Semperit gesehen hat, als Maschinen aus dem Werk Traiskirchen in Niederösterreich ins Werk nach Barun in die tschechische Republik verlagert wurden). Üblicherweise kommt es nur zu internationalen *finanziellen Transaktionen*, die zu Investitionen im Ausland oder zu Beteiligungen führen.

7.5.1 Internationale Kredit- und Schuldenbeziehungen

Krugman-Obstfeld (2003, Chapter 7) sehen internationale Kreditgeschäfte als eine Form des internationalen Handels[6]. Nach dieser Interpretation handelt es sich da-

[6] Man kann das Thema der internationalen Kapitalbeziehungen auch im Rahmen der modernen Wachstumstheorie behandeln. *Barro-Sala-i-Martin* (1995, Chapter 3) kommen dabei zu einigen paradoxen Ergebnissen. Im Rahmen des Ramsey-Modells analysierte internationale Kredit- und Schuldenbeziehungen führen zu einem unendlich raschen Konvergenzprozess des Kapital-

bei um einen *intertemporalen Handel*, das heißt um einen Austausch von "Gegenwartsgütern" (Gegenwartskonsum) gegen "Zukunftsgüter" (Zukunftskonsum). Üblicherweise wird nicht die ganze Produktion heute konsumiert. Ein Teil wird investiert (in Maschinen, Gebäude etc.). Je mehr in der Gegenwart investiert wird, um so mehr kann in der Zukunft produziert und konsumiert werden. Es gibt also einen "trade-off" zwischen gegenwärtigem und zukünftigem Konsum, der in Form einer *intertemporalen Produktionsmöglichkeitenkurve* (ähnlich der Produktionsmöglichkeitenkurve im statischen H-O-Modell mit zwei Gütern) veranschaulicht werden kann. Die Verknüpfung von Gegenwart (Periode 1) und Zukunft (Periode 2) stellt der Realzins her.

In einem Zwei-Perioden intertemporalen Handelsmodell mit zwei Ländern (In- und Ausland) kann das Tauschmuster ermittelt werden. Wir nehmen an, dass das Inland (ein Industrieland) einen *komparativen Vorteil* bei der *Produktion von Gegenwartsgütern* Q_G hat (es ist Kreditgeber) und dass das Ausland (ein Entwicklungsland) einen *komparativen Vorteil* bei der *Produktion von Zukunftsgütern* Q_Z hat (es ist Kreditnehmer, um Investitionen tätigen zu können). In *Autarkie* wird von beiden Gütern soviel konsumiert wie produziert. Der Preis des zukünftigen Konsums in Einheiten des Gegenwartskonsums ist durch $1/(1+r)$ gegeben, wobei r der Realzins ist. Gemessen am Gegenwartskonsum ergibt sich der Wert der gesamtwirtschaftlichen Produktion (nominelles Brutto-Inlandsprodukt) des Inlandes über die zwei Perioden durch die Isowertlinie (bzw. BIP-Linie):

$$Y = Q_G + Q_Z/(1+r)\,. \qquad (7.2)$$

Daraus ergibt sich eine Beziehung von Zukunftskonsum und Gegenwartskonsum wie folgt:

$$Q_Z = Y(1+r) - Q_G(1+r)\,. \qquad (7.3)$$

Die so definierte Isowertlinie (BIP-Linie) weist eine Steigung von $-(1+r)$ auf. Dort wo die Isowertlinie die *intertemporale Produktionsmöglichkeitenkurve* (*IPM*) tangiert (in Q), wird bei gegebenem Realzins (r) das Inland soviel investieren, dass der maximale Produktionswert erzielt wird. In *Autarkie* kann von beiden Gütern nur soviel konsumiert werden, wie das Inland produziert. Der Wert der gesamten Nachfrage (N = Konsum) ist definiert als:

$$C = N_G + N_Z/(1+r)\,. \qquad (7.4)$$

---

stocks und der Produktion und der Pro-Kopf-Konsum tendiert gegen Null. Nur wenn man Unvollkommenheiten im internationalen Kapitalmarkt berücksichtigt, verschwinden diese Anomalien.

Durch Gleichsetzung vom Wert des Angebots mit jenem der Nachfrage (Y = C) erhält man die *intertemporale Budgetbeschränkung* (*IBB*) über die beiden Perioden wie folgt:

$$N_G + N_Z/(1+r) = Q_G + Q_Z/(1+r). \qquad (7.5)$$

Das heißt, dass der Wert des Konsums und der Wert der Produktion beider Güter auf derselben Isowertlinie liegt.

Wenn nun alle Beschränkungen für den internationalen Kapitalverkehr (Finanztransfers in Form von Kreditgeschäften) beseitigt sind, so kommt es durch die Spezialisierung, die den komparativen Vorteilen entspricht (Inland auf Gegenwartsgüter, Ausland auf Zukunftsgüter), zum *"intertemporalen Handel"* von Gegenwarts- gegen Zukunftsgüter bzw. zu internationalen Kreditbeziehungen. Die Konsumenten in beiden Ländern werden die höchst mögliche Indifferenzkurve wählen, um ihren Nutzen zu maximieren (in *N* bzw. *N**). Die *intertemporale Budgetbeschränkung* (*IBB, IBB**) über die beiden Perioden beschränkt die Konsummöglichkeiten. Setzt man die Nachfrage dem Angebot über die zwei Perioden gleich und löst jeweils für die Angebots- bzw. Nachfrageüberschüsse, so kann man unter Verwendung von *Gleichung (7.5)* die Export- und Importströme für das Inland wie folgt ermitteln (siehe auch *Abb. 7.4*):

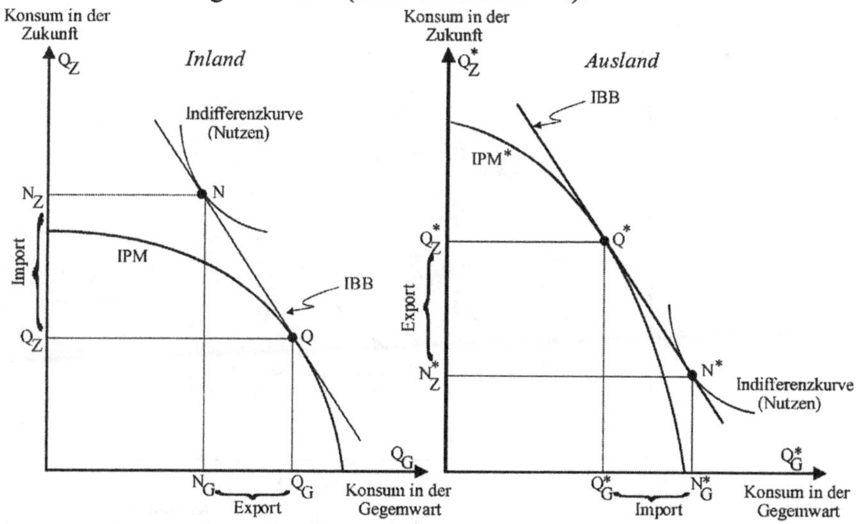

Abb. 7.4 Produktions- und Konsummuster in einem intertemporalen Handelsmodell

IPM = intertemporale Produktionsmöglichkeitenkurve; IBB = intertemporale Budgetbeschränkung.

Quelle: *Krugman-Obstfeld* (2003), S. 182, 183.

Für das *Inland*:

$$\underset{\text{Exporte}}{Q_G - N_G} = \underset{\text{Importe}}{(N_Z - Q_Z)/(1+r)}. \tag{7.6}$$

Für das *Ausland* ergibt sich spiegelbildlich:

$$\underset{\text{Importe}}{N_G^* - Q_G^*} = \underset{\text{Exporte}}{(Q_Z^* - N_Z^*)/(1+r)}. \tag{7.7}$$

Die Exporte des Inlandes an Gegenwartskonsum (Kreditvergabe) sind gleich den Importen des Auslandes, und die Exporte des Auslandes (Kreditrückzahlungen) sind gleich den Importen des Inlandes. Der Weltrealzins (*r*) im intertemporalen Welttauschgleichgewicht ergibt sich durch die Gleichsetzung von Exporten und Importen der beiden Länder. *Krugman-Obstfeld* (2003) wenden die auf *Alfred Marshall* zurückgehende Technik der Tauschkurven (Offer curves) an, um dieses Tauschgleichgewicht zu bestimmen (siehe *Abb. 7.5*). Im Schnittpunkt der Tauschkurven beider Länder (in *E*) ist das intertemporale Weltgleichgewicht gegeben.

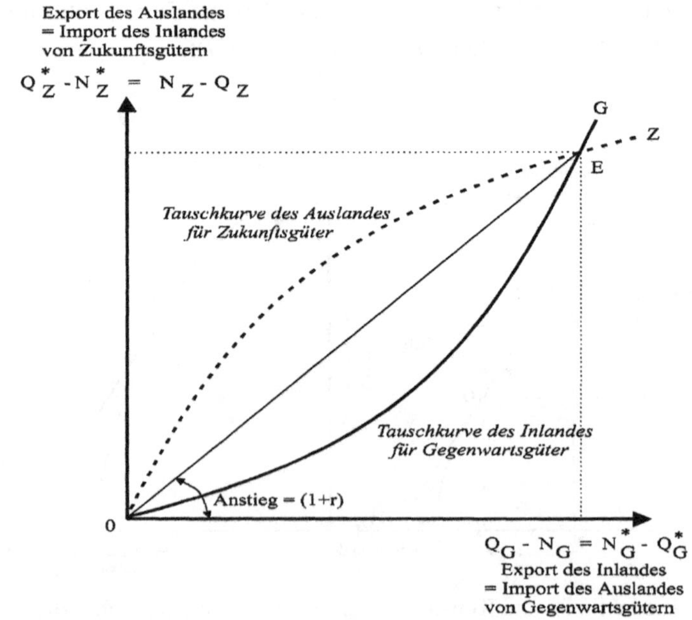

Abb. 7.5 Intertemporales Weltgleichgewicht anhand von Tauschkurven
Quelle: *Krugman-Obstfeld* (2003), S. 184.

7.5.2 Ausländische Direktinvestitionen und Multinationale Firmen

Unternehmen können auf mehreren Ebenen in die Weltwirtschaft integriert sein. Sie können entweder nur in ihrem Heimatland produzieren und den Weltmarkt beliefern (*Außenhandel* betreiben) oder sie können ihre Produktion *internationalisieren*, d.h. direkt im Ausland produzieren (und Außenhandel vermeiden). In Wirklichkeit gibt es verschiedene Kombinationen von Handel (interindustrieller, intra-industrieller Handel sowie Intra-Firmen-Handel) und der Internationalisierung der Produktion. Wenn sich die Internationalisierung nicht nur auf wenige Länder beschränkt, sondern auf die ganze Welt erstreckt, spricht man auch von "Globalisierung".

Während die Außenhandelstheorie sehr ausgereift ist und eine ganze Reihe konsistenter Erklärungsmodelle anbietet (von *Ricardo* über *Heckscher-Ohlin* bis zur "Neuen Sicht"), steckt die theoretische Erklärung der Internationalisierung der Produktion bzw. das Verhalten von multinationalen Firmen noch in den Kinderschuhen, obwohl gerade in jüngster Zeit große Fortschritte zu verzeichnen sind (siehe *Markusen*, 2002). Es gibt eine Vielzahl verschiedener Ansätze:

- Erklärungen der Internationalisierung der Produktion (Verhalten von Multis) mittels des eklektizistischen Ansatzes des *OLI-Paradigmas* (*Dunning* (1981, 1988); *Ethier* (1986)).
- Erklärungen des Verhaltens von multinationalen Firmen (Multis) in einer Welt *allgemeiner Gleichgewichtsmodelle* à la Heckscher-Ohlin, kombiniert mit den Erkenntnissen der "Neuen Sicht" (monopolistische Konkurrenz mit differenzierten Produkten) (*Helpman*, 1984; *Markusen*, 1984, 2002), die teilweise versuchen, die Erkenntnisse des OLI-Paradigmas in einfache Gleichgewichtsmodelle des Außenhandels mit unvollständiger (monopolistischer) Konkurrenz einzubauen. (z.B. *Ethier*, 1986).
- Erklärungen von *Investitionsentscheidungen von Multis* (Investitionen im Inland versus Direktinvestitionen im Ausland bzw. die Entscheidung, ob eine Firma eher exportiert oder im Ausland direkt investiert) als strategische Aufgabe mit Hilfe der *Spieltheorie* (*Smith*, 1987; *Jacquemin*, 1989; *Venables*, 1990; *Rowthorn*, 1992; *Pfaffermayr*, 1996, Kapitel C.4). Direktinvestitionen im Ausland erlauben nicht nur die effiziente Nutzung firmenspezifischen Wissens, sondern sie schaffen auch strategische Vorteile. Wie immer bei An-

sätzen der Spieltheorie (z.B. im Duopol) gibt es eine Vielzahl von möglichen Lösungen, die wiederum davon abhängen, ob es sich um einen Cournot-Mengenwettbewerb oder um einen Bertrand-Preiswettbewerb handelt. *Pfaffermayr* (1996, S. 106) fasst die wichtigsten Ergebnisse eines Duopolspiels zusammen: Markgröße, Grenzkosten für Exporte bzw. für die Auslandsproduktion und Ausmaß der Produktdifferenzierung spielen dabei eine wichtige Rolle.

- *Empirische Tests* der Determinanten von ausländischen Direktinvestitionen finden, dass die Markgröße der 7 großen OECD-Länder (G7) sowie die relativen Faktorkosten für Arbeit und Kapital die US-amerikanischen Direktinvestitionen im Ausland am besten erklären können (siehe z.B. *Barrell-Pain,* 1996).
- *FDI versus Handel:* Ob Direktinvestitionen Außenhandel ersetzen (ihn substituieren) oder ob Direktinvestitionen im Ausland Exporte (zusätzlichen Handel ganz allgemein, intra-industriellen Handel oder Intra-Firmen-Handel) nach sich ziehen (ob sie also komplementären Charakter besitzen), untersuchte empirisch *Pfaffermayr* (1996, S. 200). Er kommt nach umfangreichen Schätzungen für Österreich zum Schluss, dass "durch zunehmende Auslandsinvestitionen zusätzliche Exporte in geringem quantitativen Ausmaß induziert werden".

7.5.2.1 Das OLI-Paradigma

Ausländische Direktinvestitionen sind „private langfristige Kapitalleistungen eines Landes, die dem Ausland mit der Absicht zugeführt werden, einen unmittelbaren Einfluss auf die Geschäftstätigkeit des kapitalnehmenden Unternehmens zu gewinnen oder einem Unternehmen, an dem der Investor bereits maßgeblich beteiligt ist, neue Mittel zuzuführen“ (Definition der Oesterreichischen Nationalbank - OeNB). Nach internationalem Standard liegt dann eine Direktinvestition vor, wenn der Investor 10% und mehr am ausländischen Unternehmen besitzt (Anteil an Aktien oder Stimmenanteil; siehe: FDI Glossary - IMF/OECD). D.h. es geht um Kapitalinvestitionen von Ausländern zum Zwecke der Errichtung und Aufrechterhaltung anhaltender Wirtschaftsbeziehungen mit einem inländischen Unternehmen mit der Absicht, auf deren Management einen tatsächlichen Einfluss auszuüben. Damit unterscheiden sich Direktinvestitionen von Ausländern im Inland von Portfolioinvestitionen (Zinsen, Anleihen, Aktien), deren einziges Ziel es ist, Zins- bzw. Renditengewinne zu machen. Die ausländischen Direktinvestitionen werden in der Zahlungsbilanz in der Kapitalbilanz erfasst.

Es gibt eine Vielzahl von Erklärungen, warum multinationale Unternehmen (Multis) sich in Form von ausländischen Direktinvestitionen im Ausland engagieren. *Dunning* (1981, 1988) hat einen Versuch unternommen, die verschiedensten Ansätze in einem eklektizistischen Ansatz unter dem Namen *"OLI-Paradigma"* zusammenzufassen. Es handelt sich dabei nicht um eine Theorie, sondern um ein Erklärungsbündel, das sich teilweise überlappt (siehe *Tabelle 7.5*).

Tabelle 7.5 Das OLI-Paradigma zur Erklärung von ausländischen Direktinvestitionen (Verhalten von multinationalen Firmen).

Strukturvariablen OLI	**Land**	**Industrie**	**Firma**
O = Ownership (Eigentümervorteil)	Faktorausstattung, Marktgröße, F&E- und Innovationspolitik	Grad an F&E, Innovation, Produktdifferenzierung	Know-how durch firmeneigene F&E; Patente
L = Location (Standortvorteil)	Distanz zwischen Ländern; Handelspolitik (Zölle, Quoten; Integrationsgrad)	Ressourcen (Rohstoffe); Steuern, Energie-, Lohnkosten	Management-strategie gegenüber DI; Sprachbarrieren
I = Internalisierung (Vorteil der firmen-internen Vermark-tung)	Transaktionskosten (z.B. durch inadäquate staatliche und private Angebote - Bildung etc.)	Vertikale/horizontale Integration; Ausnützung von O-Vorteilen	Organisations- und Kontrollvorteile innerhalb einer Firma; Lizenzen

F&E = Forschung und Entwicklung, DI = ausländische Direktinvestitionen (Foreign direct investment - FDI).

Quelle: *Dunning* (1981), S. 35.

Dieser eklektische Ansatz weist auch Überlappungen (z.B. von Standortvorteil - "L" - und von Internalisierungsvorteil - "I") auf. Wenn eine Firma z.B. durch Investitionen in F&E eigene Erfindungen macht, hat sie einen Eigentümervorteil an den Patenten. In der Regel möchte die Firma dann daraus selbst Gewinne lukrieren und wird daher die entsprechenden Aktivitäten innerhalb der Firma entfalten (internalisieren) und deren wirtschaftliche Nutzung nicht durch Lizenzen an andere Wettbewerber weitergeben. Einige Autoren (z.B. *Rugman*, 1980) sehen in der "Internalisierung" das Hauptargument für das Entstehen von Multis. Diese Idee geht auf *Coase* (1937) zurück, der zum ersten Mal das Entstehen einer Firma durch Transaktionskosten theoretisch begründete.

Im Rahmen der "Globalisierung" ist aber die internationale Vernetzung der Produktionsaktivitäten noch viel komplizierter als das einfache OLI-Paradigma suggeriert. Es gehört heute zur betrieblichen Praxis von Multis, dass sie ein Gut (z.B. PKW) in einer Reihe von Stufen in zahlreichen Standorten weltweit erzeugen, wobei jeweils ein Standort in einem Land ein bisschen an Wertschöpfung liefert. Diese Tatsache steigert natürlich nicht nur den Intra-Firmen-Handel, sondern das Volumen des Welthandels insgesamt, wenn Autoteile zwischen mehreren Standorten eines Multis in verschiedenen Ländern ausgetauscht werden. *Krugman* (1995, S. 334) sieht in dieser Aufsplitterung der Wertschöpfungskette (neben dem technischen Fortschritt und der sich daraus ergebenden Verbesserung im Bereich der Telekommunikation und des Transportwesen) einen wesentlichen Grund für den starken Anstieg des Welthandels in den letzten Jahrzehnten. Die *UN* (1996, S. 102) führt in ihrem Weltinvestitionsbericht zahlreiche Beispiele von Autoproduzenten an, wie sie ihre Produktionsaktivitäten zwischen den verschiedenen Standorten in zahlreichen Ländern in Südostasien oder in Europa aufteilen. Die Firma Honda - der Welt größter Produzent von Motorrädern - hat z.B. 100 Zweigstellen für Marketing, Produktion, Forschung und Entwicklung außerhalb Japans. In Europa hat Honda ein ganzes Netzwerk von Produktion, F&E und Marketing aufgebaut, das sich über fast alle EU-Staaten erstreckt.

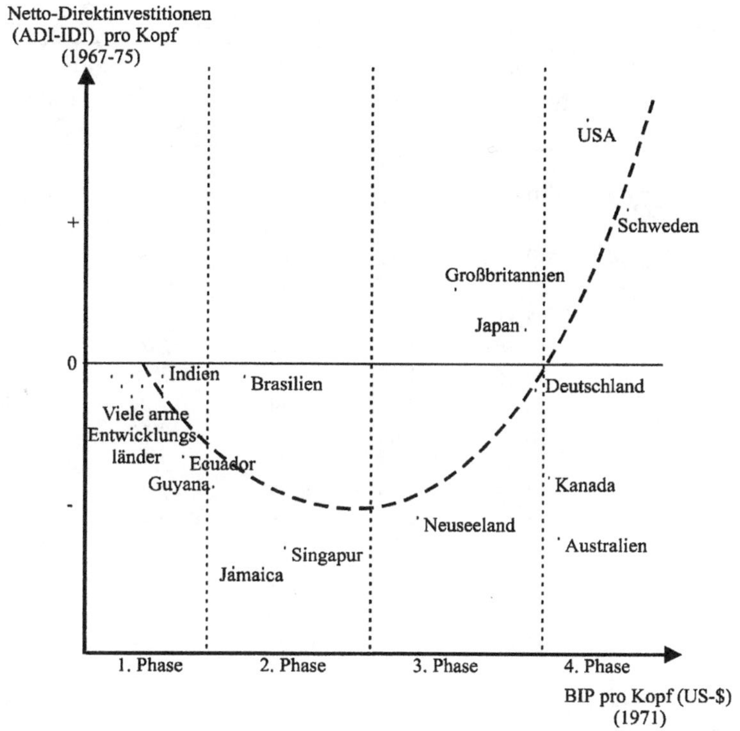

Abb. 7.6 Entwicklungszyklus von Direktinvestitionen

Die Darstellung hat nur illustrativen Charakter.

Quelle: *Dunning* (1981), S. 37.

In einem weiteren Schritt hat *Dunning* (1981) die Entwicklung der ausländischen Direktinvestitionen (DI) anhand eines U-förmigen Verlaufs interpretiert. Danach hängt das Ausmaß der Netto-DI pro Kopf eines Landes vom Entwicklungsgrad der Volkswirtschaft (siehe *Abb. 7.6*) ab. Arme Länder brauchen für ihre wirtschaftliche Entwicklung eher mehr ausländische Direktinvestitionen im Inland (IDI), als es den wenigen vorhandenen Firmen im Ausland gelingt, direkt zu investieren (ADI). D.h., dass die Netto-DI negativ sind.

Tabelle 7.6 Ausländische Direktinvestition (FDI) in OECD-Staaten, 2001

	ADI-Ströme	ADI-Bestände	IDI-Ströme	IDI-Bestände	Saldo (ADI-IDI) Ströme	Saldo (ADI-IDI) Bestände
			In % des BIP			
Belgien-Luxemburg	27,07	180,63	20,51	193,93	*6,56*	-13,30
Dänemark	5,54	39,66	2,99	21,73	*2,54*	17,93
Deutschland	2,34	27,83	1,72	26,05	*0,62*	1,78
Griechenland	-0,53	4,51	1,37	12,33	*1,90*	-7,82
Spanien	4,78	31,96	3,74	27,23	*1,04*	4,73
Frankreich	6,32	39,36	4,02	23,70	*2,30*	15,66
Irland	5,22	23,14	9,46	72,44	*-4,24*	-49,30
Italien	1,97	16,75	1,47	9,91	*0,50*	6,84
Niederlande	11,58	86,40	13,28	74,77	*-2,70*	11,63
Österreich	1,57	13,95	3,13	18,25	*-1,46*	-4,25
Portugal	7,19	22,66	5,48	29,76	*2,71*	-7,10
Finnland	6,01	46,36	2,99	21,73	*3,02*	24,63
Schweden	3,42	58,44	6,07	38,74	*-2,65*	19,70
Großbritannien	2,77	66,21	3,78	34,88	*-1,01*	31,33
EU-15:	*4,63*	*43,63*	*4,09*	*33,58*	0,54	10,05
Norwegen	-0,86	26,24	1,72	20,35	*-2,58*	5,99
Schweiz	6,60	95,68	4,04	36,55	*2,56*	59,13
USA	1,15	13,96	1,26	13,34	*-0,11*	0,62
Japan	0,92	7,25	0,15	1,22	*0,77*	6,03

ADI = Direktinvestitionen des Inlandes im Ausland; IDI = Ausländische Direktinvestitionen im Inland.

Quelle: UNCTAD, World Investment Report 2002: Transnational Corporations and Export Competitiveness, Washington, 2002.

Dunning (1981, S. 37 ff.) unterscheidet hier zwei Phasen: In der 1. Phase gibt es praktisch keine ADI, weil keine Firmen vorhanden sind und nur wenig IDI, weil fast keine "L"-Vorteile im Gastland vorhanden sind. In einer zweiten Phase der wirtschaftlichen Entwicklung bilden sich bereits "L"-Vorteile heraus, sodass es für ausländische Firmen vorteilhaft ist, z.B. die Ressourcen dieser Entwicklungsländer vor Ort auszubeuten. Die IDI steigen stark an, während noch kaum ADI getätigt werden. Als Folge davon sind die Netto-DI stark negativ. Wenn sich die Länder höher entwickeln, bildet sich auch eine Firmenstruktur heraus, die beginnt, auch im Ausland direkt zu investieren. Nach *Dunning* (1981) weisen vor allem die sehr reichen Staaten eine stark positive Netto-DI-Position auf (USA,

Schweiz, Schweden etc.) (siehe *Tabelle 7.6* für die DI-Position der OECD-Staaten).

7.5.2.2 Multinationale Firmen im Rahmen allgemeiner Gleichgewichtsmodelle des Außenhandels

Drei Autoren haben ziemlich zeitgleich versucht, das Verhalten von multinationalen Firmen (Multis) im Rahmen der allgemeinen Gleichgewichtstheorie des Heckscher-Ohlin-Modells zu erklären.

Helpman (1984) geht von der hypothetischen Konstruktion einer *integrierten Weltwirtschaft* (integriertes Weltgleichgewicht) aus. Dieses Konzept zur Analyse des Heckscher-Ohlin-Modells wurde erstmals von *Dixit-Norman* (1980, 1982) eingeführt und von *Helpman-Krugman* (1985) systematisch auf alle möglichen Varianten des H-O-Modells angewandt. Das hypothetische Konstrukt "integrierte Weltwirtschaft" ist definiert als eine Faktorallokation in der Welt, die sich ergeben würde, wenn Güter und Produktionsfaktoren vollständig mobil wären (Handel und internationale Faktorwanderung). D.h. die Güter- und Faktorpreise sind ausgeglichen. Ausgehend von dieser Idealwelt wird nun gefragt, ob man dieselbe Faktorallokation erreichen würde, wenn man die Welt in mehrere Länder (mindestens zwei) aufteilen würde und wenn internationale Faktormobilität ausgeschlossen wäre. Im allgemeinen erzielt man durch Freihandel dasselbe Ergebnis, d.h. es kommt zum Faktorpreisausgleich bei einheitlichem Güterpreisverhältnis.

Helpman (1984) entwickelt ein Zwei-Sektoren-, Zwei-Länder- und Zwei-Faktorenmodell des allgemeinen Gleichgewichts, indem er das H-O-Modell kombiniert mit den Eigenschaften von Modellen der "Neuen Sicht" des Außenhandels. In einem Sektor werden homogene Güter arbeitsintensiv (*L*-Faktor) unter vollständiger Konkurrenz erzeugt, im anderen Sektor werden differenzierte Güter (mehrere Produktvarianten) humankapitalintensiv (*H*-Faktor) unter monopolistischer Konkurrenz erzeugt. Die Nutzenfunktion ist vom Typ *Dixit-Stiglitz* (1977) und entspricht dem modernen Standard der monopolistischen Konkurrenzmodelle des Außenhandels. Der Produktionsfaktor *H* ist firmenspezifisch zu verstehen und drückt das firmenspezifische know-how (Management- oder F&E-Wissen) aus und repräsentiert den "ownership advantage" (das "O" vom OLI-Paradigma). Die Standortentscheidung (ob im In- oder im Ausland produziert wird) - den "locational advantage" (das "L" vom OLI-Paradigma) - wird durch die relative

Faktorausstattung, die relativen Faktorpreise und technologische Parameter bestimmt. Dass die Ausnützung der "O-Vorteile" durch "Internalisierung" (das "I" vom OLI-Paradigma) geschehen soll, wird vorausgesetzt. Ungleiche Faktorpreise induzieren das Entstehen von Zweigstellen von Multis im Ausland. *Helpman* (1984) kann in seinem einfachen allgemeinen Gleichgewichtsmodell, in dem die Standortverlagerung von Firmen in der Industrie, die differenzierte Produkte herstellt, eine Entscheidungsvariable ist, sowohl das Handelsmuster (wer exportiert/importiert welches Gut), das Handelsvolumen (wie viel wird gehandelt), den Anteil des *intra-industriellen Handels* (wie viel vom Gesamthandel besteht aus differenzierten Produkten) als auch den *Intra-Firmen-Handel* (der Handel von Zwischenprodukten zwischen Mutterfirmen im Inland und Tochterfirmen im Ausland) bestimmen.

Markusen (1984) entwickelt ebenfalls ein allgemeines Gleichgewichtsmodell, das die Auswirkungen von Multis auf die Allokation und Verteilung der Produktionsfaktoren zu erklären vermag. Sein Modell erfüllt fünf Vorbedingungen: 1) es liefert eine Erklärung dafür, dass es günstiger für Multis ist, direkt im Ausland zu investieren, als Portfolioinvestitionen zu tätigen (d.h. nur finanzielle Beteiligung ohne Einflussnahme auf die Geschäftstätigkeit); 2) keine internationalen Faktorwanderungen; Unterschiede in den Faktorpreisen und Handelsbarrieren sollten als Erklärung für das Verhalten von Multis verwendet werden; 3) es sollte erklären, warum eine Monopolproduktion einem Kartell unabhängiger Produzenten vorzuziehen ist; 4) es sollte erklären, warum ein Multi seine Produktion geografisch zu diversifizieren wünscht, d.h. unterschiedliche Produktionen in sonst gleichen Ländern unterhält; 5) es sollte positive Gewinne zulassen, da Gewinne eine wichtige Rolle zur Bestimmung der Vorteile des Außenhandels spielen. Diese Bedingungen sind in einem Modell des Industrieorganisations-Ansatzes, das economies of scale (multi-plant economies) zulässt, erfüllt. Diese entstehen dadurch, dass spezifische Inputs innerhalb der Multis (bei Mutter und Töchtern) zugelassen (internalisiert) werden und so Effizienzgewinne ermöglichen. Die Effizienzgewinne entstehen dadurch, dass Duplizierungen von firmenspezifischen Aktivitäten (wie Forschung und Entwicklung - F&E, Management, Controlling) - wie dies bei Einzelfirmen geschehen müsste - wegfallen.

Ethier (1986) versucht - ausgehend vom OLI-Paradigma - ausländische Direktinvestitionen in ein einfaches allgemeines Gleichgewichtsmodell des internationalen Handels zu integrieren. Insbesondere will er die "Internalisierungsentscheidungen" (das "I" vom OLI-Paradigma) der Multis modellendogen erklären. Dabei bezieht er ausländische Direktinvestitionen auf den Grad an Unsicherheit und auf fundamentale Determinanten für den internationalen Handel, wie die relative Faktorausstattung. Zum Verständnis der Beziehung von traditioneller Außenhandelstheorie (H-O-Modell) und dem Verhalten von Multis ist seiner Meinung nach die Klärung von zwei Fragen wichtig: 1) Die traditionelle Handelstheorie besagt, dass Unterschiede in der Faktorausstattung internationale Faktorwanderung induziert. Allerdings zeigt die Empirie, dass Direktinvestitionen am intensivsten zwischen Ländern mit ähnlicher Faktorausstattung stattfinden (d.h. innerhalb der Industrieländer der OECD). 2) Welchen Effekt haben Direktinvestitionen auf die Faktoreinkommen (Löhne von Arbeitskräften in den Muttergesellschaften im Inland und jene in den Tochtergesellschaften im Ausland)?

In *Ethiers* (1986) Modell spielen zwei Variablen (Forschungsanstrengungen und Produktqualität) eine wesentliche Rolle für das Entstehen von Multis. Die zentralen Entscheidungsparameter sind die relative Faktorausstattung und der Grad an Unsicherheit am Weltmarkt. Sein Modell besteht aus zwei Ländern, zwei Faktoren (Arbeit und Boden) und zwei Gütern (Weizen wird produziert mit Boden und Arbeit; Industriewaren - bestehend aus vielen differenzierten Gütern - werden nur mit dem Faktor Arbeit erzeugt). Für die Industrieproduktion ist F&E sehr wichtig. Je mehr in F&E investiert wird, um so größer ist der technologische Vorteil bei der Erzeugung von Industriewaren. Das Vorhandensein von Multis hängt vom Grad an Unsicherheit positiv ab. In seinem Modell macht die Ähnlichkeit der relativen Faktorausstattung das Auftreten von Direktinvestitionen wahrscheinlicher. Wenn sich die Faktorpreise (insbesondere jene der Arbeit) international angleichen, induziert dies gegenseitige Direktinvestitionen (vom Inins Ausland und vice versa). Dies führt auch zu einem höheren Anteil an intra-industriellem Handel und zu Intra-Firmen-Handel.

7.5.2.3 Neuere Erkenntnisse von Multinationalen Firmen und Direktinvestitionen

Die moderne Theorie multinationaler Firmen und der ausländischen Direktinvestitionen (FDI = Foreign Direct Investment) versucht - basierend auf dem allgemeinen Gleichgewichtsansatz - die neuesten Erkenntnisse der Theorie des Außenhandels („Neue Sicht“ mit unvollständiger – monopolistischer (oder Oligopolen) -Konkurrenz; Neue ökonomische Geographie, Strategische Handelspolitik) mit einer Theorie der Standortentscheidung von international agierenden Unternehmen zu verknüpfen. Dabei geht es darum, die Ideen des OLI-Paradigmas, die *Dunning* (1981) in eklektischer Manier in drei Bedingungen (Eigentümervorteil,

Standortvorteil und Internalisierung) zusammengefasst hat, konsistent in einer Theorie der Firma, verknüpft mit Ländercharakteristika zu formulieren. *Markusen* (2002) hat diese Aufgabe mittels verschiedener Modellvarianten geleistet. Er nennt diese Synthese den „Wissenskapital-Ansatz" (Knowledge-Capital Approach). Eine moderne Theorie muss simultan die Existenz des intra-industriellen Handels und die Aktivitäten von multinationalen Firmen endogen erklären können.

Zunächst sollen einige Grundbegriffe von multinationalen Firmen (Multis) gegeben werden (siehe *Markusen*, 2002, S. 5 ff.). Dann werden an Hand einiger Statistiken die wichtigsten stilisierten Fakten über FDIs dargelegt. Letztlich wird ein kurzer Überblick über die Modellphilosophie der *Markusen*-Modelle und deren wichtigste Ergebnisse gegeben.

Grundbegriffe über Multis

Multis sind Unternehmen (Firmen), die sich mittels ausländischer Direktinvestitionen (FDIs) im Ausland engagieren. FDIs sind Investitionen, mit deren Hilfe eine Firma einen wesentlichen Einfluss auf eine ausländische Firma ausübt oder die dazu dienen, eigene Filialen im Ausland zu errichten. *„Horizontale FDIs"* ermöglichen die Herstellung von Produkten und Diensten im Ausland (in einem Tochterunternehmen), die weitgehend jenen entsprechen, die die Firma (Mutter) im Inland erbringt. *„Vertikale FDIs"* sollen eine geografische Aufteilung (Fragmentierung) des Produktionsprozesses in mehreren Produktionsstufen ermöglichen. Dabei unterscheidet *Markusen* (2002, S. 22) meist zwischen drei Typen von Firmen: 1) Typ-d-Firma: dies ist eine Firma, die nur eine Betriebsstätte im Inland (i) hat; 2) Typ-h-Firma: hier gibt es Betriebsstätten im Inland (i) und im Ausland (j); man spricht hier von eine horizontalen multinationalen Firma; 3) Typ-v-Firma: dies ist eine Firma, mit nur einer Betriebsstätte im Ausland (j); man spricht hier von einer vertikalen multinationalen Firma.

Stilisierte Fakten über FDIs

a) Ländercharakteristika:[7]

1. FDIs sind weltweit in den letzten Jahrzehnten rapide gewachsen, besonders stark in den achtziger und neunziger Jahren des vorigen Jahrhunderts. Wie aus *Tabelle 7.7* hervorgeht, ist der Welthandel (Exporte von Gütern und Nicht-Faktordienstleistungen) schneller gewachsen als das BIP. Die Aktivitäten der Auslandsfilialen von Multis (Umsätze) sind viel rascher als das BIP, die Brutto-Anlageinvestitionen und der Welthandel gewachsen. Das spiegelt sich auch in den FDI-Strömen (herein und hinaus), die jeweils wesentlich rascher zunahmen als das BIP und der Welthandel.
2. Die meisten FDIs werden zwischen Industrieländern getätigt (siehe *Tabelle 7.8*). Die Entwicklung der FDIs ist auch Konjunkturschwankungen unterworfen. In Zeiten weltweiter Abschwünge oder Rezessionen verlangsamen sich die FDI-Aktivitäten, in Phasen des Aufschwungs nehmen sie wieder zu. Durch die Ostöffnung (ab 1989) haben die mittel- und osteuropäischen Länder stark FDIs aufgesaugt (neue emerging markets).
3. Zwischen Industriestaaten nimmt nicht nur der intra-industrielle Handel zu, auch die gegenseitigen FDI-Ströme (intra-industrieller FDIs).
4. Der Großteil der FDIs scheint horizontalen Charakter zu haben, zumindest weil der größte Teil der Produktion der ausländischen Filialen am Auslandsmarkt abgesetzt wird.
5. Eine erheblicher Anteil des Welthandels ist heute Intrafirmenhandel (ungefähr 30%). Es gibt eine gewisse Komplementarität zwischen Handel und FDIs, d.h. FDIs substituieren (ersetzen) nicht den Außenhandel, sondern ziehen Handel nach sich (ausländische Filialen brauchen Vorprodukte aus dem Inland und exportieren ihre Produkte wieder).
6. Es gibt nur geringe Hinweise, dass FDI positiv mit den Unterschieden in der Kapitalausstattung zwischen Ländern korreliert; es gibt auch kaum einen positiven Zusammenhang zwischen FDI und Kapitalerträgen. Dagegen ist die Ausstattung mit gelernter Arbeit (Humankapital) stark positiv korreliert mit Hinaus-FDIs. Markusen (2002, S. 18) begründet dieses Faktum mit drei Charakteristika des „Knowledge-Capital-Ansatzes“: (a) Humankapital (Manager, Techniker) kann leichter in ausländische Filialen transferiert werden als physisches Kapital; (b) das wissensbasierte Kapital enthält viel gelernte Arbeit. Das ist ein Motiv für die geographische Fragmentierung der Produktion (vertikale Multis); (c) Wissenskapital hat of auch den Charakter eines „öffentlichen Gutes“. Wenn die Erfindungen einmal gemacht sind, können diese zu niedrigen Kosten in ausländische Filialen transferiert werden (Internalisierung).

---

[7] Die folgende Darstellung folgt *Markusen* (2002), S. 5 ff.

7. Politische Risken und Instabilität scheinen eine stark abschreckende Wirkung auf Herein-FDIs auszuüben. Steuern scheinen nicht das Haupthindernis für FDI zu sein.

Tabelle 7.7 Ausgewählte Indikatoren ausländischer Direktinvestition (FDI) und internationale Produktion von Multis*), Welt: 1982-2001

	Wert zu laufenden Preisen (Mrd. USD)			Jährliche Wachstumsraten in %			
	1982	**1990**	**2001**	**1986-1990**	**1991-1995**	**1996-2000**	**2001**
FDI-Ströme herein	59	203	735	23,6	20,0	40,1	-50,7
FDI-Ströme hinaus	28	233	621	24,3	15,8	36,7	-55,0
Herein-FDI Bestand	734	1874	6846	15,6	9,1	17,9	9,4
Hinaus-FDI Bestand	552	1721	6582	19,8	10,4	17,8	7,6
Fusionen (M&A)+), grenzüberschreitend	-	151	601	26,4	23,3	49,8	-47,5
Umsätze von Multi-Filialen im Ausland	2541	5479	18517	16,9	19,5	14,5	9,2
Brutto-Produktion von Multi-Filialen im Ausland	594	1423	3495	18,8	6,7	12,9	8,3
Finanzvermögen von Multi-Filialen im Ausland	1959	5759	24952	19,8	13,4	19,0	9,9
Exporte von Multi-Filialen im Ausland	670	1169	2600	14,9	7,4	9,7	0,3
Beschäftigung von Multi-Filialen im Ausland (in 1.000)	17987	23858	53581	6,8	5,1	11,7	7,1
Zur Erinnerung:							
BIP (lfd. Preise)	10805	21672	31900	11,5	6,5	1,2	2,0
Brutto-Anlageinvestitionen	2285	4841	6680	12,9	5,0	1,3	-
Lizenzgebühr-Einnahmen	9	27	73	22,1	14,3	5,3	-
Exporte von Güter und Nichtfaktor-Dienstleistungen	2081	4375	7430	15,8	8,7	4,2	-5,4

*) Multis = Multinationale Unternehmen. +) M&A = Mergers and Aquisitions.

Quelle: UNCTAD, World Investment Report 2002: Transnational Corporations and Export Competitiveness, Washington 2002, Chapter 1, S. 4.

Tabelle 7.8 Verteilung der Welt-FDI Zuflüsse, 1986-2001 (Prozentanteile)

Region	1986-1990	1991-1992	1993-1998	1999-2000	2001
Industriestaaten	82,4	66,5	61,2	80,0	68,4
Westeuropa	38,4	46,0	33,7	51,9	45,7
EU	36,2	45,3	32,1	50,2	43,9
Japan	0,2	1,2	0,3	0,8	0,8
USA	34,6	12,7	21,7	22,6	16,9
Entwicklungsländer	17,5	31,2	35,3	17,9	27,9
Afrika	1,8	2,2	1,8	0,8	2,3
Lateinamerika und Karibik	5,0	11,7	12,3	7,9	11,6
Asien und Pazifik/	10,6	17,4	21,2	9,2	13,9
Mittel- und Osteuropa	0,1	2,2	3,5	2,0	3,7
Zur Erinnerung:					
Am wenigsten entwickelte Entwicklungsländer	0,4	1,1	0,6	0,4	0,5

Quelle: UNCTAD, World Investment Report 2002: Transnational Corporations and Export Competitiveness, Washington 2002, Chapter 1, S. 4.

b) Firmen- und Industriecharakteristika:

1. Es gibt große Unterschiede zwischen den Industriezweigen, wie die Produktion und die Umsätze von Multis erfasst und bewertet werden.
2. Multis scheinen wichtig zu sein in Industriezweigen, die (a) einen hohen Anteil von F&E relativ zum Umsatz aufweisen, (b) die eine relativ zur Gesamtbeschäftigung eine große Zahl von gelernten Arbeitskräften (Technikern) haben, (c) die neue und/oder technisch komplexe Produkte herstellen, und (d) die einen hohen Grad an Produktdifferenzierung und Werbung aufweisen.
3. Multis sind Firmen, bei denen der Wert des intangiblen Vermögens (Marktwert weniger Wert der tangiblen Anlagegüter wie Betriebsstätten und Ausrüstung) relativ zum Gesamtmarktwert groß ist.
4. Es gibt einige wenige Hinweise, dass Skalenerträge auf Firmenebene (internal economies of scale) negativ korrelieren mit der Multinationalität der Firma.
5. Es gibt untere Schwellenwerte für die Größe von Multis, aber oberhalb dieser Schwelle ist die Größe der Firma nicht wichtig. Das Alter der Firma ist hoch korreliert mit der Multinationalität der Firma.

6. Es gibt viele Hinweise, dass FDI positiv korreliert mit dem Vorhandensein von Handelsbarrieren (Zölle, Quoten, Transportkosten bzw. allgemeine Transaktionskosten).

Philosophie der Markusen-Modelle und Ergebnisse

Der Hauptanspruch von *Markusen* (2002) ist es, alle Elemente der modernen Außenhandelstheorie („Neue Sicht" mit unvollständiger Konkurrenz; Neue ökonomische Geographie, Strategische Handelspolitik) mit der Theorie der (multinationalen) Firma so zu verknüpfen, dass man mit einer Theorie demonstrieren kann, wie technologische und Ländercharakteristika die Standortwahl einer Firma beeinflussen. Technologische Charakteristika sind die Firmengröße und der Grad an firmeninternen economies of scale. Ländercharakteristiken sind die Marktgröße der Welt (Inland plus Ausland), die Unterschiede der Marktgrößen, die Differenzen in den Grenzkosten und den Handelskosten. Beide Arten von Charakteristiken interagieren und bestimmen im Gleichgewicht die Zahl der Firmen und den Standort der Betriebsstätten.

Markusen (2002) demonstriert seine Modellphilosophie an Hand einer ganzen Reihe von unterschiedlichen Modelltypen, die aber alle der *Dunning*-Synthese des OLI-Paradigmas verpflichtet sind.

I. Partialanalytisches Modell: In einem einfachen partialanalytischen Modell (1 Gut, 1 Firma, 2 Länder) können die wesentlichen Regeln, die zur Standortentscheidung eines Multis demonstriert werden (siehe *Markusen*, 2002, Chapter 2). Die wesentlichen Entscheidungsparameter sind die Kosten (Grenzkosten der Produktion, betriebsstättenspezifische Kosten (G) und firmenspezifische Kosten (F) sowie die Transportkosten (t), die beim Export zwischen den Ländern anfallen. Die Größenverteilung und Ähnlichkeit der Länder beeinflusst die Standort- und *Firmentypenwahl.* Eine Ty-h-Firmenstruktur wird gewählt, wenn die beiden Länder gleich groß sind und wenn die Transportkosten t genügend groß sind und/oder G möglichst niedrig sind. Die Gewinne einer Typ-h-Firma werden jedoch von der Verteilung der Nachfrage auf die beiden Länder nicht beeinflusst. Die Gewinne einer Typ-d-Firma hingegen steigen, wenn der Marktanteil des Inlandes größer wird. Dagegen sinken die Gewinne einer Typ-v-Firma, wenn der Marktanteil des Inlandes größer wird. Dieses einfache Modell kann theoretisch die empirisch bekannten Fakten nachzeichnen, nämlich, dass Multis in zwei Ländern um so wahrscheinlicher agieren, je größer und ähnlicher (gleiche Größe) die beiden Länder sind. Wenn zwei Märkte von unterschiedlicher Größe sind, rentiert es sich nicht, kostspielige Produktionskapazitäten in einem kleinen Markt aufzubauen. Diesen partialanalytischen Ansatz variiert *Markusen* (2002, Chapters 3 und 4) dann, um - wie in der Strategischen Handelspolitik - Fälle internationaler Konkurrenz von Duopolen (z.B. Airbus versus Boeing) mit freiem oder weniger freiem Marktzugang als strategische Entscheidung zu erfassen.

II. Allgemeines Gleichgewichtsmodell: Das eigentliche Ziel von *Markusen* (2002, Chaptes 5 ff.) ist es jedoch, das Verhalten der Multis in die allgemeine Gleichgewichtstheorie des internationalen Handels zu integrieren. Dabei will man wissen, wie die Aktivitäten der Multis mit den Ländercharakteristika inklusive der Faktorwanderung in Zusammenhang stehen. Weiters will man verstehen, warum so wenig FDIs in den Entwicklungsländern getätigt werden, obwohl diese die niedrigsten Löhne aufweisen. Letztlich möchte man auch Aufschluss bekommen über die umgekehrte Kausalität, nämlich, wie Liberalisierung von Beschränkungen für FDI die Ländercharakteristika beeinflussen, also warum die Löhne von gelernten zu ungelernten Arbeitern in den Industrieländern sinken und wo die Arbeitskräfte emigrieren. In einem solchen Prototyp-Modell - ein Allgemeines Oligopol-Gleichgewichtsmodell für horizontale Multis[8] - (*Markusen*, 2002, S. 77 ff.; basierend auf *Markusen-Venables*, 1998) gibt es zwei Länder (i = Inland, Mutterland oder Exportland; j = Ausland, Gastland oder Importland) mit vier Firmen-Typen: a) nationale Firmen im Inland; b) nationale Firmen im Ausland; c) Multis mit dem Hauptquartier im Inland; d) Multis mit dem Hauptquartier im Ausland. Die Länder produzieren zwei homogene Güter Y und X. Y wird mit konstanten Skalenerträgen in einer Industrie mit vollständiger Konkurrenz erzeugt. Im Sektor X spielt sich die Aktion der Multis ab. Es gibt zwei Produktionsfaktoren (S = gelernte „skilled" Arbeit) und (L = ungelernte „unskilled" Arbeit). Es wird auf die Motive für horizontale multinationale Produktion abgestellt. Der Sektor X (Y) verwendet nur gelernte (ungelernte) Arbeit. Die Produktion im Sektor X erfolgt unter economies of scale mit konstanten Grenzkosten c sowie Transportkosten t, betriebsstättenspezifische Kosten G und firmenspezifische Kosten F. Im Sektor X gibt es eine duopolistische Preissetzung (Grenzkosten = Grenzertrag) und einem Cournot-markup auf die Grenzkosten. Das Modell ist wegen seiner vielen Un-

---

[8] Qualitativ ähnliche Ergebnisse erhält man, wenn man diese Theorie der horizontalen Multis mit monopolistischer Konkurrenz à la Dixit-Stiglitz modelliert (siehe *Markusen*, 2002, Chapter 6).

gleichheiten und Dimensionen nicht algebraisch lösbar[9]. Daher wird der Weg der numerischen Simulation beschritten. Deren Ergebnisse lassen sich wie folgt zusammenfassen (siehe *Markusen*, 2002, S. 85 ff.):

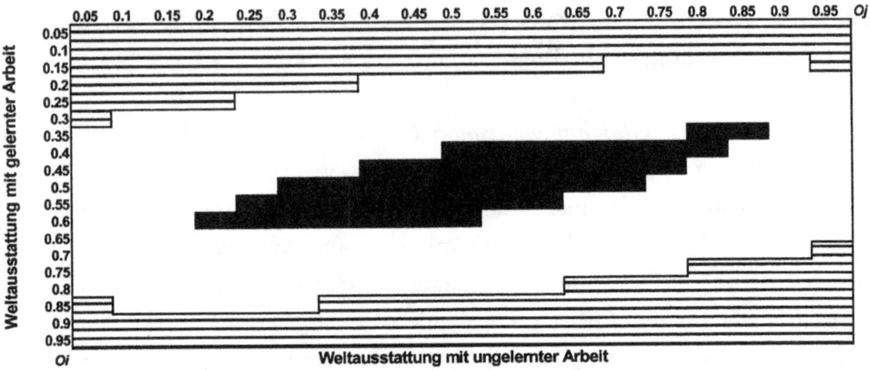

Abb. 7.7 Welt-Edgeworth Box für die Verteilung von Multis/FDI

■ = nur Multis | ☐ = gemischtes Regime | ----- = nur nationale Firmen

Quelle: *Markusen* (2002), S. 90.

Anhand von *Abbildung 7.7* kann man die Gleichgewichtslösung dieses Modells erläutern. Es handelt sich um eine Welt-Edgeworth Box, auf der senkrechten Achse die Weltausstattung mit gelernter Arbeit (*S*) und auf der horizontalen Achse jene der Weltausstattung mit ungelernter Arbeit (*L*) angegeben ist. Jeder Punkt in der Box entspricht der Aufteilung der Weltausstattung zwischen den beiden Ländern, wobei das Inland (*i*) von der südwestlichen Ecke (SW) und das Ausland (j) von der nordöstlichen Ecke (NO) aus gemessen wird. Entlang der SW-NO-Diagonale der Box haben die beiden Länder eine identische relative Ausstattung, unterschieden sich aber in der Größe, während sie entlang der NW-SO-Diagonale in der relativen Faktorausstattung differieren. In der Basislösung von *Abbildung 7.7* sind die Transportkosten t = 0,15 (als Anteil der Grenzkosten) angenommen. und das Verhältnis der Multi-Fixkosten zu den Kosten der nationalen Firma (Typ-d-Firma) sind 1,45, wenn die Löhne zwischen den Ländern gleich sind. Im Zentrum der Box gibt es eine Zone, wo alle Firmen im Gleichgewicht Typ-h-Firmen

---

[9] Eine Lösung dieses Problems ist möglich, wenn man ein Drei-Faktorenmodell spezifiziert. Siehe *Egger-Pfaffermayr* (2003) sowie *Breuss-Egger-Pfaffermayr* (2001, 2003) für eine empirische Anwendung, nämlich die Umverteilung von FDIs von den alten EU-Staaten zu den neuen Mitgliedern nach der EU-Erweiterung.

sind. An den Enden der Box sind Regionen, wo im Gleichgewicht nur nationale Firmen aktiv sind. Dazwischen gibt es Regionen, wo es eine Mischung von nationalen und Multis gibt. *Abbildung 7.7* illustriert qualitativ die Essenz der Aussage der *Markusen*-Theorie. Konvergenz der Länder entweder was ihre Größe anbelangt oder ihre relative Faktorausstattung (eine Bewegung ins Zentrum der Edgeworth Box) verschiebt das Regime der Firmen von nationalen zu multinationalen Firmen. Die ärmsten, kleinsten Länder erhalten keine FDIs - ganz wie die Empirie von *Tabelle 7.8* zeigt. Multis treten dort auf, wo es Ähnlichkeiten in der Ländergröße und ähnliche Faktorausstattung gibt. Multis können aber auch dominieren, wenn ein mäßig kleines Land relativ gut mit gelernten Arbeitskräften ausgestattet ist.

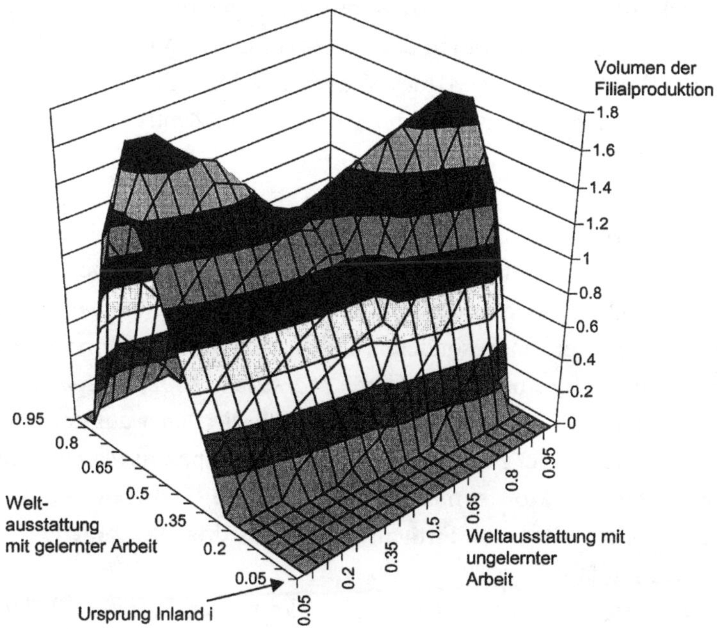

Abb. 7.8 Volumen der Produktion von Filialen der Multis im Ausland
Quelle: *Markusen* (2002), S. 91.

In *Abbildung 7.8* wird in einem 3-D-Diagramm demonstriert, wie das Volumen der Auslandsfilialproduktion des Sektors X von Multis von der Weltverteilung von gelernter und ungelernter Arbeit abhängt. Es handelt sich um dasselbe allgemeine Gleichgewichtsmodell wie zuvor (siehe *Markusen*, 2002, Chapter 5). Filialproduktion ist definiert als der Wert der Produktion der Typ-h_i Firmen im Ausland (*j*) and der Typ-h_j-Firmen im Inland (*i*). Die Filialproduktion ist groß, wenn die Länder relativ ähnlich in ihrer Größe sind. Die Simulation des Modells resultiert in einem „Doppel-Gipfel" (Kamelhöcker). Wenn die beiden Länder identisch sind (im Zentrum der Box), sind alle Firmen Typ-h-Firmen und jede Firma hat jeweils die Hälfte ihrer Produktion im anderen (Nicht-Hauptquartier) Land. Damit ist genau die Hälfte der Weltproduktion Filialproduktion. Wenn sich die Länder in der Größe etwas voneinander unterscheiden und das kleinere Land etwas reichlich mit gelernter Arbeit ausgestattet ist, dominieren immer noch Typ-h-Firmen den *X*-Sektor. Aber die meisten Firmen werden ihr Hauptquartier im Land mit der reichlichen Ausstattung mit gelernter Arbeit haben und mehr als die Hälfte ihrer Produktion in das andere (große) Land verlagern. Daher wird mehr als die Hälfte (ungefähr ¾) der Weltproduktion Filialproduktion sein. Filialproduktion ist daher zweigipflig und größer als im Zentrum der Box von *Abbildung 7.8*.

III. Knowledge-Kapital-Modell: In Erweiterung des bisherigen allgemeinen Gleichgewichtsmodells, das im wesentlichen das Entstehen horizontaler Multis endogen erklärte, wird in dem „Wissenskapital-Modell" eine reichere Struktur der Multis zugelassen. Insbesondere werden auch vertikale Firmen, die ihre Produktion fragmentieren, behandelt (siehe *Markusen*, 2002, Chapters 7 und 8). Dieses Modell knüpft an das vorangegangene an, basiert aber auf der Idee, dass es einen Wissensbestand oder Fixkosten gibt, die firmenspezifische economies of scale erzeugen. Der X-Sektor ist nun komplizierter und lässt gleichzeitig horizontale und vertikale Aktivitäten der Firmen zu. Es gibt drei wesentliche Annahme für das „Wissenskapital-Modell":

(a) *Fragmentierung:* Der Standort der wissensbasierten Anlagen können von der Produktion getrennt (fragmentiert) sein. Die zusätzlichen Kosten für die Bereitstellung von Wissensdiensten für eine ausländische Betriebsstätte relativ zu den Kosten einer einzelnen inländischen Betriebsstätte sind klein.

(b) *Skill-labour-Intensität:* Wissensbasierte Anlagen sind skill-labour-intensiv relativ (d.h. verwenden viel gelernte Arbeit) zur Endproduktion.

(c) *Gemeinsamkeit:* Die Wissensdienste sind teilweise „öffentliche" Inputs in die multiple Produktionsmöglichkeiten. Die zusätzlichen Kosten einer zweiten

Betriebsstätte sind klein relativ zu den Kosten der Errichtung einer Firma mit einer lokalen Betriebsstätte.

Die ersten beiden Eigenschaften, Fragmentierung und Skilled-labour-Intensität motivieren Typ-v-Multis, die ihre Einzelfirmen und Hauptquartiere in unterschiedlichen Ländern in Abhängigkeit von Faktorpreisen (Lohnkosten) und Marktgrößen errichten. Die dritte Eigenschaft, Gemeinsamkeit, führt zur Entstehung von Typ-h-Multis, die Endprodukte in Betriebsstätten in mehreren Ländern erzeugen. Gemeinsamkeit war die Haupteigenschaft der bisherigen Modelle der horizontalen Multis.

Als Ergebnis dieses komplexeren Modells ergibt sich durch Simulationen wieder eine Welt-Edgeworth Box (wie in *Abbildung 7.7*), aber nunmehr zusätzlich zu den drei Firmenergebnissen (Multis, gemischte Firmentypen – Typ-h-Firmen und nationale Firmen) auch noch vertikale Firmen (siehe *Markusen*, 2002, S. 143). Die Firmentypen werden völlig modellendogen erklärt.

IV. Diskriminierung zwischen alternativen Modellen für Multis – Empirische Ergebnisse: Eine wesentliche Unterscheidung in der Theorie der Multis ist jene nach „vertikalen" und „horizontalen" Firmen. *Vertikalen Multis* sind Firmen, die ihre Produktion geografisch fragmentieren in verschiedene Stufen, basierend auf Faktorintenstitäten, wobei skilled-labour-intensive Aktivitäten in Länder mit reichlicher Ausstattung gelernter (skilled) Arbeitskräfte verlagern. Frühe Arbeiten im Rahmen allgemeiner Gleichgewichtsmodelle à la Heckscher-Ohlin waren jene von *Helpman* (1984) und *Helpman-Krugman* (1985). *Horizontale Multis* sind Firmen mit mehreren Betriebsstätten, die mehr oder weniger dieselbe Produktion an verschiedenen Standorten (im In- und Ausland) reproduzieren. Allgemeine Gleichgewichtsmodelle für horizontale Firmen wurden erstmals von *Markusen* (1984), *Horstmann-Markusen* (1987, 1992) sowie *Markusen-Venables* (1998, 2000) konstruiert. In den achtziger und neunziger Jahren des vorigen Jahrhunderts wurden diese beiden Modelltypen ziemlich getrennt behandelt. Mit dem „Knowled-Kapital-Modell" versucht *Markusen* (2002, Chapter 12)) eine Synthese und einen Ansatz für empirische Tests im Vergleich zu alternativen Modellansätzen.

Die theoretischen Erwartungen der alternativen Modelle für Multis sind in *Tabelle 7.9* zusammengefasst:

KK-Modell: (a) Im Knowledge-Kapital-Modell können sowohl Typ-h-Firmen als auch Typ-v-Firmen existieren. (b) Multis sind wichtig, wenn die Länder eine ähnliche Größe und Faktorausstattung haben und wenn die Handelskosten mäßig bis hoch sind (Typ-h-Multis). (c) Multis sind wichtig, wenn sich die Länder in der relativen Faktorausstattung unterscheiden, besonders wenn das skilled-labour-intensive Land klein ist.

HOR-Modell: (a) In der restringierten horizontalen Version des Knowledge-Kapital-Modells können nur Typ-h-Firmen existieren. (b) Multis sind wichtig, wenn die Länder eine ähnliche Größe und relative Faktorausstattung aufweisen und die Handelskosten mäßig bis hoch sind.

VER-Modell: (a) In der restringierten vertikalen Version des Knowledge-Kapital-Modells können nur Typ-v-Firmen existieren. (b) Multis sind wichtig, wenn sich die Länder in ihrer relativen Faktorausstattung unterscheiden. (c) Multis entstehen nicht im Falle identischer Länder.

Tabelle 7.9 Theoretische Erwartungen für drei Alternativmodelle (i = Inland bzw. Mutterland, j = Ausland bzw. Gastland)

Variable	KK-Modell*)	HOR-Modell*)	VER-Modell*)
SUMGDP	+	+	0
GDPDIFSQ	–	–	0
*D2*SKDGDPD*	–	0	–
*D2*SKDSUMG*	–	–	+
*D1*SKDSUMG*	–	–	–
DISTANCE	?	?	?
INVCJ	–	–	–
TCJ	+	+	+
TCI	–	–	–

SUMGDP	$= GDP_i + GDP_j$
GDPDIFF	$= GDP_i - GDP_j$
GDPDIFSQ	$= (GDP_i - GDP_j)^2$
SKDGDPD	$= SDDIFF*GDPDIFF = (SK_i - SK_j)*GDPDIFF$
SKDSUMG	$= SDDIFF*SUMGDP = (SK_i - SK_j)*SUMGDP$
D1	$= -1$ *wenn* $SKDIFF = SK_i - SK_j < 0$
	$= 0$ *wenn* $SKDIFF = SK_i - SK_j > 0$
D2	$= 1$ *wenn* $SKDIFF = SK_i - SK_j > 0$
	$= 0$ *wenn* $SKDIFF = SK_i - SK_j < 0$

Die abhängige Variable, die durch die aufgeführten Variablen erklärt wird, ist jeweils die Produktion im Gastland *j* durch Filialen von Multis des Mutterlandes *i*.
*) KK-Modell = Knowledge-Kapital-Modell; HOR-Modell = restringierte horizontale Version; VER-Modell = vertikal restringierte Version; *GDP* = Brutto-Inlandsprodukt, real; *SK* = Anteil an Skill-Intensensität eines Landes; *SKDIFF* = SK_i - SK_j; *DISTANCE* = Entfernung zwischen beiden Ländern (Transportkosten); *INVCJ* = Index der Investitionskosten bzw. Barrieren in Land *j* (FDI-Hemmnisse); *TCI* (*TCJ*) = Index der Handelskosten bzw. Handelsbarrieren für den Export nach Land *i* (bzw. *j*).
D1 (*D2*) - Dummy-Variablen - sind nicht Null, wenn das Gastland (Mutterland) reichlich mit gelernten Arbeitskräften ausgestattet ist (bzw. wenn sie skill-intensiv sind).
Quelle: *Markusen* (2002), S. 274.

Mit diesen alternativen Modellen der Multis sollten die Auslandsaktivitäten (die Produktion im Gastland *j* durch Filialen der Multis des Mutterlandes *i* erklärt werden. Die beiden ersten Variablen in *Tabelle 7.9* sollen das U-förmige Muster aus den theoretischen Simulationen des Modells abbilden. *SUMGDP* sollte ein positives, *GDPDIFSQ* sollte ein negatives Vorzeichen für die Modelle KK und HOR haben und Null für das VER-Modell sein, da wirtschaftliche Größe und Größenunterschieden in diesem Modell keine Rolle spielen. Die Dummy-Variablen *D1* und *D2* geben an, ob das Mutterland relativ reichlich mit gelernter Arbeit ausgestattet ist. Die kombinierte Variablen *D2*SKDGDPD* und *D2*SKDSUMG* sollten die Interaktionen zwischen skilled-labour Reichlichkeit des Mutterlandes und den Unterschieden in der Ländergröße (Kleinheit des Gastlandes) bzw. der gemeinsamen Ländergröße (Welt) abbilden. Im ersten Fall sollten sie ein negatives Vorzeichen im KK- und VER-Modell haben und Nulls ein im HOR-Modell. Im zweiten Fall sollten sie negativ in den Modellen KK und HOR und positiv im VER-Modell sein. Je größer die Welt, um so mehr vertikale Multis kann es geben. Die kombinierte Varible *D1*SKDSUMG* sollte in allen drei Modellen ein negatives Vorzeichen haben. Hinaus-FDI sollte kleiner (eigentlich Null) sein, wenn das Mutterland eine Knappheit an gelernten Arbeitskräften hat. Bezüglich der Entfernung zwischen den Ländern (*DISTANCE*) macht die Theorie keine klaren Aussagen bezüglich des erwarteten Vorzeichens, da eine größere Entfernung die Kosten sowohl für den Handel erhöht als auch für FDIs. Höhere Investitionskosten *INVCJ* im Gastland (*j*) führen in allen drei Modelltypen zu einem Rückgang der Auslandsaktivitäten. Die Handelskosten *TCJ* im Gastland wirken positiv auf die Auslandsaktivitäten der Multis des Mutterlandes, das Handelsbarrieren zu vermehrten Herein-FDI führen. Höhere Handelskosten im Mutterland *TCI* wirken sich negativ auf die Auslandsaktivitäten der Multis aus, da sie die Kosten der

Rückexporte vom Ausland ins Inland erhöhen. Allerdings sollten diese Kosten im Falle von horizontalen Hinaus-FDI nicht wichtig sein.

Markusen (2002, S. 275 ff.) testet die drei Modelle mit Daten für US-amerikanische Multis mittels verschiedener ökonometrischer Ansätze. Die *Hauptergebnisse* lassen sich wie folgt zusammenfassen: Die Schätzungen unterstützen die KK- und HOR-Modelle, deren Koeffizienten haben das richtige Vorzeichen. Sie sind aber kaum voneinander zu unterscheiden. Sie beschreiben die Realität der weltweiten Aktivitäten von Multis wesentlich besser als die VER-Modelle. Diese Ergebnisse stützen die empirischen Fakten über FDIs und Multis. FDIs sind wichtig zwischen Ländern von ähnlicher Größe und relativer Faktorausstattung, sie spielen sich also hauptsächlich zwischen Industrieländern ab. Das VER-Modell sollte als Charakterisierung der aggregierten Aktivität von Multis nicht ernst genommen werden. Der Vergleich zwischen dem unrestringierten KK-Modell und dem restringierten HOR-Modell ist nicht sehr eindeutig.

V. Die theoretische Modellierung von „Internalisierung": Der Anspruch *Markusen's* (2002), das OLI-Paradigma von *Dunning* (1981) vollständig theoretisch zu erklären, blieb bisher nur auf die beiden ersten Buchstaben (O – ownership; L = location) beschränkt. Das I (Internalisierung) bezieht sich auf Motive oder Gründe, warum ein Multi seinen Ownership-Vorteil firmenintern selbst und zwar im Ausland in Filialen via FDI ausnützen will, an statt durch ein Lizenzabkommen das firmeninterne Wissen aus der Hand zu geben. Die Motive für Internalisierung dürften dieselben Ursachen haben wie jene für den Ownership-Vorteil. Die Modellierung von Internalisierung erfordert aber sehr unterschiedliche ökonomische Faktoren und daher verschieden analytische Werkzeuge. Ökonomische Faktoren, die zum Risiko der Streuung von Anlagen führen, beinhalten moral hazard, asymmetrische Informationen und unvollständige und nicht durchsetzbare Verträge. *Markusen* (2002, Chapters 13-15) stellt Modelle vor, mit denen man Internalisierung modellieren kann. Es geht um die Entscheidung von FDI versus Lizenzierung unter unvollkommenen Informationszuständen und um die Reputation von Multis sowie um Fragen, wie sie in Principal-Agent-Modellen behandelt werden.

Anhang 7.1 Das spezifische Faktorenmodell

Das spezifische Faktorenmodell in der heutigen Form wurde von *Paul Samuelson* (1971) und *Ronald Jones* (1971) wiederbelebt[10]. Es ist eine Variante des Ricardo-Modells und wurde vor dem *Heckscher-Ohlin*-Modell als Standardmodell des Außenhandels von vielen - u.a. auch von *Jacob Viner* - benützt. Daher wird es auch als *Ricardo-Viner-Modell* bezeichnet (siehe z.B. von *Dixit-Norman*, 1980, 1982, S. 45 ff.). Das spezifische Faktorenmodell wurde von *Mayer* (1974), *Mussa* (1974) und *Neary* (1978) mit dem Heckscher-Ohlin-Modell verschmolzen, wobei *Mussa* (1974) einen graphischen Ansatz entwickelte, um die wichtigsten Ergebnisse dieses Modells zu demonstrieren. Es nimmt eine Zwischenstellung zwischen dem Ricardo-Modell (mit einem Produktionsfaktor) und dem Heckscher-Ohlin-Modell (mit zwei Produktionsfaktoren) ein. Wie im Ricardo-Modell wird angenommen, dass in einer Volkswirtschaft zwei Güter hergestellt werden und dass der Faktor Arbeit zwischen beiden Sektoren wandern kann. Neben dem *mobilen Faktor Arbeit* gibt es auch noch *spezifische Faktoren*, die nur zur Herstellung spezieller Produkte verwendet werden können[11].

Modellannahmen: Eine Volkswirtschaft produziert zwei Güter: Maschinen und Nahrungsmittel. Es gibt drei Produktionsfaktoren: Arbeit (*L*), Kapital (*K*) und Boden (*T* für Terra). Es ist ein 2-Güter, 2-Faktoren-Modell (für ein, zwei oder mehrer Länder). *Arbeit* ist der *mobile Faktor*, der in beiden Sektoren einsetzbar ist. *Kapital* und *Boden* sind *spezifische Faktoren*, die nur entweder in der Maschinenindustrie (Kapital) oder in der Nahrungsmittelproduktion (Boden) einsetzbar sind.

Die Produktionsfunktion für das Industriegüter lautet:

$$Q_M = f(K, L_M) \tag{A 7.1}$$

Die Produktionsfunktion für Nahrungsmittel lautet:

$$Q_N = g(T, L_N) \tag{A 7.2}$$

Für die Volkswirtschaft insgesamt lautet das gesamte Arbeitsangebot:

---

[10] Die Kurzdarstellung dieses Modells basiert auf *Krugman-Obstfeld* (2003), Chapter 3.

[11] In der Praxis sind die Grenzen der Einsetzbarkeit von Produktionsfaktoren fließend. Ein drastisches Beispiel für die teilweise Gültigkeit des spezifischen Faktorenmodells offenbarte der Zusammenbruch des Kommunismus im Jahr 1989 und der folgende Zwang, vormals rüstungsrelevante Produktionszweige auf zivile Produktion umzustellen („Schwerter zu Pflugscharen" oder Panzerproduktion auf Traktorproduktion). Je besser es den Volkswirtschaften in Ost und West gelang, diese Transformation zu bewältigen, umso höher viel die „Friedensdividende" aus.

$$L = L_M + L_N \qquad \text{(A 7.3)}$$

Produktionsmöglichkeiten: Da das spezifische Faktorenmodell annimmt, dass jeder der spezifischen Faktoren (Kapital und Boden) nur in jeweils einem Sektor (Maschinenindustrie bzw. Nahrungsmittel) verwendbar ist, ist es einfach, die *Produktionsmöglichkeiten* der Volkswirtschaft zu bestimmen. Man muss sich nur fragen, wie sich die Zusammensetzung des Outputs in der Volkswirtschaft ändert, wenn der Faktor Arbeit von einem zum anderen Produktionssektor wandert.

In beiden Produktionssektoren wird mit *abnehmenden Grenzerträgen* erzeugt, d.h. bei gegebenen Mengen an spezifischen Faktoren führt eine Ausweitung des Arbeitseinsatzes jeweils zu abnehmenden Grenzerträgen (siehe *Abb. A 7.1*).

Im allgemeinen Gleichgewicht (d.h. im Zusammenspiel von Arbeitsmarkt und Gütermarkt) kann das spezifische Faktorenmodell ähnlich dargestellt werden wie das Ricardo-Modell (siehe *Abb. 2.4*). Im Unterschied zum Ricardo-Modell sind die Produktionsfunktionen in den Quadranten I und III nicht mehr linear, sondern (wie in *Abb. A 7.2* demonstriert) mit abnehmenden Grenzerträgen dargestellt. In Verbindung mit der Beschränkung des Arbeitsmarktes (siehe *Gleichung* A 7.3) erhält man eine nichtlineare (konkave) Produktionsmöglichkeitenkurve (ähnlich wie im Heckscher-Ohlin-Modell) für die beiden Güter Maschinen und Nahrungs-mittel (siehe die komplette Darstellung in *Krugman-Obstfeld*, 2003, S. 43).

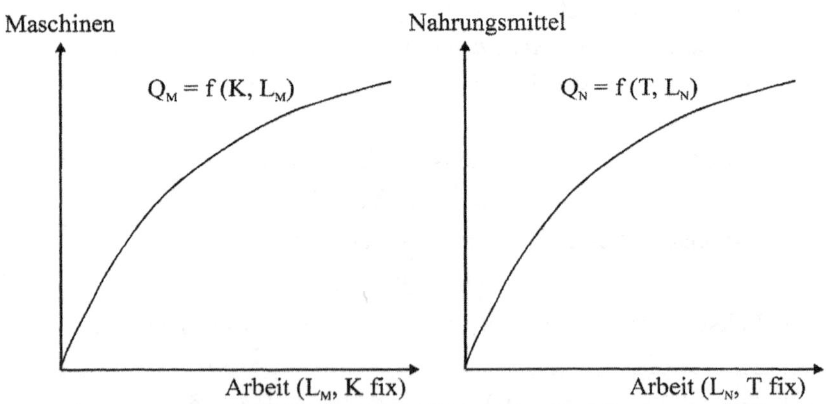

Abb. A 7.1 Produktionsfunktionen in den Sektoren Maschinenindustrie und Nahrungsmittel im spezifischen Faktorenmodell

Die beiden Produktionsfunktionen weisen abnehmende Grenzerträge bezüglich des Faktoreinsatzes Arbeit auf. Wird mehr Arbeit eingesetzt, so steigt die Produktion. Aber auf Grund der abnehmenden Grenzerträge steigt die Produktion bei jeder zusätzlichen Einheit Arbeit um weniger als die vorangegangene. Das Grenzprodukt der Arbeit (*MPL*)

nimmt mit zunehmendem Arbeitseinsatz in beiden Sektoren ab:
$\partial Q_M / \partial L_M = MPL_M \prec 0$ und $\partial Q_N / \partial L_N = MPL_N \prec 0$.
Quelle: *Krugman-Obstfeld* (2003), S. 41.

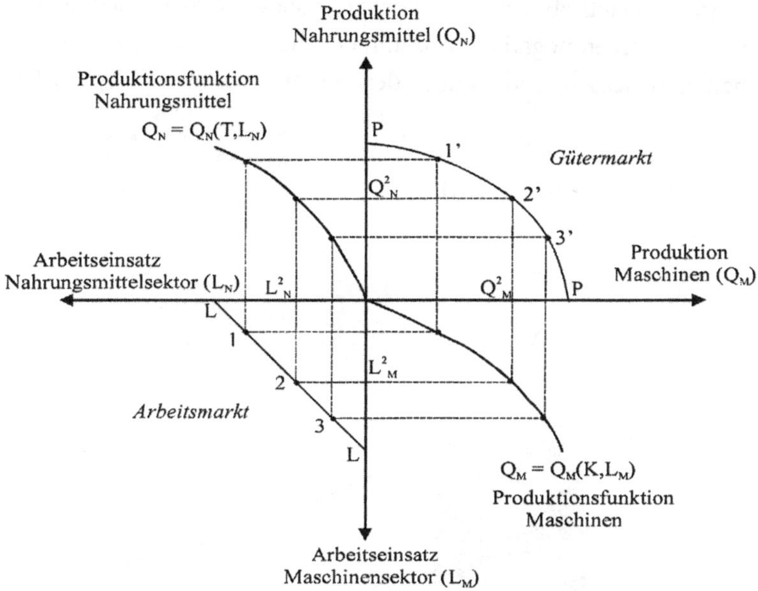

Abb. A 7.2 Spezifisches Faktorenmodell – Gesamtmodell in Autarkie

Die Produktion von Maschinen und Nahrungsmittel wird ermöglicht durch eine Verteilung des Arbeitseinsatzes. Im linken unteren Quadranten ist der Arbeitsmarkt dargestellt. Die Linie LL gibt – entsprechend der *Gleichung (A 7.3)* - die Allokation der Arbeit auf die beiden Sektoren an. Sie repräsentiert alle Kombinationen der Verteilung des Arbeitseinsatzes auf die Sektoren Maschinen und Nahrungsmittel, die in Summe das gesamte Arbeitsangebot L ergibt. Jedem Punkt auf der LL-Linie (z.B. der Punkt 2) ist ein Arbeitseinsatz für die Maschinenproduktion (L_M^2) und der Arbeitseinsatz für die Nahrungsmittelproduktion (L_N^2) zugeordnet. Die Kurven in den Quadranten unten-rechts und oben-links repräsentieren die Produktionsfunktionen für Maschinen und Nahrungsmittel. Diese bestimmen für einen bestimmten Arbeitseinsatz (und die jeweils sektorspezifischen Faktoren) die Produktionen für Maschinen (Q_M^2) und Nahrungsmittel (Q_N^2) bzw. bei anderen Arbeitseinsätzen (in den Punkten 1 und 3) die Produktionen (in den Punkten 1' und 3'). Daraus ergibt sich im oberen rechten Quadranten (auf den Gütermarkt) die Produktionsmöglichkeitenkurve (PP). Wegen der unterstellten abnehmenden Grenzerträge der Produktionsfunktionen weist die PP-Kurve eine konkave Form auf.
Quelle: *Krugman-Obstfeld* (2003), S. 43.

Preise, Löhne und Arbeitsallokation: Uns interessiert in der Folge im wesentlichen der Aspekt der Einkommensverteilung bzw. die Auswirkungen von Wanderungen des Faktors Arbeit auf dessen Faktorpreis, die Löhne. Da das spezifische Faktorenmodell abnehmende Grenzerträge für Arbeit unterstellt, gibt es in beiden Sektoren einen negativen Zusammenhang zwischen dem Einsatz des Faktors Arbeit und dessen Entlohnung, dem Grenzprodukt der Arbeit (siehe *Abb. A.7.3*).

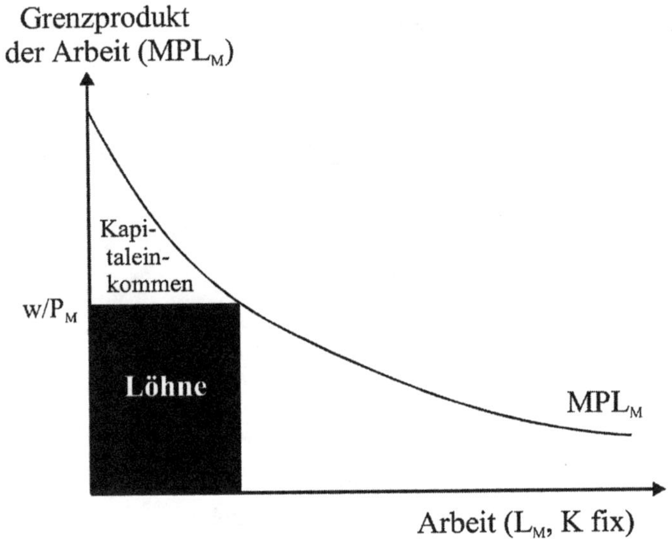

Abb. A 7.3 Die Verteilung des Einkommens im Sektor Maschinenindustrie
Das Arbeitseinkommen (die Löhne) im Sektor Maschinenindustrie sind gleich dem Reallohnsatz (w/P_M) mal der Zahl der Beschäftigten (L_M). Der Rest des (realen) Volkseinkommens entfällt auf die Kapitaleinkommen. Analoges gilt für den Sektor Nahrungsmittel. Hier verteilt sich das Volkseinkommen auf die Beschäftigten (Löhne) und auf die Bodenbesitzer (Renten).
Quelle: *Krugman-Obstfeld* (2003), S. 65.

Betrachtet man die gesamte Volkswirtschaft (beide Sektoren), so kann man die Auswirkungen der Wanderung (Allokation) des Produktionsfaktors Arbeit zwischen den beiden Sektoren studieren (siehe *Abb. A.7.4*). Wie viel Arbeit in beiden Sektoren beschäftigt ist, hängt vom Angebot und der Nachfrage am Arbeitsmarkt ab. Die Nachfrage nach Arbeit hängt in jedem Sektor vom Preis des Produktes und dem Lohnsatz ab. Der Lohnsatz hängt wiederum von der kombinierten Nachfrage nach Arbeit in beiden Sektoren ab. Gebeben die Preise für Maschinen und Nahrungsmittel kann man zusammen mit dem Lohnsatz die Beschäftigung und die Produktion in jedem Sektor bestimmen.

Die gewinnmaximierenden Unternehmer fragen Arbeit solange nach, bis der Wert des Produktes, das ein zusätzlicher Beschäftigter erarbeitet (das Wertgrenzprodukt der Arbeit – z.B. im Maschinensektor $MPL_M\, P_M$) gleich ist den Kosten, diesen zu beschäftigen (entspricht dem Lohnsatz w). D.h. Arbeitskräfte werden solange eingestellt, bis das Wertgrenzprodukt gleich ist dem Lohnsatz:

Da die Arbeitskräfte frei zwischen den Sektoren wandern können (volle Mobilität der Arbeit), gleichen sich die Löhne aus, d.h. sie sind gleich. Im Gleichgewicht muss daher gelten:

$$MPL_M\, P_M = w = MPL_N\, P_{N.} \qquad \text{(A 7.4)}$$

Der Lohnsatz (w) wird wiederum durch das Gleichgewicht am Arbeitsmarkt bestimmt, d.h. dass die gesamte Arbeitsnachfrage (Gesamtbeschäftigung) gleich ist dem Arbeitsangebot (siehe *Gleichung* A 7.3). Diese beiden Bedingungen können in einer *Abbildung* (A.7.4) zusammengefasst werden.

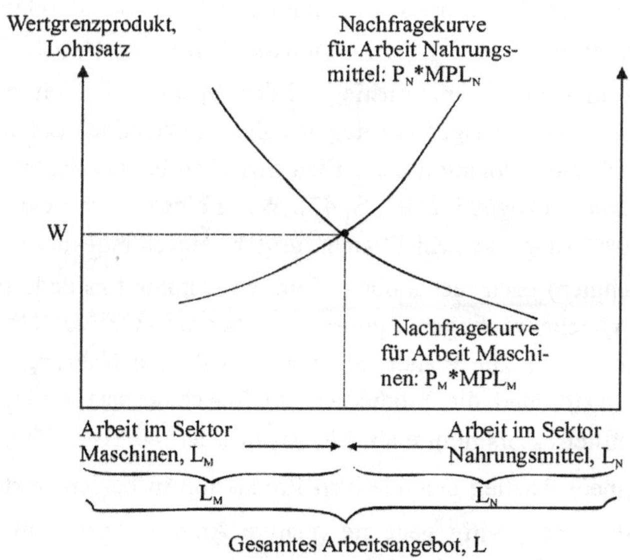

Abb. A 7.4 Die Allokation der Arbeit zwischen den Sektoren Maschinen und Nahrungsmittel

Die Arbeit wandert solange zwischen den Sektoren „Maschinen“ und „Nahrungsmittel“, bis ihre Wertgrenzprodukte der Arbeit in beiden Sektoren gleich sind. Im Gleichgewicht (Schnittpunkt der beiden Nachfrage kurven nach Arbeit in den beiden Sektoren) ist der Lohnsatz gleich dem Wertgrenzprodukt der Arbeit. Auf der horizontalen Achse ist das gesamt Arbeitsangebot in der Volkswirtschaft eingezeichnet. Die Nachfragekurve nach Arbeit im Maschinensektor verläuft von links oben nach rechts unten, jene nach Arbeit im Nahrungsmittelsektor von rechts oben nach links unten
Quelle: *Krugman-Obstfeld* (2003), S. 45.

Aus *Gleichung* (A 7.4) kann man die nützliche Beziehung zwischen relativen Preisen und Produktion ableiten, die sich aus der Allokation der Arbeit zwischen beiden Sektoren ergibt. Wenn man *Gleichung* (A 7.4) anders anschreibt, erhält man:

$$-\frac{MPL_N}{MPL_M} = -\frac{P_M}{P_N}. \qquad \text{(A 7.5)}$$

Die linke Seite von *Gleichung* (A 7.5) entspricht der Steigung der Produktionsmöglichkeitenkurve im optimalen Produktionspunkt. Die rechte Seite ist der negativ dargestellte relative Preis von Maschinen zu Nahrungsmittel. D.h. die relativen Güterpreise werden in Autarkie bestimmt (ähnlich wie im Ricardo-Modell) durch die relativen Faktorpreise (hier nur der Arbeit, also der relativen Lohnsätze).

Wenn beide Preise (P_M, P_N) um denselben Prozentsatz (z.B. um 10%) steigen, führt dies zu einem Anstieg beider Nachfragekurven nach Arbeit und ebenfalls zu einem 10%igen Anstieg des gleichgewichtigen Lohnsatzes (w), ohne dass dadurch die Allokation der Arbeit zwischen beiden Sektoren geändert wird (siehe *Krugman-Obstfeld*, 2003, S. 47). Wenn hingegen nur ein Preis (z.B. steige P_M um 10%) steigt, verschiebt sich die Arbeitsnachfragekurve in diesem Sektor (hier Maschinen) nach rechts oben. Zum einen kommt es dadurch zu einem Anstieg des gleichgewichtigen Lohnsatzes, aber um weniger als um 10%. Zum anderen kommt es zur Wanderung von Arbeit vom Nahrungsmittelsektor zum Maschinensektor und die Produktion im Maschinensektor nimmt zu, jene des Nahrungsmittelsektors nimmt ab. Ein Anstieg der relativen Güterpreise (P_M / P_N) führt zu einem Anstieg der relativen Produktion in beiden Sektoren (Q_M / Q_N), d.h. es gibt eine positiv geneigte relative Angebotskurve am Gütermarkt. Im Gleichgewicht müssen sich relative Angebotskurve mit relativer Nachfragekurve (hier hängen die relativen Preise negativ von der relativen Nachfrage beider Güter ab) schneiden (siehe *Krugman-Obstfeld*, 2003, S. 50).

Relative Preise und Einkommensverteilung: Da wir die Ergebnisse des spezifischen Faktorenmodells für die Analyse von Arbeitsmigration zwischen Ländern verwenden wollen, ist eine kurze Bemerkung zu den Effekten der Einkommensverteilung angebracht (siehe *Krugman-Obstfeld*, 2003, S. 49-50). Da das Modell drei Produktionsfaktoren hat: Arbeit, Kapital und Boden gibt es drei Gruppen von Einkommensbeziehern: Arbeiter, Kapitalbesitzer (Unternehmer) und Bodeneigner. Nach dem Anstieg des Preises für Maschinen (P_M) ist zwar auch der Lohnsatz (w) gestiegen, aber um weniger als jener der Güterpreise. Daher ist der Reallohn, gemessen an den Maschinenpreisen (w/P_M) gesunken, während der Reallohn, gemessen an den Nahrungsmittelpreisen (w/P_N) gestiegen ist. Daraus kann man noch nicht ableiten, ob die *Arbeiter* gewonnen oder verloren haben. Es hängt von der Nachfragestruktur der Arbeiter ab, also ob sie mehr Maschinen oder Nahrungsmittel konsumieren. Die *Kapitaleigner* sind jedoch in jedem Fall besser gestellt. Der Reallohn, gemessen in Maschinenpreisen ist gefallen, so dass die Gewinne der Kapitaleigner, gemessen an den Preisen jener Produkte, die sie erzeugen, steigen. Ihr Realeinkommen (Realgewinne) steigt mehr als der Anstieg von P_M ausmacht. Da der Maschinenpreis P_M relativ zum Nahrungsmittelpreis P_N gestiegen ist, sind die Realeinkommen der Kapitaleigner, auch gemessen an den Preisen beider Produkte gestiegen. Die *Bodenbesitzer* sind dagegen schlechter gestellt. Sie verlieren aus zwei Gründen: der Reallohn, gemessen an den Nahrungsmittelpreisen steigt, was ihre Einkommen beschränkt und der Anstieg der Maschinenpreise reduziert ihre generelle Kaufkraft.

Internationaler Handel im spezifischen Faktorenmodell: Wiederum wird eine Welt mit zwei Ländern (Handelsblöcken) unterstellt, z.B. die EU und die USA. Damit Handel zwischen beiden Ländern stattfinden kann, muss es Unterschiede in den relativen Preisen von Maschinen geben. Diese Unterschiede können entweder dadurch zustande kommen, weil sie (a) eine unterschiedliche relative Nachfrage aufweisen, oder (b) weil ihr relatives Angebot unterschiedlich ist. Nimmt man an, dass die relative Nachfrage in beiden Ländern gleich ist, kann man sich auf die angebotsseitigen Gründe für Handel konzentrieren (siehe *Krugman-Obstfeld*, 2003, S. 50 ff.).

Als Gründe für unterschiedliche relative Angebote kann man anführen: (a) wie im Ricardo-Modell könnte die Technik (Arbeitsproduktivität) unterschiedlich sein; oder (b) wenn es mehrere Produktionsfaktoren gibt (hier im spezifischen Faktorenmodell gibt es drei Faktoren), kann es wie im Hechscher-Ohlin-Modell Unterschiede in der Faktorausstattung („Faktorreichlichkeit") geben.

Ein Land mit relativ mehr Kapital als Arbeit (z.B. die EU), wird relativ mehr Maschinen erzeugen. Ein Land, das reichlich mit Boden ausgestattet ist (z.B. die USA), wird relativ mehr Nahrungsmittel produzieren. Nehmen wir an, die EU erhöht ihren Kapitalstock. Dies würde die Arbeitsproduktivität (das Grenzprodukt der Arbeit) im Sektor Maschinen steigern. Damit steigt die Nachfrage nach Arbeit im Maschinensektor und ihre Kurve verschiebt sich nach rechts oben (Argumentation anhand von *Abb. 7.9*). Dadurch steigt der Lohnsatz und mehr Arbeitskräfte strömen vom Nahrungsmittel- zum Maschinensektor. Die Produktion im Sektor Maschinen steigt aus zwei Gründen: Im Maschinensektor gibt es jetzt mehr Arbeitskräfte mit einem größeren Kapitalstock. Die Produktion von Nahrungsmittel geht zurück weil Arbeitskräfte fehlen. Daher steigt der relative Maschinenproduktion zu jedem beliebig gegebenen relativen Preis. D.h. ein Anstieg der Kapitaleinsatzes führt zu einer Verschiebung der relativen Angebotskurve (Maschinen zu Nahrungsmittel) nach rechts. Analoges geschieht, wenn die Bodennutzung in einem Land zunimmt – z.B. in den USA. Dann steigt die Nahrungsmittelproduktion relativ zu jener von Maschinen und die relative Angebotskurve (Maschinen zu Nahrungsmittel) verschiebt sich nach links.

Ein Anstieg des Faktor Arbeit hat nicht ganz eindeutige Aussagen zur Folge. Wenn man jedoch unterstellt, dass die EU und die USA ein gleich großes Arbeitsangebot aufweisen, sich aber in der Ausstattung mit Kapital und Boden wie oben besprochen unterschieden, würde die relative Angebotskurve für die USA oberhalb jener der EU liegen mit – bei für beide Länder gleicher relativer Nachfragekurve – unterschiedlichen relativen Güterpreisen (P_M / P_N ist in den USA größer als in der EU). Die dadurch bestimmten komparativen Vorteile führen dazu, dass die EU im Handel mit den USA Maschinen exportiert und Nahrungsmittel importiert, während die USA im Handel mit der EU Nahrungsmittel exportiert und Maschinen importiert. Im Handelsgleichgewicht (die Exporte des einen Landes sind die Importe des anderen) kommt es zur Angleichung der relativen Güterpreise zu einem einheitliche relativen Preis im integrierten Weltgleichgewicht. Das führt auch zu der weiter oben beschriebenen Auswirkung auf die Verteilung der Einkommen auf die drei Faktorenbesitzer: Arbeiter, Kapitaleigner und Bodenbesitzer.

Wenn der Freihandel dazu führt, dass die Konsumenten in beiden Ländern mehr konsumieren können als in Autarkie, gibt es für beide Länder *Gewinne aus dem Außenhandel* (ähnlich wie im Ricardo- und Heckscher-Ohlin-Modell). Generell gilt: Außenhandel begünstigt den Faktor, der spezifisch für den Exportsektor jedes Landes ist (in unserem Beispiel Kapital in der EU und Boden in den USA) und benachteiligt den spezifischen Faktor des importkonkurrierenden Sektors, wobei das Ergebnis für den mobilen Faktor (Arbeit) unentschieden ist (siehe *Krugman-Obstfeld*, 2003, S. 55).

Anhang 7.2 Neue ökonomische Geographie

Seit Anfang der neunziger Jahre ist ein neues Gebiet der Außenhandelstheorie entstanden, das als „Neue ökonomische Geographie" (New Economic Geography) – im folgenden mit NEG abgekürzt - bezeichnet wird. Pionier auf diesem Gebiet ist Paul Krugman (1991). Er hat mit seinem einfachen Modell (das weiter unter dargestellt wird) jedoch mehr die Theorie als die empirische Forschung stimuliert. Das Studium der räumlichen Wirtschaft (Standorttheorie) hat eine lange und alte (deutsche) Tradition. Von Thünen (1826) analysierte den Einfluss der Bodenrenten und die Bodennutzen in konzentrischen Kreisen um eine Stadt („Thünensche Kreise") gleichzeitig als David Ricardo die Außenhandelstheorie der komparativen Vorteile formulierte. Andere Ideen zum räumlichen (regionalen) ökonomischen Denken stammen von Weber (1909), Christaller (1933) und Lösch (1940). Eine Synthese und Vereinheitlichung der räumlichen Theorie stammt von Isard (1956) und von Henderson (1974).

Die Grundüberlegungen der NEG lassen sich wie folgt zusammenfassen (siehe *Tabelle A.7.2.1*). Es geht um einen ewigen Kampf zwischen zentripetalen und zentrifugalen Kräften (siehe *Krugman*, 1998, S. 8 ff.).

Tabelle A 7.2.1 Kräfte der geographischen Konzentration

Zentripetale Kräfte	Zentrifugale Kräfte
Marktgrößeneffekt (linkages)	*Immobile Faktoren*
Dichte Arbeitsmärkte	Bodenrenten
Reine externe (positive) Effekte	Reine externe (negative) Effekte

Quelle: *Krugman* (1998), S. 8.

Zentripetale Kräfte: Die zentripetalen Kräfte sind die drei klassischen Quellen für externe Effekte nach Alfred Marshall. Ein großer lokaler Markt schafft sowohl *„backward linkages"* – Plätze mit einem guten Zugang zu einem großen Markt sind bevorzugte Plätze für die Produktion von Gütern, die mit economies of scale erzeugt werden können – als auch für *„forward linkages"* – ein großer lokaler Markt trägt die lokale Produktion von Zwischenprodukten, die zu Kosteneinsparungen auch für Hersteller von Folgeprodukten werden. Eine industrielle Konzentration führt auch zu einem starken („dichten") Arbeitsmarkt, besonders für Spezialisten, sodass die Unternehmer leichter Beschäftigte finden und vice versa. Eine lokale Konzentration ökonomischer Aktivitäten schafft mehr oder weniger reine externe (positive) Effekte (external economies) durch Informations-spillovers (in den Worten *Alfred Marshalls*: „The mysteries of the trade become no mystery, but are, as it were, in the air"; zitiert nach *Krugman*, 1998, S. 8).

Zentrifugale Kräfte: Im Gegensatz zu den zentripetalen Kräften sind diese nicht so üblich. Immobile Faktoren – auf jeden Fall Boden und natürliche Ressourcen und im internationalen Maßstab die Beschäftigten – schwächen die Kräfte der Konzentration der Produktion ab, sowohl seitens des Angebots (ein bestimmtes Ausmaß an Produktion muss stattfinden, wo die Arbeitskräfte sind) und seitens der Nachfrage (verstreute Produktionsfaktoren schaffen einen zersplitterten Markt und ein Teil der Produktion wird gezwungen ein, sich nahe den Konsumenten anzusiedeln). Konzentration ökonomischer Aktivität schafft eine steigende Nachfrage nach lokalen Böden, was die Bodenrenten in die Höhe treibt und einen dämpfenden Einfluss auf weitere Konzentration ausübt. Weiters können Konzentrationen von wirtschaftlichen Aktivitäten mehr oder weniger reine externe (negative) Effekte (external diseconomies) – wie z.B. Staus, Umweltverschmutzung etc. – hervorrufen. London ist ein Beispiel für die Konzentration finanzieller Dienstleistungen auf einem engen Raum. Warum? Es gibt viele Spezialisten und viel Tradition. Allerdings wirken hohe Mieten und Verkehrsprobleme einer vollständigen Konzentration aller Finanzdienstleistungen in London entgegen.

Die große Leistung *Krugman*'s (1991) war es, im Sinne von *Niklas Luhmann* die Komplexität der verschiedenen Kräfte auf ganz wenige zu reduzieren und daraus ein einfaches Modell zu bauen. Die Grundzüge der NEG können daher wie folgt zusammengefasst werden (siehe *Krugman*, 1998, S. 9): Die NEG wählt jeweils die wichtigsten Bestimmungsgründe für beide Kräfte aus, also aus *Tabelle A.7.2.1* jeweils die ersten Punkte: von den zentripetalen Kräften die linkages

(Marktgrößeneffekte) und von den zentrifugalen Kräften die immobilen Produktionsfaktoren. Das Herzstück der NEG ist die Modellierung der Marktgrößeneffekte - wie diese linkages generiert (hier spielen, weil Distanzen überwunden werden müssen, Transportkosten[12] eine Rolle) - , die letztlich zur Konzentration wirtschaftlicher Aktivitäten führt und entgegengesetzter Kräfte wie die immobilen Produktionsfaktoren, die einer Konzentration entgegenwirken.

Es gibt im Wesentlichen zwei Unterschiede zwischen der „alten" und der „neuen" ökonomischen Geographie (siehe *Krugman*, 1998, S. 9-10). (1) Zum einen modelliert die NEG das Problem der Standortwahl mit vollständigen *allgemeinen Gleichgewichtsmodellen*, in denen die räumliche Struktur (Standortwahl) aus allgemeinen Marktprozessen (invisible hand) entsteht. Dagegen ist die „alte" ökonomische Geographie größtenteils eine partialanalytische Theorie. Weber (1909) untersuchte das Problem der Standortwahl an Hand eines individuellen Produzenten, der nicht nur den Standort, sondern auch die Preise als exogen gegeben annahm. (2) Zum anderen scheinen die wichtigsten traditionellen Standorttheoretiker (z.B. *Christaller*, 1933, *Lösch*, 1940) das Problem der Standortbestimmung als ein Plan- und nicht als ein Marktproblem aufzufassen. Oder zumindest gelingt es ihnen nicht zu erklären, wie die räumlichen Strukturen, die sie beschreiben, durch Aktionen von selbstgeleiteten (wohlfahrtsmaximierenden) Individuen geschaffen werden und wie sie Bestand haben können.

Modellierung: Obwohl es bereits Vorarbeiten von Geographen gegeben hat (wie z.B. von *Harris*, 1954 und von *Pred*, 1966) hat sich die NEG erst relativ spät in der ökonomischen Theorie etabliert. *Krugman* (1998, S. 10) erklärt dies aus technischen Gründen. Die Modellierung von unvollständiger Konkurrenz hat sich in der Ökonomie in vier Wellen durchgesetzt: Zuerst hat die *„Neue Industrieorganisationstheorie -IO"* das (unvollständige) Werkzeug für die Analyse unvollständiger Konkurrenz geliefert. Es folgte die *„Neue Sicht der Außenhandelstheorie"*, dann die *„Neue Wachstumstheorie des Außenhandels"*. Als letztes verwendet die NEG eine Klasse von (einfachen) Modellen, die das Entstehen der räumlichen Struktur der Produktion aus einem Zusammenspiel von unvollständiger Konkurrenz und steigenden Skalenerträgen erklärt.

---

[12] *Obstfeld-Rogoff* (2000) gehen sogar soweit, sechs Haupträtsel der Außenhandelstheorie mittels eines einzigen Faktors, nämlich den Handelskosten zu lösen. Insbesondere die starke Präferenz für Inlandsgüter (das „home-bias-in-trade puzzle") wird mit der Einführung von Handelskosten erklärbar.

Die Ingredienzien der NEG lassen sich mit dem Slogan zusammenfassen: *"Dixit-Stiglitz*, Icebergs, Evolution and Computer" (siehe *Krugman*, 1998, S. 10 und *Fujita-Krugman-Venables*, 1998). (1) Das *Dixit-Stiglitz-Modell der monopolistischen Konkurrenz* wurde in *Anhang 6.1* (Kapitel 6) behandelt. (2) Das *Iceberg-Modell* geht auf *Samuelson* (1954) zurück und behandelt Transportkosten in internationalen Handelsmodellen auf elegante Art. Es wird unterstellt, dass ein Teil jedes Gutes, das international transportiert wird, durch den Transport einfach „wegschmilzt". Dadurch sind die Transportkosten im Preis des transportierten Gut selbst enthalten. (3) Unter Evolution versteht man in der NEG, dass oft multiple Gleichgewichte auftreten können. Üblicherweise nehmen einfache NEG-Modelle einen Ad-hoc-Anpassungsprozess an, wodurch die Produktionsfaktoren graduell in Standorte wandern, die höhere aktuelle realen Renten ermöglichen. Allerdings arbeiten neuere (kompliziertere) dynamische NEG-Modelle mit spieltheoretischen Überlegungen, in denen die Standorte und nicht ihre Produktions- oder Preisstrategie gewählt werden (evolutionäre Spieltheorie mit Zukunftserwartungen bezüglich Gewinnen). (4) Computer bedeutet, dass selbst die einfachsten NEG-Modelle üblicherweise zu kompliziert sind, um analytisch lösbar zu sein. Daher werden numerische Lösungen meist mit Computersimulationen erzielt.

Das Core-Peripherie Prototyp-Modell von Krugman[13]***:***

Allgemeine Annahmen: Es wird ein Land mit zwei Regionen (Standorten) angenommen (Osten und Westen). Es gibt zwei Produktionssektoren (Landwirtschaft und Industrie). Die Produzenten erzeugen zwei Arten von Gütern, Nahrungsmittel und Maschinen. Nahrungsmittel sind ein homogenes Gut, die mit konstanten Skalenerträgen und vollständiger Konkurrenz erzeugt werden. Der Industriesektor erzeugt unter Ausnützung von economies of scale eine Vielzahl von differenzierten Produkten (Maschinen). Die Marktstruktur in diesem Sektor ist gekennzeichnet durch monopolistische Konkurrenz (á la Dixit-Stiglitz).

Konsumenten: Alle haben denselben Geschmack. Die Wohlfahrt (Nutzen) wird durch eine Cobb-Douglas-Funktion zweier Güter (Nahrungsmittel und Maschinen) abgebildet:

$$U = C_M^{\pi} C_N^{(1-\pi)}, \qquad \text{(A 7.6)}$$

[13] Siehe *Krugman* (1991), Appendix A.

wobei π der Anteil der Konsumausgaben für Maschinen ist. Das Aggregat „Maschinen“ ist dargestellt als eine CES-Funktion des Konsums individueller Güter der Maschinenindustrie (unterschiedliche Qualitäten à la Dixit-Stiglitz):

$$C_M = \left[\sum c_i^{\frac{(\sigma-1)}{\sigma}} \right]^{\frac{\sigma}{(\sigma-1)}}, \qquad \text{(A 7.7)}$$

wobei σ die Substitutionselastizität der Nachfrage nach den individuellen Maschinenqualitäten i ist.

Produktionsfaktoren: Es gibt zwei Faktoren, wobei jeder „spezifisch“ für einen bestimmten Sektor ist (siehe das spezifische Faktorenmodell in *Anhang 7.1*). Die „Bauern“ produzieren landwirtschaftliche Produkte (Nahrungsmittel), die „Arbeiter“ erzeugen Maschinen. Die Bauern können nicht Arbeiter werden und umgekehrt. Es soll $1-\pi$ Bauern und π Arbeiter gegeben. Durch diese Notation werden die Löhne der Bauern und der Arbeiter im Gleichgewicht gleich. Die geographische Verteilung der Bauern wird als fix angenommen. Es gibt also $(1-\pi)/2$ Bauern in beiden Standorten. Arbeiter wandern zu jenem Standort, der ihnen die höheren Reallöhne bietet.

Die Bauern produzieren Nahrungsmittel mit konstanten Skalenerträgen. Die econonomies of scale in der Maschinenerzeugung nehmen die Form einer linearen Kostenfunktion an, in der ein fixer Kostenanteil an Arbeit in diesem Sektor eingesetzt wird, um individuelle Maschinenqualitäten zu erzeugen:

$$L_{Mi} = \alpha + \beta\, x_{Mi}. \qquad \text{(A 7.8)}$$

Transportkosten: Der Transport zwischen den beiden Regionen (Ost und West) verursacht Transportkosten. Diese nehmen die Form der Samuelson'schen „Iceberg“-Kosten an. Nur ein Teil der Güter, die auf die Reise gehen, kommen an. $\tau < 1$ sei der Anteil einer transportierten Maschine, der tatsächlich am Bestimmungsort ankommt. Der Transport von Nahrungsmittel soll kostenlos sein.

Preisstrategie und Konkurrenz: Es herrsche monopolistische Konkurrenz im Sektor Industrie (Maschinenerzeugung). Die Produzenten jeder Maschine sehen sich einer Nachfrage mit Elastizität σ gegenüber. Der gewinnmaximierende Preis ist daher ein konstanter Aufschlag (mark-up) auf die Grenzkosten:

$$p_i = \frac{\sigma}{\sigma - 1} \beta\, w, \qquad \text{(A 7.9)}$$

wobei w der Lohnsatz in der Maschinenindustrie ist.

Bei freiem Marktzugang werden die Gewinne auf Null gedrückt. Die Null-Gewinnbedingung lautet:

$$(p-\beta\,w)\,x=\alpha\,w. \tag{A 7.10}$$

Wenn die Gewinne Null sind, sind die Preise gleich den Durchschnittskosten. Das heißt, dass das Verhältnis von Durchschnitts- zu Grenzkosten – was ein Maß für economies of scale ist – einfach $\sigma/(\sigma-1)$ ist. Damit sind die Gleichgewichts e-conomies of scale nur eine Funktion von σ, sodass σ - obwohl er eher ein Parameter für den Geschmack als für die Technologie ist – als eine Art inverser Index für die Wichtigkeit von steigenden Skalenerträgen ist.

Die Null-Gewinn- und die Preisbedingung zusammen implizieren, dass die Produktion der repräsentativen Maschinenfirma gegeben ist durch:

$$x=\frac{\alpha(\sigma-1)}{\beta}. \tag{A 7.11}$$

In einer Region mit einem lokalen Arbeitsangebot von L_M Arbeitern wird in dieser Region n Stück Maschinen erzeugen:

$$n=\frac{L_M}{\alpha+\beta x}=\frac{L_M}{\alpha\sigma}. \tag{A 7.12}$$

Stabilität des Core-Peripherie Produktionsmustes? Es gibt zwei „zentripetale" Kräfte, die die Maschinenproduktion im Zentrum (Core) halten wollen und eine „zentrifugale" Kraft, die weg vom Zentrum drängt. Die Konzentration auf das Zentrum bewirkt (1) der Wunsch der Firmen, sich am großen Markt anzusiedeln und (2) der Wunsch der Arbeiter, Zugang zu den Produkten zu haben, die andere Arbeiter erzeugen („backward" und „forward" linkages, beschrieben von *Hirschman*, 1958). Dagegen haben die Firmen auch den Wunsch, sich in der Peripherie anzusiedeln, wo es den Markt für Nahrungsmittel gibt (zentrifugale Kraft).

Die Lohnsätze der Arbeiter und Bauern sollen gleich sein. D.h. ein Anteil π wird für Maschinen (inklusive jener, die durch den Transport „weggeschmolzen" sind) ausgegeben und, da die Gewinne Null sind, entsprechen die dafür aufgewendeten Einkommen auch den Löhnen der Arbeiterdazuführen. Gleichzeitig ist π der Anteil der Arbeiter an der Bevölkerung. Durch diese Wahl der Notation sind die Lohnsätze notwendigerweise gleich.

Wie vergleicht man die Einkommen beider Regionen? Die Region Ost hat die Hälfte der Bauern, die einen Anteil von $(1-\pi)/2$ des Gesamteinkommens beziehen plus das Einkommen aller Arbeiter, die einen Anteil von π erhalten. Wenn das Gesamteinkommen Eins ist, dann ist das Einkommen der Region Ost:

$$Y^E = \frac{1+\pi}{2}. \qquad \text{(A 7.13)}$$

Die Region West hat nur die immobilen Bauern, die einen Einkommensanteil von $(1-\pi)/2$ beziehen. Damit ist das Einkommen der Region West:

$$Y^W = \frac{1-\pi}{2}. \qquad \text{(A 7.14)}$$

In dieser Situation, wo die gesamte Maschinenindustrie im Osten konzentriert ist, ist längerfristig haltbar, wenn es für jede Firma unprofitabel ist, in den Westen zu gehen. Wann ist es aber für eine Firma profitabel, die Maschinenproduktion in den West zu verlagern?

Es soll n die (große) Zahl der Firmen sein, die gegenwärtig im Osten produziert. Die Verkäufe einer jeden dieser Firmen ist dann:

$$s^E = \frac{\pi}{n}. \qquad \text{(A 7.15)}$$

Wenn eine Firma ihre Produktion im Westen beginnen will, braucht sie Arbeiter. Sie muss also höhere Löhne (als Firmen im Osten) zahlen, um Arbeiter anzulocken. Zur Erinnerung: Nur ein Anteil τ der Güter, die vom Osten importiert werden, kommt im Westen an. Der Preis der Maschinen im Westen ist daher $1/\tau$ mal dem Preis im Osten. Der gesamte Preisindex, der ein geometrisches Mittel von Maschinen und Nahrungsmitteln ist, ist daher $\tau^{-\pi}$ mal so hoch. Damit Arbeiter im Westen keinen Reallohnverlust erleiden, muss auch der Nominallohn $\tau^{-\pi}$ mal so hoch sein wie im Osten.

Da der Preis einer Firma einem fixen mark-up auf seine Grenzkosten entspricht, die wiederum proportional zu den Löhnen sind, so wird der Preis einer neuen Firma im Westen jenen einer etablierten Firma im Osten wie folgt übersteigen.

$$p^W = p^E \tau^{-\pi}. \qquad \text{(A 7.16)}$$

Die Preise für die Konsumenten können von jenen der Firmen wegen der Transportkosten abweichen. Für einen Konsumenten im Osten ist der relative Preis von Gütern aus dem Westen um den Anteil $1/\tau$ höher als jener von *Gleichung A 7.16*, also $p^W / p^E \tau$. Für einen Konsumenten im Westen verursacht der Import von Gütern aus dem Osten Transportkosten. Daher ist sein relativer Preis $p^W \tau / p^E$.

Der Wert der Verkäufe einer Firma, die in den Westen abwandert (unter Berücksichtigung der Einkommen im Osten und im Westen):

$$s^W = \frac{\pi}{n}\left[\frac{1+\pi}{2}\left(\frac{p^W}{p^E\tau}\right)^{-(\sigma-1)} + \frac{1-\pi}{2}\left(\frac{p^W\tau}{p^E}\right)^{-(\sigma-1)}\right]. \qquad \text{(A 7.17)}$$

Setzt man diese Verkäufe in Beziehung zu jenen einer etablierten Firma im Osten (dividiere *Gleichung A 7.17* durch Gleichung *A 7.15*), so erhält man:

$$\frac{s^W}{s^E} = \frac{1+\pi}{2}\tau^{(1+\pi)(\sigma-1)} + \frac{1-\pi}{2}\tau^{-(1-\pi)(\sigma-1)}. \qquad \text{(A 7.18)}$$

Die Firmen schlagen einen konstanten mark-up auf ihre Grenzkosten auf. D.h. sie machen einen Gewinn, der einem konstanten Anteil der Verkäufe entspricht. Auf den ersten Blick scheint es profitable zu sein, in den Westen abzuwandern, solange $s^W / s^E \succ 1$. Aber dies ist nicht ganz richtig, weil die Fixkosten, die durch die Gewinne gedeckt werden müssen auch von den Arbeitskosten abhängen. Daher sind die Arbeitskosten einer Firma, die nach dem Westen abwandert auch um den Faktor $\tau^{-\pi}$ höher. Es ist also nur profitabel in den Westen abzuwandern, wenn

$$\frac{s^W}{s^E} \succ \tau^{-\pi}. \qquad \text{(A 7.19)}$$

Damit kann man eine neue Variable Kappa definieren: $\kappa = \tau^{-\pi} s^W / s^E$, also:

$$\kappa = \frac{\tau^{\pi\sigma}}{2}\left[(1+\pi)\tau^{\sigma-1} + (1-\pi)\tau^{-(\sigma-1)}\right] \qquad \text{(A 7.20)}$$

Wenn $\kappa > 1$ ist es profitable eine Maschinenproduktion in der Region West zu beginnen. Nur wenn $\kappa < 1$ komm es zu einem stabilen Core-Peripherie-Gleichgewicht.

Wie man aus *Gleichung (A 7.20)* sieht, ist κ ein Index der von drei Modellparametern abhängt:

(a) von π, dem Anteil der Maschinen in den Ausgaben;

(b) von τ, dem inversen Maß der Transportkosten (wenn τ klein (groß) ist, sind die Transportkosten hoch (niedrig));

(c) von σ, der Substitutionselastizität der Nachfrage nach den verschiedenen Maschinenqualitäten, die eine inverse Beziehung zu den economies of scale (EOS) aufweist ($\sigma /(\sigma - 1)$ ist ein Maß für EOS).

Modellgleichgewicht und Stabilität des Core-Peripherie-Musters: Das Modell kennt mehrere Zusammenhänge zwischen diesen drei Parametern (siehe *Krugman*, 1991, S. 109-113):

(1) Der Zusammenhang von π und κ ist negativ: $\partial\kappa / \partial\pi < 0$. D.h., ein Anstieg im Anteil der Maschinen am Gesamteinkommen macht ein Core-Peripherie-Muster der Spezialisierung wahrscheinlicher. Dafür gibt es zwei Gründe. Zum einen ist es die Lohnprämie, die bezahlt werden muss, damit die Arbeiter nach Westen ziehen, was zu forward-linkages führt. Zum anderen die relative Größe des Marktes im Zentrum (core), was zu verstärkten backward-linkages beiträgt.

(2) Der Zusammenhang von Transportkosten τ und κ ist nicht eindeutig: $\partial\kappa / \partial\tau >=< 0$. Allerdings wird die Ableitung von κ nach τ immer positiv für Werte von τ nahe bei Eins.

Aus diesen Zusammenhängen ergibt sich folgende Funktion von κ in Abhängigkeit von τ (siehe *Abbildung A 7.5*) : κ ist größer als Eins für kleine Werte von τ (d.h. für hohe Transportkosten). Der Wert fällt unter Eins für einige kritische Werte der Transportkosten und kehrt wieder zurück zu Eins. Nur bei den höheren Werten von τ (also bei relativ niedrigen Transportkosten) wird eine Core-Peripherie-Muster der Spezialisierung stabil. Insgesamt ergibt sich daraus ein U-förmiger Kurvenverlauf. Dieses NEG-Modell ist in der Lage, modellendogen zu erklären, warum es im Zentrum zur Konzentration der Maschinenproduktion kommt (Industrie im core – hier die Region Ost) und in den Randgebieten zur Nahrungsmittelproduktion (Landwirtschaft in der Peripherie – hier die Region West). Dieses Standortverteilungsmuster hängt von der Kombination großer economies of scale, niedrigen Transportkosten und einem großen Anteil an Maschinen an den gesamten Ausgaben ab.

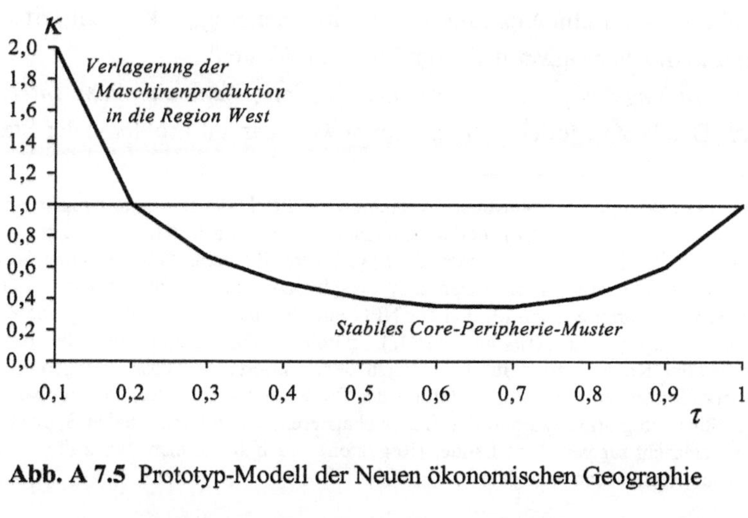

Abb. A 7.5 Prototyp-Modell der Neuen ökonomischen Geographie

Als Ergebnis des NEG-Modells von *Krugman* (1991, S. 111) erhält man einen U-förmigen Verlauf der Standortverteilung der Maschinenproduktion in Abhängigkeit der Transportkosten. Dieses Spezialisierungsmuster ergibt sich für folgende Parameterwerte: $\pi = 0{,}6$ (Anteil der Ausgaben für Maschinen), $\sigma = 5$ (Substitutionselastizität zwischen den verschiedenen Maschinenqualitäten – steht invers in Beziehung zum Maß für economies of scale). κ ist das Verhältnis der Produktion in der Region West zu jener in der Region Ost. Für hohe Werte von τ (d.h. wenn die Transportkosten niedrig sind) bildet sich ein stabiles Core-Peripherie-Muster heraus. D.h. In der Region Ost (core) ist die Maschinenproduktion konzentriert und in der Region West die Nahrungsmittelproduktion (Peripherie).

Das NEG-Modell weist die Eigenschaft auf, dass es für kritische Parameterwerte zu abrupten Änderungen (Bifurkationen) und multiplen Gleichgewichten kommen kann (siehe *Krugman*, 1998, S. 11 ff.). In dem oben beschriebenen Modell kann es sogar zu fünf Gleichgewichten kommen: Bei hohen Transportkosten (niedrigen Werten von τ) gibt es eine gleichmäßige Verteilung der Produktion von Maschinen zwischen beiden Regionen (wenn $\kappa = 1$). Dies ist ein lokal stabiles Gleichgewicht. Wenn die Transportkosten langsam sinken kann ein Punkt erreicht werden, wo es zu kumulativen Prozessen kommt, im Zuge dessen die Konzentration der Maschinenproduktion in einer Region zu einer immer weiteren Konzentration in dieser Region kommt. Dies führt zu zwei instabilen Gleichgewichten, wobei ein wenig Maschinen in einer Region und mehr in der anderen Region produziert werden. Danach entwickelt sich die Volkswirtschaft spontan in ein Core-Peripherie-Muster. Dieser Prozess endet in zwei stabilen Gleichgewichten, wobei die Maschinenproduktion nur in einer Region konzentriert ist (hier Im Osten) und die Nahrungsmittelproduktion im Westen[14].

Anwendungsbeispiele - von der Regionalökonomie zum internationalen Handel: Das NEG-Modell ist nicht nur anwendbar auf Probleme der Standortwahl

---

[14] *Davis* (1998) stellt die Robustheit des Heimmarkt-Effekts (z.B. starke Konzentration der Produktion im Zentrum – core), der in einfachen Modellen à la Krugman auftritt, in Frage. Er zeigt, dass die Einführung gleicher Transportkosten für beide Güter in einer Zwei-Sektoren-Welt alle Agglomerationstendenzen zum Verschwinden bringt. *Forslid-Wooton* (1999) führen komparative Vorteile in ein Modell der NEG ein. Sie finden ein klares Gegenbeispiel zur zentralen Aussagen von *Krugman* (1991), nämlich, dass Handelsliberalisierung zu mehr industrieller Konzentration führt. Dagegen demonstrieren sie, dass geringere Handels- bzw. Transportkosten zu einer Zersplitterung der Produktion führt. Wenn es komparative Vorteile gibt, führt Integration (Abbau der Handelsbarrieren) zur internationalen Spezialisierung. Die gute Nachricht für periphere Länder (Regionen): Auch sie können - trotz der Attraktivität des Zentrums - Industrien ansiedeln.

zwischen Regionen (Städten) innerhalb eines Landes, sondern auch für die Entwicklung eines neuen Stils von Außenhandelsmodellen (siehe *Fujita-Krugman-Venables,* 1999). *Krugman-Venables* (1995), *Martin-Ottaviano* (1995), *Venables* (1996), *Baldwin-Forslid* (1996), *Puga-Venables* (1997) sowie *Krugman-Venables* (1997) haben erstmals solche Modelle entwickelt. *Krugman-Venables* (1995) erklären mit einem NEG-Modell die ungleiche Entwicklung der Weltwirtschaft im Zuge der Globalisierung. Der zunehmende Rückgang der Transportkosten auf Grund immer besserer Transporttechnik führte zunächst zu einer spontanen Differenzierung der Welt in eine Hochlohnindustrie im Zentrum (core) und in eine Niedriglohn-Agrarwirtschaft in der Peripherie (Entwicklungsländer). Später, als im Zuge der Globalisierung auch in der Peripherie eine Industrialisierung einsetzte, kam es zur Konvergenz der Löhne. *Martin-Ottaviano* (1995) modellieren mit dem NEG-Modelltyp ein „Multi-Speed Europe". Mit der Osterweiterung der EU, aber auch mit der Schaffung der Wirtschafts- und Währungsunion werde die Wirtschaftsentwicklung in Europa von einem „Multi-Speed"-Prozess geprägt sein („ins" versus „pre-ins"). Es gibt ein Kerneuropa, das mit der Integration zügig voranschreitet und Nachzügler, die nur allmählich die volle Integration mitmachen. *Baldwin-Forslid* (1996) verknüpfen Erkenntnisse der endogenen Wachstumstheorie mit jenen der NEG: Länder mit größeren Märkten investieren mehr, was zu einer weiteren Vergrößerung dieser Märkte führt. Auch *Martin-Ottaviano* (1999) versuchten ebenfalls eine Einbettung der NEG in die endogene Wachstumstheorie. Einen Literaturüberblick über die NEG findet man in *Ottaviano-Puga* (1997). *Venables-Limao* (2001) untersuchen die Bedeutung der Handelskosten für die Außenhandelstheorie. Sie verknüpfen Handelskosten mit einem einfachen Faktorproportionenmodell à la Heckscher-Ohlin und finden folgendes: Faktorausstattung und Faktorintensität können – wenn man Transport- bzw. Handelskosten zulässt – alleine nicht mehr das genaue Muster des Handels determinieren. Handelskosten sind dafür verantwortlich, dass die Realeinkommen in der Peripherieregionen niedrig sind, was wiederum zur Ansiedlung von Produktionssektoren führen kann, die daraus komparative Vorteile lukrieren können. Die Bedeutung der NEG für die EU-Regionalpolitik beleuchten *Puga* (2001) und *Tondl* (2001). Gerade *Puga* (2001) versucht mittels der Erkenntnisse der NEG zu verstehen, warum trotz massiver Ausgaben der EU für Strukturförderungen mit dem Ziel der Beseitigung bzw. Verringerung regionaler Ungleichheiten, sich diese regionalen Ungleichheiten in der EU in den letzten zwei Jahrzehnten kaum wesentlich geändert haben. Selbst der Ausbau der Infrastruktur (Trans-Europäische Netze – TEN) muss nicht unbedingt zur Konvergenz beitragen. Die dadurch verringerten Transportkosten mögen zwar die Verbindungen zwischen dem Zentrum und der Peripherie erleichtern, führen aber auch dazu, dass das Zentrum als Hauptknoten für Transportleistungen gestärkt wird.

Starke Theorie – schwache Empirie:
Ähnlich wie in anderen Bereichen der modernen Außenhandelstheorie (Neue Sicht, Neue Wachstumstheorie des Außenhandels), sind auch die empirischen Tests der NEG bisher eher enttäuschend ausgefallen (siehe *Krugman,* 1998, S. 15). Mit ganz wenigen Ausnahmen (z.B. *Ades-Glaser*, 1995; *Davis-Weinstein*, 1995, 1996, 1998, 1999) gibt es kaum direkte Tests der NEG und ihrer Hauptaussagen. Im Folgenden werden einige empirische Tests verschiedenster Aspekte der NEG besprochen (einen umfassenden Literaturüberblick über die Empirie der NEG findet man in *Overman, Redding-Venables* (2001).

Greenaway-Torstensson (1998) testen mit einem Regressionsansatz den Einfluss von Faktorausstattung und Geographie auf den Anteil des intra-industriellen Handels (vertikaler und horizontaler IIT) sowie die Produktqualität. Die „Qualität" der Exporte der OECD nach Schweden (aus Datenmangel wird nur ein Land untersucht; 169 Industriezweige) wird gemessen als Funktion von Heckscher-Ohlin-Variablen (Humakapital, physisches Kapital) und NEG-Variablen (heimische Marktgröße). Humakapital und Marktgröße spielen eine immer größere Rolle, der Einfluss von physischem Kapital ist nicht signifikant. Die EU-Dummy ist negativ! Sie finden keinen Hinweis, dass die Konzentration in den Industriezweigen zugenommen hat.

Haaland-Kind-Midelfart-Knarvik-Torstensson (1999) untersuchen ökonometrisch für 13 EU-Staaten und 35 Industriezweige den Zusammenhang von Industriekonzentration und mehreren Variablen: Arbeitsintensität, Humankapitalintensität, Technologiedifferenzen, Marktgrößeneffekt (Ausgabenkonzentration), Intra-industrie-Input-Output linkages, nicht-tarifarische Handelshemmnisse, Handelskosten, Skaleneffekte. Die wichtigste Variable, die die ökonomische Geographie (den Standort) in der EU bestimmt, ist das heimische Ausgabenniveau (also eine Nachfragegröße). Es gibt auch Hinweise, dass eine kumulative Verursachung insofern auftritt, als die absolute Konzentration der Produktion and der Ausgaben sich gegenseitig beeinflussen.

Aiginger (2000, S. 187) untersucht die Mitgliedstaaten der EU hinsichtlich ihrer Konzentration in der Industrieproduktion und schließt, dass die Schaffung des Binnenmarktes nicht das Zentrum (core = Belgien, Dänemark, Deutschland, Frankreich, Niederlande) auf Kosten der Peripherie (Rest-EU-15-Staaten) gestärkt hat. Der Anteil der Industrieproduktion ist in der Peripherie stabil geblieben und qualitative Indikatoren deuten darauf hin, dass sich ihre Lage verbessert hat. Ein klares U-Kurven-Muster der industriellen Konzentration kann er nicht ausmachen.

Midelfart-Knarvik-Overman-Venables (2000)[15] schätzen ökonometrisch ein Modell für die Standortwahl der Industrien in der EU über die Periode 1980-1997 mit sektoralen Daten für 33 Industriezweige. In dem Modell werden komparative Vorteile mit Transportkosten und Geographie verknüpft und bieten damit eine verallgemeinerte Theorie von Außenhandel und Standortwahl. Sie finden, dass Faktorausstattung mit gelernter Arbeit und Humankapital (Wissenschaftlern) wichtige Determinanten für die Industriestruktur sind und auch forward und backward linkages spielen eine große Rolle in der Frage der Industrieansiedelung.

Forslind-Haaland-Midelfart-Knarvik (2002) testen mittels Simulationen mit einem CGE-Modell mit 4 Regionen (Europa-Zentrum = Österreich, Dänemark, Deutschland und Schweiz; Europa-Norden = Finnland, Island, Norwegen, und Schweden; Europa-Süden = Griechenland, Italien, Portugal und Spanien; Europa-West = Benelux-Staaten, Irland, Frankreich und Großbritannien) mit 14 Sektoren (Industriezweigen) mit unvollständiger Konkurrenz und economies of scale (EOS), kalibriert für Daten von 1992, wie sich die Europäische Integration (gradueller Abbau von Handelskosten – Transportkosten, Zölle und Exportsubventionen bzw. NTBs) auf die Standortwahl der Industriezweige ausgewirkt hat. Sie finden große Unterschiede zwischen den 14 Industriezweigen. Industrien mit hohen EOS weisen eine nichtmonotone Beziehung zwischen Handelsliberalisierung und Konzentration (gemessen an einem absoluten Maß für die Industriekonzentration in einer Region) mit einer maximalen Konzentration für mittlere Handelskosten auf. Andere Industriezweige, die stärken von der Spezialisierung auf Grund komparativer Vorteile getrieben sind, werden mit fallenden Handelskosten mehr und mehr konzentriert. Im Durchschnitt Europas finden die Autoren mit ihrem Multisektor-, Multiländermodell eine (inverse) U-förmige Beziehung zwischen Handelskosten und Konzentration und damit eine Bestätigung der Aussagen der NEG aus einfachen 2x2x2-Modellen. Darüber hinaus finden sie eine enge Korrelation zwischen Realeinkommensgewinnen und dem Wachstum der Industrieproduktion.

---

[15] Teilweise basiert diese Arbeit auf einer Industriestudie von *Midelfart-Knarvik-Overman-Redding-Venables* (2000) für die Europäische Kommission.

Tondl (2001, S. 174-175) testet die ökonometrische Querschnittsbeziehung für das Jahr 1996 zwischen Agglomeration (Arbeitskräfte pro km^2) und BIP pro Kopf für Regionen in 9 EU-Mitgliedstaaten. Generell gibt es in den EU-Regionen einen positiven Zusammenhang. Je reicher eine Region, umso stärker ist die Produktion konzentriert. Die Autorin schließt daraus, dass es eine gewisse Evidenz für ein bescheidenes Core-Peripherie-Produktionsmuster in Europa gibt.

Brakman-Garretsen-vanMarrewijk-Schramm (2000) wenden die Erkenntnisse der NEG an, um das Zusammenwachsen von West und Ostdeutschland nach der Wiedervereinigung 1990 zu verstehen.

Anhang 7.3 Outsourcing - eine neue Form der Globalisierung

Nach dem Zweiten Weltkrieg hat sich die Weltwirtschaft durch zunehmenden Handel immer stärker *integriert.* Mit der zunehmenden Integration der Weltmärkte ging aber gleichzeitig eine *Desintegration* des Produktionsprozesses einher, wobei Industrie- oder Dienstleistungsaktivitäten des Auslandes mit solchen des Inlandes kombiniert werden. *Krugman* (1995) bezeichnet dieses Phänomen „Slicing up the value added chain". Die Unternehmen finden es kostengünstiger, zunehmend mehr Produktionsprozesse ins Ausland auszulagern (*outsourcing*). Allgemein spricht man im Falle der Aufspaltung der Wertschöpfungskette von *Fragmentierung* (oder in Anlehnung an Krugman's Phrase als „Fragmentation of the value added chain") der Produktion (siehe *Kohler*, 2000b; *Arndt*, 2000). Produktions-Fragmentierung kann entweder im Inland, im Ausland oder kombiniert stattfinden. Dies stellt eine Unterbrechung im vertikal integrierten Produktionsprozess dar. Wenn Fragmente der Produktion ins Ausland ausgelagert werden, spricht man von „Outsourcing" (*Kohler*, 2000b, S. 236). Immer weniger Produkte können heute wettbewerbsfähig in nur einem Land hergestellt werden. Die *World Trade Organization* hat in ihrem Jahresbericht 1998 (WTO, 1998, S. 36)[16] ein-

---

[16] Ähnliche Beispiele für die Aufspaltung der Wertschöpfungszette eines Produkts via Auslagerung (outsourcing) bzw. Verteilung der Produktion auf mehrere Länder, findet man im Jahresbericht 1998 der *EFTA* (EFTA, 1999, S. 14-15) wird im Rahmen des 1997 in Kraft getretene „Pan-Europäischen kumulativen Systems" zwischen 30 Ländern der EU, der EFTA, den mittel- und osteuropäischen Staaten (MOEL) und der Türkei, die eine Zollfreibehandlung des passiven Veredelungsverkehr zwischen diesen Zonen vorsieht, von der EFTA in ihren Jahresberichten demonstriert (siehe z.B. *EFTA*, 2002). Am Beispiel der Erzeugung eines „Stofftigers" in Slowenien, der für den Export in die Schweiz bestimmt ist, und aus Teilen von vier Ländern (EU, Polen, USA und Japan) besteht, wird das Funktionieren des „Pan-Europäischen kumulati-

drücklich am Beispiel der Herstellung eines typischen „amerikanischen" Autos beschrieben, wie dies geschieht. Nicht weniger als neun Länder sind in der Produktion und im Vertrieb daran beteiligt. Die Wertschöpfung des Autors teilt sich wie folgt auf (eigene Übersetzung aus dem Englischen): „30% wird in Korea zusammengebaut (assembled), 17,5% der Komponenten und fortgeschrittenen Technologie stammen aus Japan, 7,5% entfallen auf Design aus Deutschland, 4% kleinerer Bauteile stammen aus Taiwan und Singapur, 2,5% bestehen aus Werbung und Marketing made in Großbritannien und 1,5% gehen nach Irland und Barbados für EDV. Das heißt, dass nur 37% des Wertes dieses „amerikanischen Autos" auf die USA entfallen". Die WTO schließt daraus, dass eine gut funktionierende (globale) Weltwirtschaft essentiell von der Liberalisierung des internationalen Handels und der Direktinvestitionen abhängt.

Das Phänomen des Outsourcing wurde erstmals anlässlich der Gründung der NAFTA - insbesondere in den Beziehungen USA-Mexiko - studiert (siehe *Arndt*, 1997)[17]. Für Europa ist Outsourcing erst richtig durch die Ostöffnung 1989 zum Thema geworden. Die Kombination von westlicher Technologie und Kapital mit Niedriglöhnen im Osten hat - gefördert durch die Liberalisierung des bilateralen Handels im Rahmen der von der EU mit den MOEL abgeschlossenen Europaabkommen - zu einer wettbewerbsfähigen „Mischkalkulation" geradezu eingeladen. In diesem Zusammenhang stellen sich einige Fragen (siehe *Kohler*, 2000b, S. 232): 1) Wie wirkt Fragmentierung auf die Einkommensverteilung im Inland? 2) Führt Outsourcing zum internationalen Ausgleich der Faktorpreise? 3) Wie wird dadurch die Beschäftigung im Inland beeinflusst? 4) Kommt es zu einem Druck auf die Löhne im Inland durch die Niedriglohnkonkurrenz? 5) Wie wirkt sich Outsourcing auf die Wohlfahrt im In- und Ausland aus? 6) Kann im Zusammenhang mit der Osterweiterung der EU, Outsourcing dazu beitragen, den Aufholprozess der neuen EU-Beitrittsländer zu beschleunigen?

---

ven Systems" (P-EKS) erläutert. Wenn 50% der Wertschöpfung ihren Ursprung innerhalb der Zone des P-EKS haben, ist ein zollfreier Export von Slowenien in die Schweiz möglich.

17 Eine erste theoretische Befassung des Themas Fragmentierung bzw. Outsourcing findet man in mehreren Beiträgen in dem Sammelband von *Arndt-Kierzkowski* (2001).

Eine theoretische Analyse[18]***:***

Im Folgenden wird anhand von *Abbildung A 7.6* versucht, zumindest ein Teil dieser Fragen theoretisch zu beantworten (die Interpretation folgt - verkürzt - *Kohler*, 2000b, S. 234 ff.). Die Darstellungsart entspricht jener des spezifischen Faktormodells, wobei hier die Nachfragekurven nach Arbeit zweier Sektoren des Inlandes gegenübergestellt werden. Die Kurve V^1 ist die Arbeitsnachfragekurve (oder Grenzwertprodukt der Arbeit) im Industriezweig 1, wobei angenommen wird, dass ein Kapitalstock fix installiert ist. Die Kurve V^2 ist die Arbeitsnachfragekurve des Rests der Volkswirtschaft. Das gesamte Arbeitsangebot $\overline{L}$ soll fix vorgegeben sein. Damit erhält man Arbeitsmarktgleichgewicht, in dem L^1 die Beschäftigung im Industriesektor 1 angibt und L^2 jene des Rests der Volkswirtschaft ($L^2 = \overline{L} - L^1$). Der Gleichgewichtslohnsatz ist w^*. Die Wertschöpfung des Industriesektors 1 ist gemessen durch die Fläche $A^1BL^10^1$ und jene des Rests der Volkswirtschaft entspricht der Fläche $A^2BL^10^2$. Wir nehmen an, dass eine Aufspaltung (Fragmentierung) der Produktion nur in Sektor 1 stattfindet. Man kann dies darstellen, indem man die Linie V^1 in zwei Teile (zwei Fragmente) aufteilt, in einen Teil V_1^1 und in einen Teil V_2^1, die sich horizontal zu V^1 aufsummieren. Das bedeutet, dass beide Teile zu einem Endprodukt zusammengebaut (assembled) werden. Die gesamte Wertschöpfung in Industrie 1 ergibt sich aus der Summe der Flächen $A^1B_1^1L_1^10^1$ (Fragment 1) und $A_2^1BL^1L_1^1$ (Fragment 2).

[18] *Grossman-Helpman* (2002) konstruieren ein allgemeines Gleichgewichtsmodell der Produktion und des Handels, das die Standortwahl von Outsourcing erklären kann. Für sie bedeutet Outsourcing mehr als bloß den Kauf von Rohstoffen und standardisierten Zwischen- bzw. Vorprodukten zur Erzeugung eines Endprodukts. Für sie ist essentiell, dass man einen oder mehrere Partner finden muss, mit denen man bilaterale oder multilaterale Beziehungen pflegen kann.

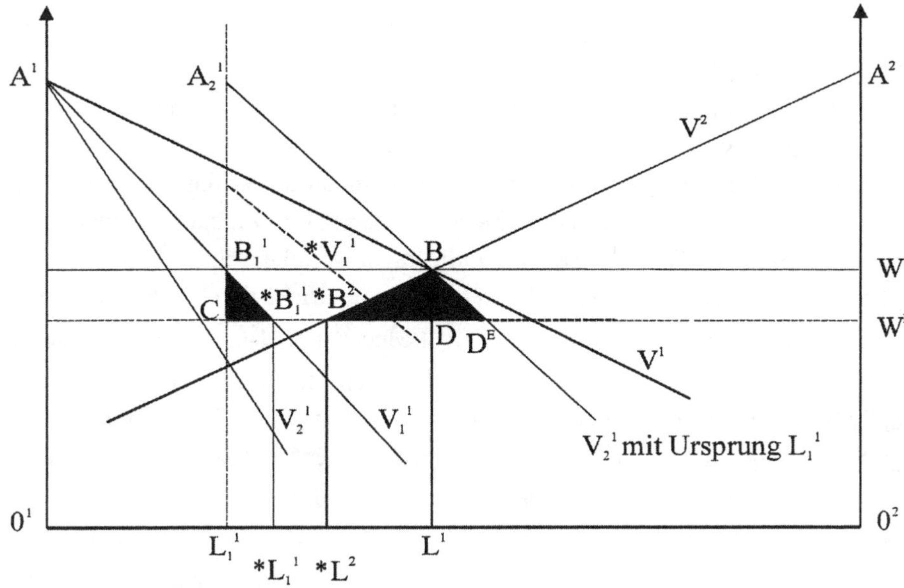

Abb. A 7.6 Wohlfahrts- und Verteilungseffekte von Outsourcing
Quelle: *Kohler* (2000b), S. 234.

Nun soll angenommen werden, dass es im Zuge der Ostöffnung 1989 und begünstigt durch die Liberalisierung des bilateralen Handels im Rahmen der Europaabkommen der EU für ein EU-Land (z.B. Deutschland oder Österreich) attraktiv wird, einen Teil der Produktion in ein Nachbarland im Osten (z.B. Polen oder Ungarn) mit niedrigeren Löhnen ($w^E \prec w^*$) zu verlagern. Hier wird angenommen, dass dies im Sektor 1 nur für das Fragment 2 möglich ist. Durch die vollständige Auslagerung (outsourcing) von Fragment 2 kommt es auf Grund der niedrigeren Löhne im Ausland zu einem Kostenvorteil im Ausmaß von B_1^1BDC. Eine inländische Firma wird nur dann auslagern, wenn sie zumindest einen Teil dieses Kostenvorteils lukrieren kann. Dies kann geschehen, wenn entweder a) Kapital immobil ist und das ausgelagerte Fragment nur mit ausländischem Kapital erzeugt wird und wenn zumindest ein Teil des Kostenvorteils der inländischen Firma zugute kommt. Oder b) wenn Kapital international mobil ist, kann die inländische Firme via Direktinvestitionen im Ausland eine eigene Produktion im Ausland aufziehen und mit den niedrigeren Löhnen die Kostenvorteile lukrieren.
In jedem Fall führt Outsourcing zu einer *kostengünstigeren Produktion*, weil die Kosten für die Inputs gesunken sind. Negativ schlägt jedoch zu Buche, dass durch

die Auslagerung die inländische Wirtschaft *Beschäftigung* ans Ausland im Ausmaß von $L^1 - L_1^1$ verliert.

Wie steht es mit der Bewertung der *Gesamtwohlfahrt*? Die Kapitalnutzung ist gleich im Falle von Direktinvestitionen im Zusammenhang mit der Auslagerung ins Ausland. Wenn jedoch das ausgelagerte Fragment mit ausländischem Kapital erzeugt wird, wird das zuvor dafür eingesetzte Kapital im Inland unterausgelastet. Auch geht in jedem Fall Beschäftigung, die zuvor im Inland für Fragment 2 benötigt wurde verloren. Der direkte Kosten sparende Effekt durch die Auslagerung von Fragment 2 im Ausmaß von B_1^1BDC bedeutet nur dann einen äquivalenten Wohlfahrtsgewinn für das Inland, wenn die durch Outsourcing freigesetzten inländischen Arbeitskräfte eine alternative Beschäftigung finden, bei der sie Wertschöpfung im Ausmaß des früheren Einkommens erwirtschaften, gemessen mit dem Rechteck $(L^1 - L_1^1)w*$. In dem Ausmaß, wie die alternative Beschäftigung weniger Einkommen generiert, wird die Gesamtwohlfahrt entsprechend reduziert. Outsourcing führt letztlich zu einem Einkommensverteilungskampf. Durch die niedrigeren Löhne im Ausland kommt es auch zu einem Druck auf die Löhne im Inland, was die Nachfrage nach Arbeit in beiden Sektoren nach Arbeit steigert, in Sektor 1 entlang der Kurve V_1^1 von B_1^1 nach ${}^*B_1^1$, was durch Outsourcing entlang der Kurve V_2^1 zum Punkt D^E führt. Auch im Rest der Wirtschaft (Sektor 2) nimmt die Arbeitsnachfrage entlang der Kurve V^2 von B nach ${}^*B^2$ zu. Durch niedrige Löhne beschäftigt der Sektor 1 nun mehr Arbeitskräfte ($0^{1*}L_1^1$) und auch der Sektor 2 (Rest der Wirtschaft), nämlich $0^{2*}L^2$. Es gibt nun immer noch ein Arbeitsangebotsüberschuss im Ausmaß von ${}^*L_1^{1*}L^2$. Wenn aber der inländische Lohnsatz weiter fällt, verschwindet der ganz Kostenvorteil der Auslagerung. Wenn es möglich ist, das Fragment 2 zwischen inländischer und ausländischer Produktion aufzuteilen, dann sind inländische Firmen indifferent zwischen voller Auslagerung und partieller Auslagerung, was bedeutet, dass sie zur inländischen Produktion des Fragments 2 ${}^*L_1^{1*}L^2$ an inländischer Beschäftigung verwenden (plus dem dabei notwendigen Kapitaleinsatz) und den Rest im Ausland mit der Arbeitsmenge $CD^E - {}^*L_1^{1*}L^2$ (plus den benötigten Direktinvestitionen) erzeugen. In diesem Fall gibt es eindeutig Wohlfahrtsgewinne durch Outsourcing. Die Opportunitätskosten anlässlich der früheren Produktion von Fragment 2 werden um CB_1^1BD verringert. Zusätzlich gibt es einen Outsourcing Surplus im Ausmaß des

Dreiecks BDD^E wegen der gestiegenen ausländischen Beschäftigung, die zur Wertschöpfung beiträgt. Dem steht ein Verlust entgegen, weil die inländischen Arbeitskräfte alternative Beschäftigung nur zu niedrigeren Löhnen finden (im Sektor 2 abzulesen entlang der Kurve V^2 von B bis zum Punkt $^*B^2$, im Sektor 1 entlang der Kurve V_1^1 von B_1^1 bis zum Punkt $^*B_1^1$. Der *aggregierte Wohlfahrtseffekt* von Fragmentierung/Outsourcing entspricht somit der Summe der beiden Dreiecke $B_1^1C^*B_1^1$ und $BD^{E\,*}B^2$.

Der Umverteilungseffekt von Outsourcing muss aber nicht notwendigerweise zum Nachteil des Faktors Arbeit ausfallen. Im Beispiel von *Abbildung A 7.6* wurde der Extremfall angenommen, dass durch Auslagerung nur Arbeit freigesetzt wird. Wenn aber angenommen, wird, dass durch die Auslagerung keine Direktinvestitionen ins Ausland möglich sind und die Firmen im Ausland Auslandskapital zur Produktion des Fragmentes 2 verwenden, dann wird im Inland Kapital genauso freigesetzt wie Arbeit. Das Ergebnis ist dann aber etwas günstiger für den Faktor Arbeit. Wenn das eingesetzte Kapital „industrie-spezifisch" ist, dann kommt es zum Sprung der Arbeitsnachfrage (inkl. Outsourcing) im Bereich L_1^1 nach $^*V_1^1$. Da jetzt das gesamte Kapital des Sektors 1 nun mit der Beschäftigung zur Produktion des Fragments 1 zur Verfügung steht, wird die gesamte eingesetzte Arbeit L_1^1 produktiver. Wenn die Arbeitsnachfrage (inkl. Outsourcing) der Kurve $^*V_1^1$ entspricht, fallen die inländischen Löhne nicht ganz bis w^E. Wenn auch inländisches Kapital im Zuge von Outsourcing freigesetzt wird, fällt der nachteilige Effekt auf die Inlandslöhne geringer aus. Outsourcing ist daher schädlicher für die Inlandslöhne, wenn sie Hand in Hand mit Direktinvestitionen ins Ausland einhergehen als wenn es dadurch nur zu mehr Außenhandel (mit Vorprodukten) kommt.

Die bisherige Argumentation nahm an, dass die ausländische Arbeitsnachfrage bei einem Lohnsatz von w^E vollständig elastisch ist. Wenn aber – wie in den EU-Staaten – die Produktion unter Einsatz der Faktor Arbeit in Osteuropa auch unter abnehmenden Grenzerträgen erfolgt, dann führt Outsourcing bei steigender Arbeitskräftenachfrage zu einem Anstieg der Löhne im Osten. Das ist die gute Nachricht wenn man an den notwendigen Aufholprozess (catching-up) in Osteuorpa denkt, aber eine schlechte Nachricht für die alten EU-Staaten, da dadurch die Wohlfahrtsgewinne durch Outsourcing geringer ausfallen. Das bedeutet aber auch, dass die Verteilungsproblematik im Westen weniger brisant ist.

Fragmentierung und Outsourcing können nützliche Formen der internationalen Arbeitsteilung sein. Allerdings ist damit - wie in anderen Formen des internationalen Handels - Effizienz gepaart mit potentiellen Einkommensverteilungsproblemen. Oder wie *Kohler* (2000b, S. 238) - *Rodrik* (1998) zitierend bemerkt: *„No pain, no gain"*.

Empirische Fakten:
In einem Überblicksartikel beschreibt *Feenstra* (1998, S. 33, 35) das neue Globalisierungsphänomen des Outsourcing (Integration des Handels und Desintegration der Produktion) anhand einiger Kennziffern über den Welthandel. Danach ist der Anteil des Güterhandels am BIP von 1890 und 1990 in fast allen 11 erfassten Industrieländern (mit Ausnahme von Australien und Großbritannien) gestiegen, der Anteil von Güterhandel an der Industriewertschöpfung aber wesentlich rascher (wiederum am geringsten in Großbritannien). Aus diesem indirekten Faktum schließt *Feenstra* (1998, S. 34), dass neben den „normalen" Faktoren für das Welthandelswachstum (wie Handelsliberalisierung, Fortschritte in der Transporttechnologie; Ähnlichkeit der handelnden Volkswirtschaften; siehe *Krugman*, 1995; *Baier-Bergstrand*, 2000 für den Welthandel; *Badinger-Breuss*, 2003a für den Intra-EU-Handel), auch die Desintegration (Fragmentierung oder Outsourcing) zur Beschleunigung des Welthandels nicht unwesentlich beigetragen hat.

In einer umfassenden empirischen Analyse untersuchen *Dell'mour-Egger-Gugler-Pfaffermayr-Wolfmayr-Schnitzer* (2000) das Ausmaß und die ökonomischen Implikationen der Auslagerung der österreichischen Industrie in die osteuropäischen Länder nach der Ostöffnung 1989. Der Anteil an ausgelagerten Aktivitäten in die MOEL ist von 0.6% des Produktionswertes im Jahr 1990 auf 1.2% im Jahr 1998 gestiegen. Er ist je nach Industriezweig unterschiedlich. Es ist nicht einfach, das Ausmaß der Auslagerung zu messen. Da Outsourcing der Produktion in der Regel zu einer Steigerung der importierten Vorprodukte führt, messen die Autoren das Ausmaß von Outsourcing durch die Menge an allen importierten Zwischenprodukten, die in der Produktion inländischer Firmen verwendet werden (zusätzlich zum Intrafirmen-Handel der Multis). Neben der Messung des Ausmaßes von Outsourcing österreichischer Firmen untersuchen die Autoren ökonometrisch zwei mögliche Auswirkungen von Outsourcing:

1) Outsourcing kann die gesamte *Faktorproduktivität* des Inlandes beeinflussen. *Feenstra-Hanson* (1997, 1999) haben gezeigt, dass diese Effekte ähnlich jenen eines nicht-neutralen technischen Fortschritts sein können. Die Autoren finden

einen signifikanten positiven Einfluss von Outsourcing nach Osteuropa und dem Wachstum der gesamten Faktorproduktivität in Österreichs Industrie (gemessen am Tornqvist-Index, der die Produktion in Beziehung setzt zu einem Index aller Inputs).

2) Ein zentraler Diskussionspunkt im Zusammenhang mit Outsourcing ist dessen möglichen negativen Auswirkungen auf den *Arbeitsmarkt* und die *Löhne*. Angefacht durch die Behauptung von *Wood* (1994), wonach die Zunahme des internationalen Handels - insbesondere der Nord-Süd-Handel - dazu führte, dass durch vermehrte Importe von Produkten aus Niedriglohnländern, die Löhne von ungelernten Arbeitskräften in den Industrieländern gesunken seien. Intensive empirische Forschungen in den USA und in Großbritannien haben aber größtenteils zum Konsens geführt, dass die Importkonkurrenz nur zu einem geringen Teil Ursache für das Sinken der relativen Löhne von ungelernten relativ zu gelernten Arbeitskräften ist. Die Schätzungen reichen von Null bis zu einem Drittel für die USA (*Slaughter*, 2000; siehe auch *Panagariya*, 2000). In Österreich ist das Verhältnis von gelernten zu ungelernten im Falle der Löhne seit 1990 leicht gestiegen (von 1,39 auf 1,40), im Falle der Beschäftigten stark gestiegen (von 1,54 im Jahr 1990 auf 2,19 im Jahr 1998).
In Panel-Regressionsansätzen finden *Dell'mour-Egger-Gugler-Pfaffermayr-Wolfmayr-Schnitzer* (2000, S. 284, 290) folgende ökonometrische Zusammenhänge: a) Outsourcing nach Osteuropa führt in Österreichs Industrie zu einem Anstieg der Beschäftigung von gelernten relativ zu ungelernten Arbeitskräften; b) bei einem vollkommenen Arbeitsmarkt führt Outsourcing dazu, dass die Löhne von ungelernten Arbeitskräften niedriger, jene von gelernten (hochqualifizierten) Arbeitskräften höher sind.

3) *Faktorgehaltsansätze:* Zur Ermittlung der Auswirkungen des internationalen Handels auf den inländischen Arbeitsmarkt werden verschiedene Methoden angewandt. Eine besteht darin, den Faktorgehalt - in diesem Fall den Anteil an Arbeit - an den Importen (im speziellen an den im Zuge von Auslagerungen wieder importierten Zwischenprodukten) zu ermitteln. Solche Berechnungen haben *Borjas-Freeman-Katz* (1997) für die USA und *Wood* (1994, 1998, 2002) für Großbritannien angestellt. Dabei geht es darum, die Menge an Arbeit, die in den Netto-Importen steckt, zu berechnen und daraus den Effekt des Außenhandels auf die Nachfrage nach gelernten und ungelernten Arbeitskräften zu gegebenen Faktorpreisen zu ermitteln und diese mit einer hypothetischen Situation ohne Außenhandel (bei Autarkie) zu vergleichen.

Dell'mour-Egger-Gugler-Pfaffermayr-Wolfmayr-Schnitzer (2000, S. 277) ermitteln nach dieser Methode den Arbeitsgehalt der Zwischenproduktimporte Österreichs aus den osteuropäischen Ländern (Albanien, Bulgarien, Polen, Ungarn, Rumänien, Tschechische Republik, Slowakei, früheres Jugoslawien und die Ex-UdSSR) in den Jahren 1990 und 1995. Der Effekt der Arbeitsmarktverdrängung durch Outsourcing war mit insgesamt 3880 Personen im Jahr 1990 und 5363 Personen im Jahr 1995 relativ gering.
Allerdings gibt es an der Faktorgehaltsberechnung aus methodologischer Sicht massive Kritik (für einen Literaturüberblick, siehe *Dell'mour-Egger-Gugler-Pfaffermayr-Wolfmayr-Schnitzer* (2000, S. 275-276). Eine der methodisch ausgereiftesten Kritiker aus außenhandelstheoretischer (Heckscher-Ohlin-Vanek - HOV) Sicht ist *Leamer* (2002). Empirische Studien haben ergeben, dass der Arbeitsgehalt der US-amerikanischen Netto-Exporte sehr klein und dessen Anteil am US-amerikanischen Arbeitsangebot stabil über die Zeit ist. Aus diesen empirischen Fakten könnte man schließen, dass a) Handelsbarrieren keinen großen Einfluss auf die Löhne in den USA haben; und b) dass die Technologie und nicht der internationale Handel die treibende Kraft hinter der ansteigenden Ungleichheit der Lohnentwicklung von gelernten zu ungelernten Arbeitskräften in den USA ist. Die erste Aussage ist gültig, wenn die US-Wirtschaft - analysiert mit dem Instrumentarium des HOV-Modells - als log-linear (in der Produktion und in den Präferenzen; siehe *Deardorff-Staiger*, 1988) angenommen wird und die Zahl der handelbaren Güter gleich ist der Zahl der Produktionsfaktoren. Die zweite Aussage ist gültig, wenn man die Weltwirtschaft als log-linear annimmt und die Zahl der handelbaren Güter gleich ist der Zahl der Produktionsfaktoren. *Leamer* (2002) schließt sich der ersten Aussage an, verwirft aber die zweite, weil sie zu stark auf hochgradig unplausiblen Annahmen basiert, die mit den Daten nicht kompatibel sind.

8 Neue Wachstumstheorie des Außenhandels

8.1 Statische Theorie und statische komparative Vorteile

8.1.1 Die traditionelle Sicht

Die traditionelle Außenhandelstheorie (*Ricardo*, *Heckscher-Ohlin*), die wir in den vorangegangenen Kapiteln behandelt haben, ist statisch, d.h. sie bezieht sich auf einen bestimmten Zeitpunkt. Der Stand der Technik wird in jedem Land als gegeben vorausgesetzt. Komparative Vorteile ergeben sich entweder:

- durch Unterschiede in der Technik (Ricardo) oder
- durch die unterschiedlich reichliche Ausstattung mit Produktionsfaktoren (Kapital, Arbeit) und der Annahme, dass die Technik international gleich ist (Heckscher-Ohlin - HO).

Gerade die Grundannahme des statischen HO-Modells, dass die Technik weltweit identisch ist, stimmt mit den empirischen Fakten nicht überein.

Die traditionelle Außenhandelstheorie unterstellt die Marktform der *vollständigen Konkurrenz* und *homogene Produkte.* Damit lassen sich Aussagen über inter-industriellen Handel und die Wohlfahrt machen.

8.1.2 Die "Neue Sicht"

Die große Neuerung der statischen Außenhandelstheorie erfolgte in den 70er Jahren durch die Einführung unvollständiger Konkurrenz. *Unvollständige Konkurrenz* basiert auf zwei Faktoren:

- *Economies of Scale* in der Produktion (Größenvorteile) und
- *Produktvielfalt* bzw. Produktdifferenzierung in den Präferenzen der Konsumenten (Heterogenität der Produkte).

In dieser Umgebung spielen strategische Überlegungen von Unternehmen (Oligopole, Monopole, Staat) eine große Rolle ("strategische Handelspolitik").

Beide statischen Theoriezweige machten *faktische Aussagen* über das *Handelsmuster* (welches Land exportiert/importiert welche Güter sowie über die inter- versus intra-industrielle Spezialisierung) und *normative Aussagen* über die *Wohlfahrt* von Konsumenten, Produzenten und Staat.

8.2 Dynamische Theorie und dynamische komparative Vorteile

Die *Neue Wachstumstheorie des Außenhandels (NWTA)* beschäftigt sich mit Fragen der Schaffung "dynamischer komparativer Vorteile" durch technologische Innovationen, der Beziehung zwischen Handelspolitik (Außenhandelsregime) und Wirtschaftswachstum und der dynamischen Entwicklung des Volumens und der Struktur des Welthandels.

8.3 Traditionelle versus Neue Wachstumstheorie

8.3.1 Unterschiede zwischen neoklassischer und neuer Wachstumstheorie

- In der *neoklassischen Wachstumstheorie (KWT)* wird die Steady-state-Wachstumsrate des Brutto-Inlandsprodukts (BIP) durch die *exogen* vorgegebene Wachstumsrate des *technischen Fortschritts* bestimmt.
- In der *Neuen Wachstumstheorie (NWTA)* wird die Wachstumsrate des BIP endogen durch die Strukturparameter (bezüglich Technologie und Präferenzen) und die Faktorausstattung des Modells bestimmt. Die KWT ist insofern ein Spezialfall der NWTA, als der *"F&E-Sektor"*, in dem der *technische Fortschritt (endogen) erzeugt* wird, exogenisiert ist.

Wirtschaftspolitische Instrumente können die Steady-state-Wachstumsrate einer Modellökonomie nur in der NWTA beeinflussen, während sie in der KWT nur auf das Niveau des "steady-state"-BIP einwirken.

8.3.2 Das Solow-Swan-Modell mit exogenem technischen Fortschritt

Solow (1956) und *Swan* (1956) haben unabhängig voneinander den Prototyp des neoklassischen Wachstumsmodell entwickelt.[1] Erstens: Es handelt sich um eine geschlossene Volkswirtschaft, wo die Haushalte (oder Familien) die Produktionsfaktoren (Inputs) inklusive der Eigentümerrechte an den Firmen (Aktien) besitzen. Sie wählen einen bestimmten Anteil für den Konsum und für das Sparen. Jeder Haushalt bestimmt, wie viel Kinder geboren werden und wie viele davon in den Arbeitsprozess kommen. Zweitens: Die Firmen fragen Inputs (Kapital, Arbeit)

---

[1] Die Darstellung des Solow-Swan-Modells folgt jener von *Barro-Sala-i-Martin* (1995), Chapter 1.

nach und verwenden sie, um Produkte zu erzeugen, die sie an die Haushalte oder an andere Firmen verkaufen. Die Firmen haben Zugang zu einer Technologie (die sich im Zeitablauf entwickelt), die es ihnen ermöglicht, die Inputs (Kapital, Arbeit) in Outputs (Produkte) zu transformieren. Drittens: Es existieren Güter- und Faktormärkte. Angebot und Nachfrage bestimmen die relativen Güter- und Faktorpreise.

In einer aggregierten Volkswirtschaft werden Haushalte und Produzenten als eine Einheit begriffen (wie Robinson Crusoe), die sowohl die Inputs besitzen, als auch die Produktion bewerkstelligen. Es gibt nur zwei physische Inputs, Kapital $K(t)$ und Arbeit L. Hier wird das Solow-Swan-Modell mit arbeitsvermehrendem (labour augmenting) – exogenem - technischen Forschritt dargestellt (siehe *Barro-Sala-i-Martin*, 1985, S. 34)[2]. Die *Produktionsfunktion* hat folgende Form:

$$Y(t) = F[K(t), L \cdot A(t)], \tag{8.1}$$

wobei $Y(t)$ der Strom an Produktion zum Zeitpunkt t ist. Die Produktionsfunktion hängt auch vom " arbeitsvermehrenden" technischen Fortschritt $A(t)$ ab. $A(t)$ steigt monoton über die Zeit und macht Arbeit effizienter bzw. produktiver. Der fix vor-

[2] Es gibt in der Literatur verschiedene Formen des technischen Fortschritts. Zum einen kann man unterstellen, dass das Niveau der Technik (A) über die Zeit konstant ist. Dann lautet die Produktionsfunktion: $Y(t) = A F[K(t), L(t)]$. Dann sind alle pro Kopf-Variablen langfristig konstant. Der exogen gegebene technische Fortschritt kann auf mehrere Arten in die Produktionsfunktion eingeführt werden (siehe *Barro-Sala-i-Martin*, 1985, S. 32 ff.). Erfindungen bzw. technische Neuerungen erlauben es Firmen, gleich viel mit entweder wenige Kapital oder weniger Arbeit zu produzieren (= *kapital-* bzw. *arbeitssparender technischer Fortschritt*). Erfindungen, die zu keinen Einsparungen bei den eingesetzten Produktionsfaktoren führen, nennt man *neutralen* oder *unbiased technischen Fortschritt*. Die Literatur kennt drei populäre Definitionen von neutralem *technischen Forschritt (TF)*: (a) *Hicks-neutraler TF* (*Hicks*, 1932) liegt vor, wenn das Verhältnis der Grenzprodukte für ein gegebenes Kapital/Arbeits-Verhältnis unverändert bleibt. Die Produktionsfunktion lautet: $Y = F[K, L, t] = T(t) \cdot F(K, L)$, wobei $T(t)$ ein Index des Standes der Technologie ist mit $\dot{T}(t) \geq 0$. (b) *Harrod-neutraler TF* (*Harrod*, 1942) liegt vor, wenn nach einer Innovation die relativen Input-Anteile $K \cdot F_K / L \cdot F_L$ für ein gegebenes Kapital/Output-Verhältnis unverändert bleiben. Die Produktionsfunktion lautet dann: $Y = F[K, L \cdot A(t)]$, wobei $A(t)$ ein Index der Technologie ist und $\dot{A}(t) \geq 0$. Diese Form wird *arbeitsvermehrender (labour augmenting) TF* genannt, da es den Output gleich steigert wie ein Anstieg im Bestand an Arbeit. (c) *Solow-neutraler TF* (*Solow*, 1969) liegt vor, wenn die Input-Anteile $L \cdot F_L / K \cdot F_K$ nach einer Innovation für ein gegebenes Arbeits/Kapital-Verhältnis unverändert bleiben. Dann lautet die Produktionsfunktion: $Y = F[K \cdot B(t), L]$, wobei $B(t)$ ein Index der Technologie ist und $\dot{B}(t) \geq 0$. Diese Form wird *kapitalvermehrender (capital augmenting) TF* genannt, weil eine technische Verbesserung die Produktion im selben Ausmaß steigert wie der Anstieg des Kapitalbestandes.

gegebene Bestand an Arbeit (*L*) multipliziert mit dem technischen Fortschritt - der Arbeitsproduktivität - (*A(t)*) wird als "effiziente Arbeit" bezeichnet.

Wenn die Funktion $F(\cdot)$ von *Gleichung (8.1)* konkav und linear-homogen in K und L ist, kann man sie auch in der "intensiven" Form anschreiben[3]:

$$\hat{y} = F(\hat{k},1) \equiv f(\hat{k}), \quad wobei \quad f'(\hat{k}) \succ 0 \; und \; f''(\hat{k}) \leq 0. \tag{8.2}$$

Folgende Definitionen werden verwendet: $\hat{y} = Y/[L \cdot A(t)]$ und $\hat{k} \equiv k / A(t) = K/[L \cdot A(t)]$, wobei $k = K/L$ (Kapital/Arbeitsverhältnis oder Kapitalintensität, sowie $\hat{L} \equiv L \cdot A(t)$.

Nehmen wir an, dass der technische Fortschritt (die *Arbeitsproduktivität*) *A(t)* mit einer konstanten Wachstumsrate *x* (*exogen*) wächst ($\dot{A}/A = x \geq 0$), so ist er im Zeitpunkt *t*:

$$A(t) = e^{xt} \tag{8.3}$$

Der Bestand an Arbeitskräften *L* ergibt sich aus dem Bevölkerungswachstum sowie durch Änderungen in der Erwerbsbeteiligung. Hier wird vereinfachend angenommen, dass die Bevölkerung mit einer konstanten (exogenen) Rate wächst: $\dot{L}/L = n \geq 0$. Nimmt man weiters an, dass die Arbeitsintensität pro Beschäftigtem 1 ist, dann ist der Bestand der Bevölkerung und jener der Arbeitskräfte zum Zeitpunkt *t* gegeben durch:

$$L(t) = e^{nt}. \tag{8.4}$$

Wir unterstellen eine Ein-Sektor-Produktionstechnologie, in der in einer geschlossenen Volkswirtschaft ein homogenes Gut produziert wird, das sowohl konsumiert (*C(t)*), als auch investiert (*I(t)*) werden kann, um neues Kapital (*K(t)*) zu schaffen. Nimmt man weiters an, dass die privaten Haushalte einen konstanten Anteil ihres Gesamteinkommens (exogene Annahme) sparen *(s)*, so ergeben sich die Ersparnisse: $sY = S = I$. Im einfachsten Fall ist die *Sparquote* (*s*) *konstant* und *exogen* gegeben.[4] Die Ersparnisse werden zur Finanzierung der Investitionen verwendet, die dann zur Akkumulation des Kapitalstocks führen.

---

3 Im folgenden werden die Zeitindizes, wenn sie zur Klärung nicht notwendig sind, weggelassen.

4 Wenn man annimmt, dass der Verlauf des Konsums und damit die Sparquote dadurch bestimmt werden, dass die Konsumenten und Firmen ihre Pläne (Nutzen bzw. Gewinne) optimieren, erhält man unter Verwendung des *Ramsey*-Modells (*Ramsey*, (1928)) – später verfeinert von *Cass* (1965) und *Koopmans* (1965) zum *Ramsey-Cass-Koopmans*-Wachstumsmodell - das Ergebnis, dass die Sparquote eine Funktion des Pro-Kopf-Kapitalbestandes ist. D.h. die Spartätigkeit steigt mit steigendem Kapitalbestand (bzw. steigendem BIP pro Kopf). Siehe hiezu *Barro-Sala-i-Martin* (1995, Chapter 2).

Der Nettozuwachs an physischem Kapital in einem bestimmten Zeitpunkt ist dann gleich den Brutto-Investitionen minus der Abschreibungsrate (δ):

$$\dot{K} = I - \delta K = s \cdot Y - \delta K = s \cdot F[K, L \cdot A(t)] - \delta K, \qquad (8.5)$$

wobei $\dot{K} = dK / dt$ und $0 \leq s \leq 1$. Gleichung (8.5) determiniert die Dynamik von K für eine gegebene Technik und einen bestimmten Arbeitsbestand.

Wenn man beide Seiten von Gleichung (8.5) durch $[L \cdot A(t)]$ dividiert, dann erhält man:

$$\dot{K} / [L \cdot A(t)] = s \cdot f(\hat{k}) - \delta \hat{k}. \qquad (8.6)$$

Auf der rechten Seite haben wir Pro-Kopf-Variablen, nicht aber auf der linken Seite. Wir können $\dot{K} / [L \cdot A(t)]$ als Funktion von $\hat{k}$ schreiben, wenn wir folgende Bedingung benützen:[5]

$$\dot{\hat{k}} \equiv \frac{d(K / [L \cdot A(t)])}{dt} = \dot{K} / [L \cdot A(t)] - n\hat{k} - x\hat{k}. \qquad (8.7)$$

Wenn man dieses Ergebnis für $\dot{K} / [L \cdot A(t)]$ in Gleichung (8.6) einsetzt, dann erhält man nach einer leichten Umformung

$$\dot{\hat{k}} = s \cdot f(\hat{k}) - (x + n + \delta) \cdot \hat{k}. \qquad (8.8)$$

Gleichung (8.8) ist die fundamentale Differentialgleichung des *Solow-Swan*-Modells. Sie beschreibt das Wachstum der Kapitalintensität ($\dot{\hat{k}}$) nur als Funktion des Niveaus der Kapitalintensität ($\hat{k}$).

Abbildung 8.1 zeigt die Zusammenhänge von *Gleichung (8.8)*. Die obere Kurve repräsentiert die Produktionsfunktion $f(\hat{k})$. Etwas darunter liegt die Kurve $s \cdot f(\hat{k})$ - der erste Ausdruck in Gleichung (8.8) - , also die Spar- oder Investitionsfunktion bei konstanter Sparquote s. Aus dem Verlauf der Investitionsfunktion sieht man, dass die Kurve $s \cdot f(\hat{k})$ im Ursprung beginnt ($f(0) = 0$), einen positiven Anstieg hat (weil $f'(\hat{k}) \succ 0$) und mit zunehmendem Anstieg von $\hat{k}$ flacher wird (weil $f''(\hat{k}) \leq 0$). Die "Inada-Bedingung" (*Inada* (1964)) impliziert, dass die Sparkurve $s \cdot f(\hat{k})$ im Punkt $\hat{k} = 0$ vertikal ist und flach wird, wenn $\hat{k} \to \infty$. Der zweite Ausdruck in Gleichung (8.8) $(x + n + \delta) \cdot \hat{k}$ (die "effektive Abschreibung") ist eine Gerade ausgehend vom Ursprung mit dem Anstieg $(x + n + \delta)$. Auf Grund

[5] Wenn man die Funktion $w(t) = w(K(t) / (L \cdot A(t))$ verwendet, erhält man Gleichung (8.7) durch die totale Ableitung nach der Zeit: $dw / dt = \partial w / \partial K \cdot (dK / dt) - \partial w / \partial L \cdot (dL / dt) - \partial w / \partial A \cdot (dA / dt)$.

der "Inada-Bedingung" müssen sich die Sparkurve $s \cdot f(\hat{k})$ und die gemeinsame Gerade für das exogene Wachstum von technischem Fortschritt, Bevölkerung und Abschreibung $(x+n+\delta) \cdot \hat{k}$ irgendwo im positiven Quadranten schneiden.

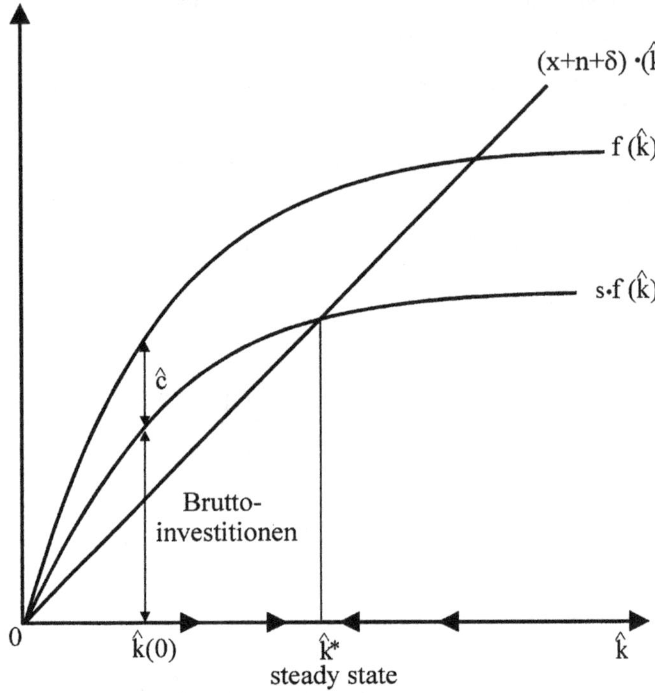

Abb. 8.1 Das Solow-Swan-Modell.

Quelle: *Barro-Sala-i-Martin* (1995), S. 18, ergänzt um die Darstellung mit arbeitsvermehrendem (Harrod-neutralem) technischen Fortschritt.

Der "Steady State":

Wir definieren den *steady state* als eine Situation, in der die verschiedenen Variablen mit konstanten Raten wachsen. Im Solow-Swan-Modell entspricht der steady state der Bedingung $\dot{\hat{k}} = 0$ in Gleichung (8.8). D.h. der steady state ist erreicht, wo sich die Investitionskurve ($s \cdot f(\hat{k})$) mit der Geraden $(x+n+\delta) \cdot \hat{k}$ in *Abb. 8.1* schneidet. Die entsprechenden Werte für $\hat{k}$ werden mit $\hat{k}^*$ bezeichnet. Algebraisch befriedigt $\hat{k}^*$ die Bedingung

$$s \cdot f(\hat{k}) = (x+n+\delta) \cdot \hat{k}. \tag{8.9}$$

Im steady state erreicht die Wirtschaft einen Zustand, wo $\hat{k}$ konstant ist. In diesem Zustand sind auch der Pro-Kopf-Output ($\hat{y}$) sowie der Pro-Kopf-Konsum ($\hat{c}$) konstant: $\hat{y}^* = f(\hat{k}^*)$ sowie $\hat{c}^* = (1-s) \cdot f(\hat{k}^*)$. Im neoklassischen Wachstumsmodell wachsen im steady state die (effizienten) Pro-Kopf-Größen - $\hat{k}(= K/[L \cdot A(t)])$, $\hat{y}(= Y/[L \cdot A(t)])$ und $\hat{c}(= C/[L \cdot A(t)])$ - nicht. Die Konstanz der Pro-Kopf-Variablen bedeutet, dass die Variablen Pro-Kopf-Variablen - *k (=K/L), y (=Y/L), c (=C/L)* - im steady state mit der exogenen Rate des technischen Fortschritts, *x* wachsen. Die *Niveaus der Variablen* - *K, Y* und *C* - wachsen im steady state mit der *Rate des technischen Fortschritts* und jener der *Bevölkerung* $(x+n)$.

Änderungen im Niveau der verwendeten Technologie, die zu einer Verschiebung der Produktionsfunktion ($f(\cdot)$ führen, Änderungen der Sparquote (*s*), des Bevölkerungswachstums (*n*) und der Abschreibungsrate (δ) beeinflussen die Pro-Kopf-Niveaus der verschiedenen Variablen im steady state. In *Abb. 8.1* führt z.B. ein proportionaler Anstieg im Niveau der verwendeten Technologie (Anstieg der Produktionsfunktion) oder ein Anstieg in *s* zu einer Verschiebung der Investitionskurve ($s \cdot f(\hat{k})$) nach oben und führt zu einem Anstieg der Steady-state-Kapitalintensität ($\hat{k}^*$). Ein Anstieg in der Rate des technischen Fortschritts *(x)*, der Bevölkerung *(n)* oder der Abschreibungsrate (δ) macht die Gerade $(x+n+\delta) \cdot \hat{k}$ steiler und führt zu einem Rückgang von $\hat{k}^*$.

Wichtig: Im steady state können zwar *Änderungen im Niveau* der verwendeten Technologie (Produktionsfunktion) und der Sparquote oder der Raten des technischen Fortschritts, der Bevölkerung und der Abschreibung die langfristigen Niveaus von $\hat{k}^*$, $\hat{y}^*$ und $\hat{c}^*$ beeinflussen, *nicht* aber deren die *Steady-state-Wachstumsraten.* Sie sind im steady state alle Null. Dieses Modell liefert daher keine Erklärung für die Determinanten des langfristigen Wachstums des Pro-Kopf-Einkommens.

Barrro-Sala-i-Martin (1995, S. 22 ff.) demonstrieren, dass das Solow-Swan-Modell auch interessante Implikationen bezüglich seiner *Dynamik* im Übergang von einer Situation eines Landes mit niedriger Kapitalausstattung pro Kopf zu einer hohen besitzt. Diese Dynamik kann man darstellen, wenn man aus der fundamentalen Gleichung (8.8) die Wachstumsraten ableitet. Dies geschieht durch Division auf beiden Seiten mit $\hat{k}$. Dann erhält man die Wachstumsgleichung für die Kapitalausstattung pro Kopf:

$$\gamma_{\hat{k}} \equiv \dot{\hat{k}} / \hat{k} = s \cdot f(\hat{k}) / \hat{k} - (x + n + \delta). \quad (8.10)$$

Aus *Abb. 8.2* ersieht man, wie das Pro-Kopf-Kapital einer Volkswirtschaft dem eigenen Steady-state-Wert zustrebt, aber auch wie es sich im Vergleich zu jenem anderer Länder entwickelt (catching-up).

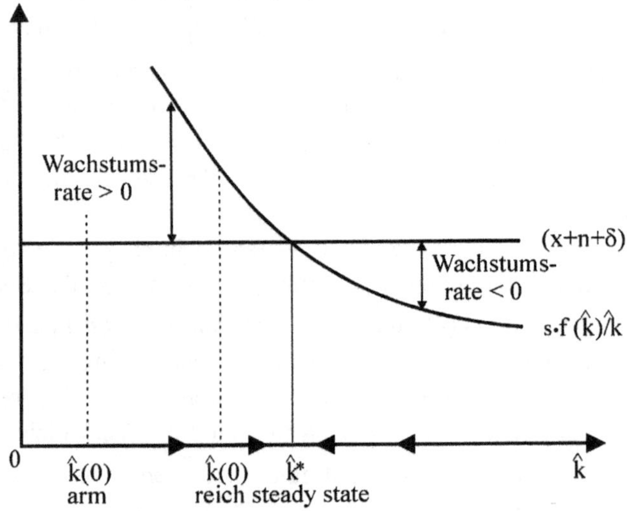

Abb. 8.2 Dynamik des Solow-Swan-Modells mit technischem Fortschritt

Die Wachstumsrate des Kapitals pro effizienter Arbeitskraft ($\hat{k} = K / LA$) ist gegeben durch den vertikalen Abstand zwischen der Kurve $s \cdot f(\hat{k}) / \hat{k}$ und der Geraden für die effektive Abschreibungsrate $(x + n + \delta)$. Die Wirtschaft ist im steady state, wenn $\hat{k}$ konstant ist. Da der technische Fortschritt (A) mit einer konstanten Rate x wächst, ist die Steady-state-Wachstumsrate des Pro-Kopf-Kapitals $\hat{k}$ gleich x. Wenn $\hat{k} < \hat{k}^*$, dann ist die Wachstumsrate von $\hat{k}$ positiv und $\hat{k}$ bewegt sich in Richtung $\hat{k}^*$. Wenn $\hat{k} > \hat{k}^*$, dann ist die Wachstumsrate von $\hat{k}$ negativ und $\hat{k}$ sinkt in Richtung $\hat{k}^*$. Im steady state ist $\hat{k}^*$, der Kapitalbestand pro Kopf, stabil. Ausgehend von einer niedrigen Kapitalausstattung pro Kopf (z.B. in einem armen Land) sinkt die Wachstumsrate von $\hat{k}$ monoton gegen Null. Der Grund ist die Annahme abnehmender Grenzerträge des Kapitals. Dieses Ergebnis impliziert auch der empirisch in Konvergenzstudien feststellbare negative Zusammenhang zwischen Anfangsbestand an Kapital (oder BIP) pro Kopf und Wachstumsrate des Kapitals (oder des BIP): je unterentwickelter ein Land, um so rascher wächst es in der Regel ("absolute Konvergenz"). Diese Entwicklung impliziert eine Tendenz zur Konvergenz der Entwicklungsniveaus der Länder, gemessen am BIP pro Kopf – zumindest, wenn die Ländergruppe relativ homogen ist (z.B. nur Entwicklungs- oder nur Industrieländer).

Quelle: *Barro-Sala-i-Martin* (1995, S. 22 ff.).

8.3.3 Modelle mit endogenem technischen Fortschritt

Im Solow-Swan-Modell (konstante und exogene Sparquote) - aber auch im Ramsey-Modell (endogene Sparquote) - ist das Wachstum des Kapitalbestandes pro Kopf einer Volkswirtschaft im steady state gleich der exogen gegebenen Rate des technischen Fortschritts. Im Solow-Swan-Modell ergibt sich die Tendenz zur Konvergenz verschiedener Volkswirtschaften aus der Annahme abnehmender Grenzerträge des Kapitals. Die Vorstellung, dass das langfristige Pro-Kopf-Wachstum einer Wirtschaft nur durch exogene Faktoren erklärbar ist, wurde zunehmend als unbefriedigend empfunden. Daher entwickelten Wachstumstheoretiker ab Mitte der achtziger Jahre eine Reihe von Modellen, in denen das Wachstum modellendogen erklärt wurde.

8.3.3.1 Das AK-Modell

Eines der einfachsten Modelle zur Erklärung endogenen Wachstums ist das sogenannte *AK*-Modell (siehe *Barro-Sala-i-Martin* (1995, S. 38 ff.))[6]. Dieses Modell nimmt entgegen dem neoklassischen Standardmodell an, dass es durch den Einsatz von Kapital zu keinen abnehmenden Grenzerträgen kommt. Die einfachste Form der Produktionsfunktion lautet dann: $Y = AK$, wobei A eine positive Konstante ist (technischer Fortschritt). K könnte im weiteren Sinne auch Humankapital enthalten. Der Pro-Kopf-Output ist $y = Ak$ und das durchschnittliche sowie das Grenzprodukt des Kapitals sind konstant durch A gegeben. Wenn man in *Gleichung (8.10)* $f(k)/k = A$ substituiert und annimmt, dass die Rate des technischen Fortschritts $x = 0$, dann lautet die Wachstumsgleichung für die Kapitalausstattung pro Kopf: $\gamma_k = sA - (n + \delta)$. Dadurch ergibt sich eine horizontale Spar- bzw. Investitionskurve (sA), die oberhalb jener des (exogenen) technischen Fortschritts, des Bevölkerungswachstums bzw. der Abschreibungsrate $(x + n + \delta)$ verläuft. Damit ist γ_k der vertikale Abstand zwischen den beiden horizontalen und parallel verlaufenen Linien $(sA \succ (n + \delta))$. γ_k ist die konstante Wachstumsrate, unabhängig von k , d.h. k wächst immer mit der Steady-state-

[6] Laut *Barro-Sala-i-Martin* (1995), S. 39 hat *von Neumann* (1937) als erster eine Produktionsfunktion vom *AK*-Typ verwendet.

Wachstumsrate $\gamma_k = sA-(n+\delta)$. Dadurch erhält man langfristig ein anhaltend gleichbleibendes Wirtschaftswachstum.

8.3.3.2 Modelle mit Learning-By-Doing und Wissens-Spillovers

Romer (1986) hat die Pionierarbeit von *Arrow* (1962) über "learning by doing" aufgegriffen und ein Ein-Sektor-Modell für eine geschlossene Volkswirtschaft entwickelt, um damit die abnehmenden Grenzerträge des Kapitals auszuschalten (siehe auch *Barro-Sala-i-Martin* (1995, S. 146 ff.)). Dies geschieht durch die Annahme, dass die Schaffung von Wissen ein Nebenprodukt der Investitionen ist. Die Mitarbeiter einer Firma, die durch Investitionen ihren physischen Kapitalstock steigert, lernen simultan, wie man damit effizienter produzieren kann. D.h., dass Unternehmen im Laufe ihrer Produktionstätigkeit Wissen generieren. Sie können aber nicht verhindern, dass dieses Wissen frei in die Gesellschaft diffundiert und jedem (gratis) zur Verfügung steht. Via external economies könnte dieses Wissen auch anderen Unternehmen in der Industrie zugute kommen (spill-overs). *Shell* (1967) endogenisierte den Prozess der Wissensaneignung anders als *Arrow* (1962). Bei *Arrow* (1962) wird das Wissen in der Privatwirtschaft angesammelt. Für *Shell* ist *die Akkumulation von Wissen ein bewusster Prozess*, der in Forschungslabors erzeugt wird (entweder finanziert von Unternehmen oder vom Staat: Grundlagenforschungsansatz).

8.3.3.3 Zwei-Sektor-Modelle mit endogenem Wachstum

Die Aussagen werden komplizierter, aber auch realitätsnäher, wenn man mehr als einen Sektor in der Wirtschaft betrachtet. Ein Prototyp einer solchen Modellklasse geht auf *Uzawa* (1965) und *Lucas* (1988) zurück (siehe *Barro-Sala-i-Martin* (1995, Chapter 5); *Gries-Wigger-Hentschel* (1994)). Das Uzawa-Lucas-Modell ist charakterisiert durch drei Produktionsfaktoren (Kapital, ungelernte Arbeit und Humankapital) und zwei Produktionssektoren (einer produziert Konsumgüter und physisches Kapital; der andere ist der Ausbildungssektor und "erzeugt" Humankapital). Das Modell ist für eine geschlossene Volkswirtschaft konzipiert. Das Uzawa-Lucas-Modell führt zu einem Anstieg des Wirtschaftswachstums, wenn Humankapital relativ zum physischen Kapital reichlicher vorhanden ist. Das Modell würde prognostizieren, dass sich ein Land nach einem Krieg, der nur das physische Kapital zerstört, rascher erholen würde als ein Land, dessen Humankapital durch eine Epidemie beeinträchtigt wurde.

8.3.3.4 Technischer Fortschritt führt zur Produktvielfalt und Qualitätsverbesserung

1. Zum einen kann der technische Fortschritt dazu führen, dass die Zahl der Produktvarianten erhöht wird. Dieser Ansatz, der monopolistische Konkurrenz mit *Produktvielfalt* kombiniert, geht auf *Dixit-Stiglitz* (1977) zurück, der damit Nutzenfunktionen mit traditionellen und modernen produktdifferenzierten Gütern kreierte. *Ethier* (1982) verwendete diesen Ansatz zur Formulierung einer Produktionsfunktion. *Romer* (1987, 1990) modellierte damit den endogenen technischen Fortschritt. Die Forscher sind motiviert durch die Aussicht auf (vorübergehende) Monopolgewinne, wenn sie durch mehr F&E neue Produkte kreieren. Die Wachstumsrate der Volkswirtschaft hängt von einer Reihe von Parametern (Kosten der F&E, economies of scale) bezüglich der Präferenzen und der Technologie ab. Damit wird die Rate des technischen Fortschritts (x) in dieser Art von Modellen endogenisiert. Unter speziellen Annahmen über den Wissenstransfer von einem Land zum anderen (spill-over), der durch Integration erleichtert wird, kommt es zur Verbreitung des technischen Fortschritts in der Welt, wodurch auch erklärt werden kann, warum das langfristige Weltwirtschaftswachstum (BIP pro Kopf) positiv ist (siehe *Barro-Sala-i-Martin* (1995, Chapter 6)).
2. Zum anderen gibt es Modelle, die erklären, warum bei gegebener Zahl von Produktvarianten die Qualität oder Produktivität jeder einzelnen Produktvariante zunimmt. Es kommt im Verlauf der Entwicklung eines Landes zu einem Anstieg in der *"Qualitätsleiter"* der Produkte (siehe *Grossman-Helpman* (1991, Chapter 10); *Barro-Sala-i-Martin* (1995, Chapter 7)). Neue Produkte und Produktentwicklungsmethoden verdrängen die alten (substituieren sie vollkommen) und beseitigen somit die Monopolrenten der früheren Produzenten. Es handelt sich um ein Schumpeterianisches Denkmuster. *Schumpeter* (1934) nannte diesen Vorgang der ständigen Produkterneuerung einen Prozess der "schöpferischen Zerstörung".

8.4 Die Neue Wachstumstheorie des Außenhandels

Die Neue Wachstumstheorie des Außenhandels (NWTA) hat folgende Ziele:

- Sie ist eine Wachstumstheorie der *"endogenen" Innovationen*. Produktivität wird generiert durch beabsichtigte Investitionen in F&E (Forschung und Entwicklung) durch gewinnorientierte Unternehmen. Dieser Ansatz kann auch als Schumpeterianisches Wachstumsmodell betrachtet werden (*Grossman-Helpman* (1991, Chapter 2); *Siebert* (1991)).
- Sie versucht, die *Außenhandelstheorie* in die *Neue Wachstumstheorie zu integrieren*. Die Neue Wachstumstheorie arbeitet die Determinanten des technischen Fortschritts heraus. Die Außenhandelstheorie interessiert sich für die Erklärung der dynamischen komparativen Vorteile und den Konsequenzen des internationalen Handels in einer Welt mit globalem Konkurrenzkampf bezüglich der technologischen Führerschaft. Die NWTA kennt eine Vielzahl von Modelltypen (siehe *Grossman-Helpman* (1991)).[7] *Tabelle 8.1* gibt einen Überblick. Ein Grundmodell der NWTA ist in *Abb. 8.3* schematisch zusammengestellt. Es basiert im wesentlichen auf den Modelltypen, die *Grossman-Helpman* (1991) verwenden.

---

7 Fragen über "Wachstum und Außenhandel" werden auch im Lehrbuch von *Farmer-Wendner* (1997) behandelt.

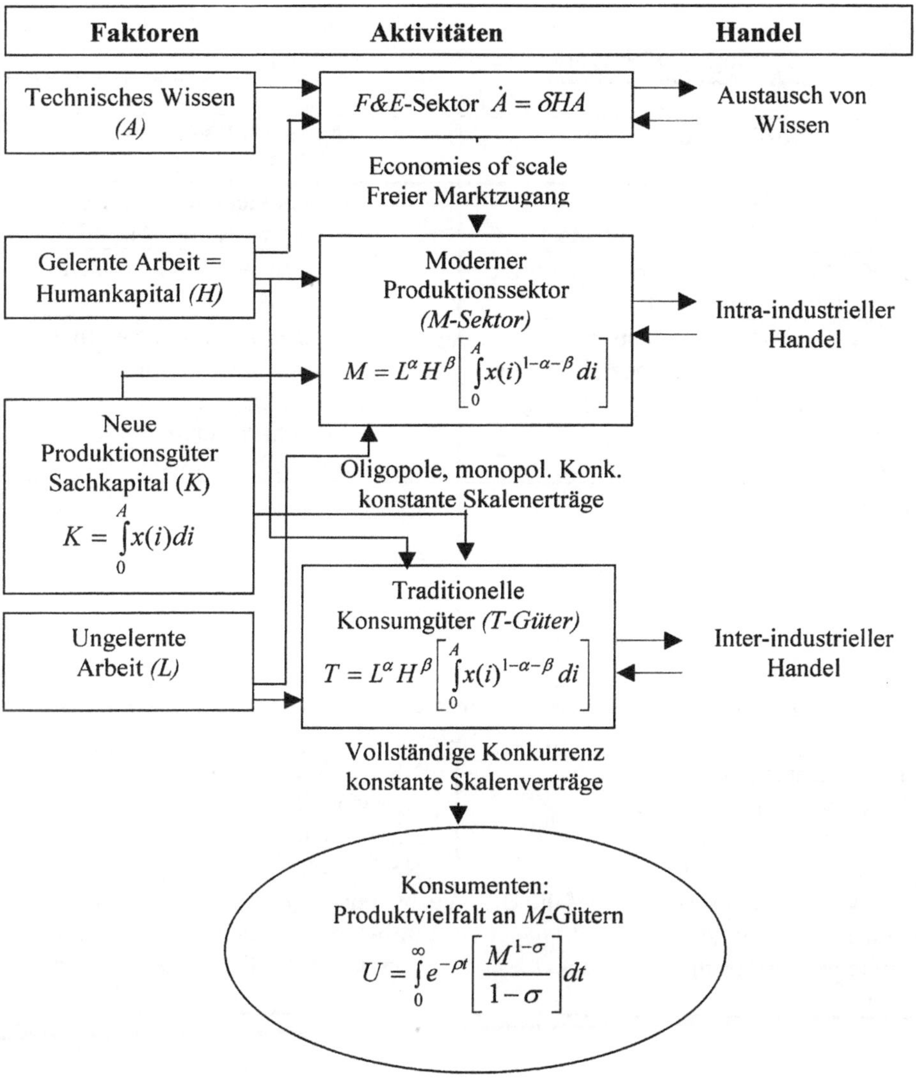

Abb. 8.3 Grundmodell der Neuen Wachstumstheorie des Außenhandels (NWTA)

Die aggregierte Produktionsfunktion für die Gesamtwirtschaft (*M*- plus *T*-Sektor) lautet: $Y = T + \dot{K} = L^{\alpha} H^{\beta} A^{\alpha+\beta} K^{1-\alpha-\beta}$; A = Produktvielfalt; Skaleneffekt bei A: $A^{\alpha+\beta}$. Dies impliziert die Arbeitsteilungshypothese von *Adam Smith*: Eine größere Anzahl von unterschiedlichen Produktionsmaschinen ermöglicht größere Arbeitsteilung und damit ein Anstieg der Produktivität.

Quellen: *Romer* (1990), *Grossman-Helpman* (1991), *Rivera-Batiz-Romer* (1991), *Siebert* (1991), *Maurer* (1993).

Tabelle 8.1 Neue Wachstumstheorie des Außenhandels (NWTA) zur Erklärung endogenen Wachstums (ein Modellüberblick)

Modelltypen	
Nord-Nord-Modelle (NN-Modelle)	**Nord-Süd-Modelle (NS-Modelle)**
2 hochentwickelte Industrieländer (N-Länder)	1 hochentwickeltes N-Land 1 unterentwickeltes S-Land
• Konkurrenzkampf um Technologievorteile (Führerschaft)	• N-Staaten machen Innovationen S-Staaten imitieren
• Faktorausstattung identisch (keine Anreize zur Spezialisierung, Allokationseffekt ausgeschaltet)	• Faktorausstattung unterschiedlich (Allokationseffekt möglich): Spezialisierung: N - high-tech-Produkte S - traditionelle Produkte
• Integration (EG, NAFTA) als Wachstumsmotor durch: - Marktexpansionseffekt (economies of scale); - Spill-overs von Technologie durch Handel	
4 Mechanismen für die Beeinflussung der Steady-state-Wachstumsrate durch Handelspolitik	
1. Wissenstransfereffekt	NN-Modell
2. Marktexpansionseffekt	NN-Modell
3. Wettbewerbseffekt	NN-Modell
4. Allokationseffekt	NS-Modell
1. bis 3.: positiver Einfluss auf die BIP-Wachstumsrate (bei Freihandel und internationalem Patentschutz). 4.: negativer Einfluss auf das BIP-Wachstum, wenn eine Spezialisierung auf Produkte erfolgt, wo es keine Produktivitätsfortschritte gibt.	

8.4.1 Das Grossman-Helpman-Modell

Grossman-Helpman (1991) haben in ihrem Buch über "Innovation und Wachstum in der Weltwirtschaft" verschiedene Varianten von Modellen zur Erklärung des endogenen Wirtschaftswachstums auf Basis endogenen technischen Fortschritts entwickelt (NN- und NS-Modelle). Auch zahlreiche andere Autoren haben sich mit diesem Thema in den letzten zehn Jahren beschäftigt (für einen Überblick, siehe *Maurer* (1993), *Barro-Sala-i-Martin* (1995), *Baldwin-Seghezza* (1996); *Aghion-Howitt*, 1998, *Badinger* (2003)). Im folgenden wird ein Prototyp eines dynamischen Modells mit F&E vorgestellt, das die wichtigsten Ingredienzien der NWTA enthält. Es handelt sich um das Modell von *Grossman-Helpman* (1989).

8.4.1.1 Grundannahmen

Ausgangspunkt ist die Vorstellung einer "integrierten Weltwirtschaft", also eines Weltgleichgewichts ohne Außenhandel, weil es keine Länder, sondern nur eine Welt gibt. Diese Analysemethode geht auf eine Idee von *Dixit-Norman* (1980, 1982) zurück und wurde ausgiebig in *Helpman-Krugman* (1985) angewandt. Dann versucht man zu zeigen, ob ein Welthandelsgleichgewicht bei Freihandel zwischen zwei Ländern mit Faktorpreisausgleich dieses "integrierte Weltgleichgewicht" einer Einheitswelt reproduzieren kann.

In dieser Einheitswelt gibt es 2-Produktions-Faktoren: Gelernte Arbeit (Humankapital: H) und ungelernte Arbeit (L). Die Wirtschaft entfaltet Aktivitäten in 3 Sektoren: ein traditioneller Konsumgütersektor (T-Sektor) mit vollständiger Konkurrenz, ein Produktionsgütersektor produziert mit oligopolitischer (oder monopolistischer) Konkurrenz ein Kontinuum verschiedener Produktvariationen "moderner" Industrieprodukte (M-Sektor) und ein "*F&E*-Sektor" kreiert neues technisches Wissen, das notwendig ist, um die neuen Produktvariationen von Industriegütern herzustellen. Die Industrie ist horizontal differenziert, so dass neu erfundene Produkte alte nicht ersetzen ("Qualitätsleiter").

8.4.1.2 Konsumenten (private Haushalte)

Unendlich lange lebende Konsumenten maximieren ihren Nutzen über den Lebenszyklus. Der repräsentative Konsument hat eine zeitseparable intertemporale Nutzenfunktion

$$U = \int_0^\infty e^{-\rho t} \log u(.) dt, \tag{8.11}$$

wobei ρ die konstante subjektive Diskontrate (Zeitpräferenzrate) ist und $u(\cdot)$ eine Subnutzenfunktion. Dafür wird die von *Dixit-Stiglitz* (1977) vorgeschlagene Form verwendet[8]:

---

[8] Die Notation der Gleichungen ist an jene von *Abb. 8.3* angepasst.

$$u=\left[\int_0^A C_M(i)^\alpha\, di\right]^{\frac{s_M}{\alpha}} C_T^{\,1-s_M}, \quad \alpha, s_M \in (0,1), \tag{8.12}$$

wobei $C_M(i)$ der Konsum des differenzierten Gutes i ("modernes" Gut M) und C_T der Konsum des traditionellen Gutes (T-Gut) ist. A ist die Anzahl der Produktvariationen. Die Ausgabenanteile s_M und $(1-s_M)$ sind konstant. Die konstante Substitutionselastizität zwischen den beiden Produkten lautet: $\sigma = 1/(1-\alpha) > 1$. α ist die Präferenz für Produktvielfalt.

Das Maximierungsproblem der Konsumenten kann in zwei Stufen gelöst werden:

1. Zuerst sucht man $C_M(i)$ und C_T, um $u(\cdot)$ bei gegebenen Gesamtausgaben *E(t)* zum Zeitpunkt *t,* sowie gegebenen Preisen und Gütervariationen, zu maximieren. Dann wird für das Zeitprofil der Ausgaben gelöst, das U maximiert. Die Lösung für die erste Stufe liefert die Nachfragefunktion

$$C_M(i) = s_M E \frac{P_M(i)^{-\sigma}}{\int_0^{A(t)} P_M(j)^{1-\sigma} dj} \tag{8.13}$$

   und $C_T = (1-s_M)E/P_T$, wobei $P_M(i)$ der Preis für das differenzierte Produkte i, und P_T der Preis für das traditionelle Gut ist. Die Gesamtausgaben sind definiert als: $E = C_M P_M + C_T P_T$.

2. Wenn man U maximiert muss der Konsument eine intertemporale Budgetbeschränkung erfüllen. Es wird unterstellt, dass der Konsument auf dem Kapitalmarkt frei Geld ausborgen und aufnehmen kann und zwar zu einem Zinssatz $\dot{R}(\tau)$. Die intertemporale Budgetbeschränkung lautet:

$$\int_t^\infty e^{-[R(\tau)-R(t)]}E(\tau)d\tau = \int_t^\infty e^{-[R(\tau)-R(t)]}I(\tau)d\tau + W(t), \tag{8.14}$$

   wobei $I(\tau)$ das Faktoreinkommen der Konsumenten in Periode τ ist. $W(t)$ ist der Wert der akkumulierten (Finanz)anlagen zum Zeitpunkt t mit $W(0)=0$, und $R(\tau)$ ist der kumulative Zinsfaktor bis zum Zeitpunkt τ. Wenn man Gleichung (8.13) in (8.12) einsetzt und dieses Ergebnis in Gleichung (8.11) substituiert, impliziert die Bedingung erster Ordnung für die Maximierung des Nutzens U bei gegebener intertemporaler Budgetbeschränkung (8.14) zum Zeitpunkt $t=0$

$$\frac{\dot{E}}{E} = \dot{R} - \rho. \tag{8.15}$$

Diese in der Literatur auch als "Euler-Gleichung" bekannte Beziehung (siehe *Barro-Sala-i-Martin* (1995, S. 63)) besagt, dass im Optimum das Wachstum der Gesamtausgaben der Differenz von Zinssatz $\dot{R}$ (entspricht der Rendite der angesparten Finanzanlagen) und subjektiver Diskontrate (Zeitpräferenzrate) ρ entspricht. Sind $\dot{R} = \rho$ ist das Ausgabenwachstum Null.

8.4.1.3 Produzenten (Sektoren)

Es gibt 3 Produktionssektoren[9] bzw. Aktivitäten in der integrierten Weltwirtschaft, denen 2 Produktionsfaktoren (gelernte - H - und ungelernte Arbeit - L) zur Verfügung stehen:

- Im "*F&E*-Sektor" (*FE bzw. A*) wird (durch Forschung bzw. F&E-Aktivitäten) neues Wissen erzeugt und zwar mit Hilfe von gelernter Arbeit (Humankapital: H_A) allein.
- Im "*M*-Sektor" werden moderne Industrieprodukte erzeugt und zwar mit Hilfe von gelernter Arbeit (H_M) und ungelernter Arbeit (L_M). Ein neues Produkt muss zuerst entwickelt werden, bevor das Gut produziert werden kann. Es braucht keine "Zeit", um neue Produkte zu erzeugen. Neue Produkte substituieren perfekt die alten Produkte. Innovationen führen zu vorübergehender *Monopolmacht* bei den neu entwickelten Produkten.
- Im "*T*-Sektor" werden traditionelle (homogene) Konsumgüter nur mit ungelernter Arbeit (L) hergestellt.

Ein Produzent einer bereits existierenden Produktmarke sieht sich im Zeitpunkt t Konkurrenten gegenüber, die jeweils auch Produkte in der Vergangenheit entwickelt haben. Die Zahl der Konkurrenten wird mit der Zahl neuer Produktvarianten ($A(t)$) gemessen. Der Produzent nimmt das aggregierte Ausgabenniveau $E(t)$ und die Preispolitik des Konkurrenten als gegeben an (Annahme *monopolistischer Konkurrenz*). Er setzt die Preise für seine neuen Produkte (bei gegebener Nachfrage - Gleichung (8.13)), indem er den Gewinn (die Differenz von Umsatz und Kosten) maximiert. Das führt zu einer Preiskalkulation mit fixen Aufschlägen auf die Produktionsstückkosten $\Phi_M(w_f)$ (Monopolmacht-mark-up). Da alle Pro-

---

[9] Im Modell von *Grossman-Helpman* (1989) wird in allen 3 Sektoren mit konstanten Skalenerträgen produziert. Im endogenen Wachstumsmodell von *Rivera-Batiz-Romer* (1991) gibt es economies of scale im "F&E-Sektor" sowie konstante Skalenerträge in den *M*- und *T*-Sektoren. Darüber hinaus wird in den Sektoren *M* und *T* mit Hilfe von *L, K* und *H* produziert sowie die Impulse neuer Produktvarianten (*A*) berücksichtigt.

duzenten als gleich angesehen werden, betrachten wir ein symmetrisches Gleichgewicht. In diesem symmetrischen Gleichgewicht erfüllen die Produktion pro Produktvariante $M(i) = M$ und die Preise $P_M(i) = P$ für alle $i \in [0, A(t)]$ die Bedingung

$$M = s_M \frac{E}{PA} \tag{8.16}$$

und

$$\alpha P = \Phi_M(w_f). \tag{8.17}$$

Der Monopol-mark-up ($1/\alpha = \sigma/(\sigma - 1)$) auf die Produktionsstückkosten $\Phi_M(w_f)$ (w_f= Vektor der Faktorpreise) ist um so größer (kleiner), je niedriger (höher) die Substitutionselastizität zwischen modernen Produkten ist. Der resultierende *Gewinn* pro Produktvariante (neue Marke) ist

$$\pi = (1-\alpha)s_M \frac{E}{A}. \tag{8.18}$$

Es wird unterstellt, dass der Unternehmer hinsichtlich der Entwicklung der Gesamtausgaben E und der Zahl der Firmen A eine vollständige Voraussicht hat. Unter Berücksichtigung von (8.18) hat er auch vollständige Voraussicht bezüglich der Gewinne pro Produktvariante. Im Gleichgewicht darf der Gegenwartswert dieser Gewinne (linke Seite von *Gleichung (8.19)*) die Kosten der Entwicklung neuer Produktvarianten (rechte Seite von *Gleichung (8.19)*; $\Phi_A(w_f)$= Kosten für die Entwicklung neuer Produktvarianten) nicht übersteigen. Wenn es im Zeitpunkt t eine positive Investition in die Produktentwicklung gibt, so ist der break-even für jede neue Produktvariante gegeben durch

$$\int_t^{\infty} e^{-[R(\tau)-R(t)]}\pi(\tau)d\tau = \Phi_A[w_f(t)]. \tag{8.19}$$

Wenn die nominellen Preise auf Eins normiert werden, erhält man

$$1 = \Phi_A[w_f(t)] \quad \text{für alle } t. \tag{8.20}$$

Mit dieser Wahl als numeraire impliziert Gleichung (8.19), dass der Zinssatz gleich ist dem Strom an Gewinnen, d.h.

$$\pi(t) = \dot{R}(t). \tag{8.21}$$

Auch das traditionelle Gut wird mit konstanten Skalenerträgen erzeugt. Seine Stückkostenfunktion ist $\Phi_T(w_f)$. Sein Preis, der gleich ist den Grenzkosten, lautet

$$P_T = \Phi_T(w_f). \tag{8.22}$$

Die Gleichungen (8.17), (8.20) und (8.22) beschreiben die Gleichgewichtsbeziehungen zwischen Produkt- und Faktorpreisen.

8.4.1.4 Integriertes Weltgleichgewicht

Wenn die Gleichungen (8.18) und (8.21) in Gleichung (8.15) eingesetzt werden, erhält man

$$\frac{\dot{E}}{E} = (1-\alpha)s_M \frac{E}{A} - \rho. \tag{8.23}$$

Dies ist die *erste Differentialgleichung*, die benützt wird, um die zeitliche Entwicklung der integrierten Weltwirtschaft zu beschreiben. Sie zeigt die Wachstumsrate der Gesamtausgaben (entspricht im Gleichgewicht dem Brutto-Inlandsprodukt) als eine Funktion des Niveaus der Gesamtausgaben E und der Zahl der verfügbaren Produktvarianten (Marken A).

Eine *zweite Differentialgleichung* - eine Investitionsgleichung - beschreibt die Wachstumsrate der verfügbaren Produktvarianten. Dazu ist es notwendig, die Markträumungsbedingung für die Faktormärkte zu definieren. Wenn $a_z(w_f)$ der Spaltenvektor der Stückkostenfunktion $\Phi_z(w_f)\{z = A, M, T\}$ ist, dann repräsentiert $a_z(w_f)$ den Vektor des Faktoreinsatzes pro Produktionseinheit mit Faktorpreisen w_f. Daraus ergibt sich die Bedingung für die Markträumung *(Gleichgewicht) auf den Faktormärkten* (Angebot = Nachfrage für gelernte (Humankapital) - H - und ungelernte - L - Arbeit in den drei Sektoren: A, M und T) wie folgt

$$a_A(w_f)\dot{A} + a_M(w_f)\overline{M} + a_T(w_f)T = V, \tag{8.24}$$

wobei

$$\overline{M} = AM \tag{8.25}$$

die über alle Produktvarianten aggregierte Produktion der modernen Industriegüter ist. T ist die Gesamtproduktion traditioneller Güter und V ist der Vektor der verfügbaren Inputs (L, H). Unter Berücksichtigung der Gleichungen (8.17), (8.20), (8.22) und (8.24) sowie den Bedingungen für die Markträumung auf den Gütermärkten (Angebot = Nachfrage) – *Gleichgewicht auf den Gütermärkten* -

$$s_M \frac{E}{P} = \overline{M} \qquad \text{(für moderne Güter)} \tag{8.26}$$

und

$$(1-s_M)\frac{E}{P_T} = T, \qquad \text{(für traditionelle Güter)} \tag{8.27}$$

können wir für die Gleichgewichtsgüter- und Faktorpreise sowie für die sektoralen Produktionsniveaus als Funktion des Gesamtausgabenniveaus (E) lösen. Wir bezeichnen diese funktionalen Beziehungen als $w_f(E)$, $P_M(E)$, $P_T(E)$, $\overline{M}(E)$, $T(E)$ und erhalten eine Differentialgleichung für das Wachstum der Produktvarianten (Marken) in Abhängigkeit vom Niveau der Gesamtausgaben

$$\dot{A} = v(E). \tag{8.28}$$

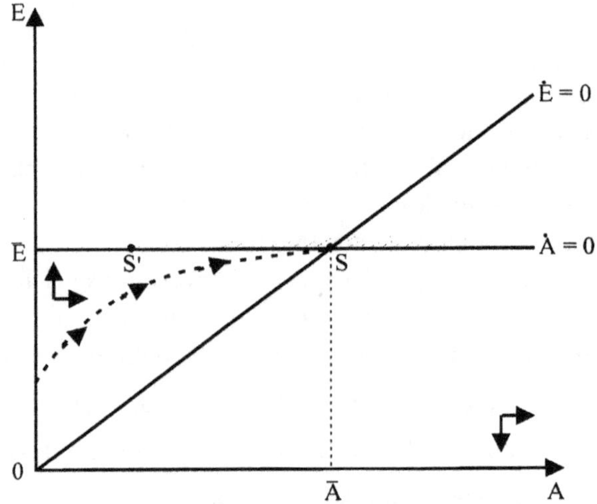

Abb. 8.4 Phasendiagramm für ein integriertes Weltgleichgewicht in einem Model mit endogenem Wachstum durch Produktinnovation

Aus *Gleichung* (8.23) sieht man, dass man im Falle von $\dot{E} = 0$ eine Gerade mit positivem Anstieg ($\rho/(1-\alpha)s_M$) erhält: E steigt, wenn A steigt. *Gleichung* (8.28) impliziert, dass für einige bestimmte Werte von E, die wir $\overline{E}$ bezeichnen, $\dot{A} = 0$. Die horizontale Linie gibt Punkte an, wo es keine neue Produktentwicklung gibt. Der Punkt S repräsentiert den steady state, in dem weder die Gesamtausgaben (E) wachsen, noch sich die Zahl der neuen Produkte (A) ändert. Für $A(0) < \overline{A}$ gibt es eine einzige Gleichgewichtstrajektorie (die gestrichelte Linie), die zum Punkt S führt. Unterhalb dieses Pfades erreichen im Zeitablauf die Gesamtausgaben Null, was der Nutzenmaximierung widerspricht. Oberhalb dieses Pfades werden die Bedingungen für die Gewinnmaximierung verletzt (z.B. im Punkt S').

Quelle: *Grossman-Helpman* (1989, S. 1268).

Die *Gleichungen* (8.23) und (8.28) stellen ein autonomes System von Differentialgleichungen dar, deren Dynamik in einem zweidimensionalen Phasendiagramm studiert werden kann (siehe *Abb. 8.4*). Die Veränderung der

Produktentwicklung darf nicht negativ werden. Globale Stabilität ist gegeben, wenn $v(\cdot)$ eine abnehmende Funktion von E ist, immer dann, wenn $v(E) > 0$.

8.4.1.5 Außenhandel in einer Zwei-Länder-Welt

Bisher wurde angenommen, dass die Welt aus einer integrierten Wirtschaft, also aus nur einem Land, besteht. Um die Implikationen ihres endogenen Wachstumsmodells zu demonstrieren, unterteilen *Grossman-Helpman* (1989) die Welt in zwei gleiche Industrieländer. Beide Länder haben identische Präferenzen und produzieren mit derselben Produktionstechnik (NN-Modell). In beiden Ländern ist die Faktorausstattung mit gelernten und ungelernten Arbeitskräften gegeben. Auch die Investitionsausgaben für die Entwicklung neuer Produkte sind gleich. Unter Berücksichtigung von zwei Produktionsfaktoren (gelernte - Humankapital: H - und ungelernte Arbeit: L) sowie der Annahme fixer Input-Output-(Leontief)-Technologie wird untersucht, ob ein Welthandelsgleichgewicht bei Freihandel und Faktorpreisausgleich jenes der integrierten Weltwirtschaft reproduziert. Weiters wird angenommen, dass moderne Industrieprodukte (Produktvarianten: M-Güter) humankapitalintensiver produziert werden als traditionelle Industriegüter (T-Güter).

Grossman-Helpman (1989; S. 1271) können aus ihrem Modell folgende Aussagen bezüglich des Außenhandels (Dynamik des Handels- bzw. Spezialisierungsmusters) und der Internationalisierung der Produktion (Multis) ableiten:[10]

1. Das Land (Inland), das relativ reichlich mit Humankapital ausgestattet ist, importiert das arbeitsintensive traditionelle Industriegut (T). Das Land (Ausland), das relativ reichlich mit ungelernten Arbeitskräften ausgestattet ist, exportiert das T-Gut. Dies ist das Ergebnis der relativen Faktorausstattung beider Länder, die die Richtung des (*inter-industriellen*) Handels mit traditionellen Gütern determiniert (Heckscher-Ohlin-Aussage).
2. Jedes differenzierte M-Gut wird in nur einem Land erzeugt, wird aber weltweit konsumiert. Daraus entsteht *intra-industrieller* Handel bei modernen Industriegütern. Das Land (Inland), das relativ reichlich mit Humankapital ausgestattet ist, ist ein Netto-Exporteur von differenzierten, modernen Industriegütern (M).

[10] *Minne* (1993; Anhang von *A. de Graaf*) hat die Ergebnisse des Modells von *Grossman-Helpman* (1989) mittels eines Zahlenbeispiels für eine Zwei-Länder-Welt anhand einiger Simulationen im steady state demonstriert.

3. Wenn die Entwicklung neuer Produkte relativ zur Produktion moderner Industriegüter humankapitalintensiv ist, *wächst das Volumen des Welthandels rascher* als die Weltgesamtausgaben bzw. das Welt-BIP. Diese Aussage deckt sich mit der empirischen Beobachtung seit dem Zweiten Weltkrieg.
4. Wenn *Internationalisierung der Produktion* zugelassen wird, erlaubt das Modell auch Aussagen über das Entstehen von Multis. Es wird angenommen, dass die Produktion von Produktvarianten in zwei Aktivitäten aufgespaltet werden kann (das Hauptquartier benötigt viel Humankapital; Zweigstellen im Ausland verwenden die daraus entstehenden Pläne, um daraus mit ungelernter Arbeit Produkte zu erzeugen). Wenn die Unterschiede in der Faktorausstattung genügend groß sind und die Entwicklung neuer Produkte humankapitalintensiver ist als die Erzeugung moderner Industrieprodukte, dann können Multis entstehen.

8.4.2 Wirtschaftliche Integration und endogenes Wachstum

Die Neue Wachstumstheorie des Außenhandels (NWTA) liefert eine Reihe von mehr oder weniger stichhaltigen Argumenten, warum wirtschaftliche Integration (EU, EFTA, NAFTA, etc.) langfristig das Wirtschaftswachstum positiv beeinflussen kann. Nach *Romer* (1990) sowie *Rivera-Batiz-Romer* (1991) und *Grossman-Helpman* (1991, S. 237) und in der erweiterten Interpretation von *Baldwin-Seghezza* (1996) gibt es *vier Kanäle*, wie wirtschaftliche Integration ein technologisch induziertes endogenes Wachstum generieren kann:

1. Integration (d.h. Wegfall von Handelsbarrieren) erleichtert den internationalen Transfer (spill-over) von Wissen (Technologie, Know-how, Management etc.). Dadurch entstehen positive Externalitäten. Je tiefer die Integration fortgeschritten ist (z.B. im EG-Binnenmarkt durch die Verwirklichung der vier Freiheiten oder in der Wirtschafts- und Währungsunion durch eine Einheitswährung), um so größer müssten diese Externalitäten ausfallen. *Coe-Helpman* (1995) testen den Einfluss von inländischen F&E-Investitionen und von internationalen F&E-spillovers auf die gesamte Faktorproduktivität (oder englisch: Total Factor Productivity - TFP). Die TFP[11] - das Maß für den

[11] Bei einer Cobb-Douglas–Produktionsfunktion ($Y = TFP\,K^{\alpha}L^{(1-\alpha)}$) ist die gesamte Faktor-produktivität (Solow-Residuum) definiert als: $TFP = Y/(K^{\alpha}L^{(1-\alpha)})$. *Coe-Helpman* (1995) schätzen nun (in Logarithmen) die Abhängigkeit des Solow-Residuums – Total Factor Produc-

technischen Fortschritt - wird auch als "Solow-Residuum" bezeichnet, da es für Solow den wichtigsten Motor des Wirtschaftswachstums darstellt. Bei kleinen Ländern, die stärker außenhandelsabhängig sind als große Länder, ist in der Regel der spill-over von ausländischen F&E-Investitionen größer als bei großen Ländern. *Baldwin-Seghezza* (1996) finden anhand des Ansatzes von *Coe-Helpman* (1995), dass die EU-Mitgliedschaft (erfasst wurden drei EG-Erweiterungen: 1973 um Dänemark, Irland und Großbritannien; 1981 um Griechenland und 1986 um Portugal und Spanien mit Dummy-Variablen) jeweils zu einem zusätzlichen Schub im Wachstum beigetragen hat. D.h. Integration steigert langfristig das Niveau des realen Brutto-Inlandsproduktes (BIP) bzw. das Niveau der gesamten Faktorproduktivität (TFP).[12]

2. Integration könnte dazu führen, dass die Duplizierung von innovativen Aktivitäten (Forschung und Entwicklung - F&E) reduziert wird. Wenn man auf

---

tivity (TFP_t) vom inländischen (S_i^d) und vom ausländischen Bestand an F&E-Kapitalstöcken (S_i^f = der mit Importanteilen gewichtete Durchschnitt des F&E-Kapitalbestandes der Handelspartner; F&E = Forschungs- und Entwicklung; m_i = Verhältnis von Importen zu BIP, was eine Interaktion von ausländischem F&E-Kapitlstock mit dem Niveau des internationalen Handels ermöglicht; i = erfasste Länder; Schätzung für 22 Industrieländer, 1970-1990) wie folgt:

$$\log TFP_i = \alpha_i^0 + \alpha_i^d \log S_i^d + \alpha_i^f m_i \log S_i^f .$$

In der Regel weisen die großen (kleinen) Länder eine kleinere (größere) Elastizität der TFP in Bezug auf den ausländischen F&E-Bestand auf. Dagegen haben große (kleine) Länder eine größere Elastizität bezüglich des inländischen F&E-Bestandes. Einen ähnlichen Ansatz verwendeten *Coe-Helpman-Hoffmaister* (1997) zur Ermittlung der Nord-Süd-F&E-spillovers.

Bayoumi-Coe-Helpman (1999) untersuchen mittels Simulationen mit einer speziellen Version des Weltmakromodells des IMF (MULTIMOD) die wachstumsstimulierende Rolle von F&E, internationalen F&E-spillovers und internationalem Handel. Länder können ihre TFP stimulieren, indem sie in F&E investieren, sie können aber auch ihre FTP steigern, in dem sie mit anderen Ländern, die einen großen „Wissensbestand" auf Grund ihrer kumulierten F&E-Investitonen aufweisen, Handel betreiben. Modellsimulationen zeigen, dass solche internationalen F&E-spill-overs nicht nur im Handel zwischen Industrieländern (NN-Beziehungen), sondern auch im Handel zwischen Industrie- und Entwicklungsländern (NS-Beziehungen) eine nicht unbedeutende Rolle spielen. Der Anstieg der F&E-Ausgaben um ½ % des BIP in allen Industriestaaten führt langfristig (nach 70 Jahren) zu einem Anstieg des Potential Output von über 17 ½ Prozentpunkten, in den Entwicklungsländern von 11 Prozentpunkten.

12 Die europäischen Integration hat aber nach *Baldwin-Seghezza* (1996) stärker noch als das technologieinduzierte Wachstum ein investitionsinduziertes Wirtschaftswachstum bewirkt (die Investitionsquoten bei der EG-Erweiterung sind in den neuen Mitgliedstaaten immer deutlich gestiegen; eine Ausnahme bildet Griechenland). Der empirische Nachweis, dass Integration das langfristige Wachstum fördert, wird aber laut *Baldwin-Seghezza* (1996, S. 20) dadurch erschwert, dass die europäischen Regierungen in der Nachkriegszeit offensichtlich wachstumshemmende Sozialprogramme (Sozialstaat) installiert haben!

einem größeren Markt ohnehin leichter agieren kann, genügt es, die F&E-Aktivitäten nur in einem Land zu konzentrieren („Redundanz-Effekt").

3. Der mit der Integration verbundene Marktgrößeneffekt bewirkt nicht nur, dass der Markt für Produkte vergrößert und dadurch die Ausnützung von Skalenerträgen (economies of scale) erleichtert wird, sondern auch, dass der Grad an Konkurrenz für die inländischen F&E-Aktivitäten zunimmt (stimuliert z.B. durch die Forschungs-Rahmenprogramme der EU). Das Argument, dass Integration den Markt vergrößert und dadurch sowohl zu einer verstärkten Spezialisierung, als auch zur Ausnützung von economies of scale führen kann, geht bereits auf *Adam Smith* zurück. Im Rahmen der endogenen Wachstumstheorie wurde dieses Argument von *Rivera-Batiz–Romer* (1991) wieder belebt.
4. Integration führt durch die Reallokation der Ressourcen in den F&E-Sektor (ein allgemeiner Gleichgewichtseffekt) zu mehr Effizienz und damit zu einer potentiellen Steigerung des Wachstums.

Basierend auf der modernen endogenen Wachstumstheorie hat *Badinger* (2001, S. 190 ff.)[13] mittels ökonometrischer Schätzungen (teilweise Panel-Schätzungen) die *„Wachstumseffekte der Europäischen Integration"* in der Nachkriegsperiode (1951-2000) ermittelt. Ausgehend von einer Cobb-Douglas-Produktionsfunktion

$$Y = F\,K^{\alpha} H^{\beta} L^{\gamma}\,, \qquad (8.29)$$

wobei F = gesamte Faktorproduktivität, K = Sachkapitalstock, H = Humankapitalstock, L = Arbeit (Beschäftigte). Auf Grund der Annahme konstanter Skalenerträge ($\alpha + \beta + \gamma = 1$) kann diese Produktionsfunktion auch in intensiver Form angeschrieben werden:

$$y = Fk^{\alpha} h^{\beta}\,. \qquad (8.30)$$

Nimmt man davon die Differenzen der Logarithmen, so erhält man ein Schätzmodell für die Wachstumsraten des BIP/Kopf (genauer BIP pro Beschäftigten):

$$\Delta \ln y_t = \Delta \ln F_t + \alpha \Delta \ln k_t + \beta \Delta \ln h_t\,. \qquad (8.31)$$

Im Sinne der endogenen Wachstumstheorie soll das Wachstum des „technischen Fortschritts" (F) „endogen" erklärt werden. Während dies in den Standardmodellen der endogenen Wachstumstheorie üblicherweise mit Aufwendungen an F&E gemacht wird (siehe *Abb. 8.3*), erklärt *Badinger* (2001) – ausgehend von der Hypothese, dass Integration Wachstumseffekte generiert – die Wachstumsrate des technischen Fortschritts ($\Delta \ln F_t$) als Funktion einer exogenen Größe (δ) und des

[13] Eine überarbeitete Version findet man in *Badinger* (2003).

Integrationsniveau (gemessen am Stand des Zollabbaus: INT_t) bzw. des Integrationsfortschritts (ΔINT_t)[14]:

$$\Delta \ln F_t = \delta + \varphi_1 INT_t \qquad (8.32a)$$

$$\Delta \ln F_t = \delta + \varphi_2 \Delta INT_t . \qquad (8.32b)$$

Setzt man diese Spezifikationen in die Wachstumsgleichung (8.31) ein, so erhält man zwei grundlegende Spezifikationen für das empirisch zu schätzende Modell zur Erklärung der Auswirkungen der Integration auf das Wirtschaftswachstum in der EU:

$$\Delta \ln y_t = \delta_1 + \alpha \Delta \ln k_t + \beta \Delta \ln h_t + \varphi_1 INT_t \qquad (8.30a)$$

$$\Delta \ln y_t = \delta_2 + \alpha \Delta \ln k_t + \beta \Delta \ln h_t + \varphi_2 \Delta INT_t \qquad (8.30b)$$

Mittels Zeitreihenregressionen für die EU-15 über die Periode 1951-2000 findet *Badinger* (2001), dass das Niveau der europäischen Integration (INT_t) keinen signifikanten Einfluss auf das Wirtschaftswachstum in der EU hatte (*Gleichung* 8.30a). Dies unterstreicht die Kritik an der Klasse der endogenen Wachstumsmodellen mit Skaleneffekten (siehe z.B. *Jones*, 1995). Dagegen findet *Badinger* (2001) einen signifikant positiven Einfluss vom Integrationsfortschritt (ΔINT_t) auf das Pro-Kopf-Wachstum in der EU. D.h. Integration führt zwar nicht zu permanenten Wachstumseffekten (in dem Sinne, dass sie die Stead-state-Wachstumsrate des Pro-Kopf-BIP anhebt), sondern sie führt zu temporären Wachstumseffekten (Niveaueffekten), die nach einer bestimmten Zeit abklingen. Als bevorzugten Ansatz zur Ermittlung der Wachstumseffekte der Europäischen Integration, wählt *Badinger* (2001, S. 217) eine Panelschätzung für die 15 EU-Mitgliedstaaten. Mit einem GMM[15]-Schätzer von *Arellano-Bond* findet er folgende ökonometrisch optimale Gleichung:

$$\Delta \ln y_t = 3.056 + 0.775 \Delta INT_{t-1} + 0.226 \Delta \ln y_{t-1} - 1.564 D_{70}, \qquad (8.31)$$

wobei der Koeffizient für den Humankapitalstock in *Gleichung* (8.30b) insignifikant war und daher vernachlässigt wurde. Um die Gesamtwirkung der Integration in der Variable *INT* zu berücksichtigen, wurde der Einfluss des Sachkapitalbstocks in der Schätzgleichung (8.31) nicht berücksichtigt. D_{70} ist eine Dummy-Variable für den Strukturbruch im Wachstumstrend Anfang der 70er-Jahre. Alle Parameter in *Gleichung* (8.31) sind statistisch signifikant.

Die Parameter von *Gleichung* (8.31) werden verwendet, um mittels Simulationen, den Einfluss des Integrationsverlaufs (ΔINT_t) sowohl für die EU-15 als Aggregat

[14] *INT* entspricht dem mit (-1) multiplizierten Protektionsindex. Da diese Variable in Prozent ausgedrückt ist, wird sie nicht logarithmiert. D.h. ein Anstieg von *INT* bedeutet eine Zunahme an Integration.

[15] GMM = Generalized Method of Moments.

als auch für einzelne Länder zu errechnen. Für die Ländersimulationen werden die länderspezifischen Effekte aus der Panelschätzung herangezogen.

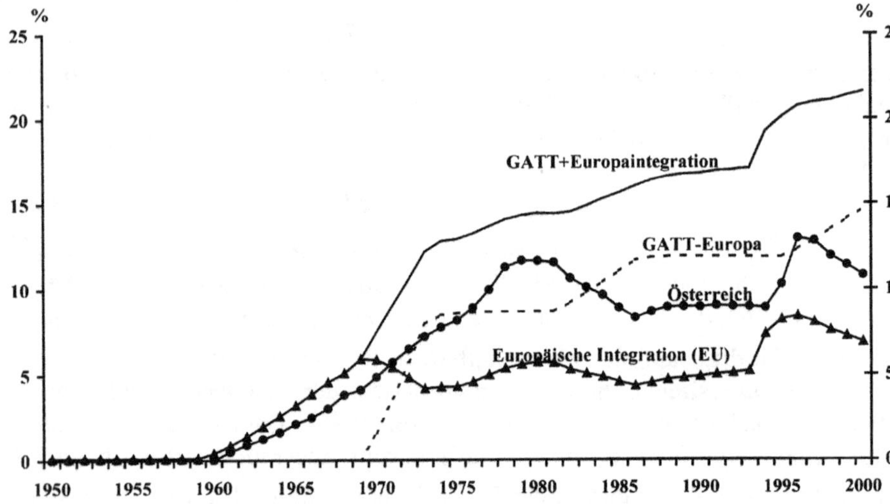

Abb. 8.5 Wachstumseffekte durch GATT-Liberalisierung und Europäische Integration
(BIP pro Beschäftigte, real, kumulierte Abweichungen von der Basislösung in %)

Die Wachstumseffekte in Europa durch Handelsliberalisierung setzen sich aus zwei Effekten zusammen. Zum einen aus der allgemeinen GATT-Liberalisierung im Rahmen von 8 Zollabbaurunden und zum anderen durch den Zollabbau im Rahmen der Europäischen Integration (Zollunion in der EWG bis 1968; Freihandelszone in der EFTA bis 1967; Freihandelsabkommen zwischen EG und EFTA 1973; EU-Erweiterungen: 1973, 1981, 1986, 1995). All diese Integrationseffekte sind in der Variablen *INT* zusammengefasst. Insgesamt hat sich das Pro-Kopf-Niveau des realen BIP in Europa von 1950-2000 kumulativ gegenüber der Basislösung (ohne Integration) um 22% erhöht, das entspricht einer durchschnittlichen jährlichen Wachstumsrate von 0.40% (Gatt plus Europaintegration). Die GATT-Liberalisierung alleine (GATT-Europa) hat dazu beigetragen, dass das Niveau des BIP pro Kopf real um 15% gestiegen ist (oder 0.28% pro Jahr). Die Europäische Integration (EU) hat einen Anstieg des Niveaus des realen BIP pro Kopf von nur 7% bewirkt (oder 0.12%) pro Jahr. Österreichs Europaintegration hat zum Anstieg des realen BIP pro Kopf um 11% beigetragen (oder 0.19% pro Jahr).

Quelle: Eigene Darstellung, basierend auf den Schätzungen von *Badinger* (2001).

8.4.3 Internationale Handelsliberalisierung und Wirtschaftswachstum

Neben diesen direkten Argumenten für den Einfluss von Integration auf das Wachstum gibt es auch noch zahlreiche indirekte Effekte, aus denen man anhand von Modellen der NWTA ableiten kann, dass mehr Integration zu mehr Wachstum führen kann. Dazu zählen die Arbeiten, die sich mit dem Einfluss der *Handelspolitik* auf das Wachstum beschäftigen und jene, die untersuchen, inwieweit Integration zur Konvergenz in den Einkommensniveau führt (*Konvergenzstudien*).

1. Die zahlreichen Studien anhand von endogenen Wachstumsmodellen, die sich mit der Frage beschäftigen, inwieweit *Handelspolitik* (Zölle, Subventionen, nichttarifarische Handelsbarrieren) das langfristige Wachstum beeinträchtigt, kommen in der Regel zum Schluss, dass Zölle einen eindeutig negativen Einfluss auf das langfristige Wachstum haben (*Lee*, 1993). Der Zusammenhang von Zollsätzen und Wachstumsraten ist aber nicht unbedingt monoton. *Rivera-Batiz–Xie* (1992) zeigen, dass der kritische Zollsatz, unterhalb dem niedrigere Zölle zu höherem Wachstum führen und oberhalb dessen ein Ansteigen der Zölle zu mehr Wachstum führt, mit der Zahl der Länder, die sich am Prozess der reziproken Zollkonzessionen (im Rahmen des GATT/WTO) beteiligen, ansteigt. D.h., eine simultane (weltweite) Zollsenkung ist für das weltweite Wirtschaftswachstum empfehlenswert. *Grossman-Helpman* (1990) finden, dass ein Importzoll oder eine Exportsubvention auf die Standardprodukte zu einer Reallokation von F&E-Aktivitäten zu Standardprodukten führt. Das langfristige Wachstum in der Weltwirtschaft kann so nur gesteigert werden, wenn das Land, das die Handelspolitik einführt, keinen komparativen Vorteil bei F&E hat. Eine gleich hohe Subvention für F&E-Aktivitäten in beiden Ländern (in einem Zwei-Länder-Modell) steigert das langfristige Wachstum der Weltwirtschaft (dies ist ein Argument für die F&E-Förderung der EU).

In einem Nord-Süd-Modell, in dem der Norden im Normalfall Innovator ist und der Süden Imitator, kommen *Currie-Levine-Pearlman-Chui* (1996) zum Schluss, dass eine Subvention an den Süden, die die Imitation des technischen Fortschritts des Nordens fördert, das globale Wachstum verlangsamt. Dagegen steigert eine Subvention, die im Süden zur Innovation führt, das weltweite Wachstum, da davon auch der Norden über spillovers profitiert. Zwei grundlegende Faktoren bestimmen in diesem Modell das Handelsmuster und das Wachstum der Weltwirtschaft. Zum einen die Geschwindigkeit, mit der die ärmeren

Länder im Süden das wissenschaftlich-technische Wissen der Länder des Nordens absorbieren. Zum anderen die Kosten der Imitation in Relation zu jenen der Innovation im Süden.

In einem Diskussionsforum zum Thema: „*Controversy: Trade Liberalisation and Growth*" hat die Zeitschrift *The Economic Journal*, Vol. 108, No. 450, September 1998 (S. 1511-1512) eine Reihe von kritischen Stellungnahmen veröffentlicht[16]. *Greenaway-Morgan-Wright* (1998)[17] gehen empirisch der Frage nach, wie Handelsliberalisierung (Handelsreformen) das Wachstum in Entwicklungsländern beeinflusste. Ein Hauptproblem dabei ist die Messung des Grads an Liberalisierung bzw. von Handelsreformen. Für eine Gruppe von 73 Entwicklungsländer schätzen *Greenaway-Morgan-Wright* (1998) ein Standardwachstumsmodell, das die wichtigsten Kernvariablen, die die neue Wachstumstheorie (folgend den Ansätzen von *Romer*, 1990; *Mankiw-Romer-Weil*, 1992 sowie *Levine-Renelt*, 1992) fordert, enthält. In ihrem dynamischen Panelansatz erklären *Greenaway-Morgan-Wright* (1998, S. 1554) die Wachstumsrate des realen BIP pro Kopf einmal mit derselben Variablen (verzögert um eine Periode) sowie dem Bestand an Humankapital (Anteil an Mittelschulbildung) im Ausgangszeitpunkt 1965, der Wachstumsrate der Bevölkerung, der Investitionsquote (Investitionen in Prozent des BIP), der Veränderung der Terms of Trade (Wettbewerbsvariable) und drei verschiedenen Indikatoren für Handelsliberalisierung. Je nachdem, welche Liberalisierungsdummy verwendet wird, hat Liberalisierung einmal einen positiv (signifikanten) Einfluss auf das Wirtschaftswachstum, manchmal sogar einen negativen. Handelsliberalisierung wirkt allerdings nicht sofort auf das Wirtschaftswachstum. Die Autoren finden einen sogenannten „J-Kurven-Effekt", d.h. dass Handelsliberalisierung am Beginn sogar negativ auf das BIP-Wachstum wirkt und erst allmählich – nach zwei bis drei Jahren positive Wachstumseffekte aufweist. Der umfassendste Liberalisierungsindikator, der in den Schätzungen von *Greenaway-Morgan-Wright* (1998) auch die besten Ergebnisse liefert, ist jener

---

[16] Weitere Überblicksliteratur zum Thema Messung von Wachstumseffekten generell (siehe *Temple*, 1999) sowie zur Frage des Zusammenhangs von Handelsliberalisierung in Entwicklungsländern und Wirtschaftswachstum (siehe *Edwards*, 1993).

[17] In einer Untersuchung mit Produktionsfunktionen (Zeitreihenanalyse) für 14 Länder gehen *Greenaway-Sapsford* (1994) der Frage nach, inwieweit die Beziehung zwischen Exporten und Wirtschaftswachstum durch Liberalisierung beeinflusst wurde. Ihre Ergebnisse deuten darauf hin, dass Exporte und Wachstum zwar positiv korreliert sind, die Beziehung aber nicht robust ist. Außerdem scheint sie nur in wenigen Fällen durch eine Handelsliberalisierung signifikant beeinflusst worden zu sein.

von *Sachs-Warner* (1995). Dieser Index für die Offenheit einer Volkswirtschaft besteht aus fünf Kriterien: nichttarifäre Handelshemmnisse, Zollsätze, der Wechselkurs auf dem Schwarzmarkt, Anteil an Staatsmonopole im Außenhandel, ob die Regierung sozialistisch ist oder nicht.

2. *Konvergenzstudien* versuchen - ausgehend von den Erkenntnissen der alten und neuen Wachstumstheorie - entweder theoretisch zu erklären oder empirisch zu messen, inwieweit es weltweit oder innerhalb bestimmter Regionen oder Integrationsräume (z.B. innerhalb der EU) im Laufe der Zeit zwischen den Ländern zu einer Angleichung der Einkommensniveaus (BIP pro Kopf) gekommen ist[18]. Im wesentlichen gibt es zwei Konzepte der Konvergenz (*Barro-Sala-i-Martin*, 1995, S. 383 ff.): (a) Eine *σ-Konvergenz*: Konvergenz liegt dann vor, wenn die Streuung – gemessen mit den Standardabweichungen der Wachstumsraten des realen BIP-Pro-Kopf im Querschnitt über mehrere Länder (Ländergruppen) – abnimmt. (b) Eine *β-Konvergenz:* Konvergenz tritt hier ein, wenn arme Länder dazu tendieren, rascher zu wachsen als reiche Länder, so dass die armen Länder langsam zum BIP pro Kopf der reichen Länder aufschließen (catch-up). Bei der Ermittlung der *β-Konvergenz* werden die empirischen Zusammenhänge mittels ökonometrischer Querschnittsregressionen geschätzt, wobei die Wachstumsrate des realen BIP pro Kopf zwischen zwei Zeitpunkten *negativ* vom Ausgangsniveau des BIP pro Kopf abhängt[19]. Länder mit im Ausgangszeitpunkt niedrigerem BIP pro Kopf (arme Länder) wachsen rascher als Länder, die im Ausgangszeitpunkt reicher sind. Die Geschwindigkeit wird mit dem Konvergenz-Parameter β gemessen[20]. Die empirische Konvergenzforschung

---

[18] Eine Untersuchung der Bestimmungsgründe des Wirtschaftswachstums in Europa sowie einzelner europäischer Länder seit 1945 findet man in *Crafts-Toniolo* (1996).

[19] Wenn das Wachstum des BIP pro Kopf nur vom Ausgangsniveau abhängt (Annahme: alle Länder haben dieselben Parameter und daher dieselbe Steady-state-Position), spricht man auch von *„absoluter Konvergenz"* (siehe *Barro-Sala-i-Martin*, 1995, S. 26 ff.). Empirisch ist dieser negative Zusammenhang am engsten für Gruppen von relativ homogenen Ländern (z.B. nur Industrie- oder nur Entwicklungsländer), nicht aber für heterogene Ländergruppen. Wenn die betrachteten Länder heterogen sind (d.h. wenn sie nicht alle dieselben Parameter und dieselbe Stead-state-Position aufweisen), dann wachsen jene Volkswirtschaften am raschesten, die am weitesten von ihren eigenen Steady-state-Werten entfernt sind. Dann spricht man von *„bedingter Konvergenz"*. Diese kann auch erklären, warum z.B. reiche Länder rascher wachsen als arme Länder, nur weil sie z.B. eine höhere Sparquote aufweisen (siehe *Barro-Sala-i-Martin*, 1995, S. 28-29).

[20] Wenn das Wachstum zwischen zwei Zeitpunkten (*0* und *T*) ökonometrisch mittel einer Querschnittsregression (über mehrere Länder) gemessen wird, so lautet die Gleichung zur Messung der *β-Konvergenz* (*Barro-Sala-i-Martin* (1995, S. 387)).

hat eine erstaunlich robuste β-Konvergenz festgestellt. Die Geschwindigkeit der Konvergenz ist fast für alle untersuchten Regionen der Welt $\beta = 0{,}02$ (siehe *Barro-Sala-i-Martin*, (1995, Chapter 11)). Wäre $\beta = 0$, so würde das Wachstum lediglich durch die Rate des (exogenen) technischen Fortschritts (x) bestimmt sein.

Inwieweit Integration oder wirtschaftspolitische Maßnahmen (z.B. Struktur- und Kohäsionspolitik der EU) zur Konvergenz beitragen, ist nicht leicht festzustellen. In Simulationsstudien mit einem endogenen Drei-Länder-Wachstumsmodell kommen *Ben-David–Loewy* (1995) zu folgenden Schlussfolgerungen: Wenn in der Drei-Länder-Welt, in der alle ihre Zölle im Rahmen des GATT/WTO senken, aber zusätzlich Land 1 und Land 2 eine Zollunion (z.B. die EG) gründen, so folgt, dass das langfristige Wachstum in den Ländern 1 und 2 höher ist als in Land 3. Weiters vergrößern sich die Einkommensabstände zwischen der Zollunion (Land 1 und 2) und dem Land 3 (Divergenz). Inwieweit die von der EU betriebene Struktur- und Kohäsionspolitik zum Zwecke der Konvergenz der Einkommensniveaus in der Gemeinschaft erfolgreich sein kann, muss immer wieder empirisch untersucht werden (siehe *EU* (1996, 2003)). *Slaughter* (2001) untersucht, ob Handelsliberalisierung zur Konvergenz des Pro-Kopf-Einkommens zwischen den Ländern führt. Er untersucht vier multilaterale Handelsliberalisierungen (im Rahmen des GATT) seit dem Zweiten Weltkrieg und vergleicht das Konvergenzmuster in den Ländern mit Handelsliberalisierung vor und nach dem Liberalisierungsschritt und vergleicht dieses Muster mit einer Kontrollgruppe von Ländern. Als Hauptergebnis findet er keinen strengen systematischen Zusammenhang zwischen Handelsliberalisierung und Konvergenz[21]. Theoretisch finden *Grossman-Helpman* (1990, S. 811) in ihrem endogenen Wachstumsmodell, in dem sie langfristige dynamische komparative Vorteile zweier Länder untersuchen, dass die Subventionierung der F&E-Aktivitäten in nur einem Land das langfristige Wachstum steigert, wenn diese Politik in jenem Land gemacht wird, das komparative Vorteile in F&E hat. Sonst kann das langfristige Wachstum entweder sinken oder steigen. Da es sich bei den sogenannten Kohäsionsländern der EU (Griechenland,

---

$(1/T)\cdot\log(y_{iT}/y_{i0}) = a - \left[(1-e^{-\beta T})/T\right]\cdot\log(y_{i0})$; wobei y_{iT} (y_{i0}) = BIP pro Kopf des Landes i im Zeitpunkt T *(0 = Ausgangszeitpunkt)*; $a = x + \left[(1-e^{-\beta T})/T \cdot \log \hat{y}^*\right]$; x = Rate des technischen Fortschritts; β = Konvergenzgeschwindigkeit.

21 Einen kritischen Kommentar dazu gibt es von *Ben-David* (2001), der bereits früher solche Untersuchungen anstellte (siehe *Ben-David*, 1993). Sehr kritisch hinterfragen auch andere Autoren den einfachen Zusammenhang von Handelsliberalisierung und Wirtschaftswachstum (siehe *Rodriguez-Rodrik*, 2000; für einen Überblick, siehe auch *Temple*, 1999).

Irland, Portugal und Spanien) kaum um Länder handelt, die gegenüber den hochentwickelten EU-Staaten komparative Vorteile in F&E haben, könnte die Subventionierung dieser Länder im Extremfall sogar negative Effekte haben. Allerdings wird der größte Teil der Strukturpolitik zur Verbesserung der Infrastruktur verwendet, um so das Funktionieren des Binnenmarkt zu verbessern.

In einem West-Ost-Modell, das an die Tradition der Nord-Süd-Modelle der endogenen Wachstumstheorie anknüpft, untersuchen *Keuschnigg-Kohler* (1996b) sowie *Kohler* (1996) die Phänomene und Probleme der Transformation[22]. Sie verwenden dazu ein Standardmodell der endogenen Wachstumstheorie für zwei Regionen (Westen und Osten). Jede Region kann ihre Ressourcen (Arbeit sowie physisches Kapital und Humankapital) in zwei Verwendungen einsetzen: In der Güterproduktion (unterteilt in Standardgüter und differenzierte Güter) und in F&E-Aktivitäten. Mittels dieses kalibrierten Gleichgewichtsmodells simulieren sie die Anpassungspfade unter der Annahme, dass sich die osteuropäischen Länder langfristig an die neoklassische (Modell)-Welt der Marktwirtschaft im Westen anpassen, wobei sie davon ausgehen, dass diese Länder im Ausgangspunkt eine niedrigere Faktorausstattung aufweisen. Folgende Defizite gegenüber dem Westen werden postuliert: Kapitalstock im Sektor für differenzierte Güter 50%; Kapitalstock für standardisierte Güter 30%; Produktdifferenzierung 50%; Humankapitalstock 10%. *Kohler* (1996) findet, dass bei vollkommen integrierten Güter- und Kapitalmärkten (z.B. bei EU-Mitgliedschaft der ehemaligen Oststaaten) die Anpassung im endogenen Wachstumsmodell viel rascher erfolgt als dies die empirische β-Konvergenz von 0,02 vermuten ließe. Bereits nach etwa 30-40 Jahren ist der Pfad des Westens erreicht. Der Unterschied könnte darauf zurückzuführen sein, dass die β-Konvergenz auf ein Modell mit exogenem technischen Fortschritt basiert, während das endogene Wachstumsmodell den technischen Fortschritt nicht konstant hält.

8.4.4 Kritik an der endogenen Wachstumstheorie und neuere Entwicklungen

Die endogene Wachstumstheorie hat seit Anfang der neunziger Jahre eine Klasse von Modellen entwickelt, in denen Wirtschaftswachstum durch technischen Fortschritt erklärt wird, der entsteht, in dem profitmaximierende Unternehmen

[22] Über geklärte und ungeklärte Fragen des Wachstumsprozesses im Rahmen der Transformation – insbesondere in den osteuropäischen Ländern, siehe *Campos-Coricelli* (2002).

Aufwendungen für Forschung und Entwicklung (F&E) tätigen[23]. Als Folge von F&E-Subventionen und anderen forschungsstimulierenden Politiken sollte demnach die langfristige Wachstumsrate des BIP pro Kopf beeinflusst werden. Die Pioniere solcher Modelle sind *Romer* (1990), *Grossman-Helpman* (1991) und *Aghion-Howitt* (1992, 1998).

All diesen F&E-basierten Modelle ist gemeinsam, dass sie eine Voraussage bezüglich des *„Skalen-Effektes"* machen: Ein höheres Niveau der Mittel, die für F&E aufgewendet werden – gemessen z.B. an der Zahl der Wissenschaftler/Ingenieure, die sich mit F&E beschäftigen – impliziert eine höhere Steady-state-Wachstumsrate des Pro-Kopf-Einkommen. D.h., dass größere Volkswirtschaften (mit größerer Ressourcenausstattung) demzufolge schneller wachsen als kleinere Länder.

Der Kern der „Skalen-Effekte"-Prognose kann in zwei Gleichungen zusammengefasst werden (siehe *Jones*, 1995a, S. 761):

$$Y = K^{1-\alpha}(AL_Y)^{\alpha} \tag{8.32}$$

und

$$\frac{\dot{A}}{A} = \delta L_A, \tag{8.33}$$

wobei Y der Output ist, A ist die gesamte Produktivität (TFP) oder das Wissen (Wissensstock – Humankapital) und K ist der Sachkapitalstock (siehe auch die Darstellung des Standardmodells in *Abb. 8.3*). Arbeit (L_Y) wird verwendet um entweder den Output herzustellen (*Gleichung* 8.32) oder um nach neuem Wissen (neuen Produkten) zu forschen (L_A; *Gleichung* 8.33). Die Quelle der „Skalen-Effekte" steckt in Gleichung (8.33)[24]. Diese Gleichung besagt, dass das Wachstum

---

[23] Eine andere Theorierichtung ist jene des AK-Modells (siehe *Kapitel 8.3.3.1*). Hier entsteht endogen Wachstum durch die Annahme konstanter Skalenerträge bezüglich der reproduzierbaren Produktionsfaktoren.

[24] Für ein einzelnes Land ergibt sich daraus folgende gleichgewichtige Steady-state-Wachstumsrate (siehe *Romer*, 1990, S. 447; *Badinger*, 2001, S. 89): $g = \frac{\delta L - \rho\psi}{1 + \theta\psi}$, wobei L = gesamter (Humankapital)-Arbeitsbestand ($L = L_Y + L_A$); ρ = Zeitpräferenzrate der Konsumenten; θ = intertemporale Substitutionsrate; $\psi = \alpha / [(1 - \alpha - \beta)(\alpha + \beta)]$. Durch die Integration von zwei gleich großen Ländern kommt es zur Verdoppelung des Wissensbestands (Humankapital: $2A = A + A^*$; L_A^* = Humankapital im Ausland). Für den Zwei-Länder-Fall leiten daher *Rivera-Batiz-Romer* (1991, S. 546; *Badinger*, 2001, S. 104) eine gleichgewichtige Steady-state-Wachstumsrate mit einem „Super-Skaleneffekt" ab: $g = g^* = \frac{2\delta L - \rho\psi}{1 + \theta\psi}$, d.h. durch Integration zweier Länder verdoppelt sich die Wachstumsrate des Outputs in beiden Ländern!

der gesamten Faktorproduktivität ($\dot{A}/A$) proportional (um den Faktor δ) zur Zahl der Beschäftigten (Forscher) ist, die sich mit F&E befassen. Wenn der Anteil der F&E-Beschäftigten an den Gesamtbeschäftigten konstant bleibt, so ist die Wachstumsrate von TFP proportional der Größe des Arbeitsangebots. *Jones* (1995a, S. 762-763) stellte dieses Standardmodell als erster in Frage, in dem er zeigte, dass die empirischen Daten für die USA mit dieser Aussage nicht kompatibel sind. Während die Zahl der Forscher, die sich mit F&E befassten zwischen 1950 bis 1988 verfünffachte, blieb die Wachstumsrate der TFP in der Nachkriegszeit ziemlich konstant, eher sank sie sogar noch leicht. Ein ähnliches Muster gibt es für die anderen großen Industrieländer.[25]

Zur Auflösung dieses Dilemmas - ohne die Mikrofundierung des *Romer/ Grossman-Helpman/Aghion-Howitt*-Modells zu gefährden und dennoch der Empirie Genüge zu tun - schlägt *Jones* (1995a, S. 764 ff.) folgende Lösung vor. Anstelle von *Gleichung* (8.33) formuliert er die Wachstumsrate des Wissensbestand wie folgt um:

$$\frac{\dot{A}}{A} = \delta \frac{L_A^{\lambda}}{A^{1-\phi}}, \tag{8.34}$$

wobei λ abnehmende Grenzerträge von Forschungsleistungen sind ($0 \prec \lambda \leq 1$) und ϕ ein Korrekturfaktor für den Wissensbestand darstellt: wenn $\phi \prec 0$ nimmt die Rate der Innovation mit dem Bestand an Wissen ab („fishing out"); wenn $\phi \succ 0$ gibt es positive externe Effekte des Wissensbestandes; wenn $\phi = 0$ liegen konstante „Wissensskalenerträge" vor (keine externen Effekte). Wenn $\lambda = \phi = 1$ führt *Gleichung* (8.34) wieder zurück zum ursprünglichen endogenen Wachstumsmodell (siehe *Gleichung* (8.33)). Aus *Gleichung* (8.34) kann man durch Differenzierung auf beiden Seiten die Steady-state-Wachstumsrate ableiten:

$$g_Y = \frac{\lambda n}{1-\phi}, \tag{8.35}$$

wobei n die Wachstumsrate des Arbeitsangebots ist. Im steady state wachsen auch alle anderen Variablen (Pro-Kopf-Konsum, Kapitalintensität und Wissensbestand) mit derselben Rate. *Gleichung* (8.35) besagt, dass die Wachstumsrate der Wirtschaft im steady state nur von der Wachstumsrate des Arbeitsangebots und

---

[25] *Aghion-Howitt* (1998) dagegen sagen, dass man nicht die Zahl der Forscher heranziehen soll, sondern die F&E-Ausgaben in % des BIP. Da die F&E-Quote in den USA konstant geblieben ist, würde dies die Aussagen der endogenen Wachstumstheorie eher bestätigen.

den Parametern λ und ϕ, die die Skalenerträge bzw. die externen Effekte im F&E-Sektor bestimmen, abhängen.

Nimmt man $\phi \prec 1$ an, so verschwinden die übertriebenen Skalen-Effekte des Standardmodells von *Romer/Grossman-Helpman/Aghion-Howitt* und die Skalen-Effekte werden ersetzt durch eine plausiblere Abhängigkeit der Wissensgenerierung und damit letztlich der *Wachstumsrate des Outputs* von der *Wachstumsrate des Arbeitsangebots* und *nicht* von dessen *Niveau*! (*Jones*, 1995a, S. 768).

Die Fundamentalkritik von *Jones* (1995a, 1995b) an den Standardmodellannahmen der endogenen Wachstumstheorie hat in der Folge zu einer Reihe von neuen Modellen geführt die „endogenes Wachstum ohne Skalen" propagieren. *Young* (1998) baut auf dem empirischen Faktum auf, dass in der Nachkriegszeit in den OECD-Ländern die Zunahme des Marktes zu einem Anstieg der F&E-Aktivitäten (gemessen etwa in Prozent des BIP) geführt hat, die jedoch nur zu stagnierenden bzw. sinkenden Wachstumsraten des BIP pro Kopf führten. Er schlägt daher ein Modell vor, das folgende Fakten wiederspiegelt. Wenn die (von den Konsumenten gewünschte) stetige Verbesserung der steigenden Produktvielfalt einen steigenden Forschungsaufwand notwendig macht, dann könnte ein Anstieg der Größe des Marktes (die Skalen) zu einem Anstieg des Gleichgewichtsniveaus an F&E-Aufwendungen führen ohne die Rate des Wirtschaftswachstums anzuheben. *Young* (1998, S. 51) leitet folgende Wachstumsgleichung ab:

$$\Delta \ln y_t = \Delta \ln \lambda_t + \left(\frac{(1-\alpha)}{\alpha} \right) \Delta \ln N_t, \qquad (8.36)$$

wobei y das reale BIP pro Kopf ist, λ ist ein Indikator für Produktqualität, α die Produktionsfunktionselastizität (aus einer *Dixit-Stiglitz*-Produktionsfunktion) und N Anzahl der Produktvarietäten. D.h. das Wirtschaftswachstum ($\Delta \ln y_t$) kann in zwei Komponenten aufgespaltet werden: (a) eine langfristige, der Anstieg (Wachstumsrate) der Produktqualität ($\Delta \ln \lambda_t$), die unabhängig von der Größe der Volkswirtschaft ist (keine Skalen-Effekt) und (b) ein (kurzfristiges) transitorisches Element, die Wachstumsrate der Produktvarietät ($\Delta \ln N_t$), die durch Veränderungen der Ländergröße (Skalen) beeinflusst wird.

Das Fehlen von Skalen-Effekten (in Wachstumsraten) in diesem Modell zeigt, dass jede politische Aktion, die einfach die Ausweitung oder das Schrumpfen des gesamten Volumens an Renten, die innovativen Unternehmern zur Verfügung gestellt werden, nur das Niveau des Einkommens beeinflusst, ohne die langfristige Wachstumsrate zu ändern. *Young* (1998, S. 52) zieht daraus interessante Schlüsse im Falle der Integration zweier identischer Volkswirtschaften. Im Übergang von der Autarkie zu Freihandel zwischen beiden Ländern verdoppelt sich das Arbeitsangebot, es steigt von L auf $2L$. Auch die Anzahl der Produktvarietäten (N hängt ab von L) verdoppelt sich dadurch. Jedes Land produziert gleich viel Produktvarietäten wie in Autarkie und auch der Output pro Varietät bleibt gleich (gleiche Produktivität). Der Konsum pro Varietät fällt, da jedes Land die Hälfte seines Zwischenprodukts gegen die Hälfte des differenzierten Zwischenprodukts des anderen Landes tauscht (handelt). Der Anstieg in der Zwischenproduktvarietät mehr als kompensiert aber den Verlust an der Menge an Zwischenprodukten, was zum Anstieg des Niveaus der Endprodukte in beiden Ländern führt. D.h. der Effekt der Integration zweier Länder führt im *Young*-Modell zu einem Anstieg des BIP-Niveaus in beiden Ländern.

Segerstrom (1998) stellt ein einfaches F&E-getriebenes endogenes Wachstumsmodell (ohne Skalen-Effekte) vor, das einige Rätsel des Wirtschaftswachstum in den Industrieländern lösen helfen soll. Das Modell kann erklären, warum die Patenanmeldungen ziemlich konstant geblieben sind, obwohl die F&E-Ausgaben aller Länder in den letzten dreißig Jahren stark gestiegen sind. Das Modell versucht auch zu klären, warum steigende F&E-Anstrengungen nicht zu einem Anstieg in den Wachstumsraten des BIP pro Kopf geführt haben, wie dies aus den Standardmodellen der endogenen Wachstumstheorie prognostiziert wurde. Letztlich determinieren im *Segerstrom*-Modell (1998, S. 1306) drei Parameter das langfristige Wirtschaftswachstum: (a) der Parameter für die Größe der Innovationskraft, (b) die Wachstumsrate der Bevölkerung und (c) den F&E-Schwierigkeitsparameter (im F&E-Wettstreit zwischen Firmen, wird es immer schwieriger neue Produkte zu finden).

Ein Schumpeter-Wachstumsmodell ohne Skaleneffekte wurde von *Dinopoulos-Thompson* (1998) entwickelt. In jüngster Zeit gibt es wieder Versuche, eine Lanze für Skalen-Effekte in endogenen Wachstumsmodellen zu brechen. Z.B. kritisieren *Todo-Koji* (2002), dass der positive Effekt von Bevölkerungsgröße auf das Pro-Kopf-Wachstum nur in Querschnittsregressionen verworfen wurde. Sie geben zwar zu, dass die Skalen-Effekte in endogenen Wachstumsmodellen inkonsistent mit den empirischen Fakten sind, wonach der starke Anstieg der F&E-Ausgaben in den USA in der Nachkriegszeit zu keinem Anstieg des Wirtschaftswachstum führte. Daher argumentieren die Autoren mit einem neuen Modellansatz (den sie in kalibrierter Form auch mit Simulationen zu belegen versuchen), dass die Wachstumsraten deswegen nicht gestiegen sind, weil die zusätzlichen F&E-Beschäftigten nur zur Wissensdiffusion und nicht zur Gewinnung von neuen Innovationen verwendet wurden. Einen Überblick über den aktuellen Stand der Wachstumstheorie gibt *Temple* (2003).

Teil II: Handelspolitik und Europäische Integration

9 Traditionelle Handelspolitik

9.1 Einleitung

Die vorangegangenen Kapitel haben die Frage beantwortet, *„Warum betreiben Länder Außenhandel?"* Durch Beschreibung der Gründe, der Effekte des internationalen Handels sowie des Funktionierens einer Handel treibenden Weltwirtschaft, wurde diese Frage beantwortet (positive Theorie). Eine wichtige Ergänzung zu den Erklärungen, warum Außenhandel betrieben wird ist die Frage *„Wie soll die Handelspolitik eines Landes aussehen?"* Sollte ein Land (z.B. die EU) einen Zoll oder Importquoten verwenden, um z.B. seine Autoindustrie vor der japanischen Konkurrenz zu schützen? Wer gewinnt und wer verliert durch eine Importquote? Können die Gewinne die Verluste ausgleichen? Handelspolitik beschäftigt sich mit normativen Fragen (Wie sollte etwas sein?), weil sie die Frage beantworten will, was ein Land tun soll, um die Gewinne aus dem Außenhandel zu steigern. Dagegen beantwortet die reale oder reine Außenhandelstheorie die Frage nach den Gründen des internationalen Handels (Wie sieht die Welt mit internationalem Handel aus?).

9.2 Instrumente der Handelspolitik

9.2.1 Zollanalyse

9.2.1.1 Definition, Geschichte und Analysemethode

Das einfachste Instrument der Handelspolitik ist ein Zoll. Er ist eine Steuer auf ein importiertes Gut. *Spezifische Zölle (Gewichts-* oder *Mengenzölle)* werden als fester Betrag pro importierte Einheit eines Gutes erhoben (z.B. 5 € pro Barrel Öl). *Wertzölle* sind Steuern, die als Wertanteil des importierten Gutes erhoben werden (z.B. 20% Zölle auf importierte Autos). In beiden Fällen bewirkt der Zoll eine Anhebung der Kosten und damit des Preises des importierten Gutes.

Zölle sind die älteste Form der Handelspolitik und wurden traditionell als Quelle der Staatseinnahmen verwendet. In Entwicklungsländern, in denen üblicherweise das Steuersystem schlecht ausgebaut ist, sind Zölle die Hauptquelle der Steuereinnahmen. In Industrieländern - speziell nach dem Zweiten Weltkrieg - ist das Niveau der Zölle durch die Bemühungen des GATT (General Agreement on Tariffs and Trade) stark gesunken (zur Politischen Ökonomie der internationalen Handelspolitik, siehe *Kapitel 10*). Der Hauptgrund für Zölle war ursprünglich jedoch nicht die Erschließung einer Steuerquelle, sondern der Schutz einer bestimmten heimischen Industrie. Im frühen neunzehnten Jahrhundert verwendete Großbritannien Zölle (die berühmten Corn Laws - Getreidegesetze), um ihre Landwirtschaft vor Importkonkurrenz zu schützen. Im späten neunzehnten Jahrhundert schützten sowohl Deutschland als auch die USA ihre neu aufkommenden Industriezweige durch Zölle auf importierte Industriegüter. Die Bedeutung der Zölle hat in jüngster Zeit stark nachgelassen, da moderne Regierungen ihre heimischen Industriezweige durch eine Reihe nicht-tarifarischer Handelshemmnisse (NTBs - non-tariff trade barriers) schützen. Durch die acht Zollrunden des GATT wurden die Zölle stark gesenkt. Als Ausweg verblieben - zumindest bis zur Uruguay-Runde - die NTBs.

In den vorangegangenen Kapiteln, in denen wir die reale oder reine Außenhandelstheorie behandelten, verwendeten wir den Ansatz der allgemeinen Gleichgewichtstheorie. Das heißt, es wurde berücksichtigt, dass Ereignisse in einem Sektor der Wirtschaft, Rückwirkungen in allen anderen Sektoren hatten. In der Handelspolitik ist es vielfach (wenn auch nicht immer) möglich, die Wirkungen auch dann hinreichend zu verstehen, wenn man nur einen einzelnen Sektor analysiert. Größtenteils wird daher die Handelspolitik im Rahmen eines *partialanalytischen Gleichgewichtsansatzes* behandelt. Der Rest der Wirtschaft bleibt dabei im Hintergrund. Der größte Teil dieses Kapitels arbeitet daher mit einem partialanalytischen Ansatz. Am Ende dieses Kapitels werden wir unser numerisches CGE-Modell, mit dem wir die Aussagen des Heckscher-Ohlin-Modells demonstrierten, zur Analyse der verschiedenen handelspolitischen Instrumente im Rahmen einer allgemeinen Gleichgewichtsanalyse verwenden.

9.2.1.2 Effekte eines Zolls im partiellen Gleichgewicht

Aus dem Blickwinkel eines Exporteurs ist ein Zoll (t) vergleichbar mit Transportkosten. Wenn das Inland den Import von Weizen mit einem Zoll von 100€ pro Tonne belegt, werden Weizenexporteure nicht gewillt sein, Weizen zu liefern, es sei denn, die Preisdifferenz zwischen In- und Ausland beträgt mindestens 100€.

9.2.1.2.1 Das Inland ist ein „großes“ Land

Nehmen wir einen spezifischen Zoll (Gewichtszoll) von € t pro Tonne Weizen an. Ohne Zoll - bei Freihandel - entspräche der Preis des Weizens im In- und Ausland dem Weltmarktpreis P_W. Mit dem Zoll sind Exporteure im Ausland nur dann bereit, Weizen in das Inland zu liefern, wenn der Preis im Inland jenen im Ausland um mindestens € t pro Tonne übersteigt. Das heißt, dass der Preis im Inland steigt und jener im Ausland solange sinkt, bis die Preisdifferenz € t beträgt. Die Einführung eines Zolls treibt einen Keil zwischen die Preise auf beiden Märkten. Der Zoll hebt den Preis im Inland auf P_I^t an und senkt ihn im Ausland auf $P_A^t = P_I^t - t$. Im Inland bieten die Produzenten zum höheren Preis mehr an, während die Konsumenten weniger nachfragen, so dass die Importnachfrage sinkt. Im Ausland reduziert der niedrigere Preis das Angebot und steigert die Nachfrage, was zu einer Verringerung des Exportangebots führt. Somit sinkt die gehandelte Menge an Weizen von Q_W, dem Freihandelsvolumen, auf Q^t, dem Handelsvolumen bei Vorliegen eines Zolls. Bei einem Handelsvolumen von Q^t ist die Importnachfrage des Inlandes gleich dem Exportangebot des Auslandes, wenn $P_I^t - P_A^t = t$ (siehe *Abb. 9.1*).

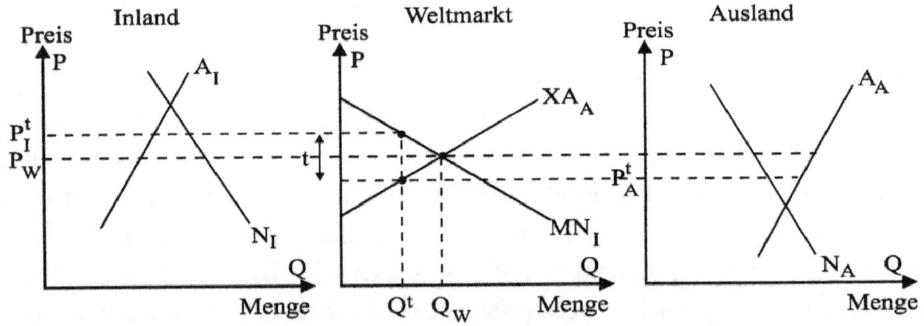

Abb. 9.1 Effekte eines Zolls (Inland ist ein „großes“ Land)

Bei Freihandel gibt es zu einem einheitlichen Weltmarktpreis P_W ein Welthandelsgleichgewicht, bei dem die Importnachfrage des Inlandes (MN_I) gleich ist dem Exportangebot des Auslandes (XA_A). Um die heimischen Unternehmer zu schützen, hebt das Inland einen Zoll (t) auf seine Importe ein. Da der Preis im Inland steigt, fragen die Konsumenten weniger nach. Die inländischen Produzenten bieten jetzt mehr an. Die

Nachfrage nach Importen geht zurück. Ein Zoll reduziert das Volumen des Welthandels um $Q_W - Q^t$.

Der Anstieg des Preises im Inland von P_W auf P_I^t beträgt weniger als der Zoll t, da ein Teil des Zolls vom Ausland getragen wird und damit nicht die Konsumenten des Inlandes voll belastet. Das ist das normale Ergebnis eines Zolls bzw. jeder handelspolitischen Maßnahme, die die Importe einschränkt. Das Ausmaß dieses Effekts ist jedoch in der Praxis oft sehr gering. Die Preissenkung im Ausland ist nur durchsetzbar, wenn das Land, das den Zoll einhebt, eine gewisse Marktmacht am Weltmarkt besitzt, wenn es also ein *„großes Land“* ist.

9.2.1.2.2 Das Inland ist ein „kleines“ Land

Wenn das Inland, das den Zoll einhebt, ein kleines Land mit einem geringen Anteil am Weltmarkt ist, so hat die Reduktion seiner Importe üblicherweise keinen Effekt auf den Weltmarktpreis. Man kann daher den Preis der Importe (entspricht dem Exportpreis des Auslandes) in vielen Fällen als gegeben annehmen. Der Effekt eines Zolls in einem „kleinen Land“ ist in *Abb. 9.2* demonstriert. In diesem Fall führt die Einhebung eines Zolls zu einem Preisanstieg des importierten Gutes um den vollen Betrag des Zolls. Wenn es sich um einen spezifischen Zoll (z.B. € t pro Tonne importierten Weizen) handelt, steigt der Inlandspreis im Ausmaß des Zolls: $P_I^t = P_W + t$. Wenn es sich um einen Wertzoll (z.B. 20% des Importwertes) handelt, steigt der Inlandspreis um 20%: $P_I^t = P_W(1+t)$, d.h. wenn $P_W = 1$ und $t = 0{,}20$ beträgt, steigt der Inlandspreis inklusive Zoll auf $P_I^t = 1{,}20$. Dadurch steigt die inländische Produktion von A_I^1 auf A_I^2, während gleichzeitig die inländische Nachfrage von N_I^1 auf N_I^2 zurückgeht.

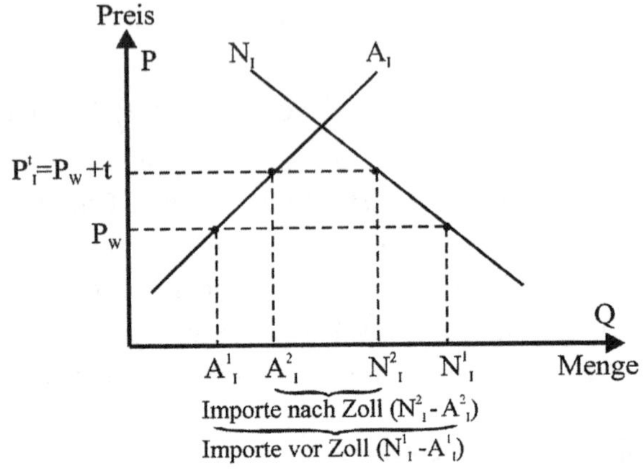

Abb. 9.2 Effekte eines Zolls (Inland ist ein „kleines" Land)

Wenn ein Land klein ist (geringe Macht am Weltmarkt), bewirkt die Einführung eines Zolls auf seine Importe keine Senkung des Preises der ausländischen Anbieter.

9.2.1.3 Nomineller und effektiver Zollschutz

Ein Zoll auf ein importiertes Gut führt zu einem Anstieg des Preises, den der inländische Anbieter für dieses Gut erhält. Dieser Effekt ist der Hauptgrund für die Einführung eines Zolls, nämlich die inländischen Produzenten vor der mit niedrigeren Preisen anbietenden Auslandskonkurrenz zu schützen. Wenn man die Handelspolitik bewerten soll, ist es wichtig zu wissen, wie stark der Schutz eines Zolls oder anderer handelspolitischer Instrumente tatsächlich ist. Die Antwort wird meist ausgedrückt in Prozent des Preises, der bei Freihandel zu erzielen gewesen wäre.

Die Messung des Ausmaßes an Protektionismus (Importschutz) scheint im Falle eines Zolls einfach zu sein, wenn es sich um einen zum Wert der Importe proportionalen Wertzoll handelt. Dann würde der Zollsatz selber das Ausmaß (den Grad) des (an) Protektionismus messen. Wenn der Zoll in Form eines spezifischen Zolls ausgedrückt ist, erhält man durch Division des Zolls mit dem Preis der Importe ohne Zoll das Wertzoll-Äquivalent.

Allerdings gibt es zwei Probleme, wenn man versucht, das Ausmaß des Protektionismus so einfach zu ermitteln:

- Wenn die Annahme des „kleinen" Landes keine gute Annäherung der Wirklichkeit ist, führt der Zoll nicht zu einer äquivalenten Preissteigerung im Inland, sondern teilweise zu einer Preissenkung im Ausland. In der Theorie (obwohl in der Praxis eher selten) könnte ein Zoll sogar zu einem Sinken der Preise führen, die der inländische Anbieter erhält. Dies wird im sogenannten *Metzler*-Paradoxon behauptet (siehe *Krugman-Obstfeld* (2003, S. 112, S. 191).

- Die Zölle können verschiedene Effekte auf den unterschiedlichen Stufen des Produktionsprozesses haben. Dieses Problem wird unter dem Titel *effektiver Zollschutz* behandelt.

9.2.1.3.1 Die Formel für den effektiven Zollschutz - ein Beispiel

Wenn die Zollsätze nicht für alle Importe gleich hoch sind, dann geben die nominellen Zollsätze nicht genau an, wie die Zollstruktur die heimische Wirtschaft beeinflusst. Der inländische Produzent eines bestimmten Gutes wird nicht nur beeinflusst vom Zollsatz für das Gut, das er produziert, sondern auch dadurch, ob die Vorprodukte, die er importiert, um sein Produkt herzustellen, mit einem Zoll belegt sind und wie hoch dieser ist. Der Produzent von Fertigprodukten ist um so besser dran, je höher der Zoll auf sein eigenes Produkt ist, da es ihm dadurch möglich wird, für sein Produkt einen höheren Preis zu verlangen. Er ist um so schlechter gestellt, je höher die Zölle auf seine Vorprodukte sind, da dadurch seine Produktionskosten steigen. Der Ausdruck *„effektiver Zollschutz"* bezieht sich auf die Formel, mit der versucht wird, den Nettoeffekt dieser Einflüsse zu messen (siehe *Markusen-Melvin* (1988, Chapter 17)).

Eine bestimmte Industrie soll ein *Gut 1* (z.B. Uhren) mit einem einfachen Produktionsverfahren herstellen, wobei nur der Faktor *Arbeit* und ein *Vorprodukt, Gut 2* (z.B. Elektronik) als Input benötigt werden. Nennen wir die Produktion von Gut 1 Q_1 und das Gut 2, das als Vorleistung (Input) in der Produktion von Gut 1 benötigt wird Q_{21}. L_1 ist die Menge an Arbeit, die in der Produktion von Gut 1 verwendet wird. Wir unterstellen konstante Skalenerträge. In diesem einfachen Beispiel muss der Erlös (Umsatz), der aus dem Verkauf von Gut 1 resultiert, entweder auf die Produzenten von Gut 2 oder auf die Arbeiter aufgeteilt werden. Wenn wir den Preis für Gut 1 mit P_1 bezeichnen, den Preis für Gut 2 mit P_2 und den Lohnsatz mit w, erhalten wir:

$$Q_1P_1 = Q_{21}P_2 + L_1w. \tag{9.1}$$

Das heißt, dass der Gesamterlös gleich ist den Gesamtkosten. Da Arbeit der einzige Primärinput ist, beträgt die gesamte *Wertschöpfung* $L_1 w$. Das entspricht der Differenz zwischen dem Wert der Bruttoproduktion (Gesamterlös: $Q_1 P_1 = Q_{21} P_2 + L_1 w$) und dem Wert der Intermediärinputs, also: $L_1 w = Q_1 P_1 - Q_{21} P$. Wir sind nun interessiert, wie jeder Euro an Erlösen auf die zwei Inputs verteilt wird. Wir finden die Antwort, wenn wir Gleichung (9.1) durch $Q_1 P_1$ dividieren. Dann erhalten wir:

$$1 = a_{21} + v_1, \tag{9.2}$$

wobei $a_{21} = \frac{Q_{21} P_2}{Q_1 P_1}$ und $v_1 = \frac{L_1 w}{Q_1 P_1}$. Wir können Gleichung (9.2) wie folgt umschreiben:

$$v_1 = 1 - a_{21}. \tag{9.3}$$

Diese Gleichung gibt - für gegebene Preise - an, wieviel von jedem durch den Verkauf von Gut 1 erlösten EURO dem Faktor Arbeit zugute kommt (wobei v_1 der Anteil der Wertschöpfung am Gesamterlös ist). Wenn wir die Arbeit als das Residuum ansehen, so bestimmt Gleichung (9.3) den Lohnanteil am gesamten Volkseinkommen (Lohnquote). Wenn z.B. 60% der Kosten auf den Intermediärinput (Gut 2) entfallen, heißt dies, dass $a_{21} = .6$. Daraus ergibt sich eine Lohnquote von $v_1 = .4$. Eine *Interpretation* des Konzepts des Effektivzolls bezieht sich darauf, wie stark der Anteil des Faktors Arbeit am Volkseinkommen (Lohnquote) durch die Zollstruktur verändert wird, wenn der inländische Industriezweig mit den ausländischen Konkurrenten gerade konkurrenzfähig bleiben will.

Wir analysieren nun, wie stark sich die Lohnquote unter verschiedenen Annahmen über die Zollstruktur ändert.

1. Zoll nur auf das *Endprodukt:* Wir unterstellen einen 20%igen Zoll auf das Gut 1 (Uhren). Der inländische Produzent reagiert auf diesen Zoll mit einer Anhebung seines Preises um 20%. Der Erlös pro Gut 1, der früher einen EURO betragen hat, beläuft sich nunmehr auf 1,20 EURO. In Gleichung (9.3) ersetzen wir daher 1 mit 1,20. Da die Kosten für den Input gleich geblieben sind, haben wir:

$$v_1' = 1{,}2 - a_{21} = 1{,}2 - 0{,}6 = 0{,}6$$

Der 20%ige Zoll auf Gut 1 führt dazu, dass die Lohnquote von 0,4 auf 0,6 steigt, was wiederum 50% entspricht. Wenn wir den *Effektivzoll* mit *g* bezeichnen, erhalten wir:

$$g = \frac{v_1' - v_1}{v_1} = \frac{0{,}6 - 0{,}4}{0{,}4} = 0{,}5 \quad \text{oder} \quad 50\%. \tag{9.4}$$

Wenn der nominelle Zollsatz auf die Importe von Gut 1 20% ausmacht, ermöglicht der effektive Zollschutz dem Faktor Arbeit einen Schutz von 50% (der *effektive Zollschutz ist höher als der nominelle Zollsatz*).

2. Gleicher Zoll auf Vorleistung und Endprodukt: Wir unterstellen, dass sowohl für die Importe des Endprodukts (Gut 1) als auch für jene des Vorprodukts (Gut 2) ein Zollsatz von 20% eingehoben wird. Dadurch steigen die Kosten des Inputs ebenfalls um 20%. Daher müssen wir a_{21} um 20% vergrößern, d.h. mit $a_{21}(1+0{,}2)$ ersetzen. Gleichung (9.3) liefert nun:

$$v_1' = 1{,}2 - a_{21}(1+0{,}2) = 1{,}2 - 0{,}72 = 0{,}48$$

Der effektive Zollschutz beträgt in diesem Fall

$$g = \frac{v_1' - v_1}{v_1} = \frac{0{,}48 - 0{,}4}{0{,}4} = 0{,}2 \quad \text{oder} \quad 20\%.$$

D.h., dass der effektive Zollschutz gleich ist dem nominellen Zollschutz.

3. Höherer Zoll auf Vorleistungen als auf das Endprodukt: Wir lassen den Zoll für das Endprodukt mit 20% gleich, heben aber jenen für das Vorprodukt von 20% auf 30% an. Dann erhalten wir aus Gleichung (9.3)

$$v_1' = 1{,}2 - a_{21}(1+0{,}3) = 1{,}2 - 0{,}78 = 0{,}42$$

und der Satz des Effektivzolls beträgt

$$g = \frac{v_1' - v_1}{v_1} = \frac{0{,}42 - 0{,}4}{0{,}4} = 0{,}05 \quad \text{oder} \quad 5\%.$$

Der effektive Zollschutz ist somit niedriger als der nominelle Zollsatz.

4. Zoll nur auf das Vorprodukt: Es gibt keinen Zoll auf das Gut 1 (Endprodukt), aber einen 20%igen Zoll auf das Vorprodukt. In diesem Fall bleiben die Erlöse gleich, es steigen aber die Kosten für die Inputs. Wir erhalten

$$v_1' = 1 - a_{21}(1+0{,}2) = 1 - 0{,}72 = 0{,}28$$

und der Satz des Effektivzolls beträgt somit:

$$g = \frac{v_1' - v_1}{v_1} = \frac{0{,}28 - 0{,}4}{0{,}4} = -0{,}3 \quad \text{oder} \quad -30\%.$$

In diesem Fall ist der effektive Zollschutz negativ. Das bedeutet, dass - wenn Löhne das Residuum des Volkseinkommens sind - die Löhne um 30% sinken müssten, damit der Industriezweig konkurrenzfähig bleiben kann, obwohl der Preis des Endprodukts unverändert geblieben ist.

9.2.1.3.2 Die verallgemeinerte Formel für den effektiven Zollschutz

Das formale Modell zur Berechnung des effektiven Zollschutzes ist eine erweiterte Version des Ansatzes, den wir bereits im Falle eines Vorprodukts, eines Faktors Arbeit und eines Endprodukts verwendet haben. Wir lassen nun mehr als einen Intermediärinput zu. Daher stellt es eine Verallgemeinerung des zuvor verwendeten Beispiels dar. Da der Gesamterlös (nomineller Bruttoproduktionswert) gleich ist den Gesamtkosten, kann man verallgemeinernd für den Industriezweig j schreiben

$$Q_j P_j = Q_{1j} P_j + Q_{2j} P_2 + ... + Q_{nj} P_n + L_j w, \qquad (9.5)$$

oder summiert über die Vorleistungen

$$Q_j P_j = \sum_{i=1}^{n} Q_{ij} P_i + L_j w, \qquad (9.6)$$

wobei Q_{ij} das Volumen von Gut i ist, das als Input in der Produktion von Gut j verwendet wird; L_j gibt die fixe Menge der Produktionsfaktoren an (z.B., Arbeit und Kapital), die in der Produktion des Gutes j eingesetzt sind. P_i ist der Weltpreis des Gutes i. Aus Gleichung (9.6) erhalten wir die Gleichung für die *Wertschöpfung*:

$$L_j w = Q_j P_j - \sum_{i=1}^{n} Q_{ij} P_i. \qquad (9.7)$$

Division durch $Q_j P_j$ bringt

$$v_j = 1 - \sum_{i=1}^{n} a_{ij}, \qquad (9.8)$$

wobei

$$v_j = \frac{L_j w}{Q_j P_j} \; und \; a_{ij} = \frac{Q_{ij} P_j}{Q_j P_j}. \; (a_{ij} = \text{Input-Output-Koeffizienten})$$

Gleichung (9.8) definiert die Wertschöpfung pro Produktionseinheit zu Preisen ohne Zölle (Freihandel). In der Situation mit Zöllen wird Gleichung (9.6) für die inländische Wirtschaft ersetzt durch

$$Q_j P_j (1 + t_j) = \sum_{i=1}^{n} Q_{ij} P_i (1 + t_i) + L_j w. \qquad (9.9)$$

Alle Preise (außer jene für die Produktionsfaktoren) steigen um den Betrag der jeweiligen Zollsätze. Division durch $Q_j P_j$ und Lösung nach der Wertschöpfung pro Produktionseinheit ergibt

$$v_j' = (1+t_j) - \sum_{I=1}^{n} a_{ij}(1+t_i), \tag{9.10}$$

wobei v_j' die Wertschöpfung pro Produktionseinheit, ausgedrückt in Preisen inklusive Zoll, ist.

Die Rate des effektiven Zollschutzes (*Effektivzoll), g,* ist definiert als prozentueller Anstieg in der Wertschöpfung pro Produktionseinheit infolge der speziellen Zollstruktur im Vergleich zu einer Situation ohne Zölle (Freihandel). Das ergibt

$$g_j = \frac{v_j' - v_j}{v_j} = \frac{(1+t_j) - \sum_{i=1}^{n} a_{ij}(1+t_i) - 1 + \sum_{i=1}^{n} a_{ij}}{1 - \sum_{i=1}^{n} a_{ij}}, \tag{9.11}$$

oder

$$g_j = \frac{t_j - \sum_{i=1}^{n} a_{ij} t_i}{1 - \sum_{i=1}^{n} a_{ij}}. \tag{9.12}$$

Diese Formel zur Ermittlung des Effektivzolls unterstellt, dass wir als Basisinformation die Freihandelspreise verwenden. Wenn die tatsächlichen Preisdaten bereits Zolleffekte enthalten, wäre eine etwas andere Formulierung vonnöten.

Tabelle 9.1 Zollstruktur in Österreich, 1990

Sektoren	**Zollsätze nominelle (Zolltarif)**	**Zollsätze berechnet (Zolleinnahmen/ Importe)**	**Effektiv-zollsätze**
	in %	in %	in %
Land- und Forstwirtschaft	15,0	3,0	1,3
Bergbau	5,0	0,8	-0,9
Nahrungs- und Genussmittel	18,0	14,0	29,9
Textilien und Bekleidung	25,0	10,0	12,6
Holzverarbeitung	13,0	10,0	17,2
Papierverarbeitung	14,0	22,4	43,6
Chemische Industrie	10,0	10,8	17,1
Erdölindustrie	10,0	1,2	0,6
Steine- und Glaswarenerzeugung	8,0	9,4	13,4
Grundmetallindustrie	0,5	11,2	17,1
Metallverarbeitung, Maschinen	8,0	13,2	18,4
Energieversorgung	5,0	7,4	9,5
Bauwesen	0,0	0,0	-3,8
Groß- und Einzelhandel	0,0	0,0	-1,7
Hotels und Restaurants	0,0	0,0	-6,2
Verkehr, Telekommunikation	2,0	0,8	-1,0
Banken, Versicherungen	0,0	0,0	-1,3
Sonstige private Dienste	0,0	0,0	-1,6
Öffentliche Dienste	0,0	0,0	-1,9

Quelle: Sonderauswertung im Rahmen der Berechnungen von *Breuss* (1995c).

9.2.1.3.3 Nominalzölle und Effektivzölle für Österreich im Jahr 1990

Tabelle 9.1 enthält Nominalzollsätze gemäß dem Zolltarif, berechnete Zollbelastungen (Zolleinnahmen dividiert durch Importwerte) und die Effektivzölle für einige Sektoren der österreichischen Wirtschaft für das Jahr 1990. Hier wird die Situation erfasst, bevor die Uruguay-Runde abgeschlossen wurde, in der eine Verringerung der allgemeinen Zollsätze um ein Drittel ausgemacht wurde. Dieser Liberalisierungsschritt begann mit der Errichtung der neuen Organisation - der WTO (World Trade Organization) in Genf - am 1. Jänner 1995.

Die Sektoren in *Tabelle 9.1* spiegeln die Beziehungen zwischen Nominalzöllen und Effektivzöllen, wie wir sie bisher demonstriert haben, wider. Nominalzölle und Effektivzölle können stark voneinander abweichen. Den höchsten effektiven Zollschutz verzeichneten die Nahrungsmittelindustrie, die Papierindustrie und die Grundmetallindustrie. In diesen Sektoren sind die Effektivzollsätze wesentlich höher als die Nominalzollsätze. In einigen Sektoren - besonders in den Dienstleistungsbereichen - ist der effektive Zollschutz negativ. Da es keine Zölle für das Endprodukt „Dienstleistungen" gibt, sie aber mit beträchtlichen Zöllen für importierte Vorleistungen konfrontiert sind, ist der Nettoeffekt negativ. In jenen Sektoren, wo die Effektivzölle entweder niedriger sind als die Nominalzölle (z.B. in der Landwirtschaft) oder sogar negativ, ist der Zollschutz nachteilig. Freihandel wäre für diese Sektoren besser.

9.2.1.4 Kosten und Nutzen eines Zolls

Ein Zoll führt zu einem Anstieg des Preises des importierten Gutes im importierenden Land und zu einer Preissenkung im exportierenden Land. Als Ergebnis dieser Preisänderungen erleiden die Konsumenten im importierenden Land Wohlfahrtsverluste, während jene im exportierenden Land gewinnen. Im importierenden Land gewinnen die Produzenten, im exportierenden Land verlieren sie. Zusätzlich erzielt der Staat, der Zölle einführt, Staatseinnahmen. Um diese Kosten und Gewinne zu vergleichen, muss man sie quantifizieren können. Die Methode zur Messung von Kosten und Gewinnen eines Zolls basiert auf zwei Konzepten, die aus der Mikroökonomie bekannt sind, nämlich aus der Konsumenten- und Produzentenrente.

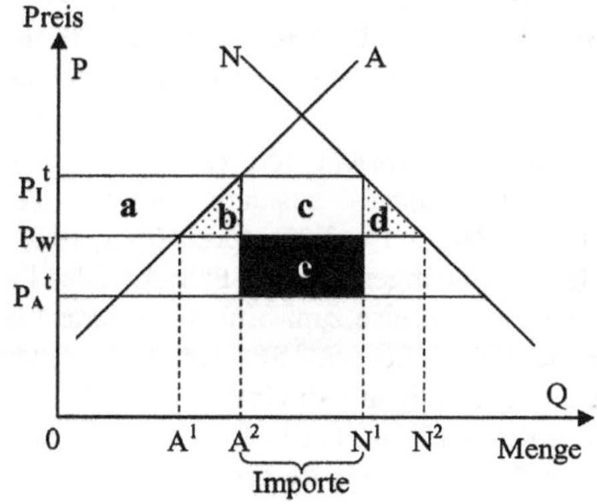

Abb. 9.3 Kosten und Nutzen eines Zolls im Importland („großes" Land)

Durch den Zoll steigt der Preis im Importland von P_W auf P_I^t und fällt im Exportland von P_W auf P_A^t. Produzenten im Inland steigern ihre Angebot von A^1 auf A^2, während die Nachfrage der Konsumenten von N^1 auf N^2 fällt. Die Überschussnachfrage

$M = N^2 - A^2$ wird importiert. Die Kosten und der Nutzen (die Wohlfahrtseffekte) für die verschiedenen Akteure ergeben sich aus der Summe von fünf Flächen, *a, b, c, d* und *e*.

1. Produzenten: Die Produzenten im Inland gewinnen, da sie durch den Zoll einen höheren Preis verlangen können. Dadurch steigt ihre Produktion (Anstieg der Produzentenrente). Dieser Gewinn wird durch die Fläche *a* gemessen, die dem Anstieg der Differenz von *P* mal *A* und der Fläche unter der Angebotskurve entspricht.

2. Konsumentenrente: Die Konsumenten im Inland sehen sich auch mit einem gestiegenen Preis konfrontiert, was ihre Lage verschlechtert. Sie konsumieren weniger. Der Verlust der Konsumenten entspricht der Summe der Flächen $a+b+c+d$, also der Verkleinerung der Differenz der Fläche unter der Nachfragekurve (Rückgang der Konsumentenrente).

3. Staat: Der dritte Spieler ist der Staat. Der Staat gewinnt durch die Einführung eines Zolls Zolleinnahmen. Diese entsprechen dem Zollsatz *t* mal der Importmenge $M = N^2 - A^2$. Da $t = P_I^t - P_A^t$, entsprechen die Zolleinnahmen des Staates der Summe der beiden Flächen $c + e$.

Zusammenfassend ergibt sich folgende Kosten-Nutzen-Rechnung eines Zolls:

- Gewinn der Produzenten (a = positive Produzentenrente)
- Verlust der Konsumenten ($a + b + c + d$ = negative Konsumentenrente)
- Gewinn aus Staatseinnahmen ($c + e$)

Der *Netto-Wohlfahrtseffekt* eines Zolls im Importland bzw. die *Netto-Kosten eines Zolls* sind:

Konsumenten-Verlust	+ Produzenten-Gewinn	+ Staatseinnahmen	
- (a + b + c + d)	+ a	+ (c + e)	= e - b - d.

Die Netto-Wohlfahrtsflächen (e - b - d) haben folgende Interpretation:

- Die *Verlust-Dreiecke (b + d)* repräsentieren den *Effizienzverlust.* Er entsteht, weil der Zoll ein falsches Preissignal setzt. Dadurch bieten die Produzenten mehr an, und die Konsumenten fragen weniger nach. Diese Dreiecke werden auch „*Harberger*-Dreiecke“ genannt.
- Das *Gewinn-Rechteck (e)* entspricht den *Terms-of-Trade-Gewinnen*, die durch das Sinken der ausländischen Exportpreise zustande kommen (Terms of Trade = Verhältnis von Exportpreis (bzw. Inlandspreis) zu Importpreis (bzw. Auslandspreis)).

Die Terms-of-Trade-Gewinne hängen von der Fähigkeit des Landes ab, das den Zoll einführt, die ausländischen Exportpreise zum Sinken zu veranlassen. Wenn das Importland die Weltmarktpreise nicht beeinflussen kann (im Falle eines *„kleinen“ Landes*), verschwindet die Fläche *e*. Im wichtigen Fall eines „kleinen“ Landes, das den Auslandspreis nicht nennenswert beeinflussen kann, entfällt dieser letzte (positive) Effekt. Damit übersteigen die Kosten eines Zolls eindeutig dessen Nutzen.

Wohlfahrtseffekte eines Zolls - ein Zahlenbeispiel:

Nachfragefunktion des In- und Auslandes: $N_I = a - bP_I$ $N_A = g - hP_A$

Angebotsfunktion des In- und Auslandes: $A_I = e + fP_I$ $A_A = i + jP_A$

Importnachfragefunktion des Inlandes: $MN_I = N_I - A_I = (a-e) - (b+f)P_I$

Exportangebotsfunktion des Auslandes: $XA_A = A_A - N_A = (i-g) + (j+h)P_A$

Konsumentenrente: $\int_{P^1}^{P^2} (a - bt)dt = at - b\frac{t^2}{2}\Big]_{P^1}^{P^2} = a(P^2 - P^1) - b\frac{P^{2^2} - P^{1^2}}{2}$.

Produzentenrente: $\int_{P^1}^{P^2} (e + ft)dt = et + f\frac{t^2}{2}\Big]_{P^1}^{P^2} = e(P^2 - P^1) + f\frac{P^{2^2} - P^{1^2}}{2}$.

Zolleinnahmen des Staates: $tM = t(N_I - A_I)$

Zahlenbeispiel (Parameterwerte): $a = 100$, $b = 20$, $e = 20$, $f = 20$, $g = 80$, $h = 20$, $i = 40$, $j = 20$; Zoll = $t = 0{,}20$.

Der Gleichgewichtsweltmarktpreis bei Freihandel ist: $P_W = 1{,}50$.

Zu diesem Weltmarktpreis importiert (exportiert) das Inland (Ausland) 20 Einheiten.

Annahme: Das importierende Inland ist ein *„großes" Land:*

Durch den Zoll steigt der Inlandspreis von P_W auf P_I^t;

$P_I^t = P_W(1 + (1/2)t) = 1{,}5(1 + 0{,}10) = 1{,}65$.

Der Exportpreis des Auslandes sinkt z.B. um die Hälfte des Zollsatzes:

$P_A^t = P_W(1 - (1/2)t) = 1{,}5(1 - 0{,}10) = 1{,}35$.

Zu diesen, durch den Zoll gestörten Preisen, sinken die Importe des Inlandes und die Exporte des Auslandes von 20 (Freihandelsgleichgewicht beim Preis $P_W = 1{,}5$) auf 14 (Protektionismus-Gleichgewicht).

Jetzt können wir den *Netto-Wohlfahrtseffekt eines Zolls* im Inland berechnen (siehe *Abb. 9.3*):

• *Produzentenrente* (+): $e(P_T - P_W) + f\frac{P_T{}^2 - P_W{}^2}{2}$ =20*(1,65-1,5)+20*(2,7225-2,25)/2 =

+(a) +7,725

• *Konsumentenrente* (-): $a(P_T - P_W) - b\frac{P_T{}^2 - P_W{}^2}{2}$ =100*(1,65-1,5)-20*(2,7225-2,25)/2 =

-(a+b+c+d) -10,275

• *Zolleinnahmen des Staates* (+): $tM = t(D_H^2 - S_H^2)$ =0,2*14 = + 2,800

+(c+e)

• *wovon: Terms-of-Trade-Effekt:* $(1/2)tM = (1/2)t(D_H^2 - S_H^2)$ = 0,5*0,2*14= + 1,400

+(e)

• *Gesamte Netto-Wohlfahrt (a+c+e-a-b-c-d = e-b-d)* + 0,250

Damit haben wird gezeigt, dass für einen genügend kleinen Zoll die *Terms-of-Trade-Gewinne immer größer sind als die Effizienzverluste*. Das heißt, dass es immer einen Optimalzoll gibt, der positiv ist (für eine etwas andere Ableitung, siehe *Krugman-Obstfeld* (2003), Anhang zu Chapter 9).
Wenn das Inland ein *„kleines" Land* ist, werden die Exportpreise des Auslandes durch den Zoll nicht beeinträchtigt., d.h., sie bleiben unverändert auf dem Weltmarktpreisniveau ($P_W = 1{,}5$). Damit werden die Terms-of-Trade-Effekte des Inlandes Null. Im Inland steigen jetzt die Preise um den gesamten Zollsatz (d.h. um 20%, also auf 1,8). Dadurch sinken die Importe auf 8 Einheiten. Die Produzentenrente steigt auf +15,9, die Konsumentenrente sinkt auf -20,1. Die Zolleinnahmen des Staates sinken auf +1,6. In diesem Fall ist der gesamte Netto-Wohlfahrtseffekt negativ (a-b-c-d+c; e = 0): -2,6.
Die soeben kalkulierten Wohlfahrtseffekte werden oft als *„statische Wohlfahrtseffekte"* bezeichnet. Üblicherweise setzt man die Netto-Wohlfahrtseffekte zum Brutto-Inlandsprodukt (BIP) in Beziehung. Wenn wir das BIP in unserem Beispiel mit dem Produktionsvolumen annähern, das das Inland in Autarkie zum Inlandspreis von $P = 2$ (dann gibt es keine Importe) erreichen kann, erhalten wir ein Produktionsvolumen (berechnet aus der Angebotsfunktion des Inlandes) von 60. Die gesamte Netto-Wohlfahrt beträgt 0,25. Dann erhalten wir 0,25/1,20 = 0,21% des BIP. In der Realität liegen die „statischen Wohlfahrtseffekte" tatsächlich meist unter 1% des BIP[1].
Wenn das Inland seinen Zollsatz auf 33,33% (*t*=0,333) steigern sollte, so wäre der Zoll prohibitiv hoch (*Prohibitivzoll*), d.h. er würde jeden Import unmöglich machen. Man kann dies zeigen, indem man den Preis im Inland ($P = 1{,}5(1 + 0{,}333) = 2{,}0$) in die Importnachfragefunktion einsetzt. Dann wird die Importnachfrage Null. Das Inland würde oder müsste autark werden. Zu diesem prohivitiven Zoll würde der Staat auch keine Zolleinnahmen bekommen (c+e=0), die Terms-of-Trade-Effekte würden verschwinden (*e*=0). Nur die Effizienzverluste (Dreiecke *b+d*) wären mit hohen Werten präsent: Wenn man den neuen Preis in die Gleichungen einsetzt, erhält man einen Verlust an Konsumentenrente von -32,5 und eine Produzentenrente von +27,5. Dies resultiert in einem Netto-Wohlfahrtsverlust von insgesamt -5,0.

9.2.2 Andere Instrumente der Handelspolitik

Zölle sind die einfachsten und ältesten handelspolitischen Instrumente. Im modernen Welthandel gibt es viele andere Formen staatlicher Interventionen: *Exportsubventionen, Importquoten, freiwillige Exportbeschränkungen (VER* - voluntary export restraints) und Auflagen für Importe, heimische Wertschöpfung zu enthalten (*local content requirements*). Manchmal nennt man diese *nicht-tarifarischen Handelshemmnisse (NTBs* - non-tariff trade barriers) Instrumente des *„Neo-*

---

[1] Für Berechnungen von statischen Wohlfahrtseffekten der Handelsliberalisierung nach der Uruguay-Runde mit einem numerischen allgemeinen Gleichgewichtsmodell (CGE-Modell) für Österreich, siehe *Breuss* (1995c). Für Berechnungen von dynamischen Wohlfahrtseffekten mit einem dynamischen CGE-Modell, siehe *Keuschnigg-Kohler* (1996c).

Protektionismus" (*Balassa* (1978); *Breuss* (1983), S. 147 ff.). Einige bezeichnen diese modernen Formen der Handelsintervention auch als *„Neo-Merkantilismus"* (*Schmitt* (1979)). Wenn man die grundlegenden Wirkungen von Zöllen verstanden hat, ist es nicht schwierig, die Implikationen der anderen handelspolitischen Instrumente zu analysieren.

9.2.2.1 Exportsubventionen

Eine *Exportsubvention* ist eine Zahlung an eine Firma oder an ein Individuum, das Exporte tätigt. Ähnlich einem Zoll, kann eine Exportsubvention entweder spezifisch (ein fixer Betrag pro Exporteinheit) oder wertmäßig (ein bestimmter Anteil des Exportwertes) berechnet werden. Wenn der Staat eine Exportsubvention gewährt, werden die Exporteure bis zu dem Punkt exportieren, an dem der Inlandspreis den Auslandspreis um den Betrag der Exportsubvention übersteigt. Die Wirkungen einer Exportsubvention auf das Preisniveau sind jenen eines Zolls genau entgegengesetzt (siehe *Abb. 9.4*).

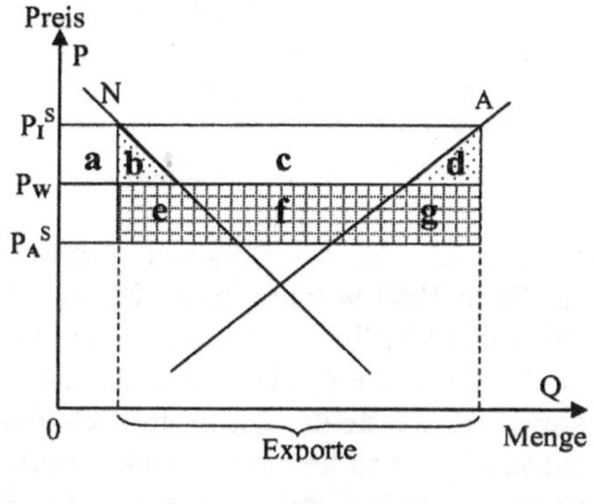

Abb. 9.4: Effekte einer Exportsubvention
Eine Exportsubvention führt zu einem Preisanstieg im Exportland und zu einer Preissenkung im Importland. Der Netto-Wohlfahrtseffekt ist eindeutig negativ.

Der Preis im Exportland steigt von P_W auf P_I^s. Da aber der Preis im Importland von P_W auf P_A^s fällt, um dort die Exportgüter absetzen zu können, ist der Preisanstieg kleiner als die Subvention. Die Konsumenten des Exportlandes verlieren (Konsumentenrente: -(*a*+*b*)), die Produzenten gewinnen (Produzentenrente: +(*a*+*b*+*c*)) und der Staat verliert (-(*b*+*c*+*d*+*e*+*f*+*g*)), da er die Subventionen finanzieren muss. Die *Terms of Trade* verschlechtern sich im Exportland um -

$(e+f+g)$. Daraus resultieren die gesamten *Nettowohlfahrtseffekte:* $(a+b+c) - (a+b) - (b+c+d+e+f+g) = -(b+d+e+f+g)$. Der *Nettowohlfahrtsverlust* ergibt sich daher aus der Summe der Flächen $(b+d+e+f+g)$. Die Flächen b und d sind Verluste auf Grund von Störungen der Konsumenten und Produzenten (Effizienzverlust-„Dreiecke“), ähnlich jenen bei Einführung eines Zolls. Zusätzlich und gleichzeitig, im Gegensatz zu einem Zoll, verschlechtert eine Exportsubvention die Terms of Trade, da der Preis des Exportgutes auf dem Auslandsmarkt von P_W auf P_A^s sinkt. Dies führt zu einem zusätzlichen Terms-of-Trade-Verlust $(e+f+g)$, der der Differenz $P_W - P_A^t$ mal der Exportmenge entspricht. Bei einer Exportsubvention übersteigen daher eindeutig die Kosten den Nutzen.

Die Gemeinsame Agrarpolitik der EU (GAP)

Die GAP der Europäischen Union (früher EG; seit dem Vertrag von Maastricht, in Kraft am 1. November 1993 - EU) begann 1962 als ein Versuch, den europäischen Landwirten hohe Preise (und damit Einkommen) zu garantieren, indem die Europäische Gemeinschaft (EG) Agrarprodukte aufkaufte, wenn der Preis unter einen bestimmten Referenzpreis fiel. Um gleichzeitig größere Mengen an Importen zu verhindern, wurde die GAP ursprünglich von Importzöllen begleitet, die die Differenz zwischen Preisen in Europa und dem Weltmarkt ausglichen.

Seit den siebziger Jahren wurden die Preisstützungen für die EG zu teuer, da die EG, die unter Freihandelsbedingungen ein Nettoimporteur bei den meisten Agrarprodukten gewesen wäre, mehr produzierte als die Konsumenten nachfragten. Daher fielen enorme Lagerhaltungskosten an. Ende 1985 wurden in der EG 780.000 Tonnen Rindfleisch, 1,2 Millionen Tonnen Butter and 12 Millionen Tonnen Weizen gelagert. Neben diesen „Butterbergen“ gab es noch „Weinseen“. Um ein unbeschränktes Anwachsen dieser Lageraktivitäten zu vermeiden, wurde die Politik in Richtung Exportförderung geändert. Mit Hilfe von *Exportsubventionen* sollten die Produktionsüberschüsse abgebaut werden. Seit der *Mac Sharry* Reform der GAP im Jahre 1992 hat sich die Politik abermals geändert. Die Preisstützungen werden zunehmend durch direkte Einkommensstützungen ersetzt. Die Produktion wird durch Flächenstillegungsprämien gedrosselt. Diese Richtung der Agrarpolitik setzte sich in der Agenda 2000 (1997) in Vorbereitung auf die EU-Erweiterung um mittel- und osteuropäische Länder fort.

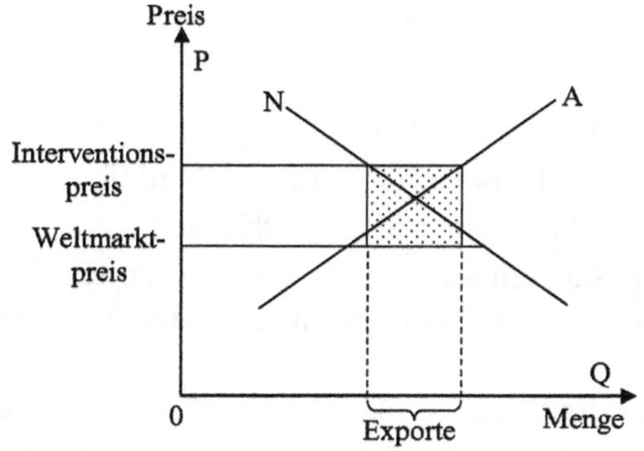

Abb. 9.5 Exportsubventionen im Rahmen der Gemeinsamen Agrarpolitik der EU (GAP)
Die Preise für Agrarprodukte werden über dem Weltmarktpreis fixiert. Eine Exportsubvention wird verwendet, um den Angebotsüberschuss abzubauen. Die dunkle Fläche entspricht den Kosten der Exportsubvention.
Quelle: *Krugman-Obstfeld* (2003, S. 199), *EG* (1994a) und *Colman* (2001, S. 100).

9.2.2.2 Importkontingente oder Importquoten

Eine *Importquote* ist eine direkte Beschränkung der Menge von Gütern, die ein Land zu importieren beabsichtigt. Die Beschränkung wird üblicherweise bewirkt, indem man einer Gruppe von Individuen oder Firmen Lizenzen vergibt. *Krugman-Obstfeld* (2003, S. 200) erwähnen das Beispiel der USA, die Quoten für Käse und Zucker eingeführt haben. Die Genehmigung zum Import einer maximal beschränkten Menge von Käse pro Jahr wurde bestimmten Handelsfirmen erteilt. In ganz bestimmten Fällen - im Falle von Zucker und Bekleidung - wurde das Recht, in die USA zu exportieren, direkt an die Regierungen jener Länder vergeben, die diese Waren exportierten.

Eine Importquote führt immer zu einem Anstieg des Inlandspreise des importierten Gutes. Wenn die Importe beschränkt werden, führt dies dazu, dass zum Ausgangspreis die Nachfrage nach dem Gut das Angebot (Inlandsproduktion plus Importe) übersteigt. Dieser Zustand führt dazu, dass der Preis steigt, bis der Markt wieder im Gleichgewicht ist. Letztlich führt eine Importquote zu einem Anstieg des Inlandspreises um denselben Betrag, den ein Zoll, der dieselbe Beschränkung der Importe herbeiführen würde, bewirken würde. Eine Ausnahme ergibt sich im Falle eines inländischen Monopols. Hier erhöht sich der Preis durch die Importquote um mehr als bei vollständiger Konkurrenz.

9.2.2.3 Ähnlichkeiten und Unterschiede zwischen einem Zoll und einer Quote: Zoll-Quoten-Äquivalenz oder -Nichtäquivalenz?

Unter sehr restriktiven Annahmen ist ein Zoll äquivalent mit einer Quote (siehe *Bhagwati* (1965)). Dies gilt insbesondere für die Marktform der vollständigen Konkurrenz. Ansonsten gibt es folgende Unterschiede:

- Ein Zoll führt zu Staatseinnahmen, bei einer Quote erzielt der Staat keine Einnahmen, es sei denn, er versteigert die Lizenzen für Importquoten an die Bestbieter.
- Bei einem Zoll ist der Effekt bezüglich der Einschränkung der Importe unsicher (er hängt von der Nachfragereaktion der Konsumenten ab, d.h. von der Preiselastizität der Importnachfrage). Mit einer Quote kann man die gewünschten Importmengen genau steuern.
- Wenn eine Quote anstelle eines Zolls die Importe einschränken soll, wird der Geldbetrag, der dem eines Zolls entsprechen würde, von jenen kassiert, die die Importlizenz erhalten. Die Inhaber von Lizenzen kaufen Importe und verkaufen sie wieder zu höheren Preisen am Inlandsmarkt. Diese Gewinne, die Inhaber von Importlizenzen lukrieren, werden als *Quotenrenten* bezeichnet.
- Zur Bestimmung der Kosten und des Nutzens einer Importquote ist es daher unerlässlich festzustellen, wer diese Renten erhält. Wenn - was oft der Fall ist - die Rechte, auf dem Inlandsmarkt zu verkaufen, an ausländische Regierungen abgetreten werden, liegen durch diese Transfers von Renten ins Ausland die Kosten einer Quote beträchtlich über jenen eines äquivalenten Zollsatzes[2].

Die Importquote für Zucker in den USA

Das ursprüngliche Problem mit Zucker in den USA ist ähnlich jenem der Landwirtschaft in der EG: Die US-amerikanische Regierung garantiert einen Preis, der über dem Weltmarktpreis liegt. Im Gegensatz zur EG übersteigt das Angebot in den USA jedoch nicht die Inlandsnachfrage. Dadurch war es den USA möglich, die Inlandspreise auf dem anvisierten Preisniveau mit Hilfe einer Importquote für Zucker zu halten.
Zwei Besonderheiten der US-amerikanischen Zuckerpolitik beeinflussen die Ergebnisse:

- Erstens: Die *Importquote* ist *mit* einem *Zoll kombiniert*. Dadurch werden die Renten im Zusammenhang mit den Quoten kleiner als sie es sonst gewesen wären. Oder anders gesagt: die amerikanische Regierung kassiert einen Teil dieser Rente.

---

[2] *Bhagwati* (1965) hat als erster die Bedingungen für die Äquivalenz von Zoll und Quoten untersucht. Beiträge jüngeren Datums lieferte z.B. *Anderson* (1988, 1994). *Anderson* (1988, Chapter 3) berechnet am Beispiel der Importquoten der USA für Milch und Milchprodukte (für 6 Käsesorten) die Effizienzverluste von Quoten im Vergleich zu Zöllen. Eine Analyse der Handelspolitik (Zölle, Quoten) unter expliziter Berücksichtigung unvollständiger Konkurrenz findet man in *Helpman-Krugman* (1989).

- Zweitens: Das Recht, in den USA zu verkaufen - die *Importlizenzen* - werden an 24 ausländische Regierungen verteilt, die diese wiederum an ihre inländischen Produzenten weitergeben. D.h., dass jener Teil der Rente, der durch den Importzoll nicht abgefangen wird, ans Ausland abwandert.

Die Federal Trade Commission (FTC) hat eine Kosten-Nutzen-Schätzung der Importquote angestellt. *Krugman-Obstfeld* (1994, S. 209-210) illustrierten die Ergebnisse in Form der folgenden *Abb. 9.6.*

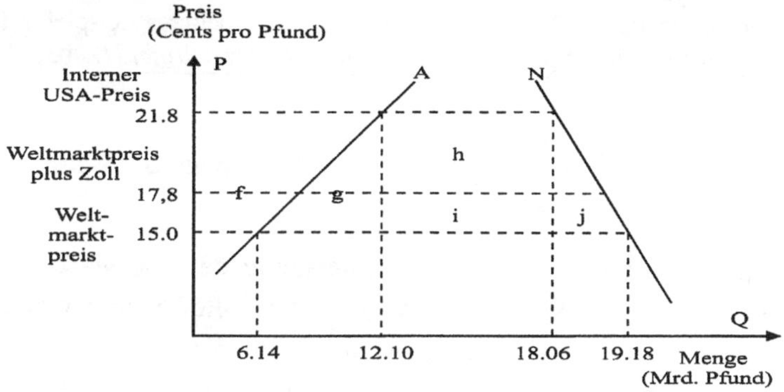

Abb. 9.6: Die Importquote für Zucker in den USA

Die mengenmäßige Beschränkung der Importe führt zum Anstieg der Inlandspreise und erzeugt Renten für die Besitzer von Rechten, in die USA Zucker zu exportieren. Es wird unterstellt, dass die USA - bezogen auf den Weltmarkt für Zucker - ein „kleines" Land sind. Das impliziert, dass das Weltangebot an Zucker sehr preiselastisch ist. Die FTC schätzt den normalen Weltzuckerpreis auf 15 Cents pro Pfund. Um den Stützungspreis von 21,8 Cents zu erzielen, erfordert dies in den USA eine Importquote. Die Differenz zwischen dem Preis in den USA und dem Weltmarktpreis beträgt somit 6,8 Cents. Da der Zollsatz nur 2,8 Cents ausmacht, macht der Wert der Erlaubnis, in die USA zu verkaufen 4,0 Cents pro Pfund aus (6,8-2,8). Bei Freihandel würden die Importe 13,04 Mrd. Pfund ausmachen (19,18-6,14), nach Einführung der Quote sind sie auf 5,96 Mrd. Pfund restringiert (18,06-12,10=5,96).

Die Wohlfahrtseffekte der Zuckerquote sind durch fünf Flächen gekennzeichnet (*f, g, h, i, j*). Da die Quote zu einem Anstieg der Preise führt, verlieren die Konsumenten in den USA die Konsumentenrente (*f*+*g*+*h*+*i*+*j*). Der Wert dieses Verlustes beträgt 1,266 Mrd.US-$. Die Produzenten in den USA gewinnen durch den höheren Preis eine Produzentenrente entsprechend der Fläche (*f*). Sie entspricht einem Wert von 616 Mill.US-$. Der Staat USA erzielt Zolleinnahmen im Ausmaß der Fläche (*i*). Diese entspricht der Importmenge mal dem Zollsatz und beläuft sich auf 167 Mill.US-$. Der Nettowohlfahrtseffekt für die USA entspricht einem Verlust von 483 Mill.US-$ (Fläche: -*g*-*h*-*j*). Von diesen Wohlfahrtsverlusten repräsentieren die Flächen („Dreiecke") *g* und *j* die Verluste auf Grund von Effizienzstörungen der *Produzenten* und *Konsumenten.* Die Fläche *h* entspricht der Rente, die von Ausländern kassiert wird. Sie beläuft sich auf 238 Mill.US-$. Dieser Betrag ist der reine Transfer an das Ausland. Er stellt einen genauso wichtigen Teil der Wohlfahrtsverluste in den USA dar, als durch die Kosten des Effizienzverlustes der Produzenten und Konsumenten.

Nettowohlfahrtseffekte: Millionen US-$				
• Produzentenrente - Gewinne	+(f)		+	616,0
• Konsumentenrente - Verlust	-(f+g+h+i+j)		-	1.266,0
davon: Renten an Ausländer	*-(h)*	*- 238,0*		
• Staatseinnahmen durch den Zoll	+(i)		+	167,0
Gesamte Nettowohlfahrtseffekte (Verlust) für die USA			-	*483,0*
(f+g+h+i+j)+i) = -g - h - j)				
Quelle: *Krugman-Obstfeld* (1994), S. 209-210. Für ein aktuelleres Beispiel mit nur einer Importquote für den Zuckerimport der USA, siehe *Krugman-Obstfeld* (2003), S. 201.				

9.2.2.4 Zölle und Importquoten angesichts eines Monopols: Der wettbewerbsstimulierende Effekt des Handels

Die bisherige Analyse der Handelspolitik unterstellte, dass die Märkte durch vollständige Konkurrenz charakterisiert sind, so dass für alle Unternehmen die Preise gegeben sind. In der Praxis sind jedoch viele Märkte für international handelbare Güter der unvollständigen Konkurrenz ausgesetzt. Die Effekte der Handelspolitik können durch die Marktform beeinflusst werden. Im Falle unvollständiger Märkte tritt ein neuer Aspekt zutage: internationaler Handel beschränkt die Monopolmacht und Handelspolitiken, die den Außenhandel beschränken und verstärken somit die Monopolmacht. Selbst wenn ein Unternehmen der einzige Anbieter eines Gutes in einem Land ist (ein Monopolist), hat es wenig Möglichkeiten, die Preise anzuheben, wenn es viele ausländische Anbieter gibt und der Handel frei ist. Wenn die Importe durch eine Quotenregelung beschränkt sind, dann kann jedoch dasselbe Unternehmen seine Preise anheben, ohne eine Konkurrenz fürchten zu müssen.

Die Idee, dass ein inländisches Monopol durch Importkonkurrenz diszipliniert werden kann, wurde zum ersten Mal von *Bhagwati* (1965) als Einleitung zum Vergleich der Effekte von Zöllen und mengenmäßigen Beschränkungen (Quoten) im Falle eines Monopols vorgebracht. Seither bezeichnet man diesen Effekt des Freihandels auf ein inländisches Monopol den „wettbewerbsstimulierenden Effekt" des Handels (*„pro-competitive effect"* of trade).

Im folgenden werden drei Fälle untersucht: ein Monopolist bei Freihandel, ein Monpolist, der durch einen Zoll vor Importen geschützt wird und ein Monopolist, der durch eine Importquote vor Importen geschützt ist. Es wird immer angenommen, dass der Monopolist in einem „kleinen" Land agiert, das die Preise der Importe (Weltmarktpreise) nicht beeinflussen kann (siehe *Krugman-Obstfeld* (2003), Anhang zu Chapter 8; sowie *Smith* (1994)).

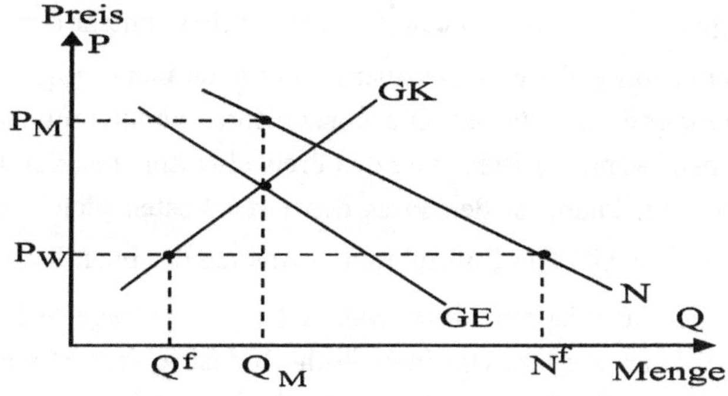

Abb. 9.7: Ein Monopolist bei Freihandel

Wenn es keinen Handel gäbe (Autarkie), würde das inländische Unternehmen wie ein gewöhnlicher gewinnmaximierender Monopolist agieren (siehe *Abb. 9.7*). Das Unternehmen würde die gewinnmaximierende Produktion Q_M und den Preis P_M wählen, bei dem die Grenzkosten gleich sind dem Grenzertrag: $GK = GE$. Unter Freihandel ist dieses Monopolverhalten nicht möglich. Wenn das Unternehmen versuchte, den Inlandspreis über jenen des Weltmarktpreises P_W zu setzen, würde niemand sein Produkt kaufen, da billigere Importe verfügbar wären. Internationaler Handel beschränkt somit den Monopolpreis auf P_W. Die Drohung mit Importkonkurrenz zwingt den Monopolisten sich so zu verhalten wie unter vollständiger Konkurrenz. Die Importe ($N^f - Q^f$) sind gleich groß wie im Falle vollständiger Konkurrenz.

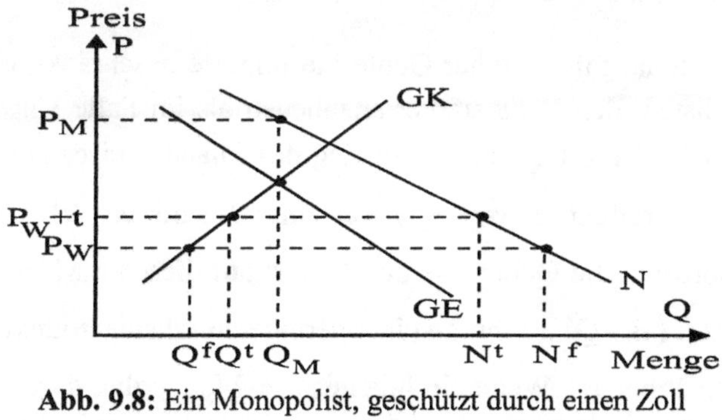

Abb. 9.8: Ein Monopolist, geschützt durch einen Zoll

Der Zollsatz t erlaubt es dem Monopolisten, seinen Preis anzuheben (siehe *Abb. 9.8*). Der Preis ist aber immer noch beschränkt durch die Importkonkurrenz. Mit einem Importzoll t kann die inländische Industrie nunmehr den Preis $P_W(1+t)$ verlangen. Dem Monopolisten ist es aber immer noch nicht möglich, seinen Preis bis zum Monopolpreis anzuheben. Die Konsumenten können immer noch auf Importe ausweichen, wenn der Preis über den Preis plus Zoll ansteigt. Das Beste, das der Monopolist tun kann, ist den Preis den Grenzkosten gleich zu setzen; dies führt zur Produktion Q^t. Der Zoll führt zum Anstieg des inländischen Preises und zur Zunahme der Inlandsproduktion, während die Nachfrage auf N^t sinkt. Die Importe gehen daher zurück. Die inländische Industrie (der Monopolist) produziert wiederum dieselbe Menge, die sie produzieren würde, wenn vollständige Konkurrenz herrschte.

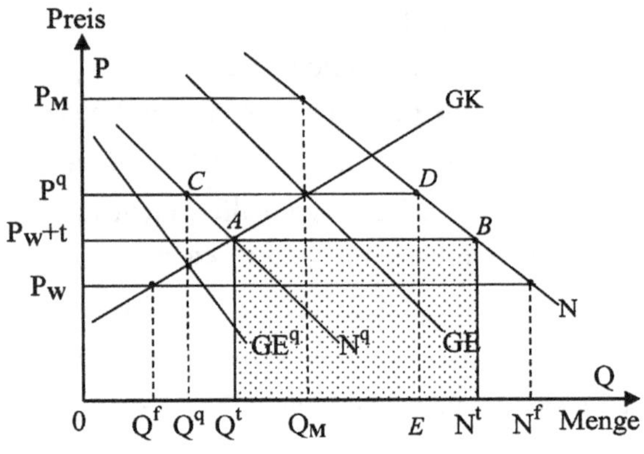

Abb. 9.9 Ein Monopolist, geschützt durch eine Importquote: Vergleich mit einem Zoll

Wenn ein Staat mittels einer Quote die Importe beschränkt, ermöglicht dies dem Monopolisten, den Preis stärker anzuheben als im Falle eines Zolles (siehe *Abb. 9.9*). Der Zoll führt zu einem Anstieg des Inlandspreises auf $P_W(1+t)$ und zu einer Inlandsproduktion von Q^t. Bei einer Nachfrage N^t wird die Menge $N^t - Q^t$ importiert. Die Quote, die den Import auf dieselbe Menge einschränken soll wie der Zoll ($E - Q^q$), führt zu einer geringeren Inlandsproduktion Q^q und zu einem höheren Preis P^q.Wenn ein inländischer Monopolist durch einen Zoll geschützt ist, verhält er sich als ob vollständige Konkurrenz herrschte. Ist er durch eine Quote geschützt, tut er dies offensichtlich nicht. Die Nachfrage, mit der der Monopolist konfrontiert ist, besteht aus Inlandsnachfrage minus Importe. Die Restnachfragekurve (nach Abzug der durch die Quote beschränkten Importe) wird als N^q definiert: sie verläuft parallel zur Inlandsnachfragekurve N, ist aber um den Betrag der Importe ($N^t - Q^t$) nach links verschoben. Zur Nachfragekurve N^q gehört eine neue Grenzertragskurve GE^q. Das Unternehmen, das durch eine Importquote geschützt ist, maximiert seinen Gewinn, indem es die Grenzkosten gleich setzt den neuen Grenzerträgen ($GK = GE^q$), was zur Produktion von Q^q bei einem (Monopol)-Preis von P^q führt. (Die Lizenz für den Import einer Einheit des Gutes erbringt eine Rente von ($P^q - P_W$)).

9.2.2.5 Monopolmacht und Optimalzoll

Wir betrachten ein „großes" Land, in dem ein Importeur eine Monopsoniemacht beim Kauf von Importen des Gutes Q ausübt[3] (siehe *Abb. 9.10*). XA_A ist die Exportangebotskurve des Auslandes (technisch gesprochen, die Kurve des Angebotsüberschusses der Exporte) und MN_I ist die Importnachfragekurve (Importnachfrageüberschuss) des Inlandes für Gut Q. Ein Freihandelsgleichgewicht ergibt sich beim Schnittpunkt der beiden Kurven. Daraus resultiert ein Freihandelsgleichgewichtspreis P_W und Importe von Q_W.

Dieses Freihandelsgleichgewicht ist aber nicht optimal für das Inland. Ein Optimum ist dann gegeben, wenn das Inland den Inlandspreis für Q gleich den Grenzkosten für die Importe (GK) setzt. Die Exportangebotskurve des Auslandes gibt den Preis für die Importe an und der Preis ist einfach gleich den Durchschnittskosten (DK). Definieren wir die Gesamtkosten der Importe mit K, dann ergibt sich folgendes:

$$K = P_A M;\; DK = K/M = P_A;\; M = (N_I - A_I), \tag{9.13}$$

wobei DK die Durchschnittskosten der Importe sind. Bei Freihandel ist der Inlandspreis gleich den Durchschnittskosten von Q ($P_I = P_A = P_W$).

---

[3] Siehe *Markusen-Melvin* (1988, S. 228 ff.).

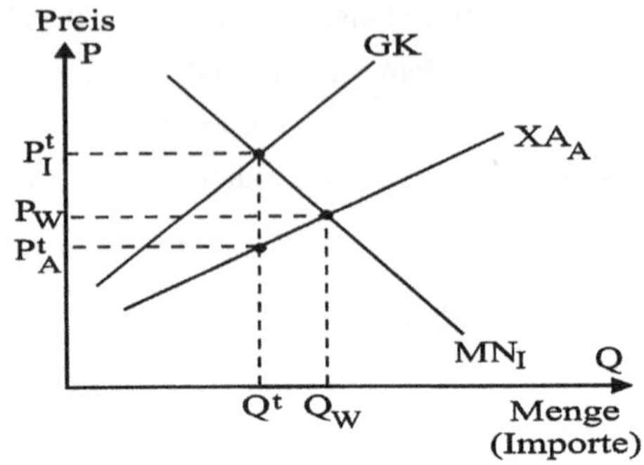

Abb. 9.10: Optimalzoll-Gleichgewicht

Die Grenzkosten sind definiert als die Veränderung der Gesamtkosten (ΔK) als Reaktion auf die Veränderung der Importmenge (ΔM). ΔK kann wie folgt angenähert werden:

$$\Delta K = P_A \Delta M + M \Delta P_A. \tag{9.14}$$

Dividiert man (9.14) durch ΔM, so erhält man

$$GK = \frac{\Delta K}{\Delta M} = P_A + M\frac{\Delta P_A}{\Delta M} = P_A\left(1 + \frac{M}{P_A}\frac{\Delta P_A}{\Delta M}\right). \tag{9.15}$$

Definieren wir e_A als die Preiselastizität des Exportangebots des Auslandes. Dann kann man Gleichung (9.15) wie folgt umschreiben:

$$GK = P_A\left(1 + \frac{1}{e_A}\right); \quad e_A = \frac{P_A}{M}\frac{\Delta M}{\Delta P_A}. \tag{9.16}$$

Da die Exportangebotskurve positiv geneigt ist, ist e_A positiv und die Grenzkosten sind größer als die Durchschnittskosten ($GK \succ DK = P_A$). Die Grenzkostenkurve ist in *Abb. 9.10* als GK eingezeichnet.

Das „große" Inland maximiert seine Wohlfahrt, indem es den Inlandspreis P_I den Grenzkosten GK gleichsetzt. Das Inland sollte daher die Menge Q^t importieren, was bei einem Inlandspreis von P_I^t geschieht. Diese Restriktion der Importe führt als Folge der Monopsoniemacht des Inlandes zu einer Senkung des Weltmarktpreises für Gut Q von $P_A = P_W$ auf P_A^t und resultiert infolge der Verbesserung der Terms of Trade in einem Wohlfahrtsgewinn für das importierende Inland. Wir wissen, dass ein Importzoll dazu führt, dass $P_I^t = P_A(1+t)$, wobei t der Wertzollsatz ist.

Der *Optimalzollsatz* ist daher jener, der die folgende Gleichung löst

$$P_I^t = P_A(1+t) = P_A(1+\frac{1}{e_A}); \; t = \frac{1}{e_A}. \tag{9.17}$$

Der Optimalzoll ist somit gleich der inversen Preiselastizität des Exportangebots des Auslandes[4]. Je unelastischer das ausländische Exportangebot ist, um so größer ist der Optimalzoll (d.h. t ist groß, wenn e_A klein ist).

Es ist leicht einzusehen, dass die Formel für den Optimalzoll den Spezialfall einer „kleinen offenen Volkswirtschaft" (SMOPEC) enthält. Wenn ein Land zu fixen Weltpreisen so viel handelt wie es wünscht, bedeutet dies, dass die Angebotskurve, der sich dieses Land gegenübersieht, horizontal oder unendlich elastisch ist. In dieser Situation ist e_A unendlich und $1/e_A$ wird Null. Der *Optimalzoll* einer *„kleinen" offenen Volkswirtschaft ist* somit *Null*, d.h. *Freihandel* ist tatsächlich die *optimale Politik.*

9.2.2.6 Freiwillige Exportbeschränkung

Eine Variante einer Importquote ist die *freiwillige Exportbeschränkung* (Englisch: *VER - voluntary export restraint*). Eine VER ist eine Quote, die sich das exportierende Land anstelle der Quote, die vom importierenden Land eingeführt wurde,

---

[4] Wenn man den Optimalzoll aus Tauschkurven ableitet (siehe z.B. *Rose* (1986), S. 468; *Gandolfo* (1994), S. 165), lautet seine Definition: $t = 1/(\eta_A - 1)$, wobei η_A die Preiselastizität der ausländischen Importnachfrage (d.h. nach inländischen Exporten) ist. Der Importzoll t entspricht einer Exportsteuer; daher wird t von *Helpman-Krugman* (1989, S. 18) auch als „optimale Exportsteuer" bezeichnet. Wenn η_A gegen Eins geht, dann geht der Optimalzoll gegen Unendlich („großer Land-Fall"; bei $\eta_A = 2$ ist der Optimalzoll t = 1; d.h. 100%), wenn η_A gegen Unendlich geht, dann wird der Optimalzoll Null („kleiner Land-Fall"). Laut *Lerner* (1936) gibt es eine Äquivalenz von Importzöllen und Exportsteuern. Daher müssen im allgemeinen Gleichgewicht (wenn im Zwei-Länder-Fall infolge der Zahlungsbilanzbeschränkung die Werte der Exporte gleich sein müssen jenen der Importe) auch die Exportangebotselastizitäten und die Importnachfrageelastizitäten miteinander in Beziehung stehen. Daraus folgt, dass der optimale Importzoll gleich ist der optimalen Exportsteuer (siehe *Helpman-Krugman* (1989), S. 19-20): $t = 1/(\eta_A - 1) = 1/e_A$ (für diese Beziehung zwischen den Importnachfrage- und Exportangebotselastizitäten, siehe auch *Gandolfo* (1994), S. 68). *Gros* (1987) hat gezeigt, dass in einem Modell monopolistischer Konkurrenz und intra-industriellem Handel, der Optimalzoll selbst für ein kleines Land nie Null werden kann. Er lautet (siehe *Helpman-Krugman* (1989), S. 139): $\tilde{t} = 1/(s_F^*(\sigma - 1))$, wobei $s_F^* =$ Ausgaben des Auslandes für ausländische Güter (wenn das Inland ein kleines Land – kleiner Anteil am Welt-BIP - ist, wird $s_F^* = 1$ und der Optimalzoll $\tilde{t}$ ist nicht Null. Je größer das Inland ist, um so größer wird der Optimalzoll $\tilde{t}$. σ = Substitutionselastizität für die Auswahl von Inlands- und Auslandsgütern.

„selbst" auferlegt. Das berühmteste Beispiel ist die Beschränkung der japanischen PKW-Exporte in die USA seit 1981. Ähnliche VERs sind auch gegenüber der Europäischen Gemeinschaft üblich.

Freiwillige Exportbeschränkungen werden nicht ganz freiwillig eingeführt. Sie erfolgen meist auf Ersuchen (bzw. sanftem Druck) des Importlandes und werden vom Exportland akzeptiert, um anderen Handelsrestriktionen zu entgehen. Aus ökonomischer Sicht wirkt eine VER genau gleich wie eine Importquote, bei der die Lizenz an eine ausländische Regierung abgetreten wird und dadurch für das Importland sehr kostspielig ist. Eine VER ist immer kostenaufwendiger für das Importland als ein Zoll, der die Importe um dieselbe Menge limitiert. Der Unterschied liegt in den Renten, die der ausländischen Regierung zufließen, die bei einem Zoll der Regierung des Importlandes in Form von Zolleinnahmen zugute kommen würden. Eine VER führt daher eindeutig zum einem Wohlfahrts-verlust im Importland.

In einer Studie über die Effekte der drei wichtigsten US-amerikanischen VERs - in den Bereichen Textil und Bekleidung, Stahl und PKW - konnte *Tarr* (1989)[5] zeigen, dass zwei Drittel der Kosten für Konsumenten aufgrund der VERs in diesen drei Bereichen auf Renten, die ins Ausland abfließen, zurückgehen. Oder anders gesagt, der größte Teil der Kosten sind Einkommenstransfers und nicht so sehr Effizienzverluste. Diese Berechnungen unterstreichen das bisher Gesagte, dass VERs für das importierende Land mit viel höheren Kosten verbunden sind, als Zölle. Angesichts dieser Aussage, muss man sich die Frage stellen, warum gerade VERs als handelspolitisches Instrument in letzter Zeit so stark favorisiert wurden[6].

Einige VERs beziehen sich auf mehr als ein Land. Das berühmteste multilaterale Abkommen ist das *Multi-Faserabkommen (MFA)*, das die Exporte von *Textilien und Bekleidung* von 22 Ländern beschränkt. Solche multilateralen freiwilligen Beschränkungsabkommen sind auch noch unter einer anderen 3-Buchstabenabkürzung bekannt, nämlich als *OMAs (orderly marketing agreements* oder ordentliche Marktabkommen).

In der Uruguay-Runde des GATT wurde beschlossen, dass alle Arten von nicht-tarifarischen Handelshemmnissen (sogenannte „grey-area measures" - wo-

---

5 Wiederabgedruckt in: *Melo-Tarr* (1992, Chapter 5); auch zitiert von *Krugman-Obstfeld* (2003, S. 202).

6 Über ein Fallbeispiel „A VER in Practice: Japanese Autos", siehe: *Krugman-Obstfeld* (2003, S. 203).

von die VERs das prominenteste Beispiel sind) abzuschaffen sind. Seit der Gründung der WTO (World Trade Organization, Genf) am 1. Jänner 1995 steht die stufenweise Abschaffung der NTBs an oberster Stelle der Bemühungen, den Welthandel weiter zu liberalisieren.

9.2.2.7 Local-Content-Regelung

Mit einer Local-Content-Regelung wird einem ausländischen Exporteur vorgeschrieben, einen bestimmten Anteil der Wertschöpfung seines Produktes aus inländischer Produktion zu decken. Manchmal ist dieser Anteil mengenmäßig festgelegt - wie z.B. die Erdölimportquoten in den USA in den sechziger Jahren (siehe *Krugman-Obstfeld* (2003, S. 203-205)). In anderen Fällen wird der Anteil wertmäßig festgelegt, indem ein bestimmter Prozentsatz des Preises aus inländischer Wertschöpfung bestehen muss. Local-Content-Gesetze wurden sehr stark in Entwicklungsländern angewandt, um eine Verlagerung der Aktivitäten von der reinen Endmontage zu Zwischenprodukten zu erreichen. In den USA wurde ein Local-Content-Gesetz im Jahre 1982 vorgeschlagen, aber niemals beschlossen. Aus der Sicht der inländischen Produzenten von z.B. Autoteilen führt die Local-Content-Regelung zu einen Schutz, der vergleichbar ist mit einer Importquote. Aus der Sicht der Exporteure, die gezwungen sind, im Inland Zubehörteile zu kaufen, sind die Effekte ein wenig anders. Eine Local-Content-Regelung beschränkt nicht die Importe. Sie erlaubt es sogar, mehr zu importieren, vorausgesetzt, dass die Exporteure auch mehr im Inland zukaufen. Das heißt, dass sich der tatsächliche Preis des Exporteurs aus einem Durchschnitt der Preise für importierte und im Inland erzeugte Inputs zusammensetzt.

Bevor *Österreich* im Jahre 1995 Mitglied der Europäischen Union (EU) wurde, hatte es eine *Local-Content-Regelung mit Japan.* Wenn japanische Autohersteller Zubehörteile (Reifen etc.) bis zu einem Wert von 25% des Verkaufspreises des PKS kauften, erhielten sie eine Zollpräferenz beim Import nach Österreich. Japanische Autos wurden dann von Österreich zu einem Zollsatz von 4% anstelle von den üblichen 20% eingeführt. Nach dem EU-Beitritt - wodurch Österreich automatisch an der Gemeinsamen Handelspolitik der EU teilnahm - musste es diese Regelung aufkündigen. Das bedeutet, dass die japanischen Autoexporteure nun mit dem gemeinsamen Zollsatz der EG für PKW-Importe von 10% konfrontiert sind. Ein Nebeneffekt dieser Regelung war, dass Firmen (z.B. das

Reifenwerk Semperit) durch diesen Zollschutz überleben konnten. Seit dem Wegfall dieser Regelung ist der Standort vieler Zulieferfirmen in Gefahr.

9.3 Zollanalyse im allgemeinen Gleichgewicht

Bisher haben wir die verschiedenen handelspolitischen Instrumente partialanalytisch analysiert. Das heißt, dass die Effekte von Zöllen, Quoten und anderen handelspolitischen Maßnahmen auf einen bestimmten Markt (eine bestimmte Industrie oder Industriezweig - z.B. die PKW-Industrie) beschränkt blieben, ohne explizit die Konsequenzen für die anderen Märkte (Sektoren) zu betrachten. Dieser partialanalytische Ansatz ist üblicherweise ausreichend und ist auch viel einfacher als jener des allgemeinen Gleichgewichts. Letzterer berücksichtigt alle Interdependenzen zwischen den Märkten (Sektoren).

Im Folgenden verwenden wir das numerische allgemeine Gleichgewichtsmodell für zwei Sektoren, mit dem wir in Kapitel 4 das Heckscher-Ohlin-Modell demonstrierten. Wir analysieren die Effekte verschiedener handelspolitischer Maßnahmen (Importzoll, freiwillige Exportbeschränkung, Exportsubvention)[7] für das „Inland“, das ein *„kleines“ Land* sein soll. Dieses kleine Land kann die Weltmarktpreise nicht beeinflussen, womit seine Terms of Trade unverändert bleiben. Das Land exportiert Gut 1, das arbeitsintensiv hergestellt wird und importiert Gut 2, das kapitalintensiv erzeugt wird. Wir erinnern uns, dass das Inland reichlich mit Arbeit ausgestattet ist. Daher hat es einen komparativen Vorteil im Export des arbeitsintensiven Gutes 1.

---

[7] Eine verwandte Analyse handelspolitischer Maßnahmen mit einem numerischen allgemeinen Gleichgewichtsmodell (spezifisches Faktormodell) findet man auch in *Markusen* (1992).

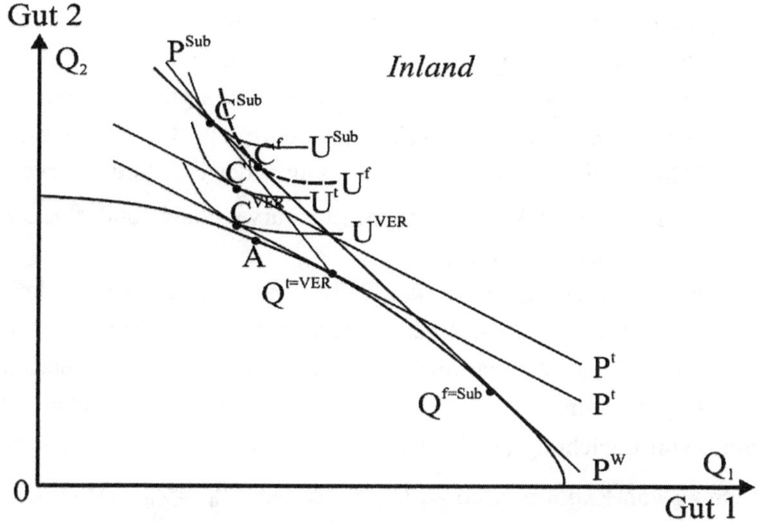

Abb. 9.11 Allgemeine Gleichgewichtsanalyse: Freihandel, Importzoll, VER und Exportsubvention in einem „kleinen" Land

9.3.1 Die Effekte eines Zolls

Das Inland ist ein kleines Land, das zu fixen Weltmarktpreisen P_W so viel kauft, wie es wünscht. Daher beeinflusst ein Zoll zwar das Gleichgewichtspreisverhältnis für inländische Produzenten, aber nicht das Weltmarktpreisverhältnis P_W. Ein Wertzoll von t auf jede Einheit des importierten Gutes 2, führt *erstens* zu einem Anstieg des Inlandspreises: $P_I^2 = P_W^2(1+t)$. *Zweitens* treffen die inländischen Produzenten und Konsumenten ihre Entscheidungen aufgrund der Inlandspreise. Sie müssen die inländischen Preise und nicht die Weltmarktpreise bezahlen. *Drittens* gilt, dass der Handel immer noch aufgrund der Weltmarktpreise ausgeglichen wird.

Diese drei Gleichgewichtsbedingungen können wie folgt zusammengefasst werden (siehe auch *Markusen-Melvin* (1988, S. 214)):

$$GRS = GRT = P^t = P_W/(1+t) \prec P_W \tag{9.18}$$

$$P_W^1(Q_I^1 - C_I^1) - P_W^2(C_I^2 - Q_I^2) = 0; \; oder \; P_W = \frac{(C_I^2 - Q_I^2)}{(Q_I^1 - C_I^1)}. \tag{9.19}$$

Gleichung (9.18) gibt an, dass die inländischen Konsumenten und Produzenten die inländische Grenzrate der Substitution (GRS) im Konsum und die Grenzrate der Transformation (GRT) in der Produktion gleich setzen dem inländischen Preisverhältnis, das weniger steil verläuft als das Weltmarktpreisverhältnis. Im Zoll-Gleichgewicht sind die Steigungen der Indifferenzkurve (Nutzenkurve U^t) und der Produktionsmöglichkeitenkurve gleich und flacher als die Steigung des Weltmarktpreisverhältnisses.

Der erste Ausdruck auf der linken Seite von Gleichung (9.19) definiert die Exporte von Gut 1 zu Weltmarktpreisen. Der zweite Ausdruck repräsentiert die Importe von Gut 2 zu Weltmarktpreisen. Die Zahlungsbilanzbeschränkung verlangt, dass Exporte minus Importe zu Weltmarktpreisen Null ergeben muss. Die rechte Seite von Gleichung (9.19) definiert die Terms of Trade (P_W): Sie geben die Beziehung von Exportpreisen zu Importpreisen ($P_W = P_W^1 / P_W^2$) an, die gleich ist dem Verhältnis von Importen des Gutes 2 zu den Exporten von Gut 1. Gleichung (9.19) verlangt, dass die inländischen Produktions- und Konsumpunkte mit dem Weltmarkpreisverhältnis verknüpft sind.

In *Abb. 9.11* gibt der Punkt A das Autarkie-Gleichgewicht an. C^f und Q^f geben die Konsum- und Produktionspunkte bei Freihandel an (*Freihandelsgleichgewicht*). Ein Zoll t auf die Importe von Gut 2 resultiert in einem Produktionspunkt Q^t und einem Konsumpunkt C^t (*Zoll-Gleichgewicht*).

Aus dem Zoll-Gleichgewicht ergeben sich folgende Charakteristika:

1. Das Niveau der *Wohlfahrt* nach Einführung eines Zolls (repräsentiert durch das Nutzenniveau U^t) ist niedriger als jenes bei Freihandel (U^f), aber höher als jenes in Autarkie (das zum Punkt A gehört, aber nicht explizit eingezeichnet wurde). Ein Zoll führt somit zu einem Wohlfahrtsverlust relativ zum Freihandel, aber nicht im Vergleich zur Autarkie (kein Außenhandel).
2. Ein Zoll bewirkt, dass sich die Produktion vom Freihandelspunkt (Q^f) in Richtung des Autarkiepunktes (A) zurück bewegt. Es findet somit eine *Umkehrung* der Ausnützung der *Arbeitsteilung* aufgrund komparativer Vorteile statt!

   Beide Sachverhalte (1) und (2) resultieren aus der Tatsache, dass sich inländische Konsumenten und Produzenten Preisen gegenüber sehen, die von den Weltmarktpreisen abweichen. Der Wohlfahrtsverlust infolge einer ineffizienten Produktion (2) im allgemeinen Gleichgewichtsansatz ist das Gegen-stück zu den Verlusten durch Zollstörungen, die wir im partiellen Gleichgewichtsansatz beschrieben haben. Der Wohlfahrtsverlust infolge des ineffi-zienten Konsums (1) ist das Gegenstück zur Konsumstörung durch einen Zoll im partialanalytischen Ansatz (*Harberger*- oder Ineffizienz-„Dreiecke").

3. Als Folge eines Zolls *schrumpft der Handel.* Sowohl die Menge an Exporten als auch jene an Importen geht gegenüber jener bei Freihandel zurück.

9.3.2 Stolper-Samuelson-Effekt der Umverteilung von Einkommen

Zölle haben - neben der allgemeinen Senkung des gesamtwirtschaftlichen Einkommens – auch einen starken Einfluss auf die *Verteilung* des Einkommens. Ein Zoll bewirkt, dass der Inlandspreis für das importierte Gut 2 steigt, und dass sich die Produktion von Q^f nach Q^t verlagert. Wir wissen von unserer Heckscher-Ohlin-Analyse, dass ein Anstieg im Preis und in der Produktion von Gut 2 zu einem Anstieg des Realeinkommens jenes Faktors führt, der intensiv in der Produktion von Gut 2 verwendet wird (also von Kapitalrenten). Gleichzeitig sinkt das Realeinkommen des anderen Faktors (Arbeits-Löhne). Das ist die Aussage des *Stolper-Samuelson-Theorems*. Die Position des Faktors, der intensiv im importkonkurrierenden Sektor (Gut 2) verwendet wird - also Kapital - verbessert sich durch die Einführung eines Zolles (das war der Ausgangspunkt des Zollschutzes). Der andere Faktor (Arbeit) erleidet Wohlfahrtseinbußen zusätzlich zu den Wohlfahrtsverlusten infolge der Einführung des Zolls (siehe *Tabelle 9.2*).

9.3.3 Die Effekte einer freiwilligen Exportbeschränkung (VER)

Wir nehmen an, dass es der inländischen Regierung gelingt, den ausländischen Anbieter (das Ausland) zu überzeugen, seine Exporte von Gut 2 in das Inland so zu beschränken, dass es dem Inland möglich ist, dasselbe Produktionsniveau von Gut 2 aufrechtzuerhalten wie im Falle eines Zolls. Dieser Tatbestand entspricht jenem einer *freiwilligen Exportbeschränkung (VER)*. Das Ausland muss nun seine Exporte von Gut 2 so weit beschränken, dass das markträumende Weltmarktpreisverhältnis gleich ist dem durch einen Zoll gestörten Inlandspreisniveau (P^t). Bei einem geeigneten Niveau der Exportbeschränkung (wenn das Inland die Inlandsproduktion als Ziel wählt, müssen die Exporte nicht notwendigerweise gleich sein jenen im Falle eines Zolles) ist $Q^{t=VER}$ wiederum der inländische Produktionspunkt (siehe *Abb. 9.11*). Allerdings ist P^t nun das „Weltpreisverhältnis" ebenso wie das inländische Preisverhältnis, wodurch das Inland nun zu P^t und nicht zu P_W handeln muss.

Der Konsumpunkt, der bei einer VER erreicht wird, ist C^{VER} (siehe *Abb. 9.11*). Die Wohlfahrt dieses Punktes ist niedriger als im Falle eines Zolls (C^t). Es kann gezeigt werden, dass die Differenz im Realeinkommen zwischen den beiden Punkten genau gleich ist den Einnahmen, die man aus der Einführung eines Zolles erzielt, die aber implizit dem ausländischen Anbieter im Falle einer VER zugute kommen (Renten für das Ausland; siehe *Markusen* (1992, S. 47)). Dies ist wieder ein Beispiel von zwei Handelspolitiken, die genau die gleichen Effekte auf die Produktion haben, deren Effekte auf das Realeinkommen aber ganz unterschiedlich sind.

9.3.4 Die Effekte einer Exportsubvention

Wir nehmen an, dass die Regierung des Inlandes beschließt, dasselbe Produktionsniveau des Exportgutes 1 zu erreichen wie bei Freihandel ($Q^f = Q^{Sub}$), indem es seine Exporte (Gut 1) subventioniert. Wir nehmen weiters an, dass das Inland „klein" ist, so dass es sich einem fixen Weltmarktpreisverhältnis gegenüber sieht. Die *Exportsubvention* verkleinert das inländische Preisverhältnis (aber nicht das Weltmarktpreisverhältnis) von P_W auf P^{Sub}, das heißt, dass P^{Sub} steiler verläuft als P_W. Handel findet statt und führt letztlich zum Zahlungsbilanzausgleich zum Weltmarktpreisverhältnis P_W. Der Konsumpunkt C^{Sub} ist dann der Punkt bei einem inländischen Preisverhältnis (die Budgetgerade des Inlandes), das durch Q^{Sub} geht. Die Steigung der Indifferenzkurve ist gleich jener des Weltmarktpreisverhältnisses P_W.

Aus *Abb. 9.11* und *Tabelle 9.2* ersieht man, dass die Exportsubvention dasselbe Produktionsniveau ergibt wie im Falle von Freihandel ($Q^f = Q^{Sub}$). Die Wohlfahrt im Falle einer Exportsubvention (U^{Sub}) ist allerdings niedriger als im Falle von Freihandel (U^f).

Tabelle 9.2 Allgemeine Gleichgewichtsanalyse mit einem numerischen allgemeinen Gleichgewichtsmodell für folgende Zustände: Autarkie, Freihandel, Handelspolitik mit Importzoll, freiwilliger Exportbeschränkung (VER) und Exportsubvention (für das Inland)

	Autarkie	**Freihandel**	**Importzoll**	**VER**	**Exportsubvention**
BIP (nominell)	144,2	135,7	141,3	140,0	142,2
BIP minus Zolleinnahmen (plus Subventionen)	144,2	135,7	140,0	140,0	145,9
Nutzen	66,5	67,9	67,4	66,7	67,8
Produktion Gut 1	72,1	101,8	84,6	84,6	101,8
Produktion Gut 2	61,3	33,9	50,4	50,4	33,9
Konsum Gut 1	72,1	67,9	70,7	70,0	64,6
Konsum Gut 2	61,3	67,9	64,2	63,6	71,1
Export Gut 1	0,0	33,9	13,9	14,6	37,2
Import Gut 2	0,0	33,9	13,9	13,2	37,2
Handelsbilanz	0,0	0,0	0,0	0,0	0,0
Preis Gut 1	1,0	1,0	1,0	1,0	1,1
Preis Gut 2	1,176	1,0	1,1	1,1	1,0
Importzoll (Gut 2)	0,0	0,0	0,10	0,0	0,1 (Subv. Gut 1)
Reale Arbeitslöhne	P1(0,481) P2(0,409)	P1(0,543) P2(0,543)	P1(0,505) P2(0,459)	P1(0,505) P2(0,459)	P1(0,536) P2(0,590)
Reale Kapitalrenten	P1(0,721) P2(0,613)	P1(0,543) P2(0,543)	P1(0,641) P2(0,583)	P1(0,641) P2(0,583)	P1(0,521) P2(0,573)

Quelle: Eigene Berechnungen mit dem CGE-Heckscher-Ohlin-Modell von Kapitel 4.
Annahme: Das Inland ist reichlich mit Arbeit ausgestattet und hat daher komparative Vorteile im Export des arbeitsintensiven Gutes 1.

10 Die Politische Ökonomie der internationalen Handelspolitik

10.1 Einleitung

Seit *Adam Smith* (1776) und *David Ricardo* (1817) haben sich Ökonomen dem Ideal des weltweiten Freihandels verschrieben. Weltweiter Freihandel gilt danach als die „first-best-Lösung" für die Weltwohlfahrt. In einer Welt mit konstanten Skalenerträgen und vollständiger Konkurrenz und effizienten Märkten ist Freihandel die beste aller möglichen Politiken. Vom frühen 19. Jahrhundert bis Ende der siebziger Jahre dieses Jahrhunderts dominierte in der Außenhandelstheorie das Konzept der komparativen Kosten (Ricardo- und Heckscher-Ohlin-Modell) mit der daraus folgenden Schlussfolgerung für die Handelspolitik, dass eine „laissez-faire"-Politik - d.h. keine Intervention der Regierungen - in einer Marktwirtschaft sowohl national als auch international (im Kontext des GATT) wohlfahrtssteigernd für alle Beteiligten sei.

Erst seit Anfang 1970 wurden sowohl in der Industrieökonomie als auch in der Außenhandelstheorie Modelle der unvollständigen Konkurrenz soweit entwickelt, dass gezeigt werden konnte, dass steigende Skalenerträge (economies of scale) eine unabhängige Ursache für Außenhandel sein können (die „Neue Sicht" des Außenhandels, siehe *Kapitel 6*). Wenn nun steigende Skalenerträge und unvollständige Konkurrenz notwendige Erklärungsbestandteile für den internationalen Handel sind, lebt man in einer Welt des „second best", in der Regierungsintervention im Prinzip der nationalen Wohlfahrt förderlich sein kann. Die daraus ableitbaren Erkenntnisse für die Handelspolitik werden im nächsten Kapitel unter dem Stichwort „Strategische Handelspolitik" behandelt.

In diesem Kapitel werden die Argumente für und gegen Freihandel vorgebracht und der internationale institutionelle Rahmen, in dem der Welthandel liberalisiert wird, vorgestellt. Es handelt sich im wesentlichen um die Bemühungen des GATT bzw. der WTO, durch Abkommen den Handel weltweit von Handelsschranken zu befreien.

10.2 Argumente für Freihandel

10.2.1 Freihandel und Effizienz

Das Effizienzargument für Freihandel ist die Kehrseite der Aussagen der Kosten-Nutzen-Analyse eines Zolles. Das grundlegende Argument wurde in *Kapitel 9* im Zusammenhang mit *Abb. 9.3* vorgetragen. In einem „kleinen" Land, das die ausländischen Exportpreise nicht beeinflussen kann, verursacht ein Zoll einen Netto-Verlust für die Volkswirtschaft, der sich aus den beiden „Dreiecken" (*b+d*) ergibt („Effizienzverlust"). Im allgemeinen sind diese statischen Wohlfahrtseffekte nicht groß (im Falle der USA belaufen sich die geschätzten Kosten der Protektion auf nur 0,26% des BIP (siehe *Krugman-Obstfeld* (2003, S. 220)). Für Österreich sind die statischen Wohlfahrtsgewinne durch die Handelsliberalisierung der Uruguay-Runde sogar nur 0,06% des BIP (siehe *Breuss* (1995c, S. 381))[1].

10.2.2 Das Economies-of-Scale-Argument

Geschützte Märkte fragmentieren nicht nur die internationale Produktion (d.h. schotten sich vor Auslandskonkurrenz ab), sondern führen zu Extragewinnen, indem sie die ausländische Konkurrenz beschränken. Die Folge davon ist, dass zu viele Unternehmen in die geschützten Industriezweige drängen. Wenn zu viele Unternehmen auf einem engen Inlandsmarkt agieren, sind die Betriebsgrößen, auf denen sie agieren können, suboptimal. *Krugman-Obstfeld* (2003, S. 219) erwähnen das Beispiel der argentinischen Automobilindustrie in den sechziger Jahren, die sich entwickeln konnte, weil sie von Importen abgeschirmt war. Mit einer effizienten Betriebsgröße sollte ein einziges Unternehmen 80.000 bis 200.000 Autos pro Jahr herstellen. Im Jahr 1964 erzeugte die gesamte argentinische Autoindustrie, die aus 13 Unternehmen bestand, insgesamt nur 166.000 Autos.

---

[1] Das Ausmaß der Wohlfahrtseffekte eines Zollabbaues schwankt je nach Modellannahme sehr stark. Während die Wohlfahrtsgewinne in statischem allgemeinen Gleichgewichtsmodellen mit vollständiger Konkurrenz meist unter 1% des BIP liegen, führt die Annahme unvollständiger (monopolistischer) Konkurrenz mit Economies of Scale zu Gewinnen von mehr als 1% des BIP. Für Kanada mit einem kleinen kalibrierten statischen CGE-Modell mit unterschiedlichem Preisverhalten, siehe *Hazledine* (1990); für Österreich mit einem dynamischen CGE-Modell, siehe *Keuschigg-Kohler* (1996c).

10.2.3 Innovation durch Freihandel

Ein anderes Argument für Freihandel besteht in seiner stimulierenden Wirkung auf Innovation und technischen Fortschritt. Freihandel ist ein Anreiz für Exporteure, neue Wege zu gehen oder sich der Importkonkurrenz zu stellen. Freihandel bietet daher mehr Chancen für Innovationen als dies in einem System des gesteuerten Handels („managed" trade) möglich wäre, in dem der Staat größtenteils das Muster der Importe und Exporte diktiert.

10.2.4 Politische Argumente für Freihandel

Das politische Lippenbekenntnis für Freihandel ist in der Praxis eine gute Idee, obwohl es prinzipiell bessere Politiken geben mag. Ökonomen beklagen oftmals, dass Handelspolitik in der Praxis sehr stark von speziellen Interessen (Lobbyismus) geprägt ist und weniger auf nüchternen Kosten-Nutzen-Überlegungen für ein Land basieren.

10.3 Argumente gegen Freihandel

Die meisten handelspolitischen Maßnahmen (Zölle, Importquoten etc.) werden getroffen, um die Einkommenslage bestimmter Interessengruppen zu schützen. Die Politiker verbrämen diese Tatsache jedoch vielfach, indem sie behaupten, dass sie im übergeordneten Interesse des Landes handeln. Obwohl im allgemeinen Ökonomen damit argumentieren, dass Abweichungen vom Freihandel die nationale Wohlfahrt schmälert, gibt es theoretische Argumente für eine aktive Handelspolitik, die zu einer Steigerung der gesamtwirtschaftlichen Wohlfahrt führen (siehe die Argumente der „strategischen Handelspolitik" im nächsten Kapitel).

10.3.1 Schutz der inländischen Beschäftigung

Im Zuge der Liberalisierung des Welthandels und der Ostöffnung 1989 sind diese Argumente wieder stärker ins Bewusstsein getreten. Angesichts der Integration von Märkten (Nord und Süd im Rahmen der GATT-Liberalisierung bzw. der Integration von Ost und West über Europaabkommen) mit sehr unterschiedlichen

Lohnniveaus ist die Gefahr für die heimischen Arbeitsplätze, insbesondere im Bereich der niedrig ausgebildeten Arbeit, offensichtlich (siehe z.B. *Wood* (1994)).

Das Arbeitsplatzargument wurde besonders stark nach der schweren Ölpreiskrise 1974/75 ins Treffen geführt. Zölle und NTBs können Arbeitslosigkeit verringern, wenn es dadurch zur Verschiebung der Ausgaben für Importe zu heimischen Produkten kommt. Das schafft kurzfristig Arbeitsplätze. Diese kurzfristigen Anpassungskosten müssen allerdings gegen die langfristig zu erwartenden Einkommensgewinne aufgerechnet werden. Sie resultieren daraus, dass die Effizienz (Produktivität) steigt.

Im allgemeinen Gleichgewicht sind die Arbeitsplatzargumente für einen Zoll allerdings kurzsichtig, weil dabei meist einseitig partialanalytisch gedacht wird. Zwar wird im allgemeinen Gleichgewicht immer Vollbeschäftigung angenommen. Aber selbst wenn Arbeitslosigkeit zugelassen wird, muss im internationalen Handel die Zahlungsbilanzbeschränkung gelten. D.h., dass die inländischen Ausgaben für ausländische Güter gleich sind den ausländischen Ausgaben für inländische Güter. Wenn also die Einführung eines Zolls bewirkt, dass die Inländer weniger für Importe ausgeben, dann können im Zwei-Länder-Gleichgewicht auch die Ausländer weniger für inländische Güter (das sind die Exporte des In- an das Ausland) ausgeben.

10.3.2 Unsicherheit

Besonders seit dem ersten Ölpreisschock von 1973 gibt es das Argument, dass Freihandel zu Instabilitäten (Rezessionen) führt, die ihren Ursprung im Ausland haben. Es gilt allerdings auch das Gegenargument, dass Freihandel dazu beitragen kann, die Volkswirtschaften zu stabilisieren. Im Falle Österreichs haben die Ostexporte im Jahr 1975 dazu beigetragen, die internationale Rezession, die im Westen herrschte, zu mildern.

10.3.3 Autonomie der nationalen Verteidigung

Dieses Argument gilt sehr stark für die USA. Schutz und Förderung der heimischen Rüstungsindustrie steht im nationalen Interesse. Teilweise wurde dieses Argument auch auf entferntere Industriezweige (Textil, Bekleidung) ausgedehnt, als man damit Argumentierte, dass auch die Ausrüstung für die eigenen Soldaten eine Angelegenheit nationaler Autonomie sein müsste.

10.3.4 Zölle als Einnahmequelle

Zur Finanzierung von Staatsausgaben können Zölle natürlich neben anderen Steuereinnahmen nützlich sein. Dieses Argument gilt eher für Entwicklungsländer als für Industrieländer. Entwicklungsländer haben ein chronisch schlecht ausgebautes Steuersystem. Zölle müssen an der Grenze abgeführt werden. Im Zuge der weltweiten Handelsliberalisierung des GATT verliert dieses Argument mehr und mehr auch für Entwicklungsländer an Bedeutung. Die Mitgliedstaaten der EU müssen die Zolleinnahmen aus Importen von Drittstaaten zur Gänze an das EU-Budget abliefern. Im Falle Österreichs machte dies 1995 313 Mill.€ (oder 0,13% des BIP) und 2002 225 Mill.€ (0,11% des BIP) aus.

10.3.5 Das Terms-of-Trade-Argument für einen Zoll

Ein Argument für die Abweichung vom Freihandel lässt sich direkt aus der Kosten-Nutzen-Analyse eines Zolls ableiten. Für ein „großes" Land, das imstande ist, die Preise der ausländischen Exporteure zu beeinflussen, senkt ein Zoll den Preis für seine Importe und führt somit zu einer Verbesserung der Terms of Trade. Das Hauptargument basiert auf der Analyse des Optimalzolls (siehe *Kapitel 9.2.2.5*).

10.3.6 Das Argument des Marktversagens

Neben dem Terms-of-Trade-Argument basiert die theoretische Begründung für Freihandel auf den Konzepten der Konsumenten- und Produzentenrente im Zusammenhang mit der Kosten-Nutzen-Analyse eines Zolls. Viele Ökonomen kritisieren, dass diese Konzepte (besonders jene der Produzentenrente) die Kosten und den Nutzen nicht adäquat messen. Die Argumentation läuft unter dem Stichwort *„Marktversagen"* im Inland. Wenn die Märkte im Inland nicht richtig funktionieren - wenn der Arbeitsmarkt im Ungleichgewicht ist bzw. wenn die Kapitalmärkte die Aufgabe der Ressourcenallokation nicht hinreichend erfüllen - , sind die Konzepte von Konsumenten- und Produzentenrente nicht adäquat.

Mit dem Argument des „Marktversagens" (ein Spezialfall der Theorie des „second best") wird in der Literatur oftmals auch der *„Infant-industry-Protektio-*

nismus" begründet. Weil es keine vollständigen Kapitalmärkte gibt und weil neue Firmen dazu beitragen, neues Wissens (know how etc.) oder eine neue Infrastruktur aufzubauen, schaffen sie einen „sozialen Extranutzen". Diese positiven Externalitäten rechtfertigen einen Zollschutz. Dieses Schutzzollargument („Erziehungszölle") geht auf *Friedrich List* (1789-1846) zurück (*List*, 1841). Das Argument wird oft für Entwicklungsländer verwendet, die erst beginnen, Industrien aufzubauen[2]. Es wäre aber auch für die mit der Marktwirtschaft experimentierenden Oststaaten nach 1989 zulässig gewesen. Vorübergehende Zölle zum Schutz junger Industrien sind durchaus GATT-konform.

10.4 Internationale Verhandlungen und Handelspolitik

Wir haben gesehen, dass es schwierig ist, Handelspolitiken zu empfehlen, die die nationale Wohlfahrt steigern, und dass Handelspolitik oftmals von Interessengruppen dominiert wird. Dennoch ist das Niveau der Protektion, gemessen am Zollschutz seit dem Zweiten Weltkrieg, in fast allen Ländern gesunken. Warum ist dies so? Ein Teil der Antwort ergibt sich daraus, dass die Handelsliberalisierung nach dem Zweiten Weltkrieg durch internationale Verhandlungen erreicht wurde. Die teilnehmenden Staaten haben sich verpflichtet, gegenseitig die Zölle abzubauen. Das wichtigste Forum für solche internationale Verhandlungen war das GATT.

---

2 Das *„Infant-industry-Argument"* war in den Entwicklungsländern die starke theoretische Basis für eine Politik der *„Importsubstitution"*. D.h. seit dem Zweiten Weltkrieg bis in die siebziger Jahre beschränkten viele Entwicklungsländer die Importe um so eine eigenständige Industrie aufzubauen und zu schützen (siehe *Krugman-Obstfeld* (2003), Chapter 10 über die speziellen Probleme der Handelspolitik in den Entwicklungsländern). Viele Beispiele zeigen, dass diese Politik der Dynamik der Volkswirtschaften eher abträglich war, während eine offensive Exportförderpolitik zu mehr Erfolg führte (siehe das „exportled" Wachstum in den „Newly-industrializing countries" - NICs) in Südostasien. Ein spezielles Problem in vielen Entwicklungsländern ergibt sich auch aus der *„dualen Wirtschaft"*, d.h. einer Wirtschaft mit einem relativ hoch entwickelten Industriesektor und einem anderen (meist agrarischen) stark unterentwickelten Sektor (Näheres dazu im Zusammenhang mit der Handelspolitik in *Krugman-Obstfeld* (2003), S. 263 ff.).

10.4.1 Internationale Handelsabkommen - Vom GATT zur WTO

10.4.1.1 Geschichte der Handelsliberalisierung seit dem Zweiten Weltkrieg

Der multilaterale Zollabbau seit dem Zweiten Weltkrieg hat unter der Schirmherrschaft des *General Agreement on Tariffs and Trade (GATT)*, das 1947 in Genf gegründet wurde, stattgefunden. Das GATT umfasst Regeln für die Anwendung der Handelspolitiken. Die Überwachung erfolgte im Hauptquartier des GATT in Genf. Seit der Gründung des GATT gab es acht Zollrunden (siehe *Tabelle 10.1*), in deren Verlauf das Zollniveau für Industriewaren von 38% auf 3,8% nach der Uruguay-Runde gesenkt wurde (siehe *Abbildung 10.1*). Die wichtigsten Punkte der letzten GATT-Runde, der sogenannten Uruguay Runde, sind in *Tabelle 10.2* zusammengefasst. Die unterschiedlichen Zollniveaus vor und nach der Uruguay-Runde sind in *Tabelle 10.3* dokumentiert. Die möglichen Wohlfahrtseffekte, für die verschiedenen Weltregionen - errechnet mit numerischen allgemeinen Gleichgewichtsmodellen - sind in *Tabelle 10.4* zusammengestellt. Das GATT wurde durch die Errichtung einer eigenen Welthandelsorganisation im Jahre 1995, der *World Trade Organization (WTO)* in Genf, abgelöst. Damit wurde mit einer Verzögerung von 45 Jahren die „dritte Säule" von Weltwirtschaftsorganisationen, neben den beiden anderen Bretton-Woods-Institutionen, der Weltbank und dem Internationalen Währungsfonds, geschaffen. Die Organisationsform der WTO ist aus *Abbildung 10.2* ersichtlich.

Tabelle 10.1 GATT/WTO-Runden zur Liberalisierung des Welthandels

Jahr	Verhandlungsort	Verhandlungsgegenstand	Teilnehmende Länder
1947	Genf	Zölle	23
1949	Annecy	Zölle	13
1951	Torqay	Zölle	38
1956	Genf	Zölle	26
1960-62	Genf (Dillon-Runde)	Zölle	26
1964-67	Genf (Kennedy-Runde)	Zölle und Anti-Dumping Maßnahmen	62
1973-79	Genf (Tokyo-Runde)	Zölle, Nicht-tarifarische Maßnahmen und „framework"-Abkommen	102

1986-93	Genf (Uruguay-Runde)	Zölle, Nicht-tarifarische Maßnahmen, Ursprungsregeln, Dienstleistungen, geistige Eigentumsrechte, Schiedsgerichtsfragen, Textil und Bekleidung, Landwirtschaft. Errichtung der World Trade Organization (WTO) als Dachorganisation des GATT, GATS und TRIPS per 1.1.1995. „GATT 1947" endet per 31.12.1995. Die Substanz der GATT-Regeln wurden im Marrakesch-Abkommen (15.4.1994 - Ministerkonferenz, Unterzeichnung des Final Act der Uruguay-Runde - WTO-Abkommen) als „GATT 1994" in die WTO überführt. GATT-Mitglieder werden Mitglieder der WTO	123
1999	Seattle (Milleniums-Runde)	gescheitert (30.11.-3.12.1999)	
2000-05	Genf (Doha-Runde) „Entwicklungs-runde"	Implementierung von „left-overs" der Uruguay-Runde (WTO-Beschlüsse), Landwirtschaft, Dienstleistungen, Handel und Investitionen, Handel und Wettbewerb, Handel und Arbeits-standards (Verweis auf ILO), Umweltschutz, Direktinvestitionen, Zugang der Entwicklungs-länder zu „verbilligten" Medikamenten	146

Quellen: *WTO* (1995a, S. 9.) und *Senti* (2003) sowie aktuelle Informationen auf der WTO-Homepage: http://www.wto.org.

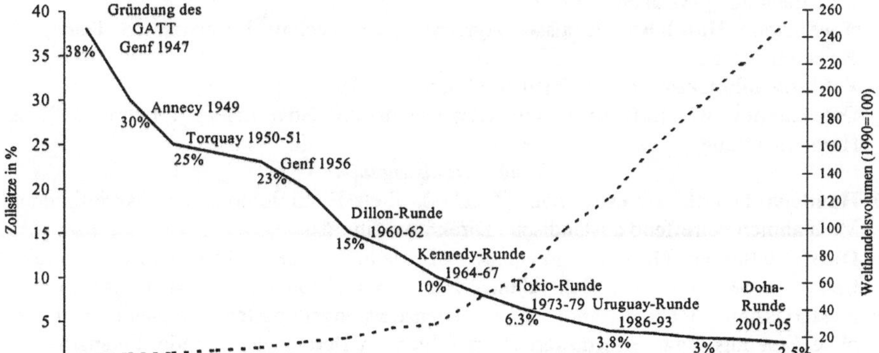

Abb. 10.1 Zollabbau im Rahmen des GATT/WTO und Welthandel seit 1947 (Zollsätze für Industriewaren in %)

Quellen: *WTO* (1995a, S. 5) und *Senti* (2003), S. 50 für Zölle; WTO-Homepage für Welthandelsvolumen.

Tabelle 10.2 Hauptpunkte des Uruguay-Runde-Abkommens

Verbesserung der traditionellen Agenden des GATT

1. **Marktzugang:**
- ***Zollabbau*** (Zollkonzessionen gemäß den MFN-(Meistbegünstigungs-)Prinzipien) Hauptziel: 30%ige Zollreduktion. Die Zollkonzessionen variieren zwischen 30% und 100%. Vollständiger Zollabbau ("zero for zero") für bestimmte Industriewaren (Pharmazeutika, Möbel, landwirtschaftliche Maschinen, Bier, Likör, medizinisch-technische Geräte, Spielzeug) in den nächsten 5 bis 10 Jahren.
- ***Landwirtschaft*** (Agreement on Agriculture) Tarifizierung von NTBs (ein Drittel der Importe) und anschließender Zollabbau (36% insgesamt in 6 Jahren, mindestens 15% für jede Zollinie); 36% Reduktion des Wertes der Exportsubventionen unter das Niveau der Basisperiode von 1986-90 (21% Reduktion der Mengen); 20% Reduktion der inländischen Stützungen in 6 Jahren (basierend auf dem Total Aggregate Measurement of Support (AMS); Marktzugang von wenigstens 3% des Inlandskonsums (ansteigend auf 5% bis 2000).
- ***Textil und Bekleidung*** (Agreement on Textiles and Clothing) Integration von Textilien und Bekleidung in das GATT und Beendigung des MFA. Die Importquoten werden durch Zollsatzquoten ersetzt. Die Zollbelastung wird progressiv abgebaut und die bilateralen Quoten werden mit den globalen Quoten ausgeweitet. Die Liberalisierung findet in 4 Phasen statt (von 1995 bis 2005).

2. **Ursprungsregeln** (Agreement on Rules of Origin). Ziel: Harmonisierung.
3. **Versandkontrolle (PSI): (**Agreement on Preshipment Inspection)
4. **Anti-Dumping** (Artikel VI). Ziel: Verringerung des Missbrauchs von Anti-Dumping- und Strafzöllen.
5. **Subventionen und Strafzölle (CVD,** Artikel VII)
6. **Schutzklauseln** (Artikel XIX; Agreement on Safeguards). Ziel: Einschränkung von „grey area measures“ wie freiwillige Exportbeschränkungen (VER), orderly market arrangements (OMA) etc.
7. **Technische Handelshemmnisse** (Agreement on Technical Barriers to Trade). Ziel: Harmonisierung.
8. **Zahlungsbilanzregelungen** (Artikel XII und XVIII).
9. **Öffentliches Beschaffungswesen** (Agreement on Government Procurement). Ziel: Harmonisierung.

Neue Aufgabengebiete

10. **Handelsrelevante Investitionen (TRIMs).** Ziel: Eliminierung von diskriminierenden Maßnahmen betreffend ausländische Direktinvestitionen.
11. **Dienstleistungen** (General Agreement on Trade in Services - **GATS).** Primäres Ziel: Definition einer rationalen Behandlung von Dienstleistungen und auch das Recht auf Niederlassung. MFN-Behandlung von Dienstleistungsimporten. Verhandlungen gingen ohne Ergebnis ("agree to disagree") in folgenden Bereichen zu Ende: Finanzdienstleistungen, Seetransportdienste, Telekommunikationsdienste.
12. **Schutz geistiger Eigentumsrechte (TRIPS).** Ziel: Schutz von Copyrights, Handelsmarken und Patenten.
13. **Institutionalle Aspekte:**
- **Streitschlichtungsverfahren**: Verfahren zur Beschleunigung der Streitbeilegung und Verbesserung der Effizienz durch die World Trade Organization (WTO).

- **Überwachungsverfahren der Handelspolitik (TPRM).** Regelmäßige Überwachung von Praktiken der Handelspolitik von GATT-Mitgliedern (Jahresberichte)
- **World Trade Organization (WTO).** Beginn 1. Jänner 1995 mit Sitz in Genf: Permanentes Forum zur Überwachung und Implementierung der Ergebnisse der Uruguay-Runde. Die WTO ist die dritte Säule (neben der Weltbank und dem IMF) zur Steuerung des internationalen Handels und der Finanzen.

Quelle: *Breuss* (1995c, S. 369).

Tabelle 10.3 Zollabbau in Industrieländern im Rahmen der Uruguay-Runde

Länder	**Importe aus MFN-Partnern (Mill. US-$)**	**Handelsgewichtete Zollsätze**		**Zollabbau in %**
		Vor Uruguay-Runde	**Nach Uruguay-Runde**	
Australien	25,152	20,1	12,2	39
Finnland	4,237	5,5	3,8	31
Island	0,334	18,2	11,5	37
Japan	132,907	3,9	1,7	56
Kanada	28,429	9,0	4,8	47
Neuseeland	4,997	23,9	11,3	53
Norwegen	6,192	3,6	2,0	44
Österreich	5,768	10,5	7,1	32
Südafrika	14,286	24,5	17,2	30
Schweden	10,324	4,6	3,1	33
Schweiz	10,227	2,2	1,5	32
USA	297,291	5,4	3,5	35
Europäische Union (EU)	196,801	5,7	3,6	37

Quelle: *GATT* (1994c, S. 69).

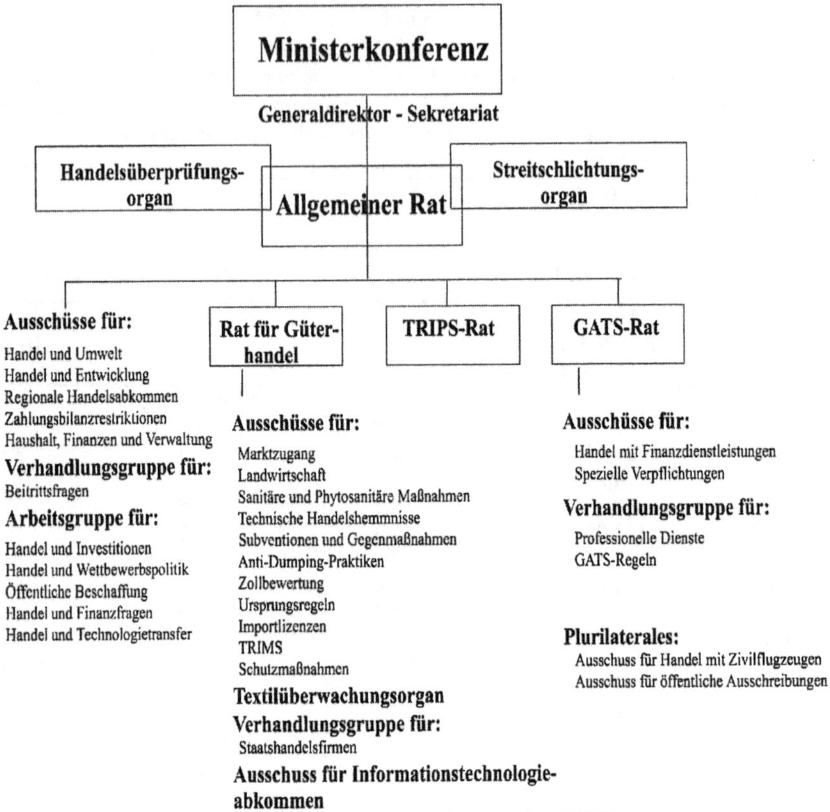

Abb. 10.2 Organisation der WTO
GATS = General Agreement on Trade in Services; TRIPS = Trade-related aspects of intellectual property rights; TRIMS Trade-related investment measures
Quelle: WTO-Homepage

Das Vertragswerk der WTO besteht aus zwei Arten von Abkommen, den multilateralen Abkommen, die alle Mitglieder der WTO binden (das GATT, das GATS, das TRIPS und den diesen Abkommen beigefügten Zusatzvereinbarungen wie z.B. jenes über das Streitbeilegungsverfahren), und den plurilateralen Abkommen, die allein die ratifizierungswilligen WTO-Partner verpflichten (das Abkommen über den Handel mit zivilen Luftfahrzeugen und das Abkommen über das öffentliche Beschaffungswesen; siehe *Senti* (2003), S. 33 ff.)[3]. Einen Über-

---

[3] Die rechtlichen Abkommen findet man in *GATT* (1994a). *Senti* (1994, 2003) beschreibt die neue Welthandelsordnung nach der Uruguay-Runde. Die Ergebnisse eines international be-

blick über des WTO-Vertragswerks nach Abkommensinhalten gibt *Abbildung 10.3*.

	Multilaterale Abkommen			
	Güter	Dienst-leistungen	Geistiges Eigentum	Streit-schlichtung
	GATT	**GATS**	**TRIPS**	**Streit-beilegung (DSU)**
Gemeinsame Grundprinzipien	• MFN • Inländerprinzip • Reziprozität • Abbau tarifärer und NTBs • Begünstigung der LDC • Umweltschutz			
Zusätzliche Details (Marktzugangs-verpflichtungen)	Andere Güter - Abkommen - Anhänge: - Landwirtschaft - Gesundheit - Textilien - Techn. Hemmnisse - Investitionen - Dumping - Zollwert - Versandkontrolle - Ursprungsregeln - Einfuhrlizenzen - Subventionen - Schutzmassnahmen	Dienstleistungen - Anhänge: - Personenver-kehr - Finanz-dienste - Telekom-munikation (MFN-Ausnahmen)	Sonder-bestimmu-ngen	

Plurilaterale Abkommen
• Handel mit zivilen Luftfahrzeugen
• Öffentliches Beschaffungswesen

Abb. 10.3 Gliederung des WTO-Vertragswerks nach Abkommensinhalten
Quellen: *WTO* (2001), S. 15 und *Senti* (2003), S. 34.
DSU = Dispute Settlement Understanding); GATS = General Agreement on Tariffs and Trade; GATT = General Agreement on Tariffs and Trade; MFN = Meistbegünstigungs-prinzip (Most-favoured-nation); LDC = Less developed countries (Entwicklungsländer); NTB = Nont-tariff trade barriers.

---

setzten GATT-Symposiums sind unter dem Titel „Die Weltwirtschaft nach der Uruguay-Runde" in *Breuss* (1995c) dokumentiert.

10.4.1.2 Grundprinzipien von GATT/WTO

Wie aus *Abbildung 10.3* ersichtlich, kennt das WTO-Vertragswerk einige wichtige gemeinsame Grundprinzipien, die zu den gemeinsamen Vertragsinhalten gehören.

Meistbegünstigungsprinzip: Eines der wesentlichsten Grundprinzipien der weltweiten Handelsliberalisierung im Rahmen des GATT/WTO ist das *Meistbegünstigungsprinzip* (Englisch: most-favoured nation clause - MFN). Das in Art. I des GATT 94, Art. II des GATS und Art. 4 des TRIPS verankerte MFN-Prinzip besagt, dass die Zollkonzession (bzw. Begünstigung im Handel mit Gütern und Dienstleistungen bzw. im Zusammenhang mit den Rechten am geistigen Eigentum), die ein Vertragspartner einem anderen bilateral gewährt, automatisch auch allen anderen Vertragspartnern des GATT gewährt werden muss (siehe auch *Senti* (1986) und *Senti* (1994), S. 42 ff. und *Senti* (2003), S. 36 ff.).

Inländerprinzip: Neben dem MFN-Prinzip ist das *Inländerprinzip* ein Kernbereich der WTO-Welthandelsordnung (Art. III GATT, Art. XVII GATS und Art. 3 TRIPS). Dieses Prinzip verpflichtet die WTO-Mitglieder, Anbieter, Waren und Dienstleistungen anderer WTO-Mitglieder nicht schlechter zu behandeln als inländische Anbieter, Waren und Dienstleistungen. Ausnahmen sind Zölle (siehe *Senti* (2003), S. 41-43).

Reziprozität: Ein weiteres spezifisches Merkmal des WTO-Vertragswerks ist das Prinzip der Reziprozität. Dieser im GATT 1947 verankerte Grundsatz geht auf das US-Handelsgesetz von 1934 zurück (siehe *Senti* (2003), S. 43 ff.). Im Rahmen des GATT gilt dieses Prinzip für Zollverhandlungen (Art. XXVIII), die auf „Grundlage der Gegenseitigkeit" zu führen sind. Ausgenommen davon sind Entwicklungsländer, von denen das GATT „keine Gegenleistung" für Zollreduktionen und den Abbau anderer Handelshemmnisse verlangt. Ähnliches gilt im GATS (Art. XIX) und TRIPS (Art. 7).

Die ökonomische Theorie hat versucht, die kooperative Arbeitsweise von GATT/WTO, basierend auf den beiden wesentlichsten Grundprinzipien (MFN und Reziprozität) zu begründen (siehe *Bagwell-Staiger* (1999) sowie weitere Hinweise in *Breuss* (2003a)). Da sich in den WTO-Verhandlungen große und kleine Länder treffen und aus der optimalen Zolltheorie bekannt ist (siehe *Kapitel 9.2.2.5*), dass große Länder mit positiven (Optimal-)zöllen ihre Wohlfahrt steigern können, während für kleine Länder völliger Freihandel optimal wäre, ist es nicht leicht verständlich, warum große Länder diesen „Vorteil" aus der Hand geben wollen. Erst durch das Zusammenspiel der beiden Grundprinzipien der WTO ist es auch für große Länder vorteilhaft, der multilateralen Handelsliberalisierung (einem stufenweisen Zollabbau) zuzustimmen. Mit diesen Fragen beschäftigt sich auch die neuere *„endogene Zolltheorie"*. Damit wird erklärt, wie Nationalstaaten ihre Zollpolitik gestalten bzw. in internationalen Handelsverhandlungen im Rahmen der WTO auftreten. Lobbyismus nationaler Interessengruppen spielen hier eine große Rolle. Stellvertretend für diesen neuen Literaturzweig seien hier *Mayer* (1984) und *Grossman-Helpman* (1995) genannt (siehe weitere Literatur dazu auch in *Breuss* (2003a)).

Begünstigung für Entwicklungsländer: Im Jahr 1948 bestand das GATT aus 13 Industrieländern und 10 Entwicklungsländern[4]. Heute machen die Entwicklungsländer bereits drei Viertel der WTO-Mitglieder aus. Trotz der Überzahl der wirtschaftliche schwachen Länder, dominieren die Industrieländer mit einem Anteil von über 80% den Welthandel und damit auch die WTO. Auf Grund der Analyse der wirtschaftlichen Lage der armen Länder Ende der fünfziger Jahre (*Haberler*-Bericht) wurde 1966 das GATT um den IV. Teil ",„Handel und Entwicklung" erweitert. Hier stehen allgemeine Zielsetzungen und Grundsätze für die Entwicklung der Entwicklungsländer mit der Ausnahme, nämlich der Bereitschaft der Industriestaaten, in Handelsverhandlungen auf das Prinzip der Reziprozität gegenüber den Entwicklungsländern zu verzichten. In den sechziger Jahren forderten die Entwicklungsländer zudem präferenzielle Marktzutrittsbedingungen von den Industriestaaten. Die Gewährung von Präferenzen folgte in der Tokio-Runde (1973-79) anhand der sogenannten Ermächtigungsklausel.

Im Rahmen des GATT sind vier Sonderregelungen zu Gunsten der Drittweltländer zu erwähnen. Teil IV des GATT, die Ermächtigungsklausel von 1979, der Entwicklungsartikel XVIII GATT und die Bestimmungen der Zusatzabkommen.

Gemäß Ermächtigungsklausel von 1979 (Enabling clause) können Industriestaaten den Entwicklungsländern eine „differenzierte und günstigere Behandlung gewähren, ohne diese Behandlung den anderen Vertragsparteien zu gewähren" (Ausnahme vom MFN-Prinzip). Im Rahmen von *Präferenzabkommen* (General System of Preferences - GSP; Näheres dazu in *Breuss* (1983), S. 32 ff.) gewähren die Industriestaaten seit den siebziger Jahre den Entwicklungsländern Zollbegüns-

---

4 Für die folgenden Ausführungen, siehe *Senti* (2003), S. 54 ff.

tigungen (d.h. Importe aus den LDCs werden mit niedrigeren Zöllen als den normalen MFN-Zöllen belegt). Das GATT erlaubte 1971 das GSP und damit die unilaterale Zollpräferenzgewährung. Diese Ausnahmeregelung (Waiver) wurde verallgemeinert und dauerhafter im Jahr 1979 durch die Anwendung der sogenannten „Enabling Clause", die es den Industrieländern erlaubte, Maßnahmen zu setzen, die eine „differenziertere und günstigere Behandlung" für Entwicklungsländer ermöglichte. In den Industriestaaten entfallen rund 1 bis 2 Prozent der gesamten Importe von gewerblichen und industriellen Gütern auf zollbegünstigte Erzeugnisse. Aus der Sicht der Dritten Welt macht der präferenzielle Exportanteil zwischen 15 und 20 Prozent der gesamten Exporte aus. Die EU hat ihr Allgemeines Präferenzsystem (APS) im Jahr 1971 gestartet. Es regelt handelspolitische Sonderbegünstigung von Entwicklungsländer. Analoge Bestimmungen zu jenen im GATT, gibt es im GATS und im TRIPS-Abkommen (siehe *Senti* (2003), S. 57-58).

Umweltschutz: Das GATT 1947 hat sich mit Umweltschutz im heute verstandenen umfassenden Sinne nur am Rande befasst (Art. XX(b) und (g) des GATT)[5]. Diese allgemeinen Bestimmungen, die es erlaubte „notfalls Maßnahmen zum Schutz des Lebens und der Gesundheit von Menschen, Tieren und Pflanzen" sowie „Maßnahmen zur Erhaltung erschöpfbarer Naturschätze" zu ergreifen, waren nicht ausreichend. Dass der Erlaubnistatbestand der allgemeinen Ausnahmen des GATT und die möglichen Ausnahmezugeständnisse (Waivers) zur Lösung der Umweltprobleme nicht ausreichten, belegen die vielen Streitschlichtungsfälle im GATT und in der WTO (z.B. Delphin- und Thunfischfall - Importverbot wegen „falscher" Fangmethoden; Importverbote wegen geringer Umweltstandards - z.B. Eco-Label der EU als protektionistische Maßnahme, etc.; für eine Analyse solcher Fälle, siehe *Forgo* (2001)).

Im neuen Regelwerk der WTO finden sich Umweltbezüge in der Präambel („optimale Nutzung der Ressourcen der Welt", abgestimmt auf eine „nachhaltige Entwicklung"), im Agrarabkommen, Anhang 2, im SPS-Abkommen, Art. 6, im Abkommen über technische Handelshemmnisse, Art. 2.2 und im Abkommen über die Subventionen, Art. 8.2(c). Ähnliche Hinweise finden sich in Art. XIV(b) GATS und Art. 27.2 TRIS.

Das Grundproblem ist die Gratwanderung zwischen völligem Freihandel als oberstem Ziel und Umweltschutzanliegen, die diese Freiheit einschränken sollen.

---

[5] Für die folgenden Ausführungen, siehe *Senti* (2003), S. 59 ff.

Es wird Aufgabe der WTO sein, einen gangbaren Weg zwischen Freihandel um Umweltschutz zu finden.

10.4.1.3 Ministerkonferenzen als treibende Kraft für weitere Liberalisierungen

Wie aus dem Organigramm der WTO (*Abbildung 10.2*) hervor geht, stehen die Ministerkonferenzen an der Spitze der WTO-Hierarchie. Auf den Ministerkonferenzen werden die Weichen für das Fortschreiten der weltweiten Liberalisierung im Rahmen der WTO und damit letztlich für die Globalisierung gestellt. In der Ministerkonferenz am 15. April 1994 in Marrakesch wurden die WTO-Abkommen von den Ministern der Mitgliedstaaten (damals noch des GATT) unterzeichnet. Laut Art. IV des Übereinkommens zur Errichtung der WTO sollen solche Folgekonferenzen jedes zweite Jahr stattfinden. Aufgabe solcher Ministerkonferenzen ist es, die Implementierung der Verpflichtungen aus der Uruguay-Runde zu überwachen, das Verhandlungsprogramm aus der Uruguay-Runde zu erfüllen (Built-in Agenda), die weitere Handelsliberalisierung zu forcieren sowie die Entwicklung des Welthandels und die daraus folgenden Herausforderungen für die Weltwirtschaft zu studieren (siehe *Reiterer*, 1996).

Die erste *Ministerkonferenz* der WTO fand in *Singapur*, am 9.-13. Dezember 1996 statt. Während die Aufgabe der Formulierung von international anerkannten arbeitsrechtlichen Standards (Stichwort: Niedriglohn-Dumping und Ausbeutung von Kinderarbeit in Entwicklungsländern) an die International Labour Organization (ILO) in Genf delegiert wurde, kam es zu Fortschritten in noch offenen Fragen der Liberalisierung von Dienstleistungen (Beginn der Verhandlungen über die Liberalisierung der Telekommunikation im Februar 1997 und jene über die Finanzdienstleistungen im April 1997) sowie in der Liberalisierung der Märkte für Informationstechnologien. Bei einer genügend großen Zahl von bereitwilligen Ländern (die 90% des Welthandels repräsentieren sollten) wurde ein *Informationstechnologie-Abkommen (ITA)* realisiert. Der Welthandel mit ITA-Produkten, der rund 600 Mrd.US-$ ausmacht, sollte in rund 100 Zolltarifpositionen erfasst werden (z.B. Computer, Monitoren, Glasfaserkabel, Halbleiter, etc.). Die Zölle für ITA-Produkte wurden in vier Tranchen auf Null reduziert. Am 1. Juli 1997 wurde mit einem Schnitt um 25% begonnen, der von einer Eliminierung aller anderen Einfuhrgebühren oder -belastungen begleitet war. Anschließend waren drei weitere gleiche Zollreduktionstranchen am 1. Jänner 1998, am 1. Jänner 1999 und am 1. Jänner 2000 vorgesehen. (*Neue Zürcher Zeitung*, 4. Februar 1997, S. 10).

Die zweite *Ministerkonferenz* der WTO fand in *Genf*, am 18.-20. Mai 1998 statt. Diese Konferenz brachte wenig konkrete Ergebnisse.

Die dritte *Ministerkonferenz* der WTO fand in *Seattle*, am 30. November - 3. Dezember 1999 statt. Das Programm sah eine neue, neunte Welthandelsrunde („Milleniums-Runde“) mit weiteren Zollsenkungen von 20% bis 50% vor, wobei die Zölle auf Importe aus den am wenigsten entwickelten Entwicklungsländer gänzlich beseitigt hätten werden sollen. Weiters waren Liberalisierungen in den „Built-in Agenda“-Materien (Agrarhandel, Dienstleistungshandel) für das Jahr 2000 vorgesehen. Andere Bereiche hätten einer Überprüfung („Review“) im Jahr 2000 unterzogen werden sollen (z.B. TRIPS, TRIMS, DSU). Diese Ministerkonferenz endete allerdings mit einem Abbruch. Das Scheitern hat viele Ursachen: heftige Demonstrationen von Globalisierungsgegnern, schlechte Vorbereitung seitens des WTO-Sekretariats und bevorstehender Wahlkampf in den USA.

Die vierte *Ministerkonferenz* der WTO fand in *Doha/Katar*, am 9.-14. November 2001 statt. Diese Konferenz leitete eine neunte Welthandelsrunde, die sogenannte „Doha-Runde“ ein. Sie hat im Jänner 2002 begonnen und soll laut Doha-Erklärung[6] spätestens am 1. Jänner 2005 abgeschlossen sein. Die fünfte Ministerkonferenz soll die Ergebnisse überprüfen. Die Doha-Runde wird auch als „Entwicklungsrunde“ bezeichnet, weil die Anliegen der Entwicklungsländer in den Vordergrund gerückt wurden. In den allgemeinen Erklärungen wird indirekt auf die Kritik der Globalisierungsgegner eingegangen. Ziele sind: a) alle Menschen sollen von den Wohlfahrtsgewinnen des multilateralen Handelssystems WTO profitieren, b) Verbesserung der Beziehungen zu den Entwicklungsländern, die die Mehrheit der WTO-Mitglieder stellen, c) Förderung einer „nachhaltigen“ Entwicklung, d) die soziale Dimension der Globalisierung (Stichwort Arbeitsstandards) soll stärker beachtet werden (Zusammenarbeit mit der ILO), e) Partizipation der „Civil Society“, d.h. stärkere Kommunikation der WTO-Angelegenheiten mit der Öffentlichkeit, f) China und Taiwan wurden als neue Mitglieder (Nr. 143 und 144) aufgenommen.

Das Arbeitsprogramm der Doha-Runde umfasst die Implementierung bestehender WTO-Abkommen, die Built-in-Agenden Landwirtschaft und Dienstleistungen, weiterer Zollabbau (Marktzugang) für nicht-agrarische Produkte (Präferenzierung der Entwicklungsländer), TRIPS und öffentliche Gesundheit (Aus-

---

6 World Trade Organization, „Ministerial Declaration“, Ministerial Conference, Fourth Session, Doha, 9 – 14 November 2001, WT/MIN(01)DEC/W/1, 14 November 2001 (homepage: www.wto.org)

nahme für Patenzahlungen bzw. Zugang zu dringend notwendigen billigen Medikamenten oder deren Nachproduktion - „generica" - für Entwicklungsländer, um Epidemien wie AIDS zu bekämpfen; siehe hiezu *Gamharter* (2003)[7]), Handel und Investitionen, Handel und Wettbewerb, öffentliches Beschaffungswesen, Handelserleichterungen, WTO-Regeln, Streitbeilegungsverfahren, Handel und Umwelt, Hilfe für Entwicklungsländer (Transfer von Technologie, Aufbau von Kapazitäten, differenzierte Behandlung).

Die fünfte *Ministerkonferenz* der WTO fand in *Cancun/Mexico*, am 10.-14. September 2003 statt. Sie überprüfte die Fortschritte der „Doha-Entwicklungs-Runde".

10.4.1.4 Das Streitbeilegungsverfahren der WTO

Das im GATT 1947 angewandte Streitschlichtungsverfahren ging auf das Jahr 1952 zurück. Damals richteten die Vertragsparteien für angehende Streitfälle eine besondere Arbeitsgruppe ein. Daraus entwickelte sich die Praxis, für jedes Verfahren eine Sachverständigengruppe (Panel) einzurichten. Die rechtliche Verankerung des gewohnheitsrechtlichen Panelverfahrens erfolgte 1979 in Form einer Beschreibung der üblichen GATT-Praxis (siehe *Senti* (2003), S. 28 ff.).

Wie aus dem Organigramm der WTO (*Abbildung 10.2*) hervor geht, ist das Streitbeilegungsverfahren in der WTO mit einem eigenen Organ hoch in der WTO-Hierarchie angesiedelt. Die geltende Rechtsgrundlage der WTO-Streitschlichtung basiert auf der „Vereinbarung über Regeln und Verfahren zur Streitbeilegung" von 1994 (The Uruguay Round Understanding on Rules and Procedures Governing the Settlement of Disputes - DSU), den „Verfahrensregeln des Streitschlichtungsorgans" von 1995 (Rules of Procedure for the DSB) sowie der Vereinbarung „Errichtung, Verfahrensregeln und Spruchpraxis der Rekursionsinstanz" von 1996 (Working Procedures for Appellate Review, Decision of the

---

[7] Im Februar 2001 hat die EU ein „Aktionsprogramm: Beschleunigte Aktion zur Bekämpfung von HIV/AIDS, Malaria und Tuberkulose im Rahmen der Armutslinderung" angenommen, in dem vorgeschlagen wird, dass Hersteller und Ausführer von Arzneimitteln ein System der Preisstaffelung anwenden, damit sie ihre Produkte in den ärmsten Ländern zu möglichst niedrigen Preisen anbieten können, ohne ihre Gewinne in den Industrieländern zu gefährden. Um Reimporte aus den Entwicklungsländern in die EU zu verhindern hat die EU einen Vorschlag für eine „Verordnung des Rates zur Vermeidung von Handelsumlenkungen bei bestimmten grundlegenden Arzneimitteln in die Europäische Union" gemacht (KOM(2002) 592 endgültig, 2002/0257 (ACC), Brüssel, 30.10.2002. Dieser Vorschlag wurde vom Rat der EU Ende Mai 2003 angenommen.

Appellate Body). Beschränkte sich die Streitschlichtung im GATT 1947 ausschließlich auf den Güterhandel, so erfuhr sie in der Uruguay-Runde eine Ausweitung auf den Handel mit Dienstleitungen, die handelsrelevanten Aspekte der geistigen Eigentumsrechte (TRIPS) sowie den Handel mit zivilen Luftfahrzeugen und das öffentliche Beschaffungswesens.

Das Streitbeilegungsverfahren läuft in mehreren Phasen ab: von der anfänglichen Konsultation zwischen den Streitparteien bis zur Einsetzung eines Panels, deren Entscheidung, Einspruch und endgültigem Schiedsspruch mit Strafsanktionen (Strafzölle) durch das Streitschlichtungsorgan (DSB; Näheres siehe *Senti* (2003), S. 28-32 sowie die entsprechenden Informationen von der WTO-Homepage bzw. in *WTO* (2001), S. 41).

Seit seiner Einführung wurden unter dem Streitbeilegungsverfahren der WTO 300 Streitfälle behandelt. Den größten Teil (rund 60%) bestreiten die G4-Industrieländer (Kanada, EU, Japan und USA). Daher sprechen manche Autoren von einem „bias" in Richtung Industriestaaten (*Horn-Mavroidis-Nordström* (1999)). Die Entwicklungsländer sind mangels juristischer Kapazitäten in der Ausnützung dieses neuen Instruments offensichtlich benachteiligt - dies obwohl das WTO-Sekretariat Kapazitäten für Entwicklungsländer zur Verfügung stellt (allerdings nur eine Art „Pflichtverteidiger").

Breuss (2003a) analysiert die wichtigsten Streitfälle zwischen der EU und den USA aus ökonomischer Sicht und interpretiert sie als „Mini-Handelskriege". Es sind dies die Fälle:

1) *Hormone:* die EU blockiert seit Mai 1999 alle Importe von Rindfleisch aus den USA, weil sie die gesundheitlichen Folgen von in den USA hormonbehandeltem Rindfleisch fürchtet. Der DSB der WTO hat daraufhin den USA zugestanden, ab Juli 1999 Strafzölle im Ausmaß von 116,8 Mill. USD pro Jahr einzuführen.
2) *Bananen:* Die EU hat mit der Schaffung des Binnenmarktes im Jahre 1993 eine eigenes Bananen-Marktregime eingeführt, dass Dollarbananen (aus Lateinamerika) benachteiligt und AKP-Bananen (aus den afrikanisch, karibisch und pazifischen Überseekolonien von EU-Mitgliedstaaten) begünstigt. Nach der Erlaubnis durch den DSB der WTO hat die USA bis zur Beilegung des Streits von März 1999 bis Juli 2001 Strafzölle auf Importe aus der EU im Ausmaß von jährlich 191,4 Mill. USD eingehoben. Nach der Korrektur des EU-Bananenmarktordnung (per 1.1.2002) durch ein nur noch auf Zöllen basierenden System ist der Konflikt gelöst

(über die gesamte Tragweite des „Bananenstreits“ aus juristischer und ökonomischer Sicht, siehe auch *Breuss-Griller-Vranes* (2003))[8].

3) *Foreign Sales Corporations (FSC):* Die USA haben ein eigenes Exportförderungssystem (Entlastung von Exporteuren von der Einkommenssteuer) bereits 1984 eingeführt. Dieses System wurde als WTO-nichtkonforme Exportförderung von der EU bei der WTO eingeklagt. Die DSB der WTO hat daraufhin im August 2002 entschieden, dass die EU auf Importe aus den USA Strafzölle im Ausmaß von 4 Mrd. USD pro Jahr einführen kann. Diese Maßnahme wurde seitens der EU noch nicht getroffen.
4) Weitere Streitfälle betreffen die Schutzmaßnahmen der USA für die heimische Stahlindustrie (*Stahlkrieg*) - Schutzzölle von 30% auf bestimmte Stahlsorten - sowie die Verhinderung der EU, *genveränderte Organismen* (GVO wie z.B. Mais etc.; Englisch: genetically-modified material = GMO) in die EU einzuführen. Im Stahl-Streit haben nicht nur die EU, sondern noch sieben anderen Staaten gegen die USA ein WTO-Panel beantragt, im GMO-Fall haben die USA und andere Staaten bei der WTO Klagen gegen die EU eingebracht.

Eine ökonomische Analyse (Modellsimulationen mit einem allgemeinen Weltgleichgewichtsmodell - z.B. GTAP5) der „Mini-Handelskriege“ zwischen der EU und den USA zeigt, dass zum einen die Effekte nicht sehr groß sind, zum anderen oftmals beide Streitparteien Wohlfahrts- und BIP-Einbussen erleiden (siehe *Breuss* (2003a)).

10.4.1.5 Wohlfahrtseffekte der multilateralen GATT/WTO-Handelsliberalisierung

Uruguay-Runde:

Zur Schätzung von Wachstums- und Wohlfahrtseffekten der Liberalisierung des Welthandels mit Industriegütern, Dienstleistungen und Agrarprodukten wurden im wesentlichen numerische allgemeine Gleichgewichtsmodelle (CGE-Modelle) verwendet (siehe *Tabelle 10.4*). Zu den größten Wohlfahrtsgewinnern der Uruguay-Runde zählen neben der EU die EFTA, gefolgt von den USA. In einigen Simulationen kommt es zu Wohlfahrtseinbußen in den Entwicklungsländern in Afrika. Einige Autoren verwenden auch makroökonomische Modelle, um die

---

[8] *Badinger-Breuss-Mahlberg* (2002) untersuchen die Wohlfahrtseffekte des Bananenmarktregimes der EU für die einzelnen Mitgliedstaaten der EU.

Wachstums- und Wohlfahrtseffekte der Uruguay-Runde zu schätzen. *McKibbin-Salvatore* (1995) kommen mit einem Mehrländer-Makromodell zum Schluss, dass bei schrittweiser Implementierung der 30%igen Zollreduktion bis zum Jahr 2000, das reale BIP bis zum Jahr 2002 in den Entwicklungsländern mit 1,4% am höchsten und in den USA mit 0,2% am geringsten steigt. Westeuropa (EU, EFTA) und Japan profitieren mit rund 0,7% im Jahr 2002 etwa gleich stark. Die ehemaligen Oststaaten und die GUS können aus der Uruguay-Runde jedoch kaum profitieren.

Hoekman (1995) studiert die Auswirkungen der Uruguay-Runde auf den Dienstleistungshandel. Mit den wettbewerbspolitischen Aspekten der WTO befasst sich *Hoekman* (1996).

Tabelle 10.4 Wachstums- und Wohlfahrtseffekte durch die Liberalisierung im Rahmen der Uruguay-Runde: Eine Bewertung mit Numerischen Allgemeinen Gleichgewichtsmodellen

Autoren/ Institutionen	**Modell**[1] **(Zieljahr)**	**Ergebnisse**[2] **Einkommen/Wohlfahrt**						
		Welt	**USA**	**Japan**	**EU**	**EFTA**	**Osten**	**ROW**
Francois, McDonald, und Nordström (1994, 1996) GATT (1994c)	EOS; MC DYN (2005)	+1,36	+1,35	+0,57	+1,73	+2,37	-	+1,29
OECD (1993)	CRTS;PC	+0,90	+0,40	+1,80	+1,70	+6,00	-	+0,60
Goldin, Knudsen, und van der Mensbrugghe (1993) OECD/World Bank	RUNS; CRTS; PC DYN (2002)	+0,70	+0,80 (OECD)	+0,30 (Lateinamerik.)	-	-0,30 (Afrika)	-	+1,70 (Asien)
Goldin, Van der Mensbrugghe (1995c)[3]	RUNS; CRTS; PC; DYN; (2002)	+0,2 / +0,8	+0,10	+0,4 / 1,6	+0,6 / +1,9	+1,2 / +2,8	+0,1 / +0,4	+0,0 / +0,3
Nguyen, Perroni, und Wigle (1993)	CRTS; PC STAT (1995)	+1,10	+0,80	+2,00	+1,80	+2,10	+0,90	+0,60
Haaland und Tollefsen (1994)	EOS; MC STAT (1995)	+0,21	+0,11	+0,63	+0,16	+0,19	-	-

1) EOS = Economies of scale; MC = Monopolistische Konkurrenz; PC = Vollständige Konkurrenz; CRTS = Konstante Skalenerträge; DYN = Dynamisches Modell; STAT = Statisches Modell; Osten = Mittel- und osteuropäische Staaten und frühere UdSSR; ROW = Rest der Welt.

2) Einkommens- oder Wohlfahrtseffekte, gemessen als kumulative prozentuelle Abweichung vom Basisszenario im Zieljahr. Die Simulationen starten 1995, als die WTO gegründet wurde.
3) Simulationen III und V.

Quelle: *Breuss* (1995c), S. 379.

Breuss-Kratena-Schebeck (1995c, S. 404-405) analysieren die ökonomischen Effekte der Uruguay-Runde für Österreich. Sie kommen mit einem kombinierten Makro-Input-Output-Modell für Österreich zum Schluss, dass das reale BIP im Jahr 2000 kumuliert um 1,1% höher war, vorausgesetzt, dass die Ergebnisse der Uruguay-Runde schrittweise ab 1995 implementiert wurden. *Breuss* (1995c, S. 382-384) evaluiert die Uruguay-Runde-Effekte für Österreich mit einem kalibrierten CGE-Modell. Der statische Wohlfahrtsgewinn beträgt nur 0,06% des BIP, der dynamische Wohlfahrtsgewinn 0,29% des BIP.

Doha-Runde:

Obwohl die genauen Abkommen der Doha-Runde noch nicht bekannt sind, geben doch hypothetische Modellberechungen mit CGE-Weltmodellen einen Einblick auf die Verteilung der Wohlfahrtsgewinne einer weiteren weltweiten Handelsliberalisierung. Da die Doha-Runde als „Entwicklungsrunde" apostrophiert wurde, sind Analysen über die Auswirkungen der immer noch stark abgeschotteten Märkte der Industrieländern in den Bereichen Landwirtschaft und Textil/Bekleidung hilfreich (siehe z.B. *IMF* (2002). Die IMF-Studie (*IMF* (2002), S. 32) demonstriert, dass die Kosten des Agrarprotektionismus sehr hoch sind. Die gegenwärtige Politik der Industriestaaten führt zu einem Einkommensverlust von 128,2 Mrd. USD (zu Preisen 1997), wovon die Industrieländer 101,4 Mrd. USD und die Entwicklungsländer 26,8 Mrd. USD verlieren.

In einer Simulationsstudie hat *Nigel* (1999, S. 37, 41) in Vorbereitung auf die gescheiterte „Milleniums-Runde" (die in Seattle, 30.11.-3.12.1999 ins Leben gerufen hätte werden sollen) folgende Wohlfahrtseffekte ermittelt. Ein verbesserter Marktzugang (bei Senkung eines multilateralen weltweiten Abbaus aller Handelsschranken (Zölle etc. für Agrar- und Industrieprodukte und Dienstleistungen sowie durch Erleichterungen im Handel) hätte die Welt bei einer 20%igen Liberalisierung einen Einkommenszuwachs (Wohlfahrt) von 0,8% (bei einer 50%igen Liberalisierung von 1,4%) erzielt. Die Hauptgewinner wären die ASEAN-Staaten (+6,6% bzw. 10,4%), sonstiges Lateinamerika (+2,8% bzw. 6,3%), Brasilien und Indien (jeweils 2%, 2,1% bzw. 4,9%, 4,4%) gewesen. Die EU (+0,7% bzw. 1,4%) hätte mehr gewonnen als die USA (0,5% bzw. 0,7%). Den gleichen Einkommenszuwachs wie die EU hätte auch Japan gehabt. In Afrika hätten die Einkommenszuwächse 0,9% bzw. 1,6% betragen.

Eine vollständige Liberalisierung des Welthandels im Rahmen der „Doha-Runde“ hätte beträchtliche positive Auswirkungen auf die Welt (siehe *Tabelle 10.5*). Je nach Modell sind die Ergebnisse unterschiedlich hoch, doch gewinnen in allen Fällen die Industriestaaten mehr als die Entwicklungsländer. Insgesamt könnte eine erfolgreiche „Doha-Runde“ die Weltwohlfahrt um 1857 Mrd. USD steigern.

Tabelle 10.5 Wohlfahrtseffekte durch die Handelsliberalisierung nach der Uruguay-Runde (In Mrd. USD zu 1995 Preisen und Wechselkursen)

	Art der liberalisierten Produkte				
	Landwirtschaft	**Industrie**	**Alle Güter**	**Dienstleistungen**	**Gesamt**
GTAP-Modell					
Industrieländer	122	24	146	-	-
Entwicklungsländer[1)]	46	63	108	-	-
Welt	168	87	254	-	-
Michigan Modell					
Industrieländer	7	482	489	998	1486
Entwicklungsländer[1)]	26	162	188	182	370
Welt	33	644	677	1181	1857

[1)] Inklusive Newly industrialized countries in Asien.

Quellen: *Anderson-Francois-Hertel-Hoeckman-Martin* (2000); *Brown-Deardorff* (2001); *IMF*, World Economic Outook, Washington, October 2001.

10.5 Präferentielle Handelsabkommen: Regionalismus versus Multilateralismus

10.5.1 Allgemeine Eigenheiten von regionalen Freihandelsabkommen

Die internationalen Handelsabkommen im Rahmen des GATT involvieren eine „nichtdiskriminierende“ Reduktion der Zollsätze, basierend auf dem Meistbegünstigungsprinzip (MFN-Prinzip). Obwohl die multilaterale Liberalisierung des Welthandels im Rahmen des GATT seit dem Zweiten Weltkrieg große Fortschritte machte (siehe *Abb. 10.1*), hat es auch immer wieder Ausnahmen vom MFN-Prinzip gegeben. Dies ist dann der Fall, wenn Länder präferenzielle Handelsabkommen abschließen, wodurch die gegenseitigen Zölle niedriger sind als für

Importe aus Nichtmitgliedern solcher Präferenzzonen[9]. Der einfachste Fall ist gegeben, wenn zwei oder mehrere Länder übereinkommen, die Zölle im gegenseitigen Handel zu beseitigen, während die Zölle gegenüber Drittstaaten aufrecht bleiben. Solche Vereinbarungen sind Ausnahmen vom MFN-Prinzip nach Art. XXIV des GATT. Es handelt sich um *Zollunionen, Freihandelszonen und Interimsabkommen*, die alle dazu bestimmt sind, den Handel zwischen deren Mitgliedern zu fördern ohne den Handel mit Nichtmitgliedern zu diskriminieren (die Außenzölle dürfen in ihrer Gesamtheit nicht höher sein als die MFN-Zölle).

Die wichtigste *Zollunion* in der modernen Geschichte ist die *Europäische Gemeinschaft (EG)*. Ein Beispiel für eine *Freihandelszone* ist die *EFTA* (European Free Trade Association). Der Unterschied zwischen einer Zollunion und einer Freihandelszone liegt in der Art, wie beide Präferenzzonen ihre Zollpolitik gegenüber Drittstaaten gestalten. Während die *Zollunion* einen *Gemeinsamen Zolltarif* gegenüber Nichtmitgliedern (Rest der Welt) hat, sind die Mitglieder einer *Freihandelszone* frei, unterschiedliche Zölle gegenüber Nichtmitglieder anzuwenden. Um Zollsprünge (Eintritt in die Freihandelszone über ein Niedrigzollland, um von dort aus zollfrei die Waren innerhalb der Zone zu vertreiben) zu vermeiden, wurde z.B. in der EFTA der Mechanismus der *Ursprungsregeln* geschaffen. Zumindest ein bestimmter Prozentsatz der Wertschöpfung (rund 50%) muss innerhalb der Zone erbracht worden sein, damit eine Ware zollfrei innerhalb der Freihandelszone zirkulieren kann.

Die europäische Integration ist Vorreiter der sich in jüngster Zeit beschleunigenden Trends der Regionalisierung des Welthandels. Trotz anhaltender Bemühungen des GATT, den Idealzustand eines weltweiten Freihandels zu verwirklichen, nimmt die Zahl der regionalen Freihandelsabkommen stark zu. Während sie aber in Übersee (NAFTA, APEC, usw.) meist nicht mehr als Freihandelszonen sind, schreitet die Integration innerhalb der EG von der Zollunion (seit 1968) über den Binnenmarkt (seit 1993) zur Wirtschafts- und Währungsunion (1999) voran (siehe *Breuss*, 1996d). Der Themenbereich „Europäische Integration“ wird in *Kapitel 12* noch eingehend behandelt.

Seit den achtziger Jahren hat die Zahl der regionalen Freihandelsabkommen deutlich zugenommen. Zwischen 1948 und Ende 1994 wurden 124 regionale Freihandelsabkommen beim GATT notifiziert (*WTO* (1995b, S. 25 ff. sowie WTO-

---

9 Bilaterale präferenzielle Handelsabkommen haben eine lange Geschichte. Solche Bestrebungen beginnen schon in den Bemühungen einer Union zwischen England und Schottland im 16. Jahrhundert (siehe *WTO* (1995b, S. 6)). Für eine Beschreibung der Entwicklung seit dem Zweiten Weltkrieg und die rechtlichen Vorkehrungen im GATT-Abkommen von 1947 (Art. XXIV), siehe *WTO* (1995b).

Homepage für aktuelle Zahlen)). Seit der Schaffung der WTO im Jahr 1995 sind noch weiter 130 regionale Freihandelsabkommen (RFA) dazugekommen. Der Anteil des Welthandels mit Industriegütern innerhalb geographischer Regionen stieg von 40,6% 1958 auf 50,4% 1993 (der Intra-Europa-Handel von 53% auf 70%).

Die *WTO* (1995b, S. 27) identifiziert drei Charakteristika bei der Regionalisierung seit dem Zweiten Weltkrieg (siehe *Tabelle 10.6*):

1. Die regionale Integration nach dem Zweiten Weltkrieg war primär auf Westeuropa konzentriert (Gründung von EWG im Jahr 1958 und EFTA im Jahr 1960). Von den 109 notifizierten Abkommen waren in 76 Fällen westeuropäische Länder Partner. Von den 33 Abkommen seit 1990, gehen 9 auf die Handelsabkommen zwischen West- und Osteuropa (Europaabkommen, etc.) seit der Ostöffnung von 1989 zurück.
2. Es gibt nur eine kleine Zahl von Abkommen zwischen Entwicklungsländern. Die meisten davon sind auf Lateinamerika konzentriert (ANDEAN Pakt, CACM, CARICOM, LAIA, MERCOSUR).
3. Das Niveau des Integrationsgrades variiert stark. Die meisten Abkommen beziehen sich auf Freihandelszonen (die niedrigste Integrationsstufe; z.B. NAFTA). Es gibt nur wenige Zollunionen (die bedeutendste ist die EWG).

Tabelle 10.6 Regionale Freihandelsabkommen (eine Auswahl)

AFTA (ASEAN Free Trade Area): Brunei, Darassalam, Kambodscha, Indonesien, Laos, Malaysien, Myanmar, Philipinien, Singapur, Thailand, Vietnam (in Kraft Jänner 1992).
ANDEAN-Pakt: Bolivien, Ecuador, Kolumbien, Peru, Venezuela (seit 1988: gemeinsamer Außenzoll im Februar 1994 - Zollunion).
ANCERT (Australian New Zealand Closer Economic Relations Trade Agreement) (seit 1983).
APEC (Asia-Pacific Economic Cooperation Council): Die meisten südasiatischen Länder (Mitglieder der ASEAN-Gruppe) plus Australien, Chile, China, Hongkong, Japan, Kanada, Mexiko, Neuseeland, Süd-Korea, Taiwan, Papua-Neuguinea, USA (seit 1994: insgesamt 18 Staaten - 2010 Freihandelszone)
ASEAN (Association of South East Asian Nations): Brunei, Darassalam, Kambodscha, Indonesien, Laos, Malaysien, Myanmar, Philipinien, Singapur, Thailand, Vietnam (seit 1995): Seit 1978 ein präferenzieller Freihandelsraum.
CACM (Central American Common Market): Costa Rica, El Salvador, Guatemala, Honduras, Nikaragua.
CAN (Andean Community): Bolivien, Kolumbien, Ecuador, Peru, Venezuela (seit Mai 1988).
CARICOM (Caribian Common Market): Antigua & Barbados, Bahamas, Barbados, Belize, Dominica, Grenada, Guayana, Haiti, Jamaica, Monserrat, Trinidad & Tobago, St. Kitts & Nevis, St. Lucia, St. Vincent & the Grenadines, Surinam (seit 1973 - Zollunion; mit neuen Mitgliedern seit Juli 1997 - Dienstleistungsabkommen).
CEFAC (Central African States).
CEFTA (Central Euorepan Free Trade Agreement): Bulgarien (seit 1999), Polen, Slowakische Republik, Slowenien, Tschechische Republik, Ungarn (seit 1993; bilateraler Zollabbau bis 1998)
COMESA (Common Market for Eastern and Southern Africa): Angola, Ägypten, Äthiopien, Burundi, Dschibuti, Eritrea, Komoren, Kongo, Kenia, Madagaskar, Malawi, Mauritius, Namibia, Ruanda, Seychellen, Sudan, Swaziland, Uganda, Zambia, Zimbabwe.

EAC (East African Cooperation): Kenia, Tanzania, Uganda.
EAEC (Eurasian Economic Community): Kasachstan, Kirgisien, Russische Föderation, Tatschikistan, Weißrußland
ECOWAS (Economic Community of West African States).
EEA (European Economic Area - EWR: Europäischer Wirtschaftsraum): Assoziation zwischen 15 EU- und 3 EFTA-Staaten seit 1994. Ziel: Schaffung einer binnenmarktähnlichen Zone EU-EFTA.
EFTA (European Free Trade Association): Seit 1960 (Freihandelszone in 1967). Ab 1995 nur 4 Mitglieder (Island, Norwegen, Liechtenstein, Schweiz).
Europäische Union (EU): Seit 1958 als EWG mit 6 Mitgliedern (Zollunion in 1968; seit 1967: Europäische Gemeinschaften: EG). Seit 1995 15 Mitglieder: Belgien, Dänemark, Deutschland, Finnland, Frankreich, Griechenland, Großbritannien, Irland, Italien, Luxemburg, Niederlande, Österreich, Portugal, Schweden, Spanien. 1993: Binnenmarkt; 1999: Wirtschafts- und Währungsunion.
EU-Türkei: Zollunion seit 1.1.1996
FTAA (Free Trade Area of the Americas): NAFTA plus Südamerikanische Staaten (Gründungsziel: 2005)
GCC (Gulf Cooperation Council): Bahrein, Kuwait, Oman, Katar, Saudi Arabien, Vereinigte Emirate.
GSTP (General System of Trade Preferences among Developing Countries): 45 Entwicklungsländer
LAIA (Latin American Integration Association): Argentinien, Bolivien, Brasilien, Chile, Ecuador, Kolumbien, Mexiko, Paraguay, Peru, Uruguay, Venezuela (seit 1981 präferenzielles Handelsabkommen).
LAFTA (Latin American Free Trade Association): Argentinien, Brasilien, Chile, Peru, Uruguay (seit 1961 Freihandelszone).
MCCA (Common Central American Market).
MERCOSUR (Southern Common Market): Argentinien, Brasilien, Paraguay, Uruguay (seit 1991 mit Ziel einer Zollunion).
NAFTA (North American Free Trade Agreement): Kanada, Mexiko, USA (seit 1994 - Freihandelszone).
SAARC (South Asian Agreement for Regional Cooperation): Bangladesch, Bhutan, Indien, Malediven, Nepal, Pakistan, Sri Lanka.
TAFTA (Transatlantic Free Trade Arrangement): USA und EU (Zukunftsmusik!)
SADCC (Southern African Development Coordination Conference).
UEMOA-WAEMU (West African Economic and Monetary Union): Benin, Brukina Faso, Cote d'Ivoire, Guinea, Bissau, Mali, Niger, Senegal, Togo.

Quelle: *WTO* (1995b) und aktualisierte Daten von der WTO-Homepage: http://www.wto.org

10.5.2 Die gemeinsame Handelspolitik der EU

Durch die Schaffung einer Zollunion im Jahre 1968 (Beseitigung der Zölle für den Intra-EU-Handel und Einführung eines gemeinsamen Zolltarifs (GZT) gegenüber Drittstaaten hat die EU (damals noch EWG genannt) die Ausnahmeregelung des GATT (Art. XXIV) vom MFN-Prinzip in Anspruch genommen. Eine Zollunion macht eine gemeinsamen Handelspolitik notwendig[10]. Die Zuständigkeit liegt bei der Union[11].

---

[10] Nähere Analysen der Außenhandelspolitik der EU, siehe *Griller-Weidel* (2002). Eine ökonomische Analyse der Handelspolitik der EU findet man auch in *OECD* (2000). Eine Abschätzung

Zollunion: Die Zollunion der EU ist in Titel I: Freier Warenverkehr, Kapitel 1 EGV festgelegt. Der *„Gemeinsame Zolltarif"* (GZT) ist in Art. 26 (ex-Art. 28) EGV geregelt. „Der Rat legt die Sätze des Gemeinsamen Zolltarifs mit qualifizierter Mehrheit auf Vorschlag der Kommission fest". Die Zuständigkeit der Ausführung liegt bei der Kommission.

Gemeinsame Handelspolitik: Die „Gemeinsame Handelspolitik" (GHP) der EU ist im Titel IX EG-Vertrag (EGV) geregelt. Sie wird nach einheitlichen Grundsätzen gestaltet. Dies gilt insbesondere für (Art. 133(1) - ex-Art. 113 EGV):

- die Änderung von Zollsätzen (GZT),
- den Abschluss von Zoll- und Handelsabkommen,
- die Vereinheitlichung der Liberalisierungsmaßnahmen,
- die Ausfuhrpolitik und die handelspolitischen Schutzmassnahmen, z.B. im Fall von Dumping und Subventionen

Die EU wird bei der WTO in Handelsfragen von der Kommission vertreten. Laut Art. 133(2) und (3) - ex-Art. 113 - EGV:

- unterbreitetet die Kommission unterbreitet dem Rat Vorschläge für die Durchführung der GHP;
- Sind mit einem oder mehreren Staaten oder internationalen Organisationen Abkommen auszuhandeln, so legt die Kommission dem Rat Empfehlungen vor; dieser ermächtigt die Kommission zur Einleitung der erforderlichen Verhandlungen (z.B. im Rahmen der WTO).

Zur Verhinderung von Verlagerungen von Handelsströmen (innerhalb der EU) von handelspolitischen Maßnahmen entweder der EU oder von Drittstaaten (z.B. im Falle von Strafzöllen der USA auf bestimmte Stahlprodukte im Jahre 2002 befürchtete die Kommission eine Verlagerung der Lieferungen von Drittstaaten von den USA auf den EU-Markt) kann die Kommission *Schutzmaßnahmen* (Zölle etc.) ergreifen (Art. 134 - ex-Art. 115 - EGV).

Abschluss von Abkommen: Der Art. 300(1) (ex-Art. 228) EGV regelt die Kompetenzzuteilung beim Abschluss von Abkommen zwischen der Gemeinschaft und einem oder mehreren Staaten oder internationalen Organisationen (WTO).

- Die Kommission legt dem Rat Empfehlungen vor. Dieser ermächtigt die Kommission zur Einleitung der erforderlichen Verhandlungen (Beschluss mit qualifizierter Mehrheit). Die Kommission führt diese Verhandlungen (Verhandlungskompetenz der Kommission).

---

der Kosten des Protektionismus in Europa, insbesondere durch die Handelspolitik der EU, findet man in *Messerlin* (20019.

[11] Auch im Entwurf einer EU-Verfassung des Europäischen Konvents fällt die „Gemeinsame Handelspolitik" und die „Zollunion" in die „ausschließliche Zuständigkeit" der EU.

- Der Rat kann auf Vorschlag der Kommission und nach Anhörung des Europäischen Parlaments durch einstimmigen Beschluss die Anwendung der Verhandlungskompetenz der Kommission (von Handelsfragen) auf internationale Verhandlungen und Übereinkünfte über *Dienstleistungen* (GATS) und Rechte des geistigen Eigentums (TRIPS) ausdehnen. Dies ist die Konsequenz des WTO-Gutachtens des EuGH vom 15. November 1994 nach Abschluss der Uruguay-Runde[12].

Wirtschaftssanktionen: Politisch motiviert kann die EU Sanktionen gegen Länder verhängen, die nicht den Vorstellungen z.B. von Menschenrechten und Demokratie entsprechen. Dies kann in Form von Aussetzung, Einschränkung oder Einstellung der Wirtschaftsbeziehungen mit Drittstaaten erfolgen (Art. 301 - ex-Art. 228a - EGV)[13].

---

12 Die Abkommen über GATS und TRIPS sind dem Abkommen zur Errichtung der Welthandelsorganisation WTO als Anhänge beigefügt. Sowohl der Präsident des Rates als auch Sir Leon Brittan, Mitglied der Kommission unterzeichneten die Schlussakte und das WTO-Abkommen im Namen des Rates der EU am 15. April 1994 in Marrakesch. Da die Vertreter der Regierungen der EU-Mitgliedstaaten der Ansicht waren, dass diese Rechtsakte „auch in die nationale Zuständigkeit fallende Fragen betreffen", unterzeichneten auch die Mitgliedstaaten dieses Abkommen. Die Kommission ließ in das Protokoll dieser Ministertagung die Erklärung aufnehmen, dass die „Schlussakte sowie die dieser Akte als Anhänge beigefügten Übereinkünfte in die ausschließliche Zuständigkeit der EU fallen". Am 6. April 1994 hat die Kommission ihren Antrag auf ein Gutachten beim EuGH gestellt. Der EuGH hat folgendes entschieden: a) GATS: Grenzüberschreitende Erbringung von Dienstleistungen = Kompetenz der Kommission (internationale Verkehrsabkommen sind davon ausgenommen); b) TRIPS: Diese fallen nicht in den Bereich der GHP und sind daher Kompetenz der EU-Mitgliedstaaten.

13 Näheres über den rechtlichen Rahmen von Wirtschaftssanktionen, siehe *Lukaschek* (2003).

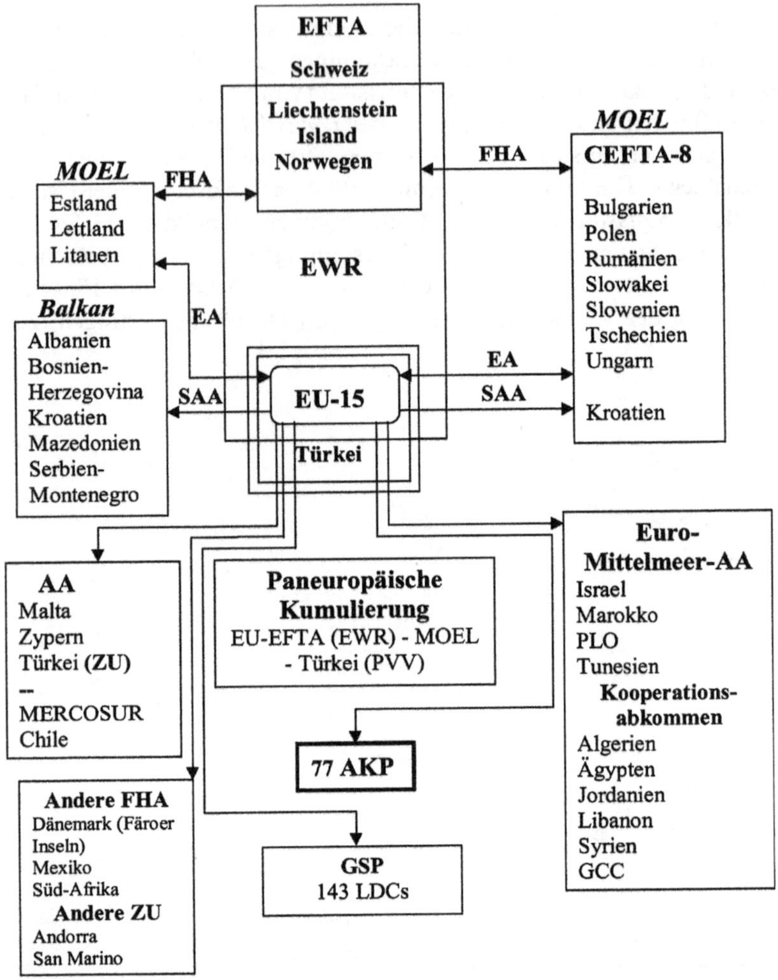

Abb. 10.4 Handelspolitische Verflechtungen in Europa (EU - EFTA - MOEL - Mittelmeer - AKP)
Quelle: Eigene Zusammenstellung

Erklärungen:
AA = Assoziationsabkommen (Art. 310 EG-Vertrag).
AKP = Afrikanische, karibische und pazifische Staaten (EU-AKP-Abkommen, Lomè IV, Cotonou-Abkommen - EU-15 mit 77 AKP-Staaten, Juni 2000 unterzeichnet, am 1. April 2003 in Kraft)
CEFTA-8 = Central European Free Trade Agreement
EA = Europa-Abkommen

EU-15 = Binnenmarkt + WWU
EWR = Europäischer Wirtschaftsraum
FHA = Freihandelsabkommen EFTA-MOEL
GCC = Gulf Cooperation Council (Bahrein, Kuweit, Oman, Qatar, Saudi Arabien, Vereinigte Arabische Emirate)
GSP = Generalized System of Preferences (Zollbegünstigung für Entwicklungsländer - LDC)
LDCs = Lesss Developed Countries
MERCOSUR (Zollunion): Argentinien, Brasilien, Paragua und Uruguay
MOEL = Mittel- und Osteuropäische Länder
Paneuropäische Kumulierung im passiven Veredelungsverkehr (PVV)
PLO = Palestine Liberation Organization
PVV = passiver Veredelungsverkehr
SAA = Stabilisierungs- und Assoziationsabkommen (EU - Balkanstaaten)
ZU = Zollunion (EU-Türkei)
WWU = Wirtschafts- und Währungsunion (Euro-12)

Die EU unterhält ein dichtes Netz an Handelsabkommen der verschiedensten Art mit fast allen Staaten bzw. Regionen der Welt (siehe *Abbildung 10.4*)[14]. Im engsten Kreis ist die EU-15 eine Zollunion mit einem Binnenmarkt seit 1993. 12 Mitgliedstaaten bilden seit 1999 die Wirtschafts- und Währungsunion (WWU; Griechenland kam erst 2001 dazu). Mit drei EFTA-Staaten (Island, Liechtenstein und Norwegen) ist die EU-15 über das EWR-Abkommen fast „binnenmarktähnlich" verbunden. Mit den neuen Mitgliedstaaten in Mittel- und Osteuropa (MOEL) gibt es Europaabkommen (EA). Darüber hinaus gibt es Spezialabkommen (SAAs) mit den Balkanstaaten. Für den passiven Veredelungsverkehr gibt es die „Paneuropäische Kumulierung", die die EU, die EFTA, MOEL und die Türkei umfasst.[15] Seit 1. Jänner 1996 bildet die EU-15 mit der Türkei eine Zollunion. Weitreichende Abkommen gibt es mit den sogenannten 77 AKP-Staaten. Die früheren Lomé-Abkommen wurden durch das Cotonou-Abkommen ersetzt, das am 23. Juni 2000 unterzeichnet wurde und am 1. April 2003 in Kraft trat. Dieses Abkommen mit 77 afrikanischen, karibischen und pazifischen Staaten (AKP-Staaten) regelt den bilateralen Handel, die Entwicklung und politische Zusammenarbeit. Die Partnerschaft soll in den nächsten 20 Jahren vor allem zur Armutsbekämpfung, zur Verhütung gewaltsamer Konflikte und zur Verbesserung der Staatenführung beitragen. Daneben gibt es Freihandelsabkommen mit Mexiko, Südafrika und den Mittelmeerstaaten im Rahmen der Mittelmeerpolitik der EU (Barcelona-Prozess).

---

[14] Nähere Informationen über die Außenhandelspolitik der EU findet man auf dem „Trade-Portal" der EU-Homepage: http://europa.eu.int/comm/trade/index_en.htm

[15] Anfang Juli 2003 hat die EU mit dem Mittelmeerstaaten (Israel, Jordanien, Libanon, Marokko, der Palästinensischen Autonomiebehörde und Tunesien) ein Abkommen erzielt, das das System der „Paneuropäische Kumulierung" auch auf die Mittelmeerstaaten ausdehnt („Pan-Euro-Mittelmeer-System").

Eine quantitative Bewertung der ökonomischen Auswirkungen der diversen regionalen Freihandelsabkommen (RFAs) der EU mit den Entwicklungsländern machen *Francois-McQueen-Wignaraja* (2003) mittels Simulationen mit einem Welt-CGE-Modell (siehe *Abbildung 10.5*). Es zeigt sich, dass Freihandel mit diesen Weltregionen der EU absolut gemessen (Mill. USD) am meisten Wohlfahrtsteigerung bringt, relativ zum BIP aber nur minimal ist. Hauptgewinner vom Freihandel mit der EU sind die Türkei (Zollunion) mit einem Zuwachs ein Realeinkommen von fast 1% des BIP und Mexiko (Freihandelsabkommen) mit einem Einkommensgewinn von real rund 0.5%. Verlierer sind Ägypten und Botswana. Einen leichten Wohlfahrtsgewinn erzielen noch Chile und der MERCOSUR.

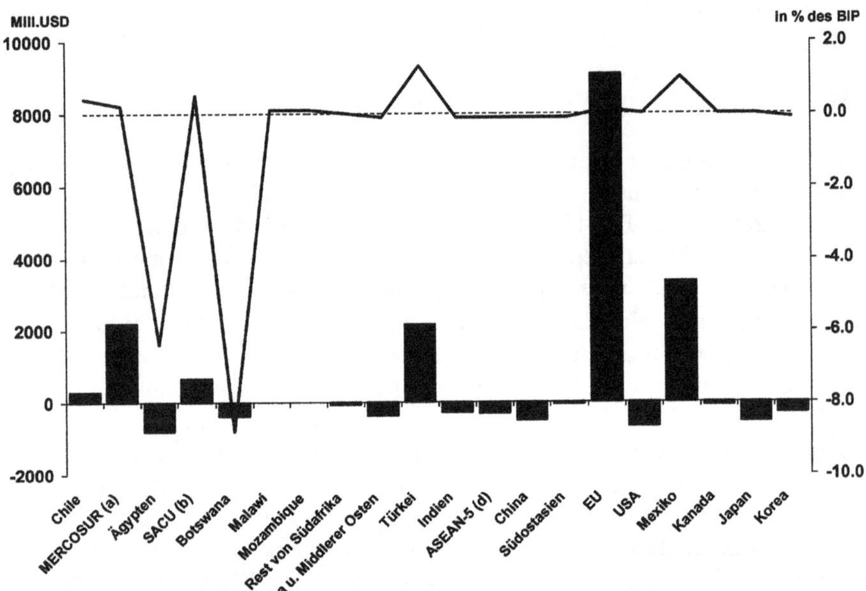

Abb. 10.5 Wohlfahrtseffekte der Freihandelsabkommen: EU-Entwicklungsländer (Realeinkommen)

Quelle: *Francois-McQueen-Wignaraja* (2003).

11 Industriepolitik als strategische Handelspolitik

11.1 Einleitung

Politiker und die politische Öffentlichkeit messen den ökonomischen Erfolg ihrer Länder zunehmend an der Fähigkeit ihrer nationalen Firmen, im internationalen Wettbewerb im Bereich einiger glamouröser High-tech-Industrien zu bestehen. Der nationalstaatliche Wunsch, diesen Wettbewerb zu gewinnen, ähnelt jenem, olympisches Gold zu gewinnen. Ausdruck dieser Wünsche ist der Ruf nach einer *Industriepolitik* in Nordamerika, in Europa (im EG-Vertrag gibt es dafür den Artikel 157 (ex-Art. 130)), in Japan und in anderen Industriestaaten. Die Befürworter einer Industriepolitik argumentieren, dass man die lokalen Firmen in ihren Bemühungen unterstützen sollte, in den neuen Industriezweigen Fuß zu fassen. Ihrer Meinung nach hängen wirtschaftliche Vitalität und hohes Wirtschaftswachstum eines Landes davon ab, wie man sich in diesen dynamischen modernen Industriezweigen bewährt. Komparative Vorteile sind demnach nicht von Gott gegeben, sondern können "geschaffen" werden (man-made comparative advantage). Die Gegner dieser Ansicht verneinen die Notwendigkeit einer Intervention des Staates. Sie argumentieren, dass die Ressourcen ganz von selbst ihren Weg zur profitabelsten und damit auch sozial wünschenswertesten Verwendung finden.

In diesem Kapitel beginnen wir mit der Diskussion der neuen Argumente für und gegen Freihandel, die *Paul Krugman* (1987) mit der provokanten Frage "Is Free Trade Passé?" eingeleitet hat. *Jagdish Bhagwati* (1989) hat darauf mit der Gegenfrage "Is Free Trade Passé after All?" geantwortet. Während *Krugman* die neuen Argumente für eine aktive Handelspolitik, die sich aus der "Neuen Sicht der Außenhandelstheorie" ableiten, befürwortet, favorisiert *Bhagwati* die alte Freihändlerschule, die mit möglichst wenig Handelspolitik auskommen will. Anschließend an die Darlegung der eher traditionellen Argumente gegen Freihandel behandeln wir ausführlich die neuen Argumente für eine Industriepolitik (Externalitäten, strategische Handelspolitik). Man darf dabei nicht übersehen, dass Staaten nicht beliebig ihre eigenen Industrien und Firmen durch Subventionen fördern dürfen. Dagegen gibt es Schranken durch das Wettbewerbsrecht der EU und des GATT/WTO. Während solche Förderungen auf nationaler Ebene den Wettbewerb verzerren, spricht man im internationalen Kontext davon, dass es sich um "unfair trade practices" handelt.

11.2 Is Free Trade Passé?

Laut *Paul Krugman* (1987) wird das Dogma des Freihandels gegenwärtig mehr in Frage gestellt als jemals zuvor, seit *David Ricardo* 1817 die "Principles of Political Economy" veröffentlichte. Dies ist nicht so sehr eine Folge eines stärkeren politischen Drucks für mehr Protektion, sondern ergab sich aus den neuen Erkenntnissen der Außenhandelstheorie. In den letzten 15 Jahren wurden die traditionellen Modelle des Außenhandels mit konstanten Skalenerträgen und vollständiger Konkurrenz (Ricardo- bzw. Heckscher-Ohlin-Modelle) ergänzt und teilweise verdrängt durch neue Modelle mit steigenden Skalenerträgen und unvollständiger Konkurrenz. Diese neuen Modelle, die wir in Kapitel 6 unter dem Titel die "*Neue Sicht* des Außenhandels" behandelt haben, zweifeln, ob der tatsächliche Außenhandel durch komparative Vorteile à la Ricardo oder Heckscher-Ohlin erklärt werden kann. Des weiteren eröffnen diese Ansätze die Möglichkeit, dass Interventionen des Staates durch Importbeschränkungen, Exportsubventionen und sonstige handelspolitische Instrumente unter ganz bestimmten Konstellationen im nationalen Interesse sein können.

11.3 Alte und neue Argument gegen Freihandel und damit für eine Industriepolitik

Unter den *populären Argumenten* für eine aktive Industriepolitik - a) die Förderung von Industrien mit hoher Wertschöpfung pro Kopf, b) die Förderung von Industrieverbünden (Basisindustrien wie z.B. die Stahlindustrie als Input für die Automobilindustrie), c) die Förderung von Industrien mit einem zukünftigen Wachstumspotential ("pick winners"), d) Aufnahme der Herausforderung durch andere Industriestaaten ("industrial targeting") - hat die "Neue Sicht" der Außenhandelstheorie zwei Argumente gegen Freihandel vorgebracht, von denen eines ganz neu und das andere ein altbekanntes ist (siehe *Krugman-Obstfeld* (2003, S. 276-283)). Die *neue Idee* basiert auf der Argumentation der *"strategischen Handelspolitik"*, die besagt, dass Intervention des Staates (z.B. durch eine Subvention) die Bedingungen der oligopolistischen Konkurrenz verändern kann und dadurch die Extraprofite von einer ausländischen zu einer inländischen Firma umgelenkt werden können ("rent shifting"). Die *alte Idee* basiert auf dem Argument, dass der Staat jene Industriezweige begünstigen soll, die *Externalitäten* liefern, speziell dann, wenn es sich um neues Wissen handelt, das anderen Firmen kostenlos zugute kommt.

11.3.1 Technologie und Externalitäten

Externalitäten entstehen, wenn die Aktionen eines Akteurs das Wohlbefinden der anderen (positiv oder negativ) beeinflussen, ohne dass dabei die Marktkräfte im Spiel sind. In der Diskussion über "Industrien in den Kinderschuhen" (Infant-industry-Argument[1]), die auf die Arbeit von *Friedrich List* (1841) zurückgeht, wird argumentiert, dass es bei der Aneignung von Wissen (know how) zu Marktversagen kommt. Wenn Firmen in einer Industrie Wissen (know how) erzeugen, das andere Firmen auch nützen können, ohne dafür zu bezahlen, erzeugt diese Industrie in Wahrheit einen zusätzlichen Output - den zusätzlichen sozialen Nutzen des gesellschaftlichen Wissens - der sich in den Anreizen für Firmen nicht widerspiegelt. Wo solche Externalitäten (ein Nutzen, der Akteuren außerhalb der Firma zugute kommt) wichtig sind, ist eine Subvention an die Wissen schaffende Firma als Abgeltung für diesen Zusatznutzen gerechtfertigt (*Grossman* (1990)). Dieses Argument gilt insbesondere für innovative Firmen, die nicht imstande sind, die Früchte des Wissens, das sie kreieren, voll auszunützen.

Sollte die EU-Kommission also High-tech-Industrien unterstützen? Während es gute Argumente für solche Subventionen - basierend auf dem Externalitätsargument - gibt, muss man doch Vorsicht walten lassen. Zuvor müsste man wissen, wo es Externalitäten gibt. Sodann stellt sich die Frage, wie wichtig sie sind, um das optimale Subventionsniveau feststellen zu können.

---

[1] Gemäß dem *Infant-industry-Argument*, können Entwicklungsländer zwar einen potentiellen komparativen Vorteil in der Erzeugung von Industriegütern haben, neue Industriezweige in Entwicklungsländern können allerdings zu Beginn nicht mit gut eingeführten Industrien in Industrieländern konkurrieren. Als Starthilfe sollten die Regierungen daher vorübergehend neue Industrien fördern, bis sie "erwachsen" genug sind, um im internationalen Wettbewerb bestehen zu können. Infant-industry-Protektion ist immer noch GATT-konform. Das Infant-industry-Argument für Protektion wird oft mit Marktversagen gerechtfertigt. Zwei Arten von Marktversagen werden dabei erwähnt: a) unvollständige Kapitalmärkte (der Mangel an Finanzmarktinstitutionen in Entwicklungsländern) und b) das Problem der Aneignung von Wissen (Firmen in einem neuen Industriezweig generieren sozialen Nutzen für den sie nicht kompensiert werden; siehe *Krugman-Obstfeld* (2003, S. 277-278)).

Tabelle 11.1 Staatliche Beihilfen (Subventionen) in den EU-Mitgliedstaaten, 1995-1997, 1997-1999 und 2001 (in % des BIP)

	Gesamt	**Gesamt**	**Gesamt**	**Ohne Landwirtschaft, Fischerei und Verkehr**
	1995-1997	**1997-1999**	**2001**	**2001**
Belgien	1,55	1,41	1,34	0,31
Dänemark	1,07	1,08	1,36	0,68
Deutschland	1,73	1,39	1,14	0,58
Griechenland	1,55	1,21	1,02	0,36
Spanien	1,40	1,17	0,74	0,42
Finnland	2,22	1,74	1,58	0,29
Frankreich	1,46	1,38	1,10	0,42
Irland	1,08	1,36	1,20	0,65
Italien	1,80	1,28	1,01	0,35
Luxemburg	0,94	1,31	1,30	0,16
Niederlande	0,84	0,90	0,98	0,15
Österreich	1,32	1,16	0,99	0,26
Portugal	1,68	1,56	1,04	0,77
Schweden	0,99	0,84	0,71	0,19
Großbritannien	0,72	0,60	0,66	0,17
EU-15	1,43	1,18	0,99	0,38

Quelle: *EU*, Ninth Survey of State Aid in the European Union, Europäische Kommission, COM(2001) 403 final, Brüssel, 18. Juli 2001, S. 23.

Tabelle 11.2 Staatliche Beihilfen (Subventionen) in der EU-15 nach Sektoren, 1995-1997, 1997-1999 (Mrd. €)

	1995-1997	**1997-1999**
Gesamte Subvention in der EU *davon:*	102,0	90,0
Landwirtschaft	15,2	**14,0**
Fischerei	0,3	**0,3**
Industrie *davon:*	35,8	**27,6**
Stahl	-	0,1
Schiffbau	-	0,6
Kohlebergbau	8,2	7,6
KMU	-	3,2
Forschung und Entwicklung	-	3,9
Umwelt	-	0,7
Verkehr	35,4	**32,0**
davon: Eisenbahn	*33,7*	*31,5*
Andere Dienstleistungen *davon:*	5,0	**5,4**
Finanzdienstleistungen	-	3,4
Tourismus	-	0,4
Medien und Kultur	-	0,8
Beschäftigung	0,8	**0,9**
Ausbildung	1,7	**2,2**
Regionalhilfe	-	**16,1**

Quelle: *EU*, Ninth Survey of State Aid in the European Union, Europäische Kommission, COM(2001) 403 final, Brüssel, 18. Juli 2001, S. 21.

Tatsache ist, dass alle Industriestaaten mehr oder weniger ihre Wirtschaftssektoren - von der Industrie über die Dienstleistungen (Telekommunikation und Transportwesen) bis zur Landwirtschaft - durch Subventionen (Beihilfen) unterstützen. Eine statistische Zusammenstellung der staatlichen Beihilfen (Subventionen) der EU-Mitgliedstaaten seitens der Europäischen Kommission zeigt, dass seit 1995 die Subventionierung insgesamt abgenommen hat und im Jahr 2001 bei rund 1% des BIP im EU-Durchschnitt lag (siehe *Tabelle 11.1*). Die Aufteilung der staatlichen Beihilfen von EU-15 auf die einzelnen Sektoren zeigt, dass die Schwerpunkte der Subventionierung die Landwirtschaft, die Industrie, der Verkehr und die Regionalpolitik sind (siehe *Tabelle 11.2*)[2].

11.3.2 Strategische Handelspolitik

Anfang der achtziger Jahre gewann ein neues Argument für eine aktive Industriepolitik ("Industrial Targeting") große Aufmerksamkeit. Ursprünglich von den Ökonomen *Barbara Spencer* und *James Brander* (1981, 1983, 1985) von der University of British Columbia vorgebracht, lokalisiert dieses Argument das Marktversagen, das eine Intervention des Staates rechtfertigt im Mangel an vollständiger Konkurrenz. In einigen Industriezweigen gibt es nur einige wenige Firmen, die sich Konkurrenz machen (z.B. in der Flugzeugindustrie - Boeing und Airbus; Boeing wurde nach der Fusion mit McDonnell Douglas Ende 1996 zum weltweit größten Konzern für Zivil- und Militärflugzeuge).

Spencer und *Brander* stellten fest, dass es in diesem Fall im Prinzip für eine Regierung möglich ist, die Spielregeln zu ändern, um so diese Extragewinne (Renten) von einer Firma im Ausland zu einer Firma im eigenen Land zu verlagern oder umzulenken ("rent shifting"). Im einfachsten Fall kann eine Subvention an die heimische Firma genügen, dass die ausländische Firma davon abgehalten wird, ein vergleichbares Produkt zu erzeugen. Dadurch steigen die Gewinne der heimischen Firma um mehr als die aufgewendete Subvention. Als z.B. Airbus Mitte der neunziger Jahre ankündigte, ein neues Großraumflugzeug mit dem Projekttitel A3XX zu bauen, gab zunächst Boeing den Plan auf, ebenfalls einen

---

[2] Auskünfte über Subventionierung in den OECD-Ländern nach Sektoren findet man in *OECD* (1996b, S. 18) sowie über frühere Erfahrungen auf diesem Gebiet in *Ford-Suyker* (1990) und in *Bletschacher-Klodt* (1992).

Superjumbo zu entwickeln. Erst als Airbus am 19. Dezember 200 die entgültige Entscheidung traf, das Großraumflugzeug tatsächlich unter dem Namen A380 zu bauen, hatte sich auch Boeing entschlossen, nachzuziehen. Sie will nun das „Dreamliner" genannte Boeing 7E7 Großraumflugzeug bauen.

Jede Firma sieht sich einer Nachfragekurve gegenüber, die sich aus der Gesamtnachfrage für das Gut auf dem Drittmarkt (Weltmarkt) minus der fixen Produktion der anderen Firma zusammensetzt ($N = N_{tot} - Q_A$). Wenn die Produktion der ausländischen Firma sinkt, steigt jene der inländischen Firma. Damit verschiebt sich die Grenzertragskurve nach rechts und die Gewinne der Inlandsfirma steigen. Die Argumente von *Brander* und *Spencer* können mit zwei Diagrammen demonstriert werden (siehe *Corden* (1991)).

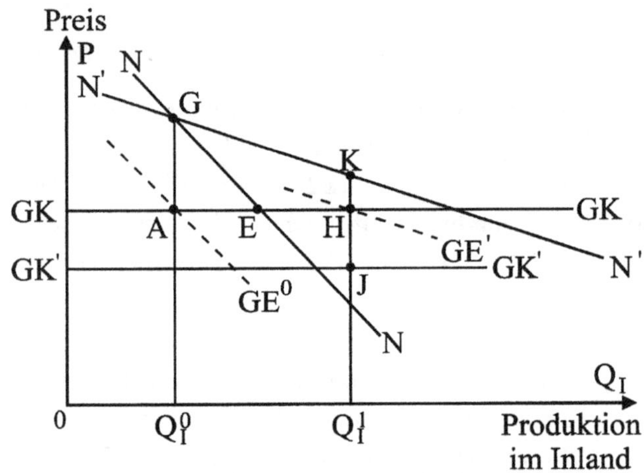

Abb. 11.1 Strategische Reaktion von Firmen im Brander-Spencer-Modell

Das Brander-Spencer Gewinn-Verlagerungs-Modell
(durch Subventionierung der Exporte)

Das Modell behandelt den Fall eines *internationalen Duopols* (ein Spezialfall eines Oligopols) mit folgenden *Annahmen*:

- *Zwei Firmen*: Eine im Inland (z.B. Airbus) und eine im Ausland (z.B. Boeing) konkurrieren auf einem Drittmarkt (Weltmarkt) mit einem Produkt (z.B. Flugzeug - Superjumbo), das jeweils nicht auf den heimischen Märkten verkauft wird.
- Die *Zahl der Firmen* ist *fix*, d.h., dass es als Reaktion auf höhere Gewinne keinen Neueintritt auf dem Markt gibt.
- Das Modell ist so konstruiert, dass für die *nationale Wohlfahrt* nur die *Gewinne* der zwei Firmen, abzüglich der Subventionen und Steuern, relevant sind.
- Das Ziel der *nationalen Industriepolitik* ist es, durch eine *Exportsubvention* die *Gewinne* von der ausländischen zur heimischen Firma zu *verschieben*, obwohl dies auch dazu führen könnte, dass dadurch das Einkommen der heimischen Steuerzahler zu den Besitzern der heimischen Firma fliessen könnte (Finanzierung der Subvention!).
- Der *Markt* (d.h. die Nachfragekurve) für die kombinierte Produktion beider Firmen ist *fix* und die *Konsumenten* verhalten sich wie bei *vollständiger Konkurrenz*.
- Je *größer* die *Produktion* (Output) einer Firma, um so *kleiner* ist der *Gewinn* der *anderen Firma* (und vice versa).
- Die beiden Firmen *"spielen Cournot"*. Das bedeutet, dass beide Firmen simultan ihre eigene Produktion bestimmen (wobei sie den Grenzertrag mit den Grenzkosten gleichsetzt). Annahme dabei ist, dass die Produktion der anderen Firma fix ist (*Eatman-Grossman* (1986) variieren das Modell, indem sie alternativ auch eine "Bertrand-Verhalten" annehmen). Die heimische Firma vermutet, dass sich die Produktion der ausländischen Firma nicht ändert, wenn sich jene der inländischen ändert. Man spricht dann davon, dass die "konjekturale Vermutung" ("conjectural variation") Null ist.

In *Abb. 11.1* (die die Verhaltensweise der inländischen Firma darstellt) wird angenommen, dass die Grenzkosten (GK) im einfachsten Fall konstant sind. Die anfängliche Nachfragekurve ist NN. Die Grenzertragskurve ist GE^0. Damit ist die Produktion der inländischen Firma im Ausgangspunkt Q_I^0. Eine Verringerung der Produktion im Ausland verschiebt die Nachfrage von NN nach $N'N'$ und die Grenzertragskurve nach rechts, wodurch sich das Produktionsgleichgewicht nach rechts verschiebt, wo sich die neue Grenzertragskurve GE' und die Grenzkostenkurve GK schneiden. D.h., dass die inländische Firma auf eine Änderung der Produktion der ausländischen Firma reagiert.

Auf diese Art kann man die Cournot-Reaktions-Kurven[3] der beiden Firmen ableiten (siehe *Abb. 11.2*). *AA* ist die Reaktionskurve des Auslandes (der ausländischen Firma). Sie zeigt, wie sich die Produktion des Auslandes (Q_A) ändert, wenn jene des Inlandes (Q_I) variiert. *II* ist die Reaktionskurve des Inlandes (der inländischen Firma). Sie zeigt, wie sich die Produktion des Inlandes (Q_I) ändert, wenn jene des Auslandes (Q_A) variiert. Ein *Nash*-Gleichgewicht[4] ist erreicht, wo sich beide Reaktionskurven schneiden, also im Punkt N. Die Kurve π_0 repräsentiert das Gewinnniveau (die Isogewinnkurve der inländischen Firma), das die inländische Firma im Nash-Gleichgewicht erreicht. Bei gegebener Produktion des Auslandes (Q_A^0) maximiert die inländische Firma ihren Gewinn bei einer Produktion Q_I^0. Die Produktionsniveaus beider Firmen (Q_I^0 und Q_A^0) können auch als Marktanteile beider Firmen am Weltmarkt interpretiert werden.

Nehmen wird nun an, dass die Reaktionskurve des Auslandes *AA* tatsächlich als gegeben angenommen werden kann, dass es aber das Ziel der inländischen Firma ist, ihren Gewinn zu maximieren. In diesem Fall sollte sie das Produktionsniveau Q_I^1 wählen (siehe *Abb. 11.2*). Dadurch würde man das *Stackelberg*-Gleichgewicht[5] im Punkt S erreichen. Hier erreicht man das höchste Gewinnniveau bei gegebener Reaktionskurve des Auslandes. Dieses Gewinnniveau wird auf der Isogewinnkurve π_1 erreicht. Man fragt sich unwillkürlich, warum die

---

[3] Wenn Firmen in einem Duopol simultan ihre Produktionsentscheidungen treffen spricht man von einem *Cournot*-Modell. Jede Firme muss die Reaktion des anderen abschätzen. Basierend auf Vermutungen über das Verhalten des jeweils anderen, wählt jede Firma für sich die gewinnmaximierende Produktion. Das Modell der simultanen Produktionswahl wird zu Ehren des französischen Mathematikers *Augustin Cournot* "Cournot-Modell" genannt. Er schrieb 1838 das Buch "Researches into the Mathematical Principles of the Theory of Wealth".

[4] *John Nash* hat zusammen mit *J.C. Harsany* (beide USA) und *Reinhard Selten* (Deutschland) den Nobelpreis für Wirtschaftswissenschaften im Jahr 1994 für die Anwendung der Spieltheorie in der Ökonomie erhalten.
Ein *Nash-Gleichgewicht* ist ein nichtkooperatives Gleichgewicht (Konzept der Spieltheorie) bzw. eine Verallgemeinerung des Cournot-Gleichgewichts. Ein Paar von Strategien wird als Nash-Gleichgewicht bezeichnet, wenn die Wahl des einen optimal ist, gegeben die Wahl des anderen und vice versa (siehe *Varian* (1993, S. 471)). Eine umfangreiche Biografie über John Nash schrieb *Sylvia Nasar* (1998), die Grundlage für den Spielfilm „A Beautiful Mind“ bildete.

[5] Von einem *Stackelberg-Gleichgewicht* spricht man, wenn es sich in einem Oligopol um eine Mengenführerschaft handelt. Hier ist eine Firma der Führer (sie macht den ersten Schritt) und die anderen folgen. *Heinrich von Stackelberg* war ein deutscher Ökonom, der 1934 das einflussreiche Buch "Marktform und Gleichgewicht" verfasste (siehe *Varian* (1993, S. 448 ff.)).

Firma S nicht erreicht. Warum erreicht man stattdessen das Nash-Gleichgewicht N? Die Antwort hängt mit der Spielsituation zusammen. Die inländische Firma besteht darauf, "Cournot zu spielen". Oder anders gesagt, die inländische Firma vermutet, dass die ausländische Firma ihr Produktionsniveau unverändert lässt, wenn sie ihre Produktion verändert. Mit anderen Worten, die konjekturale Variation ist Null, während sie tatsächlich von Null verschieden ist.

Der nächste wichtige Schritt im Argument von *Brander-Spencer* ist der Vorschlag, dass eine *Exportsubvention* an die inländische Firma die inländische Produktion an den optimalen Punkt S heranführt. In *Abb. 11.1* führt eine Subvention zu einer Verringerung der Kosten, d.h. die Grenzkosten sinken auf GK'. Dies steigert die Produktion im Inland selbst dann, wenn die Produktion im Ausland gleich bleibt. Tatsächlich sinkt die ausländische Produktion (die Nachfragekurve verschiebt sich nach rechts), so dass letztlich das Produktions-gleichgewicht im Punkt J erreicht ist. Dann erzielt man ein Produktionsniveau von Q_I^1. In *Abb. 11.2* verursacht die *Exportsubvention* - weil diese zur Kostenentlastung beiträgt - einen Anstieg der Gewinne. Selbst wenn die inländische Firma nach wie vor Cournot spielt, kommt es zu einer Verschiebung der Reaktionskurve des Inlandes nach rechts (von II nach $I'I'$) und das Gleichgewicht wird im optimalen Punkt S erreicht.

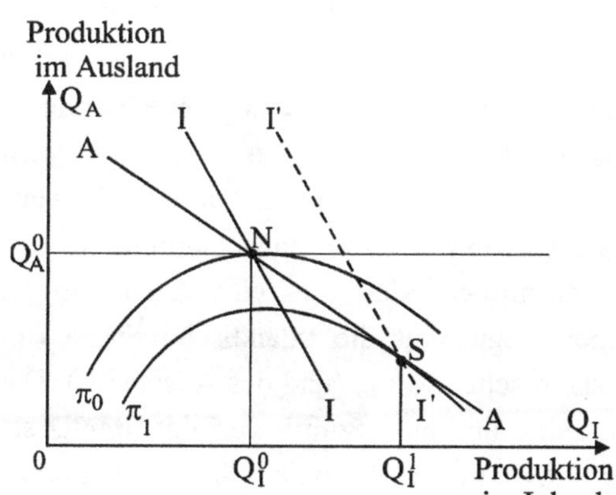

Abb. 11.2: Strategische Reaktion von Firmen bei Cournot-Verhalten

Die Isogewinnkurven sind mit π bezeichnet. Im Schnittpunkt der Reaktionskurven von Inland II und Ausland AA gibt es ein nichtkooperatives *Nash*-Gleichgewicht (N). Durch eine Exportsubvention verschiebt sich die Reaktionskurve des Inlandes ($I'I'$) in Richtung des *Stackelberg*-Gleichgewichts (S). Damit erreicht die Firma des Inlandes ein höheres Produktionsniveau und damit einen größeren Gewinn (Schnittpunkt mit einer Isogewinnkurve, die näher beim Ursprung liegt).

11.3.2.1 Hauptergebnisse der Modelle der strategischen Handelspolitik

1. *Brander-Spencer-Argument - Proposition 1 (Cournot-Verhalten)*[6]: Wenn die oligopolistische Konkurrenz ihre einfachste Form annimmt (d.h. eine einzige Firma konkurriert mit einer im Ausland auf dem Weltmarkt) und wenn beide "Cournot spielen" (d.h. jede Firma nimmt an, dass die andere ihre Produktion konstant hält, wenn sie ihre Produktion ändert - konjekturale Variation ist Null) ist die optimale Politik eine Exportsubvention. Eine Exportsubvention steigert die Wohlfahrt des Inlandes (weil die Gewinne der inländischen Firma steigen). Im Cournot-Gleichgewicht werden die Gewinne vom Ausland ins Inland transferiert ("rent shifting"). In *Abb. 11.2* ist das Cournot- (Nash-) Gleichgewicht im Punkt N, in dem die inländische Firma einen Gewinn π_0 erzielt. Entlang der Reaktionskurve des Auslandes AA wäre allerdings noch ein höherer Gewinn (und damit Wohlfahrt) zu erzielen. Der maximale Gewinn ist mit π_1 erreicht, in dem die inländische Firma als *Stackelberg*-Führer agierte (im Punkt S). Selbst wenn die inländische Firma nicht wie ein Stackelberg-Führer agieren kann (weil es sich auf ein Cournot-Spiel - d.h. auf eine simultane Festlegung der Produktion - festgelegt hat), könnte das Inland das Gewinnniveau π_1 in einem Nash-Gleichgewicht erreichen. Dies ist dann möglich, wenn die heimische Regierung eine Handelspolitik betreibt, die dazu führt, dass die Reaktionskurve des Inlandes so nach rechts verschoben wird, dass sie im Punkt S die Reaktionskurve des Auslandes schneidet. Dies ist die optimale Gewinn-Transfer-Handelspolitik. Unter den Verhaltensannahmen von Cournot erfordert dies eine *Exportsubvention.* Die optimale Exportsubvention begünstigt die inländische Firma (und das Inland) auf Kosten der ausländischen Firma (und des Auslandes). Das Gleichgewicht, in dem ein Land seine optimale Politik verfolgt, impliziert kleinere Gewinne (abzüglich der Subventionen) für beide Firmen zusammen genommen als im Laissez-faire-Gleichgewicht. Die Konsumenten profitieren von niedrigeren Preisen, wenn subventioniert wird und der Netto-Effekt der Weltwohlfahrt ist positiv, da die Politik dazu führt, dass sich die Preise in Richtung der niedrigeren Preise des allgemeinen Konkurrenzgleichgewichts bewegen.

---

[6] Siehe *Eaton-Grossman* (1986, S. 390).

2. *Eaton-Grossmann -Argument - Proposition 2 (Bertrand-Verhalten)*[7]: In einem *Bertrand*-Gleichgewicht vermutet jede Firma, dass bei einer eigenen Preisänderung, der Rivale die Preise konstant hält. Die optimalen Handelspolitik bei einem Oligopol-Verhalten à la *Bertrand*[8] (d.h. wenn beide Firmen simultan ihre Preise setzen) hat daher das umgekehrte Vorzeichen zum Cournot-Fall. D.h., dass eine *Exportsteuer* erforderlich ist!

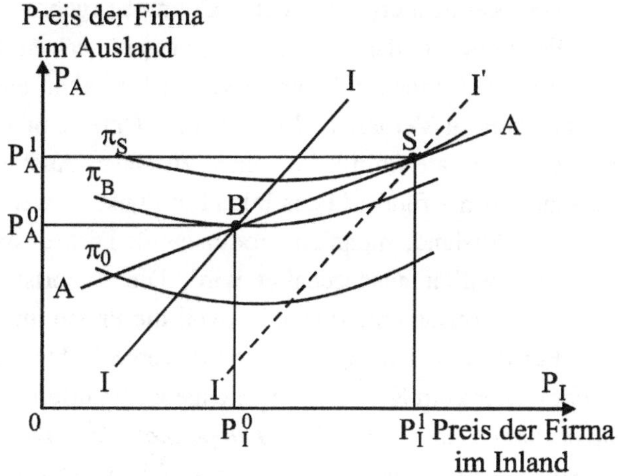

Abb. 11.3 Strategische Reaktion von Firmen bei Bertrand-Verhalten

Abb. 11.3 illustriert den Sachverhalt. Die repräsentativen Isogewinnkurven der inländischen Firma (in einem Preis-Diagramm beider Länder) sind mit π_0, π_B, π_S angegeben. Je weiter weg diese Kurven vom Ursprung sind, um so höher ist der Gewinn. Die Bertrand-Reaktionskurven sind mit *II* für das Inland und mit *AA* für das Ausland bezeichnet. Beide Kurven sind positiv geneigt. Im Punkt *B* ist das *Bertrand*-Gleichgewicht erreicht, wenn es keine Handelspolitik gibt. Hier erzielt die inländische Firma einen Gewinn von π_B. Angenommen, dass sich das Verhalten der ausländischen Firma nicht ändert (d.h. die *AA*-Reaktionskurven bleiben unverändert), könnte im Punkt *S* (Stackelberg-Gleichgewicht) ein höherer Gewinn erzielt werden. Hier würde die inländische Firma einen höheren Preis verlangen. So lange die heimische

---

7 Siehe *Eaton-Grossman* (1986, S. 392).

8 *Joseph Bertrand* war ebenfalls ein französischer Mathematiker, der sein Modell als Reaktion auf die Arbeiten von *Cournot* aufstellte.

Firma jedoch nicht als Stackelberg-Führer zuerst ihren Preis setzen kann, ist der Punkt S im laissez faire (keine Politik) nicht erreichbar. Eine geeignete Produktion oder eine Exportsteuer verschiebt die Reaktionskurve des Inlandes nach rechts ($I'I'$). Das Bertrand-Gleichgewicht (Punkt B) involviert bei positiv geneigten Reaktionskurven des Auslandes niedrigere inländische Preise und daher eine höhere Inlandsproduktion als im Stackelberg-Führer Punkt S. Dies kontrastiert mit dem Cournot-Ergebnis, bei dem im Stackelberg-Gleichgewicht das Produktionsniveau höher war als im Cournot-Nash-Gleichgewicht. Daher impliziert Bertrand-Verhalten auch eine andere Politik als bei Cournot-Verhalten. Ein weiterer Unterschied zum Cournot-Fall ist, dass die optimale Politik im Inland zu einem Anstieg der Gewinne der ausländischen Firma führt (da das Inland in Punkt S weniger produziert, erlaubt dies dem Ausland, mehr zu produzieren). Dies deswegen, weil sie oligopolistische Rivalität ausgeschaltet wird. Die Exportsteuer beeinflusst natürlich auch die Konsumenten negativ (weil die Preise im Punkt S höher sind als im Punkt B). Die Weltwohlfahrt verschlechtert sich, weil das Gleichgewicht weiter vom Konkurrenzgleichgewicht entfernt ist.

3. *Verallgemeinerungen des einfachen Duopolmodells*[9]: Es gibt zahlreiche Möglichkeiten, die grundlegenden Ergebnisse für zwei oligopolistische Firmen zu verallgemeinern (siehe *Brander-Spencer* (1985); *Siebert* (1988)):
   - Die Berücksichtigung von *Retorsionsmaßnahmen*: Wenn beide Regierungen ihre Exporte subventionieren, erreichen beide Firmen ein nichtkooperatives Nash-Gleichgewicht mit niedrigeren Gewinnen. Wenn sich beide Regierungen kooperativ verhalten (d.h. ihre Subventionen zurücknehmen), erreichen beide Länder ein höheres Gewinnniveau. Wenn sich die Regierungen beider Länder kooperativ verhalten, können sie die Monopol- und Kartelllösung auch durch eine Exportsteuer erreichen. Der dadurch gestiegene Gewinn wird dann auf beide Länder aufgeteilt[10].
   - Der Fall von *Mehrfirmen-Oligopolen*: Die Ergebnisse hängen hier von der Anzahl der inländischen Firmen ab.

---

9 Siehe *Eaton-Grossman* (1986, S. 394 ff.).

10 Im Falle von Dumping-Verhalten des Auslandes, d.h. wenn es sich sehr aggressiv verhält und mittels Preisdumping versucht, Marktanteile zu erobern, kann das Inland durch Subventionierung seiner Firmen auch nur weniger Gewinne ins Inland transferieren. D.h., dass die Effekte einer strategischen Handelspolitik des Inlandes schwächer werden (siehe *Dixit* (1987, 1988); *Siebert* (1988, S. 571)).

- *Endogener Ein- und Austritt*: Die bisherige Analyse hat eine exogen fixierte Anzahl von Firmen angenommen. Die Regierungspolitik kann die Zahl der Firmen durch Ein- und Austrittsanreize variieren.

11.3.2.2 Die Brander-Spencer-Analyse als Gefangenendilemma-Spiel

Die *Brander-Spencer*-Analyse kann an einem einfachen Beispiel mit nur zwei Firmen in jeweils zwei Ländern auch als Gefangenendilemma-Spiel illustriert werden[11]. Nennen wird die Firmen Boeing und Airbus und die Länder USA und EU. Angenommen, beide Firmen versuchen, ein neues Flugzeug zu bauen (z.B. wie derzeit geplant einen Superjumbo[12]). Angenommen, beide Länder können nur eine Ja/Nein-Entscheidung fällen - entweder sie produzieren das Flugzeug oder sie produzieren es nicht.

---

[11] Für das folgende, siehe *Krugman-Obstfeld* (2003, S. 278-282).

[12] Airbus hat Mitte der neunziger Jahre ankündigte, ein neues Großraumflugzeug mit dem Projekttitel A3XX zu bauen. Am 19. Dezember 200 fiel die endgültige Entscheidung, das Großraumflugzeug unter dem Namen A380 für 555 Passagiere zu bauen. Laut Plan soll das Flugzeug im Jahr 2006 fertiggestellt sein. Mitte 2003 hatte Airbus für den A380 bereits 100 Bestellungen. Nähere Einzelheiten kann man auf der Homepage von Airbus Industries finden: http://www.airbus.com. Airbus wurde 1970 mit Sitz in Toulouse, Frankreich gegründet.. Es gehört zu 80% EADS und zu 20% BAE Systems. 4 EU-Staaten sind an der Produktion beteiligt: Deutschland, Frankreich, Großbritannien und Spanien. Airbus beschäftigt rund 46.000 Menschen. Boeing wollte zunächst auf die Herausforderung von Airbus nicht reagieren, entschloss sich aber doch, eine Großraumflugzeug unter dem Namen „Dreamliner" (Boeing 7E7) zu bauen. Diese Maschine ist aber nur für 250 Passagiere angelegt. Ihr Vorteil liegt in der Schnelligkeit. Daneben bietet Boeing als Konkurrenz zum A380 eine neue Boeing 747-800X mit mehr als 400 Sitzen an. Die Firma Boeing hat ihren Sitz in Seattle im Bundesstaat Washington, USA. Obwohl Boeing als erste Firma am Markt war, Airbus erst 1970 startete, hat Airbus im Jahr 2003 bereits einen Weltmarktanteil von 60% erzielt (siehe *Die Presse*, 21.6.2003, S. 27). Naheres über Boeing findet man auf deren Homepage: http://www.boeing.com. Boeing beschäftigt 160,000 Menschen in mehr als 70 Ländern und 38 Bundesstaaten der USA. Hauptsitz ist aber Seattle. Boeing hat sich im Jahr 1997 mit McDonnell Douglas fusioniert und ist damit nicht nur ein Hersteller ziviler Passagierflugzeuge, sondern auch einer der führenden Militärflugzeugproduzenten der USA.

Gefangenendilemma

Das Gefangenendilemma (GD) wurde 1950 von *Merrill Flood* und *Melvin Dresher* erfunden und kurz darauf von *A.W. Tucker* formalisiert. Der Name stammt von der strategischen Situation zweier gefangener Verbrecherkomplizen beim getrennten Verhör. Der Hintergrund ist die Kronzeugenregelung der USA, bei der ein Gefangener, wenn er den Komplizen verrät ("singt"), Straferleichterung erhält. Auf der anderen Seite können die Komplizen nicht aller begangener Verbrechen überführt werden, wenn sie nichts sagen ("dichthalten"). Das Dilemma der Entscheidung der Gefangenen kann mit einer Auszahlungsmatrix illustriert werden, wobei die Eintragungen die Nutzenwerte der Spieler angeben. Beide Spieler können entweder miteinander kooperieren ("dichthalten" bzw. leugnen, am Verbrechen teilgenommen zu haben) oder nicht kooperieren ("singen" bzw. die Beteiligung am Verbrechen zugeben). Wenn nur ein Spieler "singt" (d.h. die Beteiligung zugibt und den anderen beschuldigt), wird er Kronzeuge (= Nicht-Kooperation oder Defektion) und geht frei (0). Der andere muss dann die gesamte Strafe absitzen (6 Monate = -6 in der Auszahlungsmatrix). Wenn beide leugnen, am Verbrechen beteiligt zu sein (beide halten "dicht" bzw. kooperieren), wird keiner Kronzeuge und beide müssen für 1 Monat ins Gefängnis (-1). Wenn beide Gefangenen die Beteiligung am Verbrechen zugeben (d.h. nicht kooperieren bzw. "singen"), werden beide für 3 Monate eingesperrt (-3)

		Spieler A	
		Kooperation (K) ***"Dichthalten"/"Leugnen"***	***Nicht-Kooperation (NK)*** ***"Singen"/"Zugeben"***
Spieler B	***K***	(-1,-1)	(-6,0)
	NK	(0,-6)	(-3,-3)

Dilemma: Wenn Spieler A entscheidet zu leugnen, am Verbrechen beteiligt gewesen zu sein, dann ist Spieler B besser dran, zu gestehen, da er dann frei geht. Wenn Spieler A "singt", d.h. das Verbrechen zugibt, ist es für B auch besser, das Verbrechen zuzugeben, da er dann anstatt 6 Monaten, nur 3 Monate ins Gefängnis muss. Was auch immer Spieler A tut, für Spieler B ist es immer besser, zu gestehen. Dasselbe gilt in umgekehrter Reihenfolge (vice versa) für Spieler A, wenn Spieler B zu entscheiden hat.

Somit ist die Lösung (-3,-3) ein nichtkooperatives Nash-Gleichgewicht für dieses Spiel, wenn beide Spieler "singen" (zugeben). Dies ist nicht nur ein Nash-Gleichgewicht, sondern ein dominantes Strategie-Gleichgewicht, da jeder Spieler dieselbe optimale Wahl hat, unabhängig vom anderen Spieler.

Aber wenn beide Spieler "dichthalten" würden, wären sie noch besser dran. Diese kooperative Strategie würde die geringste Strafe (-1,-1) und damit den größten gemeinsamen Nutzen liefern. Diese Strategie (leugnen, leugnen) wäre Pareto-effizient, während die Strategie (zugeben, zugeben) Pareto-ineffizient ist. Die Pareto-effiziente Lösung wäre gleichzeitig eine kooperative Lösung. Aber - und das ist das Dilemma - es gibt keine Möglichkeit für beide Gefangenen (weil sie getrennt befragt werden), ihre Aktionen abzusprechen! (siehe *Varian* (1993, S. 473 ff.)).

Das Gefangenen-Dilemma hat einen weiten Anwendungsbereich (siehe *Axelrod* (1988), *Schüssler* (1990)) - vom Abrüstungs-Problem (z.B. SALT II-Vertrag) bis zu ökonomischen Problemen (strategische Handelspolitik: Airbus-Boeing-Spiel). In einem Computerspiel - ausgeschrieben von *Axelrod* (1988) - wurde die Frage gestellt, welches die beste Strategie im iterierten (wiederholten) Gefangendilemma sei, d.h., wenn das Spiel nicht nur einmal, sondern 100 Mal gespielt wird. *Anatol Rapaport* siegte mit der *"Tit-for-Tat-Strategie"* (wie du mir, so ich dir). Im ersten Zug wird kooperiert. Dann wird immer jener Zug gewählt, den gerade der Gegner zuvor gewählt hat[13].

Tabelle 11.3 Zwei Firmen konkurrieren wie im Brander-Spencer-Modell

Boeing \ Airbus	*produziert*	*produziert nicht*
produziert	Airbus: -5; Boeing: -5	Airbus: 0; Boeing: 100
produziert nicht	Airbus: 100; Boeing: 0	Airbus: 0; Boeing: 0

Tabelle 11.3 illustriert (in Form einer Auszahlungsmatrix) wie die Gewinne, die beide Firmen erzielen können, von der Entscheidung abhängen, ob sie produzieren oder nicht. Jede Zeile entspricht einer Entscheidung von Boeing, jede Spalte einer von Airbus. In jeder Zelle gibt es zwei Einträge: die untere Hälfte gehört zu Boeing, die obere Hälfte zu Airbus. Die Tabelle reflektiert die folgenden Annahmen: a) Jede Firma allein könnte (fiktiv) Gewinne machen (jeweils 100), wenn sie alleine den Superjumbo herstellte. Wenn aber beide Firmen einen gleichen Flugzeugtyp bauen, machen beide Verluste (jeweils -5). b) Welche Firma macht nun tatsächlich den Gewinn? Dies hängt davon ab, wer als erster beginnt. Angenommen, Boeing hat (weil es mehr Erfahrung im Flugzeugbau hat als Airbus) mit dem Superjumbo einen Startvorteil. Dann hätte Airbus keinen Anreiz, das Flugzeug auch zu bauen. Das Ergebnis steht in der Zelle rechts oben (Boeing gewinnt 100, Airbus hat 0).

Aufgrund der *Brander-Spencer-Geschichte* kann die EU-Kommission die Situation umkehren. Angenommen die Kommission selbst zahlt (oder genehmigt Zahlungen der am Airbus-Konsortium beteiligten Länder) eine *Subvention* von 25, damit Airbus mit der Produktion beginnt. Dadurch verändert sich die Auszahlungsmatrix (siehe *Tabelle 11.4*). Für Airbus wird es nun rentabel, den Superjumbo zu produzieren, gleichgültig, was Boeing entscheidet.

---

[13] Weiterentwicklungen des iterierten Gefangenendilemma-Spiels mit anderen Lösungen und Anwendungen findet man in *Delahaye-Mathieu* (1998). Von der Homepage von Philippe Mathieu kann man diverse Programme für das Gefangenendilemma-Spiel herunterladen: http://www.lifl.fr/IPD/

Tabelle 11.4 Effekte einer Subvention von 25 an Airbus

Boeing \ Airbus	*produziert*	*produziert nicht*
Produziert	-5 \ 20	100 \ 0
Produziert nicht	0 \ 125	0 \ 0

Welche Implikationen ergeben sich durch die Subventionierung von Airbus?

- Boeing weiß, dass - was immer sie entscheidet - sie mit Airbus im Konkurrenzkampf stehen und Verluste machen wird, wenn es produzieren will. In diesem Fall wird nun Boeing am Markteintritt gehindert. Tatsächlich hat die Subvention der EU-Kommission den Startvorteil der bereits am Markt etablierten Firma (annahmegemäß die Firma Boeing) beseitigt.
- Als Ergebnis verändert sich das Gleichgewicht von der oberen rechten Zelle (*Tabelle 11.3*) zu jener unten links (*Tabelle 11.4*). Airbus macht nun Gewinne von 125 anstelle von 0. Diese Gewinne ergeben sich aufgrund einer geringfügigen Subvention von nur 25 ("Rent-shifting-Effekt" einer Subvention!). Aus diesem Grund wird das Argument für eine aktive Industriepolitik als "strategische Handelspolitik" bezeichnet.

11.3.2.2.1 Probleme mit der Brander-Spencer-Analyse

Dieses hypothetische Beispiel scheint zu dokumentieren, dass das Ergebnis der strategischen Handelspolitik ein starkes Argument für Staatsintervention ist. Eine Subvention durch die EU-Kommission lässt die Gewinne von Airbus auf Kosten seines ausländischen Konkurrenten stark ansteigen. Lassen wir einmal die Interessen der Konsumenten (die Käufer von Flugzeugen) beiseite, so scheint diese Politik klar die Wohlfahrt in der EU zu steigern und im Gegenzug jene in den USA zu senken. Müsste also nicht die amerikanische Regierung genau so agieren?

Die strategische Handelspolitik, so elegant sie theoretisch sein mag, wurde auch aus den verschiedensten Gründen stark kritisiert:

1. Selbst wenn man isoliert eine Industrie betrachtet, mag es schwierig sein, die "wahre" *Auszahlungsmatrix* (*Tabelle 11.3*) zu bekommen. Wenn die Regierung darüber nicht klare Informationen hat, könnte eine Subventionierung eine teure Fehlentscheidung werden. Um dies zu sehen, erstellen wir eine leicht geänderte Auszahlungsmatrix (siehe *Tabelle 11.5*). Jetzt wird unter-

stellt, dass Boeing einen grundlegenden Vorteil hat - z.B. wegen besserer Technologie - , so dass selbst dann, wenn Airbus auf den Markt tritt, es für Boeing immer noch gewinnbringend ist, zu produzieren. Airbus kann hingegen nicht gewinnbringend produzieren, wenn dies Boeing tut.

Tabelle 11.5 Konkurrenz zweier Firmen - ein alternativer Fall

Boeing \ **Airbus**	***produziert***	***produziert nicht***
Produziert	-20 / 5	0 / 125
Produziert nicht	100 / 0	0 / 0

Ohne Subvention hat dieses Gefangenen-Dilemma-Spiel ein Gleichgewicht in der Zelle rechts oben. Boeing produziert, Airbus tut es nicht. Die EU-Kommission soll nun - wie zuvor - Airbus mit 25 subventionieren. Dies ist ausreichend, damit Airbus produziert. Die neue Auszahlungsmatrix steht in *Tabelle 11.6.*

Tabelle 11.6 Effekte einer Subvention von 25 an Airbus - die Alternative

Boeing \ **Airbus**	***produziert***	***produziert nicht***
Produziert	5 / 5	0 / 125
Produziert nicht	125 / 0	0 / 0

Das Ergebnis ist, dass beide Firmen produzieren: das Ergebnis ist die Zelle links oben. In diesem Fall macht Airbus, das eine Subvention von 25 erhielt, Gewinne von 5. Hier haben wird das Ergebnis von *Tabelle 11.4* umgekehrt, als eine Subvention die Gewinne um mehr als den Betrag der Subvention steigerte. In diesem Fall (*Tabelle 11.6*) hat die Subvention den Eintritt von Boeing nicht verhindern können[14].

2. *Retorsionsmaßnahmen:* Auch wenn die vorgeschlagene Strategie die oben genannten Informationsprobleme lösen kann, muss es aber immer damit

---

[14] Dieses Ergebnis entspricht in etwa der tatsächlichen Situation, in der Airbus das Großraumflugzeug A380 baut und Boeing den superschnellen Flieger 7E7.

rechnen, dass das Ausland mit Retorsionsmaßnahmen antwortet. Strategische Handelspolitiken sind "Beggar-thy-neighbour-Politiken", die die Wohlfahrt eines Landes auf Kosten eines anderen steigern. Solche Handelspolitiken riskieren daher einen Handelskrieg, der jedes Land schlechter stellen würde. Nicht zuletzt deshalb hat das GATT/WTO im Rahmen ihres multilateralen Liberalisierungsprogramms eine kooperative Strategie eingeschlagen.

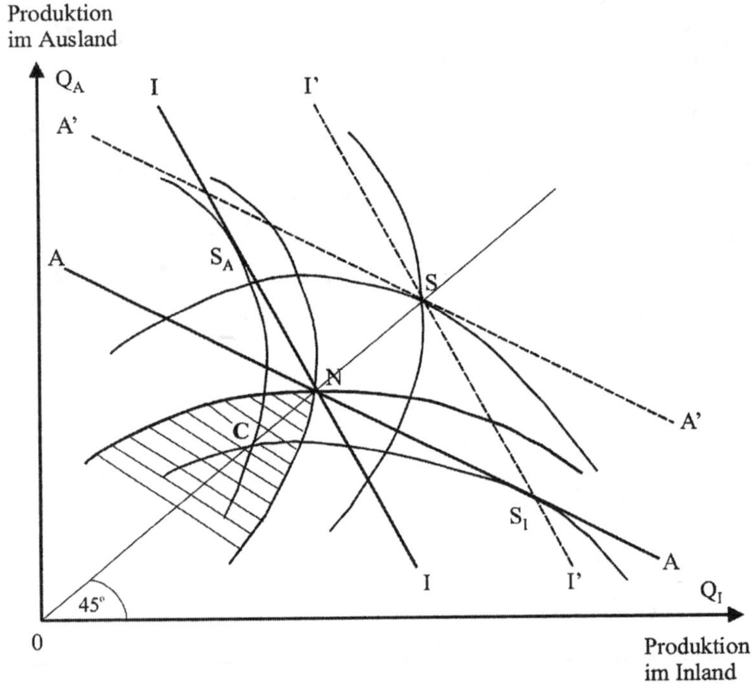

Abb. 11.4 Interaktion der Regierungen im Grundmodell der strategischen Handelspolitik (Kollektives Dilemma, wenn beide Regierungen subventionieren)

Die *Brander-Spencer*-Lösung (Cournot-Spiel) führte dazu, dass das Inland vom Produktionspunkt N zum Punkt S_I übergeht. Diese Gewinnverbesserung wird dadurch erzielt, dass die inländische Regierung eine Exportsubvention gewährt. Wenn statt dessen die ausländische Regierung der Firma im Ausland eine Exportsubvention gewährt, erzielt sie den Produktionspunkt S_A, der einen höheren Gewinn bringt als im Punkt N. Greifen beide Regierungen gleichzeitig ein, so verlangt ein Nash-Gleichgewicht, dass sich beide simultan in einem Tangentialpunkt ihrer nationalen Isogewinnkurven mit der Reaktionskurve des jeweils ausländischen Produzenten befinden. Dies führt auf den Punkt S. Für die Gewinn- bzw. Wohlfahrtsniveaus der beiden Länder gilt:

für das Ausland: $\pi_A(S_A) > \pi_A(N) > \pi_A(S) > \pi_A(S_I)$.

Damit liegt eine klassische Gefangenendilemmasituation vor (siehe *Welzel* (1998)). Es besteht ein Konflikt zwischen nationaler und internationaler Rationalität. Ein gemeinsamer Verzicht auf strategische Handelspolitik (Exportsubventionen) würde sie von S (mit der pareto-inferioren Lösung) zumindest zum Nash-Gleichgewichtspunkt N zurückbringen, wodurch sie ihre Gewinne verbessern könnten. Würden sich beide Länder kooperativ verhalten, könnten sie die Monopol- und Kartelllösung auch durch eine Exportsteuer erreichen. Dies wäre die Region innerhalb der schraffierten Fläche in obiger Abbildung. Im Punkt C könnte der Gewinn auf beide Länder aufgeteilt werden.

11.3.2.2.2 Simulationsergebnisse

Das Airbus-Boeing-Spiel haben mehrere Autoren auch zu quantifizieren versucht. *Klepper* (1990, 1994) modelliert ein Cournot-Nash-Spiel über die Kapazitäten zwischen Airbus (Mittelstreckenflugzeuge: A300) und Boeing (Langstreckenflugzeuge: Jumbo 747). Es handelt sich um Simulationen mit einem kalibrierten partialanalytischen Modell. Wenn die Alternative ein Boeing-Monopol am Weltmarkt wäre, würde der Markteintritt von Airbus ein Erfolg für die Konsumenten sein (höhere Wohlfahrt). Aber die Weltwohlfahrt insgesamt sinkt (siehe *Tabelle 11.7*). Einem Anstieg der Konsumentenrente von 36,7 Mrd.US-\$ steht ein Verlust an Produzentenrente von 110,4 Mrd.US-\$ gegenüber, wovon der größte Teil dem Monopolgewinn von Boeing entspricht. Europa und der Rest der Welt würde insgesamt an Wohlfahrt gewinnen, während in Nordamerika (d.h. in den USA) die Konsumenten gewinnen und die Produzenten verlieren würden.

Neven-Seabright (1995) stellen ähnliche Modellrechnungen für ein mehrstufiges Spiel zwischen Airbus, Boeing und McDonnell Douglas für große Zivilflugzeuge (A330/340, Jumbo 777 und MD11) an. Wenn Airbus in den Markt eintritt, würden die Preise für Flugzeuge nur um 3,5% sinken. Die Präsenz von Airbus am Markt beschränkt die Aktionen von Boeing und schwächt die Anreize für McDonnell Douglas, mit Boeing in Konkurrenz zu treten. Weil die Marktanteile von Boeing sinken, vermindern sich auch die Möglichkeiten der Ausnützung von Skalenerträgen bei Boeing, wodurch die Kosten steigen. Die Autoren finden, dass der Eintritt von Airbus keinen großen Einfluss auf die Preise für Flugzeuge hat. Die Effekte auf die Wohlfahrt sind ähnlich jenen von *Klepper* (1994). Der Fall des Boeing-McDonnell-Douglas-Duopols ist seit der Fusionierung im Jahre

1997 nur noch von hypothetischem bzw. historischem Interesse[15]. Im oberen Teil von *Tabelle 11.7* kann man daher den Fall „Eintritt von Airbus Industries im Vergleich zu einem Boeing-Monopol" auch als ein Vergleich mit einem „Boeing-McDonnell-Monopol" interpretieren.

Tabelle 11.7 Wohlfahrtseffekte aufgrund des Eintritts von Airbus Industrie in den Markt für zivile Großflugzeuge (Mrd. US-$)

	Veränderung der Produzentenrente	Veränderung der Konsumentenrente	Gesamtwohlfahrt
	im Vergleich zu einem Boeing-Monopol		
Europa			
ohne Berücksichtigung der Subventionen	-2,8	10,5	7,7
mit Berücksichtigung der Subventionen	17,2	-9,5	7,7
Nordamerika	-107,6	12,6	-95,0
übrige Länder	0,0	13,6	13,6
Welt insgesamt	-110,4	36,7	-73,7
	im Vergleich zum Boeing-McDonnell-Douglas-Duopol		
Europa			
ohne Berücksichtigung der Subventionen	-2,8	-0,9	-3,7
mit Berücksichtigung der Subventionen	17,2	-20,9	-3,7
Nordamerika	12,0	-1,4	10,6
übrige Länder	0,0	-1,0	-1,0
Welt insgesamt	9,2	-3,3	5,9

Quelle: *Klepper* (1990; 1994, S. 116).

Nach rund einem Jahrzehnt „strategische Handelspolitik" ist die Bilanz zwiespältig. Zum einen gibt es eine elegante Theorie, zum anderen mangelt es an „robusten" empirischen (ökonometrischen) Beweisen. Die meisten empirischen Studien nähern sich dem Problem mit kalibrierten Modellen (wie auch die beiden oben genannten Studien von *Klepper* und *Neven-Seabright* für den Airbus-Boeing-Fall). Im Sammelband von *Krugman-Smith* (1994) sind derartige Modelle für die Sektoren Automobilbau, Flugzeugbau, Hableiterproduktion vorgestellt. Kalibrierten Modelle verzichten auf die ökonometrische Schätzung der notwendi-

[15] Die Europäische Kommission hat im Rahmen ihrer Fusionskontrolle den Fall Boeing/ McDonnel Douglas auf die Vereinbarkeit dieses Zusammenschlusses mit dem Gemeinsamen

gen Verhaltensparameter. Stattdessen wird aus vorhandenem Wissen, z.B. aus statistischem Material, anderen ökonometrischen Untersuchungen, möglichst viele der Modellparameter mit numerischen Werten ausgestattet. Dann wird versucht, mit dem Modell eine Gleichgewichtslösung für ein Basisjahr zu erzielen (dies entspricht der Vorgangsweise wie bei rechenbaren allgemeinen Gleichgewichtsmodellen - computable general equilibrium models - CGE-Modellen).

Zum einen ist es relativ schwierig, die notwendige Interaktion zweier Spieler in einem Duopol-Fall ökonometrisch in den Griff zu bekommen. Hier sind alle möglichen Lösungen vorstellbar. In kalibrierten Modellen wird einfach eine Annahme bezüglich der Reaktion des Gegners gemacht. Für die Annahme von „konjekturalen Vermutungen" über das Verhalten (mögliche Reaktionen) des Gegeners gibt es zwar eine gewisse theoretische Begründung durch *Dockner* (1992), doch ist in einem Oligopolfall das ganze Spektrum vom Monopol- bis zur vollständigen Wettbewerbslösung denkbar.
Zum anderen sind die Politikempfehlungen der „strategischen Handelspolitik" nicht sehr „robust". Beim *Cournot*-Spiel werden Exportsubventionen empfohlen, beim *Bertrand*-Spiel sind es Exportsteuern! Weiters muss man berücksichtigen, dass eine „strategische Handelspolitik" nur dann optimale Ergebnisse bringt, wenn man nur die Aktion eines Landes (einer Regierung) betrachtet. Wenn beide Länder (Regierungen) dieses Spiel spielen, kommt es zu suboptimalen Lösungen (siehe *Abbildung 11.4*). Vielfach wurde von Politikern das Argument dieser Theorie missverstanden, indem sie glaubten dass alle Industriezweige (export)subventioniert werden sollten, um nationale Konkurrenzvorteile zu lukrieren. Das Argument der „strategischen Handelspolitik" gilt- wenn überhaupt - nur für ganz wenige Fälle von Branchen, in denen es ein Weltduopol gibt. *Krugman* (1993) stufte das Argument der „strategischen Handelspolitik" zwar als glänzend ein, sieht in ihm aber auf Grund seiner Nichtrobustheit eine geringe Bedeutung für die Realität. Freihandel tauge daher auch weiterhin als „rule of thumb". *Welzel* (1998) wendet sich gegen diese Sicht. Er glaubt, dass die Literatur zur „strategischen Handelspolitik" wesentliche Erkenntnisse für die Handelspolitik gebracht hat.

Letztlich muss man natürlich generell festhalten, dass bei der „strategischen Handelspolitik" die WTO-Konformität von Exportsubventionen in Frage steht. Im Rahmen der Regeln von GATT/WTO sind Exportsubventionen nicht mehr erlaubt (siehe *Kapitel 10*).

Markt der EU und dem ERW-Abkommen hin untersucht und versehen mit Auflagen, genehmigt (siehe ABl. Nr. L 336/16 vom 8.12.1997).

12 *Europäische Integration*

12.1 Einleitung

Beschleunigte Integration charakterisiert die wirtschaftliche Entwicklung seit dem Zweiten Weltkrieg, weltweit und in Europa. In Europa wird Integration primär mit der Europäischen Gemeinschaft (EG) und der European Free Trade Association (EFTA) identifiziert. Die EG hatte einen direkten und tiefgreifenden Einfluss auf die Volkswirtschaften ihrer Mitgliedstaaten und auch auf Drittstaaten innerhalb und außerhalb Europas.

Die europäische Integration[1] ist Vorreiter des sich in jüngster Zeit beschleunigenden Trends der Regionalisierung des Welthandels. Während die Freihandelsabkommen in Übersee (NAFTA, APEC usw.) meist nicht mehr als Freihandelszonen sind, schreitet die Integration innerhalb der EG von der Zollunion (in den sechziger Jahren) über den Binnenmarkt (seit 1993) zur Wirtschafts- und Währungsunion (seit 1999) voran. Als Endziel der europäischen Integration steht eine mögliche Politische Union der Europäischen Union (EU). Ob sich die Vision *Winston Churchills* von den "Vereinigten Staaten Europas", vorgetragen in seiner Zürcher Rede vom 19. September 1946, jemals verwirklichen wird, steht in den Sternen. Jedenfalls wächst mit der Komplexität des Integrationsprozesses auch der Anspruch an die Integrationsforschung, Antworten auf die Fragen über Handels-, Wohlfahrts-, Einkommensverteilungs- und sonstige ökonomischen Effekte zu finden.

In diesem Kapitel werden nach einem kurzen Abriss der europäischen Integrationsgeschichte nach dem Zweiten Weltkrieg die verschiedenen Integrationsformen (Zollunion der EWG; Freihandelszone der EFTA; EG-Binnenmarkt; Wirtschafts- und Währungsunion (WWU)) sowohl theoretisch als auch empirisch behandelt. Als Brücke zwischen der Freihandelszone EFTA und dem Binnenmarkt der EG gilt das Konzept des Europäischen Wirtschaftsraumes (EWR), der 1994 in Kraft trat. In allen Fällen wird versucht, die möglichen Auswirkungen der einzelnen Integrationsschritte zu quantifizieren. Die Europäische Union (EU) nach Maastricht brachte eine Reihe neuer Herausforderungen. Zum einen wurde im Vertrag von Maastricht als Endziel der wirtschaftlichen Integration - die WWU -

---

[1] Als Standardlehrbücher für Europäische Integration aus ökonomischer Sicht seien hier - stellvertretend für viele andere - drei angeführt: *El-Agraa* (2001), *Artis-Nixson* (2001) und *Brasche* (2003).

angestrebt. Zum anderen hat sich die EU auch politisch fortentwickelt in Richtung einer Gemeinsamen Außen- und Sicherheitspolitik (GASP) und einer stärkeren Zusammenarbeit in den Bereichen Inneres und Justiz (ZJI; insbesondere durch die folgenden Verträge von Amsterdam und Nizza). Auf Grund der Vorschläge des „Konvents zur Zukunft Europas“ und der anschließenden Regierungskonferenz wird die Europäische Union ab 2004 einen neuen „Verfassungsvertrag“ erhalten, der die bisherigen „Drei Säulen“ (EG, GASP und ZJI) zu einem Gemeinschaftsrecht inklusive der Charta der Grundrechte (im Dezember 2000 in Nizza proklamiert) verschmelzen wird, wodurch ein einheitliches europäisches Verfassungsrecht für die EU mit eigener Rechtspersönlichkeit geschaffen wird. In diesem Verfassungsvertrag wird auch die Kompetenzverteilung (EU-Ebene, Länderebene) klarer als bisher geregelt sein. Die WWU wird hier nicht im Detail behandelt, da es sich bei diesem Projekt nicht so sehr um ein realwirtschaftliches Problem handelt, sondern um ein Thema der monetären Außenwirtschaft. Auch die politische Dimension der europäischen Integration wird hier nicht näher analysiert[2].

12.2 Eine kurze Geschichte der europäischen Integration

Obwohl europäische Integration im modernen Sinne erst nach dem Zweiten Weltkrieg einsetzte, lassen sich Ansätze zur europäischen Einigung sogar bis ins 14. Jahrhundert zurückverfolgen (siehe *Swann* (1992, S. 1 ff.)). Die Fundamente des bisher erreichten Integrationsniveaus in Europa wurden aber in den fünfziger Jahren gesetzt (siehe *Tabelle 12.1* und *Abbildung 12.1*). Mit der Schaffung der Benelux-Zollunion (1944 konzipiert und 1948 in Kraft gesetzt) wurde ein Grundstein gelegt. Wie bereits im Kapitel 10.5 ausgeführt, sind Zollunionen und Freihandelszonen nach Art. XXIV des GATT/WTO vom Meistbegünstigungsprinzip ausgenommen. Der eigentliche Grundstein für die Integration in Europa wurde aber mit der Schaffung der Europäischen Gemeinschaft für Kohle und Stahl (EGKS oder Montanunion) 1951 gelegt. Wie in der weiteren Entwicklung der EU noch mehrmals praktiziert (z.B. mit der Einführung des Euro), begann der Versuch zur politischen Einigung Europas über das Vehikel der ökonomischen

---

[2] Alle relevanten Informationen über die Europäische Integration (im besonderen jene der EU) findet man auf der Homepage der EU: http://www.europa.eu.int. Dies gilt auch für die Arbeit des „Konvents zur Zukunft Europas“ zur Erarbeitung eines „Verfassungsvertrags“ für die EU. Für eine ökonomische Analyse über einen sinnvollen Föderalismus in Europa (Kompetenzverteilung), siehe *Breuss-Eller* (2003).

Harmonisierung bzw. Vergemeinschaftung. Basierend auf einer Idee von *Jean Monnet* schlug *Robert Schuman* (damals französischer Außenminister) am 9.5.1950 in einer Rede ("Declaration Schuman") die Schaffung einer Hohen Behörde für Kohle und Stahl vor. Mit der Vergemeinschaftung von vormals kriegswichtigen Gütern - Kohle und Stahl - sollte die Feindschaft zwischen Frankreich und Deutschland auch politisch beendet werden (*„Jean-Monnet-Effekt"*)[3]. Als Folge davon wurde die EGKS gegründet. Im Gedenken an die „Geburtsstunde der Europäischen Integration" wird der 9. Mai alljährlich als *„Europatag"* gefeiert[4]. Die 6 Mitglieder der EGKS (deren „Pariser-Vertrag auf 50 Jahre begrenzt war, ist am 23. Juli 2002 aufgelöst worden) taten dann mit der Gründung der EWG ("Römer Verträge" von 1957) einen weiteren wichtigen Schritt zur ökonomischen Integration in Europa. Nahziel der EWG war die Schaffung einer Zollunion (Beseitigung aller bilateralen Zölle und Errichtung eines Gemeinsamen Zolltarifs gegenüber Drittstaaten). Fernziel (Art. 2 EWG-Vertrag) war die Schaffung eines "Gemeinsamen Marktes". Die zuvor in der die Marshall-Plan-Gelder verwaltenden OEEC zusammenarbeitenden westeuropäischen Länder waren durch die Gründung der EWG diskriminiert. Daher gründeten sie mit der Stockholmer Konvention 1960 die EFTA. Kurzfristiges Ziel der EFTA war die Schaffung einer Freihandelszone (Beseitigung aller bilateralen Zölle unter Beibehaltung von länderspezifischen Zöllen gegenüber Drittstaaten; dies machte die Ursprungsregelung notwendig). Fernziel war die (gemeinsame) Mitgliedschaft in der EG.

Während die EFTA bis heute auf dem Status der Freihandelszone stehen geblieben ist, ist die EG integrationspolitisch weiter vorangeschritten. Zum einen wurden schrittweise immer mehr Politikbereiche harmonisiert bzw. vergemeinschaftet (GAP seit 1962; Regionalpolitik seit 1975; Währungspolitik teilweise mit dem EWS seit 1979; Wettbewerbspolitik mit dem Binnenmarkt seit 1993; Geld- und Währungspolitik mit der WWU ab 1999), zum anderen wird über die zunehmende wirtschaftliche Integration ("Jean-Monnet-Effekt") seit dem Maastricht-Vertrag auch zunehmend direkt die politische Integration vorangetrieben (GASP - 2. Säule und die Zusammenarbeit im Bereich Inneres und Justiz - 3. Säule). Diese

---

[3] Im Gedenken an die Leistungen Jean Monnets fördert die Europäische Kommission das „Jean Monnet Projekt", ein weltumspannendes Netz von Jean-Monnet-Lehrstühlen und Forschungs- und Lehrprogrammen über die Europäische Integration (siehe die entsprechende Homepage: http://europa.eu.int/comm/dg10/university/ajm/index_en.html).

[4] In einem Sammelband (siehe *Breuss-Fink-Griller*, 2000) werden anlässlich fünfzig Jahre Schuman-Deklaration wichtige Meilensteine der europäischen Integrationsgeschichte analysiert.

Integrationsdynamik erklärt, warum mehr und mehr Staaten Mitglieder der EU werden wollen. Die EFTA ist bereits auf vier Staaten geschrumpft, die ehemaligen Oststaaten (mittel- und osteuropäische Länder - MOEL) drängen in die EU. Nach der 4. Erweiterung besteht die EU bereits aus 15 Mitgliedern. 13 weitere Staaten sind Beitrittskandidaten, von denen 10 am 1. Mai 2004 Mitglieder der EU-25 werden. Mit der Schaffung der WWU mit der Einheitswährung Euro hat die EU ihr größtes ökonomisches Projekt erfolgreich umgesetzt. Weitere große Herausforderungen politischer und ökonomischer Natur sind die EU-Erweiterung und die Gestaltung einer neuen EU-Verfassung („Verfassungsvertrag"). Mit der Vertiefung des Integrationsprozesses hat sich auch der institutionelle Aufbau der EU gewandelt (für einen Überblick, siehe *Abbildung 12.2*).

Tabelle 12.1 Eine kurze Geschichte der europäischen Integration

	EWG/EG/EU	**EG+EFTA (EWR)**	**EFTA**
I. Vorintegrationsphase - Die ersten Schritte			
1944	Benelux-Wirtschaftsunion: Die Zollunion tritt am 1.1.1948 in Kraft: B, L, NL		
1948		OEEC (Marshall-Plan)	
1951	18.4.1951: Pariser Vertrag: Schaffung von EGKS (in Kraft 23.7.1952): B, D, F, I, L, NL 23.7.2002: Der EGKS-Vertrag wird nach 50 Jahren außer Kraft gesetzt		
II. Erste Integrationsphase - Bildung von EWG und EFTA			
1957	25.3.1952: 2 Römer Verträge: EWG und EAG (Euratom) (in Kraft 1.1.1958): B, D, F, I, L, NL (EWG 6)		
1959			Stockholmer Konvention, unterzeichnet am 4.1.1960 (EFTA in Kraft 3.5.1960): A, CH, DK, GB, N, P, S (EFTA 7).
1962	GAP (voll funktionsfähig ab 1969)		

	EWG/EG/EU	EG+EFTA (EWR)	EFTA
1965	Der "Fusionsvertrag" tritt in Kraft (1.7.1967). Die Hohe Behörde (EGKS) und die 2 Kommissionen (EWG und EAG) werden zu einer Kommission der EG verschmolzen. Auch die drei Räte werden zu einem Rat vereinigt. EG=EWG+EGKS+EAG		
1966			Freihandelszone der EFTA ist per 31.12.1966 verwirklicht
1968	Zollunion der EG ist per 1.7.1968 verwirklicht.		
1970			Island wird Mitglied der EFTA (3/1970) (EFTA 8).
III. Zweite Integrationsphase - Erweiterung der EG, Freihandelsabkommen mit der EFTA			
1973	1. EG-Erweiterung ("Nord-Erweiterung") um DK, GB, IRL (EG 9)	Freihandelsabkommen zwischen EG (EGKS) + EFTA.	DK und GB verlassen die EFTA (EFTA 6).
1977		Freihandelsraum zwischen EG und EFTA (7/1977).	
1979	EWS tritt in Kraft (13.3.1979).		
1981	2. EG-Erweiterung ("Süd-Erweiterung") um GR (EG 10).		
1984		Luxemburger Erklärung	
1985	"Weißbuch zur Vollendung des Binnenmarktes" (14.6.1985). 2/1985: Grönland tritt aus EG aus.		
1986	3. EG-Erweiterung ("Zweite Süderweiterung") um E und P (EG 12).		SF wird EFTA-Mitglied (1/1986). P verlässt die EFTA (EFTA 6).
1987	1.7.1987: EEA tritt in Kraft: 1. Revision des EWG-Vertrages - Anpassungen im Hinblick auf Binnenmarkt		
1990	1.7.1990: 1. Stufe der WWU (Liberalisierung des Kapitalverkehrs) tritt in Kraft.		
1991			FL wird EFTA-Mitglied (EFTA 7).

	EWG/EG/EU	EG+EFTA (EWR)	EFTA
IV. Dritte Integrationsphase - EU dominiert Europa, EFTA verliert an Bedeutung			
1992	Interimsabkommen mit den MOEL. 7.2.1992: Unterzeichung des EUV in Maastricht.		Freihandelsabkommen mit den MOEL.
1993	1.1.1993: Binnenmarkt tritt in Kraft. 1.11.1993: Der EUV ("Maastricht-Vertrag") tritt in Kraft. Seither EG = EU.		
1994	1.1.1994: 2. Stufe der WWU (Schaffung des EWI in Frankfurt) tritt in Kraft. Europaabkommen (EA) mit 6 MOEL.	1.1.1994: EWR-Abkommen zwischen EU-Staaten und EFTA-Staaten tritt in Kraft.	
1995	4. EG-Erweiterung um A, SF und S (EU 15). EA mit 10 MOEL (inkludieren Beitrittsoption).	Seitens der EFTA nehmen am EWR nur 3 Staaten teil (IS, LI, N).	A, SF und S verlassen die EFTA (EFTA 4): CH, FL, IS, N).
V. Vierte Integrationsphase – WWU (Euro), EU-Erweiterung, EU-Verfassung			
1996	29.3.1996: Regierungskonferenz wird in Turin eröffnet (Ziel: Überprüfung und Änderung des EUV). Abschluss 7/1997 in Amsterdam		
1997	16.-17.6.1997: Einigung über Amsterdam-Vertrag 1.7.1997: EU-Kommission legt Agenda 2000 (Reform vor Erweiterung)		
1998	3/1998: Europa-Konferenz in London. Start der Beitrittsverhandlungen mit Zypern und 5 MOEL (Estland, Polen, Ungarn, Slowenien, Tschechien) 25.3.1998: Konvergenzbericht der EU-Kommission (11 Länder in WWU) und des EWI 3.5.1998: Rat in Zusammensetzung der Staats- und Regierungschefs beschließt, dass 11 EU-Länder mit WWU am 1.1.199 beginnen. 1.6.1998: Errichtung der EZB		

	EWG/EG/EU	EG+EFTA (EWR)	EFTA
1999	1.1.1999: 3. Stufe der WWU - Beginn mit 11 EU-Mitgliedstaaten (Euro-11-Zone) (Einführung des Euro als Buchgeld). 1.5.1999: Amsterdam-Vertrag tritt in Kraft 10.-11.1999: Europäischer Rat in Helsinki beschließt Beitrittsverhandlungen mit Malta und 5 MOEL (Bulgarien, Lettland, Litauen, Slowakei, Rumänien); Türkei erhält Status eines Beitrittskandidaten	21.6.1999: EU schließt mit der Schweiz 7 bilaterale Abkommen ab (Beginn der Verhandlungen 1994 als Ersatz für EWR-Abkommen)	
2000	7.12.2000: Charta der Grundrechte der EU wird proklamiert (hat Konvent zuvor ausgearbeitet) 7.-9.12.2000: Einigung auf Nizza-Vertrag (Reform der EU-Institutionen vor der Erweiterung)	6.5.2003: Positives Referendum über 7 bilaterale Abkommen EU-Schweiz.	
2001	1.1.2001: Griechenland tritt der WWU bei (Euro-12-Zone) 14.-15.12.2001: Europäischer Rat in Laeken (Belgien) beschließt Abschluss der Beitrittsverhandlungen. Einrichtung eines Konvents zur „Zukunft der EU“		
2002	1.1.2002: Einführung des Euro als gesetzliches Zahlungsmittel in Euro-12-Zone (ab 28.2.2002) 23.7.2002: EGKS-Vertrag wird nach Ablauf von 50 Jahren aufgelöst 12.-13.12.2002: Europäischer Rat in Kopenhagen beendet Beitrittsverhandlungen mit 8 MOEL plus Malta und Zypern (Beitrittsvertrag)	1.6.2002: 7 bilaterale Abkommen EU-Schweiz treten in Kraft	
2003	1.2.2003: Nizza-Vertrag tritt in Kraft 16.4.2003: Beitrittsvertrag zwischen EU-15 und 10 Beitrittskandidaten wird in Athen unterzeichnet. Ratifikationsprozess über den Beitrittsvertrag beginnt 20.6.2003: Der Präsident des Zukunfts-Konvents, Giscard d'Estaing übergibt Entwurf eines „Verfassungsvertrages“ dem Europäischen Rat in Thessaloniki		
2004	1.5.2004: Die EU15 erweitert sich um 10 neue Mitglieder auf EU25		EFTA ??

Abkürzungsverzeichnis:
EEA = Einheitliche Europäische Akte; EFTA = European Free Trade Association; EA = Europaabkommen; EAG = Europäische Atomgemeinschaft (Euratom); EG = Europäische Gemeinschaft, EGKS = Europäische Gemeinschaft für Kohle und Stahl (Montanunion); EGV = Vertrag zur Gründung der Europäischen Gemeinschaft; EU = Europäische Union; EUV = Vertrag über die Europäische Union (Vertrag von Maastricht über Amsterdam bis Nizza); EWG = Europäische Wirtschaftsgemeinschaft; EWI = Europäisches Währungsinstitut; EWR = Europäischer Wirtschaftsraum; EWS = Europäisches Währungssystem; GAP = Gemeinsame Agrarpolitik; OEEC = Organisation for European Economic Cooperation (1962: OECD); MOEL = mittel- und osteuropäische Länder; WWU = Wirtschafts- und Währungsunion.
Ländercodes:
A = Österreich; B = Belgien; DK = Dänemark; D = Deutschland; GR = Griechenland; E = Spanien; F = Frankreich, IRL = Irland; IS = Island; I = Italien; L = Luxemburg; NL = Niederlande; P = Portugal; SF = Finnland; S = Schweden.

Quellen: *Breuss-Stankovsky* (1988); *Röttinger-Weyringer* (1996); *Swann* (1992).

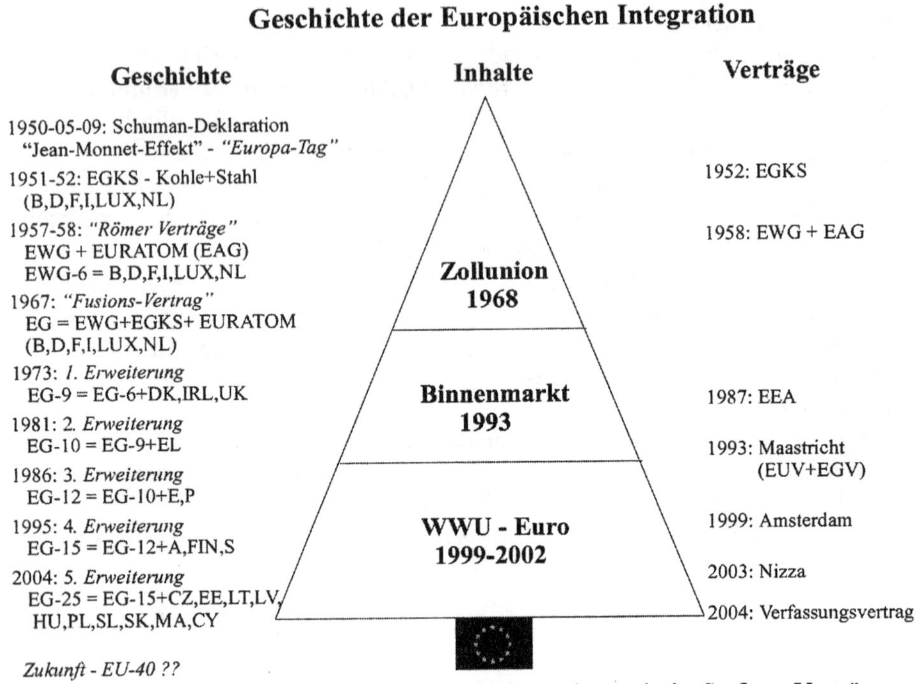

Abb. 12.1 Europäische Integration - Geschichte - ökonomische Stufen – Verträge (Der „Europa-Baum")

Die Intensität oder Dichte der europäischen Integration hat von der Zollunion über den Binnenmarkt bis zur Wirtschafts- und Währungsunion stetig zugenommen.

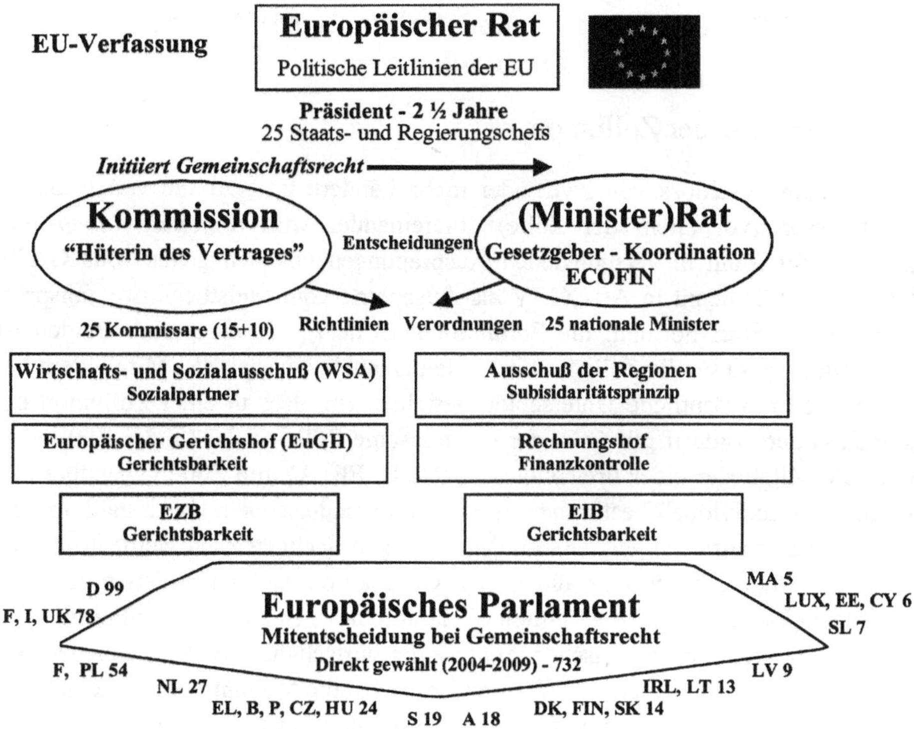

Abb. 12.2 Der institutionelle Aufbau der EU im Wandel

Durch den neuen Verfassungs-Vertrag der EU („EU-Verfassung"), der vom Konvent zur Zukunft Europas bis Mitte 2003 ausgearbeitet und von der Regierungskonferenz 2004 im großen und ganzen akzeptiert wurde, wird der institutionelle Aufbau zwar im wesentlichen so bleiben wie nach den vorangegangenen EG-Verträgen (Maastricht, Amsterdam, Nizza), dennoch gibt es ab 2009 einige „qualitativen" Änderungen. Anstelle einer halbjährlichen Ratspräsidentschaft (Europäischer Rat) gibt es einen auf 2 ½ Jahre gewählten Präsidenten. Ihm zur Seite steht der EU-Außenminister, der die Kompetenzen der bisherigen Positionen (Generalsekretär des Rates und hoher Vertreter für die GASP - „Mr. Gasp" und zuständiger Kommissar für Außenbeziehungen) vereint. Jedes Mitgliedsland stellt einen Kommissar, aber nur 15 davon sind stimmberechtigt. Die Zahl der Abgeordneten des Europäischen Parlaments wird auf 732 beschränkt. Es erhält fast in doppelt so vielen Angelegenheiten wie bisher ein Mitentscheidungsrecht beim Zustandekommen von EU-Recht. Die Rechtsakte „Richtlinien" und „Verordnungen" werden abgelöst durch „Europäische Gesetze" und „Rahmengesetze".

12.3 Regionale Freihandelsabkommen: Zollunion, Freihandelszone

12.3.1 Theorie der Zollunion

Der Zusammenschluss von zwei oder mehr Ländern zum Abbau von Handelshemmnissen (vor allem der Zölle) untereinander wird *regionale Integration* genannt. Sie kann in verschiedenen Ausprägungen vor sich gehen. Das GATT bzw. die WTO nennt in Art. XXIV als Ausnahme vom Meistbegünstigungsprinzip[5] explizit zwei Formen: die *Zollunion* und die *Freihandelszone*[6]. Beiden ist gemeinsam, dass sie die Zölle im bilateralen Handel zwischen den Mitgliedern beseitigen. Der wesentliche Unterschied besteht darin, dass in einer Zollunion ein gemeinsamer Zolltarif gilt (z.B. der Gemeinsame Zolltarif - GZT der EG), während die Mitglieder einer Freihandelszone (z.B. EFTA) ihre Zölle gegenüber den Drittstaaten individuell bestimmen. In einer Freihandelszone muss deshalb mittels (administrativ aufwendiger) Ursprungsregelungen nachgewiesen werden, ob eine Ware Zonenursprung besitzt, um in den Genuss von Zollkonzessionen zu kommen. Die Ursprungsregelung "simuliert" damit einen gemeinsamen Zolltarif.

Als Pionier der theoretischen Analyse der wirtschaftlichen Konsequenzen einer Zollunion gilt *Viner* (1950). Während zunächst die Meinung vorherrschte, eine Zollunion sei nur ein Schritt auf dem Weg zum globalen Freihandel, vertrat *Viner* die Auffassung, die Schaffung einer Zollunion könne auch ein Schritt zum Protektionismus sein. Eine Zollunion kann nach *Viner* den internationalen Handel in zwei unterschiedlichen Richtungen beeinflussen: durch "handelsschaffende" (trade creation) und "handelsumlenkende" Effekte (trade diversion). Erstere entstehen, indem (zollgeschützte) inländische durch billigere Produkte aus den Partnerstaaten ersetzt werden, letztere, indem Importe aus Drittländern durch teu-

---

[5] Unter dem Prinzip der Meistbegünstigung (Art. I GATT) gewährt jeder Vertragspartner die einem Land zugestandenen Handelsvorteile bedingungslos allen anderen Vertragspartnern. Zollunionen und Freihandelszonen verstoßen grundsätzlich gegen dieses Prinzip. Unter Billigung der USA und gegen den Widerstand vieler anderer Staaten wurde Europa die Erlaubnis zur begrenzten Regionalisierung als Ausnahme gewährt. Man erhoffte sich dadurch eine Beschleunigung des weltweiten Liberalisierungsprozesses (*Senti* (1986, S. 118), (2003)). Im Gegensatz zu den sechziger Jahren ist Regionalismus heute mit dem GATT nicht mehr ganz vereinbar, sondern vielmehr als Antithese zum Multilateralismus des GATT aufzufassen (*Bhagwati* (1991)).

[6] Das GATT definiert Zollunionen und Freihandelszonen in Art. XXIV Abs. 8 (siehe *GATT* (1994a, 1994b)).

rere Importe aus den Partnerstaaten substituiert werden (siehe *Abb. 12.3*)[7]. Zollunionen stimulieren den Handel zwischen den Mitgliedstaaten (trade creation), gleichzeitig lenken sie den Handel von den Nichtmitgliedstaaten ab (trade diversion). Damit wird das Grundprinzip der komparativen Vorteile beeinträchtigt. Obwohl üblicherweise die *Vinersche* Theorie der Zollunion nur in ihrer partialanalytischen Ausprägung dargestellt wird (mit nur einem Sektor oder einem Gut und drei Ländern), war sie ursprünglich von *Viner* (1950) im Rahmen einer allgemeinen Gleichgewichtsanalyse (mit zwei Gütern und drei Ländern) konzipiert worden. Damit ist es möglich, die Interaktion von mindestens zwei Sektoren bzw. Gütern nach Gründung einer Zollunion zu berücksichtigen (siehe *Hansen-Heinrich-Nielsen* (1992, S. 17-20)).

Neben dem einfachen *"Vinerschen"* Integrationsmodell (in seiner partialanalytischen Ausprägung), in dem ein kleines Land (Inland) Mitglied einer kleinen Zollunion wird, wobei nur messbare Effekte im kleinen Inland auftreten, gibt es natürlich auch noch andere Konstellationen einer Zollunion (a) zwei gleich große Länder gründen eine kleine Zollunion; (b) eine große Zollunion - wie z.B. die EG - dominiert die Weltwirtschaft. Wenn zwei gleich große Länder eine kleine Zollunion bilden, ist die Exportangebotskurve des Partnerlandes P aus der Sicht des Inlandes nicht mehr vollständig elastisch, weiterhin aber jene des Drittlandes W. Dadurch ergeben sich messbare Integrationseffekte in beiden Ländern der Zollunion. Wenn man annimmt, dass die Zollunion sehr groß ist (relativ zu den Drittländern; etwa die EG), ergeben sich zwei Implikationen (*Hansen-Heinrich-Nielsen* (1992, S. 25 ff.)):

- Das "Risiko", dass die Handelsumlenkungseffekte dominieren, ist in einer großen Zollunion viel geringer als in einer kleinen. Eine große Zollunion beherbergt wahrscheinlich bereits die meisten effizienten Produzenten, sodass eine Fehlallokation weniger wahrscheinlich ist.
- Eine große Zollunion kann durch Festlegung eines gemeinsamen Zolltarifs (GZT) die externen Terms of Trade - ähnlich wie ein Monopolist - beeinflussen (Optimalzoll)[8], woraus zusätzliche Wohlfahrtsgewinne resultieren (*Johnson* (1954)).

[7] Einen guten Überblick über die Theorie der Zollunion geben *Pomfret* (1986), *Hine* (1994) und *Hansen-Heinrich-Nielsen* (1992). Über präferenzielle Handelsabkommen, siehe *Bhagwati-Greenaway-Panagariya* (1998). Die Theorie der Zollunion ist im Prinzip auch auf Freihandelszonen (bzw. auf alle free trade agreements) anwendbar (*Shibata* (1967)).

[8] Die Optimalzolltheorie hat eine lange Tradition. Sie wurde erstmals von *Graaff* (1949) formalisiert. Über den Zoll kann ein (großes) Land seine Monopolmacht im Export oder seine

Nach der Pionierarbeit von *Viner* (1950) machte die Theorie der Zollunion lange Zeit wenig Fortschritte (*Hine* (1994), *Pomfret* (1986)). *Corden* (1972) bezog schließlich die Economies of Scale in seine Überlegungen ein[9]: Durch Schaffung einer Zollunion vergrößert sich der Absatzmarkt und eröffnet damit dem Inland (*I*) die Nutzung von Economies of Scale. Zum Handelsschaffungseffekt kommt ein Kostensenkungseffekt (cost reduction effect) im Inland (bei einer fallenden Durchschnittskostenkurve), der zusätzliche Produktionsgewinne im Land *I* schafft. Wenn nach Gründung der Zollunion zwischen dem Inland (*I*) und dem Partnerland (*P*) die Importe, die früher aus dem Drittland *W* kamen, von *P* geliefert werden, ergibt sich abgesehen vom Trade-diversion-Effekt eine "Handelsunterdrückung" (trade suppression effect): Land *P* kann durch die Teilnahme an der Zollunion ebenfalls Economies of Scale ausnützen; das schränkt den Handel mit dem Drittland *W* zusätzlich zur Handelsumlenkung ein. Die Berücksichtigung von Economies of Scale liefert ein weiteres Motiv für die Gründung einer Zollunion: Der Zugang zu einem "größeren Markt" erlaubt Stückkostensenkungen (Nutzung von Economies of Scale). Allerdings ist das theoretische Ergebnis (im Hinblick auf die Wohlfahrt) - wie immer bei Vorliegen von Economies of Scale - nicht eindeutig. *Wonnacott-Wonnacott* (1967) untermauern empirisch für Kanada die Bedeutung von Economies of Scale infolge des Zugangs zu einem größeren Markt im Falle der Gründung einer Zollunion oder Freihandelszone. Eine Freihandelszone zwischen Kanada und den USA würde Kanada Handelsgewinne von 10,5% des BIP bringen; davon wären 4% auf die Zollsenkung und der Rest auf Economies of Scale zurückzuführen.

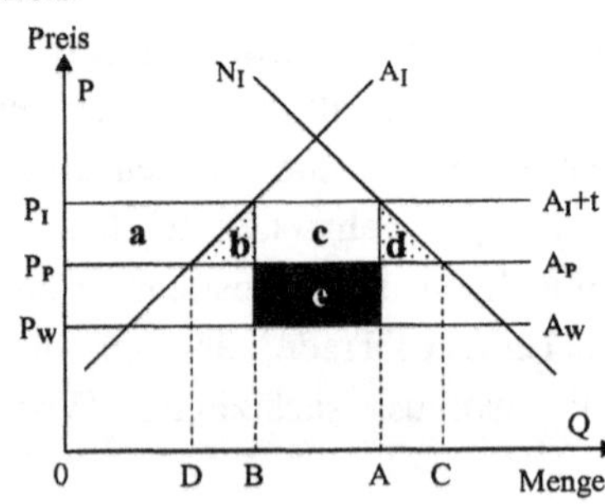

Abb. 12.3 *"Vinersche"* Theorie der Zollunion: Partielles Gleichgewichtsmodell für eine kleine Zollunion (kleines Land in kleiner Zollunion)

Monopsonmacht im Import ausüben. Der Optimalzoll ist gleich der inversen Elastizität des Exportangebotes des Auslands (siehe *Kapitel 9.2.2.5*).

[9] Allerdings wiesen bereits früher Autoren darauf hin (z.B. *Lipsey*, 1960).

Die Exportangebotskurven sowohl des Partnerlandes P als auch der Drittländer W sind vollkommen (unendlich) elastisch (waagrechte Linien A_P und A_W). N_I und A_I sind die preiselastische Nachfrage- bzw. Angebotskurve des Inlandes (Land I) für das Gut Q (das sowohl im Inland produziert als auch gehandelt wird). In diesem Fall gibt es messbare Integrationseffekte nur im kleinen Inland (Land I). Im *Ausgangspunkt* hebt das Inland einen Zoll im Ausmaß von t ein. Die tatsächliche Importangebotskurve für das Inland ist also $A_I + t$. Das Inland konsumiert die Menge $0A$, wobei die Menge $0B$ aus der Inlandsproduktion zum Preis von P_I stammt. Die Überschussnachfrage BA wird aus dem Drittland W zum Preis von P_W importiert.

Die Schaffung der *Zollunion* zwischen dem Inland (I) und dem Partner (P) impliziert (kein Zoll zwischen beiden Ländern, Gemeinsamer Zolltarif (GZT) gegenüber dem Drittland W), dass A_P die neue Importangebotskurve für das Inland wird, wenn der gemeinsame Zolltarif auf dem Niveau von t verbleibt. Dann sinkt der Preis im Inland auf P_P. Die Produktion schrumpft in der Folge im Inland auf $0D$, während der Konsum auf $0C$ ausgeweitet wird. Die Gesamtimporte steigen auf DC; sie werden nunmehr vollständig aus dem Partnerland P zum Preis P_P gekauft.

Wohlfahrtseffekte der Zollunion: Die Verbilligung des Gutes Q und der daraus resultierende Mehrkonsum erhöhen die Konsumentenrente (Flächen $a+b+c+d$). Zugleich sinkt die Produzentenrente (Fläche a). Weiters fallen nach Gründung der Zollunion die ursprünglichen Zolleinnahmen im Inland (Flächen $c+e$) weg. Die positiven Wohlfahrtseffekte einer Zollunion für das Inland ergeben sich aus der Effizienzverbesserung in der Inlandsproduktion (positiver Allokationseffekt: Fläche b) und Wohlfahrtsgewinnen der Konsumenten (Fläche d) durch Anstieg der Konsumentenrente. Der wohlfahrtstheoretisch positive Handelsschaffungseffekt (*trade creation effect*) ist gleich der Summe der Flächen $b+d$. Fläche b wird manchmal auch als Handelsexpansion (trade expansion effect) bezeichnet. Der negative Wohlfahrtseffekt (Handelsumlenkungseffekt: *trade diversion effect*) entspricht der Verschlechterung der Terms of Trade im Inland (Fläche e) aufgrund der Substitution billigerer Importe aus dem Drittland W durch teurere Importe aus dem Partnerland P (negativer Allokationseffekt). Die *Netto-Wohlfahrtseffekte* ergeben sich daher aus $b+d-e$.

Als Ergebnis erhalten wir genau das umgekehrte Resultat zur Einführung eines Zolles (siehe *Kapitel 9.2.1.4*: Kasten "Wohlfahrtseffekte eines Zolls - ein Zahlenbeispiel"). Unter Verwendung desselben Zahlenbeispiels wäre der Netto-Wohlfahrtseffekt negativ ($b+d=$ 1,15; $e=$ 1,40; $b+d-e=$ -0,25).

Quellen: *Hansen-Heinrich-Nielsen* (1992, S. 21); *Breuss* (1996d, S. 527).

Relativ früh erkannte *Verdoorn* (1960), dass Integration die intra-industrielle Spezialisierung fördert. Durch die Intensivierung der Handelsbeziehungen in einer Zollunion (Freihandelszone) infolge von Handelsschaffungseffekten gleichen sich die Faktorpreise (wenn auch nur tendenziell) an. Diese Entwicklung führt zwangsläufig zum Austausch immer ähnlicherer Industriegüter ("intraindustrieller Handel"). Nicht mehr komparative Vorteile aufgrund unterschiedlicher Faktorausstattung (Heckscher-Ohlin-Modell), sondern die Nutzung von Economies of Scale sowie Produktvielfalt erklären den Außenhandel mit ähnlichen Gütern zwischen Ländern ähnlicher Faktorausstattung. Diese Hypothese wurde empirisch mehrfach bestätigt (*Balassa* (1966), *Breuss* (1975, 1983), *Breuss-Stankovsky* (1988)).

Weitere Versuche, die Theorie der Zollunion zu verallgemeinern, bestanden darin, die Dimension des Modells auszuweiten. Die einfachsten Aussagen über die Effekte einer Zollunion erhält man im Falle von drei Ländern und einem Gut (3×1-Modell in einem partialanalytischen Ansatz) oder im Falle von drei Ländern und zwei Gütern (3×2-Modell in einem allgemeinen Gleichgewichtsansatz). Sobald man versucht, das Modell der Zollunion zu verallgemeinern (z.B. in einem 3×3-Modell), sind die Aussagen nicht mehr eindeutig, das Modell wird zu einem "Spezialfall" (*Lloyd* (1982, S. 62)). Nach der Einschätzung von *Pomfret* (1986, S. 450) hatten solche Versuche aber keinen großen Einfluss auf die Theorie der Zollunion.

Gerade in jüngster Zeit wird mit neuen Ansätzen der angewandten Spieltheorie (*Kemp-Wan* (1976), *Bagwell-Staiger* (1994), *Campa-Sorenson* (1996), *Kennan-Riezman* (1990), *Lorz* (1993), *Ritzberger* (1990)) versucht, die grundsätzliche Frage zu beantworten, warum der Regionalismus so stark an Bedeutung gewonnen hat bzw. warum überhaupt Freihandelsabkommen getroffen werden, während das GATT bzw. die WTO sich doch um weltweite Liberalisierung bemüht (siehe *Pomfret* (1986, S. 457ff.) für eine frühe Diskussion). *Kennan-Riezman* (1990) kommen mit einem spieltheoretischen 3×3-Modell durch Simulationen zu dem Schluss, dass eine Zollunion die Wohlfahrt ihrer Mitglieder stärker steigert als Freihandel, wenn die Zollunion groß ist (z.B. EG). Die Wohlfahrt steigt auch durch den Übergang von einer Freihandelszone zu einer Zollunion (mit gemeinsamem Zolltarif und gemeinsamer Handelspolitik). Allerdings impliziert dies in jedem Fall höhere Optimalzölle als in einer Freihandelszone, was nicht GATT-konform wäre. *Campa-Sorenson* (1996) zeigen, dass in einer Welt mit einem dominierenden Handelsblock und vielen kleinen Handelspartnern eine Freihandelslösung nicht haltbar ist. Weltweiter Freihandel wird umso wahrscheinlicher, je symmetrischer die Handelspartner sind, d. h. wenn sich die Weltwirtschaft in ungefähr gleich große Integrationsblöcke aufteilt. Dies würde erklären, warum Nordamerika mit der NAFTA der EG einen vergleichbaren Integrationsblock entgegenzusetzen sucht. Allerdings ist die NAFTA nicht einmal eine Zollunion, sondern eine Freihandelszone mit dem Zwecke der Liberalisierung des Handels mit Gütern und Dienstleistungen sowie einigen Regelungen über Auslandsinvestitionen, Energie und öffentliches Beschaffungswesen (*Hufbauer-Schott* (1992), *Senti* (1996)). Sie bleibt in der Integrationsqualität weit hinter der

EG zurück. Jüngste Vorstöße eines Freihandelsabkommens zwischen den USA und der EU mündeten vorerst in der Unterzeichnung des "Neuen Transatlantischen Programms" im Dezember 1995. Mit der APEC (Asia-Pacific Economic Cooperation Council) sollte im asiatischen Raum ein dritter großer Integrationsblock entstehen.

12.3.2 Empirie zur Zollunion

Die Theorie der Zollunion ist recht elegant. Im einfachsten Fall, wenn ein kleines Land an einer kleinen Zollunion teilnimmt (siehe *Abb. 12.2*), sind die Aussagen sehr einfach. Die Netto-Wohlfahrtseffekte ergeben sich aus den handelsschaffenden Effekten (trade creation = TC) abzüglich den handelsumlenkenden Effekten (trade diversion = TD). Dennoch ist es in der Realität nicht ganz einfach, diese Effekte zu messen. Mehrere Probleme tauchen dabei auf (siehe *Hansen-Heinrich-Nielsen* (1992, S. 29 ff.)):

- *"Anti-Monde"*: Man muss die Situation einer Zollunion (z.B. die EWG von 1958-1968) bzw. der Freihandelszone (z.B. die EFTA von 1960-1966) mit einer Situation ohne Zollunion vergleichen. Dafür gibt es verschiedene Ansätze, von denen kein einziger vollständig überzeugt. *Kreinin* (1972) verwendet als Kontrollgruppe ("Anti-monde") für die Entwicklung der EWG z.B. die Entwicklung der USA.
- Größe der Zollunion: Gerade die EWG in den sechziger Jahren entspricht eher einer großen Zollunion mit relativ großen Ländern. Dafür sind die einfachen, aus *Abb. 12.3* abgeleiteten Effekte nicht unbedingt adäquat. Insbesondere die Beeinflussbarkeit der Terms of Trade vis-à-vis dem Rest der Welt müsste hier berücksichtigt werden.
- Trennung von TC- und TD-Effekten: Eine exakte empirische Trennung von TC- und TD-Effekten ist schwer möglich.

Über diese Einschränkungen muss man sich im klaren sein, wenn die Ergebnisse der EWG-Zollunion in den sechziger Jahren (siehe *Tabelle 12.2*) kommentiert werden[10]. Die EWG hat die Zollunion per 1. Juli 1968 verwirklicht, die

---

[10] Einen Überblick über die zahlreichen Schätzungen der Integrationseffekte der NAFTA-Freihandelszone für Kanada, die USA und Mexiko findet man in *Baldwin-Venables* (1995, S. 1630). Im Durchschnitt aller Modellberechungen gewinnt (gemessen am Realeinkommenszu-

Zölle zwischen den sechs Mitgliedstaaten eliminiert und einen Gemeinsamen Zolltarif (GZT), verbunden mit einer Gemeinsamen Handelspolitik, verwirklicht. Die EFTA schuf die Freihandelszone bereits am 31. Dezember 1966.

Die Trade-creation (TC)-Effekte machen für die EG in den sechziger Jahren zwischen 4,3 Mrd.$ und 11,3 Mrd.$ aus (oder 13% bis 26% der EG-Importe), die Trade-diversion (TD)-Effekte 0 Mrd.$ bis 1,9 Mrd.$ (oder 0% bis 9% der Extra-EG-Importe). Ähnliche Ex-post-Analysen liegen für die Freihandelszone EFTA (*EFTA* (1972)) und für einzelne Länder vor (z.B. für Österreich *Aiginger* (1973), *Breuss* (1975, 1983, 1992b, 1993)). Wenn man berücksichtigt, dass die Importquote der EWG-6 (Importe in % des BIP) zwischen 1968 und 1970 16% bis 18% betrug, so bewegen sich die TC-Effekte in einer Größenordnung von 2% bis 4 3/4% des BIP[11].

Tabelle 12.2 Handelsschaffung (TC) und Handelsumlenkung (TD) in der EWG

Autor	Jahr	TC-Effekte (Mrd. $)	in % der EWG-Importe	TD-Effekte (Mrd.$)	in % der Extra-EWG-Importe
Balassa (1975)	1970	11,3	13	0,3	1
Truman (1972)	1968	8,7	26	0,9 (-1,6)	5 (-6)
Kreinin (1972)	1967/68	4,3	13	1,8	10
	1969/70	8,9	25	1,9	11
Williamson-Bottrill (1971)	1969	11,2	25	0,0	0
Verdoorn-Schwartz (1972)	1969	11,1	25	1,1	5
Aitken (1973)	1967	9,2	14	0,6	2

Quellen: *Hansen-Heinrich-Nielson* (1992, S. 30) nach *Balassa* (1975, S. 104) und *Ohly* (1993, S. 17).

Mittels eines einfachen ökonometrischen Außenhandelsmodells für Österreich, das Export- und Importgleichungen für drei Regionen (EG, EFTA und Rest der Welt) sowie eine BIP-Gleichung verwendet, wurden von *Breuss* (1992b, 1993) die "statischen" Integrationseffekte für die Periode der integrationspolitischen Dichotomie von 1960-1972 (Österreich war EFTA-Mitglied und diskriminiert durch die Nichtteilnahme an der EG) und für die Periode der Freihandelsabkommen von

---

wachs) Kanada mit 3,26% des BIP am meisten, gefolgt von Mexiko mit 2,59% und den USA mit 0,16%.

11 Da es sich bei den geschätzten TC- und TD-Effekten sehr wahrscheinlich um kumulative Effekte über rund zehn Jahre handelt, betragen die jährlichen TC-Effekte 0,2% bzw. 0,47% des BIP.

1973-1991 geschätzt. Die Ergebnisse (siehe *Tabelle 12.3*) zeigen, dass die EFTA-Mitgliedschaft in den sechziger Jahren bzw. die Nichtmitgliedschaft Österreichs in der EG relativ bescheidene TC-Effekte (durch den zusätzlichen Import aus der EFTA) zur Folge hatte und dass die TD-Effekte (Verringerung der Importe aus der EG) etwas höher waren. Insbesondere wenn man in den TD-Effekten auch den Handel mit dem Rest der Welt berücksichtigt, überwogen insgesamt die TD-Effekte. Teilweise erklärt sich dies daraus, dass Österreich von den unmittelbaren Nachbarstaaten und Haupthandelspartnern (Deutschland und Italien) diskriminiert war, während es den Handel auf die transportkostenmäßig weit entfernten EFTA-Staaten (Portugal, Finnland, Norwegen, Schweden) umlenken musste. Dies verursachte ein ineffizientes regionales Handelsmuster.

Berücksichtigt man zusätzlich zu den "statischen" Integrationseffekten auch noch die "dynamischen" (Wachstumseffekte), so zeigt sich, dass die Mitgliedschaft Österreichs in der EFTA in den sechziger Jahren das reale BIP in Österreich um 0,04% pro Jahr gesteigert hat, dass aber durch die Nichtmitgliedschaft Österreichs in der EG ein potentieller Wachstumsverlust von 0,12% pro Jahr eingetreten ist. Erst durch die Freihandelsabkommen von 1972 wurden die österreichischen Handelsströme wieder in die normalen (nachbarschaftlichen) Bahnen zurückgelenkt. Dadurch konnte eine zusätzlicher Wachstumsimpuls von 0,24% pro Jahr lukriert werden (*Breuss* (1992b, S. 23)).

Tabelle 12.3 Handelsschaffung (TC) und Handelsablenkung (TD) in Österreich

Integrationskonstellation	Periode	TC-Effekte (in % des BIP)*)	TD-Effekte (in % des BIP)*)
EFTA-Mitgliedschaft	1960-1972	+0,13 (EFTA)	-0,13 (EG) -0,23 (EG+ROW)
Nichtmitgliedschaft in der EG	1960-1972	+0,10 (EFTA)	-0,19 (EG) -0,29 (EG+ROW)
Freihandelsabkommen mit der EG	1973-1991	+0,18 (EG) +0,27 (EG+ROW)	-0,05 (EFTA)

*) Durchschnittliche Effekt pro Jahr; ROW = Rest der Welt.
Quelle: *Breuss* (1992b, S. 23; 1993, S. 471).

12.4 Europäischer Binnenmarkt - EG und EWR

In den siebziger Jahren verlor der Integrationsprozess in der EG an Schwung. Die schwindende Konkurrenzfähigkeit der europäischen Wirtschaft und die Befürchtungen angesichts des "Star-Wars"-Programms der USA, künftig auf technologischem Gebiet zurückzubleiben, initiierten einen neuen Anstoß, den Binnenmarkt zu schaffen. Professor *Helmut Giersch* prägte für diese pessimistische Stimmung in Europa den Begriff "Eurosklerose" (siehe auch *Swann,* 1996). Mit dem "Weißbuch"[12] von 1985 (*EG*, 1985) wurden die rechtlichen Grundlagen und der Zeitplan für dessen Verwirklichung definiert. Der Binnenmarkt sollte nicht neu geschaffen werden (dieses Ziel wurde bereits 1957 in Art. 2 des EWG-Vertrags - "Gemeinsamer Markt" - festgeschrieben), sondern es ging um die "Vollendung des Binnenmarktes".

Am 1. Jänner 1993 trat der Binnenmarkt in Kraft; er ist das weltweit ambitionierteste regionale Integrationsprogramm (*Hoeller-Louppe* (1994, S. 56)). Mit dem Binnenmarkt sollen die "vier Freiheiten" verwirklicht werden (siehe *Tabelle 12.4*). Der Binnenmarkt ist im Jahr 1999 durch die Schaffung der Währungsunion vervollständigt worden.

Mit dem Inkrafttreten des Vertrags über die Europäische Union (EUV - "Vertrag von Maastricht") am 1. November 1993 wurde die EG zur Europäischen Union (EU). Der EU-Vertrag stellte die Gemeinschaft auf "drei Säulen" (Art. A Abs. 3 EUV)[13] (siehe *Tabelle 12.4*). Der neue im Entstehen begriffene „Verfassungsvertrag“ (vorgelegt vom Konvent zur Zukunft Europas im Juni 2003) wird allerdings alle bisherigen Verträge (Maastricht, Amsterdam, Nizza) in einem Verfassungsdokument vereinen und zu Gemeinschaftsrecht (Primärrecht) der EU machen. Damit wird auch das bisherige „Drei-Säulen-Konzept“ obsolet.

Das Konzept des Europäischen Wirtschaftsraumes (EWR; rechtliche Basis ist das Abkommen über den EWR: EWRA)[14] - er trat am 1. Jänner 1994 in Kraft – sollte den restlichen EFTA-Staaten eine dem Binnenmarktprogramm vergleichbare Lösung anbieten. Auch der EWR postuliert die vier Freiheiten. Diese Bestimmungen werden aber in der Praxis aus zahlreichen Gründen durchbrochen. Da mit dem EWRA keine Zollunion zwischen EG und EFTA verwirklicht wurde, bleiben die Grenzkontrollen (für Waren und Personen) und die Ursprungsregelungen im bilateralen Handel bestehen (ein Vergleich der Integrationskonzepte von EWR

---

[12] Das Binnenmarktprogramm des Weißbuches von 1985 wurde in der Einheitlichen Europäischen Akte (EEA) rechtlich niedergelegt. Die EEA trat am 1. Juli 1987 in Kraft und war die erste grundlegende Revision des EWG-Vertrags von 1957.

[13] Im Zusammenhang mit der *"1. Säule"*, also reinen Wirtschaftsfragen, sprach man von der *Europäischen Gemeinschaft (EG)*. Ging es um Fragen der politischen Dimension (*"Säulen 2 und 3"*), so sprich man von der *Europäischen Union (EU)*.

[14] Das zentrale Anliegen des Abkommens über den Europäischen Wirtschaftsraum (EWRA) ist die Teilnahme der EFTA-Staaten (mit Ausnahme der Schweiz) am Binnenmarktprogramm der EG. In *Griller* (1997, S. 84 ff.) findet man die entsprechenden Regelungen im EGV jenen des EWRA gegenübergestellt.

und EG-Binnenmarkt, siehe *Tabelle 12.4*). Dem EWRA gehören seitens der EFTA nur drei Staaten (Island, Liechtenstein und Norwegen an), nachdem die Schweiz in einem Referendum im Oktober 2002 mehrheitlich dagegen stimmte. Die Schweiz hat mittlerweile mit der EU sieben bilaterale Abkommen[15] als Ersatz für das EWRA abgeschlossen, die am 1. Juni 2002 in Kraft getreten sind (siehe *Tabelle 12.1*).

Tabelle 12.4 Integrationsqualität im EWR und in der EU

Europäischer Wirtschaftsraum (EWR)	Europäische Union (EU)
EWR - Relevanz für EFTA-Staaten (in Kraft seit 1.1.1994)	**EG-Binnenmarkt (in Kraft seit 1.1.1993)**
Vier Freiheiten	***Vier Freiheiten***
- freier Güterverkehr[1)]	- freier Güterverkehr
- freier Dienstleistungsverkehr[1)]	- freier Dienstleistungsverkehr
- Liberalisierung des Kapitalverkehrs	- Liberalisierung des Kapitalverkehrs
- freier Personenverkehr	- freier Personenverkehr
Keine Zollunion	***Zollunion seit 1968***
Gemeinsame Politiken:	***Gemeinsame Politiken:***
- Wettbewerbspolitik	- Wettbewerbspolitik
- National autonome Agrarpolitik (Abmachung zur Liberalisierung einiger Produkte)	- Gemeinsame Agrarpolitik (GAP)
- National autonome Handelspolitik	- Gemeinsame Handelspolitik (GHP)
- National autonome Regional-/Strukturpolitik	- Gemeinsame Regeln für die Regional-/Strukturpolitik
- National autonome Industrie-/Sektorpolitik	- Konsens über die Steigerung der Wettbewerbsfähigkeit von EU-Firmen
- National autonome Budgetpolitik	- EU-Budget mit Regeln bezüglich der Einnahmen; Harmonisierung der indirekten Steuern (MWSt.) der Mitgliedstaaten.
- National autonome Geld-/Wechselkurspolitik	- EWS seit 13.3.1979 - Quasifixes Wechselkurssystem.
Zusätzliche Abkommen im EWRA	**Maastricht-Vertrag (EUV) – EU (in Kraft seit 1.11.1993)**
- Sozialpolitik - minimale Harmonisierung	- Sozialcharta (seit 1999 in den Amsterdam-Vertrag integriert)
- Umweltpolitik - einige Anpassungen an EU-Standards	- Gemeinsame Standards in der Umweltpolitik.
- Energiepolitik - vorsichtige Liberalisierung des Energiemarktes	- Liberalisierung der Energiemärkte ("Gas- und Strom-Binnenmarkt); Euratom
	- Wirtschafts- und Währungsunion (WWU) Einheitswährung (Euro) ab 1999 (2002)

---

15 Für eine rechtliche und ökonomische Analyse der sieben bilateralen Abkommen, siehe *Tea* (2001).

EU basiert auf 3 Säulen (Art. A (3) EUV):[2)]
1. Säule: Die Grundlage der Union sind die Europäischen Gemeinschaften (EG): Binnenmarkt und WWU.
2. Säule: Gemeinsame Außen- und Sicherheitspolitik (GASP); WEU (NATO ?)
3. Säule: Zusammenarbeit in den Bereichen Justiz und Inneres (ZJI)

1) Nur teilweise realisiert, da der EWR keine Zollunion zwischen der EU und der EFTA bildet.
2) In der neuen „EU-Verfassung" wird das 3 – Säulenkonzept der EU abgelöst durch Gemeinschaftsrecht.

12.4.1 Mikroökonomische Effekte des Binnenmarktes

Wegen der Komplexität des Binnenmarktprogramms reicht ein einfacher theoretischer Ansatz nicht aus, die ökonomischen Integrationseffekte nur annähernd genau zu schätzen. Die Ankündigung des Binnenmarktprogramms setzte ein umfangreiches Forschungsprogramm sowohl der Europäischen Kommission ("Cecchini-Bericht": *Emerson et al.,* 1988) als auch auf akademischer Ebene in Gang. Wie jeder neue Integrationsschritt stimulierte auch diese Entwicklung die Integrationsforschung (*Breuss,* 1992c). Einen Überblick über die erfassten Integrationseffekte für die verschiedenen Regionen und Länder und die zu deren Erklärung (bzw. empirischer Abschätzung) verwendeten Modelle für EWR, EG-Binnenmarkt und WWU gibt *Tabelle 12.5.*

Vor Schaffung des EG-Binnenmarktes wurden durch umfangreiche Befragungen ("Cecchini-Bericht": *Emerson et al.,* 1988) die "Cost of Non-Europe" erhoben. Die daraus abgeleiteten gesamten Wohlfahrtseffekte durch Schaffung des Binnenmarktes schwanken zwischen 4,3% bis 6,4% des EG-BIP (siehe *Tabelle 12.6*).

Auf theoretischer Ebene wandten *Smith-Venables* (1988) erstmals das Konzept der monopolistischen Konkurrenz und der damit verbundenen Produktvielfalt von *Dixit-Stiglitz* (1977) - eine Variante des Industrial-Organisation-Ansatzes - in partialanalytischen (statischen) Simulationsmodellen für 10 Industriezweige der EG konsequent an. Sie simulieren zwei Politikänderungen im Zusammenhang mit dem Binnenmarkt:

1. Die Kostensenkung durch Beseitigung aller Handelsbarrieren (nichttarifäre Hemmnisse, Grenzkontrollen, Vereinheitlichung der technischen Normen - allgemein eine *Verringerung der Handelskosten*) wird in Form von Zolltarif-

äquivalenten mit 2,5% des Wertes des Intra-EG-Handels veranschlagt (NHK-Effekt). Dieser Schritt liefert - am Beispiel der Elektrohaushaltsgeräteindustrie demonstriert - sehr geringe Wohlfahrtseffekte von 0,64% (Summe von Gewinnen und Konsumentenrente in Prozent des Basiskonsums; *Smith-Venables* (1988, S. 1511)).

2. Wesentlich höhere Wohlfahrtseffekte ergeben sich durch die *volle Marktintegration* (VMI-Effekt). Der VMI-Effekt wird theoretisch wie folgt begründet: In der EG konnten multinationale Unternehmen in ihren Stammländern wie Oligopolisten auftreten, d. h. die Preise ihrer Produkte hoch halten (bei meist höherem Marktanteil im In- als im Ausland). Im EG-Ausland waren sie dem Wettbewerb ausgesetzt und agierten eher wie im Falle vollständiger Konkurrenz. Aufgrund dieser segmentierten Preispolitik waren die Preise im Ausland niedriger als im Inland. Durch Schaffung des Binnenmarktes fällt die Möglichkeit der Abschottung gegenüber dem Ausland weg. Der Abbau der Grenzkontrollen und vor allem die Harmonisierung der Wettbewerbspolitik erfordern eine Änderung der Preisstrategie. Die Preise sinken im Inland und gleichen sich jenen im Ausland an.

Tabelle 12.5 Integrationseffekte für EWR-Teilnahme, EG-Binnenmarkt und WWU (Literaturüberblick)

Erfasste Regionen	**Erfasste Integrationseffekte**	**Gleichgewichtsmodelle**		**Makromodelle (Input-Output)**	
		Partiell	**Allgemein**	**Aggregiert**	**Sektoral**
EWR	NHK, VMI	*Baldwin* (1992a)	*Haaland* (1993, 1994)		
EU	NHK, VMI (Binnenmarkt)	*Smith-Venables* (1988)	*Haaland* (1993, 1994); *Haaland-Norman* (1992); *Mercenier* (1992); *Gasiorek-Smith-Venabels* (1992)	"Cecchini-Bericht" (*Emerson et al.*, 1988)	
				Catinat-Donni-Italianer (1988); *Bakhoven* (1989)	
	WWU			*EG* (1990); *Masson-Symanky* (1992)	
	DYN (Binnenmarkt)	*Baldwin* (1989, 1992b, 1993, 1994)			
	DYN (WWU)	*Baldwin* (1991)			

EFTA					
Finnland	NHK, VMI	*Alho* (1994); *Flam* (1995); *Alho-Widgren* (1994)			
Norwegen	NHK, VMI	*Norman* (1989); *Flam* (1995); *Haaland* (1994)			
Schweden	NHK, VMI	*Norman* (1989); *Flam* (1995)			
	VMI, DYN	*Kokko* (1994); *SOU* (1994)			
Österreich	NHK, (EU-Beitritt, Zollunion)		*Breuss-Tesche* (1991); *Breuss* (1995c)		
	NHK, VMI, STA, FPO (EWR)			*Breuss-Schebeck* (1991)	
	NHK, VMI, STA, FPO, (EU-Beitritt)	*Flam* (1995)	*Keuschnigg-Kohler* (1996a)	*Breuss-Kratena-Schebeck* (1994)	
					Richter (1993)
	DYN (WWU)			*Breuss* (1992a, 1996a); *Breuss* (1997a)	
Schweiz	NHK, VMI (EWR, Binnenmarkt)		*Antille et al.* (1992)	*Hauser* (1991)	

Quelle: *Breuss* (1996d, S. 533), ergänzt um neuere Arbeiten.
NHK = niedrigere Handelskosten (2,5% des Handelsvolumens): Beseitigung der Grenzkontrollen, Wegfall der Ursprungsregelung und der Benachteiligung im passiven Veredelungsverkehr, wenn ein EFTA-Land EU-Mitglied wird; "Handelsschaffung" durch Beitritt, "Handelsumlenkung" durch Nichtbeitritt; VMI = NHK + volle Binnenmarktintegration: Effekte der vier Freiheiten, Liberalisierung des öffentlichen Auftragswesens, Liberalisierung der Finanzdienstleistungen, Angebotseffekte: Economies of Scale, Wettbewerbseffekte (Wegfall der "Preissegmentierung"); STA = "Standortattraktivität" (Faktorwanderung, Direktinvestitionen, Migration); FPO = Fiskalpolitik (Steuerharmonisierung, Budgeteffekte, Politikkoordination); WWU = Geld- und Währungspolitik (Einheitswährung, Währungsunion, Politikkoordination); DYN = dynamische (Wachstums-)Effekte ("Neue Wachstumstheorie").

Tabelle 12.6 Schätzung der volkswirtschaftlichen Gewinne aus der Vollendung des Binnenmarktes, basierend auf Firmenbefragungen

	Mrd.ECU	in % des EG-BIP
1. *Direkte Gewinne* durch Beseitigung von Handelsbarrieren (Grenzkontrollen, technische Normen)	65 - 80	2,2 - 2,7
2. *Indirekte Gewinne* durch volle Marktintegration (Economies of Scale, positive Wettbewerbseffekte)	62 - 107	2,1 - 3,7
3. *Gesamte Wohlfahrtsgewinne* (1. + 2.)	127 - 187	4,3 - 6,4

Quelle: *Emerson et al.* (1988, S. 177).

Tabelle 12.7 Integrationseffekte von Binnenmarkt, EWR und EU-Erweiterung (Simulationen mit einem numerischen allgemeinen Mehrländer-Gleichgewichtsmodell)

	EU-Binnenmarkt				**EWR bzw. EU-Erweiterung**			
Effekte für:	**EU**		**EFTA**		**EU**		**EFTA**	
Integrationseffekte:[1]	NHK	VMI	NHK	VMI	NHK	VMI	NHK	VMI
	(Abweichung von der Basislösung in %)				(Abweichung vom EU-Binnenmarktszenario in %)			
Wohlfahrtseffekte[2]	+1,3	+2,1	-0,4	-0,6	+0,2	+0,1	+2,5	+3,6
Handelseffekte: Exporte								
Kapital-intensiv	+15,1	+6,0	-2,3	-2,0	+0,8	+0,4	+14,0	+0,3
Skill-intensiv	+8,9	-3,9	-6,5	-6,1	+0,5	-0,7	+15,0	-0,1
Arbeits-intensiv	+22,9	+17,9	-4,4	-3,9	+3,3	-2,6	+26,2	-0,6
Dienstleistungen	+16,6	+11,2	-0,7	-4,0	+2,0	+1,0	+28,8	+25,7

[1] NHK = niedrigere Handelskosten (2,5% des Handelsvolumens); VMI = NHK + volle Binnenmarktintegration (Wegfall der regionalen Preissegmentierung).

[2] Realeinkommensänderung in % des Konsums handelbarer Güter (ausgedrückt in % des BIP sind die Effekte jeweils nur ¼ der ausgewiesenen Zahlen).

Modellannahmen:

a) Statisches numerisches allgemeines Gleichgewichtsmodell für 6 gleiche EU- und 5 gleiche EFTA-Länder sowie die USA und Japan.

b) 12 handelbare Güter, 2 handelbare Dienstleistungen (Verkehr, Finanzdienste). 1 Sektor mit vollständiger Konkurrenz, 13 Sektoren mit unvollständiger Konkurrenz und Economies of Scale (Cournot-Wettbewerb bei Endprodukten, monopolistische Konkurrenz bei Zwischenprodukten). (Basisszenario mit segmentierter Preispolitik vor Schaffung des Binnenmarktes).

c) 3 Produktionsfaktoren: Kapital, gelernte, ungelernte Arbeit (international immobil).

d) Es wird nicht unterschieden zwischen EWR-Integration und Vollmitgliedschaft der EFTA-Länder.

Quelle: *Haaland* (1994).

Der Binnenmarkt beendet die Möglichkeit der Preissegmentierung. Zum einen, weil die Grenzkontrollen wegfallen, zum anderen wegen der Harmonisierung der Wettbewerbspolitik[16]. Das hat zwei Implikationen (*Smith-Venables* (1988, S. 1522)): Zum einen hat eine Verbilligung im Inland eine Zunahme der Nachfrage nach inländischen Produkten und damit eine Verringerung des Intra-EG-Handels zur Folge (am Beispiel der Elektrohaushaltsgeräteindustrie im Falle von Cournot-Verhalten[17] der Unternehmer bei unveränderter Zahl der Anbieter um 23%). Zum anderen ziehen der Machtverlust auf dem Inlandsmarkt und der Preisverfall durch vermehrte Konkurrenz große Wohlfahrtsänderungen nach sich. Der Netto-Wohlfahrtsgewinn ist mit 1,79% des Basiskonsums dreimal so hoch wie im ersten Experiment (Wegfall von Handelsbarrieren); dabei sinken die Gewinne, und die Konsumentenrente steigt. Wenn Marktzugang und Marktaustritt frei sind, dämpft die wachsende Konkurrenz die Gewinne, und dies bewirkt ein Firmensterben (in diesem Industriezweig -16%) und damit implizit Arbeitsplatzverluste. Die verbleibenden Unternehmen nützen ihre Economies of Scale stärker aus, die Stückkosten sinken, und die Wohlfahrt steigt weiter (auf 2,3% des Basiskonsums). Im Falle von Bertrand-Verhalten der Unternehmen erhöht sich die Wohlfahrt schwächer als im Falle von Cournot-Verhalten.

Smith-Venables (1988) leisteten mit diesem Modell Pionierarbeit. Eine Reihe von Nachfolgestudien wählte denselben Ansatz und benutzte dabei auch numerische allgemeine Gleichgewichtsmodelle (CGE - Computable General Equilibrium Models; *Gasiorek-Smith-Venables* (1992); *Haaland-Norman* (1992); *Haaland* (1993, 1994); *Mercenier* (1992)). *Haaland* (1993, 1994) führte mit seinem CGE-Modell als einziger auch Simulationen für den Fall des EWR durch. Wenn die EU den Binnenmarkt verwirklicht und die EFTA-Staaten nicht daran teilnehmen, hat die EU positive Wohlfahrtseffekte und die EFTA verliert (siehe *Tabelle 12.7*). Durch die EU-Erweiterung (oder den Eintritt in den EWR) gewinnt die EU zusätzlich nicht mehr sehr viel, die EFTA-Staaten jedoch sehr stark.

---

[16] Eine spieltheoretische Analyse der Wettbewerbspolitik der EU findet man in *Phlips* (1995).

[17] Cournot-Verhalten: Die Unternehmen fixieren ihre Angebotsmenge, der Preis ergibt sich aus der Interaktion der Marktteilnehmer. Bertrand-Verhalten: Die Anbieter fixieren den Preis, die nachgefragte Menge ist das Resultat des Marktmechanismus.

12.4.2 Makroökonomische Effekte des Binnenmarktes

Üblicherweise werden handelspolitische Änderungen mit Gleichgewichtsmodellen analysiert. *Emerson et al.* (1988, S. 189) stand jedoch zum Zeitpunkt der Erstellung der Studien für die makroökonomische Analyse ein solches Modell noch nicht zur Verfügung, das alle Aspekte des Binnenmarktes (Economies of Scale, unvollständige Konkurrenz) erfasst hätte (solche Instrumente wurden erst nach der Pionierarbeit von *Smith-Venables* (1988) entwickelt). CGE-Modelle liefern eine langfristige (statische) Gleichgewichtslösung. Um aber die kurz- bis mittelfristigen Anpassungskosten der Unternehmen und Konsumenten im Binnenmarkt zu modellieren, eignen sich makroökonomische Modelle besser. Auch dynamische Gleichgewichtsmodelle (siehe z.B. *Keuschnigg-Kohler* (1996a) für Österreich) können dies leisten. Der Nachteil bei letzteren ist, dass sie annehmen, dass der Arbeitsmarkt immer im Gleichgewicht ist. Aussagen über die gegenwärtig realen Probleme in der EU - Ungleichgewichte auf dem Arbeitsmarkt (Arbeitslosigkeit) - sind damit in dynamischen CGE-Modellen ausgeschlossen. Makromodelle hingegen berücksichtigen solche Effekte.

Der makroökonomische Ansatz ist somit eine "Notlösung", um die komplexen Integrationseffekte des Binnenmarktes zu schätzen. Die EU-Kommission verwendete mehrere makroökonomische Modelle für die EG-Staaten (HERMES - ein Multisektor-Makro-Weltmodell der Kommission - und das OECD-Interlink-Modell). Im Gegensatz zum mikroökonomischen Ansatz von *Smith-Venables* (1988) wurde in den makroökonomischen Analysen weder eine neue Integrationstheorie entwickelt, noch wurden neuere Ansätze der Integrationstheorie angewandt. Mit bestehenden Makromodellen wurde lediglich versucht, die Binnenmarkteffekte zu simulieren.

Als Input für die Simulation mit mehreren Welt-Makromodellen dienen *Catinat-Donni-Italianer* (1988) die Erhebungen des Cecchini-Berichts über die "Cost of Non-Europe". Als Binnenmarkteffekte wurden simuliert: 1. Beseitigung der Grenzkontrollen (Senkung der Kosten); 2. Liberalisierung des öffentlichen Auftragswesens (Senkung der Kosten öffentlicher Projekte); 3. Liberalisierung der Finanzdienstleistungen (Senkung der Zinssätze) sowie 4. Angebotseffekte (Kostensenkung durch Economies of Scale, Preissenkung durch Wettbewerbsintensivierung, Steigerung der gesamtwirtschaftlichen Produktivität). Die Ergebnisse der Modellsimulationen sind in *Tabelle 12.8* zusammengefasst. Eine grafische Interpretation der makroökonomischen Wirkungen des Binnenmarktes liefert *Abbildung 12.4*.

Die Vollendung des Binnenmarktes bewirkt demnach zunächst kurzfristige Anpassungskosten in Form steigender Arbeitslosigkeit, erhöht mittelfristig das Wirtschaftswachstum sowie die Beschäftigung und dämpft die Inflation (siehe *Tabelle 12.8*). Mittelfristig hätte demnach das reale BIP der EU um 4,5% gesteigert werden und das Konsumentenpreisniveau um 6 Prozentpunkte gesenkt werden sollen.

Tabelle 12.8 Die Vollendung des Binnenmarktes: Integrationseffekte in der EG-12 (Makroökonomische Modellsimulationen)

	1993	**1994**	**1995**	**1996**	**1997**	**1998**
	(Kumulative Abweichungen von der Basislösung in %)					
A. Einkommenseffekte:						
Brutto-Inlandsprodukt (BIP), real	**1,13**	**2,31**	**3,16**	**3,64**	**4,10**	**4,52**
wovon zurückgehend auf:						
1. Beseitigung der Grenzkontrollen	-0,01	+0,10	+0,20	+0,27	+0,33	+0,36
2. Liberalisierung des öffentlichen Auftragswesen	+0,20	+0,25	+0,31	+0,37	+0,45	+0,55
3. Liberalisierung der Finanzdienstleistungen und Kapitalmarktintegration	+0,43	+1,06	+1,33	+1,36	+1,39	+1,46
4. Angebotseffekte (EOS, Wettbewerb)	+0,51	+0,90	+1,31	+1,64	+1,93	+2,14
B. Preiseffekte:						
Deflator des privaten Konsums	**-1,58**	**-2,68**	**-3,71**	**-4,66**	**-5,49**	**-6,16**
wovon zurückgehend auf:						
1. Beseitigung der Grenzkontrollen	-0,21	-0,41	-0,61	-0,78	-0,92	-1,02
2. Liberalisierung des öffentl. Auftragswesen	-0,30	-0,48	-0,67	-0,91	-1,17	-1,46
3. Liberalisierung der Finanzdienstleistungen und Kapitalmarktintegration	-0,47	-0,78	-1,01	-1,19	-1,32	-1,38
4. Angebotseffekte (EOS, Wettbewerb)	-0,60	-1,01	-1,41	-1,78	-2,08	-2,29
C. Sonstige makroökonomische Effekte:						
Verfügbares persönliches Einkommen, real	+0,91	+1,43	+2,00	+2,32	+2,65	+2,94
Beschäftigte (in 1.000)	-533	-40	+552	+1043	+1462	+1866
(%-Veränderung)	-0,44	-0,03	+0,45	+0,83	+1,16	+1,47
Arbeitslosenquote (Änderung in %)	+0,27	+0,02	-0,26	-0,30	- 0,56	-0,68
Pro-Kopf-Arbeitsproduktivität	+1,57	+2,35	+2,72	+2,81	+2,95	+3,04
Staatshaushalt (Saldo in % des BIP)	+0,13	+0,72	+1,19	+1,57	+1,89	+2,22
Handelsbilanz (Saldo in % des BIP)	+0,30	+0,39	+0,63	+0,76	+0,86	+0,95

EOS = Economies of Scale

Quelle: *Catinat-Donni-Italianer* (1988, S. 56-58).

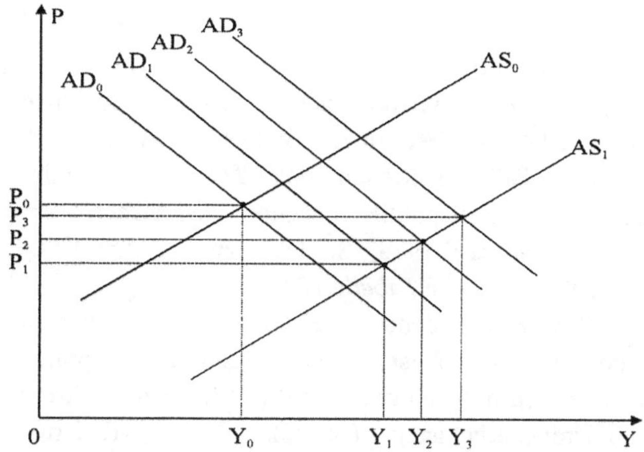

Abb. 12.4 Makroökonomische Effekte des Binnenmarktes
Quelle: *Hansen-Heinrich-Nielson* (1992, S. 208)

Die makroökonomische Wirkungsweise des Binnenmarktes kann annäherungsweise grafisch wie folgt interpretiert werden (siehe *Abbildung 12.4*). Im Schnittpunkt von aggregierter Angebots- (AS_0) und aggregierter Nachfragekurve (AD_0) ist das makroökonomische Ausgangsgleichgewicht der gesamten EU bei einem realen BIP (Y_0) und einem Preisniveau (P_0) gegeben. Durch die Schaffung des Binnenmarktes werden sowohl die Angebots- als auch die Nachfragebedingungen geändert. Angebotsseitig verursacht der Binnenmarkt Effizienzsteigerungen (Produktivitätszuwächse durch mehr Wettbewerb, Ausnützung von economies of scale), die die aggregierte Angebotskurve nach außen, von AS_0 nach AS_1 verschiebt. Nachfrageseitig gibt es mehrere stimulierende Effekte: 1) Die Beseitigung aller technischen (Beseitigung der Grenzkontrollen) und steuerlichen (Harmonisierung - zumindest bei indirekten Steuern) Schranken stimuliert den Intra-EU-Handel. 2) Die Liberalisierung der Finanzdienstleistungen sollte die Investitionsnachfrage stimulieren, weil die Fremdkapitalaufnahme billiger wird (dieser Effekt wird noch verstärkt durch die Einführung des Euro). 3) Der verschärfte Wettbewerb führt zu einem Kampf um Marktanteile, was stimulierend auf Investitionen wirken sollte. Alles in allem führen diese Effekte dazu, dass die aggregierte Nachfragekurve nach rechts, von AD_0 nach AD_1 verschoben wird. Durch den Anstieg von Angebot und Nachfrage wird eindeutig das reale BIP gesteigert (laut Makromodellsimulationen - siehe *Tabelle 12.8* - um 4,5% nach sechs Jahren Binnenmarkt). Theoretisch unklar ist, wie sich diese simultane Veränderung auf das Preisniveau auswirkt. Hier wurde angenommen, dass das Preisniveau sinkt (von P_0 nach P_1; laut Makromodellsimulationen - siehe *Tabelle 12.8* - um 6,1% nach sechs Jahren Binnenmarkt).

Da durch die Binnenmarkt-Makromodellsimulationen bei unveränderter Wirtschaftspolitik Überschüsse im EU-Budget (2,2% des BIP) und in der Handelsbilanz (1% des BIP) resultierten (siehe *Tabelle 12.8*), gibt es Spielraum für eine expansive Wirtschaftspolitik (Fiskalpolitik). Daher wurden im Cecchini-Bericht (*Emerson et al.*, 1988, S. 188) zwei Alternativszenarien simuliert (Simulationsergebnisse, siehe *Tabelle 12.9*):

1) Im *ersten Szenario* werdend die Staatsausgaben soweit angehoben, bis das EU-Budget ausgeglichen ist. Diese zusätzliche fiskalpolitische Stimulierung resultiert in einem höheren realen BIP (7,5% nach 6 Jahren) sowie etwas weniger Preisniveaurückgang (-4,3%). Die aggregierte Nachfragekurve verschiebt sich dadurch weiter nach außen: von AD_0 nach AD_3. Das ergibt mit Y_3 ein höheres reales BIP und auch ein etwas geringerer Rückgang des Preisniveaus auf P_3 (siehe *Abbildung 12.4*).
2) Im *zweiten Szenario* steigen die Staatsausgaben so stark, bis die Handelsbilanz ausgeglichen ist. Dies führt zu einem etwas geringerem Anstieg des realen BIP (auf 6,5% nach 6 Jahren), aber zu einem etwas stärkeren Rückgang des Preisniveaus (-4,9%). Dieses Szenario ist durch eine Verschiebung der aggregierten Nachfrage von AD_0 nach AD_2 dargestellt. Dadurch ergibt sich mit Y_2 ein etwas niedrigeres reales BIP als in Szenario 1. Allerdings sinkt das Preisniveau etwas stärker, auf P_2 (siehe *Abbildung 12.4*).

Tabelle 12.9 Makroökonomische Effekte des Binnenmarktes in der EG 12 Alternativszenarien in makroökonomischen Modellsimulationen[1)]

Wirtschafts-politische Szenarien	**BIP, real** (in %)	**Ver-braucher-preise** (in %)	**Staats-haushalt** (Saldo in % des BIP)	**Handels-bilanz** (Saldo in % des BIP)	**Beschäf-tigte** (in Mill.)
Unveränderte Politik	4,5	-6,1	2,2	1,0	1,8
Expansive Fiskalpolitik[2)]					
- ausgeglichener Staatshaushalt	7,5	-4,3	**0,0**	-0,5	5,7
- ausgeglichene Handelsbilanz	6,5	-4,9	0,7	**0,0**	4,4

[1)] Kumulierte Effekte nach 6 Jahren Binnenmarkt. [2)] Steigerung der Staatsausgaben.
Quellen: *Emerson* (1988), S. 188; *Catinat-Donni-Italianer* (1988), S. 56-58.

Für Österreich hat das WIFO seit 1989 - mit derselben Methode wie jene von *Catinat-Donni-Italianer* (1988) - mehrmals mit seinem Makromodell mögliche Integrationsszenarien für die Annäherung Österreichs an die EU durchgerechnet. Zunächst wurden Unterschiede zwischen einer Nichtmitgliedschaft und einer EG-Mitgliedschaft simuliert (*Breuss-Schebeck,* 1989; mittelfristiges reales BIP-Wachstum von 1½% bei Nichtbeitritt und 3½% nach EG-Beitritt). Als sich abzeichnete, dass Österreich am EWR teilnehmen würde, wurde ein EWR-Szenario gerechnet (*Breuss-Schebeck,* 1991); die Ergebnisse (reales BIP nach sechs Jahren +2¼% zusätzlich) belegen, dass die EWR-Teilnahme nur einen Teil der Integrationseffekte gebracht hätte.

Unmittelbar vor der Volksabstimmung über den EU-Beitritt am 12. Juni 1994 simulierten *Breuss-Kratena-Schebeck* (1994) nochmals die EU-Integration (im Vergleich zum EWR-Status). Dabei verknüpften sie erstmals das Makromodell mit dem Input-Output-Modell des WIFO, um für 18 Sektoren Integrationseffekte (Auswirkungen auf die Brutto-Produktion und Beschäftigung) zu schätzen. In diesen Berechnungen wurde immer wieder darauf hingewiesen, dass die Anpassung an den Binnenmarkt kurzfristig mit Arbeitsplatzverlusten (Produktivitätsschock) verbunden ist.

Tabelle 12.10 Integrationseffekte in Österreich seit 1993 (EFTA, EWR, EU-Beitritt) (Makroökonomische Modellsimulationen)

	1993	**1994**	**1995**	**1996**	**1997**	**1998**	**1999**	**2000**
	(Kumulative Abweichungen von der Basislösung in %)							
1. Als EFTA-Mitglied (passive Mitnahmeeffekte)								
BIP, real	+0,3	+0,7	+1,0	+1,2	+1,4	+1,5	+1,6	+1,7
Verfügbares persönliches Einkommen, real	+0,4	+0,9	+1,2	+1,5	+1,7	+1,8	+1,9	+2,0
Konsumentenpreise	-0,3	-0,7	-1,1	-1,5	-1,7	-1,8	-1,9	-2,0
Beschäftigte (in 1.000)	+2,7	+6,8	+10,6	+13,8	+17,3	+20,6	+23,0	+25,0
(%-Veränderung)	+0,1	+0,2	+0,4	+0,5	+0,6	+0,7	+0,8	+0,9
Arbeitslosenquote (Änderung in %)	-0,1	-0,2	-0,2	-0,3	-0,4	-0,4	-0,4	-0,4
Arbeitsproduktivität (privater Sektor)	+0,2	+0,5	+0,6	+0,6	+0,7	+0,7	+0,7	+0,7
Staatshaushalt (Saldo in % des BIP)	+0,0	+0,1	+0,1	+0,1	+0,2	+0,2	+0,2	+0,3
Leistungsbilanz (Saldo in % des BIP)	+0,3	+0,5	+0,6	+0,7	+0,7	+0,7	+0,8	+0,8
2. Zusätzlich als EWR-Mitglied (1994)								
BIP, real	-	+0,1	+0,3	+0,2	+0,2	+0,3	+0,3	+0,2
Verfügbares persönliches Einkommen, real	-	-0,3	-0,1	+0,1	+0,2	-0,2	-0,4	-0,4

	1993	1994	1995	1996	1997	1998	1999	2000
	(Kumulative Abweichungen von der Basislösung in %)							
Konsumentenpreise	-	-0,4	-0,8	-1,2	-1,3	-1,4	-1,6	-1,7
Beschäftigte (in 1.000)	-	-9,9	-6,8	-6,6	-2,8	-1,3	+2,4	+5,0
(%-Veränderung)	-	-0,4	-0,2	-0,3	-0,1	-0,1	+0,1	+0,3
Arbeitslosenquote (Änderung in %)	-	+0,4	+0,2	+0,0	+0,0	-0,1	-0,2	-0,2
Arbeitsproduktivität (privater Sektor)	-	+0,6	+0,5	+0,5	+0,5	+0,4	+0,4	+0,4
Staatshaushalt (Saldo in % des BIP)	-	+0,1	+0,1	+0,1	+0,2	+0,3	+0,3	+0,3
Leistungsbilanz (Saldo in % des BIP)	-	-0,1	-0,2	-0,2	-0,4	-0,4	-0,4	-0,5
3. Zusätzlich als EU-Mitglied (1995)								
BIP, real	-	-	+0,8	+1,4	+1,8	+2,2	+2,5	+2,8
Verfügbares persönliches Einkommen, real	-	-	+2,1	+2,1	+2,5	+2,8	+3,1	+3,4
Konsumentenpreise	-	-	-1,8	-2,3	-2,7	-2,9	-3,1	-3,3
Beschäftigte (in 1.000)	-	-	+5,6	+16,0	+22,2	+29,5	+34,7	+42,3
(%-Veränderung)	-	-	+0,2	+0,5	+0,7	+0,9	+1,1	+1,3
Arbeitslosenquote (Änderung in %)	-	-	-0,2	-0,3	-0,2	-0,3	-0,3	-0,3
Arbeitsproduktivität (privater Sektor)	-	-	+0,7	+0,8	+1,1	+1,2	+1,4	+1,4
Staatshaushalt (Saldo in % des BIP)	-	-	-1,5	-1,1	-1,0	-1,0	-0,9	-0,9
Leistungsbilanz (Saldo in % des BIP)	-	-	-0,9	-1,1	-1,3	-1,4	-1,6	-1,7
4. Integrationseffekte in Österreich, gesamt seit 1993 (1) EFTA + (2) EWR + (3) EU-Mitglied								
BIP, real	+0,3	+0,8	+2,1	+2,8	+3,4	+4,0	+4,4	+4,7
Verfügbares persönliches Einkommen, real	+0,4	+0,6	+3,2	+3,7	+4,4	+4,8	+5,4	+5,8
Konsumentenpreise	-0,3	-1,1	-3,7	-5,0	-5,7	-6,1	-6,6	-7,0
Beschäftigte (in 1.000)	+2,7	-3,1	+9,4	+23,2	+36,7	+48,8	+60,1	+72,3
(%-Veränderung)	+0,1	-0,2	+0,4	+0,8	+1,2	+1,6	+2,0	2,5
Arbeitslosenquote (Änderung in %)	-0,1	+0,2	-0,2	-0,6	-0,6	-0,8	-0,9	-0,9
Arbeitsproduktivität (privater Sektor)	+0,2	+1,1	+1,8	+1,9	+2,3	+2,3	+2,5	+2,5
Staatshaushalt (Saldo in % des BIP)	+0,0	+0,2	-1,3	-0,9	-0,6	-0,5	-0,4	-0,3
Leistungsbilanz (Saldo in % des BIP)	+0,3	+0,4	-0,5	-0,6	-1,0	-1,1	-1,2	-1,4

Quellen: *Breuss-Schebeck* (1991); *Breuss-Kratena-Schebeck* (1994); *Breuss* (1995a).

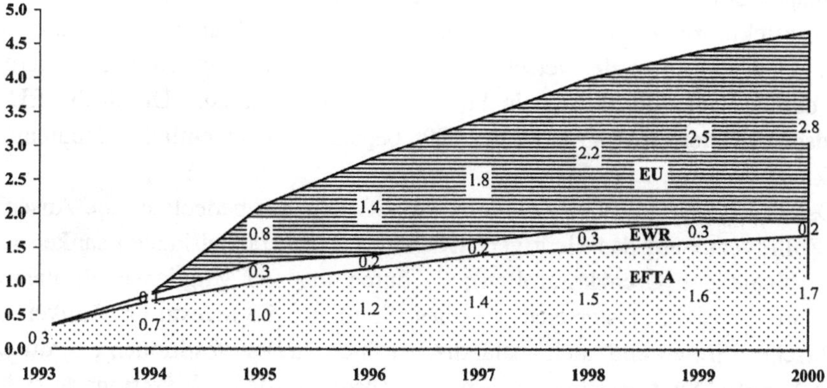

Abb. 12.5a Makroökonomische Effekte der Annäherung Österreichs an die EU: *BIP-Effekte* (kumulierte Veränderung des realen BIP von der Basislösung in %)
Quelle: *Breuss-Kratena-Schebeck* (1994)

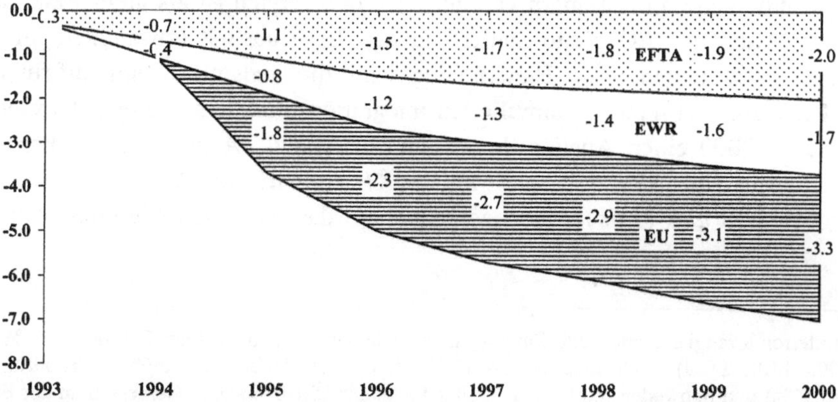

Abb. 12.5b Makroökonomische Effekte der Annäherung Österreichs an die EU: *Preis-Effekte* (kumulierte Veränderung des Verbraucherpreisindex von der Basislösung in %)
Quelle: *Breuss-Kratena-Schebeck* (1994)

Österreichs Wirtschaft durchlief seit 1993 drei Integrationsstufen[18]: EFTA-Mitglied parallel zur Verwirklichung des Binnenmarktes, 1994 EWR-Teilnahme, 1995 EU-Mitglied. Dadurch ergibt sich eine Abfolge von Integrationseffekten (siehe *Tabelle 12.10* und *Abbildungen 12.a und 12.b*). Während Österreich als EFTA-Mitglied 1993 vom beginnenden Binnenmarkt in der EG passiv profitierte

[18] Einen Überblick über die Annäherung Österreichs an die EU gibt *Breuss* (1996c).

(Mitnahmeeffekte), begannen mit der Teilnahme am EWR 1994 die ersten Integrationseffekte zu wirken (rund 2/3 der eigentlichen Binnenmarkteffekte). Teilweise kam es infolge der verschärften Konkurrenz zu Produktivitätssteigerungen und damit Anpassungskosten in Form von Arbeitslosigkeit. Durch die EU-Mitgliedschaft Österreichs ab 1. Jänner 1995 begannen die eigentlichen Binnenmarkteffekte zu wirken:
1) Österreich nahm an der Zollunion der EG teil (das bedeutete eine Absenkung des Zollniveaus auf das niedrigere EG-Niveau; die Handelskosten sanken wegen des Abbaus der Grenzkontrollen); 2) durch die EU-Mitgliedschaft nahm die Standortattraktivität Österreichs zu (dies stimulierte die Investitionstätigkeit österreichischer Firmen und auch ausländischer über Direktinvestitionen); 3) durch die volle Marktintegration stieg der Wettbewerbsdruck (dadurch verringerte sich tendenziell der Preisauftrieb); 4) Österreichs Landwirtschaft wurde in die GAP integriert (dadurch sanken die bisher überhöhten Preise und auch die Einkommen der Bauern; zum Ausgleich der Einkommensverluste wurden großzügige Übergangszahlungen an die Bauern vereinbart); 5) Österreich ist als viert- bzw. fünftreichste Land der EU Netto-Zahler[19] in den EU-Haushalt (zusammen mit den Übergangszahlungen an die Bauern stieg damit die Budgetbelastung auf rund 2% des BIP). Addiert man alle simulierten Integrationseffekte, so hätte Österreich bis zum Jahr 2000 einen Anstieg des realen BIP von 4,7% und eine Senkung des Preisniveaus von 7% erzielt haben müssen[20] (siehe *Tabelle 12.10* sowie die *Abbildungen 12.5a und 12.5b*)[21]. Hochgerechnet auf das Jahr 2000 hätte das reale BIP

---

19 Österreich rangierte mit Netto-Zahlungen (im Jahr 1995), gemessen am BIP mit (0,51% bzw. 905 Mill. ECU) nach Deutschland (0,73%), den Niederlanden (0,66%), Großbritannien (0,56%) und Schweden (0,53%) an fünfter Stelle der 15 EU-Staaten. Gemessen an der Bevölkerung lag Österreich nach Deutschland und den Niederlanden an dritter Stelle. Die größten Netto-Empfänger waren (gemessen am BIP), die Kohäsionsländer Irland (4,03%), Griechenland (4,09%), Portugal (3,09%) und Spanien (1,69%) (siehe Rechnungshof-Bericht der EU vom 12. November 1996).

20 Davon entfallen +2,8% auf die zusätzlichen BIP-Effekte durch die EU-Mitgliedschaft +2,8% im Jahr 2000 und 3,3% auf eine Senkung des Preisniveaus. Interessanterweise kommen *Keuschnigg-Kohler* (1996a) mit einem dynamischen allgemeinen Gleichgewichtsmodell für Österreich zu ähnlichen Ergebnissen des EU-Beitritts. Sie errechnen einen langfristigen Anstieg des realen BIP von 2,6%, allerdings eine Dämpfung der Verbraucherpreise nur um 1,5%. *Neck-Schäfer* (1994, S. 172) schätzen mit dem *McKibbin-Sachs*-Welt-Makromodell einen langfristigen Anstieg des realen BIP von 5,6% und eine Dämpfung der Verbraucherpreise um 4,2%. Diese Werte beziehen sich allerdings auf die Effekte des EU-Beitritts verglichen mit einem Nichtbeitritt ohne EWR-Status.

21 Die bisherigen Effekte der Teilnahme Österreichs am Binnenmarkt evaluierte *Breuss* (1996b, 1999b, 2000a).

der EU um 5% steigen und das Preisniveau um 7,3% sinken müssen (abgeleitet aus *Tabelle 12.8*).

In mehren Ex-post-Evaluierungen der EU-Mitgliedschaft Österreichs wurden die Ergebnisse der Ex-ante-Schätzungen (*Breuss-Kratena-Schebeck*, 1994) im wesentlichen bestätigt. Dies gilt vor allem für die BIP-Effekte. Dagegen dürften die preisdämpfenden Effekte sogar stärker als erwartet ausgefallen sein (siehe *Breuss*, 1999b, 2000a). In einer Analyse der wirtschaftlichen Auswirkungen der drei EU-Mitglieder Finnland, Österreich und Schweden kommt *Breuss* (2003c) mittels eines eigens dafür konstruierten Makromodells mit stark angebotsseitigen Elementen zu folgenden Ergebnissen (siehe *Tabelle 12.11* und *Abbildung 12.6*).

Tabelle 12.11 Integrationseffekte durch den EU-Beitritt: Finnland, Österreich und Schweden (Integrationseffekte 1995-2001 in % pro Jahr)

	Finnland	**Österreich**	**Schweden**
BIP, real	0,83	0,42	0,30
Gesamte Faktorproduktivität (TFP)	0,26	0,24	0,20
Kapital	0,12	0,09	0,04
Beschäftigte	0,70	0,20	0,11
Arbeitslosenquote (%-Punkte)	-0,83	-0,14	-0,16
Inflationsrate (HVPI)	-0,32	-0,32	-0,52
Lohnstückkosten	-0,12	-0,27	-0,29
Exporte in die EU, real	1,91	1,33	0,79
Importe aus der EU, real	3,86	1,64	0,82
Persönlich verfügbares Einkommen, real	0,82	0,55	0,49
BIP, real pro Kopf	0,83	0,42	0,30
BIP, real pro Kopf inkl. Nettozahlung an EU-Haushalt	0,81	0,38	0,23

Quelle: *Breuss* (2003c), S. 551.

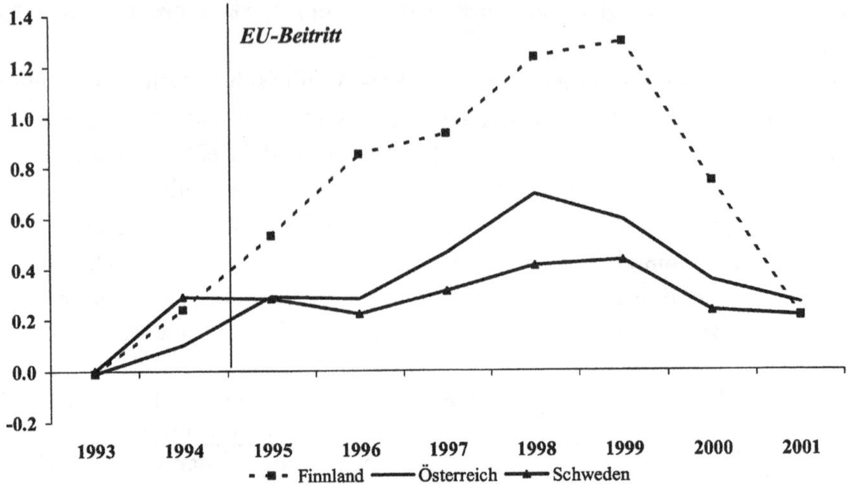

Abb. 12.6 Integrationseffekte durch den EU-Beitritts: Finnland, Österreich und Schweden (Reales BIP; Wachstumsraten in % pro Jahr)
Quelle: *Breuss* (2003c), S. 552.

12.4.3 Wachstumseffekte - "dynamische" Effekte - des Binnenmarktes

Baldwin (1989, 1992b, 1993, 1994) kritisierte schon früh, die Cecchini-Berechnungen würden die eigentlichen Wachstumseffekte der Integration (erhöhte Investitionschancen durch einen einheitlichen Markt) unterschätzen.

Aufgrund einfacher wachstumstheoretischer Annahmen kommt er zu dem Schluss, dass die Integrationseffekte des Cecchini-Berichts (BIP +4,5%, Inflation -6,5%) nur Anstoßeffekte sind und langfristig in einen neuen, höheren Wachstumspfad in der EG münden könnten.

Baldwin (1989)[22] verwendet zur Ableitung der „dynamischen Integrationseffekte" (langfristige Wachstumseffekte) des Binnenmarktes eine makroökonomische Produktionsfunktion (Cobb-Douglas-Form), in der der Output (das reale BIP, Y) von den beiden Inputs Kapital (K) und Arbeit (L) plus einem allgemeinen Effizienz- oder Produktivitätsfaktor (technischer Fortschritt - gesamte Faktorproduktivität - TFP) Ω erklärt wird:

$$Y = \Omega K^{(\theta+\alpha)} L^{(1-\alpha)} \tag{12.1}$$

[22] Die Darstellung folgt *Hansen-Heinrich-Nielsen* (1992), S. 215-218.

Wenn $\theta > 0$ gibt es steigende Skalenerträge. In der folgenden Analyse wird von einem konstanten Arbeitsbestand ausgegangen (z.B. normiert durch $L = 1$). Dann hängt die Veränderung des BIP (bei konstantem Ω) nur von der Veränderung des Kapitalstocks (Kapitalakkumulation) ab. Wenn davon ausgegangen wird, dass die Leistungsbilanz ausgeglichen ist, dann sind die Brutto-Anlageinvestitionen (I) gleich dem Brutto-Ersparnissen (S):

$$S = I \tag{12.2}$$

Ein Teil der gesamten Produktion (BIP) wird gespart. D.h. Sparen ist die Sparquote (s) mal dem BIP (Y): $S = sY$ Der alte Kapitalstock wird mit einer Abschreibungsrate (δ) abgeschrieben. Somit sind die Brutto-Anlageinvestitionen die Summe von abgeschriebenem alten Kapitalstock plus absoluter Änderung des Kapitalstocks (ΔK): Setzt man für $I = S = sY$, so erhält man:

$$sY = \delta K + \Delta K \tag{12.3}$$

Ein stabiles Gleichgewicht ist langfristig erreicht, wo die Ersparnisse gerade durch die Abschreibungen kompensiert werden und die Kapitalakkumulation zum Stillstand gekommen ist ($\Delta K = 0$). (siehe in *Abbildung 12.7* den Schnittpunkt der Spar-Investitionsfunktion $s\Omega F(K)$ mit der Abschreibungskurve = eine Gerade $D = \delta K$). In diesem langfristigen („steady state“) Gleichgewicht (*) sind Kapital und Produktion konstant. Dieser „steady state“ ist gegeben durch die Gleichung:

$$sY^* = \delta K^* \tag{12.4}$$

Wenn Kapital am Beginn kleiner ist als K^* sind die Ersparnisse und damit die Investitionen größer als die Abschreibungen; daher akkumuliert der Kapitalstock ($\Delta K > 0$). Wenn Kapital am Beginn größer ist als K^*, wird der Kapitalstock verringert ($\Delta K < 0$). Im langfristigen Gleichgewicht konvergiert der Kapitalstock eben zum „steady state“-Wert K^*.

EU-Binnenmarkt:

Die Schaffung des Binnenmarktes führt oder soll im allgemeinen zu einer Zunahme der allgemeinen Effizienz (gesamte Faktorproduktivität - TFP) führen. Dadurch steigt der Effizienzparameter von Ω_0 auf Ω_1. Das verändert das allgemeine Gleichgewicht der Produktion. Die Produktion (reales BIP) steigt durch den Anstieg der allgemeinen Effizienz. Es kommt zu einer Verschiebung der Produktionsfunktion nach oben von $\Omega_0 F(K)$ nach $\Omega_1 F(K)$. Für jeden gegebenen Kapitalstock kommt es zum Anstieg des realen BIP von $Y_0{}^*$ auf $Y_0{}'$ (siehe *Abbildung 12.7*). Dieser Effekt wird im *Cecchini-Bericht* (*Emerson et al.*, 1988) beschrieben und wird daher nach dem Autor des Berichts *„Emerson“-Effekt* genannt.

Allerdings verschiebt sich durch den Anstieg der allgemeinen Effizienz auch die Spar-Investitionskurve nach oben: von $s\Omega_0 F(K)$ nach $s\Omega_1 F(K)$. Langfristig führt dies bei konstanter Sparquote zu einem Anstieg des Kapitalstocks (Kapitalakkumulation) vom alten „steady state"-Wert $K_0 *$ auf den neuen „steady state"-Wert $K_1 *$. Das führt dazu, dass die Produktion (das reale BIP) weiter steigt: von Y_0' auf $Y_0 *$. Dieser Effekt, der auf den „Baldwin-Multiplikator" zurückgeht, wird als *„Baldwin-Effekt"* bezeichnet. Langfristig führt der Binnenmarkt dazu, dass das reale BIP um die Summe der beiden Effekte steigt, also von: $Y_0 *$ auf $Y_0 *$ (siehe *Abbildung 12.7*).

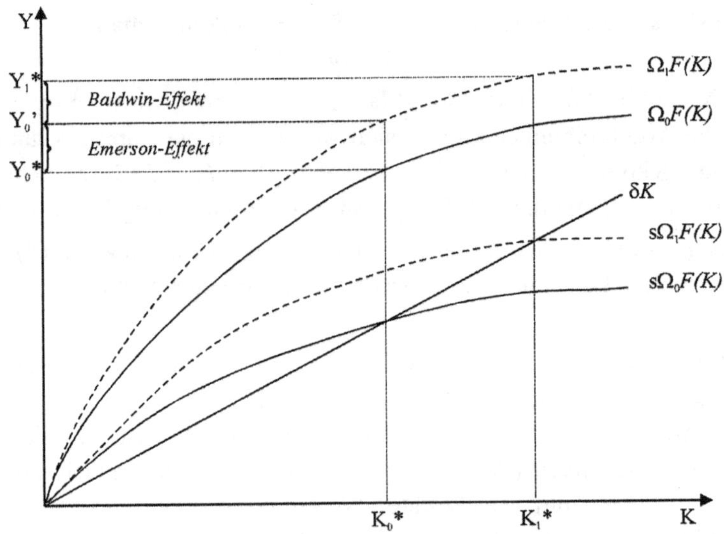

Abb. 12.7 Wachstumseffekte des EU-Binnenmarktes
Quelle: *Hansen-Heinrich-Nielson* (1992, S. 208)

Der Gesamteffekt kann mit Hilfe der Produktionsfunktion (Gleichung (12.1)) berechnet werden. Wenn man Gleichung (12.1) in Wachstumsraten transformiert (und einen konstanten Arbeitsbestand - z.B. $L=1$ unterstellt), so erhält man:

$$\Delta K / K = \Delta\Omega / \Omega + (\theta + \alpha)\Delta K / K \qquad (12.5)$$

Setzt man Gleichung (12.1) in Gleichung (12.4) ein so erhält man:

$$s\Omega L^{(1-\alpha)} = \delta K *^{(1-(\theta+\alpha))} \qquad (12.6)$$

Wenn man diese Gleichung in Wachstumsraten für einen gegebenen Arbeitsbestand ($L=1$) transformiert (Wachstumsraten von s und δ sind, weil Konstante, Null), so erhält man:

$$\Delta K^*/K^* = \frac{1}{(1-(\theta+\alpha))}\Delta\Omega/\Omega \qquad (12.7)$$

Setzt man Gleichung (12.7) in Gleichung (12.5) ein, so erhält man die Wachstumsrate des realen BIP im langfristigen Gleichgewicht:

$$\Delta Y^*/Y^* = \frac{1}{(1-(\theta+\alpha))}\Delta\Omega/\Omega \qquad (12.8)$$

Der endgültige Effekt des Anstiegs der allgemeinen Effizienz durch den EU-Binnenmarkt ($\Delta\Omega/\Omega$) auf die Produktion (das reale BIP) hängt letztlich vom Aufschlagsfaktor $1/(1-(\theta+\alpha))$ ab, der die Anpassung des Kapitalstocks auf ein höheres „steady state"-Niveau reflektiert. Wir nennen diesen Aufschlagsfaktor den *„Baldwin-Multiplikator"*.

Der Baldwin-Multiplikator hängt von den Parametern ($\theta+\alpha$) ab.

1) Nimmt man als Untergrenze *konstante Skalenerträge* an ($\theta=0$), und setzt man für die Produktionselastizität ($\alpha=0{,}3$) - Faktorentlohnung des Faktors Kapital - ein, so beträgt der Baldwin-Multiplikator 1,4. Wenn - wie der Mittelwert des Cecchini-Berichts - die allgemeine Effizientsteigerung ungefähr 5% ist, so würde daraus langfristig eine Steigerung des realen BIP von 7% resultieren (5x1,4).

Wenn man von *steigenden Skalenerträgen* ausgeht ($\theta>0$), so ist der Baldwin-Multiplikator entsprechend höher. Im Extremfall konvergiert er für $(\theta+\alpha)\rightarrow 1$ gegen ∞. *Baldwin* (1992b, S. 170) ermittelt (statische und dynamische) Gesamteffekte einer Teilnahme am Binnenmarkt von 3,3% bis 11,7% für Frankreich, 3,4% bis 14,9% für Deutschland, 3,4% bis 14,2% für die Niederlande, 3,1% bis 12,5% für Großbritannien und 3,5% bis 15,4% für Belgien (jeweils langfristiges reales BIP-Wachstum). Offen bleibt dabei die Frage, in welchem Zeitraum dieses Wachstumspotential ausgeschöpft werden kann. *Baldwin* glaubt, dass die Hälfte solcher Effekte in den ersten 10 Jahren eintreten könnten!

Der EU-Binnenmarkt sollte also (sehr) langfristig zu sehr beträchtlichen Wachstumseffekten führen, die viel höher sind, als die mittelfristigen Effekte (+4,5% reales BIP kumuliert über 6 Jahre) der makroökonomischen Modellsimulationen von *Catinat-Donni-Italianer* (1988) ergeben haben.

Die EU (siehe Art. 163 (ex-Art. 130f EGV)) fördert und unterstützt zur Stärkung der internationalen Wettbewerbsfähigkeit bewusst alle Forschungsmaßnahmen (mehrjährige Rahmenprogramme, Art. 165 (ex-Art. 130j EGV)) und klammert sie auch vom Verbot der staatlichen Beihilfen größtenteils aus[23]. Wie wir bereits im *Kapitel 8* ("Neue Wachstumstheorie des Außenhandels") erläutert haben, ist eine solche bewusste Investition in Humankapital und in den technischen Fortschritt nach den Erkenntnissen der "neuen" endogenen Wachstumstheorie das bestimmende Element zur Veränderung des langfristigen Wachstumspfads (Steady-state-Wachstumsrate) einer Volkswirtschaft. Der Nachweis, dass eine vertiefte Integration (z.B. in der EG von der Zollunion über den Binnenmarkt bis zur WWU) das Wirtschaftswachstum der Mitgliedstaaten beschleunigt, ist - wie wir bereits im *Kapitel 8.4.2* ("Wirtschaftliche Integration und endogenes Wachstum") - analysiert haben, schwer direkt zu bringen. Neben der dort erwähnten Literatur zur empirischen Überprüfung der endogenen Wachstumstheorie im Falle von wirtschaftlicher Integration finden andere Autoren für die bisherige Integration in Europa nur wenig direkte empirische Verbindungen. *Landau* (1995) verwirft z.B. die Hypothese, wonach die Mitgliedschaft in der EG (im wesentlichen die Zollunion und teilweise harmonisierte Politikbereiche, aber noch kein Binnenmarkteffekt) einen signifikanten Einfluss auf das Wirtschaftswachstum ihrer Mitglieder gehabt hätte. Zwischen dem Wachstum in den EG-Staaten und den Nicht-EG-Staaten bestand kein statistisch signifikanter Unterschied (Sample: 17 OECD-Länder). Solche Ergebnisse schließen jedoch nicht aus, dass der Binnenmarkt in Zukunft das Wachstum in der EU beschleunigt. *Badinger* (2001, 2003) findet dagegen im Rahmen ökonometrischer Schätzungen eines endogenen Wachstumsmodells (siehe Näheres in *Kapitel 8.4.2*) sehr wohl, dass auch für die Nachkriegsvergangenheit (1950-2000) die Europäische Integration (Zollunion in den sechziger Jahren; Freihandelszone der EFTA; Freihandelsabkommen EG-EFTA seit 1973; EU-Erweiterungen und EG-Binnenmarkt) einen Wachstumsimpuls gebracht hat (ein Anstieg des realen BIP pro Kopf um 0,12% pro Jahr).

---

[23] Die generell zulässige Beihilfenintensität beträgt für "vorwettbewerbliche" marktnähere Forschung und Entwicklung 25% und für Grundlagenforschung in der Industrie 50%, doch kann ein Zuschlag für Klein- und Mittelbetriebe (10 Prozentpunkte), Fördergebiete (5 oder 10 Prozentpunkte) und Vorhaben im Rahmen der Prioritäten des Rahmenprogramms für die Forschung und Entwicklung (15 Prozentpunkte) gewährt werden (*EG,* 1996a, S. 76; *Tondl* (1996, S. 19)).

12.4.4 Zehn Jahre EU-Binnenmarkt

Im Jahr 2003 feierte die Europäische Union das 10-jährige Jubiläums des Binnenmarktes[24]. Eine erste umfangreiche Ex-post-Evaluierung des Binnenmarktes hat die Europäische Kommission bereits 1996 (*EG*, 1996b) - basierend auf 38 Einzelstudien zu diversen Themen (von Außenhandel, Direktinvestitionen, Wettbewerbseffekte bis zu makroökonomischen Modellberechnungen) vorgenommen. Zwar wurde darin behauptet, dass die Effekte, die durch den "Cecchini-Bericht" ex ante vorausgeschätzt wurden, im wesentlichen bestätigt wurden. Diese Studie war zwar nahezu so umfangreich wie der Cecchini-Bericht von 1988 (siehe *Emerson et al.* (1988)), allerdings kam sie viel zu früh, um tatsächlich die Auswirkungen des Binnenmarktes zu bewerten. Die meisten zu diesem Zeitpunkt verwendeten Daten bezogen sich auf die Periode vor der Einführung des Binnenmarktes 1993 (!), ganz wenige bis 1994. Das Binnenmarktprojekt ist aber eher ein mittel- bis langfristig wirkendes Integrationsprogramm.

Nach der Vielzahl der Ex-ante-Studien vor Schaffung des Binnenmarktes (siehe den Überblick in *Tabelle 12.5*) scheint das Interesse an einer umfassenden Ex-post-Bewertung der Binnenmarkteffekte erlahmt zu sein. Weder gibt es seitens der Europäischen Kommission eine neue umfassende Studie wie 1988 und 1996, noch ist aus akademischer Sicht viel dazu geschehen. Im folgenden werden einzelne Ergebnisse kurz zusammengefasst.

Die Europäische Kommission hat zum einen die Defizite aufgelistet, die es in der Umsetzung der Binnenmarktgesetze (Richtlinien) immer noch gibt (siehe *EU*, 2002d), andererseits eine *„Binnenmarktstrategie"* entwickelt, um nach der EU-Erweiterung die Vorteile des Binnenmarktes optimal zu nutzen (siehe *EU*, 2003h). Anfang 2003 lag das Umsetzungsdefizit im Durchschnitt nur noch bei 2,4%. D.h. die Mitgliedstaaten sind mit der Umsetzung von über 550 einzelstaatlichen Gesetzgebungsmaßnahmen zur Umsetzung von EU-Richtlinien entsprechend im Verzug (siehe *EU-Binnenmarktanzeiger* Nr. 12, Mai 2003). Dies liegt auch daran, dass die gesetzgeberische Tätigkeit der EU zugenommen hat. Waren für die Schaffung des Binnenmarktes noch rund 220 Richtlinien vorgesehen, stieg deren Zahl bis 1995 auf 1291 und bis 2002 auf 1475 an.

Die wirtschaftlichen *Ex-post-Effekte des Binnenmarktes* hat die Europäische Kommission wie folgt zusammengefasst (siehe *EU*, 2002e, S. 2-3):
1) Gesamtwirtschaftliche Effekte:

- Das Niveau des *realen BIP der EU* lag im Jahre 2002 dank des Binnenmarktes um 1,8 Prozentpunkte oder 164,5 Milliarden € höher. Diese Schätzungen dürften eher an der Untergrenze angesiedelt sein, weil nicht alle Sektoren (z.B. fehlt der große Bereich der Liberalisierung des Dienstleistungssektors) in den Modellberechnungen berücksichtigt wurden[25].

Diese *„Binnenmarkteffekte“* sind das Ergebnis der Summe von zwei getrennten Simulationen mit dem Makromodell QUEST-II der Europäischen Kommission (siehe *EU* (2003a) sowie *EU* (2003h), S. 3 und *Roeger-Sekkat* (2002)). (1) Zum einen wurden die makroökonomischen Effekte der Liberalisierung in der *Industrie* geschätzt (ihre Wertschöpfung macht einen Anteil von rund 25% des EU-BIP aus). Für die Dienstleistungssektoren gibt es derzeit noch kaum quantitative Abschätzungen der Effekte des Binnenmarktes. (2) Zum anderen wurden die makroökonomischen Effekte der Liberalisierung in *Netzwerkindustrien* (Strom, Gas, Wasser, Telekommunikation, Transport) berücksichtigt.

ad (1) Für den *Industriebereich* wurden bei den Simulationen die Wirkungen des EU-Binnenmarktes mittels zweier Inputs simuliert: a) ein Sinken der Preisaufschläge auf die Kosten (mark-up) von rund 0,9 Prozentpunkten auf Grund der Wirkungen des Preiswettbewerbs auf dem integrierten Binnenmarkt[26] und b) ein Anstieg der gesamten Faktorproduktivität (TFP) von

---

24 Informationen seitens der Europäischen Kommission über den EU-Binnenmarkt allgemein sowie über „10 Jahre Binnenmarkt“ im Besonderen, findet man auf der Europa-Homepage: http://europa.eu.int/comm/internal_market/de/index.htm

25 Ex-ante-Schätzungen mittels Makromodellsimulationen hatten einen Anstieg des Niveaus des realen BIP nach 6 Jahren von 4,5% ergeben (siehe *Catinat-Donni-Italianer (1988)* sowie *Tabelle 12.8* im Text). In der ersten Ex-post-Studie über die Auswirkungen des Binnenmarktes der Europäischen Kommission (*EG* (1996b), chapter 6, S. 166-167) wurde unter der Annahme einer aggregierten Senkung der mark-ups von 0,6 Prozentpunkten (durch mehr Wettbewerb) und einem permanenten Anstieg des TFP-Wachstums von 0,1% pro Jahr folgendes Ergebnis erzielt: Laut Simulationen mit einem allgemeinen Gleichgewichtsmodell (CGE-Modell - GEM-E3-IM) mit 12 EU-Ländern und dem Rest der Welt sowie mehreren Sektoren hat der Binnenmarkt dazu beigetragen, dass das Niveau des realen BIP der EU im Jahr 1994 um 1,2% höher gewesen ist. Das entspricht einem Wohlfahrtsgewinn von 60-80 Mrd. € (was ungefähr dem BIP Portugals entspricht). Vergleichbare Simulationen (mit denselben Inputs) mit dem QUEST-II-Makromodell der Europäischen Kommission führen zu einem BIP-Anstieg im Jahr 1994 von 1,4%. Im CGE-Modell kommt es noch zu einem Anstieg der Investitionen um 2,7% und um eine Zunahme des Intra-EU-Handels um 4%. Laut CGE-Modell hat der Binnenmarkt bis 1994 300.000 neue Arbeitsplätze geschaffen (laut QUEST-II-Modell waren es sogar 900.000 oder 0,7% mehr).

26 Dieser Modellinput ist ein Durchschnittswert aus Schätzungen vorhandener Studien (z.B. jener von *Allen-Gasiorek-Smith* (1998) sowie von *Notaro* (2002)). Diese Studien untersuchen ökonometrisch den Einfluss des Binnenmarktes auf die mark-ups (Preis-Kosten-Spannen) in

ungefähr 0,5% wegen der gestiegenen Effizienz auf dem Binnenmarkt[27] infolge von Liberalisierung/Deregulierung und Privatisierung.

Die makroökonomischen Binnenmarkteffekte durch die Liberalisierung im Industriesektor führen laut QUEST-II-Simulationen zu folgendem Ergebnis: Das Niveau des realen BIP der EU wäre ohne Binnenmarkt im Jahr 2002 um 1,4 Prozentpunkte niedriger gewesen (Spannweiten von 0,8% bis 2,1%). Für die nähere Zukunft sind nur noch kleinere Zusatzgewinne durch das Wirken des Binnenmarktes zu erwarten. Bis 2012 sollte das Niveau des realen BIP um zusätzlich 0,4% und bis 2022 um zusätzlich 0,5% durch die langfristigen Wirkungen des Binnenmarktes steigen.

ad (2)) Bezüglich der Effekte der Liberalisierung der *Netzwerkindustrien* gibt es erst wenige Studien. Einige vorläufige Schätzungen (siehe *Roeger-Warzynski*, 2002) im Elektrizitätssektor deuten darauf hin, dass die mark-ups um 19% bis 25% gesunken sein könnten. Da die Preise im Telekommunikationssektor (relativ zum Verbraucherpreisindex) mit 23% seit 1996 stärker gesunken sind als im Elektrizitätssektor mit 9%, dürften die Gewinnspannen im ersteren Bereich stärker geschrumpft sein. Das deckt sich auch mit der Tatsache, dass die Liberalisierung im Telekommunikationssektor bereits weiter fortgeschritten ist als im Strom- und Gassektor. *Roeger-Sekkat* (2002) nehmen

---

verschiedenen Industriesektoren. Für die Dienstleistungssektoren gibt es derzeit noch kaum quantitative Abschätzung der Effekte des Binnenmarktes. Erste Evaluierungen der Effekte der Liberalisierung von Netzwerkindustrien (Strom, Gas, Wasser, Telekommunikation, Transport) gibt es bereits. Die Liberalisierung des Stromsektors und jene der Telekommunikation hat nach Simulationen mit dem QUEST-II-Modell der Europäischen Kommission (siehe das Hintergrundpapier von *Roeger-Sekkat* (2002) und *EU* (2002f, chapter 3) bringt sogar etwa stärkere BIP-Effekte als die „Binnenmarkteffekte", weil angenommen wurde, dass Deregulierung auch Auswirkungen auf die Einkommensverteilung zwischen Arbeitern und Unternehmen hat.

27 Dieser Modellinput resultiert aus Erkenntnissen diverser Studien, die den Einfluss der Öffnung der Märkte (Liberalisierung, Privatisierung, Deregulierung auf sektoraler Ebene und gesamtwirtschaftlich) untersuchen. Dazu zählen z.B. die Studien von *Nicoletti-Scarpetta* (2003) sowie jene von *Salgado* (2002), beides Studien, die die Einflüsse von Liberalisierung (Reform der Produkt- und Arbeitsmärkte) auf sektoraler und gesamtwirtschaftlicher Ebene mit Panel-Schätzungen für die Industrieländer der OECD auf das Wachstum der gesamten Faktorproduktivität (TFP) untersuchen. Die Einflüsse sind nicht immer eindeutig und signifikant. Der Einfluss auf das TFP-Wachstum ist kurzfristig schwach, aber langfristig ziemlich hoch (zwischen 0,2 und 0,3 Prozentpunkte pro Jahr). *Botasso-Sembenelli* (2001) zeigen in einem Panel-Ansatz für italienische Firmen, dass der Binnenmarkt zu einer 50%igen Senkung der Marktmacht jener Unternehmen geführt hat, die vom Binnenmarkt am meisten betroffen waren. Desgleichen ist nach Einführung des Binnenmarkts die Produktivität stark gestiegen.

daher für ihre Modellsimulationen an, dass in den Netzwerkindustrien insgesamt der mark-up um 0,5 Prozentpunkte gesunken ist.

Die makroökonomischen Binnenmarkteffekte durch die Liberalisierung in den Netzwerksektoren führen laut QUEST-II-Simulationen (*Roeger-Sekkat* (2002) und EU (2002f) zu folgendem Ergebnis: Das Niveau des realen BIP der EU lag bereits nach 4 Jahren durch die Liberalisierung um 0,4 Prozentpunkte (Elektrizitätssektor) und 0,6 Prozentpunkte (Telekommunikationssektor) höher. Das reale BIP wird nach 10 Jahren Liberalisierung um weitere 0,6 Prozentpunkte steigen.

- Seit 1992 wurden in der EU etwa 2,5 Millionen *Arbeitsplätze* geschaffen, was ohne die Öffnung der Grenzen nicht möglich gewesen wäre. Die Makromodellsimulationen besagen, dass ohne Binnenmarkt das Niveau der EU-Beschäftigung im Jahr 2002 um 0,86% niedriger gewesen wäre (mit Berechnungsspannweiten von 0,43% bis 1,3%). Allerdings können für die weitere Zukunft (2012 und 2022) auf Grund des Binnenmarktes keine weiteren Zugewinne in der Beschäftigung mehr erwartet werden. Dies ergibt sich in den Simulationsberechnungen von *Roeger-Sekkat* (2002) im wesentlichen aus dem Anstieg der Produktivität.
- Der *Wohlstand* hat sich infolge des Binnenmarktes in den letzten zehn Jahren um insgesamt 877 Milliarden € erhöht. Das entspricht im Durchschnitt 5,700 € pro EU-Haushalt.
- Der Binnenmarkt hat die *Wettbewerbsfähigkeit von EU-Unternehmen* auf den Weltmärkten erhöht. Die Ausfuhren der EU in Drittländer sind von 6,9% des BIP der EU (1992) auf 11,2% (2001) gestiegen. Der Anteil der Intra-EU-Exporte der EU-Mitgliedstaaten ist von 50% im Jahr 1960 auf 65% 1992 gestiegen und seither auf 60% im Jahr 2002 gesunken[28]. Demgegenüber ist der Anteil der Extra-EU-Exporte nach dem Rückgang von 50% im Jahr 1960 auf 35% im Jahr 1992 seither wieder auf 40% gestiegen.
- Der Binnenmarkt hat Europa für ausländische Investoren viel attraktiver gemacht. Neue Zuflüsse ausländischer *Direktinvestitionen* (FDI) in die EU, gemessen in Prozent des BIP, haben sich mehr als verdoppelt. Die grenzüberschreitenden Intra-EU-FDI sind von 2% 1992 auf rund 14% 2000 angestiegen.

---

28 *Badinger-Breuss* (2003a) zeigen mit einem dynamischen Panelansatz, dass das rasche Wachstum des Intra-EU-Handels zwischen 1960 und 2000 im Wesentlichen auf das Wachstum des realen BIP (zu 69%) zurückzuführen ist. Rund 19% trug der Zollabbau zum Wachstum bei, 6% der Konvergenzprozess zwischen den Mitgliedstaaten und 11% exogene Einflüsse. Die stetige reale Aufwertung seit 1960 hat das Wachstum anteilig um 5% gedämpft.

2001 kam es konjunkturbedingt zu einem Rückgang auf rund 4% des BIP (siehe *EU*, 2002e, S. 7). Dahinter stecken die Bemühungen der Unternehmen, sich auf dem Binnenmarkt durch Fusionen und Zusammenschlüsse stärker zu positionieren um economies of scale besser ausnützen zu können.

2) Vorteile für die VerbraucherInnen:

- Der Binnenmarkt hat eine *breiteres Angebot* hochwertiger Waren und Dienstleistungen gebracht. Laut Erhebung der Kommission glauben die 80% der BürgerInnen der EU, dass ihnen der Binnenmarkt eine größere Auswahl gebracht hat, 67% sind der Ansicht, dass sich die Qualität verbessert habe (*Dixit-Stiglitz*-Effekte).
- In vielen Fällen sind die *Preise* für Waren und Lebensmittel dank der Öffnung der nationalen Märkte und der dadurch bedingten Zunahme des Wettbewerbs *gesunken.*
- *Niedrigere Telekommunikationsgebühren*: neue Technologien und die Liberalisierung im Binnenmarkt bedeuten, dass die Tarife, die die alten nationalen Monopole für Inlandsverbindungen verrechneten, im Schnitt um rund 50% gefallen sind, die für Auslandsverbindungen um rund 40%.
- Günstigere Flugtarife: Die Preise für Sondertarife gingen von 1992 bis 2000 um 41% zurück.
- Über 15 Millionen EU-BürgerInnen haben sich in einem anderen Mitgliedsland niedergelassen, um dort zu arbeiten oder ihren Ruhestand zu verbringen (*Niederlassungsfreiheit*). Sie genießen angemessenen Sozialschutz und aktives und passives Wahlrecht an ihrem Wohnort. Eine Million junge Menschen konnten mit Hilfe des Programms Erasmus einen Teil ihres Studiums in einem anderen EU-Mitgliedsstaat absolvieren.
- Kunden genießen vollen *Verbraucherschutz*, wenn sie außerhalb ihres Heimatlandes einkaufen.
- Auftraggeber, die die *Vergabevorschriften* der EU eingehalten haben (öffentliches Auftragswesen), konnten Kosten einsparen. Der Preis für Schienenfahrzeuge ist z.B. um 40% gefallen.

3) Vorteile für die Unternehmen:

- Der Handel innerhalb der EU ist wesentlich einfacher geworden. Der *Wegfall von Grenzformalitäten* hat die Lieferfristen verkürt und die Kosten verringert. Vor dem Abbau der Grenzen erforderte allein das Besteuerungssystem pro Jahr 60 Millionen Zollabfertigungspapiere; heute sind diese überflüssig.

- Der Grundsatz der *gegenseitigen Anerkennung* führt in den meisten Fällen dazu, dass Unternehmen nur die Vorschriften ihres Niederlassungsstaates erfüllen müssen, um Waren oder Dienstleistungen überall in der EU absetzen zu können.
- In vielen Fällen errichten Richtlinien und Verordnungen nicht noch mehr bürokratische Hürden auf, sondern ersetzen eine Vielzahl komplexer und unterschiedlicher nationaler Vorschriften durch einen *einzigen Regelungsrahmen*. Dies führt zur Senkung der Kosten der Rechtsbefolgung, die an die Verbraucher weitergegeben werden können.
- *Befragungen* zeigen, dass die Unternehmen den Handel im Binnenmarkt positiv sehen: Über 60% der Unternehmen, die in mehr als 5 EU-Länder exportieren, gaben an, dass ihr grenzüberschreitender Absatz durch den Binnenmarkt gestiegen sei.
- Für kleine und mittlere Unternehmen (*KMU*), die früher von den damit verbundenen Kosten und Schwierigkeiten abgehalten worden wären zu exportieren, haben sich neue Exportmärkte auf dem Binnenmarkt eröffnet.
- Durch die Liberalisierung des *öffentlichen Auftragswesens* (die immer noch nicht ganz perfekt funktioniert; siehe die Kritik in EU, 2002a) können sich Unternehmen nun an Ausschreibungen von Liefer- und Dienstleistungsaufträgen durch öffentliche Auftraggeber aus anderen Mitgliedstaaten beteiligen.
- Die KMU profitieren von niedrigeren *Strom- und Gaspreisen* in Mitgliedstaaten, die diese Marktsegmente für den Wettbewerb geöffnet haben (siehe *EU*, 2002b).

Trotz der unbestrittenen Fortschritte durch die Schaffung des Binnenmarktes, weist dessen Umsetzung noch erhebliche Mängel in einigen Bereichen auf. Zum einen stehen einige Sektormärkte erst am Beginn der Öffnung/Liberalisierung (z.B. der Gasmarkt), zum anderen funktioniert der europäische Finanzmarkt (siehe *EU* (2003i))[29] sowie der Dienstleistungsmarkt (siehe *EU* (2002a)) immer noch nicht befriedigend. In der Verbesserung des Binnenmarktes steckt in beiden Fällen noch ein erhebliches Wohlfahrtspotential. Der Wachstumseffekte einer vollen In-

[29] Ein großer Fortschritt ist das Inkrafttreten einer Verordnung über grenzüberschreitende Zahlungen am 1. Juli 2002 (VO(EG) Nr. 2560/2001 vom 19.12.2001, ABl. L 344/13). Danach dürfen Banken für grenzüberschreitende Transaktionen mit Kreditkarten ab 1. Juli 2002 und für Überweisungen bis zu 12.500 € nicht mehr verlangen als für inländische. Da letztere meist billiger waren, führt dies zu einem erheblichen Wohlfahrtsgewinn für die Konsumenten von Finanzdienstleistungen im Binnenmarkt.

tegration der europäischen Finanzmärkte wird für die meisten EU-Mitgliedstaaten mit rund 1 Prozent mehr BIP-Wachstum pro Jahr geschätzt (siehe *Giannetti-Guiso-Jappelli-Padula-Pagano*, 2002). Um den Finanzmarkt in der EU zu verbessern hat die EU im Jahr 1999 einen Aktionsplan für Finanzdienstleistungen (FSAP – Financial Services Action Plan) mit 42 Maßnahmen angenommen (siehe *EU* (2002e), S. 38). Davon wurden 32 Maßnahmen bereits beschlossen. Die Staats- und Regierungschefs der EU haben gefordert, dass bis 2003 ein gemeinsamer Finanzmarkt (a) institutioneller Finanzmarkt mit besserer Berichterstattung, b) gemeinsamer Privatkundenmarkt mit Verbraucherschutz, c) bessere Aufsichtsvorschriften) geschaffen wird und der gesamte Aktionsplan bis 2005 umgesetzt wird. Ein voll funktionsfähiger Dienstleistungsmarkt würde sicherlich das Wachstumspotential erheblich vergrößern. Studien über diesen Sektor gibt es aber noch kaum. Insgesamt wurde ein eigener Prozess im Rahmen der wirtschaftspolitischen Koordinierung für die „Wirtschaftsreform“ eingerichtet, der sogenannte *Cardiff-Prozess* (eingerichtet vom Europäischen Rat im Juni 1998). Er soll das Funktionieren der Waren-, Dienstleistungs- und Kapitalmärkte überwachen und verbessern[30]. Auf dem Europäischen Rat am 20.-21. März 2003 wurde die „Binnenmarktstrategie“ - neben den Grundzügen der Wirtschaftspolitik und den beschäftigungspolitischen Leitlinien - als ein Schlüsselinstrument zur Koordinierung der Wirtschaftspolitik auf EU-Ebene gewürdigt (im Rahmen des *Lissabon-Prozesses* mit seiner „neuen offenen Methode der Koordinierung“; siehe *EU* (2003e), S, 3). Letztlich hat sich die EU auf dem Lissabon-Gipfel des Europäischen Rates vom 23.-24. März 2000 als strategisches Ziel gesetzt, *„die Union zum wettbewerbsfähigsten und dynamischsten wissensbasierten Wirtschaftsraum in der Welt zu machen - einem Wirtschaftsraum, der fähig ist, ein dauerhaftes Wirtschaftswachstum mit mehr und besseren Arbeitsplätzen und einem größeren sozialen Zusammenhalt zu erzielen“*.

Diesem hehren Ziel ist - wie einige Kennzahlen (siehe auch die laufend im Rahmen des „Lissabon-Prozesses“ von der Europäischen Kommission produzierten Strukturindikatoren zum Frühjahrsgipfel des Europäischen Rates; siehe z.B. *EU* (2003d, 2003e)) verdeutlichen - die EU bisher noch keinen Schritt näher gekommen. Die EU-15 gibt im Durchschnitt für Forschung und Entwicklung (F&E) 1,93% des BIP aus (Spitzenwert 3,37% in Finnland, niedrigste Ausgaben mit 0,94% in Spanien; jeweils letzt verfügbarer Wert von Eurostat) aus, die USA 2,70% und Japan 2,98%. Die Erwerbsbeteiligung (Gesamtbeschäftigte in Prozent

---

[30] Entsprechende Information und Studien findet man auf der Europa-Hompage: http://europa.eu.int/comm/internal_market/de/update/economicreform/index.htm

der erwerbsfähigen Bevölkerung im Alter von 15-64 Jahren) liegt in der EU-15 mit 65,5% weit unter jener der USA (72,3%) und Japans (73,4%; Quelle: OECD, Economic Outlook). Die EU will (Ziel laut Lissabon-Gipfel) eine Erwerbsquote von 70% anstreben. Die Arbeitslosenquote betrug im Jahr 2002 in der EU-15 7,7%, in den USA 5,8% und in Japan 5,4%. Die gesamte Faktorproduktivität (TFP oder technischer Fortschritt) im Unternehmenssektor ist in der EU zwischen 1980-1990 von einem jährlichen Wachstum von 1,5% auf 1,0% in der Periode 1990-2000 gesunken, während sie in den USA im gleichen Zeitraum von 0,9% auf 1,1% gestiegen ist (siehe *Nicoletti-Scarpetta* (2003), S. 14-15), in Japan ist sie von 2.2% auf 1,0% gesunken. Der Beitrag des IT-Sektors (Informationstechnologiebereich) zum BIP- und Produktivitätswachstum war im letzten Jahrzehnt in den USA doppelt so hoch wie in der EU-15 (siehe *Roeger*, 2001). Ende der neunziger Jahre betrug der Anteil der Produktion (Investitionen) im IT-Sektor am BIP in den USA 2% (2,5%), in der EU-15 knapp über 1% (1,5%). Simulationen von *McMorrow-Roeger* (2001, S. 80) zeigen, dass in der zweiten Hälfte der neunziger Jahre der IT-Sektor zum Potentialwachstum der EU zwischen ¼ und ½ Prozentpunkt beigetragen hat, während er in den USA das Potentialwachstum um ¾ Prozentpunkt steigerte (daher prägte man das Schlagwort von der „New Economy" - rasches, IT-induziertes Wirtschaftswachstum mit gleichzeitig niedriger Inflationsrate). Die EU hinkt chronisch in der Produktivität den USA hinterher. Das Niveau der Arbeitsproduktivität machte im Jahr 2001 in der EU-15 nur 78% jenes der USA aus (Japan 67%). In der EU ragten Luxemburg mit 108% heraus, am untersten Ende lag Portugal mit nur 49% des US-Niveaus (siehe *EU* (2003e), S. 21; siehe auch *Aiginger* (2000)). Die EU-15 erreichte im Jahr 2002 im Durchschnitt nur ein BIP pro Kopf (gemessen in KKP) von 71% (1999 lag es bei 70%) jenes der USA (siehe *EU* (2003d, 2003e)). Die Erweiterung der EU um 10 neue Mitglieder per 1. Mai 2004 wird die EU im Durchschnitt „verarmen". Während durch die Erweiterung im Jahre 1995 um Finnland, Österreich und Schweden das BIP pro Kopf (zu KKP) der EU leicht um 0,3% gestiegen ist, wird die EU-25 gegenüber der EU-15 im Durchschnitt eine Einbusse des BIP pro Kopf um 8,8% hinnehmen müssen (von 24.140 € auf 22.024 € zu KKP).

Tabelle 12.12 Wirtschaftswachstum vor und nach Schaffung des EU-Binnenmarktes (jährliche Veränderung in %)

	BIP, real			BIP, real pro Kopf		
	1983-1992	1993-2002	Differenz	1983-1992	1993-2002	Differenz
Belgien	2,32	1,98	-0,35	2,13	1,70	-0,43
Dänemark	1,69	2,46	0,77	1,60	2,05	0,45
Deutschland	-	1,28	-1,75	-	1,04	-1,46
Westdeutschland	3,03	-	-	2,50	-	-
Griechenland	1,36	2,77	1,41	0,86	2,17	1,31
Spanien	3,19	2,80	-0,39	2,90	2,40	-0,50
Frankreich	2,34	1,92	-0,42	1,80	1,50	-0,30
Irland	3,55	7,91	4,36	3,36	6,86	3,50
Italien	2,34	1,61	-0,73	2,29	1,41	-0,88
Luxemburg	6,01	4,47	-1,54	5,25	3,16	-2,09
Niederlande	2,85	2,66	-0,19	2,25	2,02	-0,23
Österreich	2,75	2,01	-0,74	2,30	1,72	-0,58
Portugal	3,46	2,49	-0,97	3,47	2,10	-1,37
Finnland	1,63	3,33	1,70	1,19	3,02	1,83
Schweden	1,80	2,87	1,07	1,39	2,57	1,18
Großbritannien	2,52	2,84	0,32	2,22	2,48	0,26
EU-15	2,57	2,08	**-0,49**	2,22	1,74	**-0,48**
Euro-Zone	2,64	1,91	-0,73	2,28	1,57	-0,71
USA	3,41	3,25	*-0,17*	2,39	2,04	*-0,35*
Japan	3,93	1,10	-2,83	3,43	0,86	-2,57
Schweiz	1,96	1,06	-0,90	1,21	0,54	-0,67
Norwegen	2,94	3,29	0,35	2,52	2,72	0,20
Island	1,82	3,28	1,46	0,71	2,26	1,55

Quellen: Eurostat, Europäische Kommission, AMECO-Datenbank.

Ein Vergleich des Wirtschaftswachstum (reales BIP und reales BIP pro Kopf) 10 Jahre vor Schaffung des Binnenmarktes mit jenem 10 Jahre danach deutet keineswegs darauf hin, dass der Binnenmarkt die EU auf einen rascheren Wachstumspfad geführt hätte (siehe *Tabelle 12.12*).

Obwohl dieser Vergleich keine Analyse von Integrationseffekten des Binnenmarktes darstellt, weil in den Daten alle anderen Einflüsse außer dem Binnenmarkt enthalten sind, zeigt er doch eindrucksvoll, dass etwa im Vergleich mit den USA der Wachstumsrückgang in der Periode nach Schaffung des Binnenmarktes in der EU im Durchschnitt stärker war als in den USA. Lediglich in Japan - das seit einem Jahrzehnt in einer Stagnation mit Deflation steckt - , war der Wachstumsverfall größer. Innerhalb der EU ragen mit einer Wachstumsbeschleunigung vor allem die zwei Kohäsionsländer Irland und Griechenland (nicht aber Portugal und Spanien) heraus. Dazu gesellen sich Länder wie Finnland sowie Dänemark, Großbritannien und Schweden (letztere drei nicht Mitglieder der Euro-Zone) mit starken Wachstumszuwächsen. Die Kernländer der EU (Belgien, Deutschland, Frankreich, Italien, Luxemburg und die Niederlande) haben allesamt Wachstumseinbussen erlitten. Auch Österreich - seit 1995 Mitglied der EU - hat im Gegensatz zu Finnland und Schweden - an Wachstum verloren.

12.5 "Multi-Speed Europe": Europa der zwei Geschwindigkeiten

Krugman (1991) ist ein Pionier auf dem Gebiet der neuen Integrationstheorie, die er "Economic Geography" oder "Geography and Trade" nennt. Er verknüpft die moderne Außenhandelstheorie mit der Regionalökonomie und kommt dabei zu überraschenden neuen Einsichten (nähere Ausführungen zu diesem Modelltyp siehe *Anhang 7.2*).

Das theoretische Grundgerüst basiert wiederum auf dem *Dixit-Stiglitz*-Ansatz (*Dixit-Stiglitz,* 1977) der monopolistischen Konkurrenz (Economies of Scale) mit Produktvielfalt, den bereits *Smith-Venables* (1988) für die Analyse der Binnenmarkteffekte verwendeten.

Krugman (1991) versucht, modellendogen zu erklären, warum sich Agglomerationen der Industrie in nur wenigen Regionen eines Landes bilden ("Core-Periphery"-Entwicklung). Dass eine Region sich zu einem Zentrum entwickelt (das Industriewaren herstellt), während eine andere die landwirtschaftliche Peripherie bleibt, hängt vom Zusammenspiel folgender Parameter ab: Economies of Scale, Transportkosten und Anteil der Gesamtausgaben für Industriewaren.

Bezugnehmend auf die Schaffung des europäischen Binnenmarktes im Jahre 1993 sieht es *Krugman* (1991, S. 8) nicht mehr als Aufgabe der Standard-Außenhandelstheorie, die Beziehungen zwischen den Ländern innerhalb des gemeinsamen Marktes zu erklären. Im Binnenmarkt wird die Außenhandelstheorie deshalb von der Regionalökonomie abgelöst (eine ähnliche Argumentation verfolgt *Breuss,* 1992c).

Martin-Ottaviano (1995) modellieren mit dem *Krugman*-Modelltyp ein "Multi-Speed Europe": Mit der Osterweiterung der EU, aber auch mit der Schaffung der Währungsunion werde die Wirtschaftsentwicklung in Europa von einem "Multi-Speed"-Prozess geprägt sein ("ins" versus "outs" bzw. "prä-ins"). Sie treffen dazu folgende Annahmen: a) drei Länder (zwei gleich "reiche" Länder A und B bilden eine Integrationsgemeinschaft, ein drittes, "armes" Land C bleibt außerhalb), b) zwei Typen von Konsumenten: Arbeiter und Unternehmer; c) Die Nutzenfunktion umfasst ein Numéraire-Gut, das mit konstanten Skalenerträgen erzeugt wird, und ein Güterbündel aus vielen verschiedenen Produkten; d) Berücksichtigung von Transaktionskosten zwischen den Ländern (Transportkosten); e) Zwei Produktionsfaktoren: Arbeit und Kapital (Humankapital).

Folgende Fragen sollen beantwortet werden:

- Würde die aus einer Konzentration in Kerneuropa folgende Situation eines "Europa der zwei Geschwindigkeiten" die Lage der Außenseiter verschärfen?
- Ist eine Übergangsperiode notwendig, in der die "armen" Länder nicht integriert sind, um eine massive Reallokation in das "reiche" Zentrum zu vermeiden, bis sich die Einkommenslücke schließt?
- Oder vergrößert die Übergangsperiode das Risiko der weiteren Konzentration auf das Zentrum? In diesem Fall würden die Einkommensniveaus der "reichen" und der "armen" Länder weiter auseinanderdriften, und eine Integration der "armen" Länder wäre nicht mehr möglich.

Wenn Migration während der Übergangsperiode ausgeschlossen ist (keine Integration des "armen" Landes), können die Unternehmer wählen, in welchem Land sie produzieren wollen, aber nicht selbst auswandern. Wenn die beiden Länder innerhalb des "Binnenmarktes" ihre Transportkosten senken, werden die Ressourcen vom ausgeschlossenen Land in das Zentrum umgelenkt. Innerhalb eines Binnenmarktes sind die gegenseitigen Exportchancen immer höher als gegenüber dem ausgeschlossenen Land.

Wenn Migration erlaubt ist, d.h. wenn Unternehmer selbst auswandern können, zieht der Ausschluss des "armen" Landes eine Agglomeration in den "reichen" Ländern (im Zentrum) nach sich. Hauptdeterminante für die Standortallokation sind die Einkommensdifferentiale. Dieser Prozess der vorübergehenden Konzentration kann kumulativ wirken und letztlich das arme Land noch ärmer machen, wodurch seine Chancen auf Integration schwinden. In drei Integrationsszenarien untersuchen *Martin-Ottaviano* (1995, S. 14-16) mittels numerischer Simulationen die verschiedenen Auswirkungen eines "Europa der zwei Geschwindigkeiten".

13 Die EU-Erweiterung 2004 - Das Ende der Teilung Europas

13.1 Einleitung

Die Europäische Union hat bereits vier Erweiterungen erlebt, die fünfte erfolgt am 1. Mai 2004 um 10 neue Mitglieder. Begonnen hat die EWG mit sechs Mitgliedern im Jahre 1958, ab 2004 wird sie 25 Mitglieder zählen (siehe die Geschichte der EU in *Tabelle 12.1*)[1]. Ein Ende dieses Erweiterungsprozesses ist nicht abzusehen. Einige politische Kommentatoren können sich in nicht allzu ferner Zukunft eine EU mit 40 Mitgliedern vorstellen! Die Attraktivität der EU ist ungebrochen. Sie ist - neben ihrer wirtschaftlichen Bedeutung für die Integration Europas - das größte Friedensprojekt Europas nach dem Zweiten Weltkrieg. Das Besondere an der EU-Erweiterung 2004 ist zum einen der Umfang (es handelt sich um die größte Erweiterung der EU seit ihrem Bestehen), die politische Bedeutung (sie bedeutet das wahre Ende des „Kalten Krieges" und damit der Teilung Europas) und die wirtschaftliche Heterogenität (ein „reicher" Block von 15 Marktwirtschaften nimmt einen „armen" Block von 8 Transformationsökonomien in Mittel- und Osteuropa (MOEL) plus Malta und Zypern) auf. Die Integrationssituation ähnelt jener der NAFTA im Jahre 1994, als die reichen USA und Kanada das arme Mexiko integrierten. Während die EU mit der vierten Erweiterung um Finnland, Österreich und Schweden im Durchschnitt noch etwas „reicher" - gemessen am BIP pro Kopf - wurde, bedeutet die fünfte Erweiterung wieder, dass die EU-25 im Durchschnitt wieder „ärmer" wird.

Im Folgenden wird zunächst die Ausgangslage der neuen EU-Mitglieder beschrieben, sowie die Besonderheiten von Transformationsökonomien charakterisiert. Sodann wird der zehnjährige Beitrittsprozess und die damit verbundene EU-Strategie skizziert. Abschließend werden die wirtschaftlichen Auswirkungen in den alten und neuen Mitgliedstaaten an Hand von Simulationsstudien analysiert.

---

[1] Da die jüngste EU-Erweiterung erst eben abgeschlossen ist, gibt es erst wenige Lehrbücher zu diesem Thema. Erwähnt werden sollen z.B. *Belke-Hebler* (2002) und *Brasche* (2003, 4. Kapitel). Ein umfangreiches Informationsmaterial über die Aktivitäten der Europäischen Kommission, die die Beitrittsverhandlungen im Namen der EU-Mitgliedstaaten geführt hat, findet man auf der Europa-Homepage: http://europa.eu.int/comm/enlargement/index_de.html

13.2 Von der Plan zur Marktwirtschaft

13.2.1 Eine kurze Geschichte der Ostöffnung

Mit Ausnahme von Malta und Zypern handelt es sich bei den neuen Mitgliedern der EU ab 2004 um Transformationsökonomien. D.h. sie waren bis zur Ostöffnung im Jahre 1989 wirtschaftlich gesehen Planwirtschaften und politisch betrachtet unvollständige Demokratien (teilweise Diktaturen). Erst der Zusammenbruch des Kommunismus im Jahre 1989 hat zur Ostöffnung und in weiterer Folge zur Annäherung an die EU mit Ambitionen zu einem EU-Beitritt geführt (zur Geschichte der Ostöffnung und die Annäherung der MOEL an die EU, siehe *Tabelle 13.1*).

Tabelle 13.1 Die Ost-West-Beziehungen nach 1989

	Westen		**Osten**	
	Wirtschaft	**Politik**	**Wirtschaft**	**Politik**
1989 Nov. 1989 1.7. 1990 3.10. 1990			Ostöffnung Wirtschafts-, Währungs- und Sozialunion (BRD)	Zusammenbruch des Kommunismus Fall der Berliner Mauer **Deutsche Wiedervereinigung**
25.5. 1990	EBWE/EBRD (42)		EBWE/EBRD (42)	
19./21.11. 1990		KSZE-Konferenz in Paris **Ende des „Kalten Krieges"**		KSZE-Konferenz in Paris **Ende des „Kalten Krieges"**
1991			Auflösung RGW	
21.12. 1991				Auflösung der UdSSR - Gründung der GUS (12)
1.1. 1993	**EG-Binnenmarkt** (12): BE, DK, DE, EL, ES, FR, IE, IT, LU, NL, PT, UK			
6/1993		Europäischer Rat der EU in Kopenhagen		3 „Kopenhagener" Beitrittskriterien
1.11. 1993	EUV/Maastricht Vertrag (12) Ziel - WWU	Maastricht-Vertrag in Kraft		
1.1. 1994	EWR (17): 12 EU + 5 EFTA			

	Westen		Osten	
	Wirtschaft	Politik	Wirtschaft	Politik
1.2. 1994 - 1.2. 1995	**Europa-Abkommen (EA)** der EU mit 10 MOEL		**Europa-Abkommen (EA)** der EU mit 10 MOEL	
1.1. 1995	WTO (146)		WTO (146)	
29.3. 1996		Regierungskonferenz 1996 der EU		
7/1997	Amsterdam-Vertrag **Agenda 2000** 10 Avis	Amsterdam-Vertrag	Avis für die 10 MOEL	Avis für die 10 MOEL
3/1998	EU startet Erweiterungsverhandlungen mit 5 MOEL + CY	„Luxemburg"-Gruppe	EU-Erweiterungsverhandlungen: 5 MOEL + CY	EU-Erweiterungsverhandlungen: 5 MOEL + CY
1.1. 1999 1.5. 1999	WWU (Euro) Amsterdam-Vertrag in Kraft	Amsterdam-Vertrag in Kraft		
3/1999 12/1999	Agenda 2000 Kosten der Erweiterung	Agenda 2000 Europäischer Rat in Helsinki: Türkei wird Beitrittskandidat		NATO-Osterweiterung (CZ, HU, PL) 12.3.1999
2/2000	EU startet Erweiterungsverhandlungen mit 5 MOEL + MA	„Helsinki"-Gruppe	EU-Erweiterungsverhandlungen: 5 MOEL + MA	EU-Erweiterungsverhandlungen: 5 MOEL + MA
15.2. 2000		Regierungskonferenz 2000 der EU		
12/2000		NIZZA-Vertrag - Reform der Institutionen Charta der Grundrechte		NIZZA-Vertrag - Reform der Institutionen „Road Map"
12/2001		Europäischer Rat der EU in Laeken (B) - Ziel: EU-Erweiterung um 10 Neue in 2004		Ziel: EU-Erweiterung um 10 Neue in 2004
1/2002	Euro - gesetzliches Zahlungsmittel in Euroland (Euro-12) Agenda 2000 - Kosten der Erweiterung - neu		Agenda 2000 - Kosten der Erweiterung - neu	

	Westen		Osten	
	Wirtschaft	Politik	Wirtschaft	Politik
2/2002-7/2003		Konvent zur Zukunft Europas (105) - Ausarbeitung eines „Verfassungs-vertrages“		Konvent zur Zukunft Europas (105) - Ausarbeitung eines „Verfassungs-vertrages“
12/2002		Europäischer Rat in Kopenhagen - Abschluss der Beitrittsverhand-lungen		Abschluss der Beitrittsverhand-lungen
1.2. 2003		**Nizza-Vertrag** tritt in Kraft		
16.4. 2003		Beitrittsvertrag zwischen EU-15 und 10 Beitrittskandida-ten wird in Athen unterzeichnet. Ratifikationsprozess über den Beitrittsvertrag beginnt		Im Jahr 2003 - Volksabstimmunge n in den Beitrittsländern und Ratifikation der Beitrittsverträge
20.6. 2003		20.6.2003: Der Präsident des „Zukunfts-Konvents“, Giscard d'Estaing übergibt Entwurf eines **„Verfassungsver-trages“** dem Europäischen Rat in Thessaloniki		
9/2003 - 6/2004		Regierungskonfe-renz der EU - Neue „EU-Verfassung“		
4/2004		EU-15 + 10 Neue (Wahl des EP)		EU-15 + 10 Neue (Wahl des EP)
1.5. 2004		EU-15+10 = **EU-25**		EU-15+10 = **EU-25**
1/2005		Europäische Kommission - neu		Europäische Kommission - neu

EBWE = Europäische Bank für Wiederaufbau und Entwicklung (European Bank for Reconstruction and Development), London. RGW = Rat für Gegenseitige Wirtschaftshilfe (COMECON); GUS = Gemeinschaft unabhängiger Staaten (Nachfolge der UdSSR); EUV = Europäischer Unions-Vertrag; WTO = World Trade Organization, Genf

Die Ziffern in Klammern unter einigen Institutionen geben die Anzahl der Mitglieder an.

Quelle: Eigene Zusammenstellung.

13.2.2 Charakteristika der Transformation

Die Volkswirtschaften der mittel- und osteuropäischen Länder (MOEL)[2] haben nach dem Zusammenbruch des Kommunismus im Jahr 1989 eine Phase der fundamentalen Transformation mitgemacht. Am Anfang stand eine Phase der *„systemischen Transformation"*, durch die im Zuge der Änderung des Wirtschaftssystem von einer *Plan-* auf eine *Marktwirtschaft* die Institutionen, das politische System, das Rechtssystem und die Wirtschaftspolitik auf das System einer „funktionierenden Marktwirtschaft" umgestellt werden musste (für einen Überblick, siehe *Tabelle 13.2*). Dieser Prozess ist auf vielen Ebenen abgelaufen und noch nicht in allen Ländern abgeschlossen. Durch die Ambitionen der MOEL, der EU beizutreten, mussten sie gleich zwei Aufgaben auf einmal erledigen. Zum einen die systemische Umstellung auf ein Marktwirtschaftssystem im Allgemeinen und auf jenes der EU mit dem dazugehörigen Rechtsbestand (acquis communautaire) im Besonderen. Die *wirtschaftlichen Auswirkungen* der Anfangsphase der *Transformation* waren charakterisiert durch ein drastisches Sinken der Produktion (alte – meist verstaatlichte – Kapazitäten wurden obsolet und durch neue – private – ersetzt), steigende Arbeitslosigkeit, eine Inflationswelle (zuvor staatlich subventionierte Preise wurden dem freien Markt überlassen; dieser musste erst den „richtigen" Marktpreis finden) sowie fiskalische und außenwirtschaftliche Ungleichgewichte.

---

[2] Im Zusammenhang mit der EU-Erweiterung sind dies die folgenden 10 MOEL (in alphabetischer Reihenfolge): Bulgarien, Estland, Lettland, Litauen, Polen, Rumänien, Slowakei, Slowenien, Tschechien, Ungarn. Mit Ausnahme von Bulgarien und Rumänien treten alle am 1. Mai 2004 der EU als Vollmitglieder bei. Die EBRD (European Bank for Reconstruction and Development, London) subsumiert unter Transformationsländern in ihrem jährlichen „Transition Report" eine größere Ländergruppe (zusätzlich zu den 10 MOEL noch Albanien, Kroatien, FYR Mazedonien, Armenien, Aserbaidschan, Weißrussland, Georgien, Kasachstan, Kirgistan, Moldawien, Russland, Tadschikistan, Turkmenistan, Ukraine, Usbekistan).

Tabelle 13.2 Charakteristika des Transformationsprozesses in den MOEL

Systemische Transformation	Wirtschaftliche Implikationen
• ***Von der Plan- zur Marktwirtschaft***	• ***Preisliberalisierung*** - Durch Kürzung der Preissubventionen- *Inflationsschock* – Budget entlastet
• ***Politischer Regimewechsel*** - von „Diktaturen" zu parlamentarischer Demokratie (Menschenrechte, Minderheitenschutz) **1. Kopenhagener Kriterium**	• ***Privatisierung*** - in der Umstellungsphase Produktionsverluste (BIP sinkt) - Beschäftigung geht zurück, Arbeitslosigkeit steigt - „Soft budget constraint" verliert mit Schrumpfen des Staatssektors an Bedeutung
• ***Rechtlicher Regimewechsel*** - Wirtschaftsrecht von Plan- zur Marktwirtschaft (speziell: Anpassung an den acquis communautaire der EU) - Aufbau von entsprechenden Institutionen (Gerichte, Sozialversicherung) **3. Kopenhagener Kriterium**	• ***Funktionierende Marktwirtschaft*** - Unternehmer/Konsumenten entscheiden frei - Güter-/Arbeits-/Finanzmärkte - funktionierender Finanzsektor (Banken, Versicherungen) - **dem Druck ausländischer Konkurrenz standhalten** - Strukturwandel (Agrar-Industrie – Dienstleistungen) **2. Kopenhagener Kriterium**
• ***Änderung der internationalen Rahmenbedingungen*** - vom RGW zur EU (EU-Beitritt (2004 +) - IMF, WTO, Europarat, NATO - Liberalisierung des Handels und des internationalen Kapitalverkehrs	• ***Neue Märkte in den MOEL*** - locken ausländische **Direktinvestitionen (FDI)** an (je größer der Fortschritt in der Transformation - Liberalisierung - umso mehr FDI strömen herein) - FDI fördern die Erneuerung des Kapitalstocks und der Managementmethoden
• ***Währungspolitische Regimewechsel*** - welcher Wechselkurs? - Currency Board? - WWU- Beitritt (Euro ?)	• ***Konvergenz an die Einkommensniveaus des Westens*** - nachhaltiges Wirtschaftswachstum

Quelle: Eigene Zusammenstellung.

Die *Handelsströme*, die zuvor in den MOEL fast ausschließlich auf den RGW (Rat für gegenseitige Wirtschaftshilfe) ausgerichtet waren, wurden nach dessen Auflösung im Jahr 1991 nach Westen umorientiert. Die MOEL sind nunmehr bereits gleich stark handelspolitisch in den EU-Binnenmarkt integriert wie die alten EU-Mitgliedstaaten (siehe *Tabelle 13.3*). Hilfreich waren dabei die Bemühungen der EU, relativ rasch mit den MOEL so genannte *Europaabkommen (EA)* abzuschließen, die den bilateralen Handel schrittweise – asymmetrisch (die EU baute ihre Zölle auf Importe aus den MOEL bereits 1997 ab, die MOEL taten dies auf Importe aus der EU 2002) – liberalisierte. Zusätzlich boten die EA in der Präambel eine „Beitrittsoption" und waren bereits eine Vorstufe zur Integration in den Binnenmarkt, da sie bereits in den Grundzügen dessen „Vier Freiheiten" enthielten. Angesichts zunächst geringer Produktqualität der Erzeugnisse aus den MOEL konnten Exporterfolge auf den Märkten der EU nur durch Preiskonzessionen (niedrige Lohnkosten und/oder Abwertungen) erzielt werden. Dennoch haben von der Ostöffnung vorwiegend die EU-Staaten profitiert. Sichtbares Zeichen dafür sind die hohen Handelsbilanzdefizite der MOEL im bilateralen Handel mit der EU.

Tabelle 13.3: Handelsverflechtung mit dem EU-Binnenmarkt: Beitrittskandidaten, (Handel mit der EU-15; Anteile in % im Jahr 2001)

	Exporte Anteile in %	**Importe** Anteile in %	**Handelsbilanzsaldo gegenüber EU** (Mill. Euro)
Bulgarien	54,8	49,4	-380
Tschechische Republik	68,9	61,8	-2376
Estland	69,4	56,5	-19
Ungarn	74,3	57,8	481
Lettland	61,2	52,6	-466
Litauen	47,8	44,0	-773
Polen	69,2	61,4	-8976
Rumänien	67,8	57,3	-967
Slowakei	59,9	49,8	264
Slowenien	62,2	67,7	-1819
MOEL-10	**63,6**	**55,8**	**-15031**
Malta	41,4	63,6	-1304
Zypern	49,0	55,5	-1670
Türkei	61,6	44,6	67
EU-15	**61,8**	**59,5**	-

Quellen: Auf dem Weg zur erweiterten Union: Strategiepapier und Bericht der Europäischen Kommission über die Fortschritte jedes Bewerberlandes auf dem Weg zum Beitritt, *KOM* (2002) endgültig, Brüssel, 9. Oktober 2002; Außen- und Intrahandel der Europäischen Union - Statistisches Jahrbuch, Daten 1958-2001, Europäische Kommission, Brüssel, Ausgabe 2002.

Nach Überwindung dieser Anfangsphase der Transformation stellt sich für die MOEL die große Herausforderung, schneller als die EU-Staaten und anhaltend zu wachsen, um die enormen Einkommenslücken aufzuholen. Diese Phase der Transformation kann man als Phase der *„Konvergenz"* bzw. des *„catching-up"* bezeichnen (für eine stilisierte Darstellung des Transformationsprozesses, siehe *Abb. 13.1*). Zur Klärung der Fragen, inwieweit und unter welchen Bedingungen dieser Anpassungsprozess „nachhaltig" sein wird, können Erkenntnisse der „Neuen Wachstumstheorie" bzw. Überlegungen für Entwicklungsländer bzw. ärmere Regionen innerhalb der EU hilfreich sein (Überlegungen für die MOEL, siehe *Breuss*, 1998, S. 369-423; solche über den Konvergenzprozess innerhalb der alten EU-Regionen, siehe *Tondl*, 2001, sowie *Tondl-Vuksics*, 2003 für catching-up-Prozesse in den MOEL seit der Ostöffnung).

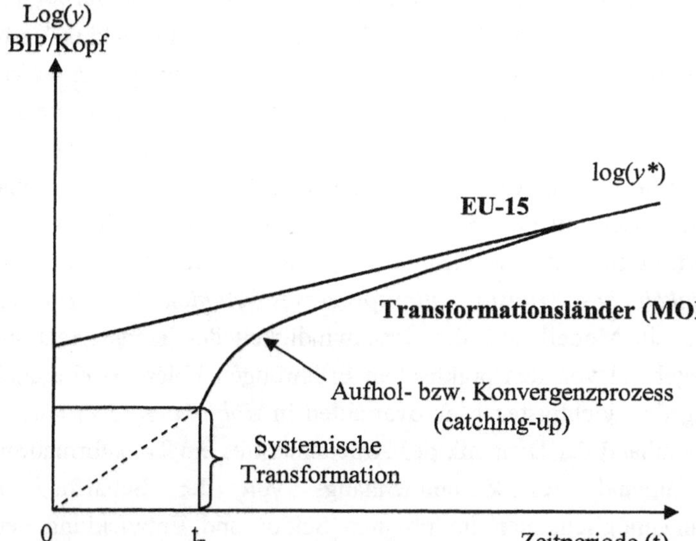

Abb. 13.1 Stilisierte Darstellung des Transformationsprozesses in den MOEL
y = BIP pro Kopf, real; y^* = anzustrebendes BIP pro Kopf, real der EU; t = Zeit; Quelle: *Breuss* (1998, S. 371).

Die ökonomische Theorie hat sich relativ rasch mit dem neuen Phänomen der *„Transformationsökonomien"* beschäftigt (für einen Überblick, siehe *Blanchard*, 1997 sowie *Gros-Steinherr*, 1995, 2003):

1. *Knappheits- bzw. Warteschlangenmodell:* Eines der ersten Modelle stammt von *Lipton-Sachs* (1990). Am Beispiel Polens wird dieses „Knappheitsmodell" geprüft. Es ist eigentlich eine „Warteschlangenmodell", das demonstriert, wie sich unter Verwendung einer einfachen Nutzenfunktion (der Nutzen hängt positiv von der Freizeit ab; Warten in der Schlange verringert die Freizeit) Preise auf dem Schwarzmarkt bilden. Solange das System nachfragedeterminiert ist (die Nachfrage ist kleiner als das Angebot am Gütermarkt), führt ein Anstieg der Realeinkommen zu einem Anstieg des Nutzens (mehr Konsum). Wenn das System durch eine Überschussnachfrage (die Nachfrage ist größer als das Angebot; d.h. es wird zu wenig produziert) charakterisiert ist, führt ein Anstieg der Realeinkommen zu einer Verminderung des Nutzens (Warten in der Schlange). Ein monetary overhang (zuviel Sparguthaben) sowie hohe Budgetdefizite wegen der „soft budget constraint"[3] für Firmen können Gründe dafür sein. Eine länger anhaltende Situation der *Überschussnachfrage* hat negative Auswirkungen auf die Effizienz. Es kommt zu Rent-seeking-Verlusten durch das Stehen in der Warteschlange bzw. zu Bestechung, um an knappe Güter heranzukommen. Weiters führt es zur Hortung von nicht benötigten Gütern, die später eventuell gegen benötigte Güter getauscht werden. Es kommt zu verheerenden Auswirkungen auf den Außenhandel (Auseinanderklaffen von Preisen auf dem Schwarzmarkt und dem offiziellen Markt; das Importgut wird rationiert, was wiederum einen Schwarzmarkt entwickelt).
2. *Geschwindigkeit des Transformationsprozesses: Aghion-Blanchard* (1994) entwickelten ein Modell über die Geschwindigkeit des Transformationsprozesses. Ausgehend von den praktischen Erfahrungen Polens (siehe auch die Entwicklung der wichtigsten Makrovariablen in *Abbildung 13.2*) entwickeln die Autoren anhand der Dynamik des Arbeitsmarktes ein Transformationsmodell, das anhand des Zusammenhangs von der Schaffung neuer Beschäftigungsmöglichkeiten im privaten Sektor und Entwicklung der Arbeitslosigkeit die Stabilität des Transformationsprozesses demonstriert. Es gibt zwei Sektoren, ein Staatssektor, der in der Transformation Kapazitäten und damit Beschäftigte abbaut und ein privater Sektor, der neue Kapazitäten aufbaut und neue Arbeitsplätze schafft. Letztlich ist die Arbeitsplatzbeschaffung

---

[3] Diesen Begriff prägte *Janos Kornai* (1979, 1986) als besonderes Charakteristikum für Planwirtschaften. D.h. die verstaatlichten Firmen können niemals Verluste machen. Ihre Verluste werden immer aus dem Staatshaushalt ausgeglichen. Dies führt zu einer extrem ineffizienten Produktionsweise.

im privaten Sektor eine Funktion der Arbeitslosigkeit: a) je höher die Arbeitslosigkeit, umso niedriger die Löhne und umso höher die Schaffung neuer Arbeitsplätze im privaten Sektor (Phillips-Kurvenzusammenhang); b) je höher die Arbeitslosigkeit, umso höher sind gleichzeitig die Steuern um die Arbeitslosenunterstützung finanzieren zu können; steigen aber die Steuern, schränken die privaten Firmen ihre Produktion ein und bauen Arbeitsplätze ab. Als Folge davon steigt die Arbeitslosigkeit. Es gibt in diesem Modell nur ein stabiles Gleichgewicht, wenn die maximale Geschwindigkeit der Umstrukturierung im Staatssektor (d.h. Abbau staatlicher Beschäftigung) nicht größer ist als die Schaffung neuer Beschäftigung im privaten Sektor. Dann kann die Arbeitslosigkeit stabil gehalten werden. Im umgekehrten Fall, wenn der Staatssektor zu stark Beschäftigte abbaut und die Arbeitslosigkeit stetig steigt, ist die Transformation zum Scheitern verurteilt: der Standort für Neuinvestitionen wird unattraktiv.

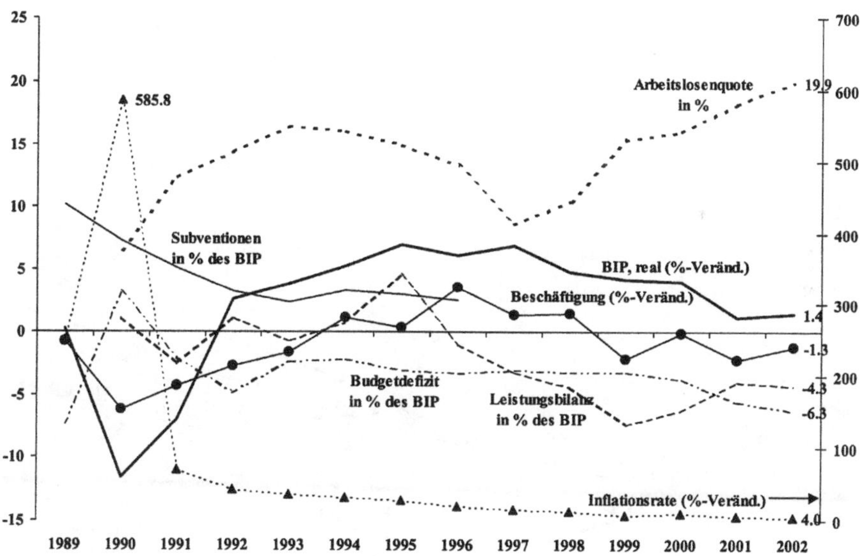

Abb. 13.2 Transformation am Beispiel Polens

Quelle: Eigene Darstellung mit Daten von OECD, WIFO und WIIW.

3. *Liberalisierung und Produktionsentwicklung im Transformationsprozess*: *Hernández-Catá* (1997) entwickelt ein Modell, das die Produktion in den Transformationsländern von Reformen und vor allem vom Grad der Liberalsierung abhängig macht. Mittels Simulationen demonstriert der Autor, dass

Länder, die rasch liberalisiert haben, zwar am Beginn des Transformationsprozesses einen starken Produktionseinbruch erleben (wie im Falle Polens), dann aber viel rascher einen Aufholprozess (catching-up) erleben (siehe auch die *Abbildung 13.3*). In den fortgeschrittenen Reformstaaten sinkt der Anteil der alten Betriebe (Staatsbetriebe) rasch und nimmt jener der neuen Betriebe (Private) rascher zu als in Staaten mit langsamer oder verzögerter Reform (siehe z.B. Bulgarien und Rumänien in *Abbildung 13.3; siehe Übersicht 13.4* für die Dauer des catching-up-Prozesses). Ähnliche Überlegungen stellt auch jährlich die EBRD in ihren Transition Reports an. Die EBRD mißt den Fortschritt der Transformation anhand diverser Indikatoren (wie z.B. Grad der Privatisierung, Liberalisierung in diversen Sektoren - Telekom, Energie, Bahn, Wasser etc., siehe z.B. *EBRD*, 2002). *Osterkamp-Clement* (1998) machen einen Vergleich der unterschiedlichen Indikatoren zur Messung des Transformationsfortschritts. Daneben wurden oftmals einfache (positive) Zusammenhänge zwischen dem Fortschritt der Reformen (gemessen and Indikatoren des Transformationsfortschritts laut EBRD) und dem Wirtschaftswachstum sowie dem Einstrom von ausländischen Direktinvestitionen (FDI) in den MOEL festgestellt (siehe Breuss, 1998, EBRD in diversen Jahrgängen). Die wirtschaftliche Entwicklung in den MOEL ist tatsächlich - je nach Tempo der Transformation - unterschiedlich verlaufen (siehe die Entwicklung des realen BIP in den *Abbildungen 13.4a* und *13.4b*).

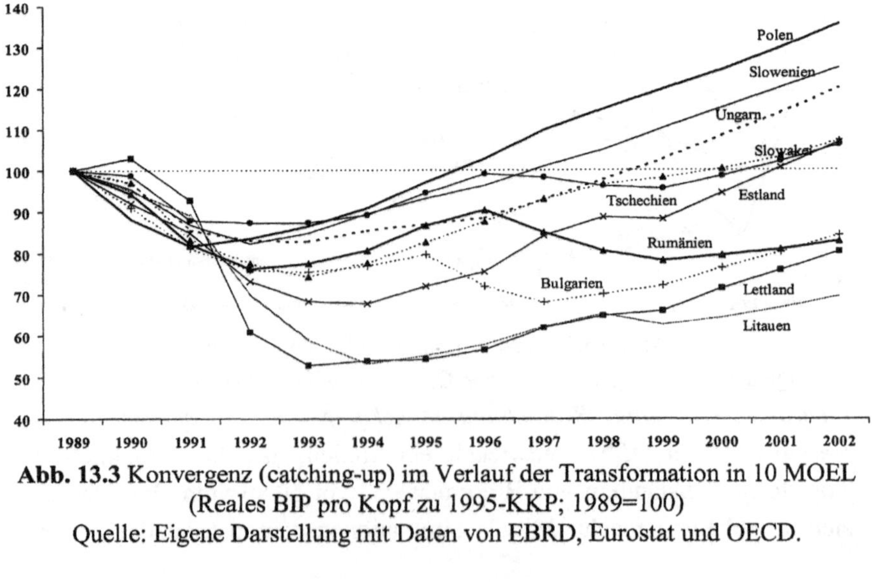

Abb. 13.3 Konvergenz (catching-up) im Verlauf der Transformation in 10 MOEL (Reales BIP pro Kopf zu 1995-KKP; 1989=100)
Quelle: Eigene Darstellung mit Daten von EBRD, Eurostat und OECD.

Tabelle 13.4 Wann erreichen die Beitrittskandidatenländer 75% des BIP pro Kopf (zu KKP) des Durchschnitts von EU-15?

	Wachstumsrate (BIP, real), Annahme ab 2004 (Veränd. in % pro Jahr)	Durchschnittliche Wachstumsrate (1995-2002) (Veränd. in % pro Jahr)	Jahre, bis 75% des BIP pro Kopf von EU-15 erreicht wird	Szenario: Jahre, bis 75% des BIP pro Kopf von EU-15 erreicht wird, wenn das Wachstum um 0,5% pro Jahr höher ist	
Tschechische Republik	3,9	1,7	19	15	(-4)
Estland	5,1	4,9	23	19	(-4)
Ungarn	4,1	3,9	24	19	(-5)
Lettland	6,0	5,6	24	21	(-3)
Litauen	5,0	3,9	28	23	(-5)
Polen	3,7	3,9	50	37	(-13)
Slowakei	4,5	3,7	22	18	(-4)
Slowenien	3,7	3,9	7	5	(-2)
Malta	3,7	3,3	25	18	(-7)
Zypern	3,8	3,6	1	1	(-)
Bulgarien	5,0	0,5	40	34	(-6)
Rumänien	5,0	0,4	44	37	(-7)
Türkei	4,5	2,9	61	49	(-12)

Quelle: *EU* (2003j, S. 10). Technische Annahmen: Die unterstellten Wachstumsraten des realen BIP für die Beitrittsländer entsprechen jenen der 2003-Frühjahrsprognose der Europäischen Kommission; die EU-15 wächst konstant mit 2,4% pro Jahr. Weiters werden konstante Preise und eine unveränderte Bevölkerungsentwicklung unterstellt.

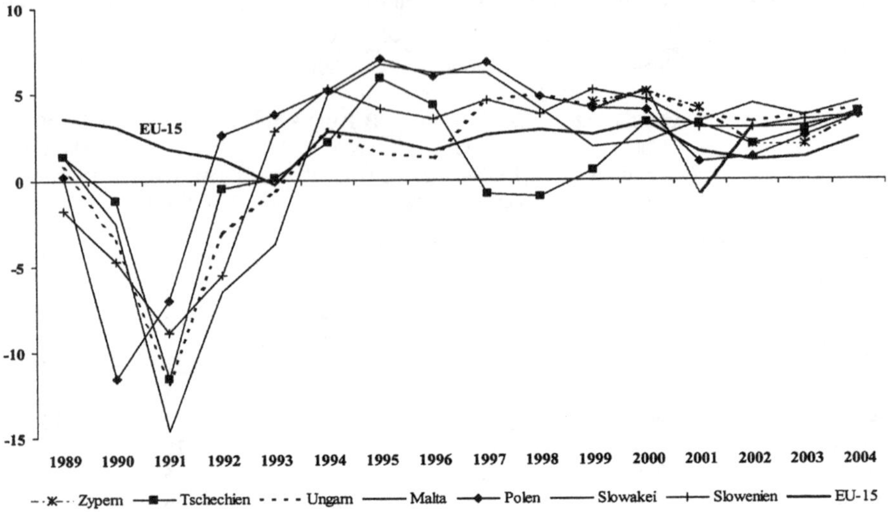

Abb. 13.4a Wirtschaftswachstum in sieben EU-Beitrittskandidatenländern (BIP, real, %-Veränderung gegenüber dem Vorjahr)
Quellen: EBRD, Transition Report 2002, London 2002; Europäische Kommission, Frühjahrsprognose 2003, Brüssel.

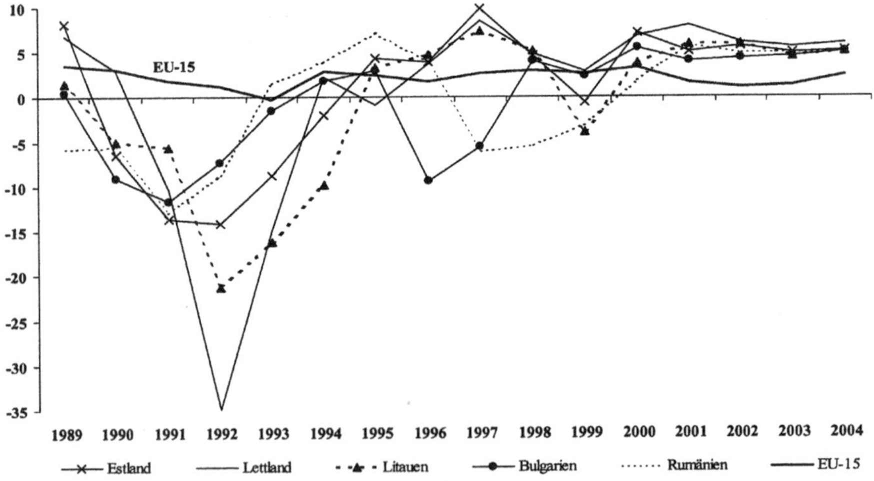

Abb. 13.4b Wirtschaftswachstum in fünf EU-Beitrittskandidatenländern (BIP, real, %-Veränderung gegenüber dem Vorjahr)
Quellen: EBRD, Transition Report 2002, London 2002; Europäische Kommission, Frühjahrsprognose 2003, Brüssel.

13.2.3 Das Balassa-Samuelson-Phänomen in den Transformationsländern

Die fünfte EU-Erweiterung führt zu einer Integration von vorwiegend armen Ländern (8 MOEL plus Malta und Zypern) in eine Region primär reicher Länder (die alten 15 EU-Mitgliedstaaten). Während in reifen Industriestaaten die Kaufkraftparitäten (KKP = Inlandspreisniveau relative zu Auslandspreisniveau) in der Regel mit den laufenden nominellen Wechselkursen übereinstimmen, klafft in den Entwicklungsländern oder in Transformationsländern (wie in den neuen EU-Beitrittsländern) immer noch eine große Lücke im BIP pro Kopf, gemessen zu laufenden Wechselkursen und jenem gemessen zu Kaufkraftparitäten (siehe die Vergleichsdaten in *Tabelle 13.12;* das BIP absolut und pro Kopf in den MOEL ist zu KKP rund doppelt so hoch wie zu laufenden Wechselkursen). Dieses Phänomen wird heute nach ihren Entdeckern (*Balassa*, 1964 und *Samuelson*, 1964)[4] *„Balassa-Samuelson-Effekt"* (B-S-Effekt) genannt.

Der B-S-Effekt basiert auf drei Propositionen (siehe *Breuss*, 2003b, S. 8):

1) *Relative Preise werden durch Produktivitätsdifferenzen erklärt:* In einer 2-Sektor-Wirtschaft (einem Sektor mit (international) handelbaren (T) und einem mit nicht-handelbaren Gütern (N) - meist Dienstleistungen) sind die relativen Preise (P_N / P_T) proportional abhängig von den Produktivitätsdifferenzen in beiden Sektoren (Q_T / Q_N), also in Wachstumsraten: $\%(P_N / P_T) = \alpha \%(Q_T / Q_N)$, wobei $\alpha \approx 1$.
2) *Die Kaufkraftparitätentheorie sollte für handelbare Güter gelten:* Der nominelle Wechselkurs eines Landes (Inland) i relativ zum Ausland (*) ergibt sich aus dem Verhältnis der relativen Preise für gehandelte Güter zwischen In- und Ausland: $E_i = P_{i,T} / P_T^*$
3) *Das relative BIP pro Kopf erklärt die relativen Preise in einheitlicher Währung (bzw. den realen Wechselkurs:* Mit einigen vereinfachenden Annahmen (a) das Preisniveau eines Landes ergibt sich aus der gewogenen Summe von Preisen handelbarer und nicht-handelbarer Güter und b) $P_{i,T} = P_T^* = 1$ sowie c)

[4] Im Laufe der Zeit wurde der *Balassa-Samuelson-Effekt* auch oftmals noch mit anderen Autoren in Zusammenhang gebracht. Zur Geschichte der Namensgebung, siehe *Breuss* (2003b).

dass es einen direkten positiven Zusammenhang zwischen Produktivität eines Landes und BIP pro Kopf gibt) erhält man die Beziehung zwischen relativen Preisen (realem Wechselkurs; $PR_i = (P_i / P * E))$ und relativen Einkommensniveaus (BIP pro Kopf; YR_i). Mit Daten von Eurostat für 30 Staaten (15 EU-Staaten, 3 EFTA-Länder und 12 EU-Beitrittskandidatenländer; das relative BIP pro Kopf bezieht sich auf den Durchschnitt von EU-15) erhält man folgenden *„B-S-Effekt“* (siehe *Abbildung 13.5*)[5]:

$$\ln(PR_i) = -3{,}49 \; + \; 0{,}75 \ln YR_i \qquad (13.1)$$
$$(12{,}73) \quad (11{,}75) \qquad R^2 = 0{,}83$$

Diese Querschnittsregression impliziert, dass ein Anstieg des BIP pro Kopf der Beitrittsländer relativ zur EU-15 um 10 Prozentpunkte zu einer realen Aufwertung ihrer Währungen gegenüber dem Euro von 7,5% führt (macht man die Schätzungen nur mit den Beitrittsländern, so ist der Aufwertungseffekt 5%; siehe *Breuss*, 2003b für Details). D.h. es ist nahezu ein ökonomisches Naturgesetz, dass Länder im Aufholprozess (catching-up) von einem Niveau niedriger Einkommen (wie die MOEL) zu Ländern mit hohem Einkommen (wie die alten EU-Mitgliedstaaten) ihre Währungen real aufwerten. Wenn reale Aufwertungen Produktivitätsfortschritte im Sektor handelbarer Güter widerspiegeln, ist dies ein natürliches Phänomen und kein Hindernis für den Eintritt in die Wirtschafts- und Währungsunion (WWU).

Der B-S-Effekt hat im Laufe der Zeit eine Reihe von Änderungen erfahren. Die ursprünglich nur angebotsseitige Interpretation von *Balassa-Samuelson* wurde erweitert um eine nachfrageseitige Interpretation durch *Bergstrand* (1991). Nach der *Bergstrand*-Erweiterung schaut die B-S-Beziehung wie folgt aus:

$$\log(P_{NT,i,t}) = \beta_{0,i} + \beta_1 \Pi_{i,t} + \beta_2 g_{i,t} + \beta_3 \log y_{i,t} + \beta_4 \Delta\pi_{i,t} + \beta_5 Misc_{i,t} \qquad (13.2)$$

Dieser empirische Ansatz geht zurück auf *De Gregorio-Giovannini-Wolf* (1994). i und t stehen für die Länder und die Zeit; P_{NT} ist der relative Preise von nichthandelbaren zu handelbaren Gütern; Π steht für die Differenzen der gesamten

---

[5] Die *Balassa-Samuelson*-Gleichung wurde in Logarithmen geschätzt. Die Werte in Klammern

Faktorproduktivität zwischen den Sektoren, korrigiert um Arbeitsanteile ($\Pi = (\theta_N / \theta_T)\log A_T - \log A_N$); A_T (A_N)ist die gesamte Faktorproduktivität im Sektor handelbarer (nicht-handelbarer) Güter;; g sind die Staatsausgaben in % des BIP; y ist das Pro-Kopf-Einkommen und $\Delta\pi$ ist die Beschleunigung der Inflationsrate. *Misc* steht für diverse andere Erklärungsfaktoren (wie unterschiedliche z.B. Wechselkursregime oder Geldpolitik, Grad an Offenheit, Terms of trade and Energieabhängigkeit etc.

Letztlich wurde der B-S-Effekt theoretisch in eine allgemeine Gleichgewichtstheorie von Wechselkursen eingebettet, die zur Schätzung von realen Gleichgewichtswechselkursen führt (für eine Darstellung dieser Entwicklung, siehe *Breuss*, 2003b).

Es gibt zahlreiche Schätzungen des B-S-Effekts - basierend auf dem Ansatz von Gleichung (13.2) - für Industriestaaten und in jüngster Zeit auch für Transformationsländer in Mittel- und Osteuropa. Die Ergebnisse sind gemischt, da die Schätzungen teilweise auf Zeitreihen-, Querschnitts- oder Panel-Schätzungen beruhen. Dabei werden eine Vielzahl unterschiedlicher Variablen verwendet und nicht immer die theoretischen Aussagen exakt getestet (für eine Kritik solcher Schätzungen, siehe *Breuss*, 2003b).

---

unter den Koeffizienten sind t-Werte.

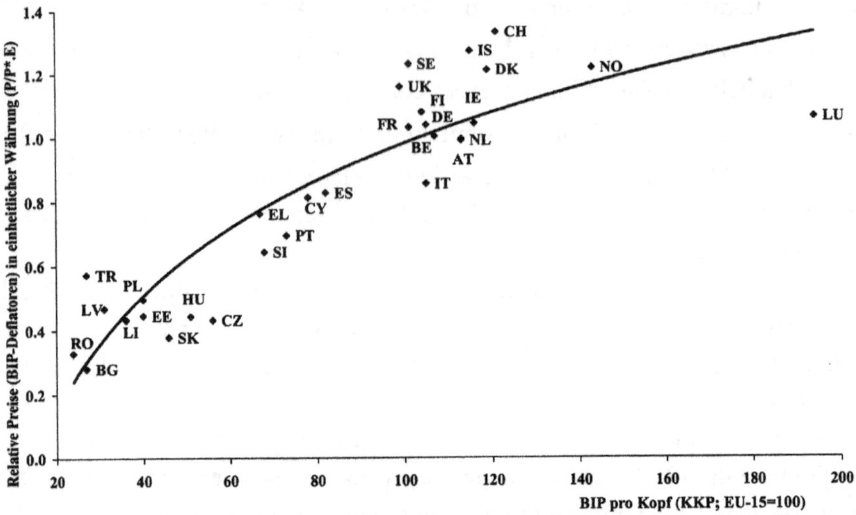

Abb. 13.5 Balassa-Samuelson-Effekt: Ost- und Westeuropa
(Relative Preise und relatives BIP pro Kopf, 2000)
KKP = Kaufkraftparität; E = Wechselkurs Landeswährung zu Euro; P = Inlandspreis; P* = Preis der EU.
Quelle: *Breuss* (2003b).

Obwohl der *B-S-Effekt* (die stetige reale Aufwertung) in Transformationsländern, die sich in einem Konvergenzprozess (Angleichung ihrer Pro-Kopf-Einkommen an jenes der Industriestaaten) befinden, ein natürliches Gleichgewichtsphänomen ist, hat die reale Aufwertung dennoch negative Auswirkungen auf die internationale Wettbewerbsfähigkeit. Wie in *Breuss* (2003b, S. 38) demonstriert wird, gibt es einen robusten negativen Zusammenhang zwischen realer Aufwertung gegenüber dem Euro und Entwicklung der Leistungsbilanz im Zeitraum 1995-2001. Länder mit starker realer Aufwertung (z.B. Litauen) weisen die größte Verschlechterung in ihrer Leistungsbilanz auf, Länder mit nur geringer realer Aufwertung (z.B. Slowenien) haben fast keine Probleme mit der Leistungsbilanz. Trotz sehr unterschiedlicher nomineller Wechselkursentwicklung in den MOEL gegenüber dem Euro (siehe *Abbildung 13.6*), haben fast alle Beitrittskandidatenländer seit Anfang 1999 real gegenüber dem Euro aufgewertet (siehe *Abbildung 13.7*). Slowenien ist das einzige MOEL, das bewusst die Strategie einer realen Wechselkurskonstanz verfolgt (siehe *Tabelle 13.5*).

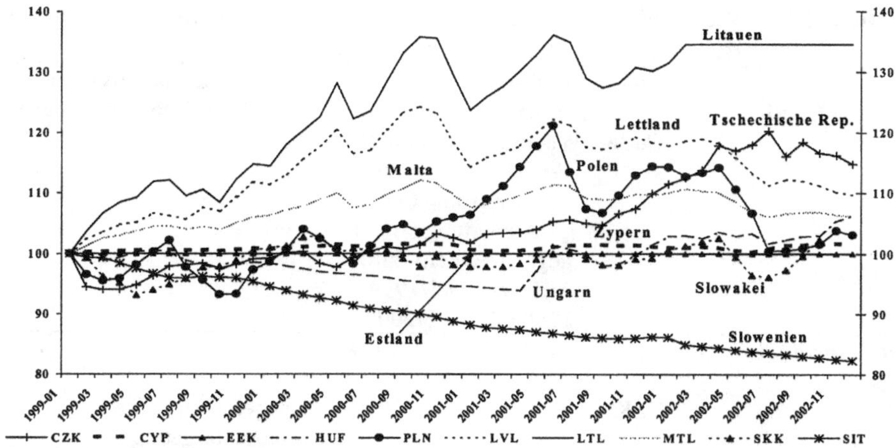

Abb. 13.6 Nominelle Euro-Wechselkurse von 10 Beitrittsländern (Jänner, 1999 = 100; Euro pro ausländische Währung; Anstieg(Sinken) ist Aufwertung (Abwertung) gegenüber dem Euro)
Quelle: Eigene Darstellung mit Daten der EZB und *Breuss* (2003b).

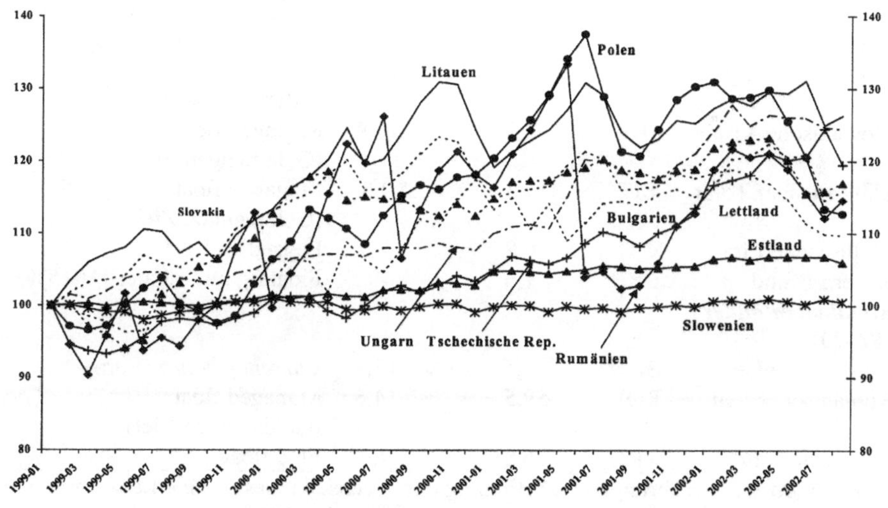

Abb. 13.7 Reale Euro-Wechselkurse von 10 Beitrittskandidaten (Jänner, 1999 = 100; Euro pro ausländische Währung; Anstieg (Sinken) bedeutet eine Aufwertung (Abwertung) gegenüber dem Euro); realer Wechselkurs = relative Verbraucherpreise in einheitlicher Währung (Euro).
Quelle: Eigene Darstellung mit Daten der EZB und *Breuss* (2003b).

Tabelle 13.5 Wechselkursentwicklung und Wechselkursregime in den EU-Beitritts- und Kandidatenländern, 1999-2002

Land	**Währungs -Code**	**Nominelle Euro-Wechsel-kurse** Aufwertung (+) Abwertung (-) gegenüber dem Euro 1/1999-12/2002	**Reale Euro-Wechsel-kurse** 1/1999-8/2002	**Wechselkurs-Regime (Geldpolitischer Rahmen)**
Beitrittsländer (BL-10)		*in %*	*in %*	
Tschechische Krone	CZK	16,6	19,5	Managed float (Euro) (Inflation targeting)
Estnische Krone	EEK	0,0	6,0	*Currency board* (Euro)
Ungarischer Forint	HUF	3,0	24,5	Crawling peg (Euro) erweitertes Band (+/-15%) (Implizites inflation targeting)
Lettischer Lats	LVL	11,2	9,7	Fixed peg (SDR); Intervention bei +/- 1% (Quasi-Currency board; zusätzlich Geldmengen-Ziel)
Litauischer Litas	LTL	34,5	26,2	*Currency board* (USD)
Polnischer Zloty	PLN	1,5	12,7	Free float (Inflation targeting)
Slowakische Krone	SKK	2,3	16,9	Managed float (Geldmengen-Ziel)
Slowenischer Tolar	SIT	-17,3	0,5	Managed float (Geldmengen-Ziel)
Maltesische Lira	MTL	6,8	-	Pegged an Korb
Zypern-Pfund	*CYP*	1,6	-	Floating mit Bänder (+/-15%)
Kandidatenländer (KL-13)				
Bulgarische Lew	BGN	0,5	15,9	*Currency board* (Euro)
Rumänischer Leu	ROL	-59,5	14,6	Managed float (Geldmengen-Ziel)
Türkische Lira	TRL	-76,8	-7,4	Free float

Currency Board = Währungsrat: a) Bindung des Wechselkurses an eine Leitwährung, b) Entwicklung der Geldmenge parallel zur Entwicklung der Währungsreserven;
Float = nicht fixierte (schwankende) Wechselkurse (free = frei schwankende Kurse; managed = gesteuerte Wechselkurse); peg = Bindung der Wechselkurse an eine Leitwährung.
Quelle: *Breuss* (2003b).

Die Beitrittsländer und Beitrittskandidaten weisen vor dem Beitritt zur EU unterschiedliche *Wechselkursregime* auf (siehe *Tabelle 13.5*). Drei Länder haben einen *Curreny Board* (Währungsrat). Durch die Bindung an eine Leitwährung (Estland, Bulgarien and den Euro; Malta an den USD) sowie die Koppelung von Geldmengenentwicklung und Entwicklung der Währungsreserven soll die Inflationsentwicklung stabilisiert werden. Die anderen Länder verfolgen eine mehr oder weniger enge Bindung ihrer Währungen an den Euro.

13.3 Zehn Jahre Beitrittsbemühungen

13.3.1 Von Kopenhagen bis Kopenhagen

Die Bemühungen der Beitrittskandidaten (insbesondere jene der ehemaligen osteuropäischen Länder - 10 MOEL) dauerten rund ein Jahrzehnt. Der Beitrittsprozess begann mit der „Einladung" zu einem möglichen Beitritt an die 10 MOEL durch den Europäischen Rat auf dem Gipfel von Kopenhagen im Juni 1993 und endete mit dem Abschluss der Beitrittsverhandlungen auf dem Gipfel des Europäischen Rates in Kopenhagen im Dezember 2002. Dazwischen gab es mehrere Etappen (Abschluss der Europa-Abkommen (EA) als Vorbedingung für einen Beitrittsantrag zur EU; Beitrittsanträge; siehe Tabelle *13.6*) und die schrittweise Vertiefung der Beitrittsverhandlungen anhand der Aufgliederung des Acquis Communautaire (Rechtsbestandes) der EU (siehe Tabelle *13.7*). Die einzelnen Schritte bis zur Beendigung des Beitrittsprozesses sind in *Tabelle 13.8* zusammengestellt.

Tabelle 13.6 Die assoziierten Staaten und die EU
(Europa-Abkommen (EA) und Beitrittsanträge)

Länder	Europa-Abkommen unterzeichnet	Europa-Abkommen in Kraft	Assoziationsabkommen Fundstelle im Amtsblatt (Abl. L)	Antrag auf EU-Mitgliedschaft
Bulgarien	01.03.1993	Februar 1995	358, 31.12.94	14.12.1995
Tschechische Republik	06.10.1993	Februar 1995	360, 31.12.94	17.01.1996
Estland	12.06.1995	Februar 1998	068, 09.03.98	24.11.1995
Ungarn	16.12.1991	Februar 1994	347, 31.12.93	31.03.1994
Lettland	12.06.1995	Februar 1998	026, 02.02.98	13.10.1995
Litauen	12.06.1995	Februar 1998	051, 20.02.98	08.12.1995
Polen	16.12.1991	Februar 1994	348, 31.12.93	05.04.1994
Rumänien	08.02.1993	Februar 1995	357, 31.12.94	22.06.1995

Slowakei	06.10.1993	Februar 1995	359, 31.12.94	27.06.1995
Slowenien	10.06.1996	Februar 1999	051, 26.02.99	10.06.1996
	Assoziations-Abkommen unterzeichnet	**Assoziations-abkommen in Kraft**		**Antrag auf EU-Mitgliedschaft**
Malta	01.04.1971	April 1971*)	061, 14.03.71	16.07.1990**)
Zypern	19.12.1972	Juni 1973*)	133, 21.05.77	03.07.1990
Türkei	12.09.1963	Dez. 1964*)	217, 29.12.64	14.04.1987

*) Zollunionen: a) EU - Malta: gescheitert, b) EU - Zypern seit 1.1.1998, c) EU - Türkei seit 1.1.1996
**) 10/1996 - Beitrittsantrag ausgesetzt; 9/1998 - Beitrittsantrag erneuert.
Quelle: Europäische Kommission.

Tabelle 13.7 Leitfaden für Beitrittsverhandlungen an Hand von 31 Kapiteln des Acquis Communautaire der EU

1	Freier Warenverkehr	17	Wissenschaft und Forschung
2	Freier Personenverkehr (Freizügigkeit)	18	Allgemeine und berufliche Bildung
3	Freier Dienstleistungsverkehr	19	Telekommunikation und Information
4	Freier Kapitalverkehr	20	Kultur und audiovisuelle Politik
5	Unternehmensrecht	21	Regionalpolitik und Koordinierung der Strukturfonds
6	Wettbewerbspolitik	22	Umwelt
7	Landwirtschaft (GAP)	23	Konsumenten- und Gesundheitsschutz
8	Fischerei	24	Zusammenarbeit in den Bereichen Justiz und Inneres
9	Verkehrs-/Transportpolitik	25	Zollunion
10	Steuern	26	Außenbeziehungen (auswärtige Angelegenheiten)
11	Wirtschafts- und Währungsunion (WWU)	27	Gemeinsame Außen- und Sicherheitspolitik (GASP)
12	Statistik	28	Finanzkontrolle
13	Sozialpolitik und Beschäftigung	29	Finanzen und Budget
14	Energie	30	Institutionen
15	Industriepolitik	31	Diverses
16	Kleine und mittlere Unternehmen (KMU)		

Die „teueren" Kapitel verbergen sich hinter den Nummern 7 (GAP) und 21 (Strukturfonds), weshalb diese meist zuletzt zusammen mit dem Kapitel 29 (Finanzen und Budget) abgeschlossen werden. Ende 2002 hatten die 10 Beitrittsländer (8 MOEL plus Malta und Zypern) alle Kapitel erfolgreich abgeschlossen. Bulgarien und Rumänien hatten noch sehr viele Kapitel offen, weswegen sie auf einen möglichen Beitritt im Jahr 2007 zurückgestellt wurden. Mit der Türkei wurde noch nicht verhandelt.
Quelle: Europäische Kommission.

Tabelle 13.8 EU-Erweiterungspolitik im Überblick

Juni 1993	Europäischer Rat (ER), *Kopenhagen:* *„Einladung" zum Beitritt*; Formulierung von 3 Beitrittskriterien (*„Kopenhagener Kriterien"*)
1994-1996	Anträge auf EU-Mitgliedschaft der 10 MOEL
1994-1999	*Europaabkommen (EA)* zwischen EU und 10 MOEL treten in Kraft
Juli 1997	Europäische Kommission publiziert die *„Agenda 2000"* und gibt Stellungnahmen (Avis) zu den Beitrittsanträgen von 10 MOEL ab *Agenda 2000* wird im März 1999 vom ER in Berlin genehmigt; sie enthält Vorschläge zur Reform der EU-Politiken: a) Agrarpolitik, Regional-/Strukturpolitik, Beschäftigung/Soziales, Umwelt und Erweiterung b) Finanzrahmen 2000-2006 c) Anregungen zur Reform der Institutionen (wurde im Vertrag von Nizza verwirklicht)
März 1998	*Beitrittsverhandlungen* starten mit der *„Luxemburg-Gruppe"*: Estland, Tschechische Republik, Polen, Slowenien, Ungarn und Zypern
Dezember 1999	ER, Helsinki: Beschluss, dass mit allen Beitrittswerbern verhandelt wird; die Türkei erhält den Status eines Beitrittskandidaten – Verhandlungen um Beitritt gibt es noch nicht
Februar 2000	*Beitrittsverhandlungen* starten mit der *„Helsinki-Gruppe":* Bulgarien, Lettland, Litauen, Rumänien, Slowakei und Malta
November 2000	„Balkan-Gipfel" in Zagreb (24.11.2000): EU stellt *Balkan-Strategie* vor: Betroffen sind die Länder Albanien, Bosnien-Herzegovina, Kroatien, Mazedonien und Serbien-Montenegro 21.2.2003: *Kroatien* stellt einen Antrag auf EU-Beitritt
Dezember 2000	ER in Nizza: Abschluss des *Nizza-Vetrags* (Reform der EU-Institutionen im Hinblick auf die Erweiterung); *Charta der Grundrechte der EU* Nizza-Vertrag tritt (nachdem Irland in einem zweiten Referendum am 19.10.2002 den Vertrag akzeptierte) am 1.2.2003 in Kraft
Dezember 2002	ER, *Kopenhagen:* Abschluss der Beitrittsverhandlungen 10 Beitrittsländer: Estland, Lettland, Litauen, Polen, Slowakei, Slowenien, Tschechische Republik, Ungarn, Malta und Zypern *Bulgarien und Rumänien* erfüllen die Kopenhagener Kriterien noch nicht - Beitrittsdatum wurde mit 2007 in Aussicht gestellt *Türkei:* Nach Bericht der Europäischen Kommission (Überprüfung der EU-Reife an Hand der Kopenhagener Kriterien) Ende 2004 könnten Beitrittsverhandlungen im Jahre 2005 beginnen
April 2003	Athen: Feierliche Unterzeichnung des Beitrittsvertrag: EU-15 plus 10 Beitrittsländer (16.4.2003)
2003-2004	2003: Referenda in den Beitrittsländern über den EU-Beitritt (Zypern kein Referendum) 2003-2004: Ratifikationsprozess des Beitritts der 10 Neuen in den 15 EU-Mitgliedstaaten und in den 10 neuen Beitrittsländern
1. Mai 2004	EU-15 wird um 10 Länder auf EU-25 erweitert

Quellen: Eigene Zusammenstellung nach Unterlagen der Europäischen Kommission (http://europa.eu.int/comm/enlargement/index_de.html). Informationen über die *Agenda 2000* findet man auf der Europa-Homepage: http://europa.eu.int/comm/agenda2000/index_de.htm

Die EU unterstützt die potentiellen Beitrittskandidaten bereits lange bevor ein Beitritt in Frage kommt. Da es sich bei den neuen Beitrittsländern und Beitrittskandidaten um relativ arme Transformationsländer handelt, gibt es eine ganze Palette von Vorbereitungsmaßnahmen (Vorbereitungsstrategie und Vorbereitungshilfen), die in *Tabelle 13.9* zusammengestellt sind. Für PHARE waren im Finanzrahmen 2000-2006 pro Jahr 1,56 Mrd. € (zu Preisen 1999) vorgesehen, für die Programme ISPA jährlich 1,04 Mrd. € und für SAPARD jährlich 0,52 Mrd. €. Solche Maßnahmen waren bei der letzten, der vierten Erweiterung um Finnland, Österreich und Schweden nicht notwendig, da es sich dabei um hochentwickelte und reiche Industriestaaten mit einer funktionierenden Marktwirtschaft gehandelt hatte. Aber alle künftigen Erweiterungen der EU werden wohl auf intensive Vorbereitungshilfen angewiesen sein, handelt es sich doch künftig vorrangig um arme Länder. Einzig bei einem eventuellen Beitritt aller (reichen) EFTA-Staaten würde sich dieser Aufwand wieder erübrigen.

Tabelle 13.9 Strategien und Programme der EU zur Vorbereitung der Kandidaten auf den EU-Beitritt

I. Vorbereitungsstrategie zur EU-Erweiterung

(Pre-Accession Strategy - P.A.S)

A) **Europa-Abkommen (EA)**

B) **APS & NPAA**

- **APS** (The Accession Partnerships - Beitrittspartnerschaften) für jeden Beitrittskandidaten:

a) Festlegung der Prioritäten der Beitrittsvorbereitung

b) Finanzielle Mittel zur Umsetzung dieser Prioritäten (Phare etc.)

c) Voraussetzungen dieser Hilfe: Verpflichtung aus den EAs und Fortschritte bei Verwirklichung der 3 Kopenhagen Kriterien

- **NPAA** (National Programme for the Adoption of the Acquis)

II. Vorbereitungshilfe

(Pre-Accession Assistance)

A) **PHARE**

1) **Twinning**:

- Hilfe zum Aufbau von Institutionen (Schwerpunkte: Landwirtschaft, Umwelt, Finanzen, Justiz und Inneres)

2) Finanzierung von Investitionen

B) Support for environmental, transport, agricutlure and rural development

- **ISPA** (Instrument for Structural Policies for Pre-Accession) – Projekte
- **SAPARD** (The Special Accession Programme for Agriculture and Rural Development)

C) Kofinanzierung durch die Europäische Investitionsbank (EIB) und internationale Finanzinstitutionen (IFIs = EBRD, IMF, Weltbank)
D) Opening of European Community programmes and agencies
E) Europa-Strategie für die Türkei
F) Balkan-Strategie

PHARE = Poland and Hungary: Action for the Restructuring of the Economy. Das Phare-Programm wurde durch die Entschließung des Rates (EG) Nr. 3906/89 vom 18. Dezember 1989 (ABl. Nr. L 375, 23.12.1989) als Wirtschaftshilfe (ursprünglich) nur für Ungarn und Polen errichtet, kommt nun aber allen Beitrittskandidaten in Mittel- und Osteuropa zugute.
TACIS = Transition Assistance to the CIS. Zuerst Unterstützung der UdSSR, dann für die 12 GUS (Gemeinschaft unabhängiger Staaten) und die Mongolei durch die EU. Verordnungen des Rates vom Juli 1991 (2157/91, ABl. Nr. L 201/2, 24.07.1991). Eine zweite Verordnung stammt aus 1993 (2053/93, ABl. Nr. L 187/1, 29.07.1993) mit Gültigkeit bis 1995. Die folgende TACIS-Verordnung stammt vom 4. Juli 1996 (1279/96, ABl. Nr. 165/1, 4.07.1996) und war für 4 Jahre gültig (bis Ende 1999). Die neue Verordnung gilt von 2000-2006 (Verordnung des Rates, EG, Euratom, Nr. 99/2000 vom 29.12.1999.
Quelle: Europäische Kommission.

Seit dem Beginn der Beitrittsverhandlungen (1998) liefert die Europäische Kommission jährlich sogenannte *„Fortschrittsberichte"* über die EU-Reife der Beitrittskandidaten, evaluiert im Lichte der Vorgaben durch die drei „Kopenhagener Kriterien" für einen EU-Beitritt (siehe *Tabelle 13.10*). Die Kopenhagener Kriterien fassen in Kurzform die Grundprinzipien der EU laut EU-Vertrag zusammen.

Tabelle 13.10 Kopenhagener EU-Beitrittskriterien

Politisches Kriterium

- Demokratie, Menschenrechte, Minderheitenschutz
  - ohne dieses Kriterium wird nicht verhandelt

Ökonomisches Kriterium

- Funktionierende Marktwirtschaft
  - ohne dieses Kriterium wird Kapitel WWU nicht eröffnet
- Wettbewerbsfähigkeit innerhalb der Union

Mitgliedschafts-Verpflichtungen

- Acquis communautaire, WWU, Ziele der EU
  - Leistungsfähige Verwaltung (Umsetzung des acquis) - Madrid Dez./1995

Quelle: Diese Kriterien wurden vom Europäischen Rat in Kopenhagen im Juni 1993 aufgestellt.

13.3.2 Die „Balkan-Strategie" der EU

Nach den kriegerischen Auseinandersetzungen im ehemaligen Jugoslawien ergab sich ab 1991 eine neue Konstellation auf dem Balkan. Vom ehemaligen Jugoslawien blieben letztlich nur noch Serbien und Montenegro übrig. Das Kosovo ist zwar ein Teil Serbiens, ist aber seit dem Kosovokrieg (NATO gegen Serbien zwischen März-Juni 1999) ein von der UNO international verwaltetes Protektorat. Slowenien wurde 1991 unabhängig und tritt am 1. Mai 2004 der EU bei. Der Krieg Serbiens gegen Kroatiens (1991/92) dauerte länger und gipfelte im Bosnien-Krieg. Bosnien-Herzegowina konnte nur durch UNO-Einsatz befriedet werden. Mazedonien erklärte 1991 seine Unabhängigkeit von Jugoslawien. Albanien war immer schon ein selbständiger Staat[6]. Die Instabilität auf dem Balkan bewog die EU, eine Strategie zur Stabilisierung zu entwerfen, die über mehrere Schienen abläuft, aber unter einem Dach *Stabilisierungs- und Assoziationsprozess (SAP) der EU* firmiert (Details, siehe *Tabelle 13.11*).

Letztlich ist es ein erklärtes Ziel der EU, die fünf Staaten des Balkan auf längere Sicht als Mitglieder in die EU aufzunehmen. Der Weg dort hin ist - mit Ausnahme Kroatiens (das als einziges Land bereits 2003 einen Antrag auf EU-Vollmitgliedschaft gestellt hat und erwartet zusammen mit Bulgarien und Rumänien im Jahr 2007 EU-Mitglied zu werden) - noch sehr steinig. Die Balkanländer sind alle durch die kriegerischen Auseinandersetzungen schwer ökonomisch gezeichnet (siehe *EU*, 2003b, 2003g) und haben daher noch einen langen Weg vor sich, um funktionierende Marktwirtschaften im Sinne des 2. Kopenhagener Kriteriums zu werden. Über den Stand des Fortschritts der Balkanländer im Hinblick auf den SAP hat die Europäische Kommission bereits zwei Berichte für die Jahre 2002 und 2003 erstellt (den letzten Bericht, siehe *EU*, 2003b).

---

6 Die Bezeichnungen für ein und dieselbe Region des Balkan hat im Laufe der Zeit seitens der EU Wandlungen durchgemacht: vom ursprünglichen Begriff „Balkan", zu „Süd-Ost-Europa" und nunmehr zu „Westbalkan". Über diese wandelnde Begriffsbestimmungen sowie eine Analyse der Balkan-Strategie der EU, siehe *Hoppe* (2002).

Tabelle 13.11 Süd-Ost-Europa („Balkan")-Strategie der EU

<table>
<tr><td>November 2000</td><td>„Balkan"-Gipfel in Zagreb: 14.11.2000
Die Balkan-Strategie besteht aus dem Stabilisierungs- und Assoziationsprozess (SAP) der EU, der wiederum im wesentlichen aus drei Elementen besteht:
a) Stabilitätspakt für Süd-Ost-Europa
b) Stabilisierungs- und Assoziationsabkommen (SAA)
c) CARDS (Community Assistance for Reconstruction, Development and Stabilisation)-Programme
• Juni 2000: ER, Feira (Portugal): Erklärung, dass alle SAP-Länder „potentielle" EU-Beitrittskandidaten sind
• 19.-20. Juni 2003: ER, Thessaloniki: „Agenda von Thessaloniki für die westlichen Balkanstaaten: Auf dem Weg zur Europäischen Integration": ER bekräftigt die Europäische Perspektive der Staaten des Westlichen Balkans
• Betroffen vom SAP sind 5 Balkan-Länder: Albanien, Bosnien-Herzegowina, Kroatien, Mazedonien sowie Serbien-Montenegro</td></tr>
<tr><td>2001</td><td>CARDS-Programme für die SAP-Länder beginnen</td></tr>
<tr><td colspan="2"> Stabilitätspakt für Süd-Ost-Europa Am 10.6.1999 auf dem ER in Köln eingerichtet. Ziel: Soll über die SAAs zu den dort genannten Zielen beitragen. Zwischen 1990 und 2000 hat die EU rund 5,5 Mrd. Euro an Finanzhilfe an die 5 Balkan-Länder geleistet.</td></tr>
<tr><td colspan="2"> Stabilisierungs- und Assoziationsabkommen (SAA) Eine neue Form vertraglicher Vereinbarung zwischen der EU und den 5 SAP-Staaten des Balkans. Er enthält folgende Elemente:
• autonome handelspolitische Maßnahmen (Handelsliberalisierung)
Durch die Ausdehnung der autonomen Handelsmaßnahmen hat die EU im Herbst 2000 ein einheitliches System von Handelspräferenzen für die westlichen Balkanstaaten geschaffen (siehe EU, 2003g, S. 22)
• wirtschaftliche und finanzielle Hilfe im Falle von Budget- und Zahlungsbilanzproblemen
• Hilfe zur Demokratisierung und Errichtung einer Zivilgesellschaft
• humanitäre Hilfe für Flüchtlinge und rückkehrende Flüchtlinge
• Kooperation im Bereich Justiz und Inneres
• Einrichtung eines politischen Dialogs
Ziel: Friede, Stabilität und wirtschaftliche Entwicklung in dieser Region und die Eröffnung einer langfristigen Perspektive einer EU-Mitgliedschaft
Bis zur Ratifizierung der SAA werden die (handelspolitischen) Beziehungen zwischen der EU und den westlichen Balkanländern durch Interimsabkommen geregelt (siehe EU, 2003g, S. 22).</td></tr>
</table>

Entwicklung in den 5 SAP-Ländern	
Albanien	31.1.2003: EU begann mit Albanien Verhandlungen über ein SAA
Bosnien-Herzegowina	Die von der EU aufgestellte „Road Map“ wurde im September 2002 im wesentlichen abgeschlossen; 2003 begannen Verhandlungen über ein SAA
Kroatien	29.10:2000: Unterzeichnung eines SAA mit der EU 1.3.2003: Interimsabkommen mit der EU tritt in Kraft (ermöglicht Beginn der Handelsliberalisierung bevor SAA in Kraft tritt) 21.2.2003: Antrag Kroatiens auf EU-Vollmitgliedschaft
Mazedonien	2003: Ratifikation des SAA läuft; in der Zwischenzeit gelten Interimsabkommen zur Liberalisierung des bilateralen Handels mit der EU
Serbien und Montenegro	Die Arbeiten zur gemeinsamen Verfassung haben den SAP verzögert; Verhandlungen über ein SAA stehen noch aus

Quelle: Eigene Zusammenstellung nach Unterlagen der Europäischen Kommission über ihre Beziehungen zu Süd-Ost-Europa (http://europa.eu.int/comm/external_relations/see/index.htm) sowie *EU* (2003b, 2003g).

13.3.3 Die Nachbarschaftsstrategie

Die Europäische Kommission hat im Ende 2002/Anfang 2003 angesichts der künftig erweiterten Grenzen der EU eine Nachbarschafts-Strategie entwickelt (siehe *EU*, 2003f), die auf dem Europäischen Rat in Thessaloniki im Juni 2003 bekräftigt wurde. Sie zielt darauf ab, „... immer stärkere Bindungen und Brücken der Zusammenarbeit mit unseren Nachbarn zu entwickeln und die Zukunft dieser Wertegemeinschaft mit anderen jenseits unserer Grenzen zu teilen“ (Schlussfolgerungen des Vorsitzes, 19.-20. Juni 2003, S. 13).

Die EU hat weiterhin eine große Anziehungskraft, vor allem in den Staaten Ost- und Südeuropas. Eine Ausdehnung der EU-25 auf EU-40 ist nicht ausgeschlossen. Auf dem Europäischen Rat in Kopenhagen im Dezember 2002 wurde Bulgarien und Rumänien versprochen (wenn sie die Kopenhagener Kriterien) erfüllen, dass sie im Jahr 2007 EU-Mitglieder werden können (EU-27). Die nächsten Kandidaten wären Kroatien und die Türkei (EU-29). Es könnten die vier Balkanstaaten (Albanien, Bosnien-Herzegowina, Mazedonien, Serbien-Montenegro) folgen (EU-33). Nicht ausgeschlossen sind Avancen seitens Moldawiens, der Ukraine und selbst Russlands (EU-36). Es fehlen dann nur noch die vier EFTA-Staaten, die bisher noch nicht der EU beitreten wollten (EU-40).

Allerdings wird die EU durch die Aufnahme immer neuer armer Länder insgesamt eher ärmer als reicher (siehe *Abbildung 13.8*).

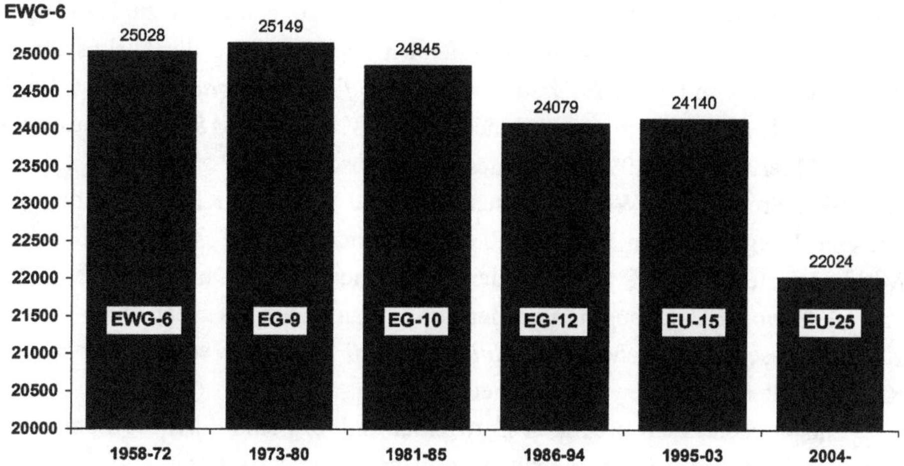

Abb. 13.8 Von der EWG-6 zur EU-25 – schrittweise "Verarmung"?
(BIP pro Kopf zu KKP, im Jahr 2002; EU-15=100)
Quelle: Eigene Darstellung mit Daten der AMECO Datenbank der Europäischen Kommission, Brüssel.

13.4 Wirtschaftliche Auswirkungen der EU-Erweiterung in den alten und neuen Mitgliedsstaaten

Die fünfte Erweiterung der EU auf 25 Mitgliedstaaten wird nicht nur die EU größer machen, sie verändert auch die politische Landkarte Europas. Erstmals nach dem Zweiten Weltkrieg vereinigen sich Staaten West- und Osteuropas freiwillig. Damit ist die seit dem Zweiten Weltkrieg entstandene politische Teilung Europas endgültig beseitigt (siehe *Abbildung 13.9*). Die alten und neuen EU-Mitglieder treten in eine neue Phase der Europäischen Integration ein. Im Jahr 2004 wird die erweiterte EU - basierend auf den Vorschlägen des „Konvents zur Zukunft Europas“ und der Regierungskonferenz der Staats- und Regierungschefs - eine *EU-Verfassung* bekommen, die die „Spielregeln“ des wirtschaftlichen und politischen Zusammenarbeit neu festlegen wird (Änderung des institutionellen Aufbaus - gewählter EU-Präsident; Verschlankung der Europäischen Kommission; klarere Abgrenzung der Kompetenzen der Union und der Mitgliedstaaten).

Die *wirtschaftliche Dimension* der Erweiterung ist aus *Tabelle 13.12* ersichtlich. Zum einen handelt es sich (mit Ausnahme Polens) um durchwegs kleine Länder mit einer Einwohnerzahl von 10 bzw. unter 10 Millionen. Ihr BIP sowohl in absoluten Größen als auch pro Kopf ist, gemessen zu KKP meist doppelt so hoch wie gemessen zu laufenden Preisen (siehe die Diskussion im Zusammenhang mit dem *Balassa-Samuelson-Effekt* in *Kapitel 13.2.3*). Die 10 Neuen machen, gemessen an der Fläche rund 23% von EU-15 aus, gemessen an der Bevölkerung rund 20% und gemessen am absoluten BIP zwischen 4 ½% (zu laufenden Preisen und Wechselkursen) und rund 9% (zu KKP). Es handelt sich um eine Integration von vorwiegend armen Ländern in die „reiche" EU der 15 Mitgliedstaaten. Das BIP pro Kopf der 10 Neuen macht im Durchschnitt nur 23% bzw. 45% von EU-15 aus, je nachdem ob zu laufenden Wechselkursen oder zu KKP gemessen wird (siehe auch *Abbildung 13.10* für einen Vergleich der BIP pro Kopf von alten und neuen EU-Mitgliedstaaten).

Entsprechend dem niedrigen Entwicklungsniveau sind auch die Lohnkosten in den Beitrittsländern und Beitrittskandidaten noch sehr niedrig. Auf Grund der jüngsten Erhebung von Eurostat (News release 23/2003, 3. März 2003) liegen die Arbeitskosten pro Stunde in der Industrie und im Dienstleistungssektor für die 10 Beitrittsländer im Durchschnitt bei 4,21 €, in der EU im Durchschnitt bei 22,7 € (EU-15 ohne Belgien und Italien). Deutschland hat Stundenlöhne von 26,54 €, Österreich von 23,6 €. Die höchsten Stundenlöhne werden in Schweden (28,56 €) und in Dänemark (27,1 €) bezahlt. Von den 10 Beitrittsländern zahlt man in Zypern mit 10,74 € gerade einmal rund die Hälfte des Durchschnitts der alten EU-Mitgliedstaaten. Die niedrigsten Löhne gibt es in Lettland mit 2,42 €, gefolgt von Litauen 2,71 € und in der Slowakei 3,06 €. Nach Zypern gibt es noch relativ „hohe" Löhne in Slowenien mit 8,98 €, in Polen mit 4,46 €, während sie in der Tschechischen Republik mit 3,9 € und in Ungarn mit 3,83 € dazwischen liegen. Die Stundenlöhne der erst später beitretenden Ländern sind noch viel niedriger: Bulgarien 1,35 € und Rumänien 1,51 €. Zusammen mit den niedrigen Unternehmenssteuern sind die niedrigen Lohnkosten ein wichtiger Faktor für die Standortattraktivität der neuen Mitgliedstaaten.

Abb. 13.9 EU nach der Erweiterung von 15 auf 25 Mitgliedstaaten

EU-15: Belgien (BE), Dänemark (DK), Deutschland (DE), Griechenland (EL), Spanien (ES), Frankreich (FR), Irland (IE), Italien (IT), Luxemburg (LU), Niederlande (NL), Österreich (AT), Portugal (PT), Finnland (FI), Schweden (SE), Großbritannien (UK) (in der alphabetischen Reihenfolge der nationalen Bezeichnungen der Länder; Abkürzungen der Europäischen Kommission)

10 Neue Mitglieder ab 2004: Zypern (CY), Tschechische Republik (CS), Estland (EE), Ungarn (HU), Lettland (LV), Litauen (LT), Malta (MA), Polen (PL), Slowakische Republik (SV), Slowenien (SL).

Beitrittskandidaten für 2007: Bulgarien (BG), Rumänien (RO)

Kandidatenland: Türkei (TK)

Beitrittsanträge: Norwegen (NO) - hat EU-Beitritts bereits zwei Mal in Volksabstimmungen (1972, 1994) abgelehnt; Schweiz (CH), Kroatien (HR)

Potentielle Kandidatenländer am Balkan: Albanien (AL), Bosnien-Herzegowina (BH), Mazedonien (MZ), Serbien und Montenegro (SM) plus Kosovo (?)

Tabelle 13.12 Die Dimension der EU-Erweiterung 2004

	Fläche 1000 km²	Bevölkerung Mill.	BIP lfd. Preise Mrd.€	BIP KKP Mrd.€	BIP pro Kopf lfd. Preise €	BIP pro Kopf KKP €	BIP pro Kopf lfd. Preise EU=100	BIP pro Kopf KKP EU=100
Tschechische Republik	79,0	10,2	63,3	136,2	6206	13280	26	57
Estland	45,0	1,4	6,2	13,4	4429	9820	19	42
Ungarn	93,0	10,2	58,0	121,0	5686	11880	24	51
Lettland	65,0	2,4	8,5	18,2	3542	7700	15	33
Litauen	65,0	3,5	13,4	30,5	3829	8730	16	38
Polen	313,0	38,6	196,7	355,9	5096	9210	22	40
Slowakei	49,0	5,4	22,3	58,0	4130	10780	18	47
Slowenien	20,0	2,0	20,9	31,8	10450	15970	45	69
Malta	0,3	0,4	4,0	4,6	10000	12700	43	55
Zypern	9,0	0,8	10,2	12,5	12750	18460	54	80
Beitrittsländer (BL-10)	738,3	74,9	403,5	782,1	5387	10460	23	45
Bulgarien	111,0	7,9	15,2	51,8	1924	6510	8	28
Rumänien	238,0	22,4	44,4	131,3	1982	5860	8	25
Türkei	775,0	68,6	164,6	357,3	2399	5210	10	22
Kandidatenländer (KL-13)	1862,3	173,8	627,7	1322,5	3612	7600	15	33
EU-15	3236,3	375,9	8815,0	8814,8	23450	23160	100	100
EU-25	3974,6	450,8	9218,3	9596,9	20449	21289	87	92
EU-28	5098,6	549,7	9442,5	10137,3	17178	18442	73	80
				Die "Neuen" in % von EU-15				
BL-10	*22,8*	*19,9*	*4,6*	*8,9*	*23,0*	*45,2*	23	*45*
KL-13	*57,5*	*46,2*	*7,1*	*15,0*	*15,4*	*32,8*	15	*33*

Quelle: *EU* (2002c).

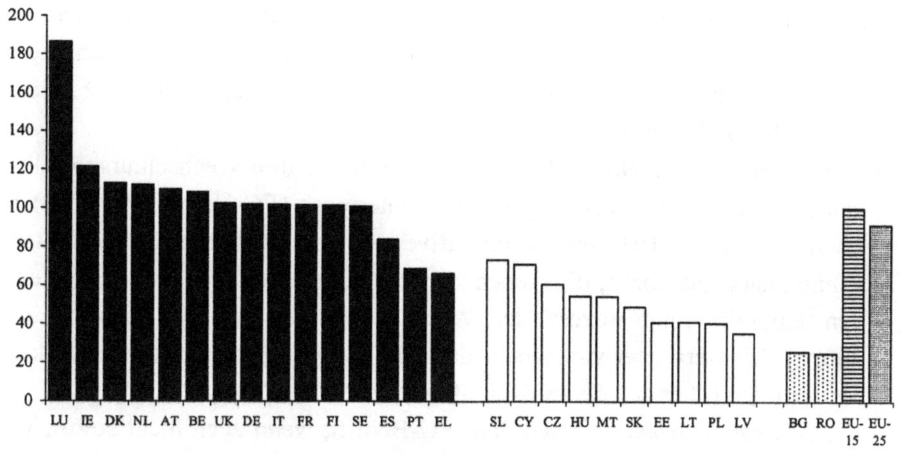

Abb. 13.10 BIP pro Kopf in EU-15 und Beitrittsländer
(zu KKP, im Jahr 2002; EU-15=100)
Quelle: Eigene Darstellung mit Daten der AMECO Datenbank der Europäischen Kommission, Brüssel.

13.4.1 EU-Beitritt auf Raten: Erst Binnenmarkt, dann WWU

Der Beitritt der neuen Mitgliedstaaten wird in zwei Etappen vor sich gehen („*Zwei-Stufen-Integration*").

1) Am 1. Mai 2004 treten die 10 Neuen der EU auf der Basis des *EU-Binnenmarkt* bei.
2) Erst zu einem späteren Zeitpunkt - nachdem sie die folgenden Schritte durchlaufen haben - ist eine Teilnahme an der Wirtschafts- und Währungsunion (WWU) vorgesehen.

Der offizielle Fahrplan (Road map) - ausgearbeitet von der Europäischen Zentralbank (*EZB*, 2000, S. 121) und dem ECOFIN-Rat (am 7.11.2000; siehe *EU*, 2001a) - sieht eine schrittweise Integration der Neuen in die WWU vor. Der ECOFIN-Rat identifizierte in seinem Statement zu den Implikationen des Beitrittsprozesses für die Wechselkurspolitik in den Beitrittsländern drei Stufen bis zur vollen Integration in die WWU (zwei gehören zum Nach-EU-Beitrittsprozess):

(1) Die Vorbereitungsphase: Hier gilt die freie Wahl des Wechselkursregimes (siehe *Tabelle 13.5*). Die Politik sollte darauf ausgerichtet sein, eine reale und nominelle Konvergenz zu erreichen. Dazu gehörte die Erfüllung der wirt-

schaftliche Kriterien von Kopenhagen (funktionierende Marktwirtschaft und Konkurrenzfähigkeit auf dem EU-Binnenmarkt). Diese Stufe haben die 10 Neuen bereits mit Abschluss der Beitrittsverhandlungen Ende 2002 erreicht (Bulgarien und Rumänien noch nicht).

(2) Die Beitrittsphase: Neue Mitgliedstaaten müssen ihre Wechselkurspolitik als „eine Angelegenheit von allgemeinem Interesse" (EG-Vetrag, Art. 124) betrachten. D.h. es darf keine kompetitiven Abwertungen geben, um nicht den Binnenmarkt zu stören; die Neuen sind als Mitglieder der EU eingebunden in den Koordinierungsprozess der Wirtschaftspolitik der EU (siehe *Breuss*, 2002a). Man erwartet von ihnen, dass sie die Maastrichter Konvergenzkriterien erfüllen (über den derzeitigen Stand, siehe *Tabelle 13.13*).

(3) Die Nachbeitrittsphase: Nach dem EU-Beitritt, wenn auch nicht sofort, wird erwartet, dass die Neuen dem WKM-II beitreten. Der Wechselkursmechanismus (WKM-II) sieht stabile aber anpassungsfähige Wechselkursbeziehungen zum Euro vor, wobei die Schwankungen bis zu maximal +/-15% betragen können (implizit nimmt die Europäische Kommission aber an, dass die Schwankungen nur +/-2.25% betragen sollen). Länder mit einem Currency Board, bei dem die Wechselkurse an den Euro gekoppelt sind, können dem WKM-II problemlos beitreten. Nach einem Antrag auf Beitritt zur WWU werden die Bewerber auf Grund der fünf Maastrichter Konvergenzkriterien (Inflation, Zinssätze, Budgetsaldo, Staatschuld und Wechselkursverhalten; sowie als Vorbedingung die Unabhängigkeit der nationalen Notenbanken) evaluiert (so wie auch die alten EU-Mitgliedstaaten im Jahr 1998 und Griechenland im Jahr 2000). Die Neuen müssen zumindest zwei Jahre im WKM-II gewesen sein und ihre Wechselkurse in den vereinbarten Bandbreiten gehalten haben. Daraus ergibt sich, dass der frühest mögliche Zeitpunkt für einen WWU-Beitritt in den Jahren 2007/08 sein kann.

Derzeit haben alle Beitrittsländer Probleme bei der Erfüllung zumindest eines der Maastrichter Konvergenzkriterien (siehe *Tabelle 13.13*).

Tabelle 13.13 Maastricht-Konvergenzkriterien: Beitritts- und Kandidatenländer, 2001 (Vorbedingung für Beitritt zur WWU)

	Inflation	**Staatshaushalt**		**Auslandsschuld** Gesamtwirtschaft	**Wechselkurse**	**Langfristige Zinssätze**
	VPI HVPI§) Veränd. in % 2001+)	**Saldo** in % des BIP 2001+)	**Brutto-Schuld** in % des BIP 2000	**Schuld** in % des BIP 2001	**Veränd.** in % gegenüber €1) 2001	**Lending rate** in % 2001#)
Referenzwert EU-15	*2,7 (3,3)*	*-3,0*	*60,0*	*-*	*keine Abwertung*	*6,9*
Tschechische Republik	4,5	-5,2	23,6	26,5	+14,2	5,0
Estland4)	5,6	+0,5	5,0	26,8	+/-0,0	4,5
Ungarn2)	9,1	-4,1	53,1	44,6	+2,9	10,9
Lettland3)	2,5	-1,6	16,0	45,7	+10,0	5,2
Litauen4)	1,3	-1,9	23,5	25,5	+25,6	3,4
Polen	5,3	-3,9	39,3	23,3	+1,5	17,1
Slowakei	7,3	-5,4	44,1	33,4	+2,3	7,4
Slowenien	8,6	-2,5	27,5	27,0	-21,0	6,8
Malta5)	2,5	-7,0	66,0	179,2	+6,4	4,7
Zypern	2,0	-3,0	54,6	74,9	+1,6	4,9
Beitrittsländer (BL-10)	5,7	-4,0	35,3	50,7	-	3,7
Bulgarien4)	7,4	+0,4	70,0	77,4	+0,5	3,7
Rumänien	34,5	-3,3	23,0	21,3	-147,2	41,0
Türkei	57,6	-28,4	102,4	47,7	-331,8	92,0
Beitrittskandidaten (BK-13)	24,2	-12,5	42,2	50,3	-	15,9
Euro-Zone	2,4 (2,5)	-1,5	69,3	-	-	5,0
EU-15	2,0 (2,3)	-0,8	63,0	-	-	5,0

1)Jüngste Aufwertungen (+) oder Abwertungen (-) gegenüber dem Euro seit 1. Jänner 1999. Die BL und BK sind noch nicht Mitglieder des WKM-II. 2)Ungarn hat am 4. Mai 2001 die Bandbreite für Schwankungen des HUF gegen den € von +/- 2,25% auf +/- 15% ausgeweitet. 3)Lettland findet sich fest an die SDR = IMF's Special Drawing Rights, ein Korb von Währungen USD, Euro, GBP und JPY. 4)Diese drei Länder haben einen CB = Currency Board (Währungsrat). Litauen änderte am 2. Februar 2002 die Leitwährung für die Litas vom USD zum Euro. 5)Malta bindet seit 23. August 2002 seine Währung an einen Korb = 70% Euro, 20% GBP und 10% USD. §)VPI (Verbraucherpreisindex) bzw. HVPI (harmonisierter Verbraucherpreisindex). #)Day-to-day money rate. *Quelle:* Breuss *(2003b).*

13.4.2 Welche Integrationseffekte?

Die zu erwartenden Integrationseffekte hängen jeweils vom Grad der Integration ab. Im Falle der EU-Erweiterung treten die neuen Mitglieder zu einem Zeitpunkt bei, in dem die EU bereits die höchste Stufe der wirtschaftlichen Integration (Zollunion, Binnenmarkt sowie Wirtschafts- und Währungsunion) erreicht hat. Die folgenden Überlegungen zu den erwarteten Integrationseffekten beziehen sich im Wesentlichen auf die theoretisch bekannten Standardeffekte und einige Effekte, die speziell im Fall der EU-Erweiterung auftreten können.

Die Theorie der regionalen Integration ist gut entwickelt und erlaubt mittels numerischen allgemeinen Gleichgewichtsmodellen (CGE-Modellen) oder makroökonomischen Modellen ex ante relativ klare Aussagen zu machen. *Baldwin-Venables* (1995, S. 1601; siehe auch *Breuss*, 2003c) leiten eine Prototyp-Gleichung ab, die alle denkbaren Effekte einer regionalen Integration (Beitritt zur einer Integrationsgemeinschaft) abbildet (Ableitung der Wohlfahrtseffekte aus einer indirekten Nutzenfunktion). Hier wird diese Gleichung hinsichtlich der Integrationseffekte in den neuen und alten EU-Mitgliedstaaten anlässlich der EU-Erweiterung im Jahr 2004 interpretiert:

$$\begin{aligned} dV / V_E &= \alpha t\, dm - m\, d[t - \alpha t] - m\, dp \\ &+ [p + t - \alpha] dX - X a_x + (V_n / V_E)\, dn \\ &+ (\tilde{r} / \rho - 1)\, dI \,. \end{aligned} \qquad (13.3)$$

Die Veränderung der Wohlfahrt (dV; d = Differenzoperator) eines repräsentativen Konsumenten relativ zum Grenznutzen der Konsumausgaben (V_E) hängt theoretisch von folgenden Teilintegrationseffekten ab:

a) *Traditionelle Handelseffekte* bei vollständiger Konkurrenz: Der rechte Teil in der ersten Zeile von *Gleichung (13.3)* enthält die Handelseffekte, bestehend aus drei Untereffekten: 1) einem *Handelsvolumeneffekt (HV)*: $\alpha t\, dm$, wobei t = Vektor der Handelskosten (Zölle, nichttarifäre Handelshemmnisse - NTBs), m = Vektor der Netto-Importe (+ = Importe), α = Parameter ($\alpha = 1$ wenn Zolleinnahmen im Inland anfallen; $\alpha = 0$ Handelsbarrieren, wenn keine Renten, d.h. Zolleinnahmen im Inland anfallen); 2) einem *Handelskosteneffekt (HK)*: $-md[t - \alpha t]$) und 3) einem *Terms-of-Trade-Effekt (TOT)*: $-mdp$; wobei p = Vektor der Preise an der Grenze .

Der HV-Effekte kämen nur zum Tragen, wenn zwischen den 10 neuen Mitgliedsländern und der EU vor Eintritt in die EU noch Zölle bestünden (durch den Eintritt in die Zollunion mit der EU mit gemeinsamem Außenzoll würden handelsschaffende – trade creation – und handelsumlenkende – trade diversion – Effekte auftreten). Tatsächlich waren die Zölle bereits vor dem Beitritt im Jahr 2004 durch den asymmetrischen Zollabbau zwischen der EU und den MOEL im Rahmen der *Europaabkommen (EAs)* eliminiert ($t = 0$). Die EU hat auf Importe aus den MOEL bereits seit 1997 ihre Zölle abgeschafft (mit Ausnahme für Agrarimporte); die MOEL eliminierten die Zölle auf Importe aus der EU im Jahr 2002[7]. Daher spielen beim Eintritt in den Binnenmarkt nur mehr die HK-Effekte in Form des Wegfalls von Handelsbarrieren (Wegfall der Grenzkontrollen - freier Warenverkehr) und nichttarifären Handelshemmnissen (NTBs) eine Rolle (daher gilt $\alpha = 0$), und es ist nur noch der Ausdruck $-m\,dt$ relevant.

Durch den EU-Beitritt steigt die Wohlfahrt, weil die (zolläquivalenten) Handelsbarrieren (Handelskosten durch Grenzkontrollen) wegfallen. Da die 10 neuen Mitglieder fast ausschließlich kleine Länder sind, die die Weltmarktpreise und damit die Terms of Trade nicht beeinflussen können, fällt auch der TOT-Effekt weg (dritter Ausdruck auf der rechten Seite in der ersten Zeile von *Gleichung (13.3)*: $dp = 0$).

b) *Moderne Integrationseffekte* bei unvollständiger Konkurrenz (*Binnenmarkteffekte*): Die zweite Zeile von *Gleichung (13.3)* enthält drei Integrationseffekte aus der modernen Außenhandelstheorie: 1) einen *Produktionseffekt (PE)*: $[p + t - a]dX$ (der Klammerausdruck entspricht dem Gewinn, also Erlös $p + t$ minus Kosten a; dX = Veränderung des Produktionsvektors); 2) einen *Economies-of-Scale-Effekt (EOS)*: $-Xa_x dx$ (a_x = Durchschnittskosten, d.h.

---

7 Zwar sind die Zölle im bilateralen Handel zwischen der EU und den Beitrittsländern bereits beseitigt, dennoch weisen letztere völlig unterschiedliche Außenzölle gegenüber Drittstaaten auf. Der EU-Beitritt bedeutet auch einen Eintritt in die Zollunion der EU mit einer einheitlichen Außenhandelspolitik mit einem Gemeinsamen Zolltarif (GZT). Der GZT der EU liegt für alle Waren derzeit bei 6,3%, für Agrarerzeugnisse bei 16,2%, für Fischereierzeugnisse bei 12,4% und für gewerbliche Waren bei 3,6%. Länder mit bereits niedrigeren Zöllen (z.B. die baltischen Staaten sowie Malta, Tschechien und die Slowakei) müssen ihre Zollsätze anheben, jene die höher liegen, müssen sie auf das GZT der EU senken (siehe 5. Fortschrittsbericht der Europäischen Kommission, Brüssel, 9. Oktober 2002).

Faktorpreise für Kapital und Arbeit im Sektor x) und 3) einen *Produktvariationseffekt (VE)*: $(V_n / V_E)dn$ (V_n = Grenznutzen einer Produktvariante n).

Der Beitritt zum Binnenmarkt kann theoretisch alle drei Untereffekte aufweisen. Zum einen bewirkt er eine Produktionsausweitung (PE-Effekt), zum anderen initiiert die Verstärkung des Handels im EG-Binnenmarkt den intraindustriellen Handel, der wiederum durch unvollständige (monopolistische) Konkurrenz erklärt werden kann. Integration in einen größeren Markt erlaubt die Nutzung von EOS-Effekten. Einem Ausbau marktbeherrschender Stellungen könnte der Effekt einer Intensivierung des Wettbewerbs durch die Verstärkung des Intra-EU-Handels entgegenwirken (Pro-competitive-Effekt; Verlust von Monopolstellungen). Würde im Binnenmarkt das Ideal eines vollständig fairen Marktes verwirklicht, so wären allerdings im Industriegleichgewicht die Kosten gleich den Preisen; sowohl der PE- als auch der EOS-Effekt fielen weg, sodass nur der VE-Effekt übrig bliebe. Die Teilnahme am großen Binnenmarkt kann zum einen eine Produktionsverlagerung in den Binnenmarkt nach sich ziehen und zum anderen die Aufrechterhaltung produktbezogener Monopolstellungen zur verstärkten Produktdifferenzierung und daher zur Ausweitung der Produktvarianten (VE-Effekt). Wie hoch dieser Effekt ist, ist empirisch schwer festzustellen. Die Hypothese von *Casella* (1996), dass kleine Länder in einer bestehenden Integrationsgemeinschaft mehr vom Eintritt neuer Mitglieder in eine Integrationsgemeinschaft gewinnen als große Länder, weil erstere größere Skaleneffekte lukrieren sollten, ist zwar plausibel, empirisch aber eher nicht verifizierbar (siehe *Badinger-Breuss*, 2002, 2003b).

c) *Akkumulations- oder Wachstumseffekte (AE)*: $(\tilde{r} / \rho - 1)dI$, wobei $\tilde{r}$ = soziale Ertragsrate des Faktors Kapital, ρ = Diskontsatz, I = Investitionen (dritte Zeile von *Gleichung (13.3)*). Die wichtige Frage im Zusammenhang mit Integrationsschritten ist, ob sie das Wirtschaftswachstum beschleunigen. Dies ist der Fall, wenn die Integration die Erträge von Investitionen in Sach- oder Humankapital erhöht. Eine weitere Frage ist, ob die dynamischen oder Wachstumseffekte nur kurzfristig oder langfristig (permanent) sind. Im ersten Fall ergibt sich anlässlich des Beitritts zu einer Integrationsgemeinschaft ein schockartiger Anstieg des Niveaus z.B. des realen BIP (einmaliger Wachstumsschub), dem eine normale Entwicklung folgt. Im zweiten Fall wären die Wachstumsraten des realen BIP permanent höher als zuvor (höheres „Steady-

State“ Wachstum). Die Teilnahme am Binnenmarkt bewirkt auch Investitionsbeschaffung und –ablenkung: Während neue Mitglieder attraktiv für ausländische Direktinvestitionen (FDI) werden, verzeichnen die noch nicht beitretenden Beitrittskandidaten möglicherweise eine Investitionsablenkung. Langfristig könnte ein EU-Beitritt über technische Spill-overs das Wachstum verstärken (*Coe-Helpman*, 1995) - entweder als Folge der Zunahme des Intra-EU-Handels oder weil der wissenschaftliche Austausch staatlich gefördert wird (EU-Rahmenprogramme) und dadurch in Forschung und Entwicklung (F&E) investiert wird, was indirekt wieder das Wachstum langfristig stimuliert. Die Frage von Standorteffekten durch einen EU-Beitritt könnte auch mit dem modernen Ansatz der Economic Geography (*Krugman*, 1991; *Baldwin-Venables*, 1995, S. 1619) analysiert werden; dieser Zweig der Handelstheorie ist empirisch noch wenig ausgelotet.

d) *Faktorwanderung*: Der spezielle Fall der fünften EU-Erweiterung, der reiche und arme Länder zusammenführt, könnte zu Faktorwanderungen folgender Art führen: infolge des starken Lohnkostengefälles wandern Arbeitskräfte von Ost nach West (Migration) und Kapital in Form von Direktinvestitionen (FDI) von West nach Ost.

e) *Kosten der EU-Erweiterung*: Die Aufnahme ärmerer Länder in die EU führt angesichts der Kohäsionspolitik der EU dazu, dass aus den Strukturfonds reichlich Mittel in die neuen Mitgliedstaaten führen, die auf Grund ihres niedrigen BIP pro Kopf fast ausschließlich die höchste Förderwürdigkeit (Ziel-1-Gebiete; definiert als Regionen mit einem BIP pro Kopf von weniger als 75% des BIP des Durchschnitts der EU). Die Transfers aus dem EU-Haushalt führen dazu, dass in den Empfängerländern die Infrastruktur verbessert werden kann und durch diese Investitionen auch zu mehr Wirtschaftswachstum führen. Da die EU-Erweiterung im wesentlichen durch Einschränkungen bei den Regionalfördermitteln in den alten Kohäsionsländern finanziert wird, führt dies in den vier bisherigen Kohäsionsländern Griechenland, Irland, Portugal und Spanien zu negativen Investitions- und Wachstumseffekten. Zusätzlich dürfte es dadurch zu einer Verlagerung der FDIs in Europa - von den alten zu den neuen Kohäsionsländern in den MOEL - kommen (siehe *Breuss-Egger-Pfaffermayr*, 2003).

Die *Kosten für die EU-Erweiterung* belaufen sich laut Finanzplan der Europäischen Kommission (vom 11. Februar 2003) in der Periode 2004-2006 auf kumuliert 38 Mrd.€. Davon entfallen auf die GAP rund 10 Mrd.€ (davon für

Direktzahlungen mit einer Einschleifregelung für die neuen Mitglieder 2,6 Mrd.€) und auf die strukturpolitischen Maßnahmen 22 Mrd.€. Der Rest entfällt auf interne Politikbereiche (4 Mrd.€) und Verwaltung (2 Mrd.€). Diese Kosten machen 0,11% des BIP von EU-15 im Jahr 2004, 0,14% im Jahr 2005 sowie 0,16% im Jahr 2006 aus (kumuliert 2004-2006 sind es Kosten von 0,13% des EU-15 BIP). Auf Grund der Einschleifregelung bei den Direktzahlungen an die Bauern, kann erwartet werden, dass im Jahr 2013 die Kosten für (dann möglicherweise 12 neue EU-Mitglieder) rund 0,3% des BIP von EU-15 ausmachen werden).

13.4.3 Ergebnisse von Modellsimulationen

Es gibt eine Reihe von Studien, die die wirtschaftlichen Auswirkungen der EU-Erweiterung von 2004 abzuschätzen versuchen. Dabei gibt es Einzelländerstudien und Mehrländerstudien. Zum einen werden allgemeine Gleichgewichtsmodelle herangezogen, zum anderen Makromodelle. In allen Fällen handelt es sich um Simulationen der möglichen theoretischen Integrationseffekte. Die wenigsten Analysen sind in der Lage alle möglichen theoretischen Effekte (wie sie in Kapitel 13.4.2 beschrieben wurden) zu berücksichtigen. Dem theoretischen Ideal am nächsten versucht die Simulationsstudie von *Breuss* (2001, 2002b) zu kommen. Mit dem OEF-Weltmakromodell werden dabei für die meisten alten EU-Mitgliedstaaten und explizit für drei neue (Polen, Tschechische Republik und Ungarn) sowie für die restlichen MOEL als Block folgende Integrationseffekte berücksichtigt: Handelseffekte, Binnenmarkteffekt, Faktorwanderungen und Kosten der Erweiterung.

Da die MOEL als kleine Region in einen großen Binnenmarkt integriert werden, dürften sie durch die Erweiterung im Durchschnitt rund zehnmal so viel gewinnen wie die EU-Länder. Gemäß den Ergebnissen der Simulationen mit dem OEF-Weltmakromodell können Ungarn und Polen ihr reales BIP innerhalb der nächsten zehn Jahre (einschließlich der Vorbereitungsphase 2001/2004) um rund 8% bis 9% steigern; das entspricht einem jährlichen Wachstumsschub von rund 1%. Tschechien gewinnt etwas weniger (BIP +5% bis +6% oder +½% bis +¾% pro Jahr; siehe *Tabelle 13.1.4* und *Abbildung 13.12*). In der EU erhält das BIP im Durchschnitt innerhalb einer Periode von sechs Jahren (2005/2010) einen Impuls von rund ½% oder 0,1% pro Jahr. Jene Länder, die wie Österreich, Deutschland und Italien bereits bisher enge Handelsbeziehungen mit den MOEL unterhielten[8], profitieren am meisten. In Österreich würde das reale BIP durch die Erweiterung kumuliert von 2005 bis 2010 um rund ¾% zunehmen, was einem jährlichen Wachstumsimpuls von 0,15% entspricht (siehe *Tabelle 13.14* und *Abbildung 13.11*).

Für die EU und die MOEL ist die EU-Erweiterung insgesamt eine "Win-Win-Situation". Für einige EU-Länder übersteigen allerdings die Kosten den Nutzen. Dies gilt insbesondere für Spanien, Portugal und Dänemark. Die anfänglich leichten Wachstumsimpulse klingen rasch wieder ab (siehe *Tabelle 13.14* und *Abbildung 13.11*). Aufgrund der vorliegenden Analyse für die "MOEL 3" (Polen, Tschechien, Ungarn) kann man das Ergebnis im Falle des Beitritts der BL-10 ungefähr abschätzen: Da die MOEL 3 rund zwei Drittel des BIP der BL-10 ausmachen und engere Handelsbeziehungen zur EU unterhalten als die MOEL 10 im Durchschnitt, dürften die makroökonomischen Effekte der EU-Erweiterung um die BL-10 sowohl in der EU als auch in den MOEL um rund ein Drittel höher sein als die hier vorgelegten Schätzungen. Das würde langfristig (bis 2010) einen kumulierten Anstieg des realen BIP von rund 12% in den BL-10 und von rund ⅔% in der EU bedeuten. Insgesamt dürfte der Integrationsimpuls der Erweiterung in den BL-10 länger anhaltend sein (siehe *Abbildung 13.12*) als in den alten EU-Mitgliedstaaten (siehe *Abbildung 13.11*), wo die anfänglichen Impulse relativ rasch wieder abklingen.

---

[8] Österreich exportierte zuletzt über 13% seiner Gesamtausfuhren in die MOEL-10, Griechenland 12% sowie Finnland und Durchland rund 6 ½%. Die übrigen alten EU-Staaten unterhielten bisher relativ geringe Handelsbeziehungen mit den MOEL. Selbst Schweden und Dänemark exportierten nicht mehr als rund 4% ihrer Gesamtausfuhren in die MOEL-10. Die übrigen EU-Staaten kommen auf weniger als 3%.

Tabelle 13.14 Integrationseffekte der EU-Erweiterung: Reales BIP

Länder	Handelseffekte		Binnenmarkteffekte		FDI-Ströme in die MOEL		Migration in die EU		Kosten der Erweiterung		Gesamteffekte	
	A	B	A	B	A	B	A	B	A	B	A	B
	Kumulierte Abweichungen von der Basislösung in %											
DE	0,15	0,01	0,50	0,37	-0,07	-0,12	0,06	0,23	-0,01	-0,01	0,63	0,48
FR	0,02	0,12	0,21	0,27	-0,10	-0,21	0,03	-0,03	-0,05	-0,04	0,10	0,11
IT	0,09	0,16	0,46	0,49	-0,04	-0,09	0,02	-0,03	-0,03	-0,03	0,50	0,50
UK	0,01	-0,06	0,22	0,19	-0,01	0,02	0,03	0,05	-0,02	-0,02	0,24	0,18
ES	-0,06	-0,11	0,48	0,37	-0,11	-0,41	0,04	0,05	-0,08	-0,07	0,28	-0,18
NL	0,08	0,17	0,72	0,31	-0,08	-0,21	0,05	-0,08	-0,06	-0,04	0,71	0,15
BE	0,06	0,09	0,31	0,40	-0,06	-0,21	0,03	-0,02	-0,01	-0,01	0,33	0,26
SE	0,04	0,06	0,65	0,04	-0,06	-0,16	0,07	-0,02	0,00	0,00	0,69	-0,07
AT	0,20	0,14	0,59	0,64	-0,09	-0,29	0,13	0,16	0,00	0,01	0,83	0,66
DK	0,07	0,07	0,35	0,10	-0,07	-0,21	0,02	-0,05	-0,01	-0,02	0,35	-0,11
FL	0,07	0,08	0,52	0,55	-0,09	-0,33	0,05	0,02	-0,02	-0,02	0,53	0,31
IE	0,07	0,20	0,64	0,77	-0,14	-0,40	0,05	-0,05	-0,15	-0,13	0,47	0,49
PT	0,04	0,12	0,68	-0,12	-0,09	-0,14	0,05	-0,12	-0,05	0,05	0,63	-0,21
EU-13	0,07	0,05	0,40	0,33	-0,07	-0,16	0,05	0,06	-0,03	-0,03	0,42	0,26
PL	1,95	2,47	1,23	2,07	0,21	0,45	0,02	-0,12	1,87	3,15	5,26	8,02
HU	3,95	4,20	1,58	1,25	0,32	0,81	0,03	-0,09	1,45	2,23	7,32	8,40
CS	1,79	2,84	1,02	0,54	0,14	0,37	-0,03	-0,08	1,10	1,98	4,03	5,65
Osteuropa[1)]	0,94	1,23	0,53	0,62	0,08	0,19	0,01	-0,04	0,61	1,08	2,16	3,07

A = Durchschnitt 2005/2006
B = Durchschnitt 2008/2010
(DE) Deutschland, (FR) Frankreich, (IT) Italien, (UK) Großbritannien, (ES) Spanien, (NL) Niederlande, (BE) Belgien, (SE) Schweden, (AT) Österreich, (DK) Dänemark, (FL) Finnland, (IE) Irland, (PT) Portugal, (PL) Polen, (HU) Ungarn, (CS) Tschechische Republik.
[1)] Bulgarien, Tschechien, Ungarn, Kasachstan, Polen, Rumänien, Rußland, Slowenien und Ukraine.
Quelle: *Breuss* (2001), S. 662.

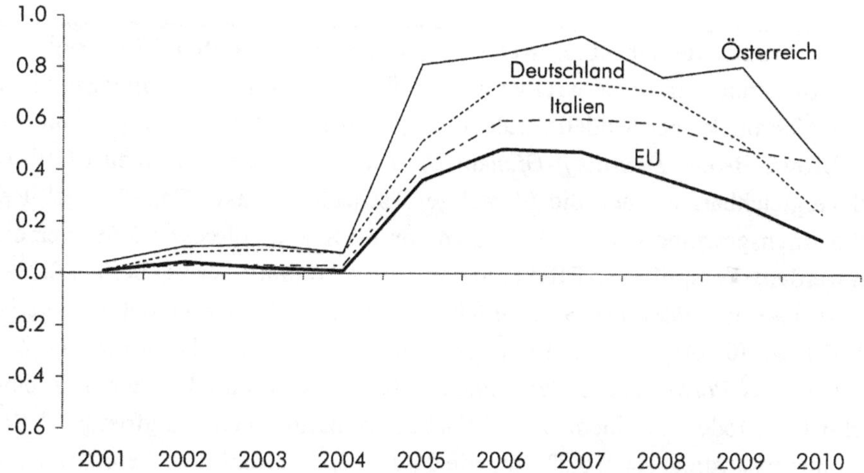

Abb. 13.11 Gesamteffekte der EU-Erweiterung in der EU
Reales BIP, kumulierte Abweichungen von der Basislösung in %
Quelle: Eigene Simulationen mit dem OEF Weltmakromodell (siehe *Breuss*, 2001, 2002b).

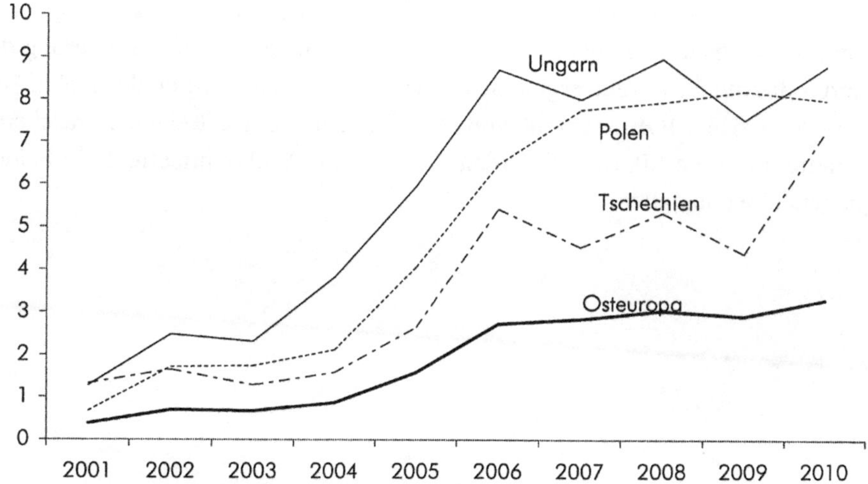

Abb. 13.12 Gesamteffekte der EU-Erweiterung in 3 MOEL
Reales BIP, kumulierte Abweichungen von der Basislösung in %
Quelle: Eigene Simulationen mit dem OEF Weltmakromodell (siehe *Breuss*, 2001, 2002b).

Effekte der EU-Erweiterung in der ökonomischen Literatur

Die vorliegenden Ergebnisse reihen sich in die Erkenntnisse bisheriger Studien ein (einen Überblick über Modellsimulationen gibt *Breuss*, 1999a). Sie sind mit jenen von Brown *Brown-Deardorff-Djankov-Stern* (1997) mit einem Welt-CGE[9]-Modell vergleichbar, wonach die (damalige) Tschechoslowakei "langfristige" Realeinkommensgewinne von 7,3%, Ungarn von 6,8% und Polen von 5,6% verzeichnen werden; der Spill-over-Effekt auf das Realeinkommen der EU beträgt 0,2%. *Neck-Haber-McKibbin* (1999) ermitteln mit einem Weltmakromodell sehr geringe BIP-Effekte für Osteuropa (+1,6%) und nahezu keinen Impuls für die EU. *Baldwin-Francois-Portes* (1997) errechnen aufgrund von Simulationen mit einem Welt-CGE-Modell in einem optimistischen Szenario einen "langfristigen" Realeinkommensanstieg von 18,8% für die MOEL 7, der wohl die obere Grenze der möglichen Bandbreite angeben dürfte; auf die EU würde sich dies mit einer Realeinkommensteigerung von nur 0,2% auswirken. Ähnliche Ergebnisse liefert ein kalibriertes Zwei-Block-Wachstumsmodell (EU 15 und MOEL 10; *Breuss*, 2000b), das ebenfalls Handelseffekte, direkte Wachstumseffekte (über das Wachstum der gesamten Faktorproduktivität), Direktinvestitionseffekte, Migrationseffekte und Budgeteffekte (Kosten der Erweiterung) berücksichtigt. Der wichtigste Wachstumsimpuls stammt in dieser Schätzung von der Steigerung der Faktorproduktivität. Daraus ergibt sich nach 18 Jahren ein Anstieg des realen BIP von 17% in den MOEL 10 und von 2,8% in der EU 15. Bei einer rascheren Erweiterung um die MOEL 10 würden die BIP- und Wohlfahrtseffekte in beiden Regionen höher ausfallen.

---

9 CGE steht für Computable General Equilibrium.

Die *EU* (2001b, S. 39) errechnet in ihrer methodisch gemischten Studie (Szenariotechnik und Makromodellsimulationen) ähnliche Effekte wie die vorliegende Untersuchung. Zunächst werden für die künftige Wirtschaftsentwicklung von acht MOEL (ohne Bulgarien und Rumänien) drei Wachstumsszenarien formuliert, jeweils abhängig von den Anfangsbedingungen, dem makroökonomischen Rahmen und den Strukturreformprogrammen. Demgemäss könnte durch die EU-Erweiterung (die annahmegemäß im Jahr 2005 beginnt) das reale BIP-Wachstum in den MOEL 8 bis 2009 um 1,3 bis 2,1 Prozentpunkte pro Jahr höher sein als im Basisszenario ohne Erweiterung (Nachfrageimpuls durch Zunahme des Handels - "trade creation"). Ausgehend von diesen Wachstumsimpulsen in den MOEL 8 und den zu erwartenden Migrationseffekten und Wettbewerbseffekten im EG-Binnenmarkt liefern Simulationen mit dem multilateralen Makromodell QUEST II kleine Integrationseffekte in der EU 15 (BIP kumuliert +0,5% bis +0,7% in der Zehnjahresperiode 2000/2009).

Lejour-de Mooij-Nahuis (2001) simulieren mit einem numerischen allgemeinen Gleichgewichtsmodell (CGE-Modell - "WorldScan") für 4 EU-Länder und 2MOEL explizit sowie die "Süd-EU", die "Rest-EU" und die "Rest-MOEL" und für 16 Sektoren die langfristigen Auswirkungen der EU-Erweiterung unter Berücksichtigung von drei Integrationseffekten (Teilnahme an der Zollunion der EU, Teilnahme am EU-Binnenmarkt und Migration) und kommen zu ähnlichen Ergebnissen wie die vorliegende Untersuchung. Demnach wird das reale BIP im Jahr 2020 in der EU 15 um 0,26% höher sein als ohne Erweiterung (Deutschland +1,6%, Frankreich +0,0%, Großbritannien +0,1%, Niederlande +0,2%, Süd-EU +0,2%, Rest-EU +1,0%), in den MOEL aber ebenfalls deutlich höher ausfallen (Ungarn +9,6%, Polen +8,7%; MOEL 5 +2,1%, MOEL 7 +6,0%).

Neben diesen Berechnungen mit Weltmodellen gibt es für Österreich und Deutschland auch Studien mit Ländermodellen. Für Österreich *Breuss-Schebeck* (1998) mit dem WIFO-Makromodell und *Keuschnigg-Kohler* (1999) sowie *Kohler* (2000a) mit einem dynamischen CGE-Modell sowie für Deutschland *Keuschnigg-Keuschnigg-Kohler* (1999) ebenfalls mit einem dynamischen CGE-Modell. Die Simulationen mit Ländermodellen bringen jeweils etwas höhere (bessere) Ergebnisse für Österreich und Deutschland als jene mit Weltmodellen.

Literatur

Aghion, Ph., Blanchard, O.J., „On the Speed of Transition in Central Europe“, in: St. Fischer, JJ. Rotemberg (Eds.): *NBER Macroeconomics Annual 1994*, Cambridge, Mass.-London, 1994, S. 183-330.

Aghion, Ph., Howitt, P., “A Model of Growth through Creative Destruction”, *Econometrica,* Vol. 60, March 1992, S. 323-351.

Aghion, Ph., Howitt, P., *Endogenous Growth Theory,* Cambridge Mass.-London: The MIT Press, 1998.

Aiginger, K., „Handelsschaffung und Handelsablenkung durch die beiden Integrationsblöcke 1960-1970“, *Quartalshefte der Girozentrale*, 8(1-2), 1973, S. 47-59.

Aiginger, K., „Increasing productivity gap and low speed of change“, in: *F. Breuss, G. Fink, St. Griller* (Hrsg.), *Vom Schuman-Plan zum Vertrag von Amsterdam. Entstehung und Zukunft der EU*, Wien-New York: Springer, 2000, S. 164-192.

Aiginger, K., Breuss, F., „Some Doubts on the Current Paradigma of Intra-Industry Trade“, *Empirica (Austrian Economic Papers)*, 1/1988, 27-50.

Aitken, N., „The Effect of the EEC and EFTA on European Trade: A Temporal Cross-Section Analysis“, *The American Economic Review,* Vol. 63, 1973, S. 881-892.

Alho, K., *The Economic Consequences of EU Enlargement for the Entrants: The Case of Finland*, ETLA, Helsinki, 1994 (mimeo).

Alho, K., Widgrén, M., „Finland: Economics and Politics of EU Accession“, *The World Economy*, 17(5), 1994, S. 701-709.

Allen, Ch., Gasiorek, M., Smith, A., „The competition effects of the Single Market in Europe“, *Economic Policy*, No, 27, October 1998, S. 439-486.

Anderson, J. E., „A Theoretical Foundation for the Gravity Equation“, *The American Economic Review*, Vol. 69, No. 1, March 1979, S. 106-116.

Anderson, J.E., *The Relative Inefficiency of Quotas*, Cambridge Mass.-London: The MIT Press, 1988.

Anderson, J.E., „The Theory of Protection“, in: D. Greenaway, L.A. Winters (Eds.), *Surveys in International Trade*, Oxford, UK and Cambridge, Mass. USA: Basil Blackwell, 1994, S. 107-138.

Anderson, K., Francois, J., Hertel, Th.W., Hoeckman, B., Martin, W., *Potential Gains from Trade Reform in the New Millenium*, paper presented at the Third Annual Conference on Gobal Economic Analysis, Monash University, Mt. Eliza, Australia, June 2000.

Antille, G., Bacchetta, M., Carlevaro, F., Müller, T., Schmitt, N., *„The European Economic Area: A General Equilibrium Assessment for the Swiss Economy“*, Université de Genève, Cahier, 1992, (92.02).

Arellano, M., Bond, S., “Some Tests of Specification for Panel Data: Monte Carlo Evidence and an Application to Employment Equations”. *Review of Economic Studies*, 58, No. 2, April 1991, S. 277-297.

Armington, P.S., „A Theory of Demand for Products Distinguished by Place of Production“, *IMF Staff Papers*, Vol. 16, No. 1, March 1969, 159-78.

Arndt, S.W., “Globalization and the Open Economy”, *North American Journal of Economics and Finance*, Vol. 8, No. 1, 1997, S. 71-79.

Arndt, S.W., “Eastern Enlargement and the Evolving Global Economy””, in: *S. Arndt, H. Handler, D. Salvatore* (Eds.): *Eastern Enlargement: The Sooner, the Better?*, European Academy of Excellence, Austrian Ministry for Economic Affairs and Labour, Vienna, July 2000, S. 216-226.

Arndt, S.W., Kierzkowski, H. (Eds.), *Fragmentation: New Production Patterns in the World Economy*, Oxford: Oxford University Press, 2001.

Arrow, K.J., „The Economic Implications of Learning by Doing", *Review of Economic Studies*, Vol. 29, June, 1962, 155-173.

Artis, M., Nixson, F. (Eds.), *The Economics of the European Union: Policy and Analysis*, Third Edition, Oxford-New York: Oxford University Press, 2001.

Axelrod, R., *The Evolution of Cooperation*, New York, 1984.

Badinger, H., *Wachstumseffekte wirtschaftlicher Integration – theoretische Perspektiven und eine Schätzung der Wachstumseffekte der wirtschaftlichen Integration Europas*, Dissertation an der Wirtschaftsuniversität Wien, Wien 2001.

Badinger, H., *Wachstumseffekte der Europäischen Integration,* Wien-New York: Springer-Verlag, 2003.

Badinger, H., Breuss, F., *Do small countries of a trade bloc gain more of its enlargement? An empirical test of the Casella effect for the case of the European Community,* Forschungsinstitut für Europafragen, Wirtschaftsuniversität Wien, IEF Working Papers, Nr. 46, October 2002.

Badinger, H., Breuss, F., (2003a), *What Has Determined the Rapid Post-War Growth of Intra-EU Trade?*, Forschungsinstitut für Europafragen, Wirtschaftsuniversität Wien, IEF Working Papers, No. 48, February 2003 (erscheint in *Weltwirtschaftliches Archiv*, 2004).

Badinger, H., Breuss, F., (2003b), *Country size and gains from trade bloc enlargement: An empirical assessment for the European Community*, Forschungsinstitut für Europafragen, Wirtschaftsuniversität Wien, IEF, unpublished manuscript, July 2003.

Badinger, H., Breuss, F., Mahlberg, B., „Welfare Effects of the EU's Organization of the Market in Bananas", *Journal of Common Market Studies*, Vol. 40, Issue 3, 2002, S. 515-526.

Bagwell, K., Staiger, R. W., *Multilateral Tariff Cooperation During the Formation of Customs Unions*, CEPR Discussion Paper Series, No. 962, 1994.

Bagwell, K., Staiger R.W., „An Economic Theory of GATT", *The American Economic Review*, Vol. 89, No. 1, March 1999, S. 315-248.

Baier, S.L., Bergstrand, J.H., "The Growth of World Trade: tariffs, transport costs and income similarity", *Journal of International Economics*, Vol. 53, 2001, S. 1-17.

Bakhoven, A. F., *The Completion of the Common Market in 1992: Macro-Economic Consequences for the European Community*, CPB Research Memorandum, (56), 1989.

Balassa, B., „An Empirical Demonstration of Classical Comparative Cost Theory", *The Review of Economics and Statistics*, Vol. 45, August 1963, 231-238.

Balassa, B., "The Purchasing-Power Parity Doctrine: A Reappraisal", *The Journal of Political Economy*, Vol. LXXII, No. 6, December 1964, S. 584-596.

Balassa, B., „Trade Liberalization and 'Revealed Comparative Advantage'", *The Manchester School*, Vol. XXXIII, No. 2, 1965, 99-123.

Balassa, B., „Tariff Reductions and Trade in Manufactures among the Industry Countries", *The American Economic Review*, Vol. 56, No. 3, June 1966, 466-473.

Balassa, B., „Trade Creation and Trade Diversion in the European Common Market: An Appraisal of the Evidence", in B. Balassa (Ed.), *European Economic Integration*, Amsterdam: North-Holland, 1975.

Balassa, B., „The „New Protectionism" and the International Economy", *Journal of World Trade Law*, Vol. 12, No. 5, 1978, S. 409-436.

Baldwin, R. E., „Growth Effects of 1992", *Economic Policy*, 9, 1989, S. 247-282.

Baldwin, R. E., „On the Microeconomics of the European Monetary Union", in „The Economics of EMU. Background Studies for European Economy, No. 44, '*One Market, One Money*',„ European Economy, Special Edition, (2), 1991, S. 21-35.

Baldwin, R. E., (1992a), *The Economic Logic of EFTA Countries Joining the EEA and the EC*, EFTA Occasional Paper, (41), 1992.

Baldwin, R. E., (1992b), „Measurable Dynamic Gains from Trade", *Journal of Political Economy*, 100(1), 1992, S. 162-174.

Baldwin, R. E., „On the Measurement of Dynamic Effects of Integration", *Empirica*, 20(2), 1993, S. 129-145.

Baldwin, R. E., *Towards an Integrated Europe*, London: CEPR, London, 1994.

Baldwin, R.E., Francois, J.F., Portes, R., „The Costs and Benefits of Eastern Enlargement: The Impact on the EU and Central Europe", *Economic Policy*, Vol. 12, Issue 24, April 1997, S. 127-176.

Baldwin, R.E., Seghezza, E., *Growth and European Integration: Towards an Empirical Assessment*, CEPR Discussion Paper Series, No. 1393, May 1996.

Baldwin, R.E., Venables, A.J., „Regional Economic Integration", in: G.M. Grossman, K. Rogoff (Eds.), *Handbook of International Economics*, Volume III, Amsterdam-Lausanne-New York-Oxford-Shannon-Tokyo: Elsevier Science, B.V., 1995, S. 1597-1644.

Baltagi, B.H., *Econometric Analysis of Panel Data*, 2nd Edition, Chichester: John Wiley and Sons Inc., 2002.

Barrell, R., Pain, N., „An Econometric Analysis of U.S. Foreign Direct Investment", *The Review of Economics and Statistics*, Vol., LXXVIII, No. 2, May 1996, 200-207.

Barro, R.J., Sala-i-Martin, X., *Economic Growth*, New York: McGraw-Hill, Inc., 1995.

Baumgartner, J., Breuss, F., Kramer, H., Walterskirchen, E., *Auswirkungen der Wirtschafts- und Währungsunion*, Wien: WIFO-Studie, 1997.

Bayoumi, T., Coe, T.D., Helpman, E., „R&D spillovers and global growth", *Journal of International Economics*, Vol. 47, 1999, S. 399-428.

Belke, A., Hebler, M., *EU-Osterweiterung, Euro und Arbeitsmärkte*, München-Wien: R. Oldenbourg Verlag, 2002.

Ben-David, D., „Equalizing Exchange: Trade Liberalization and Income Convergence", *The Quarterly Journal of Economics*, Vol. 108, No. 3, 1993, S. 653-679.

Ben-David, D., „Trade Liberalization and Income Convergence: A Comment", *Journal of International Economics*, Vol. 55, No. 1, 2001, S. 229-234.

Ben-David, D., Loewy, M.B., *Free Trade and Long-Run Growth*, CEPR Discussion Paper Series, No. 1183, May 1995.

Bergstrand, J. H., „The Gravity Equation in International Trade: Some Microeconomic Foundations and Empirical Evidence", *The Review of Economics and Statistics*, Vol. 67, No. 3, August 1985, S. 474-481.

Bergstrand, J. H., „The Generalized Gravity Equation, Monopolistic Competition, and the Factor-Proportions Theory in International Trade", *The Review of Economics and Statistics*, Vol. 71, No. 1, February 1989, S. 143-153.

Bergstrand, J.H., "Structural Determinants of Real Exchange Rates and National Price Levels: Some Empirical Findings", *The American Economic Review*, Vol. LXXXI, Vol. 81, No. 1, March 1991, S. 325- 334.

Bhagwati, J.N., „On the equivalence of tariffs and quotas", in R.E. Baldwin et al., (Eds.), *Trade, Growth and the Balance of Payments: Essays in Honor of Gottfied Haberler*, Amsterdam: North-Holland, 1965, S. 53-67.

Bhagwati, J., „The Pure Theory of International Trade: A Survey", in *Surveys of Economic Theory*, Vol. II, 1966, 156-172.

Bhagwati, J., „Is Free Trade Passé after All?", *Weltwirtschaftliches Archiv*, Band 125, Heft 1/1989, S. 17-44.

Bhagwati, J., *The World Trading System at Risk*, Princeton NJ: University Press, 1991.

Bhagwati, J., Greenaway, D., Panagariya, A., "Trading Preferentially: Theory and Policy", *The Economic Journal*, Vol. 108, No. 449, July 1998, S. 1128-1148.

Blanchard, O.J., *The Economics of Post-Communist Transition*, Oxford: Clarendon Press, 1997.

Bletschacher, G., Klodt, H., *Strategische Handels- und Industriepolitik. Theoretische Grundlage, Branchenanalysen und wettbewerbspolitische Implikationen*, Tübingen: J.C.B. Mohr (Paul Siebeck), 1992.

Boeri, T., Brücker, H., *The Impact of Eastern Enlargement on Employment and Labour Markets in the EU Member States*, Berlin-Milano: DIW, CEPR, FIEF, IGIER, IHS, 2000.

Borjas, G.J., "The Economic Benefits from Immigration", *Journal of Economic Perspectives*, Vol. 9, No. 2, Spring 1995, S. 3-22.

Borjas, G.J., Freeman, R.B., Katz, L.F., "How much do immigration and trade affect labor market outcomes?", *Brookings Papers on Economic Activity*, 1/1997, S. 1-67.

Botasso, A., Sembenelli, A., „Market power, productivity and the EU Single Market Program: Evidence from a panel of Italian firms", *European Economic Review*, Vol. 45, No. 1, January 2001, S. 167-186.

Bowen, H.P., „On the theoretical Interpretation of Indices of Trade Intensity and Revealed Comparative Advantage", *Weltwirtschaftliches Archiv*, Band 119, Heft 3/1993, 464-472.

Bowen, H.P., Leamer, E.E., Sveikauskas, L., „Multicountry, Multifactor Tests of the Factor Abundance Theory", *The American Economic Review*, Vol. 77, No. 5, December 1987, 791-809.

Brakman, St., Garretsen, H., van Marrewijk, Ch., Schramm, M., *Empirical Research in Geographical Economics*, Paper prepared for the Conference "The Monopolistic competition revolution after twenty-five years, University of Groningen, The Netherlands, October 30-31, 2000.

Brander, J.A., „Intra-Industry Trade in Identical Commodities", *Journal of International Economics*, Vol. 11, No. 1, February 1981, S. 1-14.

Brander, J., Krugman, P.R., „A 'Reciprocal Dumping' Dumping Model of International Trade", *Journal of International Economics*, Vol. 15, No. 3/4, 1983, 313-321.

Brander, J.A., Spencer, B.J., „Tariffs and the extraction of foreign monopoly rents under potential entry", *Canadian Journal of Economics*, Vol. XIV, No. 3, August 1981, S. 371-389.

Brander, J.A., Spencer, B.J., „International R&D rivalry and industrial strategy", *Review of Economic Studies*, 50, 1983, S. 707-722.

Brander, J.A., Spencer, B.J., „Export subsidies and international market share rivalry", *Journal of International Economics*, 18, 1985, S. 83-100.

Brasche, U., *Europäische Integration: Wirtschaft, Erweiterung und regionale Effekte*, München-Wien: R. Oldenburg Verlag, 2003.

Breuss, F., *Komparative Vorteile im österreichischen Außenhandel*, Wien: Verlag der Österreichischen Akademie der Wissenschaften, 1975.

Breuss, F., *Österreichs Außenwirtschaft 1945-1982*, Wien: Signum-Verlag, 1983.

Breuss, F., (1992a), „Was erwartet Österreich in der Wirtschafts- und Währungsunion der EG?", *WIFO-Monatsberichte*, 1992, 65(10), S. 536-548.

Breuss, F., (1992b), *Statische und dynamische Effekte der bisherigen Europa-Integration Österreichs*, WIFO Working Papers, Nr. 50, Mai 1992.

Breuss, F., (1992c), „Integrationsforschung in Vergangenheit und Zukunft", *Wirtschaftspolitische Blätter*, 1992, 39(5/6), S. 608-625.

Breuss, F., „Österreichs Wirtschaft und die europäische Integration 1945-1990", in M. Gehler, R. Steininger (Hrsg.), *Österreich und die europäische Integration 1945-1993*, Wien-Köln-Weimar: Böhlau-Verlag, 1993, S. 451-476.

Breuss, F., (1995a), „Die vierte EU-Erweiterung - um Österreich, Finnland und Schweden", *WIFO-Monatsberichte*, 1995, 68(2), S. 105-125.

Breuss, F., (1995b), *Cost and Benefits of EU's Eastern European Enlargement*, WIFO Working Papers, Nr. 78, Juni, 1995.

Breuss, F., (1995c), „The Impact of the Uruguay Round on Austria: A General Equilibrium Analysis", in: F. Breuss (Ed.), *The World Economy after the Uruguay Round*, Wien: Service Fachverlag, Schriftenreihe des Forschungsinstituts für Europafragen, Band 12, 1995, S. 367-393.

Breuss, F. (Hrsg.), (1995d), *The World Economy after the Urugay Round*, Wien: Service-Fachverlag, Schriftenreihe des Forschungsinstituts für Europafragen, Band Nr. 12, 1995.

Breuss, F., (1996a), *Die Wirtschafts- und Währungsunion. Abschluß oder Ende der Europäischen Integration?*, WIFO Working Papers, Nr. 86, April 1996.

Breuss, F., (1996b), „Erste Spuren des EU-Beitritts in Österreichs Wirtschaft - Ein Überblick", *Wirtschaftspolitische Blätter*, 1996, 43(3-4), S. 207-224.

Breuss, F., (1996c), *Austria's Approach towards the European Union*, Wirtschaftsuniversität Wien, Forschungsinstitut für Europafragen, IEF Working Paper, No. 18, April, 1996.

Breuss, F., (1996d), „Der aktuelle Stand der integrationstheoretischen Diskussion", *WIFO-Monatsberichte* 8/1996, S. 525-544.

Breuss, F., (1997a), „Die gesamtwirtschaftlichen Auswirkungen der WWU in Modellsimulationen", in Baumgartner, J., Breuss, F., Kramer, H., Walterskirchen, E., *Auswirkungen der Wirtschafts- und Währungsunion*, Wien: WIFO-Studie, 1997, S. 39-116.

Breuss, F., (1997b), „Überblick über die theoretischen Überlegungen zur „optimum currency area", in Baumgartner, J., Breuss, F., Kramer, H., Walterskirchen, E., *Auswirkungen der Wirtschafts- und Währungsunion*, Wien: WIFO-Studie, 1997, S. 155-172.

Breuss, F., (1997c), "Globalisierung der Wirtschaft", *Wirtschaftspolitische Blättter*, 44. Jg., Nr, 3-4, 1997, S. 212-216.

Breuss, F., (Koordination), *Reifegrad der mittel- und osteuropäischen EU-Beitrittswerber*, WIFO-Studie, Wien, November 1998.

Breuss, F., (1999a), *Costs and Benefits of EU Enlargement in Model Simulations*, Forschungsinstitut für Europafragen, Wirtschaftsuniversität Wien, IEF Working Papers, Nr. 33, June 1999.

Breuss, F., (1999b), „Gesamtwirtschaftliche Evaluierung der EU-Mitgliedschaft Österreichs", *WIFO-Monatsberichte*, 1999, 72(8), S. 551-575.

Breuss, F., (2000a),„An Evaluation of the Economic Effects of Austria's EU Membership", *Austrian Economic Quarterly*, 4/2000, S. 171-196.

Breuss, F., (2000b),"The Role of Time in EU Enlargement", in Arndt, S., Handler, H. (Hrsg.), *Eastern Enlargement: The Sooner, the Better?*, European Academy of Excellence, Austrian Ministry for Economic Affairs and Labour, Wien, 2000, S. 118-132.

Breuss, F., „Makroökonomische Auswirkungen der EU-Erweiterung auf alte und neue Mitglieder", *WIFO-Monatsberichte* 11/2001, S. 655-666.

Breuss, F., (2002a), „Die wirtschaftspolitische Architektur in der WWU", *WIFO-Monatsberichte* 9/2002, S. 581-607.

Breuss, F., (2002b), "Benefits and Dangers of EU Enlargement", *Empirica*, Vol. 29, No. 3, 2002, S. 245-274.

Breuss, F., (2003a), „WTO Dispute Settlement in Practice - an Economic Assessment", in: F. Breuss, St. Griller, E. Vranes (Eds.), *The Banana Dispute - An Economic and Legal Analysis*, Wien-New York: Springer-Verlag, 2003, S. 131-184.

Breuss, F., (2003b), *Balassa-Samuelson Effects in the CEEC: Are they Obstacles for Joining the EMU?*, IEF Working Papers Nr. 52, May 2003.

Breuss, F., (2003c), *Österreich, Finnland und Schweden in der EU - Wirtschaftliche Auswirkungen*, WIFO-Monatsberichte 7/2003, S. 529-556.

Breuss, F., Egger, P., *Use and Misuse of Gravity Equations in European Integration Research*, WIFO Working Papers, Nr. 93, October 1997.

Breuss, F., Egger, P., "How Reliable are Estimations of East-West Trade Potentials from Cross-Section Gravity Analysis?", *Empirica* Vol. 26, No. 2/1999, S. 81-94

Breuss, F., Egger, P., Pfaffermayr, M., "The impact of Agenda 2000's structural policy reform on FDI in the EU", *Journal of Policy Modeling*, Vol. 23, 2001, S. 807-820.

Breuss, F., Egger, P., Pfaffermayr, M., *Structural Funds, EU Enlargement, and the Redistribution of FDI in Europe*, WIFO Working Papers, Nr. 195, February 2003.

Breuss, F., Eller, M., "On the Optimal Assignment of Competences in a Multi_Level Governed European Union", *European Integration online Papers (EIoP),* Vol. 7, No. 8, 2003 (siehe: http://eiop.or.at/eiop/).

Breuss, F., Fink, G., Griller, St. (Hrsg.), *Vom Schuman-Plan zum Vertrag von Amsterdam: Entstehung und Zukunft der EU,* Wien-New York: Springer 2000.

Breuss, F., Griller, St., Vranes, E. (Eds.), *The Banana Dispute - An Economic and Legal Analysis*, Wien-New York: Springer-Verlag, 2003.

Breuss, F., Kitzmantel, E. (Hrsg.), *Die Europäische Integration. Untersuchung der sektoralen Auswirkungen auf Österreich*, Bundesministerium für Finanzen, Institut für Finanzwissenschaft und Steuerrecht, Wien, 1993.

Breuss, F., Kratena, K., Schebeck, F., „Effekte eines EU-Beitritts für die Gesamtwirtschaft und für die einzelnen Sektoren", *WIFO-Monatsberichte*, Sonderheft, Mai 1994, S. S18-S33.

Breuss, F., Kratena, K., Schebeck, F., (1995c), „Macroeconomic and Sectoral Effects of the Uruguay Round in Austria as an EU-Member", in: F. Breuss (Ed.), *The World Economy after the Uruguay Round*, Wien: Service Fachverlag, Schriftenreihe des Forschungsinstituts für Europafragen, Band 12, 1995, S. 395-413.

Breuss, F., Schebeck, F., *Die Vollendung des EG-Binnenmarktes - Gesamtwirtschaftliche Auswirkungen für Österreich. Makroökonomische Modellsimulationen*, WIFO-Gutachten, Wien, Februar, 1989.

Breuss, F., Schebeck, F., „Österreich im EWR. Gesamtwirtschaftliche Auswirkungen", *WIFO-Monatsberichte,* 64(5), 1991, S. 285- 290.

Breuss, F., Schebeck, F., „Ostöffnung und Osterweiterung der EU: Ökonomische Auswirkungen auf Österreich", *WIFO-Monatsberichte* 2/1996, 139-151.

Breuss, F., Schebeck, F., "Kosten und Nutzen der EU-Osterweiterung für Österreich", *WIFO-Monatsberichte,* 71(11), 1998, S. 741-750.

Breuss, F., Stankovsky, J., *Österreich und der EG-Binnenmarkt*, Wien: Signum-Verlag, 1988.

Breuss, F., Tesche, J., „A CGE Model of Austria: Some Implications of Trade Liberalization", *Empirica*, 18(2), 1991, S. 135-165.

Breuss, F., Tesche, J., A General Equilibrium Analysis of East-West Migration: The Case of Austria-Hungary, IEF Working Papers Nr. 14, January 1996 (publiziert in: G. Biffl (Ed.), *Migration Free Trade and Regional Integration in Central and Eastern Europe*, Wien: CCET, OECD, WIFO, Schriftenreihe Europa des Bundeskanzleramtes, 1997, S. 101-126.

Brown, D., Deardorff, A., Djankov, S., Stern, R., "An Economic Assessment of the Integration of Czechoslovakia, Hungary, and Poland into the European Union", in Black, St. W. (Hrsg.), *Europe's Economy Looks East. Implications for Germany and the European Union*, Cambridge University Press, Cambridge, U.K., 1997, S. 23-60.

Brown, D.K., Deardorff, A.V., Stern, R.M., *CGE Modeling and Analysis of Multilateral and Regional Negotiating Options*, Discussion Paper No. 468, Ann Arbor: University of Michigan, Research Seminar in International Economics, 2001.

Brücker, H., *Will EU Labour Markets Be Swamped By Migrants From the East? Some Lessons From Post-war Migration to Germany*, Paper presented at the workshop "Eastern Enlargement and Migration", NOBE/CEPS, Brussels, 17 November 2000.

Campa, J. M., Sorenson, T. L., „Are Trade Blocs Conducive to Free Trade?", *Scandinavian Journal of Economics*, 98(2), 1996, S. 263-273.

Campos, N.F., Coricelli, F., „Growth in Transition: What We Know, What We Don't, and What We Should?", *Journal of Economic Literature*, Vol. XL, No. 3, September 2002, S. 793-836.

Carstensen, K., Toubal, F., "Foreign Direct Investment in Central and Eastern European Countries: A Dynamic Panel Analysis", *Journal of Comparative Economics*, March 2004 (forthcoming).

Casella, A., „Large Countries, Small Countries and the Enlargement of Trade Blocs", *European Economic Review*, Vol. 40, No. 2, February 1996, S. 389-415.

Cass, D., „Optimum Growth in an Aggregative Model of Capital Accumulation", *Review of Economic Studies*, 32, July, 1965, S. 233-240.

Catinat, M., Donni, E., Italianer, A., „*The Completion of the Internal Market: Results of Macroeconomic Model Simulations*, EC Commission, Economic Paper, No. 65, September, 1988.

Chamberlin, E. H., The Theory of Monopolistic Competition, Cambridge, Mass.: Harvard University Press, 1933.

Chipman, J.S., „A Survey of the Theory of International Trade: Part 1, The Classical Theory", *Econometrica*, Vol. 33, No. 3, July 1965 (I), 477-519.

Chipman, J.S., „A Survey of the Theory of International Trade: Part 3. The Modern Theory", *Econometrica*, Vol. 34, No. 1, January 1966, 18-76.

Chipman, J.S., „Intra-industrieller Handel, Faktorproportionen und Aggregation", in R. Ertl, H.-J. Heinemann (Hrsg.), *Aspekte internationaler Wirtschaftsbeziehungen*, Hannover: Niedersächsisches Institut für Wirtschaftsforschung e.V., 1986, 197-213.

Coase, R.H., „The Theory of the Firm", *Economica*, Vol. IV, 1937, 386-405.

Coe, D.T., Helpman, E., „International R&D spillovers", *European Economic Review*, Vol. 39, No. 5, May 1995, 859-887.

Coe-D.T., Helpman, E., Hoffmaister, A.W., „North-south R&D spillovers", *The Economic Journal*, Vol. 107, 1997, S. 134-149.

Colman, D., „The Common Agricultural Policy", in: M. Artis, F. Nixson (Eds.), *The Economics of the European Union: Policy and Analysis*, Third Edition, Oxford-New York: Oxford University Press, 2001, S. 97-124.

Corden, W.M., „Economies of Scale and Customs Union Theory", *Journal of Political Economy*, 1972, 80, S. 456-475.

Corden W.M., „Strategic Trade Policy", in: D. Greenaway, M. Bleaney, I. Stewart (Eds.), *Companion to Contemporary Economic Thought*, London-New York, 1991, S. 274-290.

Crafts, N., Toniolo, G. (Eds.), *Economic growth in Europe since 1945*, New York, Melbourne: Center for Economic Policy Research and Cambridge University Press, Cambridge, 1996.

Currie, D., Levine, P. Pearlman, J., Chui, M., *Phases of Imitation and Innovation in a North-South Endogenous Growth Model*, CEPR Discussion Paper Series, No. 1489, October 1996.

Davis, R.R., „Intra-industry trade: a Heckscher-Ohlin-Ricardo Approach", *Journal of International Economics*, Vol. 39, Nos. 3-4, November 1995, S. 201-226.

Davis, R.R., „The Home Market Effect, Trade, and Industrial Structure", *The American Economic Review*, Vol. 88, No. 5, December 1998, S. 1264-1276.

Deardorff, A.V., „The General Validity of the Law of Comparative Advantage", *Journal of Political Economy*, Vol. 88, No. 5, October 1980, 941-957.

Deardorff, A.V., „The General Validity of the Heckscher-Ohlin Theorem", *The American Economic Review*, Vol. 72, No. 4, September 1982, 683-694.

Deardorff, A.V., „Testing Trade Theories and Predicting Trade Flows", in R.W. Jones, P.B. Kenen (Eds.), *Handbook of International Economics*, Vol. I, Amsterdam-New York-Oxford: Elsevier Science Publishers B.V., 1984, 467-517.

Deardorff, A. V., „Determinants of Bilateral Trade: Does Gravity Work in a Neoclassic World", in: *J.-A., Frankel* (Ed.), *The regionalization of the world economy*, Chicago-London: NBER Project series, University of Chicago Press, 1998, S. 7-22..

Deardorff, A., Staiger, R., "An Interpretation of the Factor Content of Trade", *Journal of International Economics*, Vol. 24, Nos. 1-2, February 1988, S. 93-107.

DeGrauwe, P., *The Economics of Convergence towards Monetary Union in Europe*, CEPR Discussion Paper Series, No. 1213, July 1995 (publiziert in: Weltwirtschaftliches Archiv, Band 132, 1/1996, S. 1-27).

De Gregorio, J., Giovannini, A., Wolf, H.C., "International evidence on tradables and nontradables inflation", *European Economic Review*, Vol. 38, No. 6, June 1994, S. 1225-1244.

Delahaye, J.-P., Mathieu, Ph., „Altruismus mit Kündigungsmöglichkeit", *Spektrum der Wissenschaft*, Februar 1998, S. 8-15.

Dell'mour, R., Egger, P., Gugler, K., Pfaffermayr, M., Wolfmayr-Schnitzer, Y., "Outsourcing of Austrian Manufacturing to Eastern Countries: Effects on Productivity and the Labor Market", in: *S. Arndt, H. Handler, D. Salvatore* (Eds.): *Eastern Enlargement: The Sooner, the Better?*, European Academy of Excellence, Austrian Ministry for Economic Affairs and Labour, Vienna, July 2000, S. 249-302.

Dinopoulos, E., Thompson, P., „Schumpeterian growth without scale effects", *Journal of Economic Growth*, Vol. 3, 1998, S. 313-335.

Dinwiddy, C.L., Teal, F.J., *The Two-Sector General Equilibrium Model: A New Approach*, Oxford: Hilip Allan/St. Martin's Press, 1988.

DIW, "EU-Osterweiterung: Keine massive Zuwanderung zu erwarten", *DIW-Wochenbericht*, 67. Jg., 21/2000, 25. Mai 2000.

Dixit, A., „How Should the United States Respond to Other Countries' Trade Policies?", in R.M. Stern, *U.S. Trade Policies in a Changing World Economy*, Cambridge, Mass.: The MIT Press, 1987.

Dixit, A., „Anti-Dumping and Countervailing Duties under Oligopoly", *European Economic Review*, Vol. 32, No. 1, January 1988, S. 55-68.

Dixit, A., „Some Reflections on Theories and Applications of Monopolistic Competition", Paper presented at the conference on *The Monopolistic Competition Revolution After Twenty-Fixe Years*, University of Groningen, October 30-31, 2000.

Dixit, A.K., Norman, V., *Theory of International Trade*, Digswell Place, Welwyn: James Nisbet & Co. Ltd. and Cambridge: Cambridge Univesity Press, 1980 (deutsche Übersetzung: *Außenhandelstheorie*, München-Wien: R. Oldenbourg Verlag, 1982).

Dixit, A.K., Stiglitz, J.E., „Monopolistic Competition and Optimum Product Diversity", *The American Economic Review*, Vol. 67, No. 3, June 1977, 297-308.

Dockner, E.J., „A Dynamic Theory of Conjectural Variations", *Journal of Industrial Economics*, Vol. 40, No. 4, December 1992, S. 377-395.

Dornbusch, R. Fischer, S., Samuelson, P.A., „Comparative Advantage, Trade, and Payments in a Ricardian Model with a Continuum of Goods", *The American Economic Review*, Vol. 67, No. 5, December 1977, 823-839.

Dunning, J.H., „Explaining the International Direct Investment Position of Countries: Towards a Dynamic or Development Approach", *Weltwirtschaftliches Archiv*, Band 117/1981, 30-64.

Dunning, J.H., *Explaining International Production*, London-Boston-Sydney-Wellington: Unwin Hyman, 1988.

Eaton J., Grossman, G.M., „Optimal Trade and Industrial Policy under Oligopoly", The Quarterly Journal of Economics, Vol. CI, May 1986, pp. 383-406.

Eaton, J., Kortum, S., *Technology and bilateral trade*, NBER Working Paper, No. 6253, 1997.

EBRD, *Transition report 2002: Agriculture and rural transition - Economic transition in central and eastern Europe and the CIS*, European Bank for Reconstruction and Development, London, 2002.

Edwards, S., „Openess, Trade Liberalization and Growth in Developing Countries", *Journal of Economic Literature*, Vol. 31, No. 3, March 1993, S. 1358-1993.

EFTA, *Die Auswirkungen der EFTA und der EWG auf den Handel 1959 bis 1967*, EFTA-Sekretariat, Genf, 1972.

EFTA, *38st Annual Report of the European Free Trade Association - EFTA 1998*, EFTA, Geneva, April 1999.

Elmslie, B.T., Milberg, W., „International Trade and Factor Intensity Uniformity: An Empirical Assessment", *Weltwirtschaftliches Archiv*, Band 128, Heft 3/1992, 464-486.

Emerson, M., et al., „Europas Zukunft - Binnenmarkt 1992: Eine Bewertung der möglichen wirtschaftlichen Auswirkungen der Vollendung des Binnemarkts der Europäischen Gemeinschaft" (*Cecchini-Bericht*), *Europäische Wirtschaft*, Nr. 35, März, 1988.

EG, *Vollendung des Binnenmarktes*. Weißbuch der Kommission an den Europäischen Rat, Kommission der Europäischen Gemeinschaften, Luxemburg, 1985.

EG, „One Market, One Money. An Evaluation of the Potential Benefits and Costs of Forming an Economic and Monetary Union", *European Economy*, No. 44, October, 1990.

EG, (1994a), EC Agricultural Policy for the 21st Century, *European Economy*, No. 4, Brussels 1994.

EG, (1994b), „The Economic Interpenetration between the European Union and Eastern Europe", *European Economy*, No. 6, Brussels, 1994.

EG, *'Grünbuch' über die praktischen Fragen des Übergangs zur einheitlichen Währung*, Europäische Kommission, Brüssel, 1995.

EG, (1996a), *Die Wettbewerbspolitik der Europäischen Gemeinschaft. XXV. Bericht über die Wettbewerbspolitik 1995*, Europäische Kommission, Generaldirektion IV - Wettbewerb, Brüssel-Luxemburg, 1996.

EG, (1996b), Economic Evaluation of the Internal Market, *European Economy*, Reports and Studies, Brussels, November 1996.

Egger, P., "European Export and Outward Foreign Direct Investment: A Dynamic Panel Approach", *Weltwirtschaftliches Archiv*, Vol. 137, No. 3, S. 427-449.

Egger, P., Pfaffermayr, M., "Trade, Multinational Sales, and FDI in a Three-Factors-Model", *Review of International Economics,* 2003 (forthcoming).

El-Agraa, A.M., *The European Union: Economics & Policies*, 6th Edition, Harlow-London-New York: Financial Times, Prentice Hall, 2001.

Ethier, W.J., „National and International Returns to Scale in the Modern Theory of International Trade", *The American Economic Review*, Vol. 72, No. 3, June 1982, 389-405.

Ethier, W.J., „The Multinational Firm", *The Quarterly Journal of Economics*, Vol. CI, Issue 4, November 1986, 805-833.

EU, *Erster Bericht über den wirtschaftlichen und sozialen Zusammenhalt 1996*, Luxemburg: Europäische Kommission, 1996.

EU, (2001a), 'Exchange rate aspects of enlargement', *European Economy*, Supplement C, Economic Reform Monitor, No. 1, February, Brussels, 2001.

EU, (2001b) T*he Economic Impact of Enlargement*, Directorate General for Economic and Financial Affairs, Enlargement Papers, European Commission, Brussels, Nr. 4, June 2001.

EU, (2001c) *Ninth Survey of State Aid in the European Union*, Europäische Kommission, COM(2001) 403 final, Brüssel, 18. Juli 2001.

EU, (2002a), *Der Stand des Binnenmarkts für Dienstleistungen*, Bericht im Rahmen der ersten Stufe der Binnenmarktstrategie für den Dienstleistungssektor, Bericht der Kommission an den Rat und das Europäsiche Parlament, Europäische Kommission, KOM(2002) 441 endgültig, Brüssel, 30. Juli 2002.

EU, (2002b), *Zweiter Benchmarktbericht über die Vollendung des Elektrizitäts- und Ergasbinnenmarktes,* Arbeitsunterlage der Kommissionsdienststellen, Europäische Kommission, SEK(2002) 1038 Brüssel, 1. Oktober 2002.

EU, (2002c), *Progress towards meeting economic criteria for accession: The assessment from the 2002 regualr report*, European Economy, Enlargement Papers, No. 10, Brussels, October 2002.

EU, (2002d), *Internal Market Scoreboard: 10 Years Internal Market without Frontiers*, Special Edition, European Commission, Nr. 11, Brussels, November 2002.

EU, (2002e), *Der Binnenmarkt - 10 Jahre ohne Grenzen*, Special Edition, European Commission, Nr. 11, Brussels, November 2002.

EU, (2002f), *The EU Economy: 2002 Review*, Europäische Kommission, ECFIN/475/02-EN, Brussels, 11.12.2002.

EU, (2002g), *European Competitiveness Report 2002*, European Commission, Brussels, 2002.

EU, (2003a), *The Macroeconomic Effects of the Single Market Programme after 10 Years*, Europäische Kommission, Brüssel, Jänner 2003 (homepage: http://europa.eu.int/comm/internal_market/10years/background_en.htm).

EU, (2003b), *The Western Balkans in Transition*, European Economy, Occasional Papers, No. 1, January 2003.

EU, (2003c), *Zweiter Zwischenbericht über den wirtschaftlichen und sozialen Zusammenhalt*, Europäische Kommission, Brüssel, 30. Jänner 2003c.

EU, (2003d), *Progress on the Lisbon strategy,* Commission Staff Working Paper in suuport of the Report from the Commission tot the Spring European Council in Brussels (COM (2003) 5 final)(„The Spring Report"), Europäische Kommission, SEC(2003) 25, Brussels, 14.1. 2003.

EU, (2003e), *Choosing to grow: Knowledge, innovation and jobs in a cohesive society,* Report to the Spring European Council, 21 March 2003 on the Lisbon strategy of economic, social and environmental renewal, Communication from the European Commission, COM(2003) 5 final, Brussels, 14.1.2003.

EU, (2003f), *Wider Europe - Neighbourhood: A New Framework for Relations with our Eastern and Southern Neighbours*, Communication from the Commission to the Council and the European Parliament, Europäische Kommission, COM(2003) 104 final, Brussels, 11.3.2003.

EU, (2003g), *Der Stabilisierungs- und Assoziationsprozess für Südosteuropa: Zweiter Jahresbericht*, Bericht der Kommission, Europäische Kommission, KOM (2003) 139 endgültig, Brüssel, 26.3.2003.

EU, (2003h), *Binnenmarktstrategie: Vorrangige Aufgaben 2003-2006*, Mitteilung der Kommission and den Rat, das Europäische Parlament, den Europäische Wirtschafts- und Sozialausschuss und den Ausschuss der Regionen, Europäische Kommission, KOM(2003), 238 endgültig, Brüssel, 7.5.2003.

EU, (2003i), *Finanzdienstleistungen*, Achter Fortschrittsbericht, Europäische Gemeinschaft, Brüssel, 3. Juni 2003.

EU, (2003j), *Key structural challenges in the acceding countries: The integration of the acceding countries into the Community's economic policy co-ordination processes*, European Economy, Occasional Papers, No. 4, July 2003.

EWI, *Der Übergang zur Einheitlichen Währung,* Europäisches Währungsinstitut, Frankfurt, 1995.

EZB, *Jahresbericht 2000*, Europäische Zentralbank, Frankfurt, 2000.

Farmer, K., Wendner, R., *Wachstum und Außenhandel. Eine Einführung in die Gleichgewichtstheorie der Wachstums- und Außenhandelsdynamik*, Heidelberg: Physica-Verlag, 1997.

Fassmann, H., Münz, R., „Die 'neue' Ost-West-Wanderung als Folge der Ostöffnung: Bestimmungsfaktoren, Strukturmerkmale und Entwicklungstendenzen", in: R. Holzmann, R. Neck (Hrsg.), *Ostöffnung: Wirtschaftliche Folgen für Österreich*, Wien: Manzsche Verlags- und Universitätsbuchhandlung, 1996, 21-53.

Feenstra, R.C., "Integration of Trade and Disintegration of Production in the Global Economy", *Journal of Economic Perspectives*, Vol. 12, No. 4, Fall 1998, S. 31-50.

Feenstra, R., Hanson, G., *Productivity measurement and the impact of trade and technology on wages: estimates for the U.S., 1972-1990*, NBER Working Paper, No. 6052, June 1997.

Feenstra, R., Hanson, G., "The Impact of Outsourcing and High-Technology Capital on Wages: Estimates for the United States, 1979-1990", *Quarterly Journal of Economics*, Vol. 114, No. 3, August 1999, S. 907-940.

Feenstra, R.C., Markusen, J.R., Rose, A.K., „Using the gravity equation to differentiate among alternative theories of trade"" *Canadian Journal of Economics*, Vol. 34, Issue 2, May 2001, 430-447.

Fink, G., Skolka, J., „Die Kapital- und Arbeitsintensität des österreichischen Außenhandels 1964", *Empirica* 2/1978, 195-213.

Flam, H., „EC Enlargement - EFTAns and the East: From EEA to EU - Economic Consequences for the EFTA Countries", *European Economic Review*, 39(3/4), 1995, S. 457-466.

Ford R., Suyker, W., „Industrial Subsidies in the OECD Economies", *OECD Economic Studies*, Paris, No. 15, Autumn 1990, S. 37- 81.

Forgo, K., *Europäisches Umweltzeichen und Welthandel: Grundlagen, Entscheidungsprozesse, rechtliche Folgen*, Wien: Springer-Verlag, 2001.

Forslid, R., Haaland, J.I., Midelfart-Knarvik, K.-H., „A U-shaped Europe? A simulation study of industrial location", *Journal of International Economics*, Vol. 57, 2002, S. 273-297.

Forslid, R., Wooton, I., *Comparative Advantage and the Location of Production*, CEPR Discussion Paper Series, No. 2118, March 1999.

Francois, J.F., McDonald, B., Nordström H., *The Uruguay Round: A Global General Equilibrium Assessment,* , Working Paper, GATT, Geneva, November 1994.

Francois, J.F., McDonald, B., Nordström H., *A Users's Guide to Uruguay Round Assessments*, CEPR Discussion Paper Series, No. 1410, June 1996.

Francois, J., McQueen, M., Wignaraja, G., *An Overview of EU-Developing Country FTAs*, Paper presented at the WIIW-Konferenz „WTO Round: Basic Issues", Vienna, 25. April 2003.

Fujita, M., Krugman, P., Venables, A.J., *The spatial economy: cities, regions and international trade*, Cambridge, Mass.: The MIT Press, 1999.

Gamharter, K., „TRIPS Abkommen und Gesundheitsschutz", *Juristische Blätter*, Heft 5, Jahrgang 125, Mai 2003, S. 292-291.

Gandolfo, G., *International Economics I: The Pure Theory of International Trade*, Second, Revised Edition, Berling-Heidelberg-New York-London: Springer-Verlag, 1994.

Gasiorek, M., Smith, A., Venables, A. J., *1992: Trade and Welfare: A General Equilibrium Model*, CEPR, Discussion Paper Series, (672), 1992.

Gasiorek, M., Smith, A., Venables, A., (1994), „Modelling the Effect of Central and East European Trade on the European Community", in *EG* (1994b), S. 519-538.

GATT, (1994a), *Guide to GATT Law and Practice*, 6th Ed., Genf, 1994.

GATT, (1994b), *The Results of the Uruguay Round of Multilateral Trade Negotiations: The Legal Texts*, Geneva, 1994.

GATT, (1994c), *The Results of the Uruguay Round of Multilateral Trade Negotiations: Market Access for goods and Services Overview of the Results*, Geneva, November 1994.

Giannetti, M., Guiso, L., Jappelli, T., Padula, M., Pagano, M., *Financial Market Integration, Corporate Financing and Economic Growth*, European Economy, Economic Papers, No. 179, European Commission, Brussels, November 2002.

Glejser, H., „Empirical Evidence on Comparative Cost Theory from The European Common Market Experience", *European Economic Review*, Vol. 3, 1972, 247-258.

Goldin, I., Knudsen, O., van der Mensbrugghe, D., *Trade Liberalisation: Global Economic Implications*, OECD, Paris and The World Bank, Washington 1993.

Goldin, I., van der Mensbrugghe, D., (1995), „The Uruguay Round: An Assessment of Economywide and Agricultural Reforms", in: F. Breuss (Ed.), *The World Economy after the Uruguay Round*, Wien: Service Fachverlag, Schriftenreihe des Forschungsinstituts für Europafragen, Band 12, 1995d, S. 67-110.

Graaff, J. de V., „On Optimal Tariff Structures", *The Review of Economic Studies*, 1949, 16, S. 47-59.

Greenaway, D., Morgan, W., Wright, P., „Trade Reform, Adjustment and Growth: What does the Evidence tell us?", *The Economic Journal*, Vol. 108, No. 450, September 1998, S. 1547-1561.

Greenaway, D., Sapsford, D., „What Does Liberalisation Do for Exports and Growth", *Weltwirtschaftliches Archiv*, Band 130, No. 1, 1994, S. 152-174.

Greenaway, D., Torstensson, J., *Economic Geography, Comparative Advantage and Trade within Industries: Evidence from the OECD*, CEPR Discussion Paper Series, No. 1857, April 1998.

Gries, Th., Wigger, B., Hentschel, C., „Endogenous Growth and R&D Models: A Critical Appraisal of Recent Developments", *Jahrbücher für Nationalökonomie und Statistik*, Band 213, Heft 1, Januar 1994, 64-84.

Griller, S., *Grundzüge des Rechts der Europäischen Union*, Wien-New York: SpringerNotes, 2. Auflage, 1997.

Griller, St., Weidel, B., (Eds.), *External Economic Relations and Foreign Policy in the European Union*, Wien: Springer-Verlag, 2002.

Gros, D., „A note on the optimal tariff, retaliation and the welfare loss from tariff wars in a framework with intra-industry trade", *Journal of International Economics*, Vol. 23, 1987, S. 357-367.

Gros, D., Gonciarz, A., „A note on the Trade Potential of Central and Eastern Europe", *European Journal of Political Economy*, Vol. 12, 1996, S. 709-721.

Gros., D., Steinherr, A., *Winds of Change: Economic Transition in Central and Eastern Europe*, London: Addison-Wesley, 1995

Gros., D., Steinherr, A., *Economic Transition in Central and Eastern Europe: Planting the Seeds,* Cambridge, U.K: Cambridge Univesity Press, 2003.

Grossman, G.M., „Promoting New Industrial Activities: A Survey of Recent Arguments and Evidence", *OECD Economic Studies*, Paris, No. 14, Spring 1990, S. 87-125.

Grossman, G.M., Helpman, E., „Product Development and International Trade", *Journal of Political Economy*, Vol. 97, No. 6, December 1989, 1261-1283.

Grossman, G.M., Helpman, E., „Comparative Advantage and Long-Run Growth", *The American Economic Review*, Vol. 80, No. 4, September 1990, 796-815.

Grossman, G.M., Helpman, E., Innovation and Growth in the Global Economy, Cambridge, Mass.-London: The MIT Press, 1991.

Grossman, G.M., Helpman, E., „Trade Wars and Trade Talks", *Journal of Political Economy*, Vol. 103, No. 4, August 1995, S. 675-708.

Grossman, G., Helpman, E., *Outsourcing in a Global Economy*, CEPR Discussion Paper Series, No. 3165, January 2002.

Grubel, H.G., Lloyd, P.J., *Intra-Industry Trade. The Theory & Measurement of International Trade in Differentiated Products*, London: Macmillan, 1975.

Gullstrand, J., "Does the Measurement of Intra-Industry Trade Matter?", *Weltwirtschaftliches Archiv*, Band 138, Heft 2, 2002, S. 317-339.

Haaland, J. I., „Welfare Effects of 1992: A General Equilibrium Assessment for EC and EFTA Countries", *Empirica*, 20(2), 1993, S. 107-127.

Haaland, J. I., „Norway: The Trade Effects of European Integration", *The World Economy*, 17(5), 1994, S. 683-695.

Haaland, J.I., Kind, H.J., Midelfart-Knarvik, K.-H., Torstensson, J., *What Determines the Economic Geography of Europe?*, CEPR Discussion Paper Series, No. 2072, February 1999.

Haaland, J. I., Norman, V. D., *Global Production Effects of European Integration*, CEPR, Discussion Paper Series, (669), 1992.

Haaland, J.I., Tollefsen, T.C., *The Uruguay Round and Trade in Manufactures and Services. General Equilibrium Simulations of Production, Trade and Welfare Effects of Liberalization*, CEPR Discussion Papers Series, No. 1008, July 1994.

Hamilton, C. B., Winters, L. A., „Opening up International Trade with Eastern Europe", *Economic Policy*, Vol. 14, April 1992, S. 77-116.

Hansen, J.D., Heinrich, H., Nielsen, J.U.-M., *An Economic Analysis of the EC*, London-New York: McGraw-Hill Book Company, 1992.

Harris, R.G., „The new protectionism revisited", *Canadian Journal of Economics*, Vol. XXII, No. 4, November 1989, 751-778.

Harris, R.G., "Globalization, trade, and income", *Canadian Journal of Economics*, Vol. XXVI, No. 4, 1993, S. 755-776.

Harrod, R.F., *Toward a Dynamic Economics: Some Recent Developments of Economic Theory and their Application to Policy*, London: Macmillan, 1942.

Hauser, H., *EWR-Vertrag, EG-Beitritt, Alleingang. Wirtschaftspolitische Konsequenzen für die Schweiz* (Kurzfassung), Bern, 1991.

Hazari, B.R., *International Trade: Theoretical Issues*, London-Sydney: Croom Helm, 1986.

Hazledine, T., „Why do the free trade gain numbers differ so much? The role of industrial organization in general equilibrium", *Canadian Journal of Economics*, Vol. XXIII, No. 4, November 1990, S. 791-806.

Heckscher, E., „The Effect of Foreign Trade on the Distribution of Income", *Ekonomisk Tidskrift*, Vol. XXI, 1919, 497-512; reprinted in: *Readings in the Theory of International Trade*, Philadelphia-Toronto, 1949, 272-300.

Helpman, E., „A Simple Theory of International Trade with Multinational Corporations", *Journal of Political Economy*, Vol. 92, No. 3, June 1984, 451-471.

Helpman, E., „Imperfect Competition and International Trade: Evidence from Fourteen Industrial Countries", *Journal of the Japanese and International Economics*, Vol. 1, No. 1, March 1987, S. 62-81.

Helpman, E., Krugman, P.R., *Market Structure and Foreign Trade. Increasing Returns, Imperfect Competition, and the International Economy*, Cambridge, Mass., London: The MIT Press, 1985.

Helpman, E., Krugman, P.R., *Trade Policy and Market Structure*, Cambridge, Mass.-London: The MIT Press, 1989.

Hernández-Catá, E., „Liberalization and the Behavior of Output During Transformation from Plan to Market", *IMF Staff Papers*, Vol. 44, No. 4, December 1997, S. 405-429.

Hicks, J., *The Theory of Wages*, London: Macmillan, 1932.

Hillmann, A.L., „Observations on the Relation between 'Revealed Comparative Advantage' and Comparative Advantage as Indicated by Pre-Trade Relative Prices", *Weltwirtschaftliches Archiv*, Band 116, Heft 2/1980, 315-321.

Hine, R. C., „International Economic Integration", in D. Greenaway, L.A. Winters (Eds.), *Surveys in International Trade*, Oxford-Cambridge, MA, 1994, S. 234-272.

Hirsch, S., *Location of Industry and International Competitiveness*, Oxford: Clarendon Press, 1967.

Hoekman, B., *Tentative First Steps: An Assessment of the Uruguay Round Agreement on Services*, CEPR Discussion Papers Series, No. 1150, March 1995.

Hoekman, B., *Trade and Competition Policy in the WTO System*, CEPR Discussion Papers Series, No. 1501, October 1996.

Hoeller, P., Louppe, M.-O., „The EC's Internal Market: Implementation and Economic Effects", *OECD Economic Studies*, (23), 1994, S. 55-108.

Hoppe, D.-F., D*ie Balkanpolitik der EU*, Dissertation an der Wirtschaftsuniversität Wien, Oktober 2002.

Horn, H., Mavroidis, P.C., Nordström, H., *Is the Use of the WTO Dispute Settlement System Biased?*, CEPR Discussion Paper Series, No. 2340, London, December 1999.

Horstmann, I.J., Markusen, J.R., "Strategic Investments and the Development of Multinationals", *International Economic Review*, 28, No. 1, Februrary 1987, S. 109-121.

Horstmann, I.J., Markusen, J.R., "Endogenous Market Structures in International Trade (natura facit saltum)", *Journal of International Economics*, Vol. 32, Nos. 1-2, February 1992, S. 109-129.

Hufbauer, G. C., The Impact of National Characteristics & Technology on the Commodity Composition of Trade in Manufactured Goods, in: R. Vernon, R. (Ed.), *The Technology Factor in International Trade*, New York, 1970, 145-231.

Hufbauer, G. C., Schott, J. J., *North American Free Trade. Issues and Recommendations*, Washington, D.C., 1992.

Hummels, D., Levinsohn, J.A., „Monopolistic competition and international trade: reconsidering the evidence", *Quarterly Journal of Economics*, Vol. 1000, No. 3, August 1995, S. 799-836.

IMF, *Market Access for Developing Country Exports - Selected Issues*, Prepared by the Staffs of the IMF and the World Bank, approved by Timothy Geithner and Gobind Nankani, Washington, Semptember 26, 2002.

Inada, K., „Some Structural Characteristics of Turnpike Theorems", *Review of Economic Studies*, Vol. 31, 1964, 43-58.

James, A.M., Elmslie, B.T., „Testing Heckscher-Ohlin-Vanek in the G-7", *Weltwirtschaftliches Archiv*, Band 132, Heft 1/1996, 139-159.

Jacquemin, A., „International and Multinational Strategic Behaviour", *Kyklos*, Vol., 42, Fasc. 4, 1989, 495-513.

Johnson, H. G., „Optimum Tariffs and Retaliation", *The Review of Economic Studies*, 21, 1954, S. 142-153.

Jones, Ch.I., (1995a), „R&E-Based Models of Economic Growth", *Journal of Political Economy*, Vol. 103, No. 4, August 1995, S. 759-784.

Jones, Ch.I., (1995b), „Time Series Tests of Endogenous Growth Models", *Quarterly Journal of Economics*, Vol. 110, No. 2, May, 1995, S. 495-525.

Jones, R.W., „A Three-Factor Model in Theory, Trade, and History", in: J. Bhagwati et al. (Eds.), *Trade, Balance of Payments, and Growth*, Amsterdam: North-Holland, 1971, S. 3-21.

Kemp, M., Wan, H. Y., „An Elementary Proposition Concerning the Formation of Customs Unions", *Journal of International Economics*, 1976, 6, S. 95-97.

Kennan, J., Riezman, R., „Optimal Tariff Equilibria with Customs Unions", *Canadian Journal of Economics*, 23(1), 1990, S. 70-83.

Keuschnigg, C., Kohler, W., (1996a), „Austria in the European Union: Dynamic Gains from Integration and Distributional Implications", *Economic Policy*, (22), 1996, S. 155-211.

Keuschnigg, Ch., Kohler, W., (1996b), *Innovation, Capital Accumulation and Economic Transition*, University of Linz, Department of Economics, Arbeitspapier, Nr. 9607, April 1996.

Keuschnigg, C., Kohler, W., (1996c), „Commercial Policy and Dynamic Adjustment Under Monopolistic Competition, *Journal of International Economics*, No.3/4, Vol. 40, May 1996, S. 373-409.

Keuschnigg, C., Kohler, W., *Eastern Enlargement of the EU: How Much is it Worth for Austria?*, University of Saarland and University of Linz, March 1997 (unveröffentlichtes Papier).

Keuschnigg, Ch., Kohler, W., *Eastern Enlargement to the EU: Economic Costs and Benefits for the EU Present Member States. The Case of Austria*, European Commission, Study XIX/B1/9801, Brüssel, 1999 (mimeo).

Keuschnigg, Ch., Keuschnigg, M., Kohler, W., *Eastern Enlargement to the EU: Economic Costs and Benefits for the EU Present Member States? Germany*, Studie im Auftrag der Europäischen Kommission, Universität Linz und Universität des Saarlandes, Linz, 1999.

Klepper, G., „Entry into the Market for Large Transport Aircraft", *European Economic Review*, Vol. 34, No. 4, June 1990, S. 775-798.

Klepper, G., „Industrial Policy in the Transport Aircraft Industry", in: P.R. Krugman, A. Smith (Eds.), *Empirical Studies of Strategic Trade Policy*, CEPR, Chicago-London: The University of Chicago Press, 1994, S. 101-129.

Kohler, W.K., *Faktorproportionen und Internationaler Handel*, Tübingen: J.C.B. Mohr (Paul Siebeck), 1988.

Kohler, W.K., „How Robust are Sign and Rank Order Tests of the Hecksher-Ohlin-Vanek Theorem?", *Oxford Economic Papers*, Vol. 43, No. 1, January 1991, 158-171.

Kohler, W., *Die langfristige Entwicklung der Transformationsländer Osteuropas: Welche Rolle spielt die Integration der Märkte?*, Universität Linz, Institut für Volkswirtschaftslehre, Arbeitspapier Nr. 9619, Dezember 1996.

Kohler, W., (2000a), "Wer gewinnt, wer verliert durch die Osterweiterung der EU?", in Hoffmann, L. (Hrsg.), *Jahrestagung 1999: Erweiterung der EU*, Schriften des Vereins für Socialpolitik, 2000, 274, S. 27-77.

Kohler, W., (2000b), "International Fragmentation: A Policy Perspective", in: *S. Arndt, H. Handler, D. Salvatore* (Eds.): *Eastern Enlargement: The Sooner, the Better?*, European Academy of Excellence, Austrian Ministry for Economic Affairs and Labour, Vienna, July 2000, S. 227-248.

Kokko, A., „Sweden: Effects of EU Membership on Investment and Growth", *The World Economy*, 17(5), 1994, S. 667-677.

Koopmans, T.C., „On the Concept of Optimal Economic Growth", in: *The Econometric Approach to Development Planning*, Amsterdam: North Holland, 1965.

Kornai, J., „Resource-Constraint versus Demand-Constraint Systems", *Econometrica*, Vol. 47, No. 4, July 1979, S. 801-819.

Kornai, J., „The Soft Budget Constraint", *Kyklos*, 39:1, 1986, S. 3-30.

Kreinin, M., „Effects of the EEC on Imports of Manufactures", *The Economic Journal*, Vol. 82, 1972, S. 897-920.

Krugman, P.R., „Scale Economies, Product Differentiation, and the Pattern of Trade", *The American Economic Review*, Vol. 70, No. 5, December 1980, S. 950-959.

Krugman, P.R., „Is Free Trade Passé?", *Economic Perspectives*, Vol. 1, No. 2, Fall 1987, S. 131-144.

Krugman, P., *Geography and Trade*, Leuven-London: Leuven University Press and The MIT Press, 1991.

Krugman, P.R.„ „The Narrow and Broad Arguments for Free Trade", *The American Economic Review*, Vol. 83, No. 2, May 1993, S. 362-366.

Krugman, P., "Growing World Trade: Causes and Consequences", *Brookings Papers on Economic Activity*, 25th Anniversary Issue, 1/1995, S. 327-377.

Krugman, P., "What's New about the New Economic Geography?", *Oxford Review of Economic Policy*, Vol. 14, No. 2, 1998, S. 7-17.

Krugman, P.R., Obstfeld, M., *International Economics: Theory and Policy*, Third Edition, Glenview, Ill.: Scott, Foresman and Co., 1994.

Krugman, P.R., Obstfeld, M., *International Economics: Theory and Policy*, Sixth Edition, Glenview, Ill.: Scott, Foresman and Co., 2003.

Krugman, P.R., Smith, A. (Eds.), *Empirical Studies of Strategic Trade Policy*, CEPR, Chicago-London: The University of Chicago Press, 1994.

Krugman, P., Venables, A.J., "Globalization and the Inequality of Nations", *The Quarterly Journal of Economics*, Vol. 110, No. 4, 1995, S. 857-880.

Lancaster, K., *Variety, Equity, and Efficiency*, New York: Columbia University Press, 1979.

Landau, D., „The Contribution of the European Common Market to the Growth of Its Member Countries: An Empirical Test", *Weltwirtschaftliches Archiv*, 131(4), 1995, S. 774-782.

Leamer, E.E., „The Leontief Paradox, Reconsidered", *Journal of Political Economy*, Vol. 88, No. 3, June 1980, 495-503.

Leamer, E.E., *Sources of International Comparative Advantage: Theory and Evidence*, Cambridge: The MIT Press, 1984.

Leamer, E. E., „Testing Trade Theory", in: David Greenaway, L. Alan Winters (Eds.), *Surveys in International Trade*, Oxford, U.K.-Cambridge, Mass. U.S.A. 1994, 66-106.

Leamer, E.E., "What's the use of factor content?", *Journal of International Economics*, Vol. 50, No. 1, February 2000, S. 17-49.

Lee, J.-W., „International Trade, Distortions, and Long-Run Economic Growth", *IMF Staff Papers*, Vol. 40, No. 2, June 1993, 299-328.

Lejour, A. M., de Mooij, R. A., Nahuis, R., *EU Enlargement: Economic Implications for Countries and Industries*, CPB Document, No. 011, The Hague, September 2001.

Leontief, W.W., „Domestic Production and Foreign Trade: The American Capital Position Re-Examined", *Proceedings of the American Philosophical Society*, Vol. 97, 1953, 332-349; wiederabgedruckt in: J. Bhagwati (Ed.), *International Trade*, Harmondsworth: Penguin modern economics Readings, 1969, 93-139.

Lerner, A. „The symmetry between import and export taxes", *Economica*, Vol. 3, 1936, S. 306-313.

Levine, R., Lenelt, D., „A Sensitivity Analysis of Cross-Country Growth Regressions", *The American Economic Review*, Vol. 82, No. 4, September 1992, S. 942-963.

Linder, St. B., *An Eassay on Trade and Transformation*, Almqvist & Wiksell: Göteborg-Uppsala, John Wiley & Sons, New York 1961.

Linnemann, H., *An Economic Study of International Trade Flows*, Amsterdam: North-Holland Publishing Company, 1966.

Lipton, D., Sachs, J., „Creating a Market Economy in Eastern Europe: The Case of Poland", *Brookings Papers on Economic Activity*, 1/1990, S. 75-147.

List, F., *Das nationale System der politischen Ökonomie*, Jena 1841.

Lipsey, R. G., „The Theory of Customs Unions: A General Survey", *The Economic Journal*, 70, 1960, S. 496-513.

Lloyd, P. J., „3×3 Theory of Customs Unions", *Journal of International Economics*, 12, 1982, S. 41-63.

Lorz, J. O., *The Characteristics of International Trade Union Competition*, The Kiel Institute of World Economics, Kiel Working Paper, (569), 1993.

Lucas, R.E., „On the Mechanics of Development Planning", *Journal of Monetary Economics*, Vol. 22, No. 1, July, 3-42.

Lukaschek, A., *European Union and Economic Sanctions*, Forschungsinstitut für Europafragen, Wirtschaftsuniversität Wien, IEF Working Papers, 2003 (forthcoming).

MacDougall, G.D.A., „British and American Exports: A Study Suggested by the Theory of Comparative Costs. Part I", *The Economic Journal*, Vol. LXI, No. 244, December 1951, 697-724.

MacDougall, G.D.A., „British and American Exports: A Study Suggested by the Theory of Comparative Costs. Part II", *The Economic Journal*, Vol. LXII, No. 247, September 1952, 487-521.

MacDougall, G.D.A., Dowley, M., Fox, P., Pugh, S., „British and American Productivity, Prices, and Exports: An Addendum", *Oxford Economic Papers*, Vol. 14, 1962, 295-304.

Mankiw, G., Romer, D., Weil, D.N., „A Contribution to the Empricis of Economic Growth", *The Quarterly Journal of Economics*, Vol. CII, No. 2, May, 1992, S. 407-437.

Markusen, J.R., „Multinationals, Multi-Plant Economies, And the Gains from Trade", *Journal of International Economics*, Vol. 16, No. 3/4, May 1984, 205-226.

Markusen, J.R., *Productivity, Competitiveness, Trade Performance and Real Income: The Nexus Among Four Concepts*, Ottawa, 1992.

Markusen, J.R., *Multinational Firms and the Theory of International Trade*, Cambridge, MA-London: The MIT Press, 2002.

Markusen, J.R., Melvin, J.R., *The Theory of International Trade*, New York: Harper & Row, Publisher, 1988.

Markusen, J.R., Melvin, J.R., Kaempfer, W.H., Maskus, K.E., *International Trade: Theory and Evidence*, New York: MacGraw-Hill, Inc., International Editions, 1995.

Markusen, J.R., Venables, A.J., "Multinational firms and the new trade theory", *Journal of International Economics*, Vol. 46, No. 2, December 1998, S. 183-203.

Markusen, J.R., Venables, A.J., "The Theory of Endowment, Intra-Industry and Multi-national Trade", *Journal of International Economics*, Vol. 52, No. 2, December 2000, S. 209-234.

Martin, Ph., Ottaviano, G.I.P., *The Geography of Multi-Speed Europe*, CEPR Discussion Papers, No. 1292, 1995.

Martin, H.-P., Schumann, H., *Die Globalisierungsfalle – Der Angriff auf Demokratie und Wohlstand*, Hamburg: Rowohlt 1996.

Masson, P. R., Symansky, S., *Evaluating the EMS and EMU Using Stochastic Simulations: Some Issues*, IMF, Paper presented at the Conference on Macroeconomic Policy Coordination in Europe: the ERM and Monetary Union, University of Warwick, 1992.

Mátyás, L., „Proper Econometric Specification of the Gravity Model", *The World Economy*, Vol. 20, No. 3, May 1997, S. 363-368.

Maurer, R., *Wissenstransfer, Marktexpansion und Außenhandel: Einige Implikationen der Neuen Wachstumstheorie*, Kieler Arbeitspapiere Nr. 589, Institut für Weltwirtschaft an der Universität Kiel, August 1993.

Mayer, W., "Short-Run and Long-Run Equilibrium for a Small Open Economy", *Journal of Political Economy*, Vol. 82, No. 5, September-October 1974, S. 955-967.

Mayer, W., „Endogenous Tariff Formation", *The American Economic Review*, Vol. 74, No. 5, December 1984, S. 970-985.

McKibbin, W.J., Salvatore, D., „The Global Economic Consequences of the Uruguay Round", *Open Economies Review*, No. 5, 1995, S. 111-129.

McMorrow, K., Roeger, W., *Potential Output: Measurement Methods, „New" Economy Influences and Scenarios for 2001-2010 - A Comparison of the EU15 and the US*, Economic Papers, European Commission, No. 150, Brussels, April 2001.

Melo, J. de, Tarr, D., *A General Equilibrium Analysis of US Foreign Trade Policy*, Cambridge, Mass.-London: The MIT Press, 1992.

Mercenier, J., *Completing the European Internal Market: A General Equilibrium Evaluation under Alternative Market Structure Assumptions*, Centre de recherche et développement en économique (C.R.D.E.), Université de Montréal, Cahier, No. 0892, 1992.

Messerlin, P.A., *Measuring the Costs of Protection in Europe: European Commercial Policy in the 2000s*, Washington D.C.: Institute for International Economics, September 2001.

Midelfart-Knarvik, K.-H., Overman, H.G., Redding, S.J., Venables, A.J., *The Location of European Industry*, Report prepared for the Directorate General for Economic and Financial Affairs, European Commission, Economic Papers, No. 142, Brussels, April 2000.

Midelfart-Knarvik, K.-H., Overman, H.G., Venables, A.J., *Comparative Advantage and Economic Geography: Estimating the Location of Production in the EU*, CEPR Discussion Paper Series, No. 2618, November 2000.

Mill, J.St., *Principles of Political Economy with Some of Their Applications to Social Philosophy*, London: John W. Parker, West Strand, 1848; neu herausgegeben von D. Winch und teilweise wiederabgedruckt in Pelican Classics, Harmondsworth: Penguin Books, 1970.

Minne, B., *Science & Technology in Scenarios*, Central Planbureau Research Memorandum, No. 110, October 1993 (Anhang von A. de Graaf).

Mundell, R.A., „International Trade and Factor Mobility", *The American Economic Review*, Vol. XLVII, No. 3, June 1957, 321-335.

Mundell, R. A., „A Theory of Optimum Currency Area", *The American Economic Review*, 1961, 51, S. 657-665.

Mussa, M., „Tariffs and the Distribution of Income: The Importance of Factor Specificity, Substitutability, and Intensity in the Short and Long Run", *Journal of Political Economy*, Vol. 82, No. 6, November-December 1974, S. 1191-1203.

Nasar, S., *Auf den fremden Meeren des Denkens: Das Leben des genialen Mathematikers John Nash*, München-Zürich: Piper-Verlag, 1998.

Neary, P., "Short-Run Capital Specificity and the Pure Theory of International Trade", *Economic Journal*, Vol. 88, No. 351, September 1978, S. 488-510.

Neary, J.P., „Factor Mobility and International Trade", *Canadian Journal of Economics*, Vol. XXVIII, Special Issue, November 1995, S4-S23.

Neck, R., Haber, G., McKibbin, W. J., *Macroeconomic Impacts of an EU Membership of Central and Eastern European Economies*, Ludwig Boltzmann Institut zur Analyse wirtschaftspolitischer Aktivitäten, Forschungsbericht, Nr. 9917, 1999.

Neck, R., Schäfer, G., „Gesamtwirtschaftliche Auswirkungen des europäischen Binnenmarktes auf Österreich im weltwirtschaftlichen Kontext", in H. Haller, P. Schachner-Blazizek (Hrsg.), *Europa - wohin?, Wirtschaftliche Integration, soziale Gerechtigkeit und Demokratie*, Leykam, Graz, 1994, S. 149-174.

Neven, D., Seabright, P., „European industrial policy: the Airbus case", *Economic Policy*, No. 21, October 1995, S. 313-358.

Nguyen, T., Perroni, C., Wigle, R., „An Evaluation of the Draft Final Act of the Uruguay Round", *The Economic Journal*, Vol. 103, No. 421, November 1993, S. 1540-1549.

Nicoletti, G., Scarpetta, St., „Regulation, productivity and growth: OECD evidence", *Economic Policy*, No. 36, April 2003, S. 9-72.

Nigel, N., *The Millenium round: An economic appraisal*, Economic Papers, European Commission, No. 139, Brussels, November 1999.

Norman, V.D., „EFTA and the Internal European Market“, *Economic Policy*, (9), 1989, S. 423-465.

Notaro, G., *European Integration and Productivity: Exploring the Gains of the Single Market*, London Economics, Working Paper, 2002.

Noussair, Ch.N., Plott, Ch.R., Riezman, R.G., „An Experimental Investigation of the Patterns of International Trade“, *The American Economic Review*, Vol. 86, No. 3, June 1995, 462-491.

Obstfeld, M., Rogoff, K., “The Six Major Puzzles in International Macroeconomics: Is There a Common Cause?”, in: *B.S. Bernanke, K. Rogoff* (Eds.): *NBER Macroeconomics Annual 2000*, Cambridge, Mass.-London: The MIT Press, 2000, S. 339-390.

OECD, *Bewertung der Auswirkungen der Uruguay-Runde*, Paris 1993.

OECD, *SOPEMI: Trends in International Migration. Annual Report 1994*, Paris: Edition 1995.

OECD, (1996a), *International Direct Investment Statistics Yearbook 1996*, Paris: 1996.

OECD, (1996b), *Public Support to Industry. Report by the Industry Committee to the Council at Ministerial Level*, OECD Working Papers, No. 39, Paris 1996.

OECD, *The European Union's Trade Policies and their Economic Effects*, Paris, 2000.

Ohlin, B., *Interregional and International Trade*, Cambridge, Mass.: Harvard University Press, 1933.

Ohly, C., *What Have We Learned About the Economic Effects of EC Integration?*, EC Economic Papers, 1993, (103).

Osterkamp, R. Clement, H., „Messung des Transformationsfortschritts im Ländervergleich: Bekannte Verfahren und ein neuer Ansatz des ifo Instituts und des Osteuropa-Instituts“, *Ifo-Schnelldienst*, 1-2/1998, 51. Jg., Januar 1998, S. 18-26.

Ottaviano, G.I.P., Puga, D., *Agglomeration in the Global Economy: A Survey of the "New Economic Geography"*, CEPR Discussion Paper Series, No. 1699, October 1997.

Overman, H.G., Redding, St., Venables, A.J., *The Economic Geography of Trade Production and Income: A Survey of Empricis*, CEPR Discussion Paper Series, No. 2978, September 2001.

Panagariya, A., „Evaluating the Factor-Content Approach to Measuring the Effect of Trade on Wage Inequality“, *Journal of International Economics*, Vol. 50, No. 1, February 2000, S. 91-116.

Pfaffermayr, M., *Direktinvestitionen im Ausland: Die Determinanten der Direktinvestitionen im Ausland und ihre Wirkung auf den Außenhandel*, Heidelberg: Physica-Verlag, 1996.

Phlips, L., *Competition Policy: A Game-Theoretic Perspective*, Cambridge-New York-Melbourne: Cambridge University Press, 1995.

Pomfret, R., „The Theory of Preferential Trading Arrangements“, *Weltwirtschaftliches Archiv*, 122(3), 1986, S. 439-465.

Pöyhönen, P., „A Tentative Model for the Volume of Trade Between Countries“, *Weltwirtschaftliches Archiv*, Vol. 90, 1963, S. 93-99.

Puga, D., *European Regional Policies in Light of Recent Location Theories*, CEPR Discussion Paper Series, No. 2767, April 2001.

Ramsey, F., „A Mathematical Theory of Saving“, *Economic Journal*, Vol. 38, December 1928, 543-559.

Rauch, J.R., “Networks versus Markets in International Trade,”, *Journal of International Economics*, Vol. 48, No. 1, June 1999, S. 7-37.

Reiterer, M., „Die erste Ministekonferenz der WTO: Der Weg nach Singapur", Aussenwirtschaft, 51. Jg., Heft III, 1996, S. 383-416.

Ricardo, D., *Principles of Political Economy and Taxation*, London: John Murray, Albemarle-Street, 1817; neu herausgegeben von R.M., Hartwell, und wiederabgedruckt in Pelican Classics, Harmondsworth: Penguin Books, 1971.

Richter, J., „Österreich und der Europäische Binnenmarkt - Sektorale Auswirkungen", in F. Breuss, E. Kitzmantel (Hrsg.), *Die Europäische Integration. Untersuchung der sektoralen Auswirkungen auf Österreich*, Bundesministerium für Finanzen, Institut für Finanzwissenschaft und Steuerrecht, Wien, 1993, S. 64-83.

Ritzberger, K., *Customs Unions and Economic Communities: Some Examples*, Institut für Höhere Studien, Research Memorandum, Nr. 276, 1990.

Rivera-Batiz, F.L., „Trade Theory, Distribution of Income, and Immigration", *The American Economic Review*, Vol. 73, No., 2, May 1983, 183- 187.

Rivera-Batiz, L.A., Romer, P.M., „Economic Integration and Endogenous Growth", *The Quarterly Journal of Economics*, Vol. CVI, Issue 2, May 1991, S. 531-555.

Rivera-Batiz, Xie, D., „GATT, Trade, and Growth", *The American Economic Review*, Papers & Proceedings, Vol. 82, No. 2, May 1992, 422-427.

Rodriguez, F., Rodrik, D., *Trade Policy and Economic Growth: A Skeptic's Guide to the Cross-National Evidence*, unveröffentlichtes Paper, University of Maryland, John F. Kennedy School of Government, May 2000.

Rodrik, D., „Symposium on Globalization in Perspective: An Introduction", *Journal of Economic Perspectives*, Vol. 12, No. 4, Fall 1998, S. 3-8.

Roeger, W., *The Contribution of Information and Communication Technologies to Growth in Europe and the US: A Macroeconomic Analysis*, Economic Papers, European Commission, No. 147, Brussels, January 2001.

Roeger, W., Sekkat, K., *Macroeconomic Effects of the Single Market Program after 10 Years*, Hintergrundpapier der Europäischen Kommission, Brussels, II-A-1/W D(2002).

Roeger, W., Warzynski, F., *„A Joint Estimation of Price-Cost Margins and the Importance of Fixed Costs in the European Electricity Sector using Firm Level Data"*, European Commission, Brussels, 2002.

Romer, P.M., „Increasing Returns and Long-Run Growth", *Journal of Political Economy*, Vol. 94, No. 5, October, 1986, 1002-1037.

Romer, P.M., „Growth based on Increasing Returns Due to Specialization", *The American Economic Review*, Vol. 77, No. 2, May 1987, 56-62.

Romer, P.M., „Endogenous Technological Change", *Journal of Political Economy*, Vol. 98, No. 5, October 1990, Part II, S71-S102.

Rose, K., *Theorie der Außenwirtschaft*, 9. Auflage, München: Verlag Vahlen, 1986.

Röttinger, M., Weyringer, C., *Handbuch der europäischen Integration: Strategie - Struktur - Politik der Europäischen Union*, Wien: Manzsche Verlags- und Universitätsbuchhandlung, 2. Auflage, 1996.

Rowthorn, R.E., „Intra-Industry Trade and Investment under Oligopoly: The Role of Market Size", *The Economic Journal*, Vol. 102, No. 411, March 1992, 402-414.

Rybczynski, T.M., „Factor Endowments and Relative Commodity Prices", *Economica*, Vol. 22, November 1955, 181-197.

Sachs, J.D., Warner, A., „Economic Reform and the Process of Global Integration", *Brookings Papers on Economic Activity*, Vol. 1, 1995, S. 1- 118.

Sailors, J.W., Bronson, W.D., „An Empirical Study of the Ricardian Theory of Comparative Cost", *The Indian Economic Journal*, Vol. XVIII, No. 1, July-September 1970, 1-16.

Salgado, R., *Impact of Structural Reforms on Productivity Growth in Industrial Countries*, IMF Working Paper, WP/02/10, January 2002.

Salop, St., „Monopolistic Competition with Outside Goods", *Bell Journal of Economics*, Vol. 10, 1979, 141-156.

Samuelson, P.A., „International Trade and Equalization of Factor Prices", *The Economic Journal*, Vol. 58, June 1948, 163-184.

Samuelson, P.A., „International Factor Price Equalization Once Again", *The Economic Journal*, Vol. 59, June 1949, 181-197.

Samuelson, P.A., "Theoretical Notes on Trade Problems", *The Review of Economics and Statistics*, Vol. XLVI, No. 2, May 1964, S. 111-154.

Samuelson, P.A., „Ohlin Was Right", *Swedish Journal of Economics*, Vol. 73, No. 4, December 1971, S. 365-384.

Schmitt, H., „Mercantilism: A Modern Argument", *The Manchester School*, Vol. XLVII, No 2, June 1979, S. 93-111.

Schumpeter, J.A., *The Theory of Economic Development*, Cambridge, Mass.: Harvard University Press, 1934.

Schüssler, R., *Kooperation unter Egoisten: Vier Dilemmata*, München 1990.

Segerstrom, P.S., „Endogenous Growth Without Scale Effects", *The American Economic Review*, Vol. 88, No. 5, December 1998, S. 1290-1310.

Senti, R., *GATT: System der Welthandelsordnung*, Zürich: Institut für Wirtschaftsforschung der ETH, 1986.

Senti, R., *GATT - WTO: Die neue Welthandelsordnung nach der Uruguay-Runde*, Zürich: Institut für Wirtschaftsforschung der ETH, 1994.

Senti, R., *NAFTA: Nordamerikanische Freihandelszone*, Zürich: ETH, 1996.

Senti, R., *WTO: Die Welthandelsordnung nach der Uruguay-Runde*, Zürich: Eidgenössische Technische Hochschule 2003.

Shell, K., „A Model of Inventive Activity and Capital Accumulation", in: K. Shell (ed.), *Essays on the Theory of Optimal Economic Growth*, Cambridge, Mass.: MIT Press, 1967, 67-85.

Shibata, H., „The Theory of Economic Unions: A Comparative Analysis of Customs Unions, Free Trade Areas and Tax Unions", in C. Shoup (Hrsg.), *Fiscal Harmonization in Common Markets*, Vol. 1: Theory, Columbia University Press, New York, 1967, S. 145-264.

Shoven, J.B., Whalley, J., *Applying General Equilibrium*, Cambridge Surveys of Economic Literature, Cambridge-New York: Cambridge University Press, 1992.

Siebert, H., „Strategische Handelspolitik: Theoretische Ansätze und wirtschaftspolitische Empfehlungen", *Außenwirtschaft*, 43. Jg., Heft IV, Dezember 1988, S. 549-584.

Siebert, H., „A Schumpeterian Model of Growth in the World Economy: Some Notes on a New Paradigm in International Economics", *Weltwirtschaftliches Archiv*, Band 127, Heft 4/1991, 800-812.

Siebert, H., *Außenwirtschaft*, 6. Auflage, Stuttgart-Jena: UTB, Gustav Fischer Verlag, 1994.

Sitz, A., „Faktorgehalt und Wettbewerbsfähigkeit im österreichischen Außenhandel", *Quartalshefte der Girozentrale*, Sonderheft 1/1980, 151-159.

Slaughter, M.J., "What Are the Results of Product-Price Studies and What Can We Learn From Their Differences?", in: *R.C., Feenstra* (Ed.): *The Impact of International Trade and Wages*, Chicago-London: NBER Conference Report series, University of Chicago Press, 2000, S. 129-165.

Slaughter, M.J., „Trade Liberalization and Per Capital Income Convergence: A Difference-in-Differences Analysis“, *Journal of International Economics*, Vol. 55, No. 1, October 2001, S. 203-228.

Smith, A., *An Inquiry into Nature and Causes of the Wealth of Nations*, (1776) London: J.M. Dent and Sons Ltd., 1933.

Smith, A., „Strategic Investment, Multinational Corporations and Trade Policy“, *European Economic Review*, Vol. 31, Nos. 1/2, February/March 1987, 89-96.

Smith, A., „Imperfect Competition and International Trade“, in: D. Greenaway, L.A. Winters (Eds.), *Surveys in International Trade*, Oxford, UK and Cambridge, Mass. USA: Basil Blackwell, 1994, S. 43-65.

Smith, A., Venables, A. J., „Completing the Internal Market in the European Community. Some Industry Simulations“, *European Economic Review*, 32(7), 1988, S. 1501-1525.

Solow, R. M., „A Contribution to the Theory of Economic Growth“, *Quarterly Journal of Economics*, Vol. 70, No. 1, February, 1956, 65-94.

Solow, R.M., „Investment and Technical Change“, in K.J. Arrow, et al., (Eds.), *Mathematical Methods in the Social Sciences*, Palo Alto: Stanford University Press, 1969.

SOU, *Sverige och Europa: En samhällsekonomisk konsekvensanlys*, Vol. 6, Nordstedts, Stockholm, 1994.

Spence, M.E., „Product Selection, Fixed Costs, and Monopolistic Competition“, *Review of Economic Studies* 43, 1976, S. 217-236.

Stankovsky, J., „NAFTA: Ein Modell für die gesamteuropäische Integration?“, *WIFO-Monatsberichte*, 68(2), 1995, S. 94-104.

Stern, R.M., „British and American Productivity and Comparative Costs in International Trade“, *Oxford Economic Papers*, Vol. 14, 1962, 275-279.

Stiglitz, J.E., *Die Schatten der Globalisierung*, Berlin: Siedler, 2002.

Stolper, W.F., Samuelson, P.A., „Protection and Real Wages“, *The Review of Economic Studies*, Vol. 9, November 1941, 58-73.

Swan, T.W., „Economic Growth and Capital Accumulation“, *Economic Record*, No. 32, November 1956, 334-361.

Swann, D., *The Economics of the Common Market*, London: Penguin Books, Seventh Edition, 1992.

Swann, D., *European Economic Integration. The Common Market, European Union and Beyond*, Cheltenham-Brookfield, 1996.

Tarr, D., *A General Equilibrium Analysis of Welfare and Employment Effects of U.S. Quotas in Textiles, Autos, and Steel*, Washington, 1989.

Tea, M.-H.A., *Das Verhältnis der Schweiz zur EU: Die sieben bilateralen Verträge*, Dissertation an der Wirtschaftsuniversität Wien, April 2001.

Temin, P., “Globalization”, *Oxford Review of Economic Policy*, Vol. 15, No. 4, 1999, S. 76-89.

Temple, J., „The New Growth Evidence“, *Journal of Economic Literature*, Vol. XXXVII, March 1999, S. 112-156.

Temple, J., „The Long-Run Implications of Growth Theories“, *Journal of Economic Surveys,* Vol. 17, Issue 3, July 2003, S. 497-510.

Tichy, G., *Integrationstheorie und Osterweiterung*, Universität Graz, 1996 (mimeo).

Tinbergen, J., *Shaping the World Economy. Suggestions for an International Economic Policy*, New York 1962.

Todo, Y., Koji, M., „The Revival of Scale Effects", *Topics in Macroeconomics*, Vol. 2, Issue 1, Article 4, 2002.

Tondl, G., *Neue Impulse für die österreichische Regionalpolitik durch die EU-Strukturfonds*, Wirtschaftsuniversität Wien, Forschungsinstitut für Europafragen, IEF Working Papers, Nr. 19, Mai 1996.

Tondl, G., *Convergence After Divergence? Regional Growth in Europe*, Wien-New York: Springer, 2001.

Tondl, G., Vuksic, G., *What makes regions in Eastern Europe catching up? The role of foreign investment, human resources and geography*, Forschungsinstitut für Europafragen, Wirtschaftsuniversität Wien, IEF Working Papers, No. 51, May 2003.

Travis, W.P., The Theory of Trade and Protection, Cambridge, Mass.: Harvard University Press, 1964.

Trefler, D., „International Factor Price Differences: Leontief Was Right!", *Journal of Political Economy*, Vol. 101, No 6, December 1993, 961-987.

Trefler, D., „The Case of the Missing Trade and Other Mysteries", *The American Economic Review*, Vol. 85, No. 5, December 1995, 1029-1046.

Truman, E.M., „The Production and Trade of Manufactured Products in the EEC and EFTA: A Comparison", *European Economic Review*, Vol. 3, 1972, S. 271-290.

UN, *World Investment Report 1996: Investment, Trade and International Policy Arrangements*, New York-Geneva: United Nations, 1996.

UNIDO, *Changing Pattern of Trade in World Industry: An Empirical Study on Revealed Comparative Advantage*, New York: United Nations, 1982.

Uzawa, H., „Optimal Technical Change in an Aggregative Model of Economic Growth", *International Economic Review*, Vol. 6, January, 1965, 18-31.

Vanek, J., „The Factor Proportions Theory: The *N*-Factor Case", *Kyklos*, Fasc. 21, October 1968, 749-755.

Varian, H.R., *Intermediate Microeconomics. A Modern Approach*, Third Edition, New York-London: W.W. Norton & Company, 1993.

Venables, A.J., „Trade and trade policy with imperfect competition: the case of identical products and free entry", *Journal of International Economics*, Vol. 19, Nos. 1-2, August 1985, S. 1-19.

Venables, A.J., „International Capacity Choice and National Market Games", *Journal of International Economics*, Vol. 29, No. ½, August 1990, S. 23-42.

Venables, A.J., Limao, N., *Geographical Disadvantage: A Heckscher-Ohlin-Von Thunen Model of International Specialisation*, CEPR Discussion Paper Series, No. 2305, December 1999.

Verdoorn, P.J., „The Intra-Bloc Trade of Benelux", in E.A.G. Robinson (Ed.), *Economic Consequences of the Size of Nations*, London-New York, 1960, S. 291-329.

Verdoorn, P.J., Schwartz, A.N.R., Two Alternative Estimates of the Effects of EEC and EFTA on the Pattern of Trade, *European Economic Review*, Vol. 3., 1972, S. 291-335.

Vernon, R., „International Investment and International Trade in the Product Cycle", *The Quarterly Journal of Economics*, Vol. LXXX, No. 2, May 1966, 190-207.

Viner, J., *The Customs Union Issue*, New York, 1950.

Vollrath, T.L., „A Theoretical Evaluation of Alternative Trade Intensity Measures of Revealed Comparative Advantage", *Weltwirtschaftliches Archiv*, Band 127, Heft 2/1991, 265-280.

Vona, S., „Intra-Industry Trade: A Statistical Artefact or a Real Phenomenon?", *Banca Nazionale del Lavoro: Quarterly Review*, Vol. 43, December 1990, S. 383-412.

Von Neumann, J., „Über ein ökonomisches Gleichungssystem und eine Verallgemeinerung des Brouwerschen Fixpunktsatzes", *Ergebnisse eines Mathematischen Kolloquiums*, 8, übersetzt von Karl Menger als „A Model of General Equilibrium", *Review of Economic Studies*, (13), 1945, S. 1-9.

Wang, Z. K., Winters, L. A., *The Trading Potential of Eastern Europe*, CEPR Discussion Paper Series, No. 610, November 1991.

Welzel, P., *Das Argument der „strategischen Handelspolitik" - was ist geblieben?*, Diskussionsbeitrag Nr. 172, Institut für Volkswirtschaftlehre, Universität Augsburg, Januar 1998.

Weyerbrock, S., „Can the European Community Absorb More Immigrants? A General Equilibrium Analysis of the Labor Market and Macroeconomic Effects of East-West Migration in Europe", *Journal of Policy Modeling*, Vol. 17, No. 2, 1995, 85-120.

Williamson, J., Bottrill, A., „The Impact of Customs Unions on Trade in Manufactures", *Oxford Economic Papers*, Vol. 23, No. 3, 1971, S. 323-251.

Wonnacott, R.J., Wonnacott, G.P., *Free Trade between the United States and Canada: The Potential Economic Effects*, Cambridge, MA, 1967.

Wood, A., *North-South Trade, Employment and Inequality: Changing Fortunes in a Skill-Driven World*, Oxford: Clarendon Press, 1994.

Wood, A., "Globalisation and the Rise in Labour Market Inequalities", *The Economic Journal,* Vol. 108, No. 450, September 1998, S. 1463-1482.

Wood, A., "Globalisation and Wage Inequalities: A Synthesis of Three Theories", *Weltwirtschaftliches Archiv*, Vol. 138, No. 1, 2002, S. 54-82.

WTO (World Trade Organization), (1995a), *Trading into the Future*, Geneva 1995.

WTO (World Trade Organization), (1995b), *Regionalism and the World Trading System*, Geneva 1995.

WTO (World Trade Organization), *Annual Report 1998*, World Trade Organization, Geneva, 1998.

WTO (World Trade Organization), *The World Trade Organization - Trading into the Future*, 2nd Edition, Genf, March 2001.

Xu, Y., „A General Model of Comparative Advantage with Two Factors and a Continuum of Goods", *International Economic Review*, Vol. 34, No. 2, May 1993, 365-380.

Young, A., „Growth without Scale Effects", *Journal of Political Economy*, Vol. 106, No. 1, 1998, S. 41-63.

Kolibri 360 GmbH
Ferdinand-Jühlke-Straße 7
99095 Erfurt, Deutschland
produktsicherheit@kolibri360.de

Druck:
CPI Druckdienstleistungen GmbH
im Auftrag der
Kolibri 360 GmbH
Ferdinand-Jühlke-Str. 7
99095 Erfurt